Die Monroedoktrin

in ihren Beziehungen

zur amerikanischen Diplomatie

und

zum Völkerrecht.

Von

Dr. jur. Herbert Kraus.

„Suum cuique."

Berlin 1913.

J. Guttentag, Verlagsbuchhandlung,

G. m. b. H.

John Bassett Moore

gewidmet.

Vorwort.

Den Anlaß für die vorliegende Abhandlung bilden ausgedehnte öffentlich-rechtliche und geschichtliche Studien, die ich in Amerika getrieben habe.

Bald trat mir dabei das Problem nach dem Geheimnis des glücklichen und schnellen Wachstums der politischen Stärke und Machtstellung der Vereinigten Staaten entgegen. Daneben erhob sich zugleich die Frage nach den Gründen für ihre eigentümliche, von derjenigen aller anderen Weltmächte verschiedenen Haltung in auswärtigen Angelegenheiten.

Beide Fragen führten zur Monroedoktrin.

Bevor ich mich entschloß, diese zum Gegenstande einer wissenschaftlichen Untersuchung zu machen, hatte ich zu entscheiden, ob sich bei der ungemein großen darüber bestehenden Literatur mehr als eine Wiederholung werde geben lassen.

Eine Überprüfung des Materials zeigte, daß fast alles, was an Sonderdarstellungen über sie geschrieben ist, mehr oder weniger allgemein gehaltene Übersichten oder populäre Darstellungen durchweg politischer Natur sind.

Die völkerrechtliche Literatur andererseits enthält durchweg nur kurze und — wie es mir scheint, zumeist allzu kurze — Bemerkungen zur Monroedoktrin.

Im Hinblick auf das große Interesse, das diesem Grundprinzipe amerikanischer Politik entgegengebracht wird, sowie seiner ständig steigenden Bedeutung im öffentlichen Leben Amerikas, unter Beachtung andererseits der mit ihm zusammenhängenden zahlreichen ungelösten Streit- und Zweifelsfragen schien der Versuch unternehmenswert, sie einer eingehenden wissenschaftlich vorurteilsfreien Erörterung zu unterziehen.

Was mich dabei besonders interessierte und reizte, war die Frage nach den Beziehungen der Monroedoktrin zum Völkerrecht.

Bevor jedoch daran gegangen werden konnte, zu untersuchen, was sie vom völkerrechtlichen Standpunkte aus ist, mußte festgestellt werden, was sie sagt und will.

So war zur Beantwortung jener völkerrechtlichen, den eigentlichen Anlaß und das eigentliche Ziel dieser Arbeit bildenden Frage die stofflich bei weitem überwiegende Aufgabe einer Feststellung des gegenwärtigen Inhalts der Monroedoktrin zu lösen.

Dazu waren historische Untersuchungen von zum Teil recht abgelegener Natur aus der diplomatischen Geschichte der Vereinigten Staaten und anderer Nationen erforderlich.

Eine geradezu unabsehbare Stoffülle bot sich hier dar.

Außerdem kann diese diplomatische Geschichte nicht als bekannt vorausgesetzt werden.

Das zwang wiederholt zu orientierenden Ausführungen, die nur mittelbar mit dem Thema verbunden sind. Um Vollständigkeit zu erreichen, wäre andererseits eine ausführliche Geschichte der amerikanischen Diplomatie zu geben gewesen, ein undurchführbares Unternehmen besonders für eine Untersuchung wie die vorliegende.

Zwischen beiden Tatsachen habe ich, so gut es ging, zu vermitteln gesucht, indem ich jene Hinweise so kurz wie möglich gehalten habe. So weit sie vom Gange der Ausführungen allzu sehr abzuführen schienen, sind sie in „Exkursen“ gegeben oder in Anmerkungen verwiesen worden.

Auch so war die Masse des vorhandenen Stoffes noch übergroß. Es war unmöglich, ihn in vollem Umfange zu verwenden. Es mußte insbesondere zumeist genügen, die aufgestellten Behauptungen mehr oder weniger ausgiebig mit Beispielen zu belegen.

Was das für die Abhandlung verwendete dokumentarische Material anlangt, so habe ich mich soviel als nur möglich an die offiziellen Quellen gehalten und zwar, wie die Natur der vorliegenden Aufgabe das erforderlich machte, in erster Linie an die amerikanischen und in zweiter Linie an die englischen Publikationen.

Vor allem ist mir dabei der von John Bassett Moore im Auftrage des amerikanischen Kongresses verfaßte und gedruckte, in Amerika höchste Autorität genießende „Digest of International Law“ von großem Nutzen gewesen und hat mir dauernd als Führer gedient.

Bei Benutzung dieses Quellenmaterials habe ich mich bemüht, innerhalb der notwendigen Beschränkungen so exakt wie nur möglich zu sein und stets reichliche Nachweise zu geben. Es war mir dabei klar, daß anderenfalls die Bedeutung dieses Buches sich darauf beschränken würde, die Zahl der Abhandlungen über die Monroedoktrin um eine weitere zu vermehren.

Deshalb habe ich auch in weiterer Beachtung der schweren Zugänglichkeit der betreffenden Quellen diese sehr häufig wörtlich angeführt. Dies ist im Text durchweg in deutscher Übersetzung geschehen. Auf diese habe ich besondere Mühe verwendet, die bei der großen Schwerfälligkeit und Dunkelheit des Stiles vieler von den betreffenden Dokumenten recht beträchtlich war. Dabei habe ich meiner Schwester Eva in Middlebury Conn. (Vereinigte Staaten), die mit Sachkunde die Übersetzung der diplomatischen Korrespondenzen überprüft hat, sowie Professor Rudolf Tombo jun., dem Leiter des „Deutschen Hauses" der Columbia-Universität in New York, zu danken. Professor Tombo bin ich insbesondere dafür verpflichtet, daß er die Übersetzung der Monroebotschaft einer genauen Durchsicht unterzogen hat.

Besonders wichtig erscheinende Zitate oder solche, bei deren Übersetzung mir Zweifel über den Sinn blieben, sind anmerkungsweise auch in der Ursprache wiedergegeben; einige ausgedehntere finden sich in meinem Anhange. Dort ist auch eine Liste sämtlicher Präsidenten und Staatssekretäre der Vereinigten Staaten gegeben, deren Nutzen für die Arbeit selbstersichtlich ist. Bei ihrer Anfertigung hat mir der Amerikanische Unterstaatssekretär Alvey A. Adee in besonders liebenswürdiger Weise geholfen.

Daß zufolge der Unzugänglichkeit oder wohl auch des Nichtvorhandenseins ausreichenden Materials trotz aller Anstrengungen eine vollständige Darstellung oder der volle Beweis für das Behauptete oft nicht gelingen wollte, habe ich häufig empfunden.

Ebenso wie das Quellenmaterial, habe ich mich bemüht, die unendliche Masse der in Frage kommenden Literatur so ausführlich wie möglich zu berücksichtigen.

Auch hier kamen wiederum zufolge der Natur der Arbeit in erster Linie amerikanische Publikationen in Frage. Doch bin ich bestrebt gewesen, auch die betreffenden deutschen, englischen und französischen Veröffentlichungen gebührend zu berücksichtigen.

Etwaige Lücken in dieser Beziehung mögen damit entschuldigt werden, daß die Arbeit in Amerika geschrieben worden ist.

Sie ist im Mai 1913 abgeschlossen. Später erschienenes Material hat — ebenso wie spätere Ereignisse — grundsätzlich nicht mehr berücksichtigt werden können.

Besonders soll hier darauf hingewiesen werden, daß diese Arbeit im Gegensatz zu den meisten bisher erschienenen nicht eine Geschichte der mit der Monroedoktrin zusammenhängenden Ereignisse sein will, sondern in ihrem historischen Teil „die Geschichte der Monroedoktrin als eines politischen Prinzips". Jene Ereignisse waren deshalb nur als Hintergrund für die Geschichte der Monroedoktrin und so weit zu schildern, als die Kenntnis von ihrem Verlaufe zum Verständnis jener Geschichte erforderlich erschien.

Und ferner ist folgendes hervorzuheben: Es ist in dieser Abhandlung nicht unternommen worden, die Monroedoktrin nach allen Seiten und erschöpfend zu behandeln.

Insbesondere gibt die Arbeit in keinem Punkte politische Erörterungen. Es ist streng vermieden worden, eine politische Ansicht über die Monroedoktrin, ein Urteil in bezug auf Weisheiten oder „Tunlichkeiten", Anstand, Wahrscheinlichkeiten, Möglichkeiten und dergleichen oder ihr Gegenteil zu äußern.

Zum Schlusse will ich es aussprechen, wieviel ich fremder Hilfsbereitschaft und Freundlichkeit für die Anfertigung der vorliegenden Schrift zu danken habe.

Überall, wohin ich mich auch um Hilfe gewendet habe, bei den fremden Legationen in Washington, amerikanischen Behörden, insbesondere den Bibliotheken, bei Redaktionen oder Privatpersonen, habe ich stets größtes Entgegenkommen gefunden.

Außer den bereits Genannten möchte ich die Verwaltung der Columbia-Universität in New York und dabei besonders den Bibliothekar William Dawson Johnston und den so überaus hilfsbereiten J. D. Thompson, die Verwaltung des College in Colorado Springs (Colorado), insbesondere den Präsidenten Slocum und den Bibliothekar Manly D. Ormes, sowie ferner die Verwaltung der Harvard-Universität in Cambridge (Mass.), insbesondere die der Law School und dabei die Herren Bibliothekare John Himes Arnold u. Robert Bowie

Andersen und endlich nicht zuletzt auch die der Gehestiftung in Dresden nennen.

Und weiterhin möchte ich auch nicht vergessen, die Namen von Alvey A. Adee, Unterstaatssekretär im amerikanischen Auswärtigen Amt, und A. Coolidge, Professor für Geschichte an der Harvard Universität und Austausch-Professor in Berlin für den Winter 1913/1914, Philip Brown, Professor für Völkerrecht an der Universität in Princeton, Alfred Z. Reed an der Carnegie Foundation for The Advancement of Teaching in New York und meinen Freund Bernhard Reil, der die Korrekturen gelesen hat, besonders zu erwähnen.

Vor allem habe ich meiner Frau für die viele wertvolle Hilfe zu danken, die sie mir während des ganzen Verlaufes der Arbeit gewährt hat.

Ebensolcher Dank gilt John Bassett Moore, dem Hamilton Fish Professor für Völkerrecht und Diplomatie an der Columbia-Universität, „Counselor of the Department of State" und Mitglied des ständigen Haager Schiedshofs.

Ohne seine überaus liebenswürdige Hilfe und seinen erfahrenen Rat wäre dieses Buch nicht geschrieben worden.

In dankbarem Gedenken an die Zeit von Januar bis Juni 1912 in New York widme ich ihm dieses Buch.

Law School of Harvard University, Mai 1913.
(Langdell Hall)
Cambridge, Mass.

Herbert Kraus.

Inhaltsverzeichnis.

Dritter Abschnitt.

Abkürzungen.

Soweit nur eine Abhandlung eines Verfassers in Frage kommt, ist sie in der folgenden Darstellung durch Angabe seines Namens mit der nachfolgenden Seitenzahl zitiert. Bei mehreren Veröffentlichungen ist die gemeinte durch ein Unterscheidungsstichwort kenntlich gemacht. Die folgenden Abkürzungen sind öfters verwendet worden.

Alvarez 1910 = Alvarez, A., Le Droit International, américain usw.

Am. Hist. Ass. Ann. Rep. = American Historical Association, Annual Report.

Am. Hist. Rev. = The American Historical Review usw.

A. J. = American Journal of International Law usw.

Am. Pol. Rev. = The American Political Review usw.

Am. State Papers For. Rel. = American State Papers Foreign Relations usw.

Ann. Am. Ac.-Pol. and Soc. Sc. = Annals of the American Academy of Politica and Social Science usw.

Ann. Reg. = The Annual Register usw.

Arch. Dipl. = Archives Diplomatiques usw.

Br. Acc. and Papers = British Accounts and Papers (zuweilen auch als Blaubücher bezeichnet).

Br. and For. State Papers = British and Foreign State Papers usw.

Calvo = Calvo, N. Charles, Le Droit International usw.

Canal Corr. 1900 = Correspondence in Relation to interoceanic Canal (56. Cong. 1. Sess. Sen. Doc. 237), Washington 1900.

Cong. Globe = The Congressional Globe, unter Hinzufügung der Nummer des betreffenden Kongresses sowie der betreffenden Session, auch soweit erforderlich die Jahreszahl der betreffenden Session sowie die Nummer des in Frage kommenden Bandes.

Cong. Rec. = The Congressional Record, mit denselben Bezeichnungen wie beim Congressional Globe.

Dipl. Corr. = } For. Rel. = } Foreign Relations of the United States usw. (auch die ersten, offiziell den Titel Diplomatic Correspondence usw. führenden Bände der amerikanischen Regierungspublikationen diplomatischen Urkundenmaterials werden gewöhnlich in dieser Weise abgekürzt, was grundsätzlich hier gleichfalls befolgt worden ist; zuweilen ist zur größeren Deutlichkeit jedoch die Bezeichnung „Dipl. Corr." gewählt).

Foster = Foster, John W., A Century of American Diplomacy usw.

Hansards Deb. = Hansards, Parliamentary Debates usw.

H. Doc. = | House Document; House Executive Document und bedeutet:
H. Ex. Doc. = | Bezeichnung für die betreffenden Publikationen, die auf Anweisung des Hauses gedruckt sind. Hinzugefügt sind die Nummern des betreffenden Kongresses, der betreffenden Session und des betreffenden Dokuments, soweit nötig, ferner Jahreszahl der betr. Session und der Band, in dem das betr. Dokument sich findet.

H. Rep. = House Report, i. e. die Reports, die von den Haus-Kommissionen diesen erstattet worden sind.

H. H. = Holtzendorffs Handbuch des Völkerrechts usw.

Kohlers Zeitschr. = Zeitschrift für Völkerrecht und Bundesstaatsrecht, herausgegeben jetzt von Kohler und Oppenheim.

Latané = Latané, John H. Holladay, Diplomatic Relations of the United States and Spanish America usw.

Lawrence = Lawrence, T. J., The Principles of International Law usw.

Martens, R. =
N. R. =
N. R. G. =
usw. =
} die von Martens begründete bekannte Sammlung von Völkerrechtsverträgen in den üblichen Abkürzungen.

Mérignhac = Mérignhac, Traité de Droit Public International usw.

Moore = | Moore, Digest of International Law usw. — Soweit dieses Werk
M. = | an zweiter Stelle zitiert wird, ist dies durch ein M. geschehen.

MS. Inst. oder MS. Dom. Let. und dergl. = Manuskripturkunden aus dem Auswärtigen Amt in Washington: Meist zitiert nach Moores Digest.

Niemeyers Zeitschr. = Zeitschrift für Internationales Recht, herausgegeben jetzt von Theodor Niemeyer.

N. Am. Rev. = North American Review usw.

R. G. Bl. = Reichsgesetzblatt.

R. G. = Revue générale de Droit International public.

Pol. Sc. Quart. = Political Science Quarterly usw.

R. I. = Revue de Droit International et de Législation comparé.

Richardson, Mess. = Richardson, James D., A Compilation of the Messages and Papers of the President usw.

Sen. Doc. = | Senate Document; Senate Executive Document:
Sen. Ex. Doc. = | Bezeichnung für die betreffenden Senatspublikationen. Vergl. das oben bei H. Doc. und H. Ex. Doc. Bemerkte.

Sen. Rep. = Senate Report, i. e. die Reports, die von den Senats-Kommissionen diesem erstattet worden sind.

St. A. = Staats-Archiv usw.

Stat. at Large = ist die unter dem Titel Statutes at Large herausgegebene offizielle amerikanische Gesetzsammlung.

Treaty Vol. 1910 = ist die von Malloy kompilierte offizielle Sammlung von Verträgen, Konventionen usw. der Vereinigten Staaten mit andern Nationen.

Literaturverzeichnis.

Es ist nicht der Versuch gemacht worden, in dem folgenden Literaturverzeichnis einen vollständigen Nachweis aller für die Arbeit benutzten oder in Betracht kommenden Publikationen zu geben.

Veröffentlichungen, die ausschließlich oder im wesentlichen nur für bestimmte Punkte von Bedeutung sind, sind an den betreffenden Stellen, besonders an den überall vorausgeschickten Literaturübersichten, angegeben. Es ist deshalb auf die Anmerkungen zu verweisen.

Das nachstehende Verzeichnis ist in folgende Klassen eingeteilt:

1. Die Quellen und Quellensammlungen, wobei die an erster Stelle in Betracht kommenden amerikanischen vorangestellt sind;
   ihnen ist als Unterabteilung ein Verzeichnis der als Quellen zweiter Ordnung und für erste Information nützlichen Jahrbücher und dergl. angefügt.
2. Sonstige Periodicas und Fachzeitschriften.
3. Werke diplomatischen, historischen, völkerrechtlichen oder politischen Inhalts, die für die Abhandlung von allgemeinerer Bedeutung sind und nicht nur für die Monroedoktrin selbst unmittelbar in Betracht kommen.
4. Völkerrechtliche Werke allgemeineren Inhalts, insbesondere die Lehr- und Handbücher.
5. Spezialabhandlungen über die Monroedoktrin, einschließlich solcher Werke mit breiterem Inhalte, die hier nur für die Monroedoktrin in Frage kommen.
   Der besseren Orientierung wegen sind dabei bereits bezeichnete allgemeinere Werke unter Angabe der sedes materiae für die Monroedoktrin wieder angeführt worden.

Die Bücher sind, soweit möglich, durchweg nach den letzten Auflagen angezogen. Soweit dies nicht möglich war, sind hier und in der Darstellung die benutzten Auflagen angegeben.

I. Quellen und Quellensammlungen.

Die amerikanischen:

American Journal of International Law; die Supplemente (vergl. weiter unten unter den Zeitschriften).

American State Papers: 38 Bände; gedruckt von Gales & Seaton, den damaligen Druckern des Kongresses. Sie sind laut Gesetz von 1831 vorgenommene, nachträglich erfolgte Drucke amerikanischer Dokumente und umfassen die Zeit von 1789—1859. Die Materie ist in 10 verschiedene Gruppen geordnet. 6 Bände behandeln die „Foreign Relations“. von 1789—1859.

Annals of Congress: Debates and Proceedings in Congress, with Appendix containing important State Papers and Public Documents and Laws or Public Nature, with Index; compiled by Joseph Gales sen, in 42 Bänden (Berichte über die Tätigkeit des Kongresses der Vereinigten Staaten von 1789—1824, d. i. 1. bis 17. Kong. sowie 18. Kong. 1. Sess.; die Arbeit ist ebenfalls bei Gales & Seaton gedruckt und zwar in den Jahren 1834—1856. Über die Fortsetzung dieser Sammlung siehe unten unter „Register").

The Congressional Globe: enthält die Parlamentsdebatten vom 2. Dezember 1833 (23. Kong. 1. Sess.) bis 3. März 1873, (43. Kong. 1. Sess.); 109 Bände; herausgegeben von Blair & Rives, in Washington in der Globe Office gedruckt; Nachfolgerin der „Annals" und des „Registers" mit dem letzteren teilweise zusammenfallend (siehe dort).

The Congressional Record: Fortsetzung des „Congressional Globe" seit 1873 (43. Kong. 1. Sess.) fortgeführt bis zur Gegenwart; gedruckt in der Regierungsdruckerei in Washington.

Correspondence in Relation to Interoceanic Canal between Atlantic and Pacific Oceans, Clayton-Bulwer Treaty, and Treaty between United States and New Granada of December 12 1846 (56. Cong. 1. Sess. Sen. Doc. 237), Washingtons Governments Printing Office 1900.

Diplomatic Correspondence: Papers relating to Foreign Relations with Annual Message of President. Seit 1861 fortlaufend als Haus-Exekutivdokument jährlich gedruckt, mit Ausnahme des Jahres 1869, wo kein Band veröffentlicht wurde. Der Titel wechselt im Jahre 1870 in „Papers relating to the Foreign Relations usw." siehe unten.

Extracts from Official Declarations of the United States embodying the Monroe Doctrine 1789—1891. Nr. 4 (Juli 1892) der von Hart & Channing herausgegebenen „American History Leaflets" New York, Druck des Jahres 1912.

General Index to the Published Volumes of the Diplomatic Correspondence and Foreign Relations of the United States, 1861—1899, Washington Governments Printing Office 1902.

Foreign Relations of the United States. Seit 1870 jährlich als H. Ex. Doc. von der Regierungsdruckerei in Washington gedruckt; der Haupttitel ist: „Papers relating to the Foreign Relations of the United States." Der letzte Band erschien im Jahre 1908. Siehe oben unter „Diplomatic Correspondence".

Foreign Relations: Compilations of Reports of Foreign Relation Committee 1789—1901. (1. bis 56. Cong.) 8 Bände als 56. Cong. 2. Sess. Sen. Doc. 231 gedruckt.

House Documents, House Executive Documents, House Mescellaneous Documents: Auf Anweisung des Hauses gedruckte Publikationen. Vergl. Abkürzungsverzeichnis und das bei Sonate Documents Gesagte.

Malloy, W. M.: Treaties, Conventions, International Acts, Protocolls and Agreements between The United States of America and other Powers. 1776—1909. In 2 Bänden, Washington Governments Printing Office 1910, gedruckt als 61. Cong. 2. Sess. Sen. Doc. 47 und 48. Dies ist die neueste offizielle Sammlung für Verträge der Vereinigten Staaten. Vergl. auch unten: „Treaties and Conventions".

Moore, John Bassett, Digest of International Law usw. 8 Bände, Washington Governments Printing Office 1906 (H. Doc. 551, 56. Cong. 2. Sess.) Dieses Werk ist eine Revidierung und Erweiterung von Fr. Wartons Digest of International Law of the United States, 2. Aufl. 1886 Vergl. zu dem Buch das in der Einleitung Bemerkte.

Moore, John Bassett, History and Digest of the International Arbitrations to which The United States has been a party. 6 Bände, Washington Governments Printing Office 1895—1898. (H. Misc. Doc. 212. 53. Cong. 2. sess.).

Official Opinions of the Attorneys-General of the United States advising the President and Heads of Departments in Relation to their Official Duties. Seit 1852, jetzt Washington Governments Printing Office. Herausgeber James A. Finch. Vergl. auch dazu Digest of Official Opinions of the Att. Gen. of the United States covering Vol. 17—25 (1881 bis 1906) von James A. Finch. Washington Governments Printing Office 1908.

Papers relating to the Foreign Relations of The United States. Siehe das bei „Diplomatic Correspondence" und „Foreign Relations" Gesagte.

Revised Statutes of The United States, 2. Ausgabe, gemäß Gesetz, erlassen vom 43. Cong., 1. Sess. (1873—1874), Washington 1878.

Register of Debates in Congress, vom 6. Dezember 1824 (18. Cong., 1. Sess.) zum 16. Oktober 1837 (25. Cong., 1. Sess.). 14 Bände. Fortsetzung der Annalen.

Richardson, James D.: A Compilation of the Messages and Papers of the Presidents 1789—1897. Published by Authority of Congress. 10 Bände. Washington 1896—1899.

Senate Documents and Senate Executive Documents, Senate Miscellaneous Documents. Auf Anweisung der Senate gedruckte Berichte, Urkunden-Sammlungen und Botschaften u. dergl. Vergl. mehr oben in dem Abkürzungsverzeichnis.

Snow, Freeman: Cases and Opinions on International Law, Boston 1893.

Scott, James Brown: Cases on International Law usw., Boston 1902.

The Statutes at Large of the United States of America. Seit 1850; gedruckt zuerst von Charles C. Little und J. Brown, Boston, später Governments Printing Office, unter Direktion des Staatssekretärs und Ermächtigung des Kongresses.

Treaties and Conventions concluded between the United States of America usw. (43. Cong. 2. Sess. Sen. Ex. Doc. Nr. 47) Washington, Governments Printing Office 1889; umfaßt die Jahre 1776—1887. Vergl. auch das unten in Abteilung 3 unter Davis Gesagte. Die moderne Sammlung ist die oben unter Malloy aufgeführte, durch die die hier genannte bis zum Erscheinen der Malloy'schen Sammlung allgemein zitierte überholt worden. In der vorliegenden Abhandlung ist durchweg die Malloy'sche Sammlung benutzt.

Sonstige Quellen:

Archives diplomatiques: Recueil mensuel de diplomatie d'histoire et de droit international, Paris seit 1861.

British Accounts and Papers: Die betreffenden Bände der Parliamentary Papers, die gemeinhin Blaubücher genannt werden und von der englischen Regierung dem Parlamente übersandt werden.

British and Foreign State Papers: Compiled by the Librarian and Keeper of the Papers; Foreign Office. I. Bd., I. Teil, (1812 bis 1814) ist im Jahre 1841 in London publiziert. — General Index für Bd. I bis XLII (1373—1853) in Bd. XLIII (1865). General-Index für Bd. I zu Bd. LXIII in Bd. LXIV (1879). General-Index für Bd. LXV—LXXIX (1873—1888) Bd. LXXX, 1895.

Cobbett, Pitt: Cases and Opinions on International Law and Various Points of English Law connected therewith. Collected and Digested from English and Foreign Reports, Official Documents and other Sources usw. Teil I, Peace. 3. Aufl. London 1909.

Descamps und Renault: Recueil International des traités du 20e siècle, seit 1901.

Fleischmann, Max: Völkerrechtsquellen. 1905. Halle.

Hansards Debates: cf. unten unter Parliamentary Debates.

Martens: Recueil de Traités, d'Alliance usw. sowie die bekannten Fortsetzungen dieser berühmten Sammlung. Gegenwärtig herausgegeben von Heinrich Triepel.

Martens, Baron Charles de: Causes célèbres du Droit des Gens. 2. Aufl. Leipzig 1858—1861, besonders den V. Band.

The Parliamentary Debates: gemeinhin bezeichnet als „Hansards Parliamentary Debates, jetzt publiziert in London by His Majesty's Stationary Office. Zuerst erschienen unter dem Titel: „The Parliamentary History of England from the Earliest Period to the Year 1803 usw. Bd. I, die Zeit von 1066—1625 umfassend. London 1806.

Recueil de Traités siehe Martens.

Deutsches Reichsgesetzblatt.

Das Staats-Archiv: Sammlung der offiziellen Aktenstücke zur Geschichte der Gegenwart. Seit 1861, erschienen jetzt in Leipzig.

Strupp, Karl: Urkunden zur Geschichte des Völkerrechts, 2 Bände, Gotha 1911.

Jahrbücher:

The American Annual Cyclopaedia and Register of Important Events of the Year usw. Von 1863—1902. New York.

The Annual Register: Gedruckt seit 1764. Ereignisse seit 1758. Titel jetzt: „The Annual Register, a Revue of public events at home and abroad. London, Bombay, Calcutta.

The Britannica Year Book 1913. London und New York 1913.

The Encyclopaedia Britannica, 11. Aufl. Cambridge (England). 29 Bände. 1910—1911.

Hazell's Annual: A Record of the Men and Movements of the Time, seit 1886. London.

The International Year Book: herausgegeben von Fr. Moore Colby, erschienen 1898—1902 und seit 1907. New York.

Keltie, J. Scott: The Statesmans Year Book, seit 1864. New York und London.

Niles, Register: I. Band Baltimore 1811. Letzter Band Nr. LXXIII 1847—1848. Genauer Titel: Niles National Register, containing. Political, Historical, Geographical, Scientifical, Statistical, Economical and Biographical Documents, Essays and Facts, together with Notices of the Arts and Manufactures and Record of the Events of the Times. Herausgegeben zuerst von Hezekiah Niles, dann von H. Niles & Sons, dann wieder von H. Niles, dann von Wm. Ogden Niles, und endlich von Jeremiah Hughes.

The Statesmans Year Book siehe Keltie.

Whitaker (Joseph) Almanach. Seit 1901. London.

2. Periodicas und Fachzeitschriften.

The American Historical Review: seit 1895, New York

The American Journal of International Law: herausgegeben von James Brown Scott, seit 1907, New York. (Besonders wertvoll sind die dieser ausgezeichneten Zeitschrift in Supplementen beigegebenen Dokumentensammlungen).

The American Political Review: seit 1906, Baltimore.

The Annals of the American of Political and Social Science: seit 1890, Philadelphia (mit Supplementen).

Archiv des öffentlichen Rechts: seit 1885. Herausgeber Laband, Otto Mayer, Piloty. Tübingen.

Political Science Quarterly: Herausgeber die „Faculty of Political Science" an der Columbia-Universität, seit 1886, Baltimore, New York, Chicago.

Questions Diplomatiques et Coloniales: Revue de Politique extérieure, seit 1897, Paris.

Revue de droit international et de législation comparé: herausgegeben jetzt von Eduard Rolin; erscheint seit 1869, Brüssel; 2. Ser. seit 1899 (die 1. Serie umfaßt 30 Bände).

Revue générale de droit international public: herausgegeben jetzt von Paul Fauchille, seit 1894, Paris.

Revue du Droit Public et de la Science Politique en France et à l'Etranger: jetzt unter der Direktion von Gaston Jèze, seit 1894, Paris.

United States Naval War College: International Law Situations with Soluttions. Seit 1901, Washington, Gov. Print. Off.

Zeitschrift für Völkerrecht und Bundesstaatsrecht: herausgegeben jetzt von Kohler und Oppenheim, seit 1906, Breslau.

Zeitschrift für Internationales Recht: herausgegeben jetzt von Theodor Niemeyer, seit 1891, Leipzig.

3. Werke diplomatischen, historischen oder politischen Inhalts.

Akers. Charles Edmond: A History of South America (1854 bis 1904). New York, 1904.

Alvarez, Alejandro: L'Histoire diplomatique des Républiques américaines et la conférence de Mexico; in R. G. IX (1902) S. 530—590.

Alvarez, A.: Latin-America and International Law, in A. J. III (1909) Nr. 2 S. 276 ff.

Alvarez, A.: Le droit international américain. Son origin et son évolution. R. G. XIV (1907) S. 393 ff.

Alvarez, A.: Le Droit international américain usw. 1910, Paris.

American Academy of Political and Social Science: The United States as a world power. Special annual Meeting Number. Philadelphia, 1905. (Wiederdruck aus Ann. Am. Ac. Pol. and Soc. Sc. Bd. XXVI Nr. 1: eine Sammlung von Aufsätzen verschiedener Verfasser; vergl. besonders Teil I: S. Low, The Position of The United States among the Nations; Teil II: A. B. Loomis, Attitude of the United States toward other American Powers; E. R. Johnson, Responsibilities of International Leadership; T. Williams, Europe and the United States in the West Indies; J. Hancock, The Situation in Santo Domingo; T. Larrinaga Conditions in Porto Rico.)

Anonym: American Foreign Policy; by a Diplomatist. 1909, Boston und New York.

Anonym: The History of South America from its Discovery to the present time. 1899. London.

Araujo Jorge, A. G. de: Ensaios de Historia Diplomatica do Brasil no Regimen Republicano. Primeira Serie (1889—1902). 1912, Rio de Janeiro (Portugiesisch).

Austin, Oskar Phelps: Steps in the Expansion of our Territory. 1903, New York.

Avery, Elroy Mc. Kendree: A History of the United States and its People, in 12 Bänden, bisher Bd. I—VII. 1904—1910, Cleveland.

Baldwin, Simeon Eben: The historic policy of the United States as to expansion. Am. Hist. Ass. Ann. Rep. 1893 S. 367 ff.

Bancroft, Hubert Hove: The History of the Pacific States of North America, 34 Bände. 1882—1890, San Francisco. Besonders Bd. I bis III: Central-America, IV—IX: Mexico.

Barclay, Sir Th.: Problems of international practice and diplomacy, with special Reference to the Hague conferences and other general international agreements. London und Boston, 1907.

Benton, Thomas Hart: (zeichnet: B. A. Senator of Thirty Years) Thirty Years View; or a History of the working of the American Government for thirty Years. 1820—1850, 2 Bände. 1854—1856, New York. London.

Bicknell, Edward: Territorial Acquisitions of the United States. 1787—1904. An historical review. 1904, Boston.

Bryce, James: The American Commonwealth. 2 Bände. Neue Ausgabe. 1911, New York.

Bryce, James: South America. Observations and Impressions. 1912, New York. (In Betracht kommen hier die letzten drei Kapitel; Kap. XII 423 ff.: The Rise of New Nations; Kap. XIII 454 ff.: The Relations of Races in South America; Kap. XIV 484 ff.: The two Americas and the Relations of South America to Europe.)

Calderon, F. G.: Latin-America: Its Rise and Progrery. Mit Vorwort von Raymond Poincaré. 1913, London und New York.

Callahan, James Morton: American Relations in the Pacific and the far East. 1784—1900. 1901, Baltimore.

Caldwell, H. W.: American territorial Development usw. 1900, Chicago.

Carpenter, Edmund J.: The American advance. A study in territorial expansion. 1903, London und New York.

Chadwick, French Ensor: The Relations of the United States and Spain. Diplomacy. 1909, New York.

Coolidge, Archibald Cary: The United States as a World Power 1908, New York; ein amerikanischer Neudruck erschien 1912 ebenfalls New York. Das Buch ist ferner in einer Übersetzung von Walter Lichtenstein unter dem Titel: Die Vereinigten Staaten als Weltmacht, 1908, in Berlin erschienen und unter dem Titel: Les Etats-Unis Puissance Mondiale in einer Übersetzung von Robert Cru in Paris 1908. Dies Werk ist ausgezeichnet. Vergl. dazu auch die lesenswerten, selbständigen literarischen Wert besitzende Besprechung dieses Werkes in einem unter dem Titel: „Deutschland und Amerika" erschienenen Aufsatz in den Grenzboten, 68. Jahrg. (1909) Bd. IV S. 201—208 (S. 207 f. handelt von der Monroedoktrin).

Curtis, William Eleroy: The United States an Foreign Powers. 1899, New York.

Davis, John; Chandler Bancroft: Notes upon the treaties of The United States with other Powers. 1873, Washington, Governments Print. Off. (revidierte Ausgabe der Bemerkungen im „Treaty Volume, vergl. oben S. 21).

Foster, John Watson: A Century of American Diplomacy being a brief Review of the Foreign Relations of the United States. Boston, New York und Cambridge, 1901.

Foster, John W.: American Diplomacy in the Orient. 1904, Boston, New York und Cambridge.

Fried, Alfred H.: Pan-Amerika, Entwicklung, Umfang und Bedeutung der pan-amerikanischen Bewegung (1810—1900). 1910, Berlin.

Furcy-Chatelain: Le Pan-Américanisme et l'Équilibre Américain. Paris, Charles, 1897.

Hale, Albert Barlow: The South Americans; The Story of the South American Republics usw. 1907, Indianapolis.

Hart, Albert Bushnell: Handbook of the History, Diplomacy and Government of the United States. 1901, Cambridge (U. S.).

Hart, Albert Bushnell: The Foundations of American, Foreign Policy with a working Bibliography, 1905, New York und London. (Eine Sammlung von Artikeln aus amerikanischen Zeitschriften.)

Henderson, John B.: American Diplomatic Questions. 1901, New York.

Holst, H. von: Verfassungsgeschichte der Vereinigten Staaten von Amerika usw. 4 Bände. Berlin 1878—1891. Vergl. indes auch die amerikanische Ausgabe mit dem Titel: The Constitutional and Political History of the United States, 7 Bände, und Index aus dem Deutschen von Lalor und Mason. 1889—1892, Chicago.

Johnson, Willis Fletscher: A Centuy of Expansion. 1903, New York und London.

Judson, Harry Pratt: The Growth of the American nation. 1895, Meadville (Pa.), New York.

Latané, John Holladay: Diplomatic Relations of the United States and Spanish America. Baltimore, 1900.

Latané, John Holladay: America as a World Power. 1897 bis 1907. 1907, New York und London. (Bd. XXV der von A. B. Hart unter dem Namen „The American Nation, a History" herausgegebenen Sammlung.)

Loomis, Francis B. (derzeitiger Unterstaatssekretär): Attitude of the United States toward other American Powers; in Ann. Am. Pol. and Soc. Sc. XXVI 19 ff.

Lyman, Theodore: The Diplomacy of the United States, being an Account of the Foreign Relations of the Country, 2. Aufl., 2 Bände. 1828, Boston. (Vergl. besonders Bd. II Kap. V, XI u. XIV).

Mc. Master, John Bach: A History of the People of the United States; bisher 7 Bände die die Zeit von 1783—1850 umfassen. New York, 1885—1910.

Moore, John Bassett: The United States and international arbitration der Am. Hist. Ass. Ann. Rep. 1891 S. 63—85.

Moore, John Bassett: Les Etats-Unis et la Politique d'Annexion. R. J. XXVI (1894) S. 152 ff.

Moore, John Bassett: The Application of the Principle of International arbitration on the American Continent in Ann. Am. Ac. Pol. and Soc. Sc. 1903 (Juli-Nummer) auch extra gedruckt 1903.

Moore, John Bassett: American Diplomacy, its Spirit and Achievements. 1905, New York und London.

Moore, John Bassett: Four Phases of American Development. 1912, Baltimore. (Lect. I: Federalism, S. 9 f.; Lect. II: Democracy, 47 ff.; Lect. III: Imperialism, 96 ff. und Lect. IV: Expansion, 147—203.)

Moses, Bernard: South America on the Eve of the Emancipation usw. 1905, New York und London.

Mowry, William August: The territorial Growt of the United States. 1902, New York und Boston.

Münsterberg, Hugo: Die Amerikaner, 2 Bände. 1904, Berlin. Englische Ausgabe: The americans. 1904, New York.

Nys, Ernest: La Notion et le Rôle de l'Europe en Droit Internationale; Acad. roy. de Belgique, Bull. 1903, Lett. 28 ff. Brüssel.

Nys, Ernest: Les Etats-Unis et le Droit des Gens? Constations et Notes. 1909, Brüssel. (Aus der R. J. 2. Serie, XI, 1901.)

Orlando: Panamericanismo. 1906, Rio de Janeiro.

Palmer, Frederick: Central America and its Problems usw. 1910, New York.

Petouillet, Joseph: L'Impérialisme Américain. 1905, Dijon.

Rhodes, J. F.: History of the United States from the Compromise of 1850. Bisher 7 Bände, die bis zum Jahre 1877 reichen. 1893—1906, New York.

Scruggs, William L.: The Colombian and Venezuelan Republics with Notes on other Parts of Central and South America. 1900, Boston. (Scruggs war Gesandter der Vereinigten Staaten in Colombia und Venezuela).

Schouler, James: History of the United States under the Constitution. 2. Aufl. 6 Bände, die die Zeit von 1783—1865 umfassen. 1894—1899, New York.

Schuyler, Eugene: American Diplomacy and the Furtherance of Commerce. 1886, New York.

Snow, Freeman: Treaties and Topics in American Diplomacy. 1894, Boston.

Spalding, L.: The Diplomacy of the United States. Being an Account of the Foreign Relations of the Country. 1826, Boston.

Sparks, Edwin E.: The Expansion of the American People, Social and Territorial. 1900, Chicago.

Torrès Caïcedo; José Maria: Union Latino-Americana usw. 1865, Paris.

Turner, Fr. J.: Essays in American History dedicated to Frederick Jackson Turner von früheren Schülern. 1910, New York. (Besonders W. S. Robertson: The beginnings of Spanish American Diplomacy, 231 ff., und P. S. Reinsch: Some Notes on the Study of South American History, S. 268 ff.)

Viallate, Achille: Essay d'histoire diplomatique Américaine. 1905, Paris. (Besonders S. 3—56, 57—206 und S. 207—286).

Viallate, Achille: Les Etats Unis et L'Amérique latine in Revue de Paris vom 1. März 1902, IX. Jahrg. Nr. 5 S. 216 ff. (Aus Anlaß der II. Pan-amerikanischen Konferenz in Mexiko geschrieben.)

Viallate, Achille: Les Etats-Unis et le Pan-Américanisme. Revue des deux Mondes vom 15. Mai 1909, S. 426 ff.

White, Andrew D.: Aus meinem Diplomatenleben. Deutsche Übersetzung von H. Mordaunt, Leipzig 1906, bes. S. 33 ff.: Als beglaubigter Kommissar in San Domingo 1871; S. 243 ff.: Als Mitglied der Venezuela-Kommission 1895—1896; S. 279 ff.: Amerika, Deutschland und der Spanische Krieg, 1897—1898; S. 366 ff.: Als Präsident der Deligierten Amerikas auf dem Friedenskongreß im Haag 1899.

Winsor, Justin: Narrative and Critical History of America, 8 Bände, reicht bis 1850. 1889 Boston und New York.

Woolsey. Theodore Salisbury: Americas Foreign Policy, Essays and Adresses. 1898, New York.

4. Völkerrechtliche Werke allgemeinen Inhalts.

Alcorta Amancio: Cours de Droit International Public. Französische Ausgabe aus dem Spanischen mit Einführung von Ernest Lehr. I. Bd. 1887, Paris und Buenos Ayres.

Amos, Sheldon: Lecturs on international Law. 1874, London (ausgewählte Artikel).

Baker, Sir Sherston: First Steps in International Law. 1899, Boston und London.

Baker, Sir Sherston: Vergl. Halleck, International Law.

Bluntschli, J. C.: Das moderne Völkerrecht der zivilisierten Staaten als Rechtsbuch dargestellt. 3. Aufl. 1878, Nördlingen.

Bonfils, Henry: Manuel de Droit International Public (Droit des Gens), 6. Aufl., bearbeitet von Paul Fauschille. 1912, Paris.

Bry, Georges: Précis élémentaire de Droit International public etc. 5. Aufl. 1906, Paris.

Bulmerincq, A.: Praxis, Theorie und Codification des Völkerrechts. 1874, Leipzig.

Bulmerincq, A. v.: Das Völkerrecht oder das internationale Recht. In Marquardsens Handbuch des öffentlichen Rechts, I. Bd., Allgemeiner Teil, 2. Halbband. 1884, Freiburg i. B. und Tübingen.

Calvo, M. Charles: Le Droit International théorétique et pratique, 5. Aufl. 6 Bände. 1896, Paris. (Der 6. Band ist ein allgemeines Supplement, die übrigen 5 Bände der 5. Aufl. sind Wiederdrucke der vierten, im Jahre 1887/1888 erschienenen Auflage.)

Calvo, M. Charles: Dictionnaire de Droit International Public et Privé, 2 Bände. 1885, Paris und Berlin.

Carnazza-Amari, Guiseppe: Traité de Droit International Public En Temps de Paix. Aus dem Italienischen ins Französische von Montenari-Revest, 2 Bände. 1880, 1882, Paris.

Chrétien, A.: Principes de Droit international public. Mit Anmerkungen von Paul Nachbaur. 1893, Paris.

Creasy, Sir Edward S.: (der frühere Chief justice von Ceylon) First Platform of International Law. 1876, London.

Dana: vgl. Wheaton.

Davis, George B.: The Elements of International Law, New York und London, 1900.

Despagnet, Frantz: Cours de Droit international public, 4. Aufl. Herausgegeben von de Boeck. 1910, Paris.

Ferguson, Jan Helenus: Manual of International Law for the Use of Navies, Colonies and Consulats, in 6 Teilen zu zwei Bänden gebunden. 1884, London, Haag, Hongkong.

Field, David Dudley: Outlines of an International Code, 2. Aufl. 1876, New York und London.

Fiore, Pasquale: Nouveau Droit International Public, 2. Aufl. Aus dem Italienischen übersetzt und angemerkt, von Charles Antoine, in 3 Bänden. 1885—1886, Paris.

Fiore, Pasquale: Le Droit International Codifié et sa sanction Juridique. Neue Ausgabe. Übersetzt aus dem Italienischen von Charles Antoine. 1911, Paris.

Foignet, René: Manual élémentaire de Droit International Public, 7. Aufl. 1910, Paris.

Funk-Brentano, Th. und Sorel, A.: Précis du Droit des Gens. 1877, Paris. 2. Aufl. 1894.

Gareis, Karl: Institutionen des Völkerrechts. 2. Aufl. 1901, Gießen.

Gardner, Daniel: Institutes of International Law usw. 1860, New York.

F. Geffcken: vergl. Heffter.

Glenn, Edwin F.: International Law. 1905, St. Paul (Minn.).

Hall, William Edward: A Treatise on International Law. 6. Aufl., besorgt von J. B. Atlay. 1909, Oxford usw.

Halleck's International Law or Rules regulating the Intercourse of States in Peace and War. 4. Aufl. Bearbeitet von Baker, His Honour Sir G. Sherston. Unterstützt von Drucquer, Maurice, N. 2 Bände. 1908, London.

Hartmann, Adolph: Institutionen des praktischen Völkerrechts in Friedenszeiten usw. 2. Aufl. 1878.

Heffter, August Wilhelm: Das europäische Völkerrecht der Gegenwart, 8. Aufl. von Geffcken. 1888, Berlin.

Heilborn, Paul: Das System des Völkerrechts, entwickelt aus den völkerrechtlichen Grundbegriffen. 1896, Berlin.

Heilborn, Paul: Völkerrecht, in v. Holtzendorff-Kohlers Encyklopädie der Rechtswissenschaft, Bd. II, S. 975 ff. 1904, Berlin und Leipzig.

Hershey, Amos S.: Essentiale of International Public Law. 1912, New York und London. (Ein sehr nützliches Buch.)

Holland, Thomas Erskine: Studies in International Law. 1898, Oxford.

Holtzendorff, Franz v.: Handbuch des Völkerrechts, auf Grundlage europäischer Staatenpraxis. In 4 Bänden und mit 1 Registerband. 1885—1889, Berlin. (Die Arbeit besteht aus Einzelbeiträgen verschiedener Verfasser.)

Kent's Commentary on International Law. Engl. Ausgabe, herausgegeben von Abdy, John Thomas, Cambridge, 1888.

Klüber, Joh. L.: Europäisches Völkerrecht. 1821, Stuttgart. 2. Auflage bei Morstadt, Karl Eduard. 1851, Schaffhausen. (Eine spätere Ausgabe ist die Französische von Ott besorgte und 1874 erschienene).

Lawrence, T. J.: A Handbook of Public International Law. 1910, London. (Ein kleines Schriftchen.)

Lawrence, T. J.: The Principles of International Law. 4. Aufl., 2. Druck (der gegenüber dem ersten Druck etwas erweitert ist). Juli 1911, Boston, New York, Chicago.

Leray: Exposé du Droit International Public. 1892, Paris.

Leseur, Paul: Introduction à un cours de Droit International Public. 1893, Paris.

Liszt, Franz v.: Das Völkerrecht, systematisch dargestellt. 7. Auflage. 1911, Berlin.

Liszt, Franz v.: Das Völkerrecht, in Birkmeyers Enzyklopädie der Rechtswissenschaft. 2. Aufl. 1904.

Lorimer, James: The Institutes of the Law of Nations, a Treatise of Jural Relations of Seperate Political Communities. 2 Bände. Edinburgh und London, 1883—1884.

Maine, Sir Henry Sumner: International Law. 1888, New York.

Manning, William Oke: Commentaries on the Law of Nations. A New Edition by Sheldon Amos, 1875, London.

Martens, Friedrich v.: Völkerrecht, das internationale Recht der zivilisierten Nationen. Deutsche Übersetzung des russischen Werkes von Karl Bergbohm. 2 Bände. 1883 u. 1886, Berlin.

Martitz, Ferdinand v.: Völkerrecht, in P. Hinnebergs Sammelwerk „Die Kultur der Gegenwart", Teil II, Abteilung 8. 1906, Berlin und Leipzig.

Mérignhac, H.: Traité de Droit Public International, 2 Bände. 1905—1907, Paris.

Neumann, Baron Léopold v.: Grundriß des heutigen Völkerrechts, 3. Aufl. 1885, Wien.

Nys, Ernest: Le Droit International, les Principes, les Théories, les Faits, 3 Bände. 2. Aufl. 1912, Paris.

Oppenheim, L.: International Law. A Treatise, 2 Bände. 2. Aufl. 1912, London usw.

Phillimore, Sir Robert: Commentaries upon International Law. 3. Aufl. 4 Bände. 1879—1889, London.

Piédelièvre, Robert: Précis de Droit International Public, 2 Bände. 1894/1895, Paris.

Pomeroy, John Norton: Lectures on International Law. Herausgegeben von Theodore Salisbury Woolsey, 1886, Boston u. New York. Im selben Jahr offenbar auch in Indianapolis und Cansas City erschienen.

Pradier-Fodéré P.: Traité de Droit International Européen et Américain, 8 Bände. 1885—1906, Paris.

Rivier, Alphonse: Principes du Droit des Gens. 2 Bände. 1896, Paris.

Rivier, Alphonse: Lehrbuch des Völkerrechts. 2. Aufl. 1899, Stuttgart (keine Übersetzung des eben genannten ausgezeichneten Werkes, sondern ein kleiner selbständiger Leitfaden).

Taylor, Hannis: A Treatise on International Public Law. 1901. Chicago.

Twiss, Sir Travers: The Law of Nations considered as independent Political Communities. Neue revidierte und erweiterte Ausgabe. 2 Bände, I. Bd. Peace. 1884, Oxford.

Ullmann, Emanuel v.: Völkerrecht. Neubearbeitung 1908. Tübingen. Bd. III der von Jellinek, Laband u. Piloty herausgegebenen Sammlung: Das öffentliche Recht der Gegenwart.

Walker, Thomas Alefred: The Science of International Law. 1893, London.

Walker, Thomas Alefred: A Manual of Public International Law. Cambridge (England). 1895.

Walker, Thomas Alefred: A History of the Law of Nations. Bd. I. 1899, Cambridge.

Westlake, John: International Law. 2 Bände. 1904 u. 1907, Cambridge (England).

Westlake, John: Chapters on the Principles of International Law. 1894, Cambridge.

Wheaton, Henry: Elements of International Law. 1836. Eine Ausgabe von Lawrence, 1855; eine 8. Ausgabe von Dana, die letzte Ausgabe ist die 4. englische Ausgabe von Atlay, J. Beresford. 1904, London.

Wildmann, Richard: Institutes of International Law. 2 Bände. 1849—1850.

Wilson, George Grafton: Handbook of International Law. 1910, St. Paul (Minn.) (Bd. XXXIII, der „The Hornbook Series").

Wilson, George Grafton und Tucker, George Fox: International Law. 5. Aufl. 1910, New York, Boston, Chicago. (Ein sehr gutes „Text Book").

Woolsey, Theodore D.: Introduction to the Study of International Law of the United States. 5. Aufl. 1879, London. 6. Aufl. New York 1891 (besorgt von Th. S. Woolsey).

Zorn, Albert: Grundzüge des Völkerrechts. 2. Aufl. 1903, Leipzig (mit Vorwort von Philipp Zorn), (ein kleines, nützliches Werkchen.)

5. Von der Monroedoktrin handeln: [1])

Aconcagua: Venezuela and the Monroe Doctrine in Westminster Review. Bd. CLIX. (Februar 1903), S. 125 ff.

Alcorta: 51 ff.

Alvarez: L'histoire diplomatique usw. II, S. 539 ff.: La Doctrine de Monroe, Son Origine, ses Applications, son Développement.

Alvarez: 1910, Kap. V., S. 125 ff. (vergl. auch die übrigen Abhandlungen von A.).

Americus: siehe Kingsley.

Amos: S. 42 ff.

Angell, J. B.: The Europeen Concert and the Monroe Doctrine usw. Ann. Arbor (Mich.) 1905. (Kurzer Vortrag von 16 S.)

Anonym: American Foreign Policy, S. 56 ff. The Recognition of the Monroe Doctrine.

Antokoletz, Daniel: La Doctrine de Monroe et L'Amérique latine. 1905, Paris.

Atlay: (siehe Wheaton).

Bancroft, Frederic: The French in Mexico and The Monroe Doctrine in Pol. Sc. Quart. Bd. XI (März 1896) S. 30 ff.

Bar, Karl Ludwig v.: Die neue Anwendung der Monroedoktrin in „Kosmopolis". An International Monthly Review". Herausgeber E. Ortmann, Bd. I, 1896, S. 547 ff.

Barclay, M. Th.: La Doctrine de Monroe et le Venezuela, R. J. XXVIII, 1896, S. 502 ff.

Barral-Montferrat Horace, Dominique de: De Monroe à Roosevelt. (1823—1905.) Mit einem Vorwort des Grafen d'Haussonville von der Académie Francaise. 1905, Paris.

Beaumarchais, Maurice, Paul, Jean Delarue de: La Doctrine de Monroe. L'évolution de la Politique des Etats-Unis au XIXe Siècle, 2. Aufl. 1898, Paris.

Bingham, Hiram: The Monroe Doctrine an Obselete Shibboleth in Atlantic Monthly, Juni 1913, S. 721 ff.

Bonfils: S. 178 ff.

Bowen, Herbert W.: The Monroe, Calvo and Drago doctrines in The Independent. Band 62 (April 1907), S. 902 ff.

---

[1]) Für nähere Nachweisungen vergl. die bereits oben angeführten Bücher und das Abkürzungsverzeichnis.

Mr. Buchanan's Administration on the Eve of the Rebellion. 1866, New York, S. 276 ff.: The Origin, History, and Nature of the Monroe Doctrine.

Burgess, J. W.: Recent Pseudo-Monroism; in Pol. Sc. Quart. XI (1896), S. 44 ff.

Calvo: I, S. 284 ff.

Calvo: Dictionnaire, I, S. 512 ff.

Carnazza-Amari: in Nouvelle Exposé du Principe de Non-intervention. R. J. Bd. V, S. 352 ff., 360 ff.

Carrol, Benajah H.: The Annexation von Texas. Ein Beitrag zur Geschichte der Monroedoktrin. 1904, Berlin.

Caylin, Ernest: Politique Extérieure des Etats-Unis. Doctrine de Monroe. 1859, Bordeaux.

Cespèdes, José Mariá: La Doctrine de Monroe. 1893, Habana.

Chadwick: Kap. X. The Development of the Monroe Doctrine 179 ff. Vergl. auch die S. 156 ff., 266, 384.

Coolidge: besonders Kap. V.

Coolidge: La Doctrine de Monroe, in Revue de Paris vom 1. April 1907.

Creasy: S. 120 ff.

Crichfield, George W.: American Suprematie, the Rise and Progress of the Latin-American Republics and their Relations to The United States under the Monroe Doctrine. 2 Bände. 1908, New York. Besonders Bd. II, Buch III, 373—486: The Monroe doctrine. (Dieses umfangreiche Werk ist die wertlose Arbeit eines Querulanten).

Cunningham, Frederic: The Monroe Doctrine applied to International Arbitration. Paper read at the 25. Conference of the International Law Assossiation held at Antwerpen 29. Sept. 1903. (Separatdruck.)

Curtis, William Eleroy: VIII, S. 93 ff.

Dana: (siehe Wheaton).

Dana, Richard H. Speeches in stirring times and letters to a Son. 3. Aufl. Boston u. New York 1910, S. 295 ff.

Davis, E.: Elements, 110 ff.

Dembsky, v.: Europe and the new Sea Law. A Manual of International Politics and Maritime Law. 1912, London. Vergl. Introductory Note. A short History of the Monroe Doctrine. Kap. VI. The Future of the Monroe Doctrine, S. 45 ff.; Kap. VII, Europe and Latin-America, S. 55 ff. (Das Buch ist ganz parteiisch und demgemäß unbrauchbar. Man lese nur die Seiten 50 ff.).

Desjardins, Arthur: La Doctrine de Monroe. In R. G. III, (1896), S. 137 ff. und Sonderabdruck 1896, Paris.

Despagnet: S. 269 ff., Nr. 208 ff.

Dirksen, Herbert v.: „Amerika den Amerikanern". Kritische Bemerkungen zur Monroedoktrin. In den „Grenzboten" von 1912, S. 57 ff.

Dole, M. Charles F.: The Right and the Wrong of the Monroe-Doctrine. Publiziert von der World Peace Foundation in Boston. April 1912, Nr. 5, P. V. (Eine politische Kampfschrift von 12 S.).

Driault, Eduard: Les Problèmes Politiques et Socieaux à la Fin du XIXe Siècle. 1900, Paris, S. 227—235: La Doctrine de Monroe.

Dunning: Die neuesten Anwendungen der Monroedoktrin. Heidelberger Dissertation, 1908.

Edgington, Thomas Benton: The Monroe Doctrine. 1904, Boston.

Esguerra, D.: La Doctrina de Monroe. Tesis für die Universität von Colombia. 1896, Bogotá.

Everett, Edward: The Monroe Doctrine usw. 1863, New York.

Fiore: Nouveau Droit International Public usw. II, 139. III, 303.

Floeckher, de: De l'Intervention usw. (siehe unten § 12): La Doctrine de Monroe, S. 60 ff.

Foster: Century. Kap. XII: The Monroe Doctrine, S. 438 ff.

Furcy-Chatelain: S. 118 ff.

Gardner: Sec. XII, S. 24 ff.

Geffcken: H. H. II, 155 ff.

Gilman, Daniel Coit: James Monroe with a Bibliography of Writings pertinent to the Monroe Doctrine by John F. Jameson, S. 160 ff. 1900, Boston u. New York. (Vergl. auch die Ausgabe von 1883. Das Werk ist in der bekannten, von Morse herausgegebenen Sammlung „American Statesmen" erschienen).

Haeberlin, Hermann: Die Geschichte der Monroedoktrin von dem Panama-Kongreß bis zur Präsidentenbotschaft Grants. In Kohlers Zeitschrift VII, Heft I, (1913), S. 11 ff. (Diese ausgezeichnete Abhandlung ist mir erst nach Fertigstellung meiner Schrift zugänglich geworden. Soviel als möglich ist sie noch berücksichtigt.)

Hale: The South Americans usw., S. 12, 322 f. und Kap. XX, S. 324 ff.

Hall: S. 81, 112.

Hart: Foundations, VII; The Monroe Doctrine and the Doctrine of Permanent Interest. S. 211 ff. (Dieses Kapitel ist ein Wiederdruck aus Am. Hist. Rev. VII, Nr. 1 (Oktober 1901), S. 77 ff.).

Hart: The Monroe Doctrine in its Territorial Extend and Application in United States Naval Institute Proceedings, XXXII, Nr. 3, 753 ff. (auch separat, 1906, Annapolis).

Heffter: S. 114 Note 8, v. Geffcken.

Henderson: S. 287—448.

Hershey: S. 72 f., 151 f.

Hinsdall, B. A.: The real Monroe Doctrine: in Michigan Political Science Association Publications Bd. II Nr. 3 1896, Ann Arbor.

Holls, Frederick W.: The Results of the Peace Conference in their relation to the Monroe Doctrine. Am. Monthly Rev. of Rev. Bd. XX, 1899, S. 560 ff.

Jameson, J. F.: siehe Gilman.

Jardón, Perissé Fernando: La Doctrina de Monroe usw. 1903, Madrid.

Kasson, John E.: Evolution of the Constitution of the United States and a History of the Monroe Doctrine. 1904, Boston und New York. S. 121 ff.

Kasson, John A.: The Monroe Declaration, in N. Am. Rev. Bd. CXXXIII (September 1881), S. 241 ff.

Körner, Gustav: The true Monroe Doctrine. Nation, Bd. XXXIV Januar 1882, S. 9 ff. (ein Artikel gegen den eben erwähnten Aufsatz Kassons in der N. Am. Rev.).

Laferrière, Julien: L'impérialisme aux Etats-Unis et la Doctrine de Monroe, R. G. XIII (1906) S. 237 ff.

Kingsley, Vine Wright: Spain, Cuba and the United States. Recognation of the Monroedoctrine. New York, 1870 (erschien unter dem Pseudonym: „By Americus").

Latané: S. 266 ff.

Lawrence: S. 280 ff.

Leavitt, Josua: The Monroe Doctrine. 1863, New York.

Lehr, Ernest: La Doctrine de Monroe, ses Origines, son but et ses Dangers, d'après une récente publication américaine (gemeint ist Doles oben genanntes kleines Schriftchen). R. J. 2. Ser., XV (1913) S. 50 ff.

Leseur, Paul: in Revue du Droit public usw. IV (1895) S. 180 f. (Eine ausführliche Besprechung des oben aufgeführten Buches von Céspédes über die Monroedoktrin.

Liszt, v.: S. 64 ff.

Low, Sidney: The Onley Doctrine and America's New Foreign Policy in XIX. Century, Bd. XL (Dezember 1896) S. 849 ff.

Loomis, F. B.: The position of the United States on the American Continent. Some Phases of the Monroe Doctrine. In Ann. Am. Ac. Pol. and Soc. Sc. Bd. XXII (Juli 1903) Nr. 1 S. 1 ff.

Mac Donnel, John: South American Republics and the Monroe Doctrine in XIX. Century, Bd. LIII (April 1903), S. 587 ff.

Mahan; Alfred Thayer: The Monroe Doctrine. In the National Review, Bd. XL, Teil II (1902—1903), Februar-Nummer, S. 871—889 (von Coolidge, engl. Edition, S. 106 erklärt als „perhaps the best recent exposition of the Doctrine"); vergl. auch den Leitartikel dazu in demselben Journal S. 845 ff.

Martens: I, S. 303 ff.

Martin, Percy F.: The Myth of the Monroedoctrine in (engl.) Financial Review of Reviews, wahrscheinlich August 1912 (von mir nach einem ausführlichen Referat der New Yorker Times vom 1. Oktober 1912 benutzt).

Mc Laughlin: Monroe Doctrine. (In dem Buche „Nicaragua" von D. B. Lucas, 1896, Richmond, Virginia, S. 195—216.)

Mc Master; John Bach: The Origine Meaning and Application of the Monroe Doctrine (ohne Jahreszahl), Philadelphia. (Eine populäre Darstellung, erschienen aus Anlaß des Briefwechsels zwischen Salisbury und Olney.)

Mérignhac: La Doctrine de Monroe à la fin du XIXe Siècle. In: Revue du Droit Public usw. Bd. V (1896) Nr. 2 S. 201 ff., auch Sonderabdruck Paris 1896.

Mérignhac: Traité usw. S. 401 ff.

Mettgenberg, Wolfgang: Die Monroedoktrin (nach Verhandlungen der American Society of International Law, im Archiv für öffentliches Recht), Bd. XXX, 1913, 3. Heft, S. 407 ff.

Miller, Sir Alexander: The Monroe Doctrine from an English Stand point. N. Am. Rev. Bd. 76[2] (1903) S. 728 ff.

M o i r e a u , A u g u s t e: La Doctrine de Monroe in Revue politique et littéraire, 4. Ser. Bd. V (Jahrg. 33, 1896) S. 13—16 (ein kurzer, anläßlich des Venezuela-Grenzstreites entstandener Artikel).

M o o r e , J o h n B a s s e t t: La Doctrin de Monroe, in R. J. XXVIII, (1896) S. 301 ff.

M o o r e , J o h n B a s s e t t: The Monroe Doctrine, ist Origin and Meaning (ein Widerdruck aus der New York Evening Post vom Jahre 1895),

M o o r e , J. B.: The Monroe Doctrine in Pol. Sc. Quart., XI, (1896) S. 1 ff.

M o o r e , J. B.: Dipl., besonders Kap. VI S. 131 ff.: Non-intervention and the Monroe Doctrine.

M o o r e , J. B.: Four Phases, bes. S. 92, 137 ff., 141, 143, 161, 193

M o u l i n , H e n r y A l e x i s: L'Expansion des Etats-Unis et la Doctrine de Monroe usw. 1903, Dijon.

M o u l i n , H. A.: in: Atti del Congresso internazionale di scienze storiche, Bd. IX (1904) S. 171 ff. Diese Abhandlung ist gedruckt in Moulin's Werk „La Doctrine de Drago", Paris 1908, unter IV: La valeur de la Doctrine de Monroe et ses rapports avec le principle des nationalités, S. 149 ff.

M o y e , M a r c e l: L'Impérialisme Américain et la Doctrine de Monroe, R. G. XII (1905) S. 190—204.

M ü n s t e r b e r g , H.: Deutsche Ausgabe, Bd. I S. 48 f., 311 f., 322 f.

N o r t h A m e r i c a n R e v i e w: Bd. LXXXII (1856) S. 478—512, unter dem Titel: The Monroe Doctrine, ein lesenswerter Leitartikel gegen angeblich unzulässige Ausdehnung der Monroedoktrin, veranlaßt durch eine Rede des Senator Louis Cass im Senat am 28. Januar 1856 über zentralamerikanische Angelegenheiten und die Monroedoktrin.

N y s , E r n e s t: 1912, Bd. II S. 242 ff.

N y s , E.: Les Etats-Unis et le Droit des Gens, Constations et Notes, R. J. 2. Ser., Bd. XI, 1909, S. 126 ff.

O l n e y , R i c h a r d (der frühere Staatssekretär): International Isolation and the United States. Atlantic Monthly, Bd. LXXXI (Mai 1898) S. 577—588.

O p p e n h e i m: Bd. I S. 196 ff.

P e r e y r a , C a r l o s: La doctrina de Monroe; el destino maniefesto y el imperialismo, 1908, Mejico.

P é t i n , H e c t o r: Les Etats-Unis et la Doctrine de Monroe. 1900, Paris.

P h e l p s , E d w a r d , J.: The Monroe Doctrine. America and Europe, a Study of International relations, Bd. II S. 57 ff. Dies ist Nr. 87 der Questions of the Day-Series. 1896, New York und London. (Phelps war Gesandter der Vereinigten Staaten in England.)

P o h l , H e i n r i c h: Der Monroevorbehalt. In: Festgabe der Bonner juristischen Fakultät für Paul Krüger. Berlin, 1911. S. 449 ff.

P o l l o c k , S i r F r e d e r i c k: The Monroe Doctrine, Washington, Gov. Print. Off. 1903. (Eine Adresse Pollocks vor den Beamten der Londoner Handelskammer, wiedergedruckt auf Antrag von Senator Lodge als 58. Cong. I. Sess Sen. Doc. 7 aus der Zeitschrift XIX. Century.)

P r a d i e r , F o d é r é: Bd. I S. 557 ff.

Reddaway, W. P.: The Monroe Doctrine. 1698, Cambridge (England). Ein zweiter, in New York erschienener Wiederdruck ist vom Jahre 1905.

Reed Whitelaw (war englischer Botschafter in Washington): The Monroe Doctrine, the Polk Doctrine, the Doctrine of Anarchism. Commencement adress at the Law Shool, Yale Universität. 23. Juni 1903. New York, 1903.

Ribet, Joseph: Le vol de l'aigle de Monroe à Roosevelt. 1905, Paris. (Diese Schrift wurde als Pariser Doktor-Dissertation zuerst unter folgendem Titel gedruckt: Ribet, Joseph: Des Transformations de la Doctrine de Monroe. 1905, Auxerre.)

Rivier: Princ. I S. 404 ff.

Rooney: La Doctrina de Monroe Inglaterra y Venezuela. 1891, New York.

Roosevelt, Theodore: American Ideals and other Essays Social and Political. 1897, New York und London. Kap. XI S. 228 ff.: The Monroe Doctrine.

Rümelin, Carl: Die Monroedoktrin. In Zeitschr. f. d. gesamte Staatswissenschaft, Tübingen 1882, Heft II, S. 331—343.

Scruggs, William L.: The Monroe doctrine, its Origin and Import. In: N. Am. Rev. Bd. CLXXVI, 1 (1903) S. 185 f.

Silbey, N. W.: The Right of Intervention and the Monroe Doctrine. In: The Law Times, Bd. C (vom 4. Januar 1896).

Snow: Treaties usw. S. 237—294.

Stockton: The Monroe Doctrine and other adresses. 1898, St. John.

Taylor: S. 140 ff.

Tucker, G. F.: The Monroe Doctrine; a concise History of its Origin and Growth. 1885, Boston. Im Jahre 1905 erschien eine Ausgabe mit einem als Supplement eingefügten Kap. XI: „Venezuela", S. 13? ff.

Tucker, George Fox: The Monroe Doctrine thouroghly explained. 1903, Boston. (Ein kleines populäres Schriftchen von 32 Seiten.)

Ullmann: § 164.

Valois: Die Monroedoktrin und der Weltfrieden. Deutsche Revue, eine Monatsschrift, herausgegeben von Richard Fleischer: Bd. XXIX Juni- und Juli-Heft 1904 S. 274 ff. und S. 13 ff.

Varigny, G. de: La Doctrine Monroe et le Canada; Rev. des deux Mondes, 3. Pér. Bd. XXXII, 1. April 1879, S. 628 ff.

Wheaton, Atlay: S. 97 ff.

Wheaton, Dana: Note § 67, Nr. 36, S. 97—112.

Woolsey: Introd. § 48 S. 54 ff.

Woolsey: Americas Foreign Policy. S. 223 ff. The President's Monroe Doctrine (gegen Clevelands Politik im Venezuela-Grenzstreit).

Anderson, Luis: The Monroe Doctrine and International Law; in Proceedings of the American Society of International Law at its VIth Annual Meeting, Washington 1912, S. 72 ff. (ist mir erst während des Korrekturenlesens zugänglich geworden).

Erster Abschnitt.

Entstehung und ursprünglicher Inhalt der Monroe-Doktrin.

I. Die Botschaft des Präsidenten Monroe vom 2. Dezember 1823.[1])

In seiner siebenten Jahresbotschaft zum Kongreß der Vereinigten Staaten von Amerika vom 2. Dezember 1823 brauchte Präsident Monroe die folgenden Wendungen:

Abs. 7. „Zufolge eines Vorschlages der kaiserlich russischen Regierung, den sie durch den hier residierenden Gesandten des Kaisers gemacht hat, ist dem Gesandten der Vereinigten Staaten in St. Petersburg volle Ermächtigung und Anweisung gegeben worden, durch freundschaftliche Verhandlung die gegenseitigen Rechte und Interessen der beiden Nationen an der Nordwestküste dieses Erdteiles zu ordnen. Ein entsprechender Vorschlag ist seitens seiner kaiserlichen Majestät der Regierung von Großbritannien gemacht worden, der ebenfalls angenommen worden ist. Die Regierung der Vereinigten Staaten ist begierig gewesen, durch dieses freundliche Verhalten den großen Wert zu zeigen, den sie unverrückt der Freundschaft des Kaisers beigelegt hat, und ihr Bestreben, das beste Einvernehmen mit seiner Regierung zu pflegen. Im Hinblick auf die Erörterungen, zu denen dieses Interesse Anlaß gegeben und auf das Übereinkommen, in dem sie möglicherweise ihren Abschluß finden werden, ist die Gelegenheit für angebracht gehalten worden, es als einen Grundsatz aufzustellen, der die Rechte und Interessen der Vereinigten Staaten berührt, daß die amerikanischen Kon-

---

[1]) Der Text der Botschaft findet sich u. a. an folgenden Stellen: Am. State Papers For. Rel. V, 246 ff.; State Papers 18. Cong. 1. sess. Nr. 2, Washington, gedruckt von Gales & Seaton 1823; American History Leaflets Nr. 4, Juli 1892, Parker P. Simmons, 1912 (herausgegeben von Hart & Shanning), S. 13 f.; Canal Corr. 1900, S. 244; Fleischmann, Nr. 8 S. 27 ff.; Moore, VI, S. 401 ff.; Richardson, Mess. II, S. 207 ff.; Strupp, I, S. 175 ff.

Ein Abdruck ist auch im Anhang unten unter I Nr. 3 beigefügt.

tinente zufolge der freien und unabhängigen Stellung, die sie sich errungen haben und behaupten, fürderhin nicht mehr als Gegenstände für zukünftige Kolonisation durch irgend welche europäischen Mächte anzusehen sind . . . . ."[1])

Abs. 48. „Es war am Anfang der letzten Session berichtet worden, daß man damals in Spanien und Portugal sehr bemüht war, die Lage der Bewohner dieser Länder zu bessern, und daß dies in ungewöhnlich maßvoller Weise durchgeführt zu werden scheine.[2]) Es braucht kaum bemerkt zu werden, daß das Ergebnis bisher sehr verschieden gewesen ist von dem, was man damals erwartete. Wir sind stets eifrige und interessierte Zuschauer gewesen bei den Ereignissen in jenem Teile der Erde, mit dem wir so starken Verkehr haben und von dem wir unseren Ursprung ableiten. Die Bürger der Vereinigten Staaten hegen die freundlichsten Gefühle für die Freiheit und das Glück ihrer Mitmenschen auf jener Seite des atlantischen Ozeans. An den Kriegen der europäischen Mächte um ihre eigenen Angelegenheiten haben wir nie teilgenommen, noch verträgt sich eine solche Handlungsweise mit unserer Politik. Nur wenn in unsere Rechte eingegriffen wird, oder sie ernstlich bedroht sind, nehmen wir Kränkungen übel oder treffen Vorbereitungen zu unserer Verteidigung. Mit den Wandlungen, die auf dieser Hemisphäre vor sich gehen, sind wir notwendiger Weise und aus Gründen, welche allen erleuchteten und unparteiischen Beobachtern klar sein müssen, unmittelbarer verbunden. Das politische System der verbündeten Mächte ist in dieser Hinsicht grundverschieden von dem Amerikas. Dieser Unterschied rührt von demjenigen her, der zwischen ihren bezüglichen Regierungen besteht. Und die ganze Nation ist der Verteidigung der Unsern ergeben, die unter Verlust von so viel Blut und Gut geschaffen und durch die Weisheit unserer erleuchtetsten Bürger gereift ist und unter der wir beispiellose Glückseligkeit genossen haben. Wir schulden es deshalb der Aufrichtigkeit und den freundschaftlichen, zwischen den Vereinigten Staaten und jenen Mächten bestehenden Be-

---

[1]) Die im Text unterstrichenen Stellen sind im Original nicht besonders hervorgehoben.

[2]) Gemeint ist Präsident Monroes 6. Jahresbotschaft vom 3. Dez. 1822, die in Richardson, Mess. II, S. 185 ff. abgedruckt ist; die betr. Stelle steht auf S. 193.

ziehungen, zu erklären, daß wir jedweden Versuch ihrerseits, ihr System auf irgend welchen Teil dieser Hemisphäre auszudehnen, als gefährlich für unseren Frieden und unsere Sicherheit ansehen würden. In die bestehenden Kolonien oder Dependenzen irgend einer europäischen Macht haben wir uns nicht eingemischt und werden wir uns nicht einmischen. Aber wir könnten einen Eingriff seitens einer europäischen Macht in die Regierungen, die ihre Selbständigkeit erklärt und sie aufrecht erhalten haben, und deren Unabhängigkeit wir nach großer Überlegung und auf Grund gerechter Prinzipien anerkannt haben, zu dem Zwecke sie zu unterdrücken oder in irgend einer Weise ihr Schicksal zu bestimmen, in keinem anderen Lichte denn als Kundgebung eines unfreundlichen Verhaltens gegenüber den Vereinigten Staaten ansehen. In dem Kriege zwischen diesen neuen Regierungen und Spanien erklärten wir zur Zeit ihrer Anerkennung unsere Neutralität, und dabei sind wir geblieben und werden fortfahren dabei zu bleiben, vorausgesetzt, daß keine Änderung eintritt, die nach dem Urteile der zuständigen Autoritäten dieser Regierung eine entsprechende Änderung seitens der Vereinigten Staaten für ihre Sicherheit unerläßlich notwendig macht."

Abs. 49. „Die neuerlichen Ereignisse in Spanien und Portugal zeigen, daß die Verhältnisse in Europa noch nicht zur Ruhe gekommen sind. Für diese wichtige Tatsache kann kein stärkerer Beweis erbracht werden als der, daß die alliierten Mächte es auf Grund eines sie selbst befriedigenden Prinzipes für angemessen erachtet haben, gewaltsam in die inneren Angelegenheiten Spaniens einzugreifen. Wie weit solches Einschreiten auf Grund desselben Prinzipes getrieben werden kann, ist eine Frage, an der alle unabhängigen Mächte, deren Regierungsformen von der jener abweichen, sogar die entlegensten und sicherlich keine mehr als die Vereinigten Staaten interessiert sind. Unsere Politik bezüglich Europas, die in einem früheren Zeitpunkt der Kriege, welche so lange jenen Teil des Erdballes aufgeregt haben, angenommen wurde, bleibt nichtsdestoweniger dieselbe, nämlich, nicht in die inneren Angelegenheiten irgend einer ihrer Mächte einzugreifen, die de facto Regierung als die für uns rechtmäßige anzusehen, freundliche Beziehungen mit ihr zu pflegen, und solche Beziehungen durch eine freimütige, feste und männliche Politik zu erhalten, den gerechten Ansprüchen jeder Macht in allen Fällen zu genügen und dabei Unbill von keiner hinzunehmen. Aber in Hinblick auf diese Kontinente sind die Umstände höchst und augenfällig verschieden. Es ist unmöglich, daß die Verbündeten ihr politisches System auf irgend einen Teil eines der beiden Kontinente erstrecken, ohne unsern Frieden und unser Glück zu gefährden; noch kann irgend jemand glauben, daß unsere südlichen Brüder, wenn für sich gelassen, es aus eigenem Antriebe annehmen würden. Es ist deshalb gleichermaßen unmöglich, daß wir ein solches Eingreifen in irgend einer Form mit Gleichgültigkeit sehen sollten. Wenn wir die vergleichsweise Stärke und die Hilfsquellen Spaniens und dieser neuen Regierungen und ihre Entfernungen von einander betrachten, so muß es offensichtlich sein, daß Spanien sie nie unterwerfen kann. Es ist immer noch die ehrliche Politik der Vereinigten Staaten, die Parteien sich selbst zu überlassen, in der Hoffnung, daß andere Mächte denselben Kurs verfolgen werden."

II. Die Entstehungsanlässe der Monroe-Botschaft.[1])

Zwei historische Ereignisse haben die eben wiedergegebenen Ausführungen, von denen die im Text unterstrichenen Worte

---

[1]) Zur Entstehungsgeschichte der Monroedoktrin vergl. außer den American State Papers Foreign Relations, den British and Foreign State Papers, Richardson, Messages, den Statutes at Large u. dergl. mehr, insbesondere die folgenden Quellenwerke: Adams, Charles Francis, Memoires of John Quincy Adams, comprising Portions of his Diary from 1795 to 1848, 12 Bde., Philadelphia 1874—1877. Benton, Thomas Hart (gez. als B. A. Senator of Thirty years): Thirty Years View, or History of the working of the American Government for thirty years, 1820—1850, 2 Bde., New York 1854—1856, I. Bd. S. 15 ff.; Canal Corr. 1900, S. 232 ff.; Crallé, Richard K.: Speeches of J. Calhoun, New York 1865 (Vol. IV der Calhounschen Werke); Ford, P. L.: The Writings of Thomas Jefferson, 10 Bde., New York 1892—1899; Ford, Worthington Chauncey, The Writings of Washington, 14 Bde., New York u. London, 1889—1893; Idem, John Quincy Adams u. the Monroe Doctrin in the Am. Hist. Rev. Bd. VII, 676 ff.; Idem, J. Q. Adams, His connection with the Monroe Doctrine usw. Cambridge (U. S.) 1902 (Wiederdruck aus Proceedings Mass. Hist. Soc. 1902); Hamilton, Stanislaus Murray,

gemeinhin als die erste Formulierung der Monroedoktrin angesehen werden, veranlaßt. Das war einmal der Streit der Vereinigten Staaten mit Rußland um ihre Grenze im nordwestlichen Amerika. Zum anderen war es die heilige Allianz und deren Anstalten, in den Freiheitskampf der Latin-Amerikanischen Kolonien einzugreifen.

1. Der Streit mit Rußland.

Der Streit mit Rußland nahm seinen Ausgangspunkt von einem Edikt des Zaren Alexander, das er über den Handel an der östlichen Küste von Sibirien, der Nordküste von Amerika,

---

The Writings of the J. Monroe, Bd. VI (1817—1823), New York u. London 1902; Hunt, G., The Writings of James Madison, 9 Bde., 1900—1910, New York; Madison, James, Letters and other writings of James Madison (Auftrag des Kongresses der V. St.), 4 Bde., Philadelphia 1865; Moore, VI, 374 ff.; Randall, H. S., The Life of Thomas Jefferson, 3 Bde., New York 1858; Rush, Richard, Memoranda of a Residence at the court of London, comprising incidents, officials and personal from 1819—1825, including negotiations on the Oregon question and other unsettled questions between the U. S. and Great Britain, Philadelphia 1845; Sparks, Jared, The Writings of George Washington, 12 Bde., Boston 1837; Stapleton, Augustus Granville, The political life of the Right Honorabe George Canning, 1882—1827, 2. Aufl., 3 Bde., London 1831.

Vergl. ferner die folgende Literatur: Foster S. 438 ff.; Henderson S. 294 ff.; Moore, Dipl., 144 ff.; Morse, John T. jun.: J. Q. Adams (Bd. XV, d. Am. Statesmen. Ser.) 1900, 129 f.; Reddaway, Kap. 1—5, S. 3 ff.; Snow, bes. S. 236 ff.; bes. Tucker, S. 1 ff.; Turner, F. J., Rise of the New West, New York u. London 1906, Bd. XIV, d. von Hart unter dem Namen „The American Nation" herausgegebenen historischen Sammlung, vergl. bes. Kap. 12, S. 199 ff. dieses Werks (The Monroe Doctrine 1821—1823).

Vergl. im einzelnen zum Streit mit Rußland: Alaskan Boundary Tribunal, Sen. Doc. 162 58. Cong. 2. sess., bes. den Bd. III. Dort befindet sich auf S. 31 ff. die „Dipl. Corr. Rel. to the Treaty of 1824 between U. S. and Russia". Die englische Korrespondenz befindet sich ebenda S. 57 ff.; Adams, John Q., Mem. VI. 1847 ff.; Am. State Papers For. Rel. V, 432 ff.: Correspondence and Convention with Russia relative to navigation and trade on the northwest coast of America; Benton, l. c. II, 667 ff.; Br. and For. State Papers, 1822—1823, S. 470 ff.; 1825—1826, S. 595 ff.; Moore, VI, § 934, 939; Moore, Arbitrations, I, Kap. 6, 169 ff.; Foster, S. 442 ff. Latané, S. 79 ff.; Henderson, S. 330 ff.; Moore, Dipl., S. 150 ff. u. passim; Reddaway, an verschiedenen z. B. S. 43; Tucker, S. 12 ff.; Wheaton, § 168 ff. (S. 265 ff.); vergl. zu dem Streit auch die später beim Oregonstreit mit England unten S. 85 Anm. 7 angeführten Bücher, insbesondere Twiss (engl. Ausgabe) S. 74, 164; Falconer, S. 41 usw.

Vergl. im Einzelnen zur heiligen Allianz: Br. and For. State Papers, 1822—1823, S. 895 ff. (Cong. of Verona) u. 1823—1824, S. 49 ff.; Chateaubriand, F. A. de, Congress de Vérone, Paris 1866 (Bd. X der Oeuvres compl. de Chateaubriand; Ford, Am. Hist. Rev. VII, 682; Moore, VI, S. 374 ff.; Chadwick, Kap. 9, 156 ff. („The Holy Alliance and the invasion in Spain"); Hart, Found. S. 33 ff.; Henderson, S. 306 ff.; Latané, Cap. II, 56 ff.; Moore, Dipl. S. 144 ff.; Reddaway, bes. Cap. II u. III (The international Situation in 1823); Snow, 236 ff. der auf S. 243 ff. die Texte der heil. Allianz und des Abkommens von Verona vom 22. XI. 1822 abdruckt; Taylor, § 105, S. 140 f.; Tucker, S. 1 ff.

den Aleuten, Kurilen und andern Inseln unter dem 4. September 1821 erlassen hatte.[1]) Auf Grund erster Besitznahme sowie langen, friedlichen, unbestrittenen Besitzes durch Rußland [2]) nahm der Zar darin alles amerikanische Land im nordwestlichen Amerika hinab bis zum 51 ° nördlicher Breite in Anspruch. Er verbot fremden Handelsbetrieb sowie Seefahrt und Fischerei innerhalb eines Bezirks von 100 italienischen Meilen von der Nordwestküste Amerikas bis zum 51 ° nördlicher Breite und gestattete

> „das Treiben von Handel, das Fangen von Walfischen und jede andere Industrie auf allen Inseln, in allen Häfen und Golfen, einschließlich der gesamten Nordwestküste von Amerika von der Behringstraße an bis zum 51 ° nördlicher Breite, ebenso von den Aleuten zu der östlichen Küste von Sibirien und den kurilischen Inseln entlang von der Behringstraße zu dem Südkap der Insel Urup bis zum 45° 50′ nördlicher Breite, ausschließlich russischen Untertanen“ (tatsächlich der Russisch-Amerikanischen Kompanie, die schon am 8. Juli 1799 vom Zaren Paul I. das Recht zum Jagen und zum Handelsbetrieb im nordwestlichen Amerika erhalten hatte).[3])

Die Vereinigten Staaten bestritten alle russischen Territorialansprüche, soweit sie sich auf südlich vom 55 ° liegendes amerikanisches Land bezogen. Dieses Gebiet für sich selbst in Anspruch nehmend, erhoben sie unter dem 22. Februar 1822 gegen die russischen Forderungen Widerspruch [4]) (ebenso übrigens wie der dritte Prätendent: England) und regten vertragsmäßige Regelung der Grenzen an. Die daraus folgenden Verhandlungen mit Rußland führten endlich zu dem St. Petersburger Kompromiß-Abkommen vom 5./17. April 1824 [5]), durch das der 54° 40′ Parallele

---

[1]) Alaskan Bound. Trib. I, S. 25 ff., auch III, S. 19; Br. and For. State Papers, 1822—1823, S. 472 ff.; Moore, I, S. 890 f.; ders., Arbitrations I., S. 756 ff.

[2]) Brief des Chevalier de Politeca, Russ. Gesandter in Washington, v. 28. II. 1822, in Br. and For. State Papers, 1821—1822, S. 483 ff.

[3]) Text des betr. Ukases in Alaskan Bound. Trib. Bd. I, S. 22, sowie III, S. 16.

[4]) Adams, zu Politeca, in Br. and For. State Papers, 1821—1822, S. 482 ff.

[5]) Am. State Papers For. Rel. V, 432 ff.; Br. and For. State Papers, XII, S. 595; Moore, Arbitrations I, S. 755; Treaty Vol. 1910, S. 1512.

Über die Ansprüche Englands und die Verhandlungen zwischen ihm und den Vereinigten Staaten vergl. unten Seite 85 ff.

als die Grenze der beiden Staaten in Amerika ausgemacht wurde.[1])

Im Verlaufe der Erörterungen mit Rußland gab der Staatssekretär der Vereinigten Staaten, John Quincy Adams, dem russischen Gesandten in Washington, Baron Tuyll, am 17. Juli 1823 eine Erklärung ab, die in der Monroebotschaft beinah wörtlich wiederkehrt. Adams bemerkte:[2])

„daß wir (i. e. die Vereinigten Staaten) das Recht der russischen Regierung zu irgend einer territorialen Niederlassung auf diesem Erdteile bestreiten würden und daß wir mit aller Entschiedenheit das Prinzip annehmen würden, daß die amerikanischen Kontinente nicht länger Gegenstände für irgend welche neuen europäischen kolonialen Niederlassungen seien".[3])

Ganz ähnlich drückte er sich in einer Instruktion an den Gesandten der Vereinigten Staaten in London, Richard Rush, vom selben Tage aus, in der es u. a. heißt:[4])

„Eine notwendige Folge dieses Zustandes der Dinge wird sein, daß die amerikanischen Kontinente fürderhin nicht mehr Gegenstände für Kolonisation sind."[5])

Aus dem, was wir von den Beratungen von Monroes Kabinett über die dann am 2. Dezember 1823 verkündete Botschaft wissen, ergibt sich nichts über die Gründe, warum der Inhalt dieser diplomatischen Erklärungen außerdem noch durch die Botschaft der

---

[1]) Die aus diesem Vertrage sich ergebenden Auslegungsschwierigkeiten wurden Rußland gegenüber durch den im Jahre 1867 erfolgten Kauf Alaskas durch die Verein. Staaten gegenstandslos.

[2]) Adams, Mem. VI, 163.
In Anmerkung 1 ist vom Herausgeber dort bemerkt: „The first hit of the policy so well known afterwards as the Monroe Doctrine".

[3]) „that we should contest the right of Russia to any territorial establishment on this Continent and that we should assume distinctly the principle that the American continents are no longer subjects for any new European colonial establishments."

[4]) Am. State Papers For. Rel. V, 447; die von Moore VI, 415, Adams zugeschriebenen und danach in seinen „Observationen" vom 22. Juli 1823 enthaltenen Bemerkungen finden sich tatsächlich in einem Schreiben des Grafen Fernan Nunez an Mr. Montmorin, Sekretär des französischen Auswärtigen Amtes, vom 16. Juni 1790. Vergl. Am. State Papers For. Rel. V, 445.

[5]) Er drückt diesen Gedanken noch ein drittes Mal in einem Schreiben ebenfalls vom 22. Juli 1823 an Rush aus (vergl. Am. State Papers For. Rel. V, 447).

großen Öffentlichkeit unterbreitet wurde. Die Kabinettsberatungen scheinen sich auf den gegen das gefürchtete Eingreifen der heiligen Allianz gerichteten Teil der Botschaft bezogen zu haben. Die gegen die russischen Kolonisationsversuche sich wendenden Bemerkungen dagegen sind allem Anscheine nach ohne Wissen des Kabinetts, ja ohne Prüfung durch Monroe vom Staatssekretär Adams später dem Botschaftsentwurfe zugefügt worden.[1])

Man kann aber insbesondere aus der gewählten Fassung schließen, daß es dem Staatssekretär Adams weniger darauf ankam, dem Kongreß lediglich von stattgehabten diplomatischen Verhandlungen Mitteilung zu machen. Der von ihm offenbar verfolgte Zweck war vielmehr der, wie Richard Rush es später ausgedrückt hat, mit der Botschaft „andern Nationen eine Notiz zu geben".[2])

2. Die heilige Allianz.

Das Wirken der heiligen Allianz und der aus ihr erwachsenen sogenannten Pentarchie der Großmächte, insbesondere der auf Grund der vom Kongreß von Verona getroffenen geheimen Abmachungen vom 22. November 1822 in ihrem Auftrage zur Wiederherstellung der Regierung Ferdinands VII. im Frühjahr 1823 erfolgende Einfall Frankreichs in Spanien wurde von den Vereinigten Staaten mit Besorgnis beobachtet. Man fürchtete dort insbesondere, daß die heilige Allianz zum Schutze des von ihr angenommenen Legitimitätsprinzips auch in den Freiheitskampf der amerikanischen Kolonien Spaniens eingreifen werde. Die Vereinigten Staaten hatten diese Kolonien, die sich seit dem Jahre 1810 von Spanien losgerissen hatten, bis zum Jahre 1823 größtenteils [3]) als selbständige Staaten anerkannt.[4])

---

[1]) Vergl. dazu insbesondere C a l h o u n s Ausführungen, der ein Mitglied von Monroes Kabinett zur Zeit der Beratung der Botschaft war und am 15. Mai 1845 im Senat in einer Rede gegen die Monroedoktrin erklärte, seiner Erinnerung nach sei dieser Teil der Botschaft nie vom Kabinett beraten worden. Er äußerte bei dieser Gelegenheit weiter die Meinung, daß der vorsichtige Monroe ihn auch nie durchgelassen haben würde. (Vergl. dazu unten S. 99 f).
Vergl. über diese Kabinettsberatungen auch besonders A d a m s Tagebuch in seinen Memoiren Bd. VI, bes. von S. 177 an.

[2]) R u s h , Mem. (Ausgabe 1845), S. 473, Eintrag unter dem 6. Jan. 1824 „The principle as promulgated in the Presidents Message, would remain undiminished, a s N o t i c e t o o t h e r N a t i o n s , and a guide to me in the general negotiation with England when that came on".

[3]) Noch nicht anerkannt war zur Zeit des Erlasses der Monroedoktrin P e r u , das am 2. Mai 1826 von den Vereinigten Staaten anerkannt wurde; die K o n -

Ebenso unruhig wie die Regierung der Vereinigten Staaten empfand die Regierung Englands die durch die heilige Allianz geschaffene Lage, nachdem George Canning dem diesem Bündnis günstig gesinnten Lord Castlereagh in der Leistung der britischen auswärtigen Angelegenheiten gefolgt war.

Canning[1]) begann im August 1823 mit Richard Rush, dem Gesandten der Vereinigten Staaten in London, Verhandlungen

---

föderation zwischen Peru und Bolivia wurde am 9. Juni 1838, Bolivia wurde am 30. Mai 1848 anerkannt.

Die Föderation der zentralamerikanischen Staaten, bestehend aus Honduras, Guatemala, San Salvador, Nicaragua und Costa Rica erkannten die Vereinigten Staaten am 4. August 1824 an.

[4]) Die Anerkennung durch die Vereinigten Staaten erfolgte im einzelnen für: Vereinigten Staaten von Colombia am 18. oder 19. Juni 1822 (Colombia bestand damals aus New Granada, Ecuador und Venezuela; Venezuela wurde als selbständig anerkannt am 25. Febr. 1835, New Granada am 18. Sept. 1835, Ecuador am 15. Juni 1838). Über die Anerkennung von Panama, einer Provinz von New Granada, das den Namen Republic von Colombia angenommen hatte, vergl. unten S. 211.

Die Regierung von Buenos Aires wurde am 27. Jan. 1823 anerkannt (sie enthielt damals Uruguay, Paraguay und Argentinien; Uruguay wurde als selbständig anerkannt am 25. Jan. 1836 und Paraguay am 27. April 1852). Die Vereinigten Provinzen vom Rio de la Plata, ein Name, der eine andere Bezeichnung für dieselbe Regierung war, sind als solche nie anerkannt worden: vergl. Staatssekretär van Buren an Mr. Berrien unter dem 24. Sept. 1830. 23. MS. Dom. Let. 482 (M. VI, 91); Chile, anerkannt am 27. Jan. 1823; Mexiko, am 27. Jan. 1823; Costa Rica, als selbständig anerkannt am 24. März 1851; Guatemala am 5. April 1844, Honduras am 18. April 1853, Nicaragua am 24. Dez. 1849; San Salvador am 1. Mai 1849; die größere Republik von Zentralamerika (Honduras, Nicaragua, San Salvador) am 24. Dez. 1896.

Brasilien, eine portugiesische Provinz, wurde von den Vereinigten Staaten am 26. Mai 1824 als selbständig anerkannt.

Vergl. zu diesen Anerkennungsfragen insbesondere: Memor. on Method of recognition of foreign governments by U.S. 1789—1897, 54 Cong. 2. sess. Sen. Doc. 40 (Bd. III, ser. Nr. 3469); Memor. upon power to recognize independence of new foreign state, 1897, 54. Cong. 2. sess. Sen. Doc. 56 (ebenfalls in Bd. III, ser. Nr. 3469). Beide Dokumente sind anlässlich einer Senatsresolution, die Unabhängigkeit Cubas anzuerkennen, gedruckt worden.

Vergl. weiter die folgenden Werke:

Calvo, I, 243 ff.; Calvo, Charles, Annales historiques de la révolution de l'Amérique Latine accompagnées de documents à l'appui. Paris u. Madrid, 5 Bde. Bd. IV. u. V auch Buenos Aires, 1864—1867. (Die Texte sind in Spanisch).

Chadwick, Cap. VIII. The recognition of South America Independence, S. 148 ff.; Historicus, (Pseudonym für Sir William George Granville Vernon Harcourt): Lettres on some questions of International Law. London u. Cambridge, 1863, I, 3—35; Latané, 56 ff.; Moore, I, 85 ff.; Paxson, Frederic Logan, The Independence on the South American Republics; a study in recognition and foreign policy, Philadelphia 1903 (Bibliographie S. 253—264); Pilling, William, The Emancipation of South America, being a condensed translation by W. Pilling of the history of San Martin by general Don Bartolomé Mitre, first constitutional President of the Argentine Republic, London 1893.

[1]) Zu dem Folgenden vergleiche besonders Rush, Mem. Kap. XXI, 488 ff. (Communication from Mr. Canning on the affairs of Spanish America usw.).

über die Frage einer gemeinsamen Erklärung gegen ein etwaiges Vorgehen Frankreichs gegen die spanischen Kolonien in Amerika anzuknüpfen.[1]) Die Angelegenheit führte zu einem Briefwechsel zwischen Canning und Rush, in dem Gedanken, wie die dann in der Monroe-Botschaft ausgesprochenen, zum Teil beinah in den von der Botschaft gebrauchten Wendungen erscheinen.[2])

Canning teilte am 20. August 1823 Rush unoffiziell und vertraulich die folgenden höchst interessanten Prinzipien seiner Regierung mit: [3])

„1. Wir halten die Wiedererlangung der Kolonien durch Spanien für hoffnungslos;
2. Wir halten die Frage ihrer Anerkennung als unabhängige Staaten für eine Frage von Zeit und Umständen;
3. Wir sind jedoch keineswegs dazu aufgelegt, einem Arrangement zwischen ihnen und dem Mutterlande durch freundliche Verhandlung irgend ein Hindernis in den Weg zu legen;
4. Wir streben unsererseits nicht nach dem Besitze irgend eines Teiles derselben;
5. Wir könnten nicht mit Gleichgültigkeit irgend einen Teil derselben an eine andere Macht übertragen sehen.“ [4])

Canning fragte gleichzeitig vertraulich bei Rush an, ob die Regierung der Vereinigten Staaten geneigt sei, diese Grundsätze „in das Gesicht der Welt“ zu erklären und ob es in seiner Macht läge, über diese Frage in Verhandlungen einzutreten und ein Ab-

---

[1]) Vergl. dazu den Bericht von Rush an Staatssekretär Adams vom 19. Aug. 1823 über seine Unterhaltung mit Canning in Canal Corr. 1900, S. 239 ff. (Nr. 323).

[2]) Davon, daß Canning der Urheber der Monroedoktrin gewesen sei, wie behauptet worden ist, kann natürlich im Ernste keine Rede sein. Vergl. dazu Sumner, Charles, Prophetic voices concerning America A. Monograph. Boston u. New York 1874, S. 152 f. u. 157 f. Vergl. auch Cannings selbstbewußte Bemerkung: „I called the new world in existence to redress the balance of the old, in Hansards Deb. XVI, 397, vergl. auch Stapletons Political Life of Canning, III, 227. Gegen Sumner, insbesondere Snow, S. 292; gegen Cannings Urheberschaft sprechen sich auch weiter aus z. B. Foster, S. 449 u. ausführlich Scruggs in North American Revue, 176[1], (1903), S. 188—191.

[3]) Vergl. Ford, Am. Hist. Rev. VII, 682 und Proc. of Mass. Hist. Soc. XV, Januar 1901, S. 415; ferner den Bericht von Rush in seinen Mem. S. 412, unter dem 13. Aug. 1823.

[4]) Im Original nicht hervorgehoben.

kommen abzuschließen, oder wenigstens ministerielle Noten zu wechseln.

Rush, der sich dazu nicht ermächtigt fühlte, antwortete Canning am 23. August 1823 ebenfalls vertraulich, daß seiner Ansicht nach die von Canning ausgesprochenen Grundsätze diejenigen der Regierung der Vereinigten Staaten seien, und daß er deren Anweisungen einholen werde.[1])

Von der weiteren Korrespondenz, die über diese Angelegenheit von beiden Staatsmännern geführt wurde, ist von besonderer Bedeutung ein Schreiben Cannings an Rush, ebenfalls vom 23. August 1823.[2])

In diesem teilt Canning Rush mit, die von ihm vorgeschlagene Verständigung zwischen den beiden Regierungen und eine Bekanntmachung darüber an die Welt sei deshalb besonders wünschenswert, weil er glaubwürdige Nachricht davon erhalten habe, daß seitens der heiligen Allianz nach Beendigung der französischen Operationen in Spanien der Vorschlag für einen Kongreß oder ein weniger formales „Concert and Consultation" gemacht werden solle, das besonders die spanisch-amerikanischen Angelegenheiten behandeln würde.

3. Die Haltung des Kabinetts in Washington.

Alles das erregte in Washington die größte Unruhe. Präsident Monroe holte den schriftlichen Rat seiner beiden noch lebenden Amtsvorgänger Jefferson und Madison ein [3]) und stellte die Frage

---

[1]) Canal Corr. 1900 S. 243, Hamilton, Writings of Monroe VI, 365; dort findet sich auf S. 646 ff. die gesamte Korrespondenz zwischen Canning und Rush. Der oben erwähnte Brief befindet sich S. 369 ff.

[2]) Vergl. Tagebuchbemerkung in Rush's Mem. S. 418 u. 420 f. Der Text des Schreibens, das Rush unter dem 27. an seine Regierung sandte, findet sich in Monroes Writings, VI, 369.

[3]) Monroes Anfrage an Jefferson vom 17. Okt. 1823 steht im Hamilton, Writings of Monroe, VI, 323 ff. sowie in 57. Cong. 1. sess. Sen. Doc. 26 (1901/1902, Bd. II): Corr. of Jefferson with James Monroe concerning Monroe doctrine and Annexation of Cuba, S. 2;

Jeffersons ausführliche Antwort vom 24. Okt. 1823 findet sich in Ford, Jeffersons Writings, X, 277, sowie dem eben angeführten Senatsdokument S. 3 f. Ein Abdruck dieser bedeutsamen Urkunde ist auch im Anhange unten unter I Nr. 2 abgedruckt.

Madisons zurückhaltenderes Schreiben an Monroe vom 30. Okt. 1823 findet sich in Madisons Letters and other Writings (1865) III, 339;

Madisons Schreiben an Jefferson vom 1. Nov. 1823 findet sich ebenda S. 341.

Alle diese Schreiben sind auch wiedergegeben in Moore, VI, § 933, S. 393 ff.

nach der von den Vereinigten Staaten einzunehmenden Haltung dieser Angelegenheit gegenüber in der Zeit vom 7. bis zum Ende November 1823 zu häufiger Kabinettsberatung.

Das endliche Ergebnis der gepflogenen Erwägungen war, daß nach langem Schwanken die Ansicht des Staatssekretärs Adams durchdrang, die Vereinigten Staaten könnten so lange nicht mit England gemeinsame Sache machen, als England nicht gleichfalls — was zu tun es sich sträubte — sofort die Unabhängigkeit der Latin-Amerikanischen Republiken anerkenne, und daß die Vereinigten Staaten eine selbständige Erklärung in der Angelegenheit abgeben sollten.

England eröffnete, das Ende der inzwischen mit den Vereinigten Staaten weitergeführten Verhandlungen nicht abwartend, am 9. Oktober 1823 durch Canning dem französischen Gesandten in London, dem Prinzen Polignac, daß es die Verbindung einer fremden Macht mit Spanien als eine völlig neu entstehende Frage ansehen würde, der gegenüber es eine solche Entscheidung treffen müsse, wie es seine Interessen erheischen würden. Es wurde darauf ein Memorandum verfaßt, worin die französische Regierung ganz ähnlich wie die englische seinerzeit durch Cannings Schreiben vom 20. August 1823 [1]) erklärte, sie halte die Zurückführung der spanischen Provinzen an Spanien für völlig hoffnungslos; Frankreich habe keine Absichten auf diese Kolonien und wolle nicht gegen sie mit Waffengewalt vorgehen.[2])

Die Vereinigten Staaten dagegen gingen in doppelter Weise vor: Einmal benutzte Staatssekretär Adams die mit dem russischen Minister in Washington, Baron Tuyll, zu gleicher Zeit geführten Verhandlungen über Rußlands Neutralität in dem Freiheitskampfe der Latin-Amerikanischen Republiken dazu, dem Baron am 27. November 1823 eine Note zu verlesen, in der er sich über die Leitlinien der auswärtigen Politik der Vereinigten Staaten ausließ

[1]) siehe oben S. 46.

[2]) siehe Ford, l. c. S. 691 u. Br. and For. State Papers 1823—1824 (Bd. XI), S. 49 ff., 52.

Canning las dies Memorandum übrigens dem Gesandten der Vereinigten Staaten, Rush, vor. Er tat dies aber erst am 24. Nov. 1823, sodaß es Washington nicht vor Verkündung der Monroe-Botschaft erreichte (vergl. dazu Rush, Mem. S. 450).

und mit erkennbarer Wendung gegen die Interventionspläne der heiligen Allianz in Amerika erklärte,[1])

„daß die Vereinigten Staaten von Amerika und ihre Regierung das gewaltsame Eingreifen irgend einer Macht, ausgenommen Spanien, das den Zweck hätte, entweder die Herrschaft Spaniens über dessen losgelöste Kolonien in Amerika wiederherzustellen oder monarchische Regierungen in diesen Ländern einzusetzen oder eine der einstmals oder noch spanischen Kolonien an irgend eine andere europäische Macht zu übertragen, nicht ruhig mit ansehen würden".

Außerdem entschied das Kabinett, der Welt über die Anschauungen der Regierung der Vereinigten Staaten zu diesem Punkte durch die nächste Jahresbotschaft des Präsidenten eine Notiz zu geben.[2])

III. Die Monroebotschaft als Ausdruck des Grundsatzes politischer Isolation Amerikas.

1. Allgemeines.

Die oben angeführten Worte der Monroebotschaft finden nach dem Ausgeführten ihren äußeren Entstehungsanlaß einmal in dem nach Ansicht der Vereinigten Staaten vorliegenden Versuche einer europäischen Macht ihr amerikanisches Kolonialgebiet

[1]) Vergl. zur Korrespondenz zwischen Adams und Tuyll, Proc. of the Mass. Hist. Soc. XV (Januar 1902), 378, 400—405.

Baron de Tuyll hatte übrigens dem Staatssekretär bereits am 16. Okt. 1823 erklärt, daß der Zar keine Minister oder Agenten von den neuen amerikanischen Regierungen bei sich empfangen werde. Diese Erklärung wurde in einer offiziellen Note vom gleichen Tage wiederholt, vergl. Ford, l. c. S. 686, der dort den Text der Note gibt.

[2]) Die Frage nach der Autorschaft der Monroebotschaft in den hier in Frage kommenden Punkten ist der Gegenstand vielfacher Besprechung geworden. Es ist jetzt nicht mehr zweifelhaft, daß John Quincy Adams ihr geistiger Urheber ist.

Vergl. dazu z. B. Calhoun in Calhouns Works. IV. 461. Curtis, S. 95; Ford, in J. Q. Adams and the Monroe Doctrine Am. Hist. Rev. Okt. 1901 bis Juli 1902, S. 676 ff.; derselbe in seiner Schrift John Quincy Adams, his connection with the Monroe Doctrine, Cambridge 1901; Foster, S. 433; Hart, S. 214 Found.; Morse, bes. S. 136; Reddaway, S. 87; Scruggs in North American Rev. 1761, (1903) 192; Tucker, S. 21 f.; Wilson, S. 68.

Vergl. andererseits Schouler, James, der in einem Artikel mit der Überschrift „The Autorship of the Monroedoctrine im „Independent", LX (15. März 1906), S. 619 ff. auszuführen versucht, daß die Monroedoktrin in Wahrheit Monroes eigenes Werk war. Vergl. auch seine Ausführungen in Am. Hist. Ass. Ann. Rep. 1905 (Washington 1906), Bd. I, 123 ff.

unberechtigter Weise zu erweitern, und zweitens in ihrer Vorstellung, daß eine Allianz europäischer Mächte gewaltsam in die Geschicke der jungen amerikanischen Republiken eingreifen wolle.

In Verbindung mit ihrem geschichtlichen Hintergrund lassen sie zugleich auch die Motive erkennen, die ihre Verkündigung veranlaßt haben:

Nicht das Gefühl großmütiger und selbstloser Hilfsbereitschaft einer starken Nation gegenüber ihren schwächeren „südlichen Brüdern" ist das der Monroebotschaft unterliegende Motiv. Es ist auch nicht eine den Vereinigten Staaten jetzt häufig als Grund für die Aufrechterhaltung der Monroedoktrin zugeschriebene imperialistische Idee, die amerikanischen Kontinente seien ihr ausschließliches politisches Betätigungsfeld.[1]) Es ist endlich weiter nicht der Gedanke, daß eine politische Tätigkeit nicht amerikanischer Staaten in Amerika dem Fortschritte der Vereinigten Staaten schädlich sei. Die Botschaft erklärt, irgend einen Versuch, das europäische System auf Amerika auszudehnen, würden die Vereinigten Staaten als gefährlich für ihren Frieden und ihre Sicherheit ansehen. Danach ist die Vorstellung einer Gefahr für den unverletzten Bestand der Vereinigten Staaten der treibende Grund für den gegen die heilige Allianz gerichteten Teil der Monroebotschaft.

Und da die Vereinigten Staaten in Rußlands Ansprüchen auf das streitige Oregon-Gebiet einen Versuch der Wegnahme von ihnen gehörigem Gebiete erblickten, so liegt dasselbe Motiv auch der gegen Rußland gerichteten Erklärung zugrunde.

Die Monroedoktrin ist entstanden aus dem Gefühl der Besorgnis für den ungestörten Bestand der Vereinigten Staaten.

2. Der Isolationsgedanke als politischer Leitsatz der Vereinigten Staaten vor dem Jahre 1823.

Dieses Gefühl der Besorgnis war nicht neu und nicht erst durch die beiden geschilderten Ereignisse in die Köpfe der amerikanischen Politiker hineingelangt.

Es hatte schon vor der Verkündung der Monroebotschaft die Politik der Vereinigten Staaten beherrscht und sich dort in verschiedenen Richtungen betätigt, Richtungen, die man alle unter dem

[1]) Vergl. dazu besonders die Ausführungen im völkerrechtlichen Teil unter III, 2 und 4.

Oberprinzip der politischen Isolierung Amerikas zum Schutze der Vereinigten Staaten zusammenfassen kann.[1])

Dieser defensive Isolationsgrundsatz durchzog mehr oder weniger klar erkannt und mehr oder weniger allgemein ausgesprochen, teils beschränkt auf das Verhältnis zwischen Europa und den Vereinigten Staaten, teils erweitert auf dasjenige der Vereinigten Staaten zu der übrigen Welt, teils angewendet auf das zwischen Europa und die amerikanischen Kontinente, immer jedoch die Vereinigten Staaten einschließend und zu ihrem Schutze gedacht, das Denken und Handeln der amerikanischen Regierung von der Unabhängigkeitserklärung an.

Gedankliche Zeugnisse.

Seinen mächtigsten Ausdruck fand er unter vornehmlicher Betonung der Haltung, die die Vereinigten Staaten Europa gegenüber annehmen sollten,[2]) in George Washingtons Abschiedsadresse vom 17. September 1796, jener berühmten Botschaft der ersten Präsidenten der Vereinigten Staaten, die fast die gleiche ehrfürchtige Autorität wie die Verfassung der Vereinigten Staaten selbst gewonnen hat. In dieser Botschaft sagt Washington u. a.: [3])

> „Gegen die hinterlistige Tücke fremden Einflusses, ich beschwöre Euch mir zu glauben, Mitbürger, sollte das Mißtrauen eines freien Volkes beständig wach sein, da Geschichte und Erfahrung beweisen, daß fremder Einfluß einer der giftigsten Feinde republikanischer Regierung ist."

Während diese Wendung noch als allgemeine Phrase bezeichnet werden kann, sind die folgenden Sätze ein deutlicher Ausdruck des eben erwähnten Prinzipes.

---

[1]) Noch im Jahre 1898 bezeichnete der frühere Staatssekretär Olney, International Isolation als den Grundsatz amerikanischer Politik (Atlantic Monthly, LXXXI, 577 ff.); vergl. ferner Low, in XIX. Century, 1896 (The Olney doctrine), S. 860: „The old Monroe doctrine was one of self-centred 'isolation". Vergl. ferner auch Dunning, S. 1.

[2]) Vergl. Staatssekretär Olney's Bemerkung in seiner Instruktion vom 20. Juli 1895 an Bayard; vergl. unten bes. S. 171 ff. u. Anhang unter Nr. 8: „Während die Abschiedsadresse Amerika aus dem Felde europäischer Politik herausnahm, schwieg sie zu dem Teil, den Europa in Amerika zu spielen erlaubt sei."

[3]) Die Botschaft ist im engl. Text im Anhang unter Nr. 1 wiedergegeben. Sie ist zahlreich gedruckt worden. Wir finden sie z. B. in Ford's Writings of Washington, XIII, 277 ff.; ferner im Auszug bei Moore, VI, 369 f.; und sie steht in etwas veränderter Form in Am. State Papers For. Rel. I, 34 ff.

Washington erklärt:

„Die große Regel unserer Haltung gegenüber fremden Nationen ist: in Ausdehnung unserer kommerziellen Beziehungen mit ihnen so wenig politische Verbindung als möglich zu haben.“[1])

Und weiter:

„Europa hat eine Reihe fundamentaler Interessen, die uns gar nicht oder nur sehr wenig berühren. Deshalb muß es in häufige Kontroversen verwickelt sein, deren Gründe unseren Interessen wesentlich fremd sind. Deshalb muß es weiter unklug für uns sein, uns selbst durch künstliche Bande in die alltägliche Unbeständigkeit ihrer Politik oder in die üblichen Verbindungen und Zusammenstöße ihrer Freundschaften oder Feindschaften hineinziehen zu lassen.“

Endlich:

„Warum sollten wir dadurch, daß wir unser Geschick mit dem irgend eines Teiles von Europa verketten, unseren Frieden und Wohlstand in die Plackereien europäischen Ehrgeizes, seiner Rivalitäten, seiner Interessen, seiner Launen und Capricen verwickeln?“

Diese allgemeinen Ausführungen schließen den Teil der Monroebotschaft, der von der Beschränkung der Betätigungsfreiheit der Vereinigten Staaten Europa gegenüber handelt, völlig in sich ein. Sie gehen sogar noch darüber hinaus, denn sie warnen die Vereinigten Staaten vor politischen Beziehungen nicht nur mit europäischen Mächten, sondern mit fremden Mächten überhaupt.

Andererseits ist aber auch kein Gedanke der Monroedoktrin in Washingtons Abschiedsadresse schon besonders ausgesprochen.

Diese Adresse ist zwar eines der wichtigsten, aber weder das einzige noch auch das entschiedenste Zeugnis dafür, daß der über der Monroedoktrin stehende Grundsatz der Isolation die Ideen der amerikanischen Staatsmänner schon vor 1823 beherrschte.

Es kann nicht die Aufgabe sein, hier eine Sammlung solcher Aussprüche abzudrucken.[2]) Für die Zwecke unserer Darstellung

---

[1]) Im Original nicht hervorgehoben.

[2]) Gilman in seinem nützlichen Buche: James Monroe usw. Boston u. New York, 1900, druckt auf S. 162 ff. eine solche Sammlung ab. Wertvoll ist in dieser Beziehung auch die Auswahl, die in Am. History Leaflets Nr. 4 usw. auf den Seiten 2—13 gegeben ist.

genügt es, Bemerkungen aus zwei Briefen Jeffersons an William Short wiederzugeben, weil sie der leidenschaftlichste und radikalste, zugleich aber auch ein typischer Ausdruck dieses Isolationsgedankens sind. Der eine Brief vom 3. Oktober 1801 enthält die folgenden Worte: [1])

> „Wir haben einen vollständigen Abscheu vor allem, was wie eine Verbindung unserer selbst mit einer Politik Europas aussieht . . . ."

Der andere Brief vom 4. August 1820 lautet an der entscheidenden Stelle folgendermaßen: [2])

> „Von vielen Unterhaltungen mit ihm [3]) hoffe ich . . . . er sieht und wird in seiner neuen Stellung die Vorteile einer kordialen Verbrüderung zwischen allen amerikanischen Nationen und die Bedeutung ihrer Vereinigung in ein System amerikanischer Politik, das völlig unabhängig von und unverbunden mit Europa ist, verwirklichen.
>
> Der Tag ist nicht fern, an dem wir formell einen Meridian der Teilung durch den Ozean heischen, der die beiden Hemisphären trennt, diesseits von dem kein europäischer Schuß jemals gehört werden soll, noch ein amerikanischer auf der andern Seite; und wenn während der Wut der ewigen Kriege Europas es den Löwen und das Lamm in unseren Regionen in Frieden zu einander zieht.". . . . .[4])

Die Betätigungsrichtungen des Isolationsgedankens in der amerikanischen Diplomatie von 1823.

Nicht nur die Worte von Staatsmännern, sondern auch die Haltung der Vereinigten Staaten vom Erlaß der Unabhängigkeitserklärung an bis zur Verkündung der Monroebotschaft zeigt fortdauernd, wie sie ihre auswärtige Politik konsequent nach jenem Grundsatz der Isolation eingerichtet haben.

Ein allgemeiner Überblick über den betreffenden Zeitraum ergibt, daß sie sich prinzipiell politische Untätigkeit Europa gegen-

---

[1]) Enthalten in Jeffersons Works, IV, 370 und Gilman S. 169.
[2]) Enthalten in Randolfs Memoirs of Jefferson, III, 472.
[3]) Gemeint ist Correa, designierter Gesandter von Portugal zu Brasilien.
[4]) Vergl. auch weiter: Jefferson's Worte vom 13. Mai 1797, die in Ford's Ausgabe seiner Papiere im Bd. VI, S. 123 abgedruckt sind und folgendermaßen lauten: „I can scarely withold myself from joining the wish of Silas Deane, that there were an ocean of fire between us an the old world".

über auferlegt haben, dasselbe von den europäischen Mächten Amerika gegenüber verlangend.

Man kann dabei verschiedene Betätigungseinrichtungen nachweisen. Von diesen kommen hier besonders die folgenden in Betracht:

Das Prinzip der Vermeidung von Allianzen.

Das Isolationsprinzip äußert sich vor allem darin, daß die Vereinigten Staaten es grundsätzlich vermieden haben, sich in politische Allianzen oder andere engere politische Bündnisse mit andern Staaten einzulassen.

In den bangen Zeiten amerikanischer Diplomatie, wo die Vertreter der Regierung der Vereinigten Staaten von einem europäischen Hofe zum andern wanderten und um Anerkennung und Hilfe nachsuchten, konnte es zwar geschehen, daß dieser Grundsatz der Vermeidung von Allianzen zugunsten des näher liegenden Zieles der Daseinserhaltung zurücktrat.

Die Vereinigten Staaten schlossen am 6. Februar 1778 um den Preis der Anerkennung ihrer Freiheit, Souveränität und Unabhängigkeit mit Frankreich neben einem Handelsabkommen auch einen Allianzvertrag.[2])

Dieser Vertrag, der schon am 7. April 1798 durch den Kongreß der Vereinigten Staaten aufgehoben wurde,[1]) blieb jedoch das einzige Allianzbündnis, das die Vereinigten Staaten jemals geschlossen haben, und sie haben sich, abgesehen von dieser Ausnahme, in der fraglichen Zeit auch nie in politische Bündnisse mit engeren Zwecken eingelassen.[3])

---

[1]) Martens, R. I, 701 u. R. II, 605. Treaty Vol. 1910, S. 479. In einem geheimen Zusatzvertrage vom gleichen Tage wurde übrigens Spaniens Beitritt zu beiden Verträgen offen gehalten (eod. S. 482 f.). Vergl. näheres über die oben skizzierte Angelegenheit insbesondere in Fiske, John, The American Revolution, Vol. II, 1893, Boston u. New York, Kap. 8: „The French Alliance", S. 1 ff. Ferner Winsor, Justin, Narrative and critical History of America, Bd. VII (Boston u. New York, wahrscheinlich 1888), S. 40 ff.

[2]) Treaty Vol. 1910 eod. Note a.

[3]) Nicht politische Bündnisse haben die Vereinigten Staaten während dieser Zeit häufig abgeschlossen. Moore (Dipl. S. 33) erklärt, daß sie in der Zeit zwischen 1776 und 1789 vierzehn solcher Verträge eingegangen seien und zwar 6 mit Frankreich, 3 mit Großbritannien, 2 mit den Niederlanden, je 1 mit Marokko, Preußen und Schweden. Man findet alle diese Verträge im Treaty Vol. 1910 an den betreffenden Stellen.

Das Neutralitätsprinzip.

Eine zweite Ausdrucksform des Isolationsprinzips ist die neutrale Haltung der Vereinigten Staaten gegenüber den damals Europa aufrührenden Kämpfen. Die politischen Zustände in Europa in der betreffenden Zeit gaben den Vereinigten Staaten reiche Gelegenheit zur Betätigung einer neutralen Haltung.

Als Beleg für diese Tatsache mag hier beispielsweise folgendes angeführt werden:

Exkurs.

Der eben bezeichnete Allianzvertrag mit Frankreich verpflichtete die Vereinigten Staaten dazu, „ihrer christlichen Majestät die gegenwärtigen Besitzungen der französischen Krone in Amerika ebenso wie diejenigen, welche sie durch zukünftigen Friedensvertrag etwa erwerben würde, zu garantieren (Artikel XI)". Außerdem sollte im Falle eines Bruches zwischen Frankreich und England die reziproke Garantie dieses Vertrages vom Augenblicke des Kriegsausbruches an in Wirksamkeit treten.

Als jedoch Frankreich am 1. Februar 1793 den Krieg gegen England erklärte, waren die Vereinigten Staaten trotz der in dem Allianzvertrag geleisteten Garantie nicht geneigt, für Frankreich Schritte zu ergreifen. Am 18. April 1793 legte George Washington seinem Kabinett eine Reihe von Fragen vor, die sich auf das Verhältnis der Vereinigten Staaten zu Frankreich bezogen.[1])

Die erste dieser Fragen war, ob eine Neutralitätserklärung zu erlassen sei, die vierte, ob die Verträge mit Frankreich trotz der veränderten Umstände (Hinrichtung Ludwigs XVI. am 21. Januar 1793 und schon vorher Verkündung der Verfassung der Vereinigten Staaten am 17. September 1787) als noch in Kraft stehend anzusehen seien oder nicht. In der Kabinettssitzung vom 19. April 1793 wurde beschlossen, die Entscheidung über die vierte Frage hinauszuschieben, die erste Frage dagegen wurde in dieser Sitzung bejaht. Und am 22. April 1793 gab George Washington seine berühmte, von John Jay formulierte Neutralitätserklärung heraus.[2])

---

[1]) Der Text dieser Fragen findet sich bei Sparks, Washingtons Writings X, S. 533, sowie Moore, V, S. 589.

[2]) Der Text dieser Neutralitätserklärung findet sich in Am. State Papers For. Rel. I, S. 140, sowie bei Sparks, l. c. X, 533. Ein Faksimile in Moore's Dipl., S. 41.

Die Erklärung stellt fest, daß ein Zustand des Krieges zwischen Österreich, Preußen, Sardinien, Großbritannien und den Vereinigten Niederlanden auf der einen Seite und Frankreich auf der anderen Seite bestehe. Sie stellt ferner fest, daß es die Pflicht und das Interesse der Vereinigten Staaten erfordere, mit Ernst

Die Vereinigten Staaten haben an dieser Neutralität festgehalten. Sie haben die Abberufung des französischen Gesandten in Washington, des unbesonnenen Edmunds Genêt, von Frankreich verlangt und durchgesetzt, der trotz wiederholter Proteste der Vereinigten Staaten die Ausrüstung von Kaperschiffen in amerikanischen Häfen und andere feindliche Handlungen gegen England von den Vereinigten Staaten aus betrieb.

Sie haben ferner die Frage ihrer Schadensersatzpflicht für den durch ungenügende Erzwingung der Neutralität in dem Kriege zwischen England und Frankreich englischen Kaufleuten gegenüber zugefügten Schaden [1]) in dem sogen. Jay-Vertrag vom 19. November 1794 (Artikel VII, Abs. 3) zusammen unter anderem mit der Frage der Ersatzpflicht Englands geschädigten amerikanischen Kaufleuten gegenüber friedlicher Schiedssprechung überwiesen.[2]) Nachdem dann nach Abbruch der Verhandlungen zufolge entstehender Meinungsverschiedenheiten ein zweiter Schiedsvertrag unter dem 8. Januar 1802 geschlossen worden war,[3]) zahlten die Vereinigten Staaten 143 428,14 Dollar [4]), dem Neutralitätsprinzipe damit einen mächtigen, bisher noch nicht genügend gewürdigten Anstoß zur Weiterentwicklung gebend.[5])

Am 3. August 1793 nahm Washingtons Kabinett ferner eine Reihe von Regeln an, die sich mit der Ausrüstung von Schiffen

---

und gutem Glauben eine freundliche und unparteiische Haltung den kriegsführenden Mächten gegenüber einzunehmen. Sie fährt dann fort:

„I have therefore thought fit by these presents to declare the disposition of the United States to observe the conduct aforesaid towards those powers respectively; and to exhort and warn the citizens of the United States carefully to avoid all acts and proceedings whatsoever, which may in any manner tend to contravene such disposition.

And I do hereby also make known that whosoever of the citizens of the United States shall render himself liable to punishment or forfeiture under the law of nations, by committing, aiding or abetting hostilities against any of the said powers, or by carrying to any of them those articles, which are deemed contraband by the modern usage of nations, will not receive the protection of the United States, against such punishment or forfeiture: and further, that I have given instructions to those officers, to whom it belongs, to cause prosecutions to be instituted against all persons, who shall, within the cognizance of the courts of the United States, violate the Law of Nations, with respect to the powers at war, or any of them."

[1]) Durch „Capture of their vessels and merchandise, taken within the limits and jurisdiction of the States and brought into the ports of the same or taken by vessels originally armed in ports of the said states . . . ."

[2]) Text dieses „Treaty of Amity, Commerce and Navigation between his British Majesty and the United States of America by their President and with Advise of their Senate" in Am. State Papers For. Rel. I, S. 520 ff. und in Treaty Vol. 1910, S. 590 ff. Zum Jay-Vertrag vergl. auch die Ausführungen by Winsor, VII, S. 466 ff. und Schouler I, S. 304 ff.

[3]) Text in Treaty Vol. 1910, I, S. 610 ff.

[4]) eod. l. I, S. 596, Anm. a. Moore, VI, 999, Dipl. S. 207. Danach hat England etwa 11,650 000 Dollar bezahlt.

[5]) Moore, Dipl., S. 46 u. 207.

in den Häfen der Vereinigten Staaten durch kriegsführende Mächte befaßten.[1])

Am 5. Juni 1794 beschloß der Kongreß der Vereinigten Staaten dann weiter zur Durchführung der Neutralitätserklärung den sogenannten ersten Neutralitätsakt.[2]) Dieser wurde im Jahre 1817 durch ein weiteres Neutralitätsgesetz erweitert, und am 20. April 1818 wurde diese Neutralitätsgesetzgebung durch ein neues Gesetz zusammengefaßt.[3])

Die Vereinigten Staaten behielten ihre neutrale Haltung den europäischen Kriegen dieser Jahre gegenüber so konsequent bei, daß sie endlich nicht nur praktisch die einzige unbeteiligte Macht waren, sondern sogar ihrerseits um solcher Haltung willen zum Schluß in den Zustand eines von den Jahren 1798—1800 anhaltenden Krieges mit Frankreich gerieten.

Die Haltung der amerikanischen Regierung zur Frage der Anerkennung neuer Staaten oder Regierungen.

Der Isolationsgrundsatz äußert sich drittens weiter in der Haltung der Vereinigten Staaten neuen Regierungen oder Staatswesen gegenüber. Die Vereinigten Staaten haben in dieser Beziehung fortdauernd den Standpunkt vertreten, daß sie nur solche neue Regierungen oder Staaten anerkennen würden, die sich einmal im tatsächlichen Besitze der Macht befinden und die zum andern auf dem Volkswillen beruhen.[4])

Exkurs.

Ein gutes Beispiel für diese Praxis in der fraglichen Zeit bildet ihr Verhalten in der Frage der Anerkennung der französischen Republik nach dem Sturze Ludwig XVI: Der Gesandte der Vereinigten Staaten in Paris, Gouverneur Morris, fragte durch Schreiben vom 16. August 1792 bei seiner Regierung nach Verhaltungsmaßregeln in dieser Angelegenheit an.[5]) Das Auswärtige Amt in Washington verhielt sich zunächst abwartend. Staatssekretär Jefferson betonte in seinen betreffenden Instruk-

---

[1]) Text bei Sparks, X, S. 546 ff. und in Richardsons Mess. X, S. 86 f.

[2]) Stat. at Large, I, S. 381. Das Gesetz war zunächst nur für eine beschränkte Zeit erlassen. Am 2. März 1797 wurde es um 2 Jahre, durch Gesetz vom 24. April 1800 dann auf unbestimmte Zeit verlängert (eod. II, 54).

[3]) Stat. at Large, S. 3447 ff.; Moore, VII S. 885 ff., auch Moore Dipl. S. 49.

[4]) Vergl. hier besonders das schon erwähnte Sen. Doc. 40. 54. Cong. 2. sess.

[5]) Schreiben vom 16. August 1792 steht Am. State Papers For. Rel., I, S. 333.

tionen an Morris, besonders in einem sehr bekannt gewordenen Schreiben vom 12. März 1793 auf das Nachdrücklichste, daß die Vereinigten Staaten jede Regierung anerkennen würden, die durch den ausdrücklichen Willen der betreffenden Nation gegründet sei. Dieser Wille sei für die amerikanische Regierung das einzig Maßgebende, aber auch ein notwendiges Erfordernis.[1])

Obgleich die amerikanische Regierung zufolge des Dienstes, den ihr die französische seinerzeit durch ihre vorzeitige Anerkennung geleistet hatte, Gleiches mit Gleichem zu vergelten geneigt sein mußte, und trotz der günstigen Berichte des Gouverneurs Morris wurde die Anerkennung der französischen Republik erst beschlossen, nachdem sie ihre Bestandsfähigkeit dargetan hatte. Dieser Beschluß wurde nach der Hinrichtung Ludwigs XVI. in der bereits erwähnten Kabinettssitzung vom 18. April 1793 gefaßt, wo entschieden wurde, daß Präsident Washington einen französischen Gesandten empfangen wolle. Sie wurde durch den Empfang Genêts im Mai 1793 bewirkt.

Auch bei der Anerkennung der Regierung Napoleons I. legten die Vereinigten Staaten sich eine entsprechende vorsichtige Zurückhaltung auf. Erst unter dem 21. August 1804 gab die amerikanische Regierung ihrem Gesandten in Paris, Mr. Armstrong, die Ermächtigung dazu, diese Anerkennung auszusprechen. Sie tat dies in der Form, daß sie an Armstrong Blankokredentialen mit der Anweisung übersandte, diese der Regierung Napoleons dann einzureichen, wenn nach seinem Urteile Napoleon sich im Besitze und in der Kontrolle der Regierungsgewalt und des Gebietes von Frankreich befände.[2])

Die zentrale Bedeutung eines solchen Standpunktes liegt darin, daß damit im Gegensatz zur Legitimitätsidee der moderne Gedanke der ausschließlichen Wesentlichkeit des Volkswillens für die Bildung eines Staatswesens oder einer Staatsverfassung von den Vereinigten Staaten zum praktischen Grundsatze erhoben wurde.[3])

---

[1]) Abgedruckt in Fords Writings of Jefferson, VI, S. 199. Vergl. besonders die folgenden Bemerkungen: „Wir können sicherlich nicht irgend einer Nation das Recht verneinen, auf das unsere eigene Regierung gegründet ist, daß jede sich selbst nach einer Form regiere, die ihr paßt und diese Form nach ihrem eigenen Willen ändere, und daß sie ihre Angelegenheiten besorgen lasse, durch welche Organe sie auch immer für angemessen halten möge, sei es König oder Convention, Versammlung, Comité, Präsident, oder irgend etwas anderes, was sie wählen möge. Der Wille der Nation ist das einzig Wesentliche dabei." — Vergl. auch Instruktion vom 7. Nov. 1792 an Morris (abgedruckt ebenda VI, S. 131), wo Jefferson u. a. bemerkt: „Es stimmt mit unseren Grundsätzen überein, jede Regierung als rechtmäßig anzuerkennen, die durch den ausdrücklich erklärten Willen der Nation begründet ist."

[2]) MS. Inst. to France U. S. Dep. of State, Bd. VI S. 253 (M. I. 122).

[3]) Vergl. Strauch, Zur Interventionslehre, Heidelberg 1879, S. 16.

Als Betätigung des Isolationsgrundsatzes kommt er insofern in Betracht, als die Vereinigten Staaten dadurch sowohl solche internationale Reibungen zu vermeiden sich bemühten, die aus der Vornahme einer vorschnellen Anerkennung folgen können, wie auch solche, die sich möglicherweise aus unberechtigter Nichtanerkennung ergeben.[1])

Die Madisondoktrin.

Das Isolationsprinzip kommt endlich schon vor 1823 auch noch darin zum Ausdruck, daß die Vereinigten Staaten grundsätzlich bereits damals dem Übergange bestehender Kolonien europäischer Mächte in Amerika in die Hände eines andern europäischen Staates widerstrebten.

Dieser Grundsatz ist nach einer vom Präsidenten Madison in seiner Botschaft vom 3. Januar 1811 gebrauchten Äußerung gelegentlich „Madisondoktrin" genannt worden.[2]) Er ist von besonderer Bedeutung für die Geschichte der Monroedoktrin, mit der er sich im Jahre 1845 verbindet.[3]) Aus diesen Gründen ist hier auf ihn etwas ausführlicher einzugehen.

---

[1]) Die Lehre von der Anerkennung, ihren Voraussetzungen und Wirkungen, ist bekanntlich noch der Gegenstand vielfachen Streites. Einigkeit besteht jedoch darüber, daß Nichtanerkennung eines tatsächlich bestehenden Staates oder einer neuen Regierung zum mindesten als Unfreundlichkeit gegen das neue Staatsgebilde den Rechtfertigungsgrund für völkerrechtliche Retorsionen abgibt. Und andererseits ist man sich einig darüber, daß vorschnelle Anerkennung zum mindesten eine Unfreundlichkeit, wenn nicht sogar eine Interventionshandlung gegenüber dem Mutterlande bezw. gegenüber der früheren Regierung ist.

Hershey, S. 124, erklärt z. B.: „Premature or injustified recognition of independence is a gross affront to the parent state and practically amounts to an intervention in the internal affairs of another nation which may result in war."

Moore, I, S. 72 ff. erklärt, daß vorzeitige Anerkennung ein Akt der Intervention zugunsten eines Eroberers oder Insurgenten sei und daß andererseits Nichtanerkennung Anlaß zu Retorsionshandlungen geben könne.

Rivier, Princ. I, S. 59, erklärt vorzeitige Anerkennung der Intervention.

Ullmann, S. 126, bemerkt, daß der Hauptstaat im Falle der gewaltsamen Losreißung einer Provinz durch Rebellion in vorzeitiger Anerkennung nicht nur eine bloße Unfreundlichkeit, sondern eine förmliche Parteinahme für die insurgierende Provinz erblicken könne.

Gegen die Ansicht, daß vorzeitige Anerkennung Intervention sei, richtet sich besonders Oppenheim, I, S. 119, Anm. 2. Nach ihm ist solche Anerkennung eines neuen Staates: „A violation of the dignity of the mother-State, to which the latter need to patiently submit."

Bonfils, S. 123, führt aus, Anerkennung sei keine Pflicht, andere Staaten könnten die Anerkennung auf ihr Risiko und ihre Gefahr hin verweigern.

Ähnlich Pradier-Fodéré, S. 241 f.

Nach von Liszt, S. 49 f. ist Verweigerung der Anerkennung ebenso wie vorzeitige Anerkennung eine Unfreundlichkeit.

[2]) Vergl. z. B. Reddaway, S. 9; vergl. auch Dunning, S. 3.

[3]) Vergl. unten Seite 94 ff.

Anwendungsfälle für ihn ergeben sich vor allem aus der Haltung der Vereinigten Staaten in der sogenannten Louisiana-Angelegenheit, in der Floridafrage und gegenüber Cuba.

Louisianakauf.

Exkurs.[1])

Der historische Hintergrund zum Louisianakauf ist folgender: Frankreich hatte von Spanien durch geheimen Vertrag von Ildefonso vom 1. Oktober 1800 das sogenannte Louisiana-Gebiet, welches die ganze Mitte des nordamerikanischen Kontinents ist, gekauft. Die Regierung der Vereinigten Staaten hatte durch den am 27. Oktober 1795 mit Spanien geschlossenen Freundschafts-, Grenz-, Handels- und Schiffahrtsvertrag das Recht zu freier Schiffahrt auf dem Missisippi und zur Anlegung von Handelsniederlassungen in New Orleans erhalten (vergl. Artikel IV und Artikel XII dieses Vertrages).[2]) Sie hörten von dem Kaufgerücht in der Form, daß Florida in dem Abkommen mit einbegriffen sei. Besorgt für die durch den Vertrag vom 27. Oktober 1795 erlangten, für den amerikanischen Handel hochbedeutsamen Rechte, sandten sie deshalb Livingston und Monroe als ihre Bevollmächtigten nach Frankreich, damit, wenn möglich, der Kauf verhindert oder Florida, wenigstens Westflorida, für die Vereinigten Staaten ge-

---

[1]) Vergl. hier außer den hauptsächlichen Quellenwerken insbesondere Moore, I, S. 433 ff. u. Am. State Papers For. Rel. Bd. I—IV folgende Veröffentlichungen: Hart, Found. S. 61 ff.; Moore, Dipl., S. 225 ff.; Reddaway, Kap. 1:

Speziell zum Louisianakauf: State Papers and Corr. bearing upon the Purchase of the territory of Louisiana. 57. Cong. 2. sess., H. Doc. 431 (1903); Barbé-Marbois, François, Histoire de la Louisiana et de la session de cette Colonie par la France aux Etats-Unis de l'Amérique, Paris 1829. Engl. Edit. Philadelphia 1830. Übersetzt von W. B. Lawrence; Blanchard, Rufus, Documentary History of the cession of Louisiana to the U. S. till it became an American Province, Chicago, 1803; Chadwick, Cap. III, S. 42 ff.: „The transfer of Louisiana, Kap. IV, Cession of Louisiana and Question of the Floridas, 60 ff. Vergl. auch Cap. VI u. VII; Davis, Samuel „Some of the Consequences of the Louisiana purchase" Am. Hist. Ass. Ann. Rep., 1897, S. 149 ff.; Gayarré, Charles, History of Louisiana, III. Ausg. 4 Bände. New Orleans 1885; Howard, The Louisiana purchase, Chicago 1902; Hosmer, J. K., History of the Louisiana purchase, New York 1902; Martin, Francois Xavière, The History of Louisiana, New Orleans 1862; Robertson, J. Alexander, Louisiana under the rule of Spain, France and the United States, 1785—1807; Cleveland, Ohio 1910, 2 Bde.; United States Land Office, Historical scatch of Louisiana and the Louisiana purchase. Besorgt von Frank Bond, Chief Clerk General Land Office Washington Government Printing Off. 1912.

Speziell zum Floridakauf siehe noch: Chadwick, l. c. Chambers, H. E., Westflorida usw., Baltimore, 1898; Fuller, H. B., Purchase of Florida, its history and diplomacy, Cleveland 1906, Cap. III—V; Henderson, S. 297 f.

Die Literatur zu Cuba ist unten bei der Behandlung des 2. Unterprinzips in Anmerkung 1 zu III, 3, g im Zusammenhang zusammengestellt.

[2]) Martens, R. 2 VI, 142 ff. und Treaty Vol. 1910, S. 1640.

sichert werde.[1]) Das Ergebnis dieser Mission war, daß Napoleon durch Talleyrand den überraschten Agenten der Vereinigten Staaten das ganze Louisianagebiet zum Kaufe anbot, die es in großzügiger Überschreitung ihrer Vollmachten für 60 Millionen Francs und die Verpflichtung zur Begleichung gewisser Ansprüche von Untertanen der Vereinigten Staaten gegen Frankreich durch Vertrag vom 30. April 1803 erwarben.[2])

Die Anschauung der amerikanischen Diplomatie in dieser Angelegenheit ergibt sich besonders deutlich aus der Erklärung, die Mr. King, der Gesandte der Vereinigten Staaten in England, auf das Gerücht von der Abtretung Louisianas und Floridas an Frankreich dem Lord Harkesbury gegenüber abgab. King berichtet darüber dem Staatssekretär Madison unter dem 1. Juni 1801 mit folgenden Worten: [3])

> „Der Inhalt dessen, was ich sagte, war, wir seien damit zufrieden, daß die beiden Florida in den Händen Spaniens verblieben. Wir seien aber nicht willens, sie übertragen zu sehen, es sei denn zu uns."

Florida.

Der Kaufvertrag über das Louisianagebiet war in mehreren Punkten unklar und zwar insbesondere insofern, als die Vereinigten Staaten nach ihm dasjenige Gebiet erhalten sollten, das Frankreich besessen hatte und das sich seinerzeit in Spaniens Händen befunden hätte.

Die amerikanische Regierung erklärte, daß Texas und Westflorida in dem Kaufvertrag mit einbegriffen seien, was von Spanien bestritten wurde, das dieses Gebiet für sich in Anspruch nahm. Von der Furcht beseelt, die inzwischen ausgebrochenen Unruhen in Spanisch-Amerika könnten Anlaß eines wenigstens teilweisen Erwerbes des zweifellos Spanien gehörenden Ostflorida durch England werden, wurde vom Präsidenten Madison durch seine berühmte geheime Botschaft vom 3. Januar 1911 der Kongreß der Vereinigten Staaten um Ermächtigung zur zeitweisen Besetzung dieses Gebietes [4]) ersucht. Aus dieser Botschaft ist hier folgender Satz besonders hervorzuheben:

> „Ich empfehle der Überlegung des Kongresses die Tunlichkeit einer Erklärung dahin, daß die Vereinigten Staaten nicht ohne

[1]) Vergl. Brief des Staatssekretärs Madison an Mr. Livingston vom 28. Sept. 1801, im Auszug in Am. State Papers For. Rel. II, S. 510. Derselbe an denselben unter dem 18. Jan. 1803 eod. II, S. 529 (ebenfalls einen Auszug).

[2]) Martens, R. 2, VII, S. 706 und Treaty Vol. 1910, S. 508.

[3]) Am. State Papers For. Rel. II, S. 510. Vergl. auch den Brief Kings an den Staatssekretär Madison vom 2. April 1803, wo er dieselben Gedanken in einem Bericht über ein Gespräch mit Mr. Addington entwickelt. Ebenda II, S. 551.

[4]) Richardson, Mess. I, S. 488.

ernste Unruhe irgend einen Teil eines benachbarten Landgebietes, an welchem sie in verschiedener Richtung so tief und in so berechtigter Weise interessiert sind, aus der Hand Spaniens in die einer fremden Macht übergehen sehen würden."[1])

Der Kongreß beschloß durch geheimen gemeinsamen Beschluß vom 15. Januar 1811[2]) dementsprechend.

Außerdem wurde der Präsident durch denselben Beschluß zur eventuellen Besetzung des Gebietes ermächtigt, die zeitweilig bewirkt, dann aber zurückgenommen wurde.

Der Schluß dieser Angelegenheit war dann übrigens, daß Spanien den Vereinigten Staaten durch Vertrag vom 22. Februar 1819[3]) nicht nur die beiden Florida, einschließlich der dazu gehörigen Inseln (besonders Amelia-Inseln), sondern auch alle seine amerikanischen Besitzungen nördlich vom 42° nördlicher Breite von der Quelle des Kansasflusses bis zum Stillen Ozean abtrat.[4]) Die Vereinigten Staaten dagegen gaben ihre Ansprüche auf Texas auf.

Cuba.

Ganz ähnlich wie in den beiden eben geschilderten Fällen verhielt die Regierung der Vereinigten Staaten sich in der fraglichen Zeit auch Cuba gegenüber. Das Interesse der Vereinigten Staaten an Cuba war von jeher lebhaft und groß.

---

[1]) Der englische Text dieser Worte lautet folgendermaßen:

„. . I recommend to the consideration of Congress the seasonableness of a declaration that the United States could not see without serious inquietude any part of a neighboring territory in which they have in different respects so deep and so just a concern pass from the hands of Spain into those of any other foreign power."

Das oben erwähnte Ersuchen um Ermächtigung militärischer Besetzung Floridas ist in folgenden Worten enthalten:

„I recommend to their consideration also the expediency of authorizing the Executive to take temporary possession of any part or parts of the said Territory, in persuance of arrangements which may be desired by the Spanish authorities, and for making provision for the government of the same during such possession. The wisdom of Congress will at the same time determine how far it may be expedient to provide for the event of a subversion of the Spanish authorities within the Territory in question, and an apprehended occupancy thereof by any other foreign power."

[2]) Der Beschluß steht Stat. at Large, III, 471. Er lautet an der betr. Stelle: „. . . nimmt in Betracht die besondere Lage Spaniens und seiner Provinzen und den Einfluß, den das Geschick des sich der südlichen Grenze der Vereinigten Staaten anschließenden Gebietes möglicherweise auf dessen Sicherheit, Ruhe und Handel hat, und beschließt, daß die Vereinigten Staaten nicht ohne ernste Unruhe irgend einen Teil des bezeichneten Gebietes in die Hände irgend einer fremden Macht übergehen sehen könne."

[3]) Martens, N.R., V, 328, Treaty Vol. 1910, S. 1951 ff.

[4]) Wichtig besonders für den Oregonstreit mit England. Vergl. unten S. 85 ff.

Eine große Reihe von Zeugnissen liegen hierfür vor. So ererklärte z. B. schon am 16. August 1807, in einer Zeit, wo die Annektierung Cubas durch Napoleon zu fürchten war, Jefferson in einem Schreiben an den Staatssekretär Madison,[1]) daß im Falle eines Krieges mit Spanien Cuba von selbst sich der Konföderation der Vereinigten Staaten anfügen müsse. Und in seiner Anwortsnote vom 24. Oktober 1813 auf die oben erwähnte Anfrage Monroes drückt er dieses Interesse an Cuba besonders klar in folgenden Worten aus: [2])

„Ich gestehe offen, daß ich immer auf Cuba als die am meisten interessierende Hinzufügung geblickt habe, die je zu unserem Staatensystem gemacht werden könnte. Die Kontrolle, die uns diese Insel mit Florida-Point über den Golf von Mexiko sowie über die daran stoßenden Länder und den Isthmus, ebenso wie über alle diejenigen Gebiete, deren Gewässer dort hineinfließen, geben würde, würde das Maß unseres politischen Wohlseins voll machen."

Um die Jahre 1822 und 1823 entstanden Gerüchte über englische Absichten auf diese Insel. Es verlautete von Verhandlungen zwischen Spanien und England über eine Abtretung Cubas und sogar von einem Angebot Englands, Gibraltar gegen Cuba einzutauschen.[3]) Dies veranlaßte den Staatssekretär Adams zu einer Reihe von Instruktionen an die Vertreter der Vereinigten Staaten in Spanien (Mr. Forsyth, dann Mr. Nelson), in Frankreich (Mr. Gallatin) und in Cuba (Mr. Randall) über den Standpunkt der Vereinigten Staaten derartigen Versuchen gegenüber. Dieser Standpunkt entsprach genau demjenigen, den die amerikanische Regierung in der Louisiana und in der Florida-Angelegenheit eingenommen hatten. Auch hier wurden wieder die Ideen der Madisondoktrin betätigt: Die Vereinigten Staaten könnten es nicht dulden, daß Cuba von Spanien an eine andere Macht (es sei denn die Vereinigten Staaten selber) übertragen werde.[4])

---

[1]) Fords Writings of Jefferson, Bd. XI, 420 f.

[2]) eod. X, 315. Vergl. auch oben.

[3]) Adams an Nelson am 28. April 1822, Br. and For. State Papers, XLIV, 138 ff.: „. . . We have been confidently told by indirect communication from the French Government that more than two years since Great Britain was negotiating with Spain for the cession of Cuba and so eager in the persuite as to have offered Gibraltar and more for it in exchange." Vergl. auch 31. Cong. 1. sess. H. Ex. Doc., CXXI, S. 9.

Ferner: Adams to Forsyth am 17. Dez. 1822, MS. Inst. U. S. Ministers, IX, 158 (M. VI, 379 f.) spricht ebenfalls von Englands Bemühungen.

[4]) Vergl. weiter beispielsweise: Adams to Randall am 29. April 1823, MS. Desp. to Consuls II, 283; (M., VI, 384 f.): „The first wish of the Government was for the continuance of Cuba in its political connection with Spain and that it would be altogether averse to the transfer of the island to any other power".

3. Die Monroedoktrin als selbständiger Untersatz des Isolations-Prinzips.
(Analyse der Monroebotschaft.)

a) Die Monroedoktrin und ihre vier Vorläufer.

Vergleicht man den Inhalt der gewöhnlich als erste Formulierung der Monroedoktrin angesehenen Ausführungen der Monroebotschaft mit den eben erwähnten vier Prinzipien, so sieht man, daß die Monroedoktrin in hohem Maße bereits vor Verkündung der Monroebotschaft vorbereitet war. Andererseits würde es aber zu weit gehen zu behaupten, die Monroedoktrin sei „bloß eine Wiederholung der Politik Washingtons gegen politische Verbindungen" und der Politik Jeffersons gegen „verwickelnde Bündnisse und des von Madison ausgesprochenen Prinzips" der Intervention zur Selbstverteidigung.[1])

In der Monroebotschaft finden wir zwar viel von diesen Prinzipien wieder. So wiederholt sie z. B. ausdrücklich den Grundsatz der Anerkennung tatsächlich bestehender Regierungen und nur solcher durch die Vereinigten Staaten. Auch das Neutralitätsprinzip erscheint darin. Denn am Ende des 48. Absatzes ist erklärt, daß die Vereinigten Staaten die zu Anfang des Krieges der neuen amerikanischen Regierungen mit Spanien erklärte Neutralität fortzusetzen beabsichtigten. Und in der Erklärung, daß die Vereinigten Staaten sich nicht an den Kriegen europäischer Mächte um deren eigene Angelegenheiten beteiligt hätten, noch daran teilnehmen wollten, trifft das Neutralitätsprinzip mit dem Grundsatz der Vermeidung von Allianzen und mit der Monroedoktrin direkt zusammen.

In die ursprüngliche Monroedoktrin dagegen ist keine der vier Prinzipien übergegangen.

Während der Grundsatz der Anerkennung tatsächlicher Regierungen und nur solcher niemals als der Inhalt der Monroedoktrin angeführt wird,[2]) wird diese Trennung für das Neutralitätsprinzip und das Prinzip der Vermeidung von Allianzen nicht immer klar beachtet. Denn häufig werden Fälle, die lediglich unter einen dieser beiden Grundsätze gehören, als Beispiele für Anwendungen

---

[1]) So Dunning, S. 13.

[2]) Nicht einmal von Foster der der Monroedoktrin einen ungemein großen Umfang gibt; vergl. seine Zusammenfassung auf S. 475 ff.; vergl. auch Henderson, S. 337 ff.

oder Nichtachtungen der Monroedoktrin angeführt. Dem gegenüber muß scharf hervorgehoben werden, daß sowohl der Grundsatz der Vermeidung von Allianzen wie das Neutralitätsprinzip der Vereinigten Staaten eine Geschichte gehabt haben, welche der Geschichte der Monroedoktrin parallel verläuft, sich ihr zuweilen nähert, und sogar in demselben Falle mit ihr zusammentrifft,[1]) jedoch ihre besonderen Erscheinungsformen haben und demnach von jener durchaus zu trennen sind.

Es kann hier nicht der Versuch gemacht werden, ihren an Wechselhaftigkeit reichen Verlauf auch nur in den Umrissen darzustellen. Es mag dabei nur beispielsweise auf die Tatsache hingewiesen werden, daß beiden Prinzipien die für die Monroedoktrin eigentümlichen räumlichen Beschränkungen fehlen.[2])

Was endlich die Madisondoktrin anlangt, so vereinigt sie sich, wie bereits erwähnt, und später noch näher zu behandeln ist, erst im Jahre 1845 mit der Monroedoktrin.[3])

Das wesentlich Gemeinsame der Monroedoktrin nach der Monroebotschaft einerseits und jenen vier Prinzipien andererseits liegt darin, daß sie alle demselben Geiste, dem gleichen Motiv der Furcht entsprungen sind, und daß sie alle verschiedene Ausdrucksformen der gleichen Isolationsidee darstellen.

Wie drückt sich diese Idee nun in der Monroedoktrin aus?

b) Die Isolationsidee in der Monroedoktrin.

Ein allgemeiner Überblick über die betreffenden Worte der Monroebotschaft ergibt, daß sie in zwei von einander scharf geschiedene Gruppen von Gedanken (Unterprinzipien) zerfällt, deren erste sich gegen gewisse Handlungen europäischer Mächte in Amerika richtet, während die zweite von Handlungen gegenüber Europa spricht.

---

[1]) Vergl. z. B. den Clayton-Bulwer Vertrag (unten S. 105 f., 188 f. sowie 289 f.), der eine Verletzung des Prinzips der Vermeidung von Allianzen und zugleich der Monroedoktrin ist. Vergl. ferner die Einladung der Vereinigten Staaten vom Jahre 1875 an die europäischen Mächte, zur Pazifikation Cubas gemeinsame Schritte zu ergreifen (unten S. 329 ff.); ebenfalls eine Verletzung dieser beiden Prinzipien. Vergl. endlich die Intervention der Vereinigten Staaten, Englands und Frankreichs in Santo Domingo unten S. 288 f.

[2]) Vergl. unten S. 299 ff.

[3]) Vergl. unten S. 96.

Erstes Unterprinzip.

Wenn wir zunächst die erste Gruppe betrachten, so finden wir, daß sie aus zwei Teilen besteht.

Der erste Teil, der oft als Nichtkolonisationsprinzip bezeichnet wird und auf den Streit der Vereinigten Staaten mit Rußland zurückführt, richtet sich gegen weitere europäische Kolonisation in Amerika. Er findet sich im siebenten Abschnitte der Botschaft, wo er in folgenden Worten ausgedrückt ist:

„daß die amerikanischen Kontinente zufolge der freien und unabhängigen Stellung, die sie sich errungen haben und behaupten, fürderhin nicht mehr als Gegenstände für zukünftige Kolonisation durch irgendwelche europäischen Mächte anzusehen sind".

Gegen diese Bemerkungen ist oft eingewendet worden, daß Amerika zur Zeit der Verkündung der Monroebotschaft tatsächlich noch nicht völlig verteilt war.[1]) Man ist aber deshalb nicht berechtigt anzunehmen, daß durch diese Worte nur Kolonisationsversuche auf bereits besetztem amerikanischen Gebiete hätten ausgeschlossen werden sollen. Und mit Recht hat Alvarez die von einigen Schreibern aufgestellte Behauptung, daß sich etwa noch als nicht besetzt herausstellendes amerikanisches Land trotz der Monroedoktrin von europäischen Mächten besetzt werden könne, als einen schweren Irrtum bezeichnet.[2])

Der diesen Ausführungen der Monroebotschaft zugrunde liegende Gedanke war es offenbar, weiteren Kolonisationsversuchen europäischer Mächte, die unter dem Deckmantel von Okkupation und Besiedelung in Amerika vorgenommen würden, einen Riegel vorzuschieben. Und deshalb konnte es nicht darauf ankommen, ob diese Kolonisation auf tatsächlich besiedeltem oder auf unbesiedeltem Gebiete vorgenommen würde.

Man wird deshalb den Inhalt dieses Teiles der ursprünglichen

---

[1]) Vergl. z. B. Moore, VI, 414; Alvarez in A. J., III, 320.

[2]) Vergl. Jèze, Gaston, Etude théoretique et pratique sur l'occupation comme mode d'acquérir les territoires en droit international. Paris 1896, S. 161 und 165; Salomon, l'Occupation des territoires sans maitres, Paris 1889, Nr. 93, S. 252 ff.; richtiger Ansicht Field, Nr. 78, S. 30.

Vergl. hier auch die Behauptung von Valois, Deutsche Revue 1904, 277. Er leitet die Gegenstandslosigkeit des 7. Abs. der Monroebotschaft daraus ab, daß es in ganz Amerika kein Gebiet mehr gebe, daß als herrenlos für koloniale Unternehmungen in Frage kommen könnte. Ebenso Foster, S. 446, nach dem das Nichtkolonisationsgebiet tot sei, weil es seinen Zweck erfüllt habe.

Monroedoktrin in die Worte Calhouns, ihres großen Gegners, zusammenfassen können, der in seiner sehr bekannt gewordenen Rede vom 15. Mai 1848 erklärte, unter Kolonisation im Sinne der Monroedoktrin sei zu verstehen:

„Die Errichtung einer Ansiedlung durch Auswanderer vom Mutterlande in einem Gebiete, das entweder unbewohnt ist oder von dem die Einwohner ganz oder teilweise vertrieben sind."[1])

Neben diesem Grundsatze steht, veranlaßt durch die Haltung der heiligen Allianz dem Freiheitskampfe der latin-amerikanischen Staaten gegenüber im 48. und 49. Absatz der Monroebotschaft der zweite Teil des gegen europäische Tätigkeit in Amerika gerichteten Unterprinzips der Monroedoktrin.

Dieser Teil, der oft mit dem irreführenden Namen „Nichtinterventionsprinzip" [2]) belegt wird, erscheint in der Botschaft nicht in einheitlicher Formulierung. Es ist in den folgenden Worten enthalten:

„Wir schulden es deshalb . . . zu erklären, daß wir jedweden Versuch ihrerseits, ihr System auf irgend welchen Teil dieser Hemisphäre auszudehnen, als gefährlich für unseren Frieden und unsere Sicherheit ansehen würden."

Zum andern, nach kurzer Unterbrechung durch die gleich zu erwähnende Erklärung gegen Einmischungen der Vereinigten Staaten in europäische Kolonien:

„. . . Wir könnten einen Eingriff seitens einer europäischen Macht in die Regierungen, die ihre Selbständigkeit erklärt und sie aufrecht erhalten haben, . . . zu dem Zwecke, sie zu unterdrücken oder in irgend einer Weise ihr Schicksal zu bestimmen, in keinem andern Lichte denn als Kundgebung eines unfreundlichen Verhaltens gegenüber den Vereinigten Staaten ansehen."

---

[1]) Vergl. unten S. 99 f.; vergl. weiter z. B. Coolidge (engl. Ausgabe 1912), S. 101; Latané, S. 267; Moore, Dipl., S. 151; Tucker, S. 40.

[2]) Dieser Ausdruck ist in der vorliegenden Arbeit als irreführend vermieden. Denn er ist geeignet, den Anschein zu erwecken, als ob es das Wesen dieses Teiles der Monroedoktrin sei, europäische Interventionen in Amerika zu verhindern. Tatsächlich richtet er sich, wie sich aus den Ausführungen der Arbeit aufs klarste ergibt, weder gegen jede europäische Intervention in Amerika, noch nur gegen solche Interventionen. — Vergl. auch Bonfils, S. 178: „Par un étrange abus de mots, on a présenté comme énonçant la théorie de la non-intervention la fameuse déclaration du président des Etats-Unis célèbre sous le nom Doctrine de Monroe". Ebenso Foignet, 7. Aufl., S. 90.

Und endlich im 49. Absatze:

> „Es ist deshalb gleichermaßen unmöglich, daß wir ein solches Eingreifen in irgend einer Form mit Gleichgültigkeit sehen sollten."

Es wird oft angenommen, daß diese Erklärungen zwei inhaltlich verschiedene Gedanken enthielten. Sie sollen, um mit Tucker zu reden, ein Doppeltes sagen, nämlich:

1. keine Ausdehnung des europäischen politischen Systems zu irgend einem Teile auf dieser Hemisphäre;
2. kein europäisches Eingreifen in die Angelegenheiten der spanisch-amerikanischen Republiken.[1])

Die Scheidungen werden hier sogar zuweilen noch weiter getrieben, und man findet, insbesondere in der Tagesliteratur über die Monroedoktrin, zuweilen die Meinung vertreten, sie wende sich auch gegen die in Europa vorherrschende monarchische Staatsform als eine für das freie, demokratische Amerika unverträgliche Regierungsform.[2])

In der Monroebotschaft selbst sind die gegen die Übertragung des europäischen Systems auf Amerika gerichteten Erklärungen mit Bemerkungen eingeleitet, die auf den Unterschied der vornehmlichen amerikanischen Regierungsform von der in Europa vorherrschenden Bezug haben. Denn es heißt dort:

> „Das politische System der verbündeten Mächte ist .... grundverschieden von dem Amerikas. Dieser Unterschied rührt von demjenigen her, der zwischen ihren bezüglichen Regierungen besteht."

Richtig verstanden will die Botschaft aber nirgends sagen, daß die monarchische Staatsform eine für Amerika unzulässige Regierungsform sei. Sie will vielmehr nur zum Ausdruck bringen, daß die monarchische Staatsform der Grund für das „europäische System" sei, ein System, dessen Verpflanzung nach Amerika widerstrebt werden müsse.

---

[1]) Tucker, S. 40; vergl. auch seine Broschüre S. 9; vergl. ferner Foster, S. 475 ff.. Henderson, S. 337 f.

[2]) Vergl. z. B. Moireau, Rev. Pol. et Lit., IV. Ser., Bd. V (1896), S. 12. Er meint, die Monroedoktrin wolle „conserver l'Amérique entière au self-gouvernement et de la fermer au principe de monarchie ou d'empêcher du moins ce principe d'y jeter de plus profondes racines".

Tatsächlich widerlegt auch die Geschichte die Behauptung, daß die Monroedoktrin sich gegen die monarchische Regierungsform als solche wende.[1])

Es ist kein Fall nachweisbar, in dem die Verfassung eines Landes das tätsächliche Verhalten der Vereinigten Staaten ihm gegenüber inhaltlich beeinflußt hätte. Monroe selbst hat kurz vor Verkündung seiner Botschaft vom 2. Dezember 1823, nämlich am 27. Januar 1823 das Kaiserreich Iturbides in Mexiko, und bald nachher, nämlich am 26. Mai 1824 das Brasilianische Kaiserreich Dom Pedros anerkannt.[2]) Von der letzteren Maßnahme erklärte Staatssekretär Forsyth später in einer Instruktion vom 29. November 1836 ausdrücklich:

„Die politische Form der Regierung verursachte kein Zögern ihrer Anerkennung durch die unsere.“[3])

Auch später erscheinen in Äußerungen, die mit der Monroedoktrin zusammenhängen, wiederholt Vergleiche der in Europa und der in Amerika vorherrschenden Staatsformen.

Der bedeutungsvollste Fall ist die Resolution, die das Haus am 4. April 1864 im Zusammenhange mit der französischen Intervention in Mexiko annahm. In dieser Resolution erklärte das Haus, wie noch später näher auszuführen sein wird, es für unverträglich mit der Politik der Vereinigten Staaten irgend eine monarchische Regierungsform anzuerkennen, die auf den Ruinen einer Republik in Amerika unter den „Auspizien einer europäischen Macht“ aufgerichtet sei.[4]) Wie aber die Geschichte des Verhaltens der Vereinigten Staaten in dieser Interventionsangelegenheit zeigt, lag das Schwergewicht dieses Beschlusses nicht auf der Hervorhebung des Gegensatzes zwischen den damals in Europa und

---

[1]) Gegen eine solche Ausdehnung der Monroedoktrin spricht sich insbesondere auch Moore, VI, 405 aus. Vergl. denselben I, 91 und Dana in Weaton S 111; vergl. ferner zu diesem Punkte die geistreichen Bemerkungen Harts in „Proceedings of the Naval War Inst., Bd. 32, S. 756 f. besonders folgende Worte: „So far as the Monroe doctrine was a protest against monarchie, there is no evidence . . . . . of a prejudice toward American Monarchie . . . Yet there was in Monroe's Message of 1823 a sincere protest against the european „political System“ by which he meant not Kingship per se, but the Spanish Monarchie . . . . the protest against „political System of Europe“ in Monroe's Message was a appeal, not against on man power, but against a mutual political insurance company.“

[2]) Vergl. hier Foster, S. 446 ff., der aus dieser Tatsache ableitet, daß die Monroedoktrin sich nicht nur auf amerikanische Republiken bezogen habe.

[3]) MS. Inst. Brazil, XV, 34 ff. (M. I, 92).

[4]) Vergl. dazu unten S. 125.

Amerika vorherrschenden Staatsformen, es lag vielmehr auf den „Auspizien einer europäischen Macht".

Und ähnlich wie hier kann man durchweg feststellen, daß überall, wo im Zusammenhange mit der Monroedoktrin der Gegensatz zwischen Republik und Monarchie betont wird, dies entweder in demselben Sinne wie in der Monroebotschaft geschieht oder daß es sich dabei lediglich um patriotische Lobeserhebungen auf die Überlegenheit demokratischer Staatseinrichtungen handelt.[1])

Die brasilianische Marinerevolte von 1893/1894.

Foster[2]) führt für die hier bekämpfte Behauptung das Verhalten der Vereinigten Staaten gegenüber einer in Brasilien im Jahre 1893 ausgebrochenen Marinerevolte an. Tatsächlich erzwangen die Vereinigten Staaten in diesem Falle aber lediglich unter Nichtanerkennung einer von den brasilianischen Rebellen eingerichteten Blockade über brasilianische Häfen den freien Handelsverkehr fremder Schiffe mit Brasilien.

In zweiter Linie mag ihr Verhalten zugleich auch von dem Verdachte mitbestimmt gewesen sein, daß die europäischen Mächte die im Hafen ebenfalls Schiffe versammelt hatten, jedoch passiv blieben, mit den Aufständigen sympathisierten.

Es liegt aber nichts vor, was als Beleg dafür dienen könnte, die Handlungsweise der Vereinigten Staaten sei durch eine Abneigung gegen eine Änderung der brasilianischen Verfassung und die Einführung der monarchischen Regierungsform in Brasilien irgendwie bestimmt gewesen.[3])

Derartige Ansichten, ebenso wie die Zerlegung der hier in Betracht kommenden Gedanken der Monroebotschaft in zwei inhaltlich von einander geschiedene Teile, nehmen ihren Ausgangspunkt von der Frage, was nach dieser Botschaft unter dem „System

[1]) Über das Verhalten der Vereinigten Staaten gegenüber dem griechischen sowie dem ungarischen Freiheitskampfe vergl. unten S. 315 ff. Diese Fälle kommen Ausnahmen von der oben aufgestellten Behauptung nahe ohne es jedoch tatsächlich zu sein, denn es handelte sich in beiden Fällen ja nicht um einen Kampf von „Monarchie" versa „Demokratie", sondern um einen Kampf zwischen Unterdrückung und Selbständigkeit.

[2]) S. 466 f.

[3]) Zu dieser Angelegenheit vergl. insbesondere: For. Rel., 1893, S. 145 bis 148, 1894, S. 57—86 (Revolt of the Navy) und 1894, S. 275 ff. (The Brazilian Revolt), ferner Moore, I, 201 ff., 240 f.; II, 1113 ff.; Clevelands Mess. vom 3. Dez. 1894 in Richardsons Mess., IX, 524; Alvarez in A. J., III, 318; De Araujo Jorge, S. 88 ff. und besonders Naval War College Int. Law. Sit. 1901, S. 118 ff. (unter: Insurrection in Brazil, 1893—1894).

der europäischen Mächte" zu verstehen sei. Man hat sich dabei vor Augen zu halten, daß die betreffenden Ausführungen der Botschaft der Besorgnis entsprungen waren, die großen zur heiligen Allianz verbundenen europäischen Mächte würden ihre in Europa befolgte Praxis der Unterdrückung und Bedrückung schwächerer Staaten auch auf Amerika anwenden. Es muß beachtet werden, daß die Botschaft aus der Furcht vor Europas überlegener Stärke geboren war, daß sie der Angst entsprang, die großen europäischen Mächte könnten Amerika zum Tummelplatz von solchen Wirren machen, wie sie Europa sah, würden in den Freiheitskampf der latin-amerikanischen Staaten eingreifen, würden diese zu ihrer früheren kolonialen Abhängigkeit zurückführen, und die Existenz eines Machtzentrums dieser Mächte in Amerika werde die neu erworbene Freiheit auch der Vereinigten Staaten bedrohen.

Es ist deshalb unter dem „europäischen System" nicht „Verfassung und Regierungsprinzipien"[1]) im Sinne von Verfassung oder Regierungsprinzipien eines einzelnen Staatswesens zu verstehen. Dieser Ausdruck bedeutet vielmehr, wie Dana das sehr glücklich ausgedrückt hat:

„das auf dem europäischen Kontinente in Wirksamkeit stehende System, durch das die großen Mächte eine Kontrolle über die Angelegenheiten anderer europäischer Staaten ausüben".[2])

Ist dem aber so, dann drückt die Monroebotschaft durch alle eben wiedergegebenen Ausführungen inhaltlich nur einen einzigen Gedanken aus. Sie richtet sich gegen den Zuwachs politischer Macht europäischer Staaten in Amerika und erklärt alle zum Zwecke der Vermehrung solcher Macht vorgenommenen Versuche eines europäischen Staates, die Freiheit einer amerikanischen Nation einzuschränken, für unzulässig.

Dabei muß man übrigens gegenüber dem Wortlaute der Botschaft eine Einschränkung machen: Die heilige Allianz drohte mit Gewalthandlungen gegen die früheren spanischen Provinzen in Amerika. Aus diesem Grunde kann man den Sinn der betreffenden Worte der Botschaft nur auf gewaltsame Freiheitsbeschränkungen beziehen.

---

[1]) Diese Worte braucht von Bar in Cosmopolis, 1896, S. 542.

[2]) In seiner Ausgabe des Jahres 1866 von H. Wheatons Elements of International Law, Boston, 1866, § 67, Note 36, S. 112: „the system in operation upon the continent of Europe, by which the great powers exercise a control over the affairs of other European states".

Diese Auslegung wird auch durch die Wahl der Worte „Unterdrückung" und „Eingreifen", sowie die im 49. Absatz gebrauchte Wendung, „daß unsere südlichen Brüder, wenn für sich gelassen, es (d. h. das europäische System) aus eigenem Antriebe" nicht annehmen würden, unterstützt.

Man kommt deshalb zu der Annahme, daß der hier behandelte Teil der Monroedoktrin in ihrer ursprünglichen Fassung sich gegen Versuche europäischer Mächte wendet, die darauf gerichtet sind, durch gewaltsame Beschränkung der politischen Freiheit eines amerikanischen Staates ihre politische Macht in Amerika zu vermehren.

Vergleicht man diesen Teil mit dem gegen europäische Kolonisationstätigkeit in Amerika gerichteten, so ist festzustellen, daß beide, obgleich durch verschiedene Ereignisse veranlaßt, doch innerlich eng verwandt sind.[1])

Kolonisation führt in ihrem Erfolge zum Erwerbe höchster Herrschaftsmacht über das kolonisierte Gebiet, und von dem damit geschaffenen Machtzentrum aus von selbst zu mehr oder weniger ausgedehntem politischen Einfluß über das größere Territorium, in dem jenes kolonisierte Gebiet gelegen ist.

Kolonisation europäischer Nationen in Amerika bedeutet demnach nichts anderes als eine durch bestimmtgeartete Handlungen herbeigeführte Vermehrung der politischen Macht jener Nationen in Amerika. Das ist begrifflich genau das, was auch der zweite Teil des hier behandelten Unterprinzips, welcher sich gegen gewaltsam vorgenommene Beschränkungen der politischen Freiheit amerikanischer Staaten in Europa richtet, verhindern will.

Beide Teile sind demnach lediglich verschiedene Anwendungsformen desselben gegen die Vermehrung politischer Macht europäischer Staatswesen in Amerika gerichteten Obersatzes.

Sie sind jedoch nicht die beiden einzig denkbaren Anwendungsformen dieses Obersatzes.

Der gegen Machtzuwachs durch Landerwerb gerichtete Teil der ursprünglichen Monroedoktrin verbietet nur bestimmt geartete Neugründungen von Kolonien in Amerika. Nicht

---

[1]) Diese nahe Verwandtschaft hebt z. B. besonders Foster, S. 445 f. hervor.

richtet er sich jedoch insbesondere gegen Landerwerb durch Rechtsgeschäfte mit einer amerikanischen Macht oder mit einer solchen europäischen Macht, die sich bereits im Besitze von Kolonien in Amerika befindet, über diesen Kolonialbesitz.

Und der zweite Teil, der sich gegen die Beschränkung der politischen Freiheit einer amerikanischen Macht wendet, hat es nur mit gewaltsamen Beschränkungshandlungen zu tun. Er bezieht sich jedoch nicht auf solche Beschränkungen, die durch Rechtsgeschäfte entstehen oder aus Rechtsgeschäften folgen.

Das Verbot der Vermehrung politischer Macht kommt noch in einer zweiten Hinsicht, und zwar in bezug auf die Modalitäten der für unzulässig erklärten Handlungen in der ursprünglichen Monroedoktrin nur beschränkt zum Ausdruck. Beide Teile dieses Verbotes untersagen lediglich Versuche, die auf Machtzuwachs gerichtet sind. Der erste Teil schließt Handlungen aus, die unmittelbar auf den Erwerb neuen amerikanischen Kolonialbesitzes durch europäische Staatswesen gehen. Der zweite Teil spricht es ausdrücklich aus, daß die Vereinigten Staaten Versuche der Übertragung des europäischen Systems auf Amerika als gefährlich für ihre Ruhe und Sicherheit ansehen würden.

Man kann deshalb zusammenfassend folgendes sagen: Das hier behandelte erste Unterprinzip der Monroedoktrin richtet sich nach der Monroebotschaft gegen Versuche europäischer Mächte, die darauf zielen, durch gewaltsame Einengung der politischen Freiheit amerikanischer Staaten oder durch koloniale Neugründungen auf amerikanischem Boden ihre politische Macht in Amerika zu vermehren.

Zweites Unterprinzip.

Das zweite, von dem Verhalten der Vereinigten Staaten europäischen Angelegenheiten gegenüber handelnde Unterprinzip der Monroedoktrin ist in folgenden Worten der Botschaft enthalten:

einmal im 48. Absatz, zwischen den beiden sich auf das erste Unterprinzip beziehenden Ausführungen:

„In die bestehenden Kolonien oder Dependenzen irgend einer europäischen Macht haben wir uns nicht eingemischt und werden wir uns nicht einmischen.“

und ferner im 49. Absatz:

> „Unsere Politik bezüglich Europas . . . bleibt . . . dieselbe, nämlich nicht in die inneren Angelegenheiten irgend einer ihrer Mächte einzugreifen. . . . .“

Ein äußerer Entstehungsanlaß für diese beiden Erklärungen in der Botschaft lag nicht vor. Sie erscheinen als eine Art Angebot der Vereinigten Staaten zu einer Gegenleistung für die von ihnen den europäischen Mächten gestellten Forderungen. Andererseits sind sie aber nicht bloße Supplemente zu jenen Forderungen. Denn in beiden Fällen sind die Grenzen in offensichtlich verschiedener Weise gezogen worden.

Man wird dem Sinne dieser Versicherungen über das Verhalten der Vereinigten Staaten europäischen Angelegenheiten gegenüber am besten gerecht, wenn man sie ebenfalls als einen Ausdruck des Isolierungsgedankens ansieht. Sie erscheinen dann als Versprechungen, daß die Vereinigten Staaten durch Einhalten einer passiven Stellung Europa gegenüber solche Beziehungen und Verwickelungen zu vermeiden sich bemühen werden, die jene Gefahren für den Frieden und für die Sicherheit der Vereinigten Staaten besonders nahezubringen scheinen, um derentwillen Jefferson sich ein Feuermeer zwischen der alten und der neuen Welt herbeisehnte.[1])

Vergleicht man die beiden Teile dieses zweiten Unterprinzips der ursprünglichen Monroedoktrin, so sieht man, daß sie wie die beiden Teile des ersten, gegen politische Betätigungen europäischer Staaten in Amerika gerichteten Unterprinzips nahe mit einander verwandt sind, ja noch näher wie jene. Denn ein „sich kümmern“ um die Kolonien eines anderen Staates ist ein bestimmt geartetes Eingreifen in die inneren Angelegenheiten dieses Staates. Der vorausgehende der beiden Sätze ist danach nichts anderes als ein besonderer Unterteil des nachfolgenden.

Und der Sinn beider läßt sich dahin zusammenfassen,

> „daß die Vereinigten Staaten nicht in innere europäische Angelegenheiten eingreifen, insbesondere sich nicht um die im Jahre 1823 bereits bestehenden europäischen Kolonien kümmern wollen“.

---

[1]) Siehe oben S. 53 Anm. 4.

Zweiter Abschnitt.

Die Monroedoktrin von der Monroebotschaft bis zur Gegenwart.

I. Quellen, Hilfsmittel und Disposition der folgenden Darstellung.

Bisher ist versucht worden, den Inhalt der Monroedoktrin nach der Monroebotschaft abzugrenzen. Die nächste Aufgabe ist es, ihren gegenwärtigen Inhalt festzustellen. Dazu bedarf es einer sorgfältigen, kritischen Betrachtung der Wandlungen, die sie seit der Verkündung der Botschaft bis zur heutigen Zeit durchgemacht hat.

1. Quellen und Hilfsmittel.

Bevor man an die Lösung dieser Aufgabe herantritt, muß man sich vor allem darüber klar sein, welche Quellen und welche Hilfsmittel dafür zur Verfügung stehen. Eine autorative, nationale oder gar internationale Feststellung des Inhalts der Monroedoktrin liegt nicht vor. Es erübrigen sich deshalb von vornherein längere staatsrechtliche Erörterungen darüber, welche Instanzen für eine solche Feststellung zuständig sind, wie sie zu erfolgen hätte und welche rechtliche Wirkung ihr beikommen würde.

Vor allem hat der Kongreß der Vereinigten Staaten es nur in ganz beschränktem Maße unternommen, diesen Inhalt autoritativ festzulegen.[1])

Eine Reihe von Versuchen in dieser Richtung sind gescheitert.

Dabei ist vor allem eine Resolution zu erwähnen, die der Senator Allen von Ohio am 14. Januar 1846 im Zusammenhange

---

[1]) Über das Wesen von Kongreßresolutionen, insbesondere über die Natur der „Joint resolutions" als souveräner Willenskundgebungen außerhalb des Rahmens der gewöhnlichen Gesetzgebung vergl. besonders Freund, Das öffentliche Recht der Vereinigten Staaten von Amerika, Tübingen 1911, S. 115 f.

mit dem Oregon-Streit eingebracht hat. Diese Resolution hat den folgenden Wortlaut:

„. . . . beschlossen, daß der Kongreß . . . . hierdurch feierlich der zivilisierten Welt die unabänderliche Entschließung der Vereinigten Staaten erklärt, dem Prinzipe anzuhangen und es zu erzwingen, daß jeder Versuch der europäischen Mächte, sich in die soziale Organisation oder in die politischen Angelegenheiten der unabhängigen Nationen Amerikas einzumengen oder ferner das europäische Regierungssystem auf diesen Weltteil durch Errichtung neuer Kolonien zu erweitern, unvereinbar mit dem unabhängigen Dasein der Nationen und gefährlich für die Freiheit des amerikanischen Volkes sei und deshalb auf Grund des Rechts der Selbsterhaltung den prompten Widerstand der Vereinigten Staaten rechtfertigen würde.“[1])

Dasselbe Schicksal hatte eine Resolution, die Senator Cass nach Ablehnung einer an die Vereinigten Staaten gerichteten Aufforderung, durch diese sich mit England und Frankreich über Cuba in eine Konferenz einzulassen, am 7. Januar 1853 im Senate einbrachte.

Diese Resolution lautete in ihrem ersten Abschnitte folgendermaßen:

„. . . . beschlossen, daß die amerikanischen Kontinente infolge der freien und unabhängigen Stellung, die sie angenommen haben und aufrechterhalten, fürderhin nicht mehr als Gegenstände für künftige Kolonisation durch irgend eine europäische Macht anzusehen sind. Und während bestehende Rechte von den Vereinigten Staaten geachtet werden sollten und werden, schulden sie es ihrer eigenen „Sicherheit“ und ihrem eigenen „Interesse“ zu verkünden, wie sie es nunmehr tun, daß keine zukünftigen europäischen Kolonien oder Besitzungen mit ihrer

[1]) Cong. Globe, 29. Cong. 1. sess. S. 197 ff.
Die Resolution lautet im englischen Text folgendermaßen: „Resolved that Congress . . . do hereby solemnly declare to the civilized world the unalterable resolution of the United States to adhere and enforce the principle that any effort of the powers of Europe to intermeddle in the social organisation or political arrangements of the independent nations of America or further to extend the European system of government upon this continent by the establishment of new colonies, would be incompatible with the independent existence of the nations, and dangerous to the liberties of the people of America and therefore would incur, as by the right of self-preservation it would justify, the prompt resistance of the United States.“

Zustimmung in irgend einem Teile des nordamerikanischen Kontinents gegründet oder errichtet werden sollen.

Und sie erklären mit voller Überlegung, daß, falls ein solcher Versuch gemacht werden sollte, dies als eine ihre „Sicherheit" und ihr „Interesse" mißachtende Handlungsweise angesehen werden würde, welche ihnen freie Hand ließe, zu solchen Maßnahme zu greifen, die berechtigterweise von einer Nation zur Verteidigung ihrer Rechte und ihrer Ehre ergriffen werden können".[1])

Von angenommenen Kongreßbeschlüssen kommen hier tatsächlich nur zwei in Betracht:

Das ist einmal die bereits erwähnte, aus Anlaß der französischen Intervention in Mexiko ergangene Resolution vom 4. April 1864, durch die das Haus sich gegen die Errichtung einer monarchischen Regierung in Amerika unter europäischen Auspizien richtete.[2]) In dieser Resolution ist insofern eine wenigstens teilweise autoritative Festlegung der Monroedoktrin enthalten, als sie das allgemeine Prinzip ausspricht, die Vereinigten Staaten wollten sich gegen Einmischungen europäischer Mächte in konstitutionelle Angelegenheiten amerikanischer Staaten wehren.

Die zweite Resolution ist die vom Senate in der Magdalena-Bay-Angelegenheit am 2. August 1912 beschlossene.[3]) Diese

---

[1]) Cong. Globe, 32. Cong. 1. sess. (Vol. 26) S. 199.

„. . . resolved that the American continents, by the free and independent condition which they have assumed and maintain, are henceforth not to be considered as subjects for future colonisation by any European Power. And while existing rights should be respected and will be by the United States they owe it to their own „safety" and „interests" to anounce, as they now do, that no future European colony or dominion shall, with their consent, be planted or established on any part of the North American continent.

And should the attempt be made, they thus deliberately declare that it will be viewed as an act originating in motives regardless of their „interests" and their „safety" and which will leave them free to adopt such measures as an independent nation may justly adopt indefence of its rights and its honor. . . . ."

Die Resolution fährt übrigens fort:

„And be further resolved that while the United States disclaim any design upon the Island of Cuba, inconsistent with the law of nations and with their duties to Spain they consider it due to the vast importance of the subject to make known in this solemn manner that they should view all efforts on the part of any other power to procure possession wether peaceably or forcibly, of that Island, which, as foreseen become dangerous to their southern coast, to the Gulf of Mexico, and to the south of the Mississippi as unfriendly acts directed against them, to be resisted by all the means in their power."

[2]) Cong. Globe, 38. Cong. 1. sess. S. 1408; vergl. auch unten S. 125.

[3]) Vergl. unten S. 231.

Resolution stellt fest, daß nach Ansicht des Senates der Versuch eines Erwerbes von solchen in Amerika gelegenen Orten, die als militärische Operationsbasis für ausländische Mächte in Frage kommen könnten, auch dann als eine Zuwiderhandlung gegen die Monroedoktrin anzusehen sei, wenn dieser Erwerb durch ausländische Privatpersonen erfolge.

Die zahlreichen, sonst noch vorliegenden Resolutionen oder Resolutionsanträge, die mit der Monroedoktrin in Beziehung stehen, sind durchweg lediglich der mehr oder weniger allgemein gehaltene Ausdruck einer Meinungsäußerung, aus dem sich die Ansicht des Kongresses, eines seiner beiden Häuser oder des Antragstellers über den Inhalt der Monroedoktrin erschließen läßt. Sie bleiben aber alle entweder streng bei dem konkreten Einzelfalle, oder sie wollen und sollen nicht irgendwie diesen Inhalt ganz oder teilweise allgemein bindend festlegen. Sie kommen deshalb lediglich als Erkenntnis-Hilfsmittel für die zeitgenössische Anschauung vom Inhalte der Monroedoktrin, nicht jedoch als Erkenntnisquelle in Betracht.[1])

---

[1]) Vergl. in dieser Hinsicht insbesondere die Amendierungsbeschlüsse zur Generalakte der Algeciras-Konferenz, zu den beiden Abkommen der Haager Konferenzen betr. die friedliche Beilegung von Streitigkeiten, sowie zu den Arbitrationsverträgen der Vereinigten Staaten mit Frankreich und England. Vergl. besonders unten S. 273 f. u. 343 f.

Vergl. weiter beispielsweise außer den an vielen Stellen der Abhandlung angezogenen Anträgen auch Henry Clays im Hause eingebrachten Resolutionsantrag vom 20. Jan. 1824 (Ann., 18. Cong. 1. sess. Bd. I S. 1104, Bd. II S. 2763), ein Antrag, den er zufolge politischer Quertreibereien später zurückzog. Dieser Antrag bezweckte eine Erklärung des Kongresses gegen einen etwaigen Versuch gewaltsamer Vermittelung europäischer Mächte im Interesse Spaniens zu dem Zwecke, selbständige Teile der amerikanischen Kontinente zu ihrer früheren Abhängigkeit zurückzuführen. Vom Geiste der Monroebotschaft getragen, blieb dieser Antrag vom ersten bis zum letzten Buchstaben beim konkreten Falle und unternahm es nicht, die Monroedoktrin als ein allgemeines Prinzip durch den Kongreß bestätigt zu haben.

In diese Kategorie hat man beispielsweise auch die Vereinigte Resolution aus dem Jahre 1880 zu zählen, in dem der Kongreß seine Mißbilligung über die Verbindung einer europäischen Macht mit dem Baue oder der Kontrolle eines amerikanischen interozeanischen Schiffkanals aussprach. (Eingebracht im Senate von Senator Edmunds am 19. Dez. 1880, vergl. Cong. Rec., 50. Cong. 2. sess. Bd. XX S. 338; angenommen am 7. Mai 1889, eod. S. 567; nachträglich unbedeutend geändert, eod. S. 597; das Haus verwies die Resolution zweimal an das Komitee für auswärtige Angelegenheiten und zwar am 12. Jan. 1889 (eod. S. 707) und am 26. Jan. 1889 (eod. S. 1221 f.). Das Komitee berichtete unter dem 2. März 1889 zurück (eod. S. 2698) wegen Schluß der Session am selben Tage fand jedoch keine Abstimmung über die Session mehr statt.

Endlich mag auch noch beispielsweise auf die im Jahre 1895 angenommene Resolution anläßlich des Venezuela-Grenzstreites hingewiesen werden, die ebenfalls zwar im Geiste der Monroedoktrin gehalten war, jedoch beim konkreten Falle

Weder die amerikanische Gesetzgebung, noch präsidentschaftliche Dekretur haben es je unternommen, sich irgendwie mit der Monroedoktrin zu befassen.

Eine andere nationale Quelle für die autoritative Feststellung ihres Inhalts kommt nicht in Betracht.

Insbesondere sind Präsidentialbotschaften dazu nicht geeignet. Denn sie sind staatsrechtlich lediglich Mitteilungen des obersten Exekutivorgans der Vereinigten Staaten an deren Legislative über Geschehnisse, Vorschläge und Pläne. Sie sind jedoch nicht danach geartet, das Verhalten der Vereinigten Staaten in auswärtigen Angelegenheiten für die Zukunft an allgemeine Prinzipien zu binden.[1])

Noch weniger wie nationale Erkenntnisquellen kommen für die Monroedoktrin, die, wie später auszuführen sein wird, kein Satz des Völkerrechts ist, internationale Erkenntnisquellen in Betracht.

Präsidentialbotschaften, ebenso wie diplomatische Korrespondenzen, Kongreßverhandlungen und Beschlüsse, Völkerrechtsverträge, zeitgenössische Auslassungen und nicht zuletzt das tatsächliche Verhalten der Vereinigten Staaten und dergleichen mehr, stellen sich dagegen als Erkenntnishilfsmittel der Monroedoktrin dar. Und zwar ist dies der Fall insoweit und nur insoweit, als sie der Ausdruck der allgemeinen Überzeugung vom Inhalte der Monroedoktrin sind.

Nach dem bisher Ausgeführten fehlt es ja an einer Feststellung dieses Inhaltes nach Art der in einem geschriebenen Rechtssatze enthaltenen Feststellung. Deshalb kann Geltung und Inhalt der Monroedoktrin, ähnlich wie die Geltung und der Inhalt eines Rechtssatzes auf Gewohnheitsrecht beruhen kann, sich nur auf die allgemeine Überzeugung von ihrem jeweiligen Inhalte stützen. Dieser Inhalt ist deshalb ähnlich wie der eines Gewohnheitsrechtssatzes, welcher aus der nationalen Rechts-

blieb und den Parteien Arbitration empfahl. Eine vom Haus angenommene, allgemein gehaltene Präambel zu dieser Resolution wurde vom Senate übrigens gestrichen (vergl. dazu Cong. Rec. 1895, Bd. XXVII, Teil III, S. 2113 u. 2297), vergl. näheres unten S. 158.

[1]) Vergl. z. B. Cooley, Principles of Constitutional Law, 1880, S. 105; Woodrow Wilson, Constitutional Government in the United States, New York 1908, S. 74: „In einem Sinne haben ihre Botschaften zum Kongreß nicht mehr Autorität wie es die Briefe irgend eines Bürgers haben würden. Der Kongreß kann sie beachten, oder kann sie unbeachtet lassen, wie es ihm gefällt.“ Vergl. auch Beard, Readings in American Government and Politics, New York 1909, S. 192 ff. („The presidential message.“)

überzeugung geschöpft wird, durch Auffindung der allgemeinen Überzeugung von ihrem Geltungsinhalte aus den dafür vorhandenen Erkenntnishilfsmitteln zu gewinnen. Die zeitgenössische öffentliche Meinung, und zwar — da die Monroedoktrin lediglich eine nationale Doktrin der Vereinigten Staaten ist — die öffentliche Meinung der Vereinigten Staaten ist die einzige Erkenntnisquelle der Monroedoktrin. Diese ist mit Hilfe der eben aufgeführten Erkenntnishilfsmittel aufzufinden.

Die hauptsächlichsten dabei in Betracht kommenden Hilfsmittel sind natürlich die offiziellen Äußerungen der amerikanischen Regierung. Doch muß immer gefragt werden, ob sich der Regierungsstandpunkt im Einzelfalle mit der nationalen amerikanischen Überzeugung deckt oder nicht. Ist dies nicht der Fall, so steht der betreffende Regierungsstandpunkt mit der Monroedoktrin im Widerspruche.

Aus diesen Gründen kann man — um nur ein Beispiel anzuführen — aus der Botschaft des Präsidenten Polk vom 2. Dezember 1845, welche Kolonisation europäischer Mächte nur in Nordamerika verbot,[1]) nicht folgern, daß dadurch das Nichtkolonisationsprinzip auf Kolonisationen in Nordamerika beschränkt worden sei. Denn die Polk'sche Auslegung der Monroedoktrin ist niemals in das nationale Bewußtsein über den Inhalt der Monroedoktrin eingegangen.

Andererseits ist aber auch die Tatsache hervorzuheben, daß die amerikanische öffentliche Meinung bisher stets begierig gewesen ist, jede Erweiterung der Monroedoktrin anzunehmen, soweit es sich um deren gegen europäische Tätigkeit gerichteten Unterprinzip handelt. Eine in dieser Richtung sich bewegende Regierungspolitik ist deshalb sicher, in Übereinstimmung mit der amerikanischen öffentlichen Meinung zu handeln.

2. Disposition.

Wenn wir nun unter Beachtung der eben angegebenen Tatsachen daran gehen, die Geschichte der Monroedoktrin bis zur Gegenwart zu verfolgen, so zerfällt diese Darstellung nach den zum Schlusse des ersten Abschnittes gemachten zusammenfassenden Ausführungen von selbst in zwei Teile: Sie zerlegt sich in eine

[1]) Vergl. unten S. 83 ff.

Geschichte desjenigen Unterprinzipes der Monroedoktrin, das die politische Tätigkeit nichtamerikanischer Mächte in Amerika zu beschränken unternimmt und zweitens in eine Geschichte desjenigen, welches von den Grenzen der politischen Tätigkeit der Vereinigten Staaten Europa gegenüber spricht.

Diese Grundeinteilung weicht von derjenigen ab, die man üblicherweise in den Darstellungen der Monroedoktrin findet. So weit diese sich nicht mit einer Schilderung der mit der Monroedoktrin zusammenhängenden Ereignisse in chronologischer Reihenfolge begnügen, sind sie gewöhnlich unter prinzipieller Vernachlässigung der in dieser Arbeit an zweiter Stelle gegebenen Geschichte des zweiten Unterprinzips der Monroedoktrin Ausführungen über das sogenannte Nicht-Interventionsprinzip und eine Darstellung des „Nichtkolonisationsprinzips" getrennt. Dies wird jedoch dem oben angegebenen Verhältnisse der verschiedenen Teile der Monroedoktrin nicht gerecht; es zwingt zur Trennung von organisch Zusammengehörigen und gibt ein schiefes Bild von dem historischen Wachsen der Monroedoktrin.

Den Kern der Darstellung bilden Erörterungen über die Geschichte der sachlichen Herrschaftsgrenzen der beiden Unterprinzipien der Monroedoktrin.

Daneben ergibt sich die Gelegenheit — wenigstens für das erste Unterprinzip — zu Sonderbetrachtungen über dessen persönliche und räumliche Herrschaftsgrenzen, sowie über die Frage nach seiner Durchführung und den dazu zur Verfügung stehenden Mitteln.

Es schien praktisch, diese Erörterungen, die nur wenig mit historischen Entwicklungen zu tun haben, der Darstellung der Geschichte der sachlichen Herrschaftsgrenzen jenes Prinzips nachzustellen.

Den Ausführungen über die Entwicklung der beiden Unterprinzipien der Monroedoktrin bis zur Gegenwart hat eine allgemeine Zusammenstellung der gefundenen Ergebnisse zu folgen, die die Grundlage zu Erörterungen über die Beziehungen zwischen Monroedoktrin und Völkerrecht bilden.

Damit ist die Aufgabe der vorliegenden Arbeit erfüllt.

Als geeigneter Schluß erschien es, in einer kurzen Endbetrachtung der Tendenzen zusammenzufassen, auf die die bisherige Entwicklung der Monroedoktrin hindeutet.

II. Das erste Unterprinzip: Der Grundsatz der Beschränkung der politischen Betätigungsfreiheit nichtamerikanischer Staaten in Amerika.

1. Allgemeines.

Das erste Unterprinzip der Monroedoktrin richtete sich nach der Monroebotschaft gegen Versuche europäischer Mächte, die darauf gerichtet sind, durch gewaltsame Einengung der politischen Freiheit amerikanischer Staaten oder durch koloniale Neugründungen auf amerikanischem Boden in Amerika ihre politische Macht zu steigern.[1])

In ihm liegt der eigentliche Schwerpunkt der Monroedoktrin. In ihm hat sie ihre Lebenskraft bewiesen, und in ihm hat sie eine lebhafte, sich ständig steigernde Entwicklung durchgemacht, die sich teils in der Veränderung des alten Inhaltes, teils in der Klarstellung einer Reihe auftauchender Zweifelsfragen, teils in dem Auftreten neuer Probleme geäußert hat.

Anfangs deutete zwar nichts darauf hin, daß dieser Botschaft ein so bedeutungsvolles Schicksal wie das ihr zuteil gewordene bestimmt sei. Nachdem die über sie in den Vereinigten Staaten, dem übrigen Amerika und — wenigstens soweit sie sich gegen die heilige Allianz richtete — auch in England entstandene Genugtuung vorübergegangen war,[2]) und nachdem die drohende Gefahr europäischen Eingreifens in amerikanische Verhältnisse verschwunden war, spielte sie beinah ein Vierteljahrhundert lang überhaupt keine Rolle. Abgesehen von den mit dem Panama-Kongreß zusammenhängenden Ereignissen, die noch zu schildern

---

[1]) Vergl. oben S. 66.

[2]) Über die Aufnahme der Monroebotschaft vergl. insbesondere die folgenden Werke:

Fords, Jeffersons Writings, Bd. X, S. 346 (The Genesis of the Monroe-doctrine; Contemporary correspondence onts reception and effect); Henderson, S. 336; Latané, S. 83 f.; Mc Master, History, Bd. V S. 48 ff. im Cap. 41: The growth of the Monroe Doctrine, S. 28 ff.; Moore, VI, S. 404 ff. Ganz besonders Robertson, William Spence, The Monroe Doctrine abroad in 1823 bis 1824 Am. Pol. Rev., 1912, Bd. VI, S. 546 ff.; Reddaway, Cap. VI S. 91 ff.

Gegen das Nichtkolonisationsprinzip erhob Canning Rush gegenüber sogar am 2. Jan. 1824 Protest; vergl. dazu Rushs Mem. (Ausg. 1845) S. 471 f. Über die Aufnahme in England vergl. auch Hansards Deb. New. Ser., Bd. X, bes. S. 74 f. (Cannings gewundene Bemerkungen auf S. 68 u. Broughams Bemerkungen in dem Protokoll der Sitzung des House of Commons vom 3. Febr. 1824).

sind, geschah zwar nichts, was ihren Forderungen widersprach. Aber sie selbst wurde mehr und mehr vergessen. Reddaway hat mit Recht bemerkt, daß sie zwei Jahrzehnte lang im Schlafe gelegen habe.[1])

Das änderte sich auf einmal als Präsident Polk in seiner ersten Jahresbotschaft vom 2. Dezember 1845 zum Kongreß der Vereinigten Staaten auf sie Bezug nahm und seine Anhängerschaft zu ihr bekannte, die Fortgeltung ihres Inhaltes versichernd.

2. Hauptfälle.

a) Die Botschaft des Präsidenten Polk vom 2. Dezember 1845.

(Annexion von Texas-Oregon-Streit).

Allgemeines.

Die Umstände, die zum Erlaß dieser Botschaft führten, sind kurz folgende:

Zwei Probleme standen im Vordergrunde der auswärtigen Politik der Vereinigten Staaten und harrten der Lösung, als die Administration auf Präsident Polk überging.

Das war einmal die Frage nach der Vereinigung von Texas mit den Vereinigten Staaten und die sich daran anschließenden Probleme. Das war zweitens die Fortsetzung des Streites um die nördliche Grenze der Vereinigten Staaten von den Rocky Mountains zum Stillen Ozean mit England (sogenannter Oregon-Streit).

Texas.[2])

Texas hatte sich am 2. März 1836 von Mexiko losgerissen.

---

[1]) S. 129.

[2]) Vergl. zur Texasfrage die folgende Literaturauswahl:

Br. and For. State Papers, Bd. XXXIII (1844—1845) S. 232 ff. (Corr. between Great Britain, the United States, France, Mexico and Texas resp. the Annexation of Texas to the United States (1843—1845), auch Bd. XXV S. 839 ff., Bd. XXXIII S. 252 ff; 25. Cong. 1. sess. H. Doc. XXXX (1837): Annexation of Texas to the United States; Garrison, George T., Diplomatic Correspondence of the Republic of Texas, 3 Teile, in Am. Hist. Ass. Ann. Rep. 1907, Bd. II, Teil 1 (1908) (Washington Governments Printing Off.), eod. Bd. II, Teil 2 (1911) und Bd. II, Teil 3 (1911); Jones, Anson, Memoranda and official correspondence relating to the Republic of Texas, its History and Annexation, New York 1859; Moore, I, § 103; Winkler, Ernest William, Secret Journals of the Senate, Republic of Texas, 1836—1845 usw., Austin 1911; Adams, E. D., English interest in California, Am. Hist. Rev. XIV (1908—1909) S. 744 ff. Derselbe,

6*

Die großen europäischen Mächte, ebenso wie die Vereinigten Staaten[1]) hatten es als eine selbständige Republik anerkannt.

Am 12. April 1844 war zwischen den Vereinigten Staaten und Texas ein Annexionsvertrag geschlossen worden, den der Senat der Vereinigten Staaten aus staatsrechtlichen Gründen zurückgewiesen hatte.[2]) Am 1. März 1845 hatte der Kongreß eine vereinigte Resolution gefaßt, Texas bei Erfüllung gewisser Bedingungen zu annektieren.[3]) Diesen Bedingungen war Texas nachgekommen, und so war nur noch ein Gesetz auf seine formelle Zulassung zur Union zu erlassen.[4])

Die Vereinigung von Texas mit den Vereinigten Staaten kam nicht nur Mexiko ungelegen, das gegen die entsprechenden Veranstaltungen Protest erhoben und die diplomatischen Beziehungen mit den Vereinigten Staaten abgebrochen hatte.[5]) Auch europäische Staaten machten Versuche, diese Annexion zu hintertreiben.[6])

Die hierbei in Betracht kommenden Tatsachen sind noch nicht vollständig bekannt. Feststeht jedenfalls folgendes:

Mexiko hatte durch Erklärung vom 19. Mai 1845 die Anerkennung von Texas unter gewissen, von diesem Lande angenommenen Be-

---

British interests and activities in Texas (1838—1846), Baltimore 1910; in Kap. XI befindet sich der eben genannte Aufsatz; de Barral-Montferrat, S. 28 ff.; Beaumarchais, S. 68 ff.; Carrol, Benaja H., Die Annexion von Texas, ein Beitrag zur Geschichte der Monroedoktrin, Berliner Dissertation 1904; Cespèdes, S. 197 ff.; Henderson, S. 397 ff. (Oregon and Texas); Rather, Ethel Zivley, Recognition of the Republic of Texas by the United States, Austin (Texas) 1911; Reddaway, S. 129 ff.; Reeves, Jesse S., American Diplomacy under Tyler and Polk, Baltimore 1907, besonders Kap. II und VII; Smith, Justin H., The Mexican recognition of Texas, Am. Hist. Rev., XVI, S. 36 ff.; Derselbe, The Annexation of Texas, New York 1911; Pétin, S. 91 ff.; Tucker, S. 37 ff.; Urquhart, David, The Annexation of the Texas, a case of war between England and the United States, London 1844; Yoakum, Henderson, History of Texas usw., New York 1856.

[1]) Moore, I S. 101. Diese Anerkennung erfolgte am 7. März 1836 durch Ernennung von Mr. Alcée La Branche zum Chargé d'affaire in Texas.

[2]) Br. and For. State Papers, XXXIII S. 262 ff. Vergl. auch die Botschaft des Präsidenten Tyler vom 10. Juni 1844, in der Tyler die Zurückweisung dieses Vertrages durch den Senat dem Hause anzeigte, eod. S. 258 ff.

[3]) Stat. at Large, V S. 797 f. und Br. and For. State Papers, XXXIII S. 265 ff.

[4]) Dieses Gesetz erging am 29. Dez. 1845, vergl. Stat. at Large, IX S. 108. Mérighnac, Rev. usw. S. 13 erklärt ebenso wie Alcorta, I S. 53, diese Maßnahme sei eine Verletzung der Monroedoktrin gewesen. Ein Grund für diese Behauptung ist nicht ersichtlich.

[5]) Vergl. Schreiben General Almontos an Staatssekretär Calhoun vom 6. März 1845, in Br. and For. State Papers, XXXIII S. 246 f.

[6]) Vergl. Polks Botschaft in Richardsons, Mess., IV S. 387.

dingungen ausgesprochen.[1]) Die Hauptbedingung war dabei gewesen, daß Texas sich dazu verpflichtete, sich nie mit den Vereinigten Staaten zu verbinden.

England im Gefolge mit Frankreich hatte jede denkbare Anstrengung gemacht, diese Anerkennung durch Mexiko herbeizuführen, in der Hoffnung, dadurch der Annexation von Texas durch die Vereinigten Staaten einen Riegel vorzuschieben.[2]) Sie hatten bei den über diese Anerkennung geführten Verhandlungen die Vermittlerrolle gespielt,[3]) und Präsident Polk behauptete,[4]) daß sie bei Mexiko darauf gedrungen hätten, Texas nur unter dieser Bedingung anzuerkennen. Außerdem scheint Guizot in der französischen Kammer sich gegen diese Annektierung als eine Gefahr für das Gleichgewicht der Kräfte ausgesprochen zu haben.[5]) Die öffentliche Meinung in den Vereinigten Staaten ging viel weiter, und man war dort davon überzeugt, daß England darauf ausgehe, Texas (ebenso übrigens wie Kalifornien) zu besetzen.[6])

Oregon-Streit.[7])

Wir hatten oben gesehen,[8]) daß die Vereinigten Staaten gegen die russischen Territorialansprüche im Nordwesten von

---

[1]) Vergl. Br. and For. State Papers, XXXIII S. 250.

[2]) Vergl. besonders Adams, English Interests in California, Am. Hist. Rev., XIV S. 744 ff. Besonders S. 750 f.

[3]) Vergl. Schreiben des französischen Vertreters in Mexiko Baron Aleye de Cyprey zum Präsidenten von Texas, vom 20. Mai 1844; Br. and For. State Papers, 1844—1845, XXXIII S. 249.

[4]) Vergl. seine Botschaft in Richardsons, Mess., IV S. 387.

[5]) Vergl. Reddaway, S. 130 u. Moore, Pol. Sc. Quart., XI (1896) S. 17.

[6]) Vergl. z. B. Falconer, Anm. auf S. 40 f. (genauer Titel dieser Abhandlung in der nächsten Anmerkung.

[7]) Vergl. hier die folgende Literatur: Br. and For. State Papers, XXXIV (1845—1846) S. 14 f.; LVI (1865—1866) S. 1404 ff.; Cong. Globe, 29. Cong. 1. sess. (1845—1846), Appendix (Die Reden zur Oregon-Debatte); Moore, I S. 259 ff., 265, 454—458; V S. 720 ff.; Derselbe, Arbitrations, I, Kap. VI S. 196 ff. (Geschichte des Streites); Report of the Com. of House of Representatives of the 28. Cong., to whom was referred the bill Nr. 21, to organize a Territorial government in the Oregon Territory and for other purposes, 12. März 1844; 28. Cong. 1. sess. (1844); Br. State Papers, LII (1846), Nr. 109 (Corr. relative to the negotiation of the Question of disputed right to the Oregon Territory; Nr. 185 (Vertrag vom 15. Juni 1846); Barrows, William, Oregon: the struggle for possession, 2. Aufl. Boston 1884; Benton, Thirty years view, I S. 13 f., 109 f.; II S. 420 ff. und besonders S. 660 ff.; Carrol, Die Annexation von Texas, Kap. VIII, S. 37 ff.; Falconer, The Oregon Question usw., 1. u. 2. Aufl. London 1845; Farnham, Thomas J., History of the Oregon territory usw., New York 1844; Gray, William Henry, A History of Oregon (1792—1849) usw. Portland und New York 1870; Greenhow, Robert, The History of Oregon and California usw., 2. Aufl. 1845; Hall, S. 108 ff.; Henderson, S. 379 ff.; v. Holst, besonders III S. 29 ff.; Marshall, William Isaac,

Amerika Widerspruch erhoben hatten. Sie hatten dies getan, weil sie selbst das zwischen den Rocky Mountains und dem Stillen Ozean, sowie das vom 55° südwärts sich erstreckende, etwa 360 000 Quadratmeilen umfassende Gebiet [1]) (das sogenannte Oregon-Gebiet) für sich beanspruchten.

Großbritannien, das diese Nordwestecke Amerikas ebenfalls für sich verlangte, hatte seinerseits gegen das Edikt des Zaren von 1821 protestiert. Und es war ihm gelungen, mit Rußland in Petersburg am 16./28. Februar 1825 ein Abkommen zu schließen, in welchem der 54° 40′ nördlicher Breite als die Grenze zwischen den englischen und russischen Besitzungen in Nordwestamerika festgestellt wurde. Dies war dieselbe Grenze, die zwischen Rußland und den Vereinigten Staaten in dem Vertrage vom 5./17. Februar 1824 vereinbart worden war.[2])

Da England den Vereinigten Staaten gegenüber das fragliche Gebiet bis hinab zum 42° nördlicher Breite in Anspruch nahm, so war das Land zwischen dem 54° 40′ und 42° nördlicher Breite, sowie dem Stillen Ozean und den Rocky Mountains der Gegenstand des Streites zwischen den beiden Nationen. Die Vereinigten Staaten stützten ihre Ansprüche insbesondere auf erste Entdeckung und Besiedelung des Oregon-Territoriums durch ihre Untertanen, sowie ferner auf den Erwerb der spanischen, ebenfalls aus Entdeckung und Besiedelung fließenden Ansprüche auf das Gebiet,[3]) sowie endlich auf den Vertrag vom 30. April 1803 [4])

Acquisition of Oregon usw. Seattle 1911; Pétin, S. 109 ff.; Reeves, Jesse S.. American Diplomacy usw., Kap. IX u. X; Schaefer, Josef, The British Attitude toward the Oregon Question, 1815—1846, Am. Hist. Rev., Bd. XVI (1910—1911) S. 273 f.; Schuyler, R. L.: Polk and the Oregon Compromise. Pol. Sc. Quart., Bd. XXVI (1911) S. 443 ff.; Sturgis, William, The Oregon Question usw., Boston 1845; Twiss, Sir Travers, The Oregon Question examined in respect to facts and the Law of nations, London 1848; Derselbe The Oregon territory, its history and discovery usw., New York u. Philadelphia 1846 (Amerikanische Ausgabe, die mit der englischen übereinstimmt); Wallace E. J., The Oregon question determined by the rules of international Law, London 1846; Wheaton, -Atlav, § 172—176 S. 269 ff.; Wilkes, George, The History of Oregon usw., New York 1845.

[8]) Vergl. oben S. 41 ff.

[1]) Sturgis, 4; Falconer, 6.

[2]) Der Vertrag zwischen England u. Rußland steht in Br. and For. State Papers, Bd. XII, 1824—1825, S. 38 ff.

[3]) Durch den mit Spanien am 22. Febr. 1819 geschlossenen Vertrag, durch den Spanien alle seine nördlich vom 42° gelegenen amerikanischen Besitzungen an die Vereinigten Staaten abgetreten hatte; vergl. dazu das oben S. 61 f. zur Florida Angelegenheit Bemerkte. Der Vertrag steht Martens, N. R., V S. 328 u. Treaty Vol. 1910, S. 1951 ff.

[4]) Siehe oben Seite 61.

mit Frankreich über das Louisiana-Gebiet, durch den nach ihrer Behauptung auch das Oregon-Gebiet nach dem Grundsatze der Kontiguität in ihre Hände gelangt sei.

England leugnete alle diese Ansprüche unter Hinweis in erster Linie auf vorgängige Entdeckung und Besiedelung Oregons durch englische Untertanen, sowie ferner den zwischen der Königin Anna und Ludwig XIV. geschlossenen Utrechter Friedensvertrag und den Escurial-Vertrag vom 28. Oktober 1790[1]) mit Spanien.[2])

Eine Reihe von Kompromißversuchen in der Angelegenheit scheiterten. Am 20. Oktober 1818 kam es zur Vereinbarung eines Interemistikums, wonach alles streitige Land westlich des Felsengebirges auf 10 Jahre für die Untertanen beider Mächte frei und offen sein sollte.[3]) Außerdem wurde das Recht gemeinsamer Benutzung der Häfen, Flüsse usw. dieses Gebiets vereinbart.

Erneute Verhandlungen im Jahre 1824 führten zu keinem Ergebnisse.

Durch ein Abkommen vom 6. August 1827[4]) wurde die unbestimmte Fortdauer der Abmachungen vom 20. Oktober 1818 mit einjährigem Kündigungsrecht beider Parteien vom 20. Oktober 1828 an ausgemacht.[5]) Diese Kündigung erfolgte nicht, und so blieb es zunächst bei der gemeinsamen Benutzung, mit deren Hilfe England immer fester Fuß in dem Gebiete faßte und die Untertanen der Vereinigten Staaten Schritt für Schritt daraus verdrängte.

Auch der sogenannte Webster Ashburton-Vertrag vom 9. August 1842,[6]) der die Grenzen zwischen den britischen Besitzungen in Nordamerika und den Vereinigten Staaten feststellen sollte, löste diesen Streitpunkt nicht.

---

[1]) Martens, R. II. S. 184 und R. 2, IV S. 492.

[2]) Die verwickelten, lange historische Ausführungen erfordernden Grundlagen der gegenseitigen Behauptungen und Ansprüche der beiden Streitparteien finden sich in dem oben auf S. 85 Anm. 7 angeführten englischen und amerikanischen Streitschriften, besonders in den Werken von Twiss u. Greenhow ausführlich dargestellt worden sind. Die Ansprüche der Vereinigten Staaten sind im Zusammenhange auch in Calhouns Statement vom 3. Sept. 1844 (Br. Acc. and P., LII (1846) Nr. 109, S. 17 ff. die englischen in dem „Statement" des britischen Vertreters R. Pakenham, ebenda S. 19 ff., sowie in den zahlreichen dort abgedruckten Schreiben zusammengefaßt.

[3]) Martens, N. R., IV S. 570; Treaty Vol. 1910, S. 631 ff.

[4]) Martens, N. R., VII S. 477.

[5]) Martens, N. R., IV S. 570.

[6]) Martens, N. R. G., III S. 456 und Treaty Vol. 1910, S. 650 ff.

Im Jahre 1842 wurden wieder Schritte zur Erledigung der Streitfrage im Wege eines Kompromisses ergriffen. Aber erst im Jahre 1844 wurde ihre Lösung ernstlich in Angriff genommen.

Es ist hier nicht die Aufgabe, die verschiedenen Phasen dieses Streites im einzelnen zu schildern und von den vielfachen dabei gemachten Vorschlägen zu sprechen. Es genügt für unsere Zwecke zu sagen, daß in den Vereinigten Staaten die Ansichten über die einzunehmende Haltung geteilt waren. Die demokratische Partei, zu der Polk gehörte, von dem Rechte der Vereinigten Staaten zu dem ganzen Gebiete durchdrungen, wollte von einem Nachgeben nichts wissen und verlangte „54° 40′ or fight".[1]) Eine andere Partei dagegen war bereit, bis zum 49° nachzugeben, die Grenze damit etwa durch die Mitte des streitigen Gebietes legend. Sie war sogar geneigt, weiter auch noch Konzessionen in bezug auf die Benutzung des Colombia-Flusses zu machen.

Ein derartiger Kompromiß schien der englischen Regierung eine angemessene Lösung. Auch die Vereinigten Staaten entschieden sich unter dem Drucke des nahen Krieges mit Mexiko dafür, nachzugeben. Und so wurde am 15. Juni 1846 in Washington ein Vertrag abgeschlossen, der von beiden Parteien ratifiziert wurde, und der die streitige Grenze folgendermaßen bestimmte:[2])

> „Von dem Punkte des 49° nördlicher Breite, wo die in bestehenden Verträgen und Konventionen zwischen den Vereinigten Staaten und Großbritannien niedergelegte Grenze endet, soll die Grenzlinie zwischen den Gebieten der Vereinigten Staaten und ihrer britischen Majestät westwärts entlang dem genannten 49° nördlicher Breite zu der Mitte des Kanals, der den Kontinent von Vancouver Island trennt, fortgeführt werden, und dann südlich durch die Mitte des genannten Kanals und der Fucastraße zu dem Stillen Ozean, vorbehaltlich jedoch, daß die Schiffahrt in dem ganzen Kanal und in allen Wasserstraßen südlich vom 49° nördlicher Breite für beide Teile frei und offen bleibe."

Die sich bald nach Abschluß des Vertrages ergebende Ungewißheit darüber, ob die somit gezogene Grenze „südlich durch

---

[1]) Vergl. die bekannte Wahlparole, unter der Polk erwählt worden war:
„Polk and Dallas
Oregon and Texas; 54°, 40′ or fight."

[2]) Martens, N.R.G., IX S. 27 ff.; Treaty Vol. 1910, S. 656 ff.

die Mitte des Kanals" usw. durch die Rosariostraße oder den Harrokanal laufe, wurde übrigens von den Parteien im Wege friedlichen Übereinkommens und ohne daß die Monroedoktrin dabei ins Feld geführt worden wäre, dadurch erledigt, daß im Washingtoner Vertrag vom 8. Mai 1871[1]) (Art. XXXIV) ausgemacht wurde, der deutsche Kaiser solle über diesen Punkt entscheiden. Dieser gab seinen Schiedsspruch unter dem 21. Oktober 1872 ab,[2]) dem Standpunkt der Vereinigten Staaten beitretend, und entscheidend, daß die Grenze durch den Harrokanal laufe. Und nachdem durch ein Protokoll zwischen Sir E. Thornton und Admiral Prevost einerseits und Hamilton Fish andererseits vom 10. März 1873[3]) die nordwestliche Wassergrenze im einzelnen genau bestimmt worden war, fand der lange Streit endlich sein Ende.[4])

Als Polk seine Botschaft vom 2. Dezember 1845 verkündete, war allerdings eine Einigung der beiden Nationen noch nicht erreicht. Sie standen sich damals in vollem Widerspruche gegenüber, und es sah so aus, als ob es über diese Frage zwischen ihnen zu einem Bruche kommen könne.

Der Text der Botschaft.

Präsident Polk berichtet nun in seiner Botschaft ausführlich sowohl von dem Oregon-Streit wie von der Texas-Angelegenheit. Er beginnt mit Texas, gibt eine Darstellung der zwischen diesem Lande und den Vereinigten Staaten geführten Verhandlungen, des Verhaltens von Mexiko, beklagt sich über europäische Einmengungsversuche und empfiehlt, die Zulassung von Texas zur Union auszusprechen.

Er geht dann zum Oregon-Streit über, gibt auch hier eine Schilderung der Situation, macht Vorschläge über zu ergreifende Maßnahmen und spricht besonders von der Frage der Kündigung

---

[1]) Martens, N. R. G., XX S. 698 ff.

[2]) Martens, N. R. G., XX S. 775.

[3]) Treaty Vol. 1910, S. 723.

[4]) Zum San Juan da Fuca Wasserstreit, vergl. überhaupt: Br. Acc. and Papers 1873, LXXIV, und dort C 736: Additional Artikel to the Treaty between Her British Majesty and the United States of May 8. 1871, C 775, Protocoll of a Conference, held at Washington on the 7. of June 1873, ferner C 690—696, wo die verschiedenen Parteischriftsätze abgedruckt sind. Dann: Papers relating to the Treaty of Washington, Bd. V: „Berlin arbitration", Washington Gov. Print. Off. 1872.

des Vertrages vom 20. Oktober 1828.[1]) Nachdem dies geschehen, geht er zu den folgenden allgemeinen Bemerkungen über, die übersetzt folgendermaßen lauten: [2])

„Die rapide Ausdehnung unserer Niederlassungen über unsere bisher unbesetzten Territorien, die Hinzufügung neuer Staaten zu unserer Konföderation, die Ausdehnung freier Prinzipien und unsere zunehmende Größe als eine Nation ziehen die Aufmerksamkeit der europäischen Mächte auf sich, und kürzlich haben einige von ihnen die Doktrin eines Gleichgewichts der Kräfte auf diesem Kontinente zur Hemmung unseres Fortschrittes aufs Tapet gebracht. Die Vereinigten Staaten, aufrichtig begierig, gute Beziehungen mit allen Nationen aufrecht zu erhalten, können nicht schweigend irgend welche europäische Einmischung auf dem nordamerikanischen Kontinente gestatten und werden, falls eine solche Einmischung versucht werden sollte, bereit sein, ihr um jeden Preis zu widerstehen.

Es ist dem amerikanischen Volke und allen Nationen gut bekannt, daß diese Regierung sich nie in die zwischen anderen Regierungen bestehenden Beziehungen eingemischt hat. Wir haben uns nie an ihren Kriegen oder ihren Allianzen beteiligt, wir haben nie nach ihren Gebieten durch Eroberung getrachtet; wir haben uns in ihren inneren Kämpfen nicht mit den Parteien eingelassen, und, obgleich des Glaubens, daß unsere Regierungsform die beste sei, haben wir es nie versucht, durch Intrigen, Diplomatie, oder durch Gewalt Propaganda dafür zu machen. Wir können verlangen, daß dieser Erdteil in entsprechender Weise von der europäischen Einmischung fre bleibe. Die Nationen Amerikas sind ebenso wie die Europas souverän und unabhängig, sie besitzen dieselben Rechte, unabhängig von jedem fremden Dazwischentreten Krieg zu machen

---

[1]) Geschehen am 27. April 1846, vergl. Cong. Globe, 29. Cong. 1. sess. (1845—1846) S. 728.

[2]) Der Text der Botschaft steht unter anderem in Sen. Doc. 1, 29. Cong. 1. sess. S. 14 und Richardson, Mess. IV S. 385—416. Er findet sich im Auszuge auch bei Moore, VI S. 420 f. sowie in Am. Hist. Leaflets, Nr. IV S. 18 f. sowie im Anhang I Nr. 4.

Die Botschaft scheint inhaltlich einer Erklärung zu entsprechen, die Polk während der Campagne zu seiner Präsidentenwahl gemacht hat. Falconer, 2. Aufl. S. 44, berichtet, daß Polks Partei in einigen Staaten auf das Wahl „tiket' eine Erklärung Polks dahingehend gedruckt habe, daß „the fixed policy of the American Government should be, not to permit Great Britain, or any foreign Power, to plant a colony or hold dominion over any portion of the people or territory either of Texas or Oregon".

und Frieden zu schließen und ihre inneren Angelegenheiten zu ordnen. Das Volk der Vereinigten Staaten kann deshalb Versuche europäischer Mächte, in das unabhängige Handeln der Nationen dieses Erdteiles einzugreifen, nicht gleichgültig mit ansehen. Das amerikanische Regierungssystem ist völlig von dem Europas verschieden. Eifersucht zwischen den verschiedenen Souveränen Europas, daß nicht irgend einer von ihnen zu mächtig für die übrigen werde, hat sie dazu veranlaßt, ängstlich die Errichtung eines Systems zu erstreben, das sie Gleichgewicht der Kräfte nennen. Ihm kann keine Anwendung auf den nordamerikanischen Kontinent und insbesondere auf die Vereinigten Staaten gestattet werden. Wir müssen immer das Prinzip aufrechterhalten, daß die Bewohner dieses Kontinents allein das Recht haben, über ihr eigenes Schicksal zu entscheiden. Sollte irgend ein Teil davon, der einen unabhängigen Staat bildet, den Vorschlag machen, sich mit unserer Konföderation zu vereinigen, so wird dies eine für sie und uns ohne fremdes Dazwischentreten zu entscheidende Frage sein. Wir können nie zustimmen, daß europäische Mächte sich zur Verhinderung einer solchen Union ins Mittel legen, weil dies das Gleichgewicht der Kräfte stören könnte, das sie auf diesem Kontinente aufrecht zu erhalten wünschen.[1]) Beinah vor einem Vierteljahrhundert wurde das Prinzip klar der Welt in der Jahresbotschaft eines meiner Vorgänger verkündet, daß —

„die amerikanischen Kontinente zufolge der freien und unabhängigen Stellung, die sie sich errungen haben und behaupten, fürderhin nicht mehr als Gegenstände für zukünftige Kolonisation durch irgend welche europäischen Mächte anzusehen sind". —

Dieses Prinzip wird mit stark vermehrtem Nachdrucke zur Anwendung gelangen, falls eine europäische Macht den Versuch machen sollte, eine neue Kolonie in Nordamerika zu errichten. Bei der bestehenden Weltlage ist die gegenwärtige Gelegenheit für geeignet gehalten worden, das Prinzip, zu dem Mr. Monroe sich bekannt hat, zu wiederholen und es wiederzuversichern und meine kordiale Übereinstimmung mit der Weisheit und Vernünftigkeit seiner Politik festzustellen.

---

[1]) Hier beginnt ein neuer Gedanke. Die Botschaft hat an dieser Stelle jedoch keinen Absatz.

Die Wiederversicherung dieses Prinzips, insbesondere in bezug auf Nordamerika ist gegenwärtig nichts weiter als die ausdrückliche Betonung einer Politik, der zu widerstreben keine europäische Macht Neigung haben sollte. Bestehende Rechte jeder europäischen Nation sollten geachtet werden, aber sowohl unserer Sicherheit wie unserer Interessen wegen sollte der zureichende Schutz unserer Gesetze auf unsere gesamten Territorialgrenzen ausgedehnt werden, und es sollte deutlich der Welt als unsere feststehende Politik verkündet werden, daß keine zukünftige europäische Kolonie oder Herrschaft mit unserer Zustimmung auf irgend einem Teil des nordamerikanischen Kontinents angelegt oder eingerichtet werden könne.“

Zusammenfassung.

Zusammengefaßt ergeben diese noch unpräziser wie die der Monroebotschaft und ziemlich breit gefaßten Ausführungen den folgenden Gedankengang:

Polk richtet sich in dem ersten, durch das Verhalten Englands und Frankreichs in der Frage der Annexion von Texas veranlaßten Teile seiner Botschaft zunächst gegen jedwede europäische Eingriffe in Amerika, insbesondere gegen Versuche auf Territorialerwerb durch Erorberung, gegen Teilnahme an inneramerikanischen Kämpfen und gegen das Aufdrängen einer bestimmten Regierungsform. Er wünscht, daß es jedem Staate selbst überlassen bleiben möge, ohne fremdes Dazwischentreten über Krieg und Frieden zu entscheiden und seine inneren Angelegenheiten selbst zu ordnen. Deshalb wendet er sich gegen die Übertragung des Gleichgewichts der Kräfte auf Amerika und stellt die Befugnis europäischer Staaten in Abrede, eine Vereinigung amerikanischer Staaten zu verhindern, weil sie vielleicht diesem Gleichgewicht der Kräfte gefährlich werden könnte.

In dem zweiten, auf den Oregonstreit zielenden, äußerlich nicht von den Ausführungen über die Texasfrage getrennten Teile seiner Botschaft wiederholt Präsident Polk die Worte der Monroebotschaft gegen zukünftige europäische Kolonisation in Amerika und kommentiert sie dahin, daß die Anlegung oder Einrichtung europäischer Kolonien oder Herrschaften in Nordamerika für die Vereinigten Staaten unleidlich sei.

Analyse.

Die Botschaft ist also eine Wiederbestätigung der ursprünglichen Monroedoktrin, deren Gedanken sie in allen wesentlichen Punkten wiederholt.

Aber sie ist mehr als nur eine Wiederholung.

Vergleicht man sie mit der Monroebotschaft, so fällt vor allem ein wichtiger Punkt auf:

Der innere Grund für die Verkündigung der Monroebotschaft war, wie oben ausgeführt,[1]) das Gefühl der Besorgnis für den ungestörten Bestand der Vereinigten Staaten gewesen. In Polks Botschaft schiebt sich hier ein neuer Gedanke ein: In ihr ist als Grund für die Unleidlichkeit europäischer Einmischungen in Amerika die Tatsache angegeben, daß solche Einmischungen den ungehinderten Fortschritt der Vereinigten Staaten hemmen würden. In dieser Botschaft erscheint also die Monroedoktrin nicht mehr nur als ein Mittel zum Schutze der Sicherheit der Vereinigten Staaten, sie ist vielmehr danach zugleich auch ein Mittel, den Fortschritt der Vereinigten Staaten vor störenden Einflüssen durch nichtamerikanische Staaten zu schützen.

Für die Fortbildung der sachlichen Herrschaftsgrenzen des hier behandelten Teils der Monroedoktrin bedeutet Polks Botschaft vom 2. Dezember 1845 folgendes: Polk wendet in seinen auf das Verhalten Englands und Frankreichs Texas gegenüber bezüglichen Ausführungen die Monroedoktrin auf einen Fall an, in dem nicht, wie im Jahre 1823 ein Versuch europäischer Staaten in Frage kam, gewaltsam Einfluß auf die Entschließungen und Geschicke eines amerikanischen Staates zu gewinnen. Seine Angriffe gelten einem Unternehmen, durch diplomatische Mittel die Vereinigung von Texas mit den Vereinigten Staaten zu hintertreiben. Er erklärt solches Beginnen für unverträglich mit der Monroedoktrin.

Er sieht also von dem Begriff der Gewalt als einem Merkmal dieses Teiles der Monroedoktrin ab.

Was den gegen europäische Kolonisation gerichteten Teil der Monroedoktrin anlangt, so hatte er sich nach der Monroebotschaft lediglich gegen koloniale Neugründungen durch Okkupation und Besiedelung seitens europäischer Mächte in Amerika gerichtet.

---

[1]) Siehe oben S. 49 ff.

Anders die Polkbotschaft! An ihrem Schlusse wird es nicht nur, wie in der Monroebotschaft, als ein politischer Grundsatz der Vereinigten Staaten erklärt, daß keine europäischen Kolonien in Amerika mehr angelegt werden dürften. Sie wendet sich daneben zugleich auch gegen die Errichtung neuer europäischer „Herrschaften" (dominion) in Amerika. Sie will also nicht nur durch Ansiedelung und Okkupation oder durch Vertreibung der ursprünglichen Besiedler bewirkte koloniale Neugründungen europäischer Staaten in Amerika ausschließen, sie verbietet auch den Erwerb weiterer Herrschaftsmacht dieser Staaten durch andere als durch solche Kolonisation bewirkte Maßnahmen. Sowohl nach dem Sinne wie auch dem Wortlaute der Polkbotschaft bezieht sich die Monroedoktrin auch auf den im Wege von Vertragsabschlüssen herbeigeführten Erwerb weiterer politischer Macht europäischer Staaten in Amerika, sei es daß der betreffende Vertrag mit einer amerikanischen Macht, sei es, daß er von der betreffenden europäischen Nation mit einer andern, bereits im Besitze von amerikanischem Kolonialbesitz befindlichen europäischen Nation abgeschlossen wird.

Der letzte Fall ist der Fall der Madisondoktrin. Die Madisondoktrin, die den Übergang einer amerikanischen Kolonie aus der Hand einer europäischen Kolonialmacht in die eines andern europäischen Staates verbot, war, wie bereits oben ausgeführt ist,[1]) nicht in die ursprüngliche Monroedoktrin hineingelangt.

Die Vereinigten Staaten und Cuba von 1823 bis 1845.

Es hatte sich allerdings auch nach 1823 wiederholt die Gelegenheit geboten, diese Madisondoktrin in bezug auf Cuba zu betätigen, bezüglich welcher Insel fortdauernd der Verdacht bestand, daß eine europäische Macht Absichten darauf habe.[2])

Wir haben schon oben von solchen Gerüchten und von der Haltung der amerikanischen Regierung ihnen gegenüber vor dem Jahre 1823 gehört.[3])

Auch nach 1823 haben die Vereinigten Staaten sich genau ebenso verhalten. Insbesondere instruierte Henry Clay auf den Verdacht hin, daß Frankreich ein Auge auf Cuba geworfen habe,

---

[1]) Siehe oben bes. S. 59 ff.

[2]) Die Literatur zu Cuba vergleiche unten bei der Darstellung des 2. Unterprinzips (Cap. III) Anm. 1 von 3g.

[3]) Vergl. oben S. 62 ff.

den Gesandten der Vereinigten Staaten in Paris, Mr. Brown, unter dem 25. Oktober 1825 dahin,[1]) er möge die französische Regierung davon in Kenntnis setzen, daß die Vereinigten Staaten unter keinen Umständen der Besetzung Cubas oder Porto Ricos durch Frankreich mit oder ohne Spaniens Einwilligung zustimmen könnten.[2])

Ein weiteres, besonders energisches Zeugnis für eine solche Haltung der Vereinigten Staaten auch schon vor Verkündigung der Polkschen Botschaft liegt aus dem Jahre 1840 vor: Staatssekretär Forsyth instruierte am 15. Juli 1840 den Gesandten der Vereinigten Staaten in Madrid, Mr. Vail, folgendermaßen:[3])

„Wenn Sie Grund dazu haben sollten, irgend welche Absichten auf der Seite Spaniens zur freiwilligen Abtretung seines Titels auf die Insel" (das ist Cuba), „sei es zu Eigentum oder zu Besitz und sei es dauernd oder vorübergehend, an Großbritannien oder an irgend eine andere Macht, zu argwöhnen, so wollen Sie mit aller Deutlichkeit erklären, daß die Vereinigten Staaten dies unter allen Umständen verhinden werden, ebenso wie sie das mit jeder militärischen Besetzung tun werden, unter welchem Vorwande sie auch erfolgen möge; und Sie sind ermächtigt der spanischen Regierung zu eröffnen, daß im Falle eines Versuches, von welcher Seite er auch ausgehen möge, ihr diesen Teil ihres Territoriums zu entreißen, sie sich auf die militärischen und maritimen Hilfsquellen der Vereinigten Staaten verlassen könne, um ihr zu dessen (Cubas) Erhaltung oder Wiedererlangung zu helfen."[4])

Andererseits muß aber beachtet werden, daß das Verhältnis der Vereinigten Staaten zu Cuba immer ein durch die geographische

---

[1]) Am. State Papers For. Rel. V, 855; vergl. Clay zu Mr. King, Gesandter der Vereinigten Staaten in England vom 26. Oktober 1825, MS. Inst. United States Ministers X S. 405 (M. VI S. 458).

[2]) Von Latané, S. 266 als der erste Schritt in der Entwicklung der Monroedoktrin bezeichnet.

[3]) Vergl. Br. and For. State Papers, XXXII S. 862.

[4]) Als Beispiele weiterer Äußerungen darüber, daß Cuba nicht aus der Hand Spaniens an eine andere Macht übergehen dürfe, vergl. insbesondere: Webster an Campbell, Konsul in Havanna, unter dem 14. Jan. 1843 Br. and For. State Papers, XXXXIV S. 174 und Upshur an Irving, Gesandter der Verein. Staaten in Spanien, unter dem 9. Jan. 1844 eod. XXXII, 867; Clayton zu Barringer unter dem 2. Aug. 1849, MS. Inst. Spain 1492 (M. VI S. 452); Marcy zu Soulé unter dem 23. Juli 1853; H. Ex. Doc., Bd. XCIII, 33. Cong. 2. sess. S. 3. Vergl. weiter eine Reihe anderer solcher Zeugnisse in Br. and For. State Papers, Bd. XXVI S. 1124 ff.; Bd. XXXII S. 861 ff.; Bd. XXXXIV S. 133 ff.; vergl. auch 32. Cong. 1. sess. H. Ex. Doc. 121.

Lage dieser Insel bestimmtes, besonders nahes und besonders interessiertes gewesen ist.[1]) Man kann deshalb in der geschilderten Haltung der Vereinigten Staaten Cuba gegenüber keine tatsächliche Erweiterung der Monroedoktrin, sondern höchstens eine Art Vorbereitung dazu sehen.

Ergebnisse.

Durch Polks Botschaft wird die Madisondoktrin mit der Monroedoktrin verbunden.

Aber darüber hinausgehend umfaßt sie überhaupt alle denkbaren Fälle weiteren Landerwerbs europäischer Mächte in Amerika, auf welchem Wege er auch immer erfolgen möge. Sie bezieht sich nicht nur auf solchen Erwerb, der durch Okkupation herrenlosen oder durch Aneignung tatsächlich unter fremder Herrschaftsmacht stehenden Gebietes als eines herrenlosen, oder durch Verträge einer europäischen Macht mit einer anderen europäischen oder mit einer amerikanischen bewirkt wird. Sie schließt auch die Zueignung amerikanischen Bodens durch gewaltsame Wegnahme seitens einer europäischen Macht in sich.[2]) Mit andern Worten: die Monroedoktrin richtet sich nach der Polkbotschaft gegen jeden weiteren Landerwerb einer europäischen Macht in Amerika, gleichgültig, auf welchem Wege dieser Erwerb bewirkt wird.[3])

---

[1]) Dies ist von der amerikanischen Diplomatie oft und deutlich ausgesprochen worden. So hat z. B. van Buren als Staatssekretär in einem Schreiben an van Ness, Gesandter der Vereinigten Staaten in Spanien, vom 2. Okt. 1829 folgendes erklärt: (Br. and For. State Papers, XXVI S. 1149) „The government of the United States has always looked with the deepest interest upon the fate of those islands, but praticularly of Cuba. Its geographical position, which places it almost in sight of our southern shores, and, as it were gives it the command of the Gulf of Mexico and the West India seas; its safe and capacious harbours; its rich productions, the exchange of which, for our surplus agricultural products and manifactures, constitutes one of the most expensive and valuable branches of our foreign trade, render it of the utmost importance to the United States that no change should take place in its condition which might injuriously affect our political and commercial standing in that quarter."

[2]) Vergl. z. B. Moore, Dipl., S. 152, der die Polksche Erweiterung der Monroedoktrin in folgende Formel bringt: „No more American colonies on these continents"; vergl. auch Alvarez, A. J., III, S. 315.

[3]) Akzession kommt hier nicht in Frage. Prescription kann nicht als Eigentums-Erwerbstitel anerkannt werden. Unvordenklicher Besitzstand begründet nach der richtigen Ansicht lediglich eine Vermutung für das Vorliegen eines Rechtstitels des Besitzenden zu dem betreffenden Gebiet. Dafür, daß Prescription ein völkerrechtlicher Erwerbstitels sei vergl. z. B. Cobbett, I S. 108 f.; Hartmann, S. 175; Hershey, S. 178; Oppenheim, I, § 242 S. 308 ff.; Lawrence; (3. Aufl.) S. 159. Dagegen beispielsweise: Heffter, S. 12; Klüber, § 6 u. 125; Mérignhac, S. 415—418; Pomeroy, § 107 ff.; Ullmann, S. 308.

Vergleicht man nunmehr die beiden in dieser Botschaft gegenüber der Monroebotschaft vorhandenen Erweiterungen der Monroedoktrin mit einander, so ergibt sich noch eine weitere Tatsache.

Nach der Monroebotschaft sind nur gewisse Eingriffshandlungen europäischer Mächte in die Geschicke und Entschließungen amerikanischer Staaten verboten. Ebenso sind nach ihr nur gewisse Kolonisationshandlungen untersagt.

Polks Botschaft hingegen richtet sich gegen jedwede Einmischung europäischer Staaten in amerikanische Angelegenheiten und gegen jedweden Versuch solcher Mächte, ihre Herrschaft in Amerika auszudehnen.

Ausdehnung der Herrschaft in Amerika und Einmischung in amerikanische Angelegenheiten sind aber tatsächlich die beiden einzigen Mittel, durch die eine nicht amerikanische Nation ihre politische Macht in Amerika zu steigern vermag.

Demgemäß richtet sich die Monroedoktrin nach Polks Botschaft vom 2. Dezember 1845 gegen jedweden Versuch einer europäischen Nation, ihre politische Macht in Amerika zu vermehren.

b) Die Botschaft des Präsidenten Polk vom 29. April 1848 (Yukatanfall)[1].

Präsident Polk fand während seiner Administration Gelegenheit, die Anwendbarkeit der Monroedoktrin auf Rechtsgeschäfte zwischen einer amerikanischen und einer nichtamerikanischen Macht über amerikanisches Gebiet nochmals ausdrücklich zu bestätigen.

Der Anlaß dazu war folgender:

Infolge von ernsten Indianerunruhen in der zu Mexiko gehörigen, sich aber großer Selbständigkeit erfreuenden Provinz Yukatan hatte die Regierung von Yukatan den Vereinigten

[1] Zu Yukatan, vergl. folgende Bücher: Br. and For. State Papers, Bd. LI (1860—1861) S. 1184 ff.: Correspondence between United States und Yukatan relative to the independence of Yukatan; 30. Cong. 1. sess. (1847—1848) Sen. Ex. Doc. 40 (Bd. V) sowie 45 u. 49 (Bd. VI); Moore, VI S. 423 ff., VII S. 862 f.; Beaumarchais, S. 76 ff.; Crallé, Speeches of John Calhoun, New York 1865; Foster, S. 454; Haeberlin, S. 167; Henderson, S. 385 ff.; v. Holst, III S. 438 ff.; Latané, S. 268 ff.; Pétin, S. 164 ff.; Reddaway, S. 132; Snow, S. 347 f.; Tucker, S. 37 ff.

Staaten, aber auch England und Spanien diese Halbinsel zur „Herrschaft und Souveränität" angeboten.

Präsident Polk gibt hierüber dem Kongreß in einer Spezialbotschaft vom 29. April 1848 Kenntnis.[1]) Er schildert in dieser Botschaft die Zustände in Yukatan, berichtet von dem den Vereinigten Staaten gemachten Angebote und führt folgendes aus:

> „In Übereinstimmung mit unserer feststehenden Politik könnten wir einer Übertragung dieser „Herrschaft und Souveränität", sei es an Spanien oder an Großbritannien oder an irgend eine andere europäische Macht nicht zustimmen. In der Sprache des Präsidenten Monroe, in seiner Botschaft vom 23. Dezember 1823: „Wir würden jedweden Versuch ihrerseits, ihr System auf irgend welchen Teil dieser Hemisphäre auszudehnen als gefährlich für unseren Frieden und unsere Sicherheit ansehen." "

Polk zitiert dann seine eigene Botschaft vom 2. Dezember 1845 von der Stelle an, in der er dort die Worte der Monroebotschaft wiederholt hatte bis zum Ende der oben in der Übersetzung gegebenen Stelle und fährt fort:

> „Unsere eigene Sicherheit erfordert es, daß die so verkündete, feststehende Politik unser Verhalten leite, und dies bezieht sich ganz besonders auf die Halbinsel Yukatan. . . . Es würde gefährlich für unsern Frieden und für unsere Sicherheit sein, wenn sie eine Kolonie einer europäischen Macht werden würde."

Weiterhin führt er sodann aus, es sei das Beste, während der Fortsetzung des Krieges der Vereinigten Staaten mit Mexiko diese Halbinsel militärisch zu besetzen. Leider seien dazu aber gegenwärtig keine Truppen verfügbar. Das einzige was getan werden könne, sei, die verfügbaren Seestreitkräfte der Vereinigten Staaten in den Golf von Mexiko zu senden. Und er unterbreitet dem Kongreß die Situation zur Beschlußfassung.

Die Bedeutung dieser Botschaft Polks liegt darin, daß sie mit aller Deutlichkeit die Grundgedanken der Monroedoktrin in der durch die Botschaft vom 2. Dezember 1845 ausgesprochenen er-

---

[1]) Der Text der Botschaft findet sich bei Richardsons Mess., IV S. 581 ff. Sie steht im Auszug in Moore, VI S. 423 f. Sowie Anhang unten unter II Nr. 5.

weiterten Formulierung wiederholt, und insbesondere, daß sie mit eindeutiger Klarheit die Unzulässigkeit von rechtsgeschäftlichem Erwerb amerikanischen Bodens durch eine europäische Macht von einer amerikanischen als die Meinung der Monroedoktrin erklärt.

Calhouns Standpunkt.[1])

Im Senate, wo am 4. Mai 1848 ein den Polkschen Vorschlägen entsprechender Gesetzesvorschlag eingebracht wurde, erhob sich dagegen einiger Widerspruch. Besonders Calhoun, das einzig überlebende Mitglied des Kabinetts von Monroe zur Zeit der Beratung und der Verkündung der Monroebotschaft, der bereits energisch gegen die Beschickung der Panamakonferenz von 1826 aufgetreten war, nahm Anlaß zu sehr entschiedenen Ausführungen gegen die Monroedoktrin.

Besonders seine Rede vom 15. Mai 1848, die sich einer großen Berühmtheit erfreut, oft zitiert wird und insbesondere von Interesse wegen ihrer Bemerkungen über die Entstehung der Monroebotschaft ist, richtete sich aufs schärfste gegen die Monroedoktrin. Calhoun wies darauf hin, daß die von der vollständigen Freiheit und Unabhängigkeit der amerikanischen Kontinente handelnden Ausführungen der Monroebotschaft breiter als die Tatsachen gewesen seien. Er erklärte, die betreffenden Worte, die sich auch gegen England, das damals ein notwendiger Helfer der Vereinigten Staaten gewesen, gerichtet hätten, seien nach den Kabinettsberatungen in die Botschaft hineingelangt und wären sicherlich anderenfalls von dem äußerst weisen und vorsichtigen Monroe geändert worden.[2]) Polk habe die Ausführungen der Monroebotschaft mißverstanden. Sie seien Erklärungen, nichts weiter, Erklärungen, die in friedlicher Weise den Mächten der Welt hätten ankündigen sollen, daß die Vereinigten Staaten gewisse Eingriffshandlungen der alliierten Mächte in Amerika als gefährlich für ihren Frieden und ihre Sicherheit ansehen würden. Die Botschaft wolle sagen, daß Eingriffe europäischer Mächte in die neuen amerikanischen Republiken als

---

[1]) Die Debatten vom 5., 8., 9., 10., 11. u. 15. Mai 1848 stehen in Appendix zu Cong. Globe, 30. Cong. 1. sess. (1847—1848) S. 591 ff. Die Ausführungen Calhouns stehen ebenda, S. 630 ff. Vergl. auch Calhouns Works, IV S. 454 ff. — Eine ziemlich vollständige, wenn auch nicht genaue Zusammenfassung des Gedankenganges der sehr ausführlichen Rede Calhouns vom 15. Mai 1848 findet sich bei Tucker, S. 40 ff.

[2]) Siehe oben S. 44 Anm. 1.

der Ausdruck einer unfreundlichen Gesinnung gegen die Vereinigten Staaten zu unterdrücken seien, und daß dieser Kontinent, frei und unabhängig geworden, nicht länger der Gegenstand für Kolonisationen durch europäische Mächte sei. Unter Kolonisation sei die Errichtung einer Ansiedelung durch Auswanderer von dem Mutterlande in einem Gebiete, das entweder unbewohnt sei, oder von dem die Einwohner ganz oder teilweise ausgetrieben seien, gemeint. Die Monroebotschaft treffe nicht auf die Yukatan-Angelegenheit zu, denn dies sei ein Fall der Übertragung von Souveränität durch ein Volk, das bereits da sei.

Calhoun führt dann weiter noch aus, daß in der Botschaft nichts von Widerstand gesagt sei und daß dies mit Absicht nicht geschehen sei, denn die Frage des Widerstandes gehöre zur Zuständigkeit des Kongresses.

Die Anschauung Calhouns, so richtig oder so falsch sie auch sein mag, hat die geschichtliche Entwicklung der Monroedoktrin nicht beeinflußt. Trotz solcher Widerstände ist die Polk'sche Meinung zur allgemeinen Anschauung vom Inhalte der Monroedoktrin geworden und bedeutet, später oft wieder bestätigt, eine Erweiterung der ursprünglichen Monroedoktrin.

In der Sache selbst hatte der Kongreß keine Veranlassung, etwas zu verfügen, denn die Streitigkeiten in Yukatan wurden vorher durch einen zwischen den Indianern und den Weißen geschlossenen Vertrag beigelegt.

Der beim Senate gestellte Antrag auf Ermächtigung des Präsidenten zur zeitweiligen militärischen Besetzung Yukatans vom 4. Mai 1840 fiel deshalb unter den Tisch.[1])

c) Englische Politik im mittleren Amerika und die Haltung der Vereinigten Staaten dazu.

(Belize, Bay-Inseln und Mosquito-Küste).[2])

Allgemeines.

Die Bemühungen Englands, im mittleren Amerika Gebiet oder souveränitätsähnliche Kontrolle zu erwerben und das Ver-

[1]) Cong. Globe, 30. Cong. 1. sess. S. 777 f.

[2]) Vergl. hier besonders die Literaturauswahl zur Panamakanalfrage unten S. 183 Anm. 1, wo sich viel Material auch zu den hier behandelten Fragen findet. Vergl. hier besonders: Br. Acc. and Papers, 1856, Bd. LX, Nr. 2052, 2095 u. 2107 (alles Staatsdokumente, die sich auf Zentralamerika beziehen). Vergl. weiter vor allem die Canal Corr. 1900, sowie Corr. between Great Britain

halten der Vereinigten Staaten demgegenüber, bilden einen Teil des großen Kampfes beider Mächte um den Bau und die Kontrolle eines interozeanischen amerikanischen Kanals. In der Geschichte der Monroedoktrin stellen sie sich als selbständige, gesondert zu schildernde Episoden dar.

Die englischen Bemühungen erstreckten sich besonders auf das Gebiet, das jetzt die britische Kolonie Belize oder Britisch-Honduras bildet, die sogenannten Bay-Inseln vor der Küste von Honduras, die zu Nicaragua gehörige Moskitoküste und die Tigerinsel.[1])

Geschichtliche Grundlagen.

Die Mosquitoküste ist ein Landstrich an der östlichen Küste von Zentralamerika, dessen Grenzen niemals genau gezogen worden sind. Der englische Kapitän Bonycastle, ein Mitglied des „Corps of British Royal Engineers", beschreibt sie in seinem im Jahre 1818 unter dem Titel „Spanish-America" usw. erschienenen Buche als entlang einem Teile der nördlichen und westlichen Küste von Honduras liegend und zeichnet sie in einer dem ersten Bande seines Werkes vorausgeschickten Karte nach Norden etwa bis zum Plantain-Fluß und nach Süden zu bis zum Segovia-Fluß (ungefähr 12° nördlicher Breite) ein.[2])

---

and the United States in relation to Central Americain affairs and the Enlistment question, 34. Cong. 1. sess. (Washington 1856); British Honduras: A historical and descriptive account of the colony from its settlement (1670) compiled from original and authentic sources, London 1883; Belot, Gustave de, La vérité sur le Honduras usw., Paris 1869; Anonym. A full answer to the King of Spains last manifesto respecting the Bay of Honduras and the Mosquito shore usw., London 1779; Falcke, Die Friedensbockade in Niemeyers Zeitschr., XIX (1909) S. 118 ff.: Blockaden des Hafens von San Juan (Greytown) in Nicaragua durch England 1842 und 1844; Fellechner, A. u. Andere: Bericht über die im höchsten Auftrage des Prinzen Karl von Preußen und des Fürsten von Schönberg-Waldenburg bewirkte Untersuchung einiger Teile des Mosquito-Landes, erstattet von der dazu ernannten Kommission, Berlin 1845. Haeberlin, S. 26 ff.; Henderson, George, An account of the British Settlement of Honduras, 2. Aufl., London 1811; Young, Thomas, Narrative of a residence on the Mosquito shore during the years 1839, 1840 and 1841, London 1842; Squier, Ephraim, George, Notes on Centralamerica; particularly the States of Honduras and Salvador usw., New York 1855; Travis, Ira Dudley, British rule in Centralamerica, or, A sketch of Mosquito territory, An Arbor 1895.

[1]) Das Verhalten Englands gegenüber der Tiger-Insel, das mit den im Text geschilderten Ereignissen nur in einem sehr losen Zusammenhange steht, ist später unten selbständig zur Darstellung gebracht worden; vergl. unten S. 240 f.

[2]) Bonycastle, Sir Richard Henry, Spanish-America; or a descriptive, historical and geographical account of the dominons of Spain in the western hemisphere, continental and insular, London, 2 Bde., 1818, Philadelphia, 1 Bd., 1819. Staatssekretär Bayard erklärte in einem Schreiben zu dem Gesandten der Vereinigten Staaten in England Mr. Phelps vom 23. Nov. 1888 (For. Rel.

In diesem großen Gebiete hauste eine Horde unzivilisierter Mosquito-Indianer, deren Krieger Bonycastle im Jahre 1818 auf die Zahl von ca. 1500 geschätzt hatte.[1])

Der englische Gouverneur von Jamaika hatte mit dem „Könige" der Mosquito-Indianer im Jahre 1720 einen Vertrag geschlossen, der ein „Protektorat" Englands über diese Wilden zum Gegenstand gehabt hatte.

Es kann von der Frage der Tauglichkeit dieses Abkommens zwischen einer zivilisierten Nation und einem Indianer-Häuptling, ein „Protektoratsverhältnis" über ein derartig riesiges Gebiet wie die Mosquitoküste zu begründen, dessen Grenzen die Mosquito-Indianer selbst sicher nie gesehen hatten und selbst nicht kannten, ganz abgesehen werden. Die Vereinigten Staaten gingen jedenfalls von der Unwirksamkeit jenes Protektoratsvertrages aus.[2])

Sie behaupteten außerdem, daß alle englischen Territorial- oder Protektionsrechte über das in Betracht kommende Land aus folgenden Gründen ausgeschlossen seien:

England hatte in dem Versailler Friedensvertrage vom 3. September 1783[3]) mit Spanien, dem damaligen Eigentümer dieses Gebietes, vereinbart, daß den englischen Untertanen ein Recht auf Schneiden, Laden und Fortschaffen von Langholz[4]) in einem genau bestimmten, zwischen dem Vallis- und Rio Hondo-Flusse gelegenen und damals Spanien gehörigen, heute die englische Kolonie British-Honduras bildenden Gebiets zustehen sollte. Es wurde dabei ausdrücklich vereinbart, daß dadurch Spaniens

---

1888, I S. 759 ff.): „The Mosquito coast was a name bestowed in the last century upon a tract of country of considerable but imperfectly defined extent stretching along the shores of the Carribean Sea to the southward and westward of Cape Gracias à Dios, and was inhabited by a sparse population of wholly uncivilized Indians. . ."

[1]) Buchanan in seinem „Statement" vom 2. Jan. 1854 erklärte, daß ihre Zahl im Jahre 1854 kaum noch die Hälfte dieser Zahl betragen dürfte.

[2]) Staatssekretär Clayton erklärte in einem Schreiben an den Chargé d'affaires der Vereinigten Staaten in Zentralamerika, Mr. Squier, vom 7. Mai 1850 (MS. Inst. Am. States, XV S. 104; M., III S. 147), daß die Anerkennung von Souveränitätsansprüchen des Mosquitokönigs oder eines anderen Indianers in Amerika durch die Vereinigten Staaten die Verneinung des Titels der Vereinigten Staaten zu ihrem eigenen Gebiete bedeute.

[3]) Martens, R., II S. 484; 2, III S. 541; Canal Corr. 1900, S. 232 f., wo der Text des besonders wesentlichen Artikels VI steht, sowie auch Moore, III S. 145.

[4]) „Right of cutting, loading and carrying away longwood".

Souveränität über dieses Gebiet nicht beeinträchtigt sein sollte. Außerdem war verabredet, daß alle englischen Untertanen, die irgendwo auf dem spanischen Kontinent („continente Espagnol") wohnten, ihn (ausgenommen das Land, auf das sich der usus fructus bezog) binnen 18 Monaten, von der Ratifikation des Vertrages an gerechnet, verlassen sollten.

In einem weiteren, zwischen England und Spanien am 14. Juli 1786 [1]) geschlossenen Vertrage, der den usus fructus räumlich etwas erweiterte, wurden die Bestimmungen des Vertrags von 1783 mit aller Deutlichkeit nochmals bestätigt. Es wurde bestimmt, daß die Untertanen ihrer Britischen Majestät sowie die andern Kolonisten, die bisher die Protektion Englands genossen hätten, das Land der Mosquitos ebenso wie den Kontinent im allgemeinen und die anliegenden Inseln, mit Ausnahme eines genau beschriebenen (Artikel II), für den Holz-Usus fructus vorbehaltenen Gebietes, räumen sollten.

Diese Abkommen hinderten die englische Regierung jedoch nicht an der Entfaltung einer emsigen Tätigkeit in den betreffenden Gegenden. Insbesondere dehnten die Engländer langsam den ihnen verliehenen Usus fructus räumlich und inhaltlich aus und gestalteten ihre Stellung in Belize mehr und mehr zu einem tatsächlichen kolonialen Herrschaftsverhältnis, ohne andererseits zunächst Kolonialbesitz nach außen hin in Anspruch zu nehmen.

In zwei englischen Gesetzen aus den Jahren 1817 und 1819 [2]) war sogar ausdrücklich anerkannt, daß Belize nicht im „Territorium und dem Dominium" Ihrer Majestät liege, sondern lediglich „eine Ansiedelung zu gewissen Zwecken in dem Besitze und unter der Protektion Ihrer Majestät sei".

Unvereinbar hiermit war es, daß am 14. März 1835 der englische Superintendent von Belize, Colonel Mc Donald, aus der weißen Bevölkerung dieses Gebietes eine gesetzgebende Ver-

---

[1]) Martens, R., IV S. 673; R. 2, IV S. 140; Canal Corr. 1900, S. 233 f.

[2]) Vergl. The Statutes of the United Kingdom usw. 57, Geo. III (1817) Cap. III: „An act for the effectual Punishment of Murders and Manslaughters committed in places not within His Majestys Dominions" vom 27. Juni 1817. Dies Gesetz beginnt mit folgenden Worten: „Whereas grievous Murders and Manslaughters have been committed at the Settlement in the Bay of Honduras in South America (!), the same being a Settlement, for certain Purposes, in the Possession and under Protection of His Majesty, but not within the Territory and Dominion of His Majesty . . ."; ferner 59, Geo. III (1819) Cap. XXXXIV, Ges. vom 21. Juni 1819.

sammlung bildete, Belize in British-Honduras umtaufte und Guatemala benachrichtigte, daß die englische Regierung alles Land für sich in Anspruch nehme, das sich seit der Befreiung von Spanisch-Amerika in ihren Händen befinde.

Dieses Verhalten war nach Anschauung der amerikanischen Regierung unberechtigt und stand insbesondere mit den oben erwähnten Verträgen zwischen England und Spanien im Widerspruche.[1])

Ebenso unberechtigt erschien auch eine von Colonel Mc Donald im November 1840 erlassene Proklamation des Inhalts, daß in Zukunft die englischen Gesetze in British-Honduras, Roatan und Mosquitia herrschen sollten.[2])

In systematischer Fortführung dieser Politik der Umwandlung der betreffenden Gebiete zu einer großen englischen Kolonie ließ er ferner im Frühjahr des Jahres 1841 die Flagge der Republik von Zentralamerika, die mindestens von 1821—1831 über Roatan geweht hatte,[3]) dort herunterreißen und die Insel gewaltsam besetzen.

Diese Insel gehörte zu den sogenannten Bay-Inseln, die vor der Küste von Honduras liegen und aus Roatan, Bonacca, Utilla, Barbarat, Helene und Morat sich zusammensetzten.

Während England einen ebensolchen Versuch aus dem Jahre 1835 desavouiert und die Inseln damals an Nicaragua als ihren Eigentümer zurückgegeben hatte,[4]) geschah in diesem Falle nichts dergleichen. Da Nicaragua zu schwach war, um Widerstand zu leisten, so blieb England bis auf weiteres in diesem Besitz und richtete sich dort ebenso wie in Belize immer fester wie in einer Kolonie ein.

Auch an der Mosquitoküste blieben die Engländer nicht untätig. Sie hatten zwar in Erfüllung der Verträge mit Spanien von

---

[1]) In dem zwischen England einerseits und andererseits Mexiko, welches als Besitzer eines Teiles des Belize-Gebiets in Frage kam, unter dem 26. Dez. 1826 geschlossenen Freundschafts-, Handels- und Schiffahrtsvertrage, Art. XIV, wurden übrigens die Abmachungen des zwischen England und Spanien im Jahre 1786 geschlossenen Vertrages ausdrücklich wiederholt (Br. and For. State Papers, XIV S. 625).

[2]) Keasbey, bes. S. 170 ff.

[3]) Zugegeben von Lord Clarendon in seinem Statement vom 2. Mai 1854: Br. and For. State Papers, XLVI, S. 268, H. Ex. Doc. 1, 34. Cong. 1. sess. S. 90.

[4]) Buchanans Statement vom 6. Jan. 1854, abgedruckt in Br. and For. State Papers, Bd. XLVI S. 244—251.

1783 und 1786 das Gebiet geräumt, und zunächst verlautete nichts, was als eine Wiederaufnahme des alten Protektoratsgedankens zu verstehen war.

Das änderte sich um das Jahr 1842. Nach dem bereits erwähnten „Statement" Buchanans ist es nicht klar, in welchen Zeitpunkte England auf diese Idee zurückgegriffen hat. Die erste Nachricht davon erhielt die amerikanische Regierung nach diesem Statement durch eine Depesche ihres Spezialagenten in Guatemala, William S. Murphy, vom 20. Januar 1842. Murphy berichtet darin von einer mit Colonel Mc Donald geführten Unterhaltung. Im Laufe dieser Unterhaltung habe Mc Donald erzählt, daß er von ihm entdeckte Urkunden nach England gesandt habe, die die englische Regierung veranlaßt hätten, ihre Ansprüche auf das Mosquitoterritorium wieder aufzunehmen.

Einen sehr energischen Schritt nahm die englische Regierung am 1. Januar 1848 vor. An diesem Tage vertrieben die Engländer plötzlich die Nicaraguaner aus der Stadt San Juan del Norte, die tief südlich von dem Mosquitoterritorium in Nicaraguanischem Gebiet lag. Sie besetzten die Stadt und zogen die Mosquitoflagge auf mit der Erklärung, die Stadt gehöre zum Mosquitogebiete und die englische Regierung handle in Ausübung ihres Protektorates über die Mosquitoindianer. Weiter tauften sie auch die Stadt in Greytown um.

Die Regierung der Vereinigten Staaten — zunächst offenbar nicht genügend über die Lage unterrichtet — brachte der Angelegenheit anfangs kein Interesse entgegen. Erst nachdem Mc Donald die englischen Ansprüche auf Belize Guatemala gegenüber geltend gemacht hatte, sandte sie Mr. Murphy als Spezialagenten zur Untersuchung der Lage nach Zentralamerika. Und nach dem englischen Überfall auf San Juan del Norte erklärte sie der Regierung von Nicaragua, daß der Präsident ihr seine guten Dienste darbiete und daß sie auf ihrem Rechte verharren solle.[1])

Der erste energische Versuch, in dieser Angelegenheit einzugreifen, war der Abschluß des Clayton-Bulwer-Vertrages mit England vom 19. April 1850.[2]) Dieser Vertrag kommt hier in Be-

---

[1]) Vergl. Claytons Schreiben an den Gesandten der Vereinigten Staaten in England Mr. Bancroft vom 30. April 1849. MS. Inst. Great Britain, XV S. 385 (M., III S. 146).

[2]) Vergl. z. B. A. J., III (1909) Supplement, S. 110 ff.; Canal Corr. 1900, S. 288 ff.; Martens, N. R. G., XV S. 187 ff.; Moore, III S. 130 ff.; Niemeyers Zeitschr., XII S. 368 ff.; St. A. 40 S. 99; Strupp, I S. 288 ff. Vergl. auch unten S. 188 f.

tracht, insoweit als er bestimmte, daß keiner der beiden Vertragsteile je eine Herrschaft über Nicaragua, Costa Rica, die Mosquitoküste oder irgend einen Teil von Zentralamerika aufrichten oder ausüben wolle.

Die Absicht der Vereinigten Staaten bei Abschluß dieses Vertrages war, den alleinigen englischen Einfluß über Bau und Kontrolle eines interozeanischen amerikanischen Kanals durch den Ausschluß alleiniger Kontrolle Englands über das in dieser Beziehung für die verschiedenen Kanalrouten in Betracht kommende Gebiet zu hindern.

Diese Idee kam in dem vom Standpunkt der Vereinigten Staaten aus sehr unglücklich gefaßten Clayton-Bulwer-Vertrag zu keinem klaren Ausdruck.

Es war insbesondere unklar, ob danach England das von ihm beanspruchte Protektorat über die Mosquito-Indianer aufzugeben hätte und ebenso, ob es durch den Vertrag sich seiner Ansprüche auf die Bay-Inseln begeben habe. Endlich schwieg der Vertrag von dem Belize-Gebiet völlig.

Der englische Vertreter Sir Henry Bulwer hatte sogar vor Austausch der Ratifikation am 29. Juni 1850 dem Vertreter der Vereinigten Staaten, John M. Clayton, eine ausdrückliche, als Vorbehalt zur englischen Ratifikation beigefügte Erklärung abgegeben, wonach „Ihre Majestät die Verpflichtungen dieser Konvention nicht so verstehe, daß sie auf Ihrer Majestät Ansiedelung in Honduras oder deren Dependenzen Bezug hätten".[1]) Mr. Clayton

[1]) Canal Corr. 1900, S. 293. Vergl. den englischen Text:

„In proceeding to the exchange of the ratifications of the convention, signed at Washington on the 19th of April 1850, between Her Britannic Majesty and the United States of America, relative to the establishment of a communication by ship-canal between the Atlantic and Pacific Oceans:

The undersigned, Her Britannic Majesty's plenipotentiary, has received Her Majesty's instructions to declare that Her Majesty does not understand the engagements of that convention to apply to Her Majesty's settlement at Honduras, or to its dependencies.

Her Majesty's ratification of the said convention is exchanged under the explicit declaration above mentioned.

Done at Washington, the 29th day of June 1850.

H. L. Bulwer."

Vergl. auch: „Memorandum touching Sir Henry Bulwer's declaration filed by Mr. Clayton in the Department of State at Washington, July 5, 1850, eod. S. 293 f.

The within declaration of Sir H. L. Bulwer was received by me on the 29th day of June. 1850. In reply I wrote him my note of the 4th of July, acknowledging that I understood British Honduras was not embraced in the treaty of the 19th day of April last, but at the same time carefully declining to affirm or deny the hatte ihm ausdrücklich in einer Note vom 4. Juli 1850 bestätigt, daß er Britisch-Honduras als nicht in dem Vertrage vom 19. April 1850 eingeschlossen ansehe. Er hatte es aber gleichzeitig sorgfältig vermieden, den britischen Titel zu ihrer Ansiedelung oder zu ihren behaupteten Dependenzen zu bejahen oder ab zuleugnen.[1])

Diese Erklärungen, die dem Senate der Vereinigten Staaten erst lange nach der Ratifikation und nach der Proklamierung der Bay-Inseln zu einer britischen Kolonie bekannt wurden, waren natürlich weder eine authentische Auslegung des Clayton-Bulwer-Vertrages, noch gehörten sie gar zu dessem Inhalte.[2]) Sie waren aber für die englische Regierung ein wertvolles Argument zur Unterstützung der von ihr vertretenen Behauptung, daß der Clayton-Bulwer-Vertrag sie weder ihrer Ansprüche auf Belize beraube, noch daß er ihren Rechten auf Roatan — ihrer Ansicht nach eine Dependenz von Belize — entgegenstehe. Und drittens vertraten sie die Meinung, dieser Vertrag habe nichts mit ihrem Mosquitoprotektorat zu tun. Sie verharrten demgemäß in dem von ihnen erworbenen Besitze und fuhren fort, dort eine Kolonialherrschaft auszuüben und sie immer weiter auszugestalten.

Dabei ist folgendes besonders hervorzuheben:

Nachdem das am 30. April 1852 zwischen den Vereinigten Staaten und England zur Regelung der aus dem Clayton-Bulwer-Vertrage entstandenen Schwierigkeiten abgeschlossene sogenannte Crampton-Webster-Abkommen[3]) zufolge des Widerspruches

---

British title in their settlement or its alleged dependencies. After signing my note last night I delivered it to Sir Henry, and we immediately proceeded, without any further or other action, to exchange the ratifications of said treaty. [* The blank in the declaration was never filled up (Bemerkung im Abdruck Canal Corr. 1900 S. 294). The consent of the Senate to the declaration was not required and the treaty was ratified as it stood when it was made.

John M. Clayton.

N. B. The rights of no central American state have been compromised by the treaty or by any part of the negotiations."

[1]) Siehe letzte Anmerkung und Moore, III S. 137.

[2]) Vergl. hierüber besonders die Bemerkungen von Travis, S. 284 f.

[3]) Canal Corr. 1900, S. 297 ff.

---

* In der Canal Corr. 1900 ist in einer Anmerkung folgendes bemerkt: The words in brackets appear in the original in ink, but are marked out by leadpencil marks across their face. When they were so marked is not known. The blanks in the original declaration are filled up with „29th" and „June," written with a different kind of ink from the original."

von Nicaragua hinfällig geworden war, erließ der englische „Acting Colonial Secretary" von Belize aus am 7. Juli 1852 eine Proklamation, durch die die Bay-Inseln zu einer englischen Kolonie unter dem Namen „The Colony of the Bay Islands" erklärt wurden.[1])

Dieses Vorgehen erregte größte Aufregung in den Vereinigten Staaten, die in ausgedehnten parlamentarischen Erörterungen und langen diplomatischen Verhandlungen ihren Ausdruck fand.[2])

Ein energischer Versuch, die Angelegenheit ins Reine zu bringen, wurde im Jahre 1856 gemacht. Es kam unter dem 17. Oktober 1856 zu einem Vertrage zwischen den beiden Staaten (dem sogenannten Dallas-Clarendon-Treaty). Dieser Vertrag stellte die Grenzen von Belize fest, bestimmte das Aufhören des englischen Protektorats über die Mosquito-Indianer und sah die Cession der Bay-Inseln an Honduras vor. Er bestimmte also im wesentlichen eine Regelung, wie sie England in den Jahren 1859 bis 1860 zur endlichen Beendigung dieser Angelegenheit direkt mit Nicaragua, Guatemala und Honduras herbeiführte.

Das Auskommen.

Das Abkommen zwischen England und Guatemala vom 30. April 1859[3]) regelte die Grenzen zwischen der Republik von Guatemala und „The British settlement and possession in the Bay of Honduras" in einer Weise, daß England etwa dreimal so viel Gebiet bekam, als dasjenige gewesen war, auf das sich der Usus fructus von 1783/86 bezogen hatte. Dieser Erwerb fand seinen endgültigen Abschluß im Jahre 1862,[4]) als die englische Regierung Belize formell zur englischen Provinz machte.

---

[1]) eod. S. 303 und Moore, III S. 140.

[2]) Die Erörterung über den Clayton-Bulwer-Vertrag im Senate vom 11. Jan. 1854, siehe in Cong. Globe 33, Cong. 1. sess. (Vol. 26) Appendix S. 61 ff. Dort befindet sich besonders eine bekannte Rede des Senator Cass. Vergl. ferner die Verhandlungsberichte vom 12.—16. Jan. 1854 ebenda S. 89 ff. (Man findet dort Mr. Claytons Verteidigung). Vergl. weiter die Verhandlungen und Resolutionen im Cong. Globe, 32. Cong. 2. sess. (1852—1853), Bd. 26 S. 391 ff.

[3]) Canal Corr. 1900, S. 352; Martens, N. R. G., XVI, 2. P. S. 511; Br. Acc. and Papers, 1860, LXIII S. 2590.

[4]) Vergl. Travis, S. 16, sowie Gibbs, A. R., British Honduras: An Historical and descriptive account of the colony from its settlement 1670, London 1883, S. 134.

Nach dem Abkommen zwischen England und Honduras, das unter dem 28. November 1859 unterzeichnet wurde,[1]) erklärte die englische Regierung „die Inseln von Roatan, Guanaca,[2]) Elena, Utile, Barbarete und Morat, bekannt als die Bay-Inseln, gelegen in der Bay von Honduras“, als einen Teil der Republik Honduras anerkennen zu wollen. Honduras andererseits verpflichtete sich dazu, niemals diese Inseln ganz oder teilweise einem anderen Staate abzutreten. In Artikel II des Vertrages war ausgemacht, daß das im Gebiete von Honduras liegende Mosquitoterritorium zu Honduras gehören solle und daß das britische Protektorat darüber drei Monate nach Austausch der Ratifikationen zu erlöschen habe.

Der Vertrag endlich zwischen England und Nicaragua wurde unter dem 28. Januar 1860 in Mantagua unterzeichnet.[3]) Auch hier wurde vereinbart, daß das britische Protektorat über den zu Nicaragua gehörigen Teil des Mosquitoterritoriums drei Monate nach Ratifikation des Vertrages erlöschen solle und daß die englische Regierung Nicaraguas Souveränität darüber anerkenne.

Andererseits verpflichtete sich Nicaragua dazu, ein bestimmt bezeichnetes Gebiet, das unter seiner Souveränität verbleiben sollte, als Reservation für die Mosquito-Indianer festzusetzen. Und endlich sollte Greytown (San Juan del Norte) von Nicaragua als ein freier Hafen unter seiner Souveränität erklärt werden (Artikel VII).

Einen besonderen Anlaß zur Zufriedenheit, wie sie Präsident Buchanan in seiner Jahresbotschaft vom 3. Dezember 1860 über die Verträge mit Honduras und Nicaragua zum Ausdrucke brachte,[4]) hatten die Vereinigten Staaten mit dieser Lösung höchstens insoweit, als damit Englands Absichten auf die Bay-Inseln ein Ende bereitet war.

---

[1]) Der Text dieses Vertrages steht: Br. and For. State Papers, XLIX S. 13; Br. Acc. and Papers, LXVII (1860) Nr. 2703; Canal Corr. 1900, S. 354 ff.; Martens, N. R. G., XVI S. 2. Teil, 370; vergl. auch Moore, III, 381 u. Arbitrations, II S. 2106.

[2]) Nach Canal Corr. 1900 nicht Bonacca.

[3]) Br. Acc. and Papers, eod. Nr. 2723, Br. and For. State Papers L S. 96; Canal Corr. 1900, S. 357 ff.; Martens, N. R. G., XVI, 2. P. S. 374. Dieser Vertrag ist aufgehoben und ersetzt durch Vertrag vom 19. April 1905. (For. Rel., 1906—1907, II S. 1181) u. Martens, N. R. G., 2. Ser. XXV, 367).

[4]) Die Botschaft steht Richardsons Mess., V S. 639. Über den Vertrag mit Guatemala schwieg sie.

Versuch Englands, die Bay-Inseln zu kaufen.

Allerdings scheint die englische Regierung im Jahre 1880 einen Versuch gemacht zu haben, diese Inselgruppe käuflich zu erwerben. Auf die Nachricht davon schrieb Staatssekretär Evarts dem Gesandten der Vereinigten Staaten in England, Mr. Logan, unter dem 4. März 1880 ganz im Sinne der Monroedoktrin die folgenden interessanten Bemerkungen: [1])

„Abgesehen von den genau bekannten Lehren dieser Regierung bezüglich Neuerwerbungen amerikanischen Territoriums durch europäische Mächte scheint der Clayton-Bulwer-Vertrag unfraglich die Erwerbung dieser Inseln durch England auszuschließen. Solche Absichten dieser Macht können deshalb sehr wohl diskreditiert werden. Indes sollten sie die Aufmerksamkeit dieser Regierung erwecken und ihre Wachsamkeit erregen. Sogar wenn die von Ihnen berichtete Tendenz auf Entfremdung der Bay-Inseln eine andere Richtung nehmen sollte, so würde es natürlich für uns unmöglich sein, gleichgültig zu bleiben und uns darein zu fügen, daß irgend eine andere europäische Macht irgend welche von ihnen erwerbe."

In bezug auf Belize dagegen hatte England genau das erreicht, was die Monroedoktrin verhindern wollte, indem es den Erwerb einer großen neuen Kolonie in Amerika zuwege gebracht hatte.

Die Fortsetzung des Mosquitostreits.

Was die Mosquitoküste anlangte, so brachen bald nach Abschluß des Vertrages zwischen Nicaragua und England Streitigkeiten über dessen Inhalt aus. Diese bezogen sich insbesondere auf die Bestimmung über den Freihafen von Greytown, über die den Mosquito-Indianern von Nicaragua zu zahlenden Geldsummen, sowie über den räumlichen Umfang der ihnen einzuräumenden Reservation.

Diese Streitfragen wurden nach langen Verhandlungen dem Kaiser von Österreich zur Entscheidung vorgelegt.

Der von ihm unter dem 2. Juli 1881 erlassene Schiedsspruch stellte das Verhältnis Nicaraguas zu der Mosquito-Reservation als das eines durch die Selbstregierung der Mosquito-Indianer begrenztes Souveränitätsverhältnis fest und stempelte die nicaraguanische Souveränität über dieses Territorium zu einem lediglichen

[1]) MS. Inst. Centr. Am. 1873 (M., VI S. 432).

Scheinverhältnis.[1]) Er gab der englischen Regierung eine geeignete Grundlage zur tatsächlichen Fortsetzung des alten Protektoratsverhältnisses, ja sogar darüber hinaus zu einer tatsächlichen Regierung und zu tatsächlichem Besitz über dieses Gebiet.

Im Jahre 1888 kam der Streit über die Mosquitofrage wieder zwischen England und den Vereinigten Staaten zum offenen Ausbruch.[2])

Der nicaraguanische Gesandte in Washington beklagte sich in diesem Jahre beim dortigen Auswärtigen Amt darüber, daß England der Errichtung einer Nicaraguanischen Poststelle in Bluefields, der Hauptstadt der Mosquito-Reservation, opponiere.

Die amerikanische Regierung nahm diese Angelegenheit auf. Unter der Behauptung, daß die Vereinigten Staaten, die keine Partei des damaligen Schiedsverfahrens gewesen, durch den Spruch des Kaisers von Österreich nicht gebunden seien, leugneten sie das Recht Englands, überhaupt noch in Angelegenheiten zwischen Nicaragua und den Mosquito-Indianern in irgend welcher Weise einzugreifen.

Die diplomatischen Verhandlungen, die eine ziemlich scharfe Form annahmen und ihren Höhepunkt in einer sehr ausführlichen Instruktion des Staatssekretärs Bayard an den Gesandten der Vereinigten Staaten in England, Mr. Phelps, vom 23. November 1888[3]) und in einer kühlen Antwort des Lord Salisbury vom 7. März 1889[4]) fanden, führten zu keinem Ergebnisse.

Im Jahre 1894, anläßlich eines Krieges zwischen Nicaragua und Honduras rückten nicaraguanische Truppen am 11. Februar in Bluefields ein, beseitigten dort die Mosquitoflagge und rissen die Herrschaft an sich.[5]) Die englischen Lokalbehörden veranlaßten darauf auf Ersuchen des Mosquitohäuptlings die Landung englischer Marinetruppen in dem betreffenden Gebiete, und der

---

[1]) Der Schiedsspruch steht Martens, N. R. G., 2. Ser. X S. 609 u. Moore, Arbitrations, V S. 4955 ff. Vergl. auch die Zusammenfassung bei Moore, III S. 225 ff.

[2]) Vergl. hier besonders die ausführl. Darstellung der Streitgeschichte in dem Schreiben Staatssekretär Fosters an den Gesandten der Vereinigten Staaten in England, Mr. Lincoln, vom 8. Febr. 1893, abgedruckt in For. Rel., 1893 S. 313 ff. Vergl. auch Staatssekretär Bayard an den Minister der Vereinigten Staaten in England, Mr. Phelps, unter dem 23. Nov. 1888 in For. Rel., 1888 S. 759 ff.

[3]) For. Rel., 1888, I S. 759 ff.

[4]) For. Rel., 1889 S. 468 f.

[5]) Vergl. For. Rel., 1894, Appendix I, Nr. 3: Mosquito-Territory; Affairs in Bluefields; Keasbey, S. 500; Moore, III S. 241 f., 53. Cong. 3. sess. Sen. Ex. Doc., 20 S. 53 ff.

englische Konsularvertreter, Mr. Hatch, brachte den Spezialkommissionär Nicaraguas im Mosquitogebiete, Señor Lacayo, zum Abschluß eines am 19. März 1894[1]) abgeschlossenen, auf Errichtung einer provisorischen Regierung in diesem Gebiete bestimmenden Abkommens. Darauf erklärte der Staatssekretär der Vereinigten Staaten der englischen Regierung, dies Vorgehen sei unvereinbar mit dem Vertrage von Mantagua des Jahres 1860. Er wies den Gesandten der Vereinigten Staaten in England, Mr. Bayard, in einer Instruktion vom 30. April 1894 an,[2]) dem Lord Kimberley die Hoffnung und Erwartung des Präsidenten auszudrücken, daß diese anormale Situation schleunig beendet werde, und daß keiner fremden „Agentur" erlaubt sein solle, der Verwaltung in der Mosquito-Reservation zu diktieren oder an ihr teilzunehmen.

Die Antwort, die Lord Kimberley gab, bedeutete ein Nachgeben. Er erklärte nämlich in einem Interview vom 22. Mai 1894[3]) dem Mr. Bayard, daß die englische Regierung keine Absicht oder keinen Wunsch habe, ein Protektorat in irgend einer Form über irgend einen Teil nicaraguanischen Territoriums auszuüben. Sie wolle vielmehr lediglich völlig im Zusammenwirken mit den Vereinigten Staaten im Interesse der Aufrechterhaltung der Sicherheit der Untertanen und des Eigentums beider Länder in Befolgung des Vertrages vom Jahre 1850 handeln. Er erklärte ferner, der britische Konsul habe ohne Instruktion gehandelt.

Völlig zerstört wurde jede Grundlage einer Wiederbelebung des englischen Protektorats über das Mosquitogebiet dadurch, daß am 20. November 1894 eine Mosquitia-Konvention sich versammelte, die, zusammengesetzt aus den Delegierten aller eingeborenen Mosquito-Indianer, eine Proklamation erließ, in welcher sie die völlige und unbedingte Einverleibung Mosquitias in Nicaragua unter dem Namen eines Distrikts von Zulaya aussprachen. Dieser Beschluß wurde von der nationalen gesetzgebenden Versammlung von Nicaragua am 27. Februar 1895 gebilligt.[4])

[1]) For. Rel., 1894, Appendix I S. 270.

[2]) For. Rel., eod. S. 271.

[3]) For. Rel., eod. S. 290 ff. (Bericht Bayards über dieses Interview an den Staatssekretär Gresham vom 28. Mai 1894).

[4]) Vergl. Bericht des Gesandten der Vereinigten Staaten, Mr. Guzman, vom 28. Dez. 1894 zum Staatssekretär Gresham, For. Rel., 1894, Appendix I S. 360. Vergl. ferner Moore, III S. 251, wo die Resolution der Mosquitokonvention abgedruckt ist. Vergl. endlich For. Rel., 1895, II S. 1034.

Englands Vorgehen gegen Nicaragua im Jahre 1895.

Dagegen hatte die Regierung der Vereinigten Staaten nichts einzuwenden, als eine britische Flotte am 27. April 1895 den Hafen von Corinto im nicaraguanischen Gebiet besetzte. Der Grund für dieses Vorgehen war die Verhaftung und die Vertreibung britischer Untertanen, besonders des britischen Konsuls Hatch aus Bluefields durch nicaraguanische Beamte.[1])

Die von der englischen Regierung mit dieser Besetzung lediglich verfolgte Absicht war die Beitreibung eines Schadensersatzanspruchs von 15 500 Dollar für die üble Behandlung ihrer Untertanen.

Daß dem so sei, erklärte Lord Kimberley im Namen der englischen Regierung dem Gesandten der Vereinigten Staaten in England, Mr. Bayard, in einer Unterhaltung, die kurz vor jenem Ereignisse am 23. November 1894 stattfand, aufs nachdrücklichste.[2]) Lord Kimberley bemerkte dabei, daß, was auch immer die englische Regierung zur Erlangung von Redreß von Nicaragua zu fordern für notwendig erachten werde, so würde dies nichts mit der Mosquito-Reservation zu tun haben. Es werde sich vielmehr lediglich um ein Vorgehen zur Erlangung von Genugtuung für eine Beschimpfung handeln.

Auf diese Versicherung hin blieb die amerikanische Regierung dem kurz darauf erfolgenden Vorgehen Englands gegenüber, das übrigens mit der Erlangung der geforderten Summe endete, untätig. Sie gab auch der Bitte Nicaraguas um Intervention in dieser Angelegenheit nicht nach [3]) und drückte es als Antwort auf dieses Ersuchen aus, daß sie jedwedes Recht, ihrerseits in diesen Streit einzugreifen, in Abrede stelle.[4])

Ergebnisse.

Die Vereinigten Staaten haben während des ganzen Verlaufs der geschilderten Ereignisse die Berechtigung Englands zu den Bay-Inseln sowie zu Belize oder zu Mosquitia bestritten und haben insbesondere das Dasein von in eine frühere Zeit als 1823

---

[1]) Vergl. zu dieser Episode Ann. Reg. für das Jahr 1895, S. 393; For. Rel. 1895, I S. 696 ff., II S. 1025 ff.; Keasbey, S. 506 ff.; Moore, III S. 241 ff.

[2]) Bericht Bayards an Gresham, vom 24. Nov. 1894; For. Rel. 1894, Appendix, I S. 354.

[3]) Telegramm Bakers an Gresham vom 13. April 1895; For. Rel. 1895, S. 1029.

[4]) Gresham an Bayard, unter dem 24. April 1895, For. Rel. 1895, I S. 696 f.

zurückreichenden englischen Titeln zu einem dieser Gebiete geleugnet.

Von ihrem Standpunkte aus war demnach das Verhalten der englischen Regierung ein fortdauernder, auf Kolonisation oder wenigstens den Erwerb von Kontrolle über bereits besessenes amerikanisches Gebiet gerichteter Versuch und somit eine Nichtbeachtung der ursprünglichen Monroedoktrin. Wenn sie bei dieser Sachlage sich bei dem zwischen England und Guatemala unter dem 30. April abgeschlossenen, 1859 die Grenzen der britischen „Ansiedelung und Besitzung in der Bay von Honduras" regelnden Vertrags beschieden und auch gegenüber der formellen Erhebung von British-Honduras zu einer englischen Kolonie in dem Jahre 1862 sich still verhielten, so ließen sie eine Nichtachtung der Monroedoktrin durchgehen.[1])

Sie taten dasselbe, indem sie die Bestimmung des Artikels I des mit Honduras unter dem 28. November 1859 abgeschlossenen Vertrages nicht beanstandeten, eine Bestimmung, die Honduras die Veräußerung der Bay-Inseln untersagte.

Und endlich liegt eine ebensolche Nichtanwendung der Monroedoktrin durch die Vereinigten Staaten darin, daß sie keine Einwendungen gegen die Vereinbarung einer Reservation für die Mosquito-Indianer in dem zwischen England und Nicaragua am 28. Januar 1860 geschlossenen Vertrage erhoben und sich auch nicht gegen die Bestimmung von San Juan del Norte zu einer Freihafenstadt wendeten.

Im übrigen aber handelten die Vereinigten Staaten, die vom Anfang ihres Eingreifens bis zum Schluß der Angelegenheit den englischen Prätentionen widerstrebten, dem Geiste der Monroedoktrin entsprechend.

Die Monroedoktrin selbst trat während des ganzen Verlaufes dieser Episode, bei der es sich wesentlich um Vertragsabschlüsse und Vertragsauslegungen handelte, zurück. Andererseits fehlt sie aber auch nicht völlig als Argument in den diplomatischen Erörterungen. Man begegnet ihr wiederholt in dem diplomatischen Schriftenwechsel; insbesondere finden wir sie in dem hervorragenden, bereits wiederholt erwähnten Statement Buchanans vom 6. Januar 1854 angezogen, in welchem er in ausführlicher Weise den Standpunkt

---

[1]) Siehe unten S. 290 f.

der amerikanischen Regierung zu den eben behandelten Fragen darlegt. Der betreffende Teil dieses Statements lautet:[1])

„Mr. Monroe, einer unserer klügsten und taktvollsten Präsidenten, verkündigte es in einer öffentlichen Botschaft dem Kongreß, daß die amerikanischen Kontinente zufolge der freien und unabhängigen Stellung, die sie sich errungen haben und behaupten, fürderhin nicht mehr als Gegenstände für zukünftige Kolonisation durch irgend welche europäischen Mächte anzusehen sind. Diese Deklaration ist seitdem durch die Welt als die Monroedoktrin bekannt geworden und hat die öffentliche und offizielle Sanktion nachfolgender Präsidenten ebenso wie einer großen Mehrheit des amerikanischen Volkes erhalten. Während diese Doktrin aufrecht erhalten werden wird, wenn immer nach der Meinung des Kongresses der Friede und die Sicherheit der Vereinigten Staaten das notwendig macht, so würde ein Handeln . . .“

Interessant ist übrigens die Bemerkung, mit der Lord Clarendon in seiner Antwort vom 2. Mai 1854 diesen Ausführungen begegnete, indem er erklärte: [2])

---

[1]) Vergl. Canal Corr. 1900, S. 306. Der englische Text lautet:

„Legation of the United States, London, January 6, 1854.

Mr. Monroe, one of our wisest and most discreet Presidents, announced in a public message to Congress in December, 1823, that „the American continents, by the free and independent condition which they have assumed and maintained, are henceforth not to be considered subjects for future colonization by any European powers.“ This declaration has since been known throughout the world as the „Monroe doctrine.“ and has received the public and official sanction of subsequent Presidents, as well as of a large majority of the American people. Whilst this doctrine will be maintained whenever, in the opinion of Congress, the peace and safety of the United States shall render this necessary, yet to have acted upon it in Central America might have brought us into collision with Great Britain, an event always to be deprecated, and, if possible, avoided. We can do each other the most good, and the most harm, of any two nations in the world, and, therefore, it is our strong mutual interest as it ought to be our strong mutual desire, to remain the best friends. To settle these dangerous questions, both parties wisely resorted to friendly negotiations, which resulted in the convention of April, 1850. May this prove to be instrumental in finally adjusting all questions of difficulty between the parties in Central America, and in perpetuating their peace and friendship.

Surely the Mosquito Indians ought not to prove an obstacle to so happy a consummation. . . .“

[2]) Br. and For. State Papers, XLVI S. 255; englischer Text: „That with regard to the doctrine laid down by President Monroe in 1823, concerning future colonization on the American continent by European states, it should be viewed only as the dictum of the distinguished personage who announced it, and not as an international axiom which ought to regulate the conduct of European states.“

„. . . . daß mit Hinsicht auf die Doktrin, die von Präsident Monroe im Jahre 1823 niedergelegt worden ist, betreffs zukünftiger Kolonisation auf dem amerikanischen Kontinente durch europäische Staaten, sie nur als das Diktum der verdienstvollen Persönlichkeit, die sie ausgesprochen hat, angesehen werden könne und nicht als ein internationales Axiom, das die Haltung der europäischen Staaten bestimmen sollte".

Auch Staatssekretär Bayard griff im Jahre 1888 in seiner Instruktion vom 23. November an Mr. Phelps, in der er sich gegen die Fortsetzung des englischen Protektorats über das Mosquito-Territorium wendete, auf die Monroedoktrin zurück, indem er bemerkte: [1])

„Die Vereinigten Staaten können nie die Wiedererrichtung eines solchen Protektorats mit Gleichgültigkeit ansehen. Nicht allein würde die Ausdehnung europäischen Einflusses auf diesem Kontinent der traditionellen und häufig ausgesprochenen Politik der Vereinigten Staaten entgegengesetzt sein. . . ."

Und endlich mag auch noch an die bereits oben angeführte Instruktion des Staatssekretärs Evarts an Mr. Logan vom 4. März 1880 [2]) erinnert werden, in welcher Evarts einen Erwerb der Bay-Inseln durch England unter ausdrücklicher Bezugnahme auf die Monroedoktrin als unleidlich für die Vereinigten Staaten erklärte.

Bei den zugrunde liegenden Vorgängen (mit Ausnahme des englischen Versuchs vom Jahre 1880, die Bay-Inseln zu kaufen) handelte es sich durchgängig um Nichtbeachtungen der ursprünglichen Monroedoktrin.

So war durch die Situation keine Gelegenheit geboten, der Monroedoktrin durch Anwendung auf einen von der Monroebotschaft nicht umfaßten Fall einen erweiterten Inhalt zu geben.

Nur Bayard, der in seiner Instruktion vom 23. November 1888 jede Ausdehnung europäischen Einflusses auf den amerikanischen Kontinenten schlechtweg als mit der Monroedoktrin im Widerspruch stehend erklärt, gibt ihr, der tatsächlichen Entwicklung vorgreifend, einen Umfang, der sogar über die von Polk herbeigeführte Erweiterung hinausgeht.

---

[1]) For. Rel. 1888, I S. 759 ff.

[2]) Siehe oben S. 111.

d) Europäische Eingriffsversuche und Interventionen in Mexiko in den Jahren 1858—1867.[1]

Den nächsten bedeutungsvollen Anwendungsfall der Monroedoktrin bilden die Ereignisse, die sich um die Intervention Frankreichs in Mexiko gruppieren.

Das Vorgehen Englands, Frankreichs und Spaniens.

Diese Intervention wurde eingeleitet durch ein gemeinsames Vorgehen Englands, Frankreichs und Spaniens gegen Mexiko. Den Anlaß hierfür bildete die Nichtbefriedigung vermögensrechtlicher, teils auf erlittener Gewalt, teils auf Schuldverträgen beruhender Ansprüche englischer, französischer und spanischer Untertanen seitens des durch langjährige politische Unruhen tief zerrütteten Mexikos.

Die ersten Nachrichten von europäischen Eingriffsabsichten in Mexiko erhielten die Vereinigten Staaten im Jahre 1858,

---

[1]) Aus der ausgedehnten Literatur über den hier behandelten Fall vergl. die folgende Auswahl: Dokumentarisches Material findet sich vor allem in den Br. and For. State Papers, der Diplomatischen Korrespondenz und den For. Rel. der betreffenden Jahre. Vergl. weiter insbesondere:

37. Cong. 2. sess. H. Ex. Doc. 100 (1861—1862): Present condition of Mexico; 37. Cong. 3. sess. H. Ex. Doc. 54 (1862—1865 im Bd. VI): The president condition of Mexico, 38. Cong. 1. sess. Sen. Ex. Doc. 11 (1864—1865); 39. Cong. 1. sess. Sen. Ex. Doc. 59 (1865—1866): French occupation of Mexico, 39. Cong. 1. sess. Sen. Ex. Doc. 54 (1865—1866): Austrian Toops for Mexico (dieses Dokument ist auch in 39. Cong. 1. sess. Sen. Ex. Doc. 73 im Appendix III enthalten); 39. Cong. 1. sess. Sen. Ex. Doc. 73 (1865—1866) Teil I u. II; Moore, V S. 789, VI S. 477 ff.; Moore, Arbitrations, II S. 1289 ff.; Bancroft, Frederic, The French in Mexico, Pol. Sc. Quart., XI (1896) S. 30 ff.; de Barral-M., S. 86 ff.; Beaumarchais, S. 80 ff.; Callahan, James Morton, Diplomatic History of the Southern Confederacy, Baltimore 1901; Calvo, I, § 196 ff. S. 337 ff.; Céspédes, S. 255 ff.; Darau, Victor, Le général Miquel Miramon Notes sur l'histoire du Mexique, Rom 1886; Domenech, Histoire du Mexique usw., Paris 1868; Duniway, Clyde Augustus, Reasons for the withdrawal of the French from Mexico, in Am. Hist. Ass. Ann. Rep., 1902, Bd. I Nr. 14, S. 313 ff Duvenois, Clém., Histoire de l'Intervention française au Mexique, 1862—1867, Brüssel 1867; Edgington, Cap. XV. S. 119 ff.; Foster, S. 401 ff.; Goulot, Paul, La Vérité sur l'expédition du Mexique d'après les documents inédites de Ernest Louet, Paris 1889—1890; Henderson, S. 389 ff.; Latané, Cap. V S. 221 ff.; Lefêvre, Eugène, Documents officiels receuillis dans la sécrétarie privée de Maximilian usw., 2 Bände, Paris 1870; Richthofen, E. v., Die Mexikanische Frage, Berlin 1862; Riva, Mariano Palacio, Memorandum sobre el proceso del archiduque Fernando Maximiliano de Austria usw., Mexiko 1867; Mercier de Lacombe, Le Mexique et les Etats-Unis, Paris 1863; Payno, Flores Manuel, Mexico and her financial question with England, Spain and France, Mexico 1862; Pétin, S. 166 ff.; Schmit v. Tavera, Ernst Ritter, Geschichte der Regierung des Kaisers Maximilians I. und der französischen Intervention in Mexiko, 1861—1867, Wien u. Leipzig, 2 Bde. 1903 (Vorwort von Franz Weisl); Taylor, S. 149 f. u. S. 414 ff.; Tucker, S. 92 ff.

als sie erfuhren, daß spanische Truppen und Seekräfte im Begriff seien, Mexiko anzugreifen. Hiermit verband sich das Gerücht, daß Spanien damit zugleich die Absicht verfolge, politischen Einfluß in Mexiko zu erwerben.

Staatssekretär Cass instruierte darauf den Gesandten der Vereinigten Staaten in Spanien, Mr. Dodge, unter dem 21. Oktober 1858 vertraulich dahin,[1]) daß die Vereinigten Staaten der Unterwerfung irgend eines der unabhängigen Staaten in Amerika unter europäische Mächte oder irgend einen direkten politischen Kontrolleinfluß von deren Politik oder Einrichtungen nicht zustimmen würden.

Er bemerkte dazu, daß diesem Entschlusse, was auch immer die Konsequenzen sein würden, „unbeugsam" angehangen werden würde. Er beauftragte Dodge, zu günstiger Stunde die Aufmerksamkeit der spanischen Regierung auf diese Angelegenheit zu lenken und sie von dem Interesse zu unterrichten, das die Regierung der Vereinigten Staaten der Sache entgegenbringe, und sie — eine deutliche Bezugnahme auf die Monroedoktrin — „zur selben Zeit an die damit zusammenhängende Politik erinnern, die wiederholt seitens der Vereinigten Staaten erklärt worden ist und von der, allem menschlichen Ermessen nach, niemals abgegangen werden wird". Er erklärte weiter, daß die Gründe eines Krieges zwischen Frankreich und Mexiko die Vereinigten Staaten nichts angingen, und daß sie es nicht übernehmen, ein Urteil darüber abzugeben. Ihre Politik des Zusehens — so fügte Cass an — finde jedoch ein Ende im Falle dauernder Unterjochung irgend eines Teiles des Gebietes von Mexiko oder eines anderen amerikanischen Staates unter irgend eine europäische Macht, welche es auch sein möge.[2])

Nach Absendung dieser Instruktion wurde die Regierung der Vereinigten Staaten übrigens durch den Spanischen Gesandten in Washington, Mr. Tassara, mündlich beruhigt und über die Absichten der spanischen Regierung dahin aufgeklärt, daß diese mit der Flottensendung lediglich den Schutz von Person und Eigentum spanischer Untertanen in Mexiko, sowie Genugtuung für das diesen zugefügte Ungemach im Auge habe.[2])

---

[1]) MS. Inst., Spain XV, 187 (M., VI S. 477 f.)
[2]) Moore, VI S. 478.

Die amerikanische Regierung beauftragte daraufhin ihren Vertreter in Spanien, der spanischen Regierung ihre Genugtuung über Tassaras Versicherung abzugeben. Sie instruierten ihn aber zugleich, hinzuzufügen, daß die Vereinigten Staaten die Freiheit Mexikos von fremder Kontrolle als wesentlich für die richtige Politik der unabhängigen amerikanischen Staaten ansehe und daß jeder Versuch, dieses Land zu unterwerfen, oder zu besitzen von den Vereinigten Staaten als ein unfreundlicher Akt angesehen und von ihnen mit Festigkeit opponiert werden würde.[1])

Im Jahre 1859 machte auch England Anstalten, gegen Mexiko vorzugehen. Am 4. April 1859 schrieb der englische Konsul an die Regierung der Vereinigten Staaten, die englische Regierung habe sich entschlossen, die Gelegenheit der Anwesenheit einer englischen Flotte im Golf von Mexiko dazu zu benutzen, um gegen die liberale Regierung in Vera Crux Schritte zu ergreifen und die Bezahlung der englischen Ansprüche zu erzwingen.

Der Standpunkt der Vereinigten Staaten war dem gegenüber genau der gleiche wie der, den sie Spanien gegenüber eingenommen hatten.

Cass instruierte unter dem 12. Mai 1859 Mr. Dallas dahin, Lord Malmesbury gegenüber zu erklären,[2]) daß die Vereinigten Staaten sich kein Recht anmaßten, über die Gründe von Klagen Englands gegen Mexiko zu Gericht zu sitzen, noch auch über die von England zur Erlangung von Genugtuung gewählten Maßnahmen. Er fügt dann unter Hinweis auf das tiefe Interesse der Vereinigten Staaten an der Ruhe und Stetigkeit Mexikos einige freundliche „Suggestionen" an. Endlich sprach er die Hoffnung aus, daß England die Entscheidung über Anwendung von Gewalt gegen Mexiko nochmals nachprüfen und eine gelegenere Zeit dafür abwarten möge.

Als im Juli 1860 England und kurz darauf auch Frankreich die Vereinigten Staaten dazu einlud, eine identische Note an die beiden streitenden Parteien in Mexiko zu senden, mit dem Vorschlage der Einberufung einer Nationalversammlung zur Beilegung der mexikanischen Streitigkeiten auf einer vernünftigen Basis, lehnten die Vereinigten Staaten diesen Vorschlag ab. Sie be-

---

[1]) Cass an Dodge, vertraulich unter dem 2. Dez. 1858, MS. Inst., Spain, XV S. 197 (M., VI S. 478).

[2]) MS. Inst., Great Britain, VII S. 190 (M., VI S. 479.)

gründeten diese Ablehnung mit ihrer Gegnerschaft gegen jedwede, insbesondere gegen eine gemeinsame [1]) Einmischung in die inneren Angelegenheiten eines unabhängigen Staates.[2]) Gegenüber der französischen Einladung, die ebenso wie die englische mit der Versicherung begleitet war, daß keine Anwendung von Gewalt beabsichtigt werde, erklärte Cass wiederum, daß die Vereinigten Staaten das Recht Frankreichs nicht in Frage stellten, die Regierung von Mexiko, wenn notwendig mit Gewalt, dazu zu zwingen, ihr Gerechtigkeit zuteil werden zu lassen, daß aber die dauernde Besetzung irgend eines Teils von mexikanischem Territorium durch eine fremde Macht oder der Versuch gewaltsamen Eingriffes in Mexikos innere Angelegenheiten oder der Bestimmung seines politischen Geschickes große Unzufriedenheit bei den Vereinigten Staaten hervorrufen werde, daß die Politik der Vereinigten Staaten in diesem Punkte allen in der Angelegenheit interessierten Mächten bekannt sei und daß sie unter allen Umständen befolgt werden würde.[3])

Besondere Hervorhebung verdient hier die vierte Jahresbotschaft des Präsidenten Buchanan vom 3. Dezember 1860.[4]) Buchanan, der einer der Gegner der Beschickung der Panama-Konferenz gewesen war und den ablehnenden Beschluß des Hauses veranlaßt hatte,[5]) bekennt sich in dieser Botschaft zu einem energischen Anhänger der Monroedoktrin, wenn er zur Rechtfertigung eines von ihm gemachten Vorschlages, Truppen nach Mexiko zur Herstellung der Ordnung zu senden, in seiner Jahresbotschaft von 1860 [6]) erklärt:

„Wir würden so der Verpflichtung ledig werden, uns jedem Versuch, dieser (der europäischen) Regierungen, unserer Nachbarrepublik Teile zu rauben, sogar mit Gewalt, wenn nötig, zu widersetzen, eine Pflicht, vor der wir nicht zurückschrecken

---

[1]) Insoweit Grundsatz der Ablehnung von Allianzen, vergl. oben S. 54 f.

[2]) Trescot, Acting Secretary of State an Mr. Elgee, Secretary in charge of the legation in Mexiko, unter dem 8. August 1860, MS. Inst., Mexico XVII S. 302 (M., VI S. 480).

[3]) Cass an Faulkner, Gesandter der Verein. Staaten in Frankreich, unter dem 31. August 1860, MS. Inst., France XV S. 481 (M., VI S. 480). Dieser Brief lehnt sich deutlich an den Wortlaut der Monroebotschaft an.

[4]) Abgedruckt in Richardsons Mess., V S. 646.

[5]) Vergl. unten S. 277 ff.

[6]) Vergl. Richardsons Mess., V S. 646 und unten S. 298 Anm. 3.

könnten, ohne die traditionelle und feststehende Politik des amerikanischen Volkes zu verlassen."

Nachdem dann Präsident Juarez unter dem 17. Juli 1861 ein Dekret des mexikanischen Kongresses verkündet hatte, wonach alle Zahlungen Mexikos an ausländische Gläubiger für zwei Jahre suspendiert wurden,[1]) kam es am 31. Oktober 1861 zwischen England, Frankreich und Spanien zu einem Abkommen [2]) über ein gemeinsames Vorgehen dieser Regierungen gegen Mexiko zur Beitreibung ihrer Ansprüche.

Im Artikel I dieser Konvention vereinbarten sie, diejenige Anzahl von Land- und Seestreitkräften nach Mexiko zu senden, welche zureichend sei, die verschiedenen Forts und militärischen Stellungen an der mexikanischen Seeküste zu besetzen.

Artikel II sah ausdrücklich vor, daß die Parteien sich gegenseitig binden:

„bei der Anwendung der in der gegenwärtigen Konvention vorgesehenen Zwangsmaßregeln nicht für sich selbst irgend welchen Gebietserwerb oder irgend welchen Sondervorteil zu erstreben, noch während der folgenden Vorgänge in Mexiko irgend einen beschränkenden Einfluß auf die mexikanische Nation in bezug auf die freie Wahl und Errichtung ihrer eigenen Regierungsform auszuüben".

Diese Konvention wurde der Regierung der Vereinigten Staaten durch gemeinsame Note vom 4. Dezember 1861 [3]) übermittelt und sie nach Artikel IV des Abkommens zum Beitritt eingeladen. Die amerikanische Regierung lehnte diese Einladung wiederum ab. Staatssekretär Seward erklärte in einem Schreiben vom 4. Dezember 1861 an die Repräsentanten der drei Regierungen, Tassara, Mercier und Lord Lyons, in dem er diese Ablehnung begründete,[4]) erneut, daß der Präsident der Vereinigten Staaten das Recht der drei Mächte nicht in Zweifel ziehe, für sich selbst zu entscheiden, ob sie Grund zur Klage gegen Mexiko hätten und ob sie

---

[1]) Br. and For. Stats Papers, Bd. LII S. 294, wo der Text des Dekrets abgedruckt ist.

[2]) Text dieser Konvention, Martens, N. R. G., XVII P. 2 S. 143 u. 37. Cong. 2. sess. H. Ex. Doc. 100, S. 186 ff.

[3]) 37. Cong. 2. sess H. Ex. Doc. 100, S. 185.

[4]) 37. Cong. 2. sess. H. Ex. Doc., Nr. 100 S. 187 u. Br. and For. State Papers, 1861 1862, S. 394 ff.

zur Erlangung von Redreß einzeln oder gemeinsam zum Kriege gegen Mexiko schreiten wollten. Er wiederholte aber wiederum das tiefe Interesse der Vereinigten Staaten an der Einhaltung der von ihnen vereinbarten Verpflichtung, keinerlei Machtvermehrung in Mexiko zu erstreben. Gleichzeitig drückte er seine Befriedigung über diesen Teil der geschlossenen Abkommens aus.

England und Spanien scheinen tatsächlich keine diesem Abkommen zuwiderlaufenden Absichten gehabt zu haben. Das versicherten sie ebenso wie Frankreich fortgesetzt der Regierung der Vereinigten Staaten.[1])

Diese hatten ihre ganze diplomatische Kunst erschöpft, um das drohende Vorgehen zu hindern. Wir hatten oben gesehen, daß die amerikanische Regierung die englische darum ersucht hatte, ihre Maßnahmen wenigstens hinauszuschieben. Fernerhin hatte der Präsident sich vergeblich bemüht, vom Senate die Ermächtigung zu erlangen, Truppen der Vereinigten Staaten nach Mexiko zu senden, um durch Herstellung der Ordnung dort die Gründe für ein europäisches Eingreifen auszuschließen. Weiterhin ließ er auch durch den Staatssekretär Verhandlungen darüber einleiten, daß die Vereinigten Staaten unter gewissen Bedingungen, vor allem unter der Voraussetzung, daß Frankreich und England von Zwangsmaßnahmen absehen sollten und gegen Verpfändung mexikanischen Gebietes an die Vereinigten Staaten zu ihrer Sicherheit für fünf Jahre die Zinsen der mexikanischen Schuld zahlen wollten.[2])

---

[1]) Über die wahren Absichten Napoleons vergl. besonders die Instruktion, die er unter dem 3. Juli 1861 von Fontainebleau aus an den General Forey vor dessen Abreise nach Mexiko sandte. Dieses Schreiben ist abgedruckt in Arch. Dipl., 1863, II S. 382 ff. Napoleon schrieb:

„La but à atteindre n'est pas d'imposer aux Mexicains une forme de gouvernement qui leur serait antipatique .... Il va sans dire que, s'ils préfèrent une monarchie, il est de l'intérêt de la France de les appuyer dans cette voie ... Nous avons intérêt à ce que la république des Etats-Unis soit puissante et prospère, mais nous n'en avons aucun à ce qu'elle empare du tout le golfe du Mexique, domine de là les Antilles ainsi que l'Amérique du Sud, et soit la seul dispensatrice des produits du nouveau monde .... Nous aurons établi notre influence bienfaisante au centre de l'Amérique; et cette influence en créant des débouchés immenses à notre commerce, nous procurera les matières indispensable à notre industrie..... Aujourd'hui donc, notre honeur militaire engagó, l'exigence de notre politique, l'intérêt de notre industrie et de notre commerce tout nous fait un devoir de marcher sur Mexico, d'y planter hardiment notre drapeau, d'y établir soit une monarchie, si elle n'est pas incompatible avec le sentiment national du pays, soit tout au moins un gouvernement qui promette quelque stabilité."

[2]) Vergl. hier besonders den Auftragsbrief Sewards an Mr. Corwin vom 2. September 1861, enthalten in 37. Cong. 2. sess. H. Ex. Doc., Nr. 100 S. 22.

Auch diese Idee — wie sie übrigens später in dem domikanischen Schuldenfalle erfolgreich durchgeführt wurde [1]) — mißglückte sowohl an der Stellung der drei Mächte ihr gegenüber,[2]) sowie an dem Widerstreben, daß sich in den Vereinigten Staaten selbst dagegen geltend machte. Sogar der Gesandte der Vereinigten Staaten in England, Mr. Adams, war gegen den Plan [3]) und auch der Senat nahm gegen ihn in der Sitzung vom 25. Februar 1862 Stellung.[4])

Der Regierung der Vereinigten Staaten waren durch den amerikanischen Bürgerkrieg die Hände gebunden. Und so blieb ihr weiter nichts übrig, als unter fortgesetzter Betonung ihres von Anfang an in der Angelegenheit präzisierten Standpunktes den Versicherungen der drei europäischen Mächte zunächst Glauben zu bezeigen.

Frankreichs Intervention

Sie war auch dann nicht in der Lage ihre Haltung zu ändern, als am 9. April 1862 die Konvention der drei Staaten vom 31. Oktober 1861 durch England und Spanien aufgehoben wurde, beide Mächte, die Frankreichs wahre Absichten erkannt hatten, sich von Mexiko zurückzogen,[5]) während Napoleon unter dauernder Verstärkung der französischen Truppen die Einnahme Mexikos vornahm.

---

[1]) Siehe unten S. 217 ff.

[2]) Vergl. dazu Br. and For. State Papers, 52 S. 325 ff., besonders den Brief Lord Lyons an Earl Russell vom 10. Sept. 1861.

[3]) Schreiben vom 1. Nov. 1861 an Seward in 37. Cong. 2. sess. H. Ex. Doc., Nr. 100 S. 201 ff. Adams nahm in diesem Schreiben übrigens auf die Monroedoktrin ausdrücklich Bezug, indem er sagte: „The view costumarily taken in Europe is that their government is disposed to resist all foreign intervention in Mexico not upon any principle but simply because it is itself expecting, in due course of time, to absorbe the whole country for its own benefit. Hence any proposal like that which I have the honor to receive, based upon the mortage of proportions of Mexican territory as security for engagements entred into by the United States, naturally becomes a ground of an outcry that this is but the preliminary to an entry for inevitable foreclosure. And then follow the argument that if this process be legitimate in one case, why not equally in all. As against Great Britain and France it would be difficult to oppose to this the abstract principle contained in what has been denominated the Monroe Doctrine, however just in substance. . ."

[4]) Vergl. Cong. Globe, 37. Cong. 2. sess., 1861—1862, P. 1 S. 947.

[5]) Vergl. 37. Cong. 3. sess. H. Ex. Doc., Nr. 54 S. 48: Gemeinsames Schreiben der Vertreter von England, Frankreich u. Spanien an den mexikanischen Minister für auswärtige Angelegenheiten, Señor Doblada.

Noch am 21. Juni 1862 schrieb Staatssekretär Seward dem Gesandten der Vereinigten Staaten in Paris, Mr. Dayton, folgende Worte:[1])

„Frankreich hat ein Recht, Krieg gegen Mexiko zu führen und selbst den Grund dafür zu bestimmen. Wir haben ein Recht und ein Interesse, darauf zu bestehen, daß Frankreich den geführten Krieg nicht dazu benutze, in Mexiko eine antirepublikanische und antiamerikanische Regierung zu errichten, oder dort eine solche Regierung zu unterhalten. Frankreich hat solche Absichten abgeleugnet und wir, ganz abgesehen davon, daß wir diesen in offener und ehrenhafter Art und Weise abgegebenen Versicherungen Glauben schenken müssen, hätten jedenfalls auf eine Verletzung derselben zu warten und ihr nicht vorzugreifen."

Zu Anfang des Jahres 1863 setzte Napoleon III. in Mexiko eine von ihm völlig kontrollierte Regierung ein. Am 10. Juli 1863 nahm er dessen Hauptstadt ein und ließ am 11. Juli 1863 durch eine Notablen-Versammlung beschließen, daß Mexiko eine erbliche monarchische Regierungsform und als Herrscher einen katholischen Prinzen haben solle, der den Titel „Kaiser" annehmen solle, sowie daß die Krone dem Erzherzog Ferdinand Maximilian von Österreich oder eventuell einen von ihm (Napoleon III.) zu bestimmendem Fürsten anzubieten sei.

Da änderte sich der Ton der Diplomatie der Vereinigten Staaten. In den um diese Zeit ergangenen Instruktionen und Mitteilungen des amerikanischen Auswärtigen Amtes kommt in zwar vorsichtiger, jedoch steigend bestimmter Weise der Gedanke zum Ausdruck, daß das Verhalten der französischen Regierung nur schwer mit ihren häufig gemachten Versicherungen vereinbart werden könne, es sei ihr bei ihrem Vorgehen lediglich um die Beitreibung ihrer vermögensrechtlichen Ansprüche Mexiko gegenüber zu tun und ihr läge jede Absicht auf den Erwerb politischer Kontrolle in Mexiko fern. Und ferner drückt sich in dieser Korrespondenz der Gedanke aus, es sei unter solchen Umständen schwer für die Vereinigten Staaten, ihre Neutralität aufrecht zu erhalten.[2])

---

[1]) 37. Cong. 3. sess., II. Ex. Doc., Nr. 54 S. 530.

[2]) Seward an Motley, Gesandter der Vereinigten Staaten in Österreich, unter dem 11. Sept. 1893 in Dipl. Corr. 1863, S. 629. Derselbe an Dayton unter dem 21. Sept. 1863 (eod. S. 703), dem 26. Sept. 1863 (eod. S. 709 ff.) und unter dem 23. Okt. 1863 (eod. S. 726).

Was den Plan der Erwählung Maximilians zum Kaiser von Mexiko anlangte, so instruierte Staatssekretär Seward den Vertreter der Vereinigten Staaten in Paris, Mr. Dayton, unter dem 23. Oktober 1863 folgendermaßen: [1])

„Glücklicherweise hat man die französische Regierung nicht darüber in Unkenntnis gelassen, daß nach Ansicht der Vereinigten Staaten die dauernde Aufrichtung einer fremden und monarchischen Regierung in Mexiko sich weder einfach noch wünschenswert zeigen wird. Sie wollen Mr. Drouyn de l'Huys davon in Kenntnis setzen, daß wir auf dem gleichen Standpunkte verharren."

Andererseits erklärte Staatssekretär Seward in einem vertraulichen Schreiben vom 11. Januar 1864 an Mr. Dayton,[2]) daß eine am 11. Januar 1864 im Senat von Senator Mc Dougal eingebrachte (übrigens nicht durchgegangene) gegen Frankreichs Vorgehen in Mexiko gerichtete Resolution [3]) nicht in Übereinstimmung mit der Politik des Präsidenten sei, wenn sie auch Beachtung in Paris verdiene.

Am 4. April 1864 wurde vom Hause einstimmig folgende Resolution beschlossen: [4])

„Der Kongreß der Vereinigten Staaten ist nicht willens, durch Schweigen die Nationen der Welt unter dem Eindrucke zu halten, daß er ein gleichgültiger Zuschauer der beklagenswerten Ereignisse sei, die jetzt in der Republik Mexiko vor sich gehen, und daß er es für angemessen erachtet, zu erklären, es lasse sich nicht mit der Politik der Vereinigten Staaten in Einklang bringen, eine monarchische Regierung anzuerkennen, die auf den Ruinen einer republikanischen Regierung in Amerika unter den Auspizien einer europäischen Macht errichtet ist."

Die Exekutive der Vereinigten Staaten fühlte sich mit Rücksicht auf die infolge des Sezessionskrieges in den Vereinigten Staaten bestehende Lage noch nicht imstande, entscheidende Schritte gegen Frankreich vorzunehmen und einen Krieg mit dieser Nation in diesem Zeitpunkt zu riskieren.

---

[1]) Dipl. Corr. 1863, II S. 726.

[2]) MS. Inst. France XVI S. 504; Moore, VI S. 497).

[3]) Cong. Globe, 38. Cong. 1. sess. (1863—1864) P. 1 S. 145.

[4]) Cong. Globe, 38. Cong. 1. sess. (1863—1864) P. 2 S. 1408 u. 1426. Für den Text siehe Moore, VI S. 496.

Ihr damaliger Standpunkt kommt in einer Instruktion Sewards an Dayton vom 7. April 1864 [1]) zu klarem Ausdruck. Seward erklärte in diesem Schreiben, daß diese Resolution die einmütige Stimmung des amerikanischen Volkes für Mexiko richtig zum Ausdruck bringe, daß es aber eine andere Frage sei, ob die amerikanische Regierung es für notwendig oder angemessen halte, sich gegenwärtig ihrerseits selbst im Sinne dieser Resolution auszusprechen. Er wies weiterhin Dayton an, der französischen Regierung zu erklären, daß der Präsident zur Zeit nicht beabsichtigte, von seiner bisher dem Kriege zwischen Frankreich und Mexiko gegenüber verfolgten Politik abzugehen, daß die Resolution nicht auf den Vorschlag der amerikanischen Regierung ergangen sei, und daß das Auswärtige Amt die französische Regierung von einem etwaigen Wechsel ihrer Politik zu rechter Zeit unterrichten werde.

Tatsächlich handelte die amerikanische Regierung jedoch völlig im Geiste jener Resolution.

Schon durch Instruktion vom 27. Februar 1864 [2]) hatte sie ihrem Gesandten in Paris Anweisung erteilt, sich jeden Verkehrs mit Maximilian, der nach Paris zu kommen beabsichtigte, zu enthalten, falls er irgendwie in der Rolle einer mexikanischen Autorität auftreten sollte.

Sie behandelten die von ihnen anerkannte Regierung des Präsidenten Juarez dauernd als die einzig für sie in Mexiko bestehende und lehnten es konsequent ab, mit Maximilian amtlichen Verkehr zu pflegen oder ihn gar anzuerkennen.[3]) Insbesondere weigerte sich Präsident Johnson, Maximilians Kammerherrn Dogollado, den Überbringer von Maximilians Beileidsbezeugung anläßlich Lincols Ermordung, zu empfangen oder auch nur Maximilians Beileidsbrief anzunehmen.

[1]) M S. Inst. France XVII, 43 (M., VI S. 498).

[2]) Dipl. Corr. 186,4 III S. 45.

[3]) Vergl. hier besonders Dipl. Corr. 1865, III S. 484 ff.: Steps taken by Maximilian to obtain from the Government of United States a Recognition of the so called Empire of Mexico" und dort insbesondere Stewards Memorandum S. 485 ff. Vergl. ferner schon vorher das Schreiben Daytons an Seward vom 9. Okt. 1863 über den Versuch Drouyn del'Huys's, die Vereinigten Staaten zur Anerkennung Mexikos zu bringen. Vergl. weiter 39. Cong. 1. sess. H. Ex. Doc. 73 S. 573 ff.: Attempts at recognition by Maximilian; vergl. endlich auch Montolons Schreiben vom 29. Nov. 1865 mit der Kopie einer Instruktion des französischen Ministers für auswärtige Angelegenheiten an den Marquis von Montolon vom 18. Okt. 1865, in welchem er nochmals sich für die Anerkennung Maximilians verwandte. (39. Cong. 1. Sess. Sen. Ex. Doc., 6 S. 98).

Nachdem endlich die amerikanische Regierung freie Hand im Sezessionskriege bekommen hatte, wechselte sie auch völlig ihre vorsichtige Haltung und ging am 16. Dezember 1865 zu einer deutlichen Kriegsdrohung über.

Staatssekretär Seward instruierte unter diesem Tage den Gesandten der Vereinigten Staaten in Paris, Mr. Bigelow,[1]) folgendermaßen:

> „Es war die Absicht des Präsidenten, daß Frankreich respektvoll über zwei Punkte unterrichtet werden sollte, nämlich:
>
> erstens: daß die Vereinigten Staaten ernstlich wünschen, eine aufrichtige Freundschaft mit Frankreich fortzusetzen und zu pflegen;
>
> zweitens: daß diese Politik unmittelbar aufs Spiel gesetzt werden würde, wenn Frankreich es nicht mit seinem Interesse und seiner Ehre vereinbar hält, von weiterer bewaffneter Intervention in Mexiko zum Zwecke des Umsturzes der dort bestehenden inneren republikanischen Regierung und der Errichtung der fremden Monarchie auf deren Ruinen, welche man in der Hauptstadt jenes Landes einzurichten den Versuch gemacht hat, abzustehen."

Eine lange diplomatische Korrespondenz folgte. Sie wurde von den Vereinigten Staaten in einer Weise geführt, daß Napoleon III. nicht darüber in Zweifel sein konnte, das Verweilen der französischen Truppen in Mexiko werde den Krieg zwischen Frankreich und den Vereinigten Staaten bedeuten. Auch der Kongreß der Vereinigten Staaten, der sich jetzt häufig mit der Angelegenheit beschäftigte, nahm eine immer feindseligere Haltung gegen Frankreich an.[2])

---

[1]) 39. Cong. 1. sess. H. Ex. Doc. 73, P. 2 S. 495 ff.

[2]) Vergl. Cong. Globe, 39. Cong. 1. sess. (1865—1866) S. 18, 19, 22, 46, 70, 811, 1068, 3217, 3251 (Haus); S. 17, 77, 3503 ff., 3650 (Senat).

Schmit, Ritter von Tavera gibt im II. Bde. seines Werkes auf S. 60 f. je eine Resolution des Hauses und des Senats, die im Dez. 1865 angenommen worden sein sollen und sich mit größter Schärfe gegen die französische Intervention in Mexiko aussprechen. Die betreffende Senatsresolution erklärt, nach dieser Stelle, daß Napoleons Verhalten „dem Geiste der anerkannten Politik und den Institutionen der Vereinigten Staaten" widerspreche und fährt fort, „der Präsident wird daher aufgefordert, die ausgesprochene Politik und die Interessen der Vereinigten Staaten zu wahren". Im Cong. Globe findet sich nichts darüber, daß derartige Resolutionen in der 1. Sess. des 39. Kong. (1865—1866) angenommen worden seien. Haus wie Senat haben im Dezember 1865 je einen vom Repräsentanten Schenck bezw. vom Senator Wade eingebrachten, dem Sinne der von Schmit von Tavera

Außerdem sandten die Vereinigten Staaten den General Sheridan mit 50 000 Mann an die mexikanische Grenze, und es fanden Verhandlungen über die Einreihung dieser Armee in die republikanischen Truppen Mexikos statt.[1])

Aus allen diesen Gründen beschloß Napoleon endlich die Zurückziehung des französischen Expeditionskorps aus Mexiko, eine Entscheidung, die am 5. April 1866 im „Moniteur" erschien,[2]) am 21. April 1866 der Regierung der Vereinigten Staaten mitgeteilt [3]) und nach langem, von den Vereinigten Staaten durch deutliche Kriegsdrohungen für den Fall weiteren Verbleibens der französischen Truppen in Mexiko im Frühjahr 1867 erzwungen wurde.[4])

---

zitierten Resolution entsprechenden Antrag an das Komitee für auswärtige Angelegenheiten verwiesen, aus dem sie nicht zurückgekommen zu sein scheinen. Eine vom Senat an demselben Tage angenommene Resolution verlangt vom Präsidenten Auskunft „in Regard to a barbarous decree, issued by the so-called Emperor of Mexico, under date of October 3, 1865 ordering all Mexicans who bravely defend the secred cause of their independence, either in their battlefield or otherwise, to be shot without any form or trial, and what representations if any, have been made by the government on that subject". (eod. S. 17.)

Auch die in Frage kommenden Senats- und Hausjournale enthalten nichts über die Annahme von Resolutionen, wie sie Schmit von Tavera angibt.

[1]) Vergl. Moore, VI S. 498 f. und besonders die in der Anmerkung auf S. 499 angegebenen Quellennachweise.

[2]) Vergl. Bigelow an Seward unter dem 16. April 1866, 39. Cong. 1. sess. H. Ex. Doc. 99, S. 42.

[3]) Siehe 39. Cong. 1. sess. House, Ex. Doc. 93, S. 43 ff.

[4]) Vergl. besonders Präsident Johnsons Jahresbotschaft vom 3. Dez. 1866 in Richardsons Mess., VI S. 445 ff., besonders S. 455 ff.

Vergl. ferner Sewards Schreiben an Bigelow vom 23. Nov. 1866. In diesem Schreiben beauftragt Seward Bigelow gegen den Beschluß des Kaisers, die Zurückziehung der Truppen herauszuschieben, Einspruch zu erheben. Er bemerkt dabei: „You will therefore state to the Emperors Government, that the president sincerely hopes and expects, that the evacuation of Mexico will be carried into effect with such conformity to the existing agreement as the inopportune complication which calls for this despach shall allow. Instructions will be issued to the U. S. military forces of observation to await in every case special directions from the President. This will be done with a confident expectation that the telegraph or mail may seasonably bring us a satisfactory resolution from the Emperor in reply to this note."

Edgington, S. 119 ff. behauptet, die Vereinigten Staaten hätten die Monroedoktrin verletzt, indem sie sich mit Frankreich in ein Abkommen dahingehend eingelassen hätten, daß sie sich nach der Evakuation Mexikos von den französischen Truppen nicht in mexikanische Angelegenheiten mischen wollten. Tatsächlich hat Staatssekretär Seward am 12. Februar 1866 in der Antwort auf ein Schreiben Montolons vom 29. Jan. 1866 lediglich erklärt: „France need not for a moment delay. . . her putting the principle of non-intervention into full and complete practice in regard to Mexico thought any apprehension that the United States will prove unfaithfull to the principle and policy in that respect

Österreichischer Interventionsversuch.

Dieselbe feste Haltung nahmen die Vereinigten Staaten ein, als sie erfuhren, daß Anstalten gemacht würden, die französischen Truppen in Mexiko durch österreichische zu ersetzen.

Der Gesandte der Vereinigten Staaten in Wien, Mr. Motley, erhielt unter dem 6. April 1866 den Auftrag, in Wien zu erklären, daß die Vereinigten Staaten der Ansicht seien, ein Betreiben von Feindseligkeiten österreichischer Untertanen in Mexiko unter dem Kommando und mit der Sanktion der österreichischen Regierung bedeute den Zustand des Krieges zwischen Mexiko und Österreich, ein Krieg, dem gegenüber die Vereinigten Staaten nicht unbeteiligte und neutrale Zuschauer bleiben könnten.[1]) Außerdem wurde Motley durch Schreiben vom 30. Ap il 1866 angewiesen, im Falle der Absendung von österreichischen Truppen nach Mexiko sofort Wien zu verlassen.[2])

Diese Haltung veranlaßte die österreichische Regierung zur Aufgabe ihres Planes. Sie teilte am 20. April 1866 den Vereinigten Staaten mit, es seien Schritte ergriffen worden, die Abfahrt österreichischer Volontäre nach Mexiko zu verhindern.[3])

Damit war der Zusammenbruch der fremden Macht in Mexiko besiegelt, Napoleons Pläne waren gescheitert und die französische Intervention war mißglückt.

Ergebnisse.

Während des ganzen Verlaufs dieser Angelegenheit sind wir der Monroedoktrin nur vorübergehend begegnet.[4]) Die diplomatischen Erörterungen sind ohne sie geführt worden.

---

which, on their behalf, it has been my duty to maintain in this now very lengthened correspondence". (39. Cong. 1. sess. H. Ex. Doc. 93, S. 27 ff.)

Drouyn de L'Huys hatte sich zwar diese Erklärung zu Nutze gemacht, in seinem Antwortschreiben vom 5. April 1866 an den Marquis von Montolon zu erklären: „We receive this assurance with entire confidence and we find therein a sufficient garanty not any longer to delay the adoption of measures intended to prepare for the return of our army" (eod. S. 42). Der Marquis von Montolon sandte auftragsgemäß dieses Schreiben am 21. April 1866 an Mr. Seward. Wie in dieser ganzen Angelegenheit eine Nichtachtung der Monroedoktrin durch die Vereinigten Staaten zu erblicken ist, sei unerfindlich.

Vergl. andererseits unten S. 130 Anm. 1.

[1]) 39. Cong. 1. sess. Sen. Ex. Doc. Nr. 54 S. 5.

[2]) 39. Cong. 1. sess. Sen. Ex. Doc. Nr. 54 S. 10.

[3]) 39. Cong. 1. sess. Sen. Ex. Doc. Nr. 54 S. 18 (Graf Mensdorf an Motley).

[4]) Vergl. dazu insbesondere das Schreiben von Cass an Dodge vom 21. Okt.

Andererseits ist die von den Vereinigten Staaten in dieser Angelegenheit eingenommene Haltung vielleicht der klarste Anwendungsfall der Monroedoktrin, der bisher vorliegt.

Das Vorgehen Napoleons III. war ein Unternehmen, Frankreichs politische Machtstellung in Amerika dadurch zu vergrößern, daß er die Kontrolle der mexikanischen Regierung und die Lenkung der Geschicke dieses Landes an sich zu bringen versuchte. Seine Handlungsweise stand also in denkbarster Deutlichkeit mit der Monroedoktrin in Widerspruch, wie auch fast einstimmig in der Literatur anerkannt wird.[1]) Die Haltung der Vereinigten Staaten dem gegenüber war die Geltendmachung eines mit Kriegsdrohungen begleiteten Verbotes an Frankreich zu solchem Tun verbunden mit der Aufforderung, durch Zurückziehung der französischen Truppen aus Mexiko die bereits erlangte Machtstellung in Amerika aufzugeben.

Der Einspruch gegen die von Österreich getroffenen Veranstaltungen, die französischen Truppen in Mexiko durch österreichische zu ersetzen, dagegen war dazu bestimmt, die tatsächliche Aufrechterhaltung der durch die französische Intervention in Mexiko dort bereits begründeten europäischen Kontrolle über Mexikos Geschicke zu verhindern.

In beiden Fällen brachten danach die Vereinigten Staaten den Gedanken der Monroebotschaft zur praktischen Anwendung, der dort dahin formuliert worden war, die Vereinigten Staaten könnten eine Einmischung irgend einer europäischen Macht in die Angelegenheiten einer selbständigen amerikanischen Regierung zum Zwecke ihrer Unterdrückung oder um irgendwie ihr Schicksal zu bestimmen „in keinem andern Lichte denn als die Kundgebung

---

1861, das oben S. 118 erwähnt ist. Vergl. ferner den oben S. 123 Anm. 2 angeführten Brief Adams an Seward vom 1. November 1861.

Es ist übrigens interessant hervorzuheben, daß sich aus einem Briefe August Koerners, des Gesandten der Vereinigten Staaten in Spanien im Jahre 1863 an die Zeitschrift „The Nation" vom 30. Januar 1896 S. 96 ergibt, daß Staatssekretär Seward in einer Depesche an Koerner vom April 1863 (Nr. 51) eine Meinungsäußerung Koerners gegenüber dem spanischen Minister des Auswärtigen, Marschall Serrano, dahingehend, die französische Intervention in Mexiko verletze die Monroedoktrin, mißbilligte. Nach diesem Schreiben Koerners an die „Nation" hat Staatssekretär Seward es weiterhin veranlaßt, daß diese Mißbilligungsadresse dem französischen Minister für auswärtige Angelegenheiten vorgelesen wurde.

[1]) Stapleton, Intervention usw., London 1866, S. 261, behauptet, weder Englands, Frankreichs und Spaniens gemeinsames, noch Frankreichs getrenntes Vorgehen in Mexiko sei eine Verletzung der Monroedoktrin gewesen.

eines unfreundlichen Verhaltens gegenüber den Vereinigten Staaten ansehen".

Die geschilderten Begebenheiten interessieren aber nicht nur als eine Wiederbestätigung und Anwendung dieses Teiles der ursprünglichen Monroedoktrin.

Gegenüber dem gemeinsamen englisch-französisch-spanischen, zum Zwecke der Beitreibung von Schuld- bez. Ersatzansprüchen gegen Mexiko vorgenommenen, der französischen Intervention vorausgehenden Vorgehen enthielt die Regierung der Vereinigten Staaten sich jedweden Eingreifens. Sie brachte es hier ebenso wie zu Anfang der französischen Sonderintervention wieder und wieder als ihren Standpunkt zum Ausdrucke, daß sie es nicht unternähme, jedwedem Vorgehen europäischer Mächte gegen amerikanische Staaten schlechtweg zu widerstreben, daß sie vielmehr lediglich den Zuwachs politischer Macht europäischer Staaten in Amerika verhindern wolle und daß ihre Stellung gegenüber europäischer Tätigkeit in Amerika sich unter diesem Gesichtspunkte bestimme.

Sowohl die Haltung wie zahlreiche Erklärungen der Regierung der Vereinigten Staaten während dieser mexikanischen Angelegenheit bringen es mit antitetischer Schärfe zum Ausdruck:

Die Monroedoktrin richtet sich nur gegen die Vermehrung politischer Macht europäischer Staaten in Amerika, sie bezieht sich jedoch nicht auf jedwedes Vorgehen europäischer Mächte gegen amerikanische Staaten schlechthin.[1])

e) Die Ausbildung der Polk'schen Erweiterungen der Monroedoktrin durch Präsident Grant.

(Cuba und Santo-Domingo um 1870).[2])

Allgemeines.

Die auf den Erwerb von Gebiet oder wenigstens von politischer Kontrolle im mittleren Amerika gerichtete Politik Englands hatte den Vereinigten Staaten Anlaß zur Wiederanwendung und Wiederbestätigung des gegen europäische Kolonisation in Amerika gerichteten Teiles der ursprünglichen Monroedoktrin gegeben.

---

[1]) Vergl. mehr hierüber unten S. 244 ff.

[2]) Vergl. zu Cuba die oben auf S. 62 f. und 94 ff. und unten auf S. 324 ff. gemachten Ausführungen. Für die Literatur zu Cuba vergl. unten S. 324 Anm. 1; zu Santo Domingo vergl. die unten auf S. 217 ff. gemachten Ausführungen, sowie die Literaturangaben unten S. 217 Anm. 1.

Die auf gewaltsamen Erwerb von politischer Macht in Mexiko gerichteten Versuche Frankreichs waren Anlaß für eine energische Anwendung des Verbotes politischen Machtzuwachses europäischer Mächte in Amerika geworden.

Die in der historischen Reihe der mit der Monroedoktrin verbundenen Ereignisse nächsten Begebenheiten stehen in unmittelbarer Beziehung zu den Ausbildungen und Erweiterungen der ursprünglichen Monroedoktrin, wie sie Präsident Polk vorgenommen hatte.

Es ist ein seltsamer Zufall, daß Präsident Grant ebenso wie Polk zweimal, und zwar in den Jahren 1869 und 1870 Gelegenheit fand, sich mit dem Verbote europäischen Machtzuwachses in Amerika in zwei Botschaften zu beschäftigen und dieses Verbot ganz im Sinne seines Amtsvorgängers Polk anzuwenden und auszubilden.

Dies geschah das erstemal in seiner Jahresbotschaft vom 6. Dezember 1869.[1])

Grants Botschaft vom 6. Dezember 1869 in Bezug auf Cuba.

Diese Botschaft bezog sich auf den damals in Cuba wütenden Bürgerkrieg.

Die Regierung der Vereinigten Staaten hatte sich nach dem im Jahre 1868 erfolgten Ausbruche des sogenannten zehnjährigen Krieges in Cuba[2]) sehr bald um Wiederherstellung der Ruhe und des Friedens auf dieser Insel bemüht. Sie hatte ihren neu ernannten Gesandten in Spanien, den General Sickles, durch Instruktion vom 29. Juni 1869 dahin beauftragt, mit der spanischen Regierung über die Leistung guter Dienste zur Beendigung dieses Bürgerkrieges Verhandlungen anzuknüpfen.[3])

Die beiden Regierungen hatten sich jedoch über die Grundlagen dafür nicht zu einigen vermocht. Und nachdem auch noch Streitereien zwischen ihnen ausgebrochen waren, hatte General

[1]) Der Text der Botschaft steht in Richardsons Mess., VII S. 27 ff.; vergl. insbesondere S. 31 ff.

[2]) Vergl. über diese Episode und die Stellung der Diplomatie der Vereinigten Staaten dazu insbesondere die diplomatische Korrespondenz in 41. Cong. 2. sess. H. Ex. Doc. 160 (1869—1870, Bd. VII): Struggle for independence in the Island of Cuba. Vergl. ferner 41. Cong. 2. sess. Sen. Ex. Doc. 7 und 113. Vergl. auch unten S. 324 ff.

[3]) In 41. Cong. 2. sess. H. Ex. Doc. 160 S. 13 ff.

Sickles das Angebot der Vereinigten Staaten unter dem 28. September 1869 zurückgezogen.[1])

In seiner Jahresbotschaft vom 6. Dezember 1869 kommt nun Präsident Grant auf die Ereignisse in Cuba zu sprechen. Dies gibt ihm Anlaß dazu, den Standpunkt der amerikanischen Regierung den dortigen Kämpfen und überhaupt Cuba gegenüber zu präzisieren.

Er beginnt mit der Erklärung, daß die Vereinigten Staaten die freieste aller Nationen sei, und daß ihre Bürger mit jedem um seine Freiheit und um seine Selbstregierung ringendem Volke sympathisiere, daß es aber andererseits ihre Ehre verbiete, ihre Ansichten anderen Nationen aufzudrängen und sie daran hindere, an den Streitereien verschiedener Nationen oder zwischen Regierungen und ihren Untertanen ohne Einladung teilzunehmen. Dies sei auch die Politik der Vereinigten Staaten Cuba gegenüber.

General Grant erklärt in seiner Botschaft dann weiter:

„Die Vereinigten Staaten haben nicht die Absicht, sich in die bestehenden Beziehungen Spaniens zu seinen Kolonialbesitzungen auf diesem Kontinente einzumischen. Sie glauben, daß Spanien und andere europäische Mächte, wenn die Zeit dafür gekommen sein wird, ihr Interesse in einer Beendigung solcher Beziehungen und in der Umwandlung ihrer gegenwärtigen Dependenzen zu unabhängigen Mächten — Mitgliedern der Familie der Nationen — finden werden. Diese Dependenzen können nicht länger von einer europäischen Macht an eine andere übertragen werden. Wenn die gegenwärtigen Beziehungen von Kolonien aufhören, so müssen sie unabhängige Mächte werden, die das Recht besitzen, ihre zukünftigen Verhältnisse und Beziehungen zu andern Mächten selbst zu wählen und zu kontrollieren.“ [2])

---

[1]) General Sickles an Silvela unter dem 28. Sept. 1869, eod. S. 56.

[2]) Das Gesperrte ist im Text nicht hervorgehoben. Der englische Text dieser Stelle lautet:

„The United States have no disposition to interfere with the existing relations of Spain to her colonial possessions on this continent. They believe that in due time Spain and other European powers will find their interest in terminating those relations and establishing their present dependencies as independent powers — Members of the family of nations: These dependencies are no longer regarded as subject to transfer from one European power to another. When the present relation of colonies ceases, they are to become independent powers, exercising the right of choice — and of self-control in the determination of their future condition and relations with other powers.“

Diese Ausführungen stehen in der Geschichte der Stellung der amerikanischen Regierung zur cubanischen Frage ziemlich vereinzelt da.

Wir haben oben bereits gesehen, daß es oft ausgesprochen worden ist, eine Vereinigung Cubas mit einer anderen europäischen Macht als Spanien könnten die Vereinigten Staaten nicht zulassen.[1])

Dieser Standpunkt ist von den Vereinigten Staaten auch späterhin unverändert beibehalten und häufig wiederversichert worden.

So erklärte z. B., um nur ein besonders charakteristisches Beispiel anzuführen, Staatssekretär Clayton am 22. August 1849 dem damaligen Gesandten der Vereinigten Staaten in Spanien, Mr. Barringer, folgendes: [2])

„Während diese Regierung fest dazu entschlossen ist, daß die Insel Cuba niemals von Spanien zu einer andern Macht als die Vereinigten Staaten abgetreten werden soll, so wünscht sie nicht, über diesen Gegenstand in Zukunft irgend welche Drohungen zu äußern oder Spanien gegenüber irgend welche Garantien zu übernehmen . . . Die Nachricht von der Abtretung Cubas an irgend eine fremde Macht würde in den Vereinigten Staaten das augenblickliche Kriegssignal sein."

Aber im Gegensatz zu Grants Botschaft argumentieren alle hier in Betracht kommenden Äußerungen stets mit dem besonderen Interesse der Vereinigten Staaten an Cubas Geschick.

Hier in Grants Botschaft wird das erste und, wie mir scheint, das einzige Mal überhaupt der Standpunkt der Vereinigten Staaten einem Wechsel Cubas von Spanien in die Hand einer andern europäischen Kolonialmacht gegenüber auf allgemeine Gedanken gegründet, wie sie schon vorher Präsident Polk in bezug auf Oregon und Yukatan geäußert hatte.[3])

Am nächsten kommen ihr die Ausführungen, welche Staatssekretär Everett in einer Note vom 1. Dezember 1852 an den Comte de Sartiges sowie an Mr. Crampton (den englischen Gesandten in Washington) gemacht hatte.[4])

---

[1]) Vergl. oben S. 63 und 95 bes. Anm. 4.
[2]) MS. Inst. Spain, XIV S. 295 (M., VI S. 452).
[3]) Vergl. oben S. 83 ff.
[4]) Vergl. Br. and For. State Papers, Bd. XLIV S. 197 f., wo Everetts Brief an Crampton steht, und 32. Cong. 2. sess. Sen. Ex. Doc. 13, S. 15 ff., wo das Schreiben Everetts an den Comte de Sartiges abgedruckt ist.

Diese Ausführungen waren durch einen Vorschlag der französischen und englischen Regierung an die der Vereinigten Staaten veranlaßt, dahingehend, gemeinsam alle Absichten auf Cuba abzuschwören und Cuba der spanischen Regierung zu garantieren.[1])

Everett lehnte diese Einladung in den eben bezeichneten Schreiben unter ausführlicher Begründung ab. Er unterzieht darin die Beziehungen der Vereinigten Staaten zu Cuba wie diejenigen zu den europäischen Mächten in bezug auf Cuba eingehendster Betrachtung. Er macht dabei u. a. die folgende Bemerkung:

„Wenn eine Insel wie Cuba, die der spanischen Krone gehört, den Eingang der Themse und Seine bewachte, und die Vereinigten Staaten ein diesem entsprechendes Abkommen mit Frankreich und England vorschlügen, so würden diese Mächte es sicherlich fühlen, daß die von uns geltend gemachte Unfähigkeit viel weniger ernst wäre als der ihnen von uns gemachte Vorschlag."

Weiterhin begründet er unter Bezugnahme insbesondere auf Washingtons Abschieds- und auf Jeffersons Antrittsadresse diese Ablehnung mit dem alten Leitsatz der Vereinigten Staaten von der Vermeidung von Allianzen.[2]) Es ist jedoch zu bemerken, daß die Monroedoktrin selbst in dem ganzen, sehr ausführlichen Schriftstücke nicht berührt, geschweige denn zitiert wird.

Dem Präsidenten Grant dagegen gibt die Befürchtung eines Wechsels in der Person des Kolonialherrn über Cuba Anlaß dazu, es allgemein als einen Grundsatz der Vereinigten Staaten auszusprechen, daß Kolonien, deren politische Beziehungen wechseln, freie Staatswesen zu werden haben.

Dies ist ein Gedanke, den wir inhaltlich schon in den von Polk aus Anlaß des Oregonstreits sowie des Yukatan-Falles vorgenommenen Formulierungen der Monroedoktrin gefunden haben.

---

[1]) Vergl. besonders Turgots Brief an Daniel Webster, vom 23. April 1852, 32. Cong. 2. sess. Sen. Ex. Doc. 13, S. 3 (auf S. 5 ff. steht ein Entwurf zu einem solchen Vertrage), vergl. ebenfalls Crampton an Webster unter demselben Tage in Br. and For. State Papers, XLIV S. 121 ff.; vergl. außerdem vor allen Dingen W. Henry Trescot's ausführlichen Artikel „The Cuban question" in „The Southern Quarterly Review, N. S., Bd. IX (Bd. XXV des Ganzen) London 1854, S. 429—470. Diese Ausführungen sind durch eine in Boston im Jahre 1853 erschienene Publikation der: „Correspondence on the Tripartite Convention relative to Cuba" veranlaßt.

[2]) Siehe oben S. 54.

Grants Botschaft vom 6. Dezember 1869 enthält eine allgemeine Wiederbestätigung der von Polk zuerst ausgesprochenen Idee, das auf Grund der Monroedoktrin jedwede weitere Kolonisationstätigkeit europäischer Mächte in Amerika aufzuhören habe.

Von besonderer Bedeutung für die Ausgestaltung der Monroedoktrin sind die Grantschen Ausführungen aus folgendem Grunde:

Auch Polks Erklärungen, insbesondere die durch den Yukatanfall veranlaßten in seiner Botschaft vom 29. April 1848, hatten die unter die Madisondoktrin gehörigen Fälle der Übertragung eines amerikanischen Kolonialgebiets von einer europäischen Macht an eine andere mit umfaßt. Polk war dabei aber von einem Falle ausgegangen, in dem die Übertragung amerikanischen Gebietes von einem selbständigen amerikanischen Staatswesen an eine europäische Macht zu fürchten war.

Grant hingegen wendet die Monroedoktrin das erste Mal praktisch auf einen Fall der Madisondoktrin an (Übertragung amerikanischen Gebiets von einer europäischen Kolonialmacht an eine andere).

Seine Botschaft vom 6. Dezember 1869 bedeutet daher nicht nur eine Wiederbestätigung des Polkschen Verbotes jedweder weiteren europäischen Kolonisationstätigkeit in Amerika, sie ist insbesondere weiter auch ein Zeugnis dafür, daß jene Polkschen Erklärungen nicht vereinzelt dastehende Ansichten eines amerikanischen Präsidenten über die Monroedoktrin sind, sondern daß sie in der Tat in den Inhalt der Monroedoktrin eingegangen sind; und insbesondere zeigen sie, daß die Madisondoktrin wirklich dauernd mit der Monroedoktrin verbunden ist.[1])

---

[1]) Vergl. hier auch Staatssekretär Fish's Ausführungen zu dieser Botschaft Grants in einem Bericht vom 14. Juli 1870, welchen Grant auf Ersuchen des Senats über die gegenwärtigen kommerziellen Beziehungen der Vereinigten Staaten zu den spanisch-amerikanischen Nationen dem Senate übersandte. Dieser Bericht steht 41. Cong. 2. sess. Sen. Ex. Doc. 112 (1869—1870, Bd. III) besonders S. 7 ff. In diesem Dokument kommt Fish auch auf die Monroedoktrin zu sprechen, die er eingehenden Erörterungen unterzieht. Er bestätigt dabei die oben geäußerte Auffassung vom Inhalte der Grantschen Doktrin und ihr Verhältnis zur Monroedoktrin. Seine hochbedeutsamen Ausführungen sind auch sonst noch von größtem Interesse für Erkenntnis des Inhaltes und des Wesens der Monroedoktrin überhaupt. Es mögen hier folgende Sätze daraus wiedergegeben werden: „The United States stand solemnly committed by repeated declarations and repeated acts to this doctrine and its application to the affairs of this continent. In his Message to the two Houses of Congress at the commencement of the present session, the President, following the teachings of all our history, said that the existing „dependencies are no longer

Grants Botschaft vom 31. Mai 1870 in Bezug auf die Dominikanische Republik.

Die anderen hier in Betracht kommenden Ausführungen Grants sind in seiner Sonderbotschaft vom 31. Mai 1870 [1]) an den Senat enthalten und finden sich größerenteils in seiner zweiten Jahresbotschaft vom 5. Dezember 1870 [2]) wieder.

Sie beziehen sich auf die dominikanische Republik. Zum Verständnis der folgenden Ereignisse wie auch der später darzustellenden Politik der Vereinigten Staaten um die Jahre 1905 bis 1907 [3]) gegenüber dieser Republik mögen folgende allgemeine Bemerkungen über die Geschichte der Insel vorausgestellt werden.

Historischer Überblick.

Durch den am 22. Juli 1795 zwischen Frankreich und Spanien geschlossenen Frieden von Basel war Frankreich in den Besitz der gesamten Insel Santo Domingo,[4]) von der es bereits im Jahr 1697 durch den Frieden von Ryswick einen Teil erhalten hatte, gelangt.[5])

Im Jahre 1804 hatte sich diese von Frankreich losgerissen und sich unter dem Namen Haïti erst zum Kaiserreich und nach der am 17. Oktober 1806 erfolgten Ermordung des Kaisers Desalines zur Republik konstituiert.[6])

---

regarded as subject to transfer from one European power to another. When the present relations of Colonies ceases, they are to become independet powers, exercising the right of choice and of self-control in the determination of their future condition and relations with other powers".

This policy is not a policy of agression; but it opposes the creation of European dominion on American soil, or its transfer to other European powers, and it looks hopefully to the time, when, by the volontary departure of European governments from this government and adjacent islands, America shall be wholly american.

It does not contemplate forcible intervention in any legitimate contest; but it protests against permitting such a contest to result in the increase of European power or influence; and it ever impels this government, as in the late contest between the South American republics and Spain, to interpose its good offices to secure an honorable peace."

[1]) Richardsons Mess., VII S. 61 ff.

[2]) Richardsons Mess., VII S. 96 ff.

[3]) Vergl. unten S. 217 ff.

[4]) Die hier in Betracht kommende Terminologie schwankt sehr und ist auch jetzt noch nicht einheitlich. Wir sprechen von Santo Domingo als der Insel, die Haïti und die Dominikanische Republik umfaßt.

[5]) Vergl. besonders den Artikel IX; Text des Vertrages in Martens, R., VI S. 542 und R. 2, VI S. 124.

[6]) Vergl. Konstitution des Kaiserreichs Haïti vom 20. Mai 1805 in Br. and For. State Papers, XVI S. 728 ff. und Konstitution der Republik Haïti vom 27. Dez. 1806, eod. S. 735 ff.

Durch Artikel VIII des Pariser Friedensvertrages vom 30. Mai 1814 waren der spanischen Regierung, der es seit 1802 gelungen war, im Osten der Insel wieder festen Fuß zu fassen und dort eine spanische Provinz unter dem Namen Santo Domingo zu gründen, ihre im Frieden von Basel aufgegebenen Rechte zurückgegeben worden.

Dieser spanische Teil hatte sich am 1. Dezember 1821 aufs neue für selbständig erklärt.[1]) Es war aber dem Präsidenten des französischen, selbständig verbliebenen westlichen Teils der Insel,[2]) General Boyer gelungen, auch den östlichen Teil wieder einzunehmen und im Jahre 1822 die gesamte Insel unter seiner Herrschaft zu vereinigen.[3])

Nachdem Boyer im Jahre 1843 durch eine Revolution vertrieben worden war,[4]) hatten sich beide Teile wieder getrennt und der Osten hatte sich als „Republica Dominicana" zu einem selbständigen Staatswesen konstituiert.[5])

Diese Republik war im Laufe der folgenden Jahre von einer Reihe von Nationen, so von den Vereinigten Staaten, von England, Frankreich und insbesondere auch von Spanien anerkannt worden.[6])

---

[1]) Unabhängigkeitserklärung, eod. VIII S. 564 ff. und „Constitutive Act of the Provisional Government of the Independet State of Haïti", Santo Domingo am 1. Dez. 1821, eod. S. 557 ff.

[2]) Von Frankreich übrigens ausdrücklich als selbständig im Jahre 1825 anerkannt. Vergl. Ord. Karls X. von Frankreich vom 17. April 1825, Text in 41. Cong. 3. sess. Sen. Ex. Doc. 17 S. 24.

[3]) Vergl. Pièces relatives à la Mission du Plénipotentiaire Espagnol au Port-au-Prince, au sujet de la Réclamation de la Partie de L'Est de Haïti, par l'Espagne, Janv. 1830 in Martens, N. S., III S. 492 ff. und besonders Boyers Proklamation vom 6. Febr. 1830, eod. S. 509.

[4]) Document relatif à la révolution de Haïti, donnant l'acte de déposition de Boyer, exprésidant de la République en date du 10. März 1843 in Martens, N. R. G., V S. 53.

[5]) Br. and For. State Papers, XLVI S. 1315, wo der Text der Konstitution der Republik vom 27. Febr. 1845 steht.

[6]) Vergl. Freundschafts-, Handels- und Schiffahrtsvertrag mit England vom 6. März 1850 in Br. and For. State Papers, XXXVIII S. 8 und Martens, N. R. G., XV S. 112 ff. Vergl. ferner den Vertrag mit Frankreich vom 8. Mai 1852 in Br. and For. State Papers, XLI S. 908, mit Dänemark vom 26. Juli 1852 in Martens, N. R. G., XVI S. 210, mit Sardinien vom 11. Jan. 1855, in Br. and For. State Papers, XLVI S. 1273, mit den Niederlanden vom 24. Juli 1856 in Br. and For. State Papers, XLVII S. 498.

Die Vereinigten Staaten erkannten die Republik nach Moore, I S. 107 dadurch an, daß sie einem gewissen J. W. Currier

Spaniens Rückerwerbsversuch 1861.

Im Jahre 1861 versuchte Spanien, diesen seinen alten Kolonialbesitz zurückzuerwerben. Es kam zu einem Abkommen zwischen der spanischen Regierung und dem damaligen Präsidenten jener Republik, Santana, auf Grund dessen Santana am 18. März 1861 die Dominikanische Republik als durch Spanien annektiert erklärte,[1]) während die spanische Königin die Inkorporation derselben in Spanien durch Dekret vom 19. Mai desselben Jahres aussprach und die spanische Regierung das Land besetzen ließ.[2])

Die Regierung der Vereinigten Staaten schenkte der Angelegenheit von Anfang an das größte Interesse.

Als noch nicht mehr bekannt war als die Tatsache, daß Spanien die Dominikanische Republik durch eine von Cuba aus eingeleitete Expedition über den Haufen geworfen habe, erklärte sie dem Gesandten Spaniens in Washington, Tassara, durch Schreiben vom 2. April 1861,[3]) daß der Präsident, falls die spanische Regierung diese Vorgänge gutheißen sollte, verpflichtet sei, sie als den Ausdruck einer unfreundlichen Gesinnung gegen die Vereinigten Staaten aufzufassen und der Weiterverfolgung derartiger Unternehmungen, sei es gegen die dominikanische Republik, sei es gegen irgend einen andern Teil des amerikanischen Kontinents oder amerikanischer Inseln, mit einem schnellen, hartnäckigen und möglichst wirkungsvollen Widerstande zu begegnen.

---

am 17. Sept. 1866 die Exequatur als dominikanischen Generalkonsul erteilten.

Spanien endlich erkannte die Republik durch Vertrag vom 18. Febr. 1855 an. Dieser Vertrag steht Br. and For. State Papers, Bd. XLVI S. 1283. Er erklärt nach dieser Quelle in Art. I: „Her Catholic Majesty in the exercice of the faculty conferred upon her by Decree of the General Cortez of the Kingdom of the 4 th December, 1836, renounces for ever in the most solemn and formal manner, for herself and sucessors, the sovereignty, rights, and titles, which appertain to her over the American territory, known heretofore under the denomination of the Spanish part of the Island of Saint Domingo, now the Dominican Republic, and cedes and transfers that sovereignty those rights and titles to the aforesaid Republic, so that it may make use both of the one, and the others with actual and absolute right, according to the laws which it has made or shall make in future in the exercise of that supreme Power which is now and for ever acknowledged . . .“

[1]) Acte du Président Santana déclarant le territoire de la République annexé à l'Espagne, vom 18. März 1861, in Martens, N. R. G., XVII P. 2 S. 148.

[2]) Décret vom 19. Mai 1861, in Br. and For. State Papers, II, 1356; dort steht auch ein Exposé des spanischen Ministerpräsidenten vom 18. Mai 1861 über die Angelegenheit mit dem Vorschlage diese Okkupation auszusprechen.

[3]) MS., Notes to Spanish Legations, VII S. 200 (M., VI S. 515).

Als die amerikanische Regierung von dem Königlichen Annektierungsdekret hörte, instruierte Seward den Gesandten der Vereinigten Staaten in Madrid, Karl Schurz, unter dem 27. April 1861 [1]) dahin, bei der spanischen Regierung auf die Notwendigkeit einer schnellen und zufriedenstellenden Erklärung zu drängen. Er wurde zu diesem Zwecke ermächtigt zu erklären:

„daß der Präsident irgend einen Versuch der Regierung Ihrer Katholischen Majestät, das Gebiet der früheren Dominikanischen Republik zu behalten, als eine Angelegenheit ansehen wird, die ernste Beachtung der amerikanischen Regierung verlangt".

Am 21. Mai 1861 [2]) wurde ferner der Chargé d'Affaires der Vereinigten Staaten, Mr. Perry, sowie am 7. Juni 1861 Karl Schurz[3]) vom Staatssekretär Seward dazu beauftragt, gegen die Annahme oder Ausübung spanischer Autorität in Santo Domingo bei der spanischen Regierung zu protestieren.

Als dort dann übrigens ein Guerillakrieg gegen die spanischen Truppen ausbrach, der später im Jahre 1865 mit der Aufgabe des Landes durch Spanien endete,[4]) entschlossen sich die Vereinigten Staaten, durch ihren Bürgerkrieg und die damit zusammenhängenden Ereignisse voll beschäftigt, diesem Konflikte gegenüber neutral zu verbleiben, und ergriffen sogar die zur Durchführung einer solchen Neutralität notwendigen Schritte.[5])

Diese Haltung der Vereinigten Staaten war eine klare Nichtachtung der Monroedoktrin, und zwar des Verbotes weiterer Kolonisation europäischer Mächte in Amerika in der Polkschen Fassung gewesen.[6])

Fünf Jahre später wendete General Grant in seiner Sonderbotschaft vom 31. Mai 1870 dieses Verbot ausdrücklich gerade in bezug auf die dominikanische Regierung an. Mit dieser Botschaft übermittelte er dem Senate einen Annexionsvertrag vom 29. November 1869,[7]) den er mit der Regierung jener Republik hatte abschließen lassen und empfahl dem Senate dringend dessen Ratifikation.

---

[1]) M S., Inst. Spain XV S. 263 (eod.)
[2]) M S. Inst., Spain XV S. 273. M., VI S. 516.
[3]) Moore, VI S. 516.
[4]) Vergl. Spanisches Gesetz vom 30. April 1865, cit. bei Moore, VI S. 518.
[5]) Vergl. Moore, S. 670 und die dort angegebenen Manuskripturkunden.
[6]) cf. unten S. 291.
[7]) Der Text dieses Vertragsentwurfes steht 41. Cong. 3. sess. Sen. Ex. Doc. Nr. 17 S. 98 ff.

Der Inhalt der Botschaft.

Nachdem er einige Änderungen des ursprünglichen Vertrages befürwortet und sich aufs wärmste für seine Annahme verwendet hatte, fährt er unvermittelt fort:

„Der von Präsident Monroe verkündeten Botschaft haben sich alle politischen Parteien angeschlossen, und ich halte es jetzt für richtig, das ebenso wichtige Prinzip zu erklären, daß von jetzt an kein Gebiet dieses Kontinents als Gegenstand der Übertragung an eine europäische Macht angesehen werden soll."

Zur Begründung seines Standpunktes verbreitet er sich über die kommerziellen Bedingungen, die den Erwerb dieses Landes für die Vereinigten Staaten wünschenswert erscheinen lassen und erklärt fernerhin:

„Ich habe Nachricht, die ich für zuverlässig halte, darüber, daß eine europäische Macht [1]) eben jetzt bereit ist, 2 000 000 Dollar für den Besitz allein von Samana-Bay zu bieten. Weisen wir den Vertrag zurück, wie in aller Welt können wir dann eine fremde Macht daran hindern, sich den Preis zu sichern?"

und besonders ferner:

„Der Erwerb von San Domingo ist eine Befolgung der „Monroedoktrin"; er ist eine Maßnahme nationalen Schutzes, er bedeutet die Geltendmachung unseres gerechten Anspruches auf einen kontrollierenden Einfluß über den großen Handelsverkehr, der bald vom Osten nach dem Westen über den Isthmus von Darien strömen wird. . . . ." [2])

---

[1]) Gemeint ist offenbar der Norddeutsche Bund. Arg. Staatssekretär Fish's Bericht vom 16. Jan. 1871, 41. Cong. 3. sess. Sen. Ex. Doc., Nr. 17 S. 11 f. sowie das Schreiben des Vorsitzenden des Senatskomitees für auswärtige Angelegenheiten Karl Sumner vom 30. Mai 1868, eod. S. 7 auf das Fish l. c. S. 12 ausdrücklich verweist.

[2]) Der englische Text dieser Stelle lautet folgendermaßen:

„The doctrine promalgated by President Monroe has been adhered to by all political parties, and I now deem it proper to assert the equally important principle that hereafter no territory on this continent shall be regarded as subject of transfer to a European power.

I have information which I believe reliable that a European power stands ready now to offer Dollar 2 000 000 for the possession of Samana Bay alone. If refused by us, with what grace can we prevent a foreign power from attempting to secure the prize?

The acquisition of San Domingo in an adherence to the „Monroe doctrine"; it is a measure of national protection; it is asserting our just claim to a controlling influence over the great commercial traffic soon to flow east to west by the way of the Isthmus of Darien . . ."

Ergebnisse.

Aus diesen Ausführungen ist einmal hervorzuheben, daß Präsident Grant darin die Monroedoktrin nicht nur als eine Maßnahme nationaler Verteidigung darstellt, daß er vielmehr daneben als einen ihrer Rechtfertigungsgründe zugleich auch „einen gerechten Anspruch" der Vereinigten Staaten auf gewisse spezielle Handelsvorteile angibt.

Für die Geschichte des Verbotes politischer Betätigung europäischer Mächte in Amerika sind sie einmal deshalb von Interesse, weil sie zeigen, daß die Nichtdurchsetzung der Monroedoktrin in dem eben geschilderten Falle kein Aufgeben der von Polk eingeführten Erweiterungen der Monroedoktrin war.

Ihre Hauptbedeutung jedoch liegt darin, daß Grant mit ihnen das Verbot weiterer Kolonisation europäischer Mächte in Amerika aufs neue wiederbestätigt.

Diese Ausführungen stellen sich deshalb ebenso wie die der Botschaft vom 6. Dezember 1869 als eine Wiederversicherung und weitere Festigung jenes Kolonisationsverbotes im Sinne Polks dar.

Nach alledem kann man abschließend mit Pétin[1]) sagen: „Que retenait la doctrine de Monroe de tous ces événements? Un fait remarquable, la substitution complète de la doctrine de Polk à la doctrine de Monroe."

f) Der Venezuela-Grenzstreit.[2]) [3])

Während man das Verhalten der Vereinigten Staaten gegenüber der französischen Intervention in Mexiko als den klarsten

---

[1]) S. 208.

[2]) Aus der ausgebreiteten Literatur über diesen Fall vergleiche die folgenden Nachweise:

Das von der englischen Regierung dazu gedruckte Material findet sich außer in den Br. and For. State Papers in erster Linie in den Br. Acc. and Papers, State Papers, vom Jahre 1896, Bd. XCVII und 1899, Bd. CXI und CXII.

1896, XCVII enthält:

c 7972, Venezuela Nr. 1 (1896): Documents and Correspondence relating to the Question of Boundary between British-Guiana and Venezuela, mit drei Anhängen; besonders wichtig Anhang II: Correspondence relating to early administration of British-Guiana and to the Question of Boundary with Venezuela (1799—1893).

c 8012, Venezuela Nr. 2: Errata in „Venezuela Nr. 1 (1896)".

c 8106, Venezuela Nr. 3 (1896): Further Documents usw.

c 8194, Venezuela Nr. 4 (1896): Further Documents usw.

Anwendungsfall der Monroedoktrin bezeichnen kann, ist ihr Vorgehen in dem Streite zwischen England und Venezuela um die

c 8195, Venezuela Nr. 5 (1896): Further Documents (enthaltend Sir Schomburgks Berichte).
c 7926, United States Nr. 1 (1896): Correspondence usw.
1899 CXI enthält:
c 9336, Venezuela Nr. 1: Case presented on the Part of the Government of Her Britanic Majesty to the tribunal of Arbitration usw.
c 9337, Venezuela Nr. 2: Counter Case Presented on the Part of the Government of Her British Majesty usw.
c 9338, Venezuela Nr. 3: Argument usw.
c 9499, Venezuela Nr. 4: The Case of the United States of Venezuela usw.
1899, CXII enthält:
c 9501, Venezuela Nr. 6: The printed Argument on behalf of the United States of Venezuela usw.
c 9533, Venezuela Nr. 7: Award of the Tribunal of Arbitration usw.

Das amerikanische Material findet sich außer in den For. Rel. besonders in folgenden Urkunden: United States Report and Accomp. Papers of the United States commission to investigate and report upon the true divisional line between Venezuela and British-Guiana, 1896—1897; Bd. I—IV auch als Sen. Doc. Nr. 91, 55. Cong. 2. sess. gedruckt, im ganzen 9 Bände, Washington, Governments Printing Off. und Atlanta Ga.: I. Bd. Historisch, II. Bd. Archivauszüge, III. Bd. geographisch, IV. Bd. Karten, V.—VI. Bd.: die englischen Blaubücher Nr. I—V von 1896, VII. Bd.: eine offizielle Geschichte des Streites durch Venezuela, VIII. Bd.: Venezuelanische Dokumente und IX. Bd. Venezuelanische Schriftsätze.

Besonders nützlich die Correspondence in Relation to the Boundary Controversy between Great Britain and Venezuela. Being a reprint of Sen. Ex. Doc. Nr. 226, 50. Cong. 1. sess. and Sen. Doc. 31, 54. Cong. 1. sess., Washington, Gov. Print. Off. 1896.

Vergl. weiterhin: The Case of Venezuela. A reply to the British Bluebook entitled „Documents and Correspondence usw." by a special Commission of the Government of Venezuela. Atlanta Ga. 1896.

Arbitration between the Government of Her British Majesty and the United States of Venezuela. Proceedings, Paris 1899; Moore, VI S. 533 ff.; Stickland, Josef, Documents and Maps on Boundary between Venezuela and British-Guiana, from the Capuchin archives in Rome usw., Rom 1896; Adams, C. K., Venezulan Question and the Monroedoctrine, a lecture. Madison Wisc. 1896; Barclay, Le Doctrine de Monroe et le Vénézuela, R. I., XXVIII (1896); Beaumarchais, S. 111 ff.; Boutwell, George Sewall, The Venezuelan Question and the Monroe doctrine, Washington Dipl. Corr. 1896; Bryce, James, British Feeling on the Venezuelan Question, N. Am. Rev., Februar 1896, Bd. CLXII S. 145 ff.; Burgess, J. W., Recent Pseudo-Monroism, Pol. Sc. Quart., XI, 1896, S. 44 ff.; Burr, G. L., The Guiana Boundary usw. Am. Hist. Rev., VI S. 49 ff.; Carnegie, Andrew, The Venezuelan Question, N. Am. Rev., Februar 1896, Bd. CLXVI S. 129 ff.; Cleveland, Grover, Presidential Problems, III, The Venezuelan Boundary Controversy, S. 173 ff., erschienen New York 1904; Coolidge, S. 103 ff.; Edgington, Cap. XVI S. 128 ff.; Foster, S. 467 ff.; Gaché, August, Le Conflict Vénézuélaen et l'arbitrage de la Haye, Paris 1906; Henderson, S. 411 ff.; Latané, S. 273 ff.; Lodge, England, Venezuela and the Monroedoctrine, N. Am. Rev., Bd. CLX, Juni 1895, S. 651 ff.; Moore, Dipl., S. 152 ff.; Derselbe, Four Phases, S. 139 ff.; Morley, John, Arbitration with America, 19. Cent., Vol. XL (Aug. 1896) S. 320 ff.; Pariset, Histoire sommaire du conflict Anglo-Vénézuélien en Guyane, Paris 1898; Pétin, Cap. IX S. 211 ff.; de Pressensé, La Doctrine de Monroe et le conflict Anglo-Américain, Rev. des deux Mondes, III. Periode, Bd. CXXXIII, Jan. 1896, S. 417 ff.; Reddaway, S. 141 ff.; Scruggs, William L., The Colombian

Grenze zwischen der venezuelanischen Republik und der englischen Kolonie Britisch-Guayana deren energischster und berühmtester.

Geschichte des Streitfalles.

Die Grundlagen dieses Streites sind alt und führen zurück in die Zeit, wo Venezuela zu Spanien gehörte und die Capitania General von Venezuela bildete mit einer holländischen Kolonie als nördlichem und westlichem Grenznachbar. Die niemals genau festgestellte Grenze zwischen beiden Gebieten war schon zwischen Spanien und Holland im Streit gewesen. Wie bei derartigen Grenzdisputen gewöhnlich hatte es sich auch bei diesem Streit in erster Linie um die Fragen der Priorität und des Umfanges der von den beiden Staaten in dem fraglichen Gebiete vorgenommenen Entdeckungen und Besiedelungen und in zweiter Linie um Vertragsauslegungen gehandelt.

Durch Zusatzartikel 1 zu Artikel I des zwischen England und Holland am 13. August 1814 abgeschlossenen Vertrages war unter Nr. 3 folgendes bestimmt worden:

> „Der souveräne Prinz der Niederlande stimmt zu, seiner Britischen Majestät das Kap der guten Hoffnung und die Niederlassungen Demerara, Essequibo und Berbice in vollem Umfange abzutreten.“ [1])

Damit ging auf England der an Venezuela angrenzende Teil des betreffenden holländischen Kolonialbesitzes und zugleich die Rolle Hollands in dem alten Streit mit Spanien über.

Venezuela hatte sich im Jahre 1811 von Spanien losgerissen,[2]) hatte sich dann der aus Neugranada, Ecuador und Venezuela ge-

---

and Venezuelan Republics with notes on other Parts of Central and South America, Boston 1900, besonders Cap. XXIII: The disputed Eldorado, Cap. XXIV: The Anglo-American Boundary dispute und Cap. XXV: The Arbitration tribunal of 1899; Taylor, S. 416 ff.; Woolsey, S. 222 ff. Ein Abdruck aus „The Forum“ vom Februar 1896.

[3]) Das für diesen Abschnitt in Betracht kommende Quellenmaterial findet sich vor allen Dingen in den in Anm. 1 aufgeführten englischen Staatsdokumenten von 1896. Diese werden in der Abhandlung als Blaubuch 1896 unter Anfügung ihrer Nummern I, II, III usw. zitiert. Als amerikanische Quelle kommt vor allem die oben angeführte Correspondence in relation to the Boundary controversy usw. 1896 in Betracht. Diese Urkundensammlung wird mit Torr. 1896 abgekürzt.

[1]) Blaubuch, 1896, Nr. 1, Appendix II, Nr. 8 S. 160 ff.

[2]) Vergl. Declaration of Rights durch den obersten Kongreß vom 1. Juli 1811 in Br. and For. State Papers, I. S. 1104; sowie die Declaration of Rights of the Confederated Provinces of Venezuela assembled in Congress vom 5. Juli 1811, eod. S. 1108, sowie Manifesto über die Gründe der Losreißung Venezuelas von Spanien, eod. S. 1113—1143.

bildeten colombischen Union angeschlossen, [1]) die um das Jahr 1830 auseinanderfiel,[2]) und war im Jahre 1845 überdies von Spanien durch Vertrag vom 30. März 1845 [3]) anerkannt worden.

Dieser Vertrag bestätigte der Republik Venezuela ausdrücklich die Nachfolge in die spanischen Souveränitätsrechte und Ansprüche, die aus dem Besitze der Capitania General von Venezuela flossen, indem er folgendes bestimmte:

> Art. I. „Ihre Katholische Majestät . . . verzichtet für sich selbst, ihre Erben und ihre Nachfolger auf die Souveränität, die Rechte und die pekuniären Ansprüche, welche ihr über das amerikanische Gebiet, bekannt unter dem alten Namen Capitania General von Venezuela, jetzt die Republik von Venezuela, zustehen."

Und:

> Art. II. „Zufolge dieses Verzichts und dieser Zession erkennt Ihre Katholische Majestät die Regierung von Venezuela als eine freie, souveräne und unabhängige Nation an, zusammengesetzt aus den Provinzen und den Territorien, die in der Konstitution und anderen späteren Gesetzen bezeichnet sind, viz. . . ." (folgen die Namen dieser Provinzen) . . . „und jedes andere Gebiet oder Inseln, die dazu gehören mögen."

Der Streit zwischen England und Venezuela über diese Grenze begann im Jahre 1841.

In diesem Jahre unternahm es der Ingenieur (Sir) Robert Schomburgk als Spezialkommissar der englischen Regierung eine Grenze von British Guiana abzustecken. Diese Grenze ließ er an der Küste von Punta Barima nahe dem Orinoco ausgehen. Sie führte durch tief solches Gebiet, das Venezuela als ihm gehörig in Anspruch nahm.[4])

---

[1]) Vergl. Grundgesetz vom 17. Dez. 1819 in Br. and For. State Papers, Bd. IX S. 407.

[2]) Die Konstitution von Ecuador vom 11. Sept. 1830 in Br. and For. State Papers, XVIII, 1065 von Venezuela vom 22. Sept. 1830, eod. S. 1119, von New Granada vom 29. Febr. 1832, eod. Bd. XIX S. 911.

[3]) Text Br. and For. State Papers, XXXV S. 301 ff.

[4]) Vergl. Schomburgks Bericht vom 22. Juni 1841 an den Gouverneur Light, in Blaubuch, 1896, l. c. Anlage 2 zu Nr. 24 S. 192 ff., sowie sein Memorandum vom 30. Nov. 1841, eod. S. 235 ff.; vergl. auch Blaubuch 1896 Nr. 5.

Venezuela, das sich zu dem Lande bis mindestens hinab zum Essequibo-Flusse berechtigt hielt, beantwortete diese Handlung mit einem energischen Protest.[1])

Die englische Regierung erklärte darauf die Feststellung der Schomburgk-Linie für eine lediglich vorläufige und den Erörterungen der beiden Regierungen offenstehende Maßnahme.[2]) Sie gab auch im Jahre 1842 den Auftrag, die von Schomburgk abgesteckten Grenzzeichen zu beseitigen, jedoch mit der ausdrücklichen Erklärung, daß England sich dadurch keines seiner Rechte begebe.[3])

Die venezuelanische Regierung hatte, als sie von Schomburgks Ernennung zum Spezialkommissar in dieser Angelegenheit gehört hatte, die englische dazu eingeladen, über die Grenzfrage in Verhandlungen mit ihr einzutreten.[4])

Auf diesen Vorschlag ging die englische Regierung nach langem Zögern endlich ein. Lord Aberdeen beantwortete unter dem 30. März 1844[5]) einen ausführlich begründeten Vorschlag zu solchen Verhandlungen, den der Vertreter von Venezuela, Señor Fortique, unter dem 31. Januar 1844[6]) gemacht hatte, zustimmend.

In diesem Schreiben erklärte Lord Aberdeen, daß England als der Nachfolger Hollands zwar die ganze Küste vom Essequibo zum Orinoco beanspruchen könne, fügt aber die sehr bezeichnende Bemerkung an, daß seiner Ansicht nach die Verhandlungen nicht erleichtert werden würden, wenn Ansprüche, die aufrecht zu erhalten nicht ernstlich beabsichtigt sei, präsentiert würden. Er erklärte deshalb, er wolle sofort die Konzessionen nennen, die England zu machen bereit sei. In der Überzeugung, daß der Hauptgegenstand des Interesses für Venezuela der ausschließliche Besitz des Orinoco sei — so erklärte er — wäre die englische Regierung bereit, der venezuelanischen „einen Teil der Küste einzuräumen,

---

[1]) Vergl. Señor Fortique an den Earl of Aberdeen, 5. Okt. 1841; Blaubuch 1896, Nr. I, l. c. Nr. 25 S. 203.

[2]) Aberdeen an Fortique unter dem 21. Okt. 1841, eod. Nr. 25 S. 203.

[3]) Derselbe an denselben unter dem 31. Januar 1842, eod. Nr. 40 S. 234.

[4]) O'Leary an Viscount Palmerston unter dem 2. Febr. 1841, eod. Nr. 23 S. 190; Señor Smith an O'Leary unter dem 28. Januar 1841, eod. Einlage zu Nr. 23, und O'Leary an Senor Smith unter dem 30. Jan. 1841, ebenda Einlage 2 zu Nr. 23.

[5]) eod. Nr. 54 S. 251 ff.

[6]) eod. Nr. 53 S. 248 ff. (In diesem Schreiben gibt Fortique die Erklärung ab, daß Venezuela das streitige Gebiet bis zum Essequibofluß in Anspruch nehme.)

der dazu genüge, die freie Kontrolle über die Mündung dieses ihren Hauptflusses zu gewähren und es zu verhindern, daß er von einer fremden Macht beherrscht wäre". Lord Aberdeen schlägt dann eine konventionelle, an der Mündung des Marocoflusses beginnende Grenzlinie vor.

Dieser Vorschlag, der beträchtlich hinter den von der Schomburgklinie eingeschlossenen Ansprüchen zugunsten Venezuelas zurückblieb, stellte die venezuelanische Regierung nicht zufrieden. Sie instruierte ihren Vertreter in London zur Unterbreitung anderer Vorschläge, ein Auftrag, dessen Ausführung jedoch durch Señor Fortiques Tod verhindert wurde.[1])

Von hier an blieb die Angelegenheit eine lange Reihe von Jahren in der Schwebe. Es wurden zwar gelegentlich Schriftstücke darüber gewechselt,[2]) aber keine der beiden Parteien ergriff entschiedene Schritte zu ihrer Erledigung.

Von Bedeutung aus dieser Zeit ist lediglich folgendes: Der englische Vertreter in Carácas, Mr. Belfort H. Wilson, nahm Gerüchte über angebliche Absichten Englands auf gewaltsame Besetzung des streitigen Gebietes zum Anlaß, der venezuelanischen Regierung im Jahre 1850 die formale Erklärung abzugeben, es sei die Entschließung seiner Regierung, das streitige Gebiet in Guayana nicht ihrerseits zu besetzen, noch andere Eingriffe dort vorzunehmen. Andererseits werde sie Angriffe Venezuelas auf das Gebiet nicht dulden.[3]) Die Regierung von Venezuela gab eine entsprechende Erklärung ab.

Ein Umschwung in der Angelegenheit trat im Jahre 1876 ein. Die Entdeckung reicher Goldfelder in dem streitigen Gebiete veranlaßte die Regierung von Venezuela, in diesem Jahre die Frage wieder aufzunehmen.

Unter dem 14. November 1876 [4]) richtete der venezuelanische Minister des Äußern, Calcaño, an den Lord Derby eine Note, in der er nach einem Überblick über die Geschichte des Streites und unter Wiederversicherung der Ansprüche Venezuelas bis hinab zur Essequibogrenze auf die Wiederaufnahme der Verhandlungen zur Beilegung des Streites drängte.

---

[1]) Vergl. Corr., 1896 S. 33.

[2]) Vergl. besonders Wilson an Señor Lecuna am 18. Nov. 1850; Blaubuch 1896, Nr. 61 S. 263 f. und derselbe an Palmerston am 30. Dez. 1850, eod. Nr. 62 S. 265.

[3]) Señor Lecuna an Wilson am 20. Dez. 1850, eod. S. 265.

[4]) eod. S. 286 ff.

Denselben Versuch, die von Señor Fortique begonnenen Verhandlungen zu Ende zu führen, machte der inzwischen zum Gesandten Venezuelas in London ernannte Señor Royas in einem Schreiben vom 13. Februar 1877.[1]) In diesem Schreiben ging die Regierung von Venezuela das erstemal von der Geltendmachung ihrer ursprünglichen Ansprüche ab und erklärte ihre Bereitschaft zu einem Kompromisse.

Die Antwort auf diese Schreiben erfolgte endlich acht Monate später, nachdem Señor Royas nochmals aufs dringendste die Beendigung dieser Angelegenheit empfohlen hatte. Royas hatte in jenem Schreiben vom 19. Mai 1879[2]) erklärt, daß seine Regierung nicht mehr auf der Essequibolinie bestehe, daß die Grenze vielmehr entweder nach dem strikten Rechte oder unter sofortiger Annahme einer Konpromißlinie gezogen werden könne. Er hatte über diesen Vorschlag die Entscheidung der englischen Regierung erbeten.

Lord Salisbury erklärte in seinem Anwortschreiben vom 10. Januar 1880,[3]) daß er den Vorschlag, auf der Basis gegenseitigen Nachgebens zu verhandeln, annehme. Er präzisierte dann die Ansprüche, die England nach dem Rechte zustünden und gab ihnen dabei einen ungemein weiten und noch über die durch die Schomburgk- oder Aberdeen-Linie gezogenen Grenzen beträchtlich hinausgehenden Umfang. Er erklärte aber weiter, daß er bereit sei, gegenüber diesen Forderungen einerseits und den von Venezuela auf das Land bis zum Essequibo andererseits erhobenen Ansprüchen große Konzessionen zu machen. England wollte, so führte er aus, Teile des Gebietes, das er strikte für sein Eigen halte, abtreten, wenn auch Venezuela bereit sei, entsprechende Konzessionen zu machen. Endlich ersuchte er die venezuelanische Regierung um — Unterbreitung ihrer Vorschläge.

Die Antwort, die Venezuela unter dem 12. April 1880[4]) gab, war die Frage, ob England die Mündung des Marocoflusses als den Grenzpunkt an der Küste annehmen wolle, eine Wiederholung desjenigen Vorschlages, den Lord Aberdeen schon im Jahre 1844 im Namen der englischen Regierung gemacht hatte.[5]) Die Ant-

[1]) eod. S. 291 ff.
[2]) Royas Schreiben an den Lord Salisbury, eod. S. 293 ff.
[3]) eod. S. 295 und Corr. 1896 S. 34.
[4]) Royas an Salisbury, Blaubuch l. c. S. 296.
[5]) Vergl. oben S. 146.

wort der englischen Regierung darauf erfolgte zehn Monate später seitens Granvilles, des Nachfolgers Lord Salisburys im Staatssekretariat für auswärtige Angelegenheiten, an Señor Royas durch Schreiben vom 12. Februar 1881.[1]) Sie war eine kurze, unmotivierte Ablehnung des venezuelanischen Vorschlages, verbunden mit der Versicherung, England werde jeden Vorschlag einer Grenze, die an einem nördlicheren Punkte der Küste (en un Punto de la Costa mas septentrional) beginne, in Erwägung ziehen und werde über entsprechende Vorschläge erfreut sein.

Die Regierung von Venezuela schlug darauf in ihrer Antwort vom 21. Februar 1881 [2]) eine Grenze vor, welche eine Meile weiter nördlich von der Mündung des Marocoflusses begann. Royas erklärte dabei zugleich, daß, falls die englische Regierung diesen Vorschlag nicht annehmen sollte, nichts als Arbitration auf der Basis strikten Rechtes übrig bleibe, die er zugleich anregte.

Auch dieser Vorschlag wurde von Lord Granville unter dem 15. September 1881 (sieben Monate später) abgelehnt und eine neue, für Venezuela wiederum ungünstigere Grenzlinie vorgeschlagen.[3])

Venezuelas Antwort erfolgte nach langem Drängen seitens des Lord Granville in einem Schreiben des Señor Sejas an Colonel Mansfield vom 15. November 1883.[4]) Die Regierung von Venezuela erklärte, ein Eingehen auf die Vorschläge Englands verstoße gegen die Verfassung Venezuelas und ersuchte wiederum dringend um Entscheidung der Angelegenheit durch Schiedsspruch.

Granville lehnte diesen Vorschlag mit der Erklärung ab, dieser Fall sei ungeeignet für Arbitration.[5]) Bei dieser Entscheidung blieb die englische Regierung zunächst trotz wiederholter weiterer Versuche der venezuelanischen Regierung, sie zu einer Änderung ihrer Entscheidung zu veranlassen.[6]) Ebensowenig ließ sie sich auf den von General Guzman Blanco gemachten Vorschlag ein,

---

[1]) eod. S. 298.

[2]) eod. S. 298.

[3]) Blaubuch, l. c. S. 299 ff., Corr., 1896, S. 83 ff.

[4]) Blaubuch, l. c. S. 307; Mansfield an Granville unter dem 22. Nov. 1883, mit angefügtem Briefe des Señor Sejas an Mansfield vom 15. Nov. 1883.

[5]) Schreiben Granvilles an Mansfield vom 29. Febr. 1884; Blaubuch, l. c. S. 309.

[6]) Vergl. besonders Granville an Mansfield am 19. Juni 1884, eod. S. 314 und am 25. Okt. 1884, eod. S. 316 f.

diesen Streit durch eine Kommission von Juristen entscheiden zu lassen.[1])

Die Regierung von Venezuela kam trotzdem mit Lord Granville endlich zu einer Basis für die Beilegung des Streites.

Seit 1883 schwebten zwischen beiden Staaten außer den Erörterungen über diesen Grenzstreit auch noch Verhandlungen anderer Natur, insbesondere über Zollfragen und über Ansprüche von englischen privaten Gläubigern gegen die venezuelanische Republik.

Im Verlaufe dieser ausgedehnten Verhandlungen einigten sich die Parteien nun schließlich dahin, daß über diese Angelegenheiten zwischen ihnen ein Vertrag zu schließen sei, der eine allgemeine Schiedsgerichtsklausel enthalten sollte. Diese Klausel hätte ihrer Formulierung nach den Grenzstreit mit umfaßt.

Lord Granville erklärte sich in einem Schreiben vom 15. Mai 1885 [2]) an den General Guzman Blanco auf dessen Vorschlag ausdrücklich damit einverstanden, daß der Plan, Meinungsverschiedenheiten der beiden Staaten zur Arbitration zu bringen, alle Differenzen einschließen solle, die zwischen den hohen vertragschließenden Teilen entstehen mögen und nicht nur solche, die ihre Quelle in der Auslegung des Vertrages selbst hätten.[3]) Blanco drückte der englischen Regierung durch Schreiben vom 8. Juni an Granville darüber seine hohe Befriedigung aus.[4])

Trotz dieser ausdrücklich erklärten Willenseinigung sprach Lord Salisbury, der vor endgültiger Vollziehung des gesamten Vertrages den Lord Granville im Amte des Staatssekretärs für auswärtige Angelegenheiten wiederum abgelöst hatte, aus, daß er die Zustimmung seines Vorgängers zu solcher Generalschieds-

---

[1]) „Judgement by a court of Law, the members of which should be chosen by the parties respectively", Vorschlag Blankos vom 28. Nov. 1884, eod. S. 318; Ablehnung am 13. Febr. 1885, eod. S. 327.

[2]) eod. S. 338. „In reply, I have the honor to inform you, that H. B. M. . . . further agree that the undertaking to refer differences to arbitration shall include all differences which may arise between the High Contracting Parties, and not those only, which arise on the interpretation of the treaty". Vergl. auch den Brief desselben an denselben vom 15. April 1885 in Corr., 1896 S. 120 f.; vergl. ferner dort den Vertragsentwurf S. 128 ff.

[3]) England hat später erklärt, daß sich diese Vereinbarung nur auf zukünftige Streitpunkte bezöge. Vergl. z. B. Blaubuch 1896, Nr. I; Preliminary Statement, S. 34.

[4]) Blaubuch 1896; Appendix II S. 339.

klausel nicht billigen könne.[1]) Er schlug demgemäß eine entsprechende Änderung des Vertrages vor. Auf diesem Standpunkte verharrte er auch gegenüber der Bemerkung Blancos, daß die englische Regierung doch gar nicht mehr in der Lage sei, den betreffenden Artikel einseitig aufzuheben, und obgleich Blanco ihn weiter daran erinnerte, er habe doch ausdrücklich erklärt, die von der vorausgehenden Regierung eingegangenen Verpflichtungen würden geachtet werden.[2])

Am 7. Juni 1886[3]) übersandte Earl Rosebery dem englischen Vertreter in Venezuela, Mr. F. R. St. John, ein Schreiben mit dem Auftrage, die von Granville in seinem Schreiben an Royas vom 15. September 1881[4]) vorgeschlagene Grenzlinie der venezuelanischen Regierung zu unterbreiten. Durch Telegramm vom 25. Juni 1886 untersagte er aber dann die Vorlegung dieses Vorschlages und übersandte dafür dem Vertreter Venezuelas in London, General Blanco, unter dem 20. Juli 1886[5]) einen wiederum völlig neuen Plan.

Nach diesem Plan sollte das Gebiet innerhalb der von Señor Royas am 21. Februar 1881 und der von Granville am 15. September 1881 vorgeschlagenen Linien als der Streitgegenstand angesehen werden, und die Grenze sollte durch dieses Gebiet auf der Basis gleichmäßiger Teilung desselben gezogen werden.

Venezuela lehnte diesen Vorschlag, der beinah das ganze von ihm beanspruchte Gebiet an England überantwortet hätte, ab, und erbat wiederum aufs dringendste Schiedsverfahren.

Die nächte Etappe in dem langen Zwist bilden Vorstellungen und Klagen der venezuelanischen Regierung, daß England in Zuwiderhandlung des von ihrem Vertreter, Mr. Belfort H. Wilson, und ihres eigenen Vertreters, Señor Lecuna, im Jahre 1850 geschlossenen Abkommens fortdauernd den Status quo in diesem Gebiete verletze und fortfahre, mehr und mehr davon zu besetzen.[6])

[1]) Schreiben vom 27. Juli 1885; Salisbury an Blanco, Blaubuch, l. c. S. 351 und Corr. 1896, S. 133. Dieser in der Diplomatie ungewöhnliche Schritt findet sich in dem eben angegebenen Schreiben in folgenden Worten: „Her Majestys Government are unable to concur in the assent given by their precedessors in office to the general arbitration article proposed by Venezuela. . . .“

[2]) Blanco an Salisbury am 5. Aug. 1885, Blaubuch, l. c. S. 351.

[3]) eod. S. 354.

[4]) eod. S. 356.

[5]) eod. S. 356.

[6]) Vergl. oben S. 147.

Interessant sind in dieser Hinsicht insbesondere auch die Feststellungen, die Mr. Adee als Acting Secretary of State in einer Depesche gemacht hat, die

Venezuela erklärte andererseits, einen Leuchtturm bei Punta Barima, am Munde des Orinocoflusses, bauen zu wollen. Die englische Regierung bestritt ihm dazu unter Hinweis auf jenes Abkommen von 1850 zwischen Wilson und Lecuna das Recht, erklärte jedoch ihre Bereitwilligkeit, sich mit Venezuela über diesen Punkt in ein Sonderabkommen einzulassen. Einen Versuch, den Leuchtturm ohne ihre Einwilligung zu bauen, werde sie jedoch als einen Angriffsakt seitens Venezuelas ansehen, der ihr das Recht des Widerstandes gewähre. Außerdem verlangte sie von Venezuela die Abgabe einer schriftlichen Erklärung dahin, daß durch den Bau eines solchen Leuchtturmes die britischen Ansprüche auf das streitige Gebiet in keiner Weise beeinflußt werden sollten.[1])

Der Staatssekretär für auswärtige Angelegenheiten von Venezuela, Señor Urbanya, antwortete am selben Tage:[2]) Er erklärte, dies sei das erstemal, daß die englische Regierung ihre Absichten auf den Orinocofluß enthülle, indem sie erkläre, Punta Barima bilde einen Teil des Streitgebietes.[3]) Er wiederholte im Namen des Präsidenten die Forderung, daß England das ganze von ihm unberechtigterweise besetzte Gebiet bis zum 20. Februar

---

er als Zusatz zu der später noch zu besprechenden Instruktion Staatssekretär Olneys an Mr. Bayard vom 20. Juli 1895 unter dem 24. Juli 1895 an Bayard sandte. Diese Depesche, die sich in For. Rel. 1895, I S. 562 findet, lautet:

„In Mr. Olney's Instruction Nr. 804, of the 20th instant, in relation to the Anglo-Venezuelan boundary-dispute, you will note a reference to the sudden increase of the area claimed for British Guiana, amounting to 33 000 square miles, between 1884 and 1886. This statement is made on the authority of the British publication entitled the Statesman's Year Book.

I add for Your better information that the same statement is found in the British Colonial Office List, a government publication.

In the issue for 1885 the following passage occurs, on page 24, under the head of British Guiana:

It is impossible to specify the exact area of the colony, as its precise boundaries between Venezuela and Brazil respectively are undetermined, but it has been computed to be 76 000 square miles.

In the issue of the same List for 1886, the same statement occurs, on page 33, with a change of area to „about 109 000 square miles."

The official maps in these two volumes mentioned are identical, so that the increase of 33 000 square miles claimed for British Guiana is not thereby explained, but later Colonial Office List maps show a varying sweep of the boundary westward into what previously figured as Venezuelan territory, while no change is noted on the Brazilian frontier."

[1]) Vergl. F. R. St. John an Lord Iddesligh unter dem 7. Dez. 1886, Blaubuch, l. c. S. 373. Die Antwort vom 12. Jan. 1887, eod. S. 387, sowie John an Señor Urbanya unter dem 31. Jan. 1887, Blaubuch, eod. S. 393.

[2]) Vergl. eod. S. 394.

[3]) Irrtum: vergl. Salisburys Vorschlag vom Jahre 1880 (oben S. 148).

1887 verlasse. Er fügte hinzu, daß, falls dies nicht geschehen sollte und die Evacuation nicht mit der Annahme des Schiedsvorschlages begleitet sein sollte, die diplomatischen Beziehungen zwischen beiden Regierungen abgebrochen würden und Venezuela formellen Protest erheben werde.

Da England nichts dergleichen tat, so suspendierte Venezuela unter dem 20. Februar 1887 seine diplomatische Beziehungen mit England. Dieses Vorgehen begleitete Señor Urbanya mit dem folgenden Protest:[1])

(Venezuela . . .) „protestiert gegenüber der Regierung Ihrer Britischen Majestät, gegenüber allen zivilisierten Nationen, gegenüber der ganzen Welt gegen den Raubakt, den die Regierung von Großbritannien zu Venezuelas Schaden begangen hat und den Venezuela niemals und unter keinen Umständen als geeignet anerkennen wird, auch nur im geringsten die Rechte zu beeinträchtigen, die es von Spanien erworben hat, und bezüglich deren sie jeder Zeit bereit sein wird, sich der Entscheidung einer dritten Macht, als dem einzigen Wege zu einer mit ihren Verfassungsprinzipien vereinbaren Lösung, zu unterwerfen."

Im Jahre 1890 versuchte Venezuela seine diplomatischen Beziehungen mit England wiederherzustellen.[2])

Lord Salisbury[3]) erklärte darauf, die englische Regierung könne in dem Grenzstreit kein Arrangement als zufriedenstellend annehmen, das nicht den britischen Titel zu dem Territorium innerhalb der von Sir Robert Schomburgk im Jahre 1841 gezogenen Grenzen zulasse. Sie werde dagegen bereit sein, die Ansprüche Englands auf gewisse Gebiete westlich dieser Linie zur Schiedssprechung zu verweisen. Also, wie dies in einem englischen Memorandum vom 19. März 1890 ausführlicher dargelegt ist: keine Arbitration des von der Schomburgk-Linie umfaßten Gebiets; Arbitration desjenigen, das von den äußersten englischen An-

---

[1]) eod. S. 401 ff., besonders S. 404; vergl. auch die Wiederholung dieses Protestes an das diplomatische Corps in einem Zirkular vom 15. Juni 1888, eod. S. 407 f. und Zirkular an das diplomatische Corps in Carácas und die Minister für auswärtige Angelegenheiten, der mit Venezuela auf freundlichem Fuße stehenden amerikanischen Republiken vom 29. Okt. 1888, eod. S. 408.

[2]) Vergl. besonders die Benachrichtigung darüber von Urbanya an Salisbury, Schreiben vom 10. Jan. 1890, eod. S. 409.

[3]) Promemoria zum Schreiben des Britischen Auswärtigen Amts an Urbanya vom 10. Febr. 1890, eod. S. 410.

sprüchen umfaßt wird![1]) Dieser Vorschlag, der wiederum die englischen Ansprüche wesentlich modifizierte, wurde von Venezuela abgelehnt.

Nach langen, fruchtlosen Verhandlungen gab dieses endlich den Versuch auf, mit England zu einer Einigung zu gelangen. Señor Michelana sandte unter dem 29. September 1893 von Paris aus an die englische Regierung ein Schreiben, in dem er nochmals den Standpunkt von Venezuela zusammenfaßte und mit einem erneuten feierlichen Protest schloß.[2])

Damit waren die Versuche Venezuelas, die Angelegenheit gütlich beizulegen, beendet, und der Streit ging aus seinen Händen in die der Vereinigten Staaten über.

Es war zum Verständins der Haltung der Vereinigten Staaten notwendig, den Gang der Dinge verhältnismäßig breit zu schildern. Überblickt man ihn im Zusammenhang, so zeigt sich auf der Seite Venezuelas ein stetiges Nachsuchen und Bitten um gütlige Beilegung des Streites auf dem Wege eines Kompromisses oder durch einen unparteiischen Schiedsspruch. Auf Seiten Englands hingegen ist eine stets sich verstärkende Unnachgiebigkeit und Ungeneigtheit festzustellen, einer gegenüber seinen extremen Ansprüchen in Wahrheit bestehenden Ungewißheit durch wirkliche Konzessionen oder durch Schiedsgerichtsbarkeit ein Ende zu machen.

Die Haltung der Vereinigten Staaten.

Die Vereinigten Staaten wurden durch Venezuela von der Angelegenheit das erstemal im Jahre 1876[3]) unterrichtet, von da an darüber dauernd auf dem Laufenden gehalten und fortgesetzt um Hilfe gebeten. Sie verhielten sich zunächst äußerst zurückhaltend.

Das erste Schreiben, das die amerikanische Regierung über diese Angelegenheit an die venezuelanische unter dem 31. Januar 1881 richtete,[4]) enthielt, wie eine Reihe späterer, lediglich Versicherungen des tiefen Interesses, das die Vereinigten Staaten

---

[1]) Das Memorandum bei einem Schreiben Salisburys an Urbanya vom 19. März 1890 S. 413 ff.

[2]) eod. S. 437; vergl. auch Earl Roseberys Antwortschreiben vom 22. Sept. 1893 und Michelenas Antwort darauf vom 6. Okt. 1893, ebenda S. 437 ff.

[3]) Calcaño an Fish, am 14. Nov. 1876, Corr. 1896, S. 3.

[4]) Evarts an Señor Camacho, unter dem 31. Januar 1881, eod. S. 14.

an der Angelegenheit nähmen und die Erklärung, daß sie nicht mit Gleichgültigkeit dem gewaltsamen Erwerbe solchen Territoriums durch England zusehen könnten.

Der erste Schritt, den die amerikanische Regierung England gegenüber in dem Streite vornahm, wurde erst im Jahre 1884 eingeleitet. Am 7. Juli dieses Jahres schrieb Staatssekretär Frelinghuysen dem Gesandten der Vereinigten Staaten in England, Mr. Lowell, er möge dem Lord Granville bei guter Gelegenheit Mitteilung von der Anteilnahme machen, die die Vereinigten Staaten allem gegenüber darbrächten, was die Interessen einer ihrer Schwesterrepubliken auf dem amerikanischen Kontinente und deren Stellung in der Familie der Nationen berühre.[1])

Diese Instruktion ist hier deshalb von besonderem Interesse, weil darin die später im Zusammenhange mit dieser Angelegenheit so oft genannte Monroedoktrin seitens der Regierung der Vereinigten Staaten das erste Mal eine ausdrückliche Erwähnung findet. Frelinghuysen bemerkt nämlich im Verlaufe seiner Ausführungen:

> „Die moralische Stellung der Vereinigten Staaten ist durch die Verkündung der Monroedoktrin gut bekannt. . . .“

Die Zurückhaltung der Vereinigten Staaten zeigte sich auch darin, daß Bayard in einem Schreiben vom 21. Juli 1885[2]) an Señor Soteldo auf dessen Vorschlag, daß die Angelegenheit durch den Präsidenten der Vereinigten Staaten entschieden werde,[3]) antwortete, der Präsident fühle sich durch dieses Angebot sehr geschmeichelt, er sei aber der Ansicht, daß er nur dann die Frage, als Unparteiischer in irgend einem derartigen Streite zu handeln, erwägen könne, wenn das Ersuchen dazu gemeinsam von beiden Streitteilen an ihn gestellt werden würde.[4])

Was das Anbieten guter Dienste anlangt, so hatte Staatssekretär Frelinghuysen in einer Instruktion an Mr. Baker vom 15. Juli 1882 erklärt, die Regierung der Vereinigten Staaten werde, falls die venezuelanische darum nachsuchen sollte, der englischen vorschlagen, die Frage möchte doch einer dritten Macht zur Entscheidung durch Schiedsspruch unterbreitet werden.[4]) Venezuela

---

[1]) eod. S. 47 f.

[2]) Corr. 1896 S. 58 f.

[3]) Soteldo an Bayard unter dem 29. April 1885, S. 50.

[4]) eod. S. 16.

hatte dem gegenüber den Gedanken ausgesprochen, ein derartiges Vorgehen könne vielleicht ihren Plan, daß die Vereinigten Staaten die Angelegenheit entscheiden sollten, vereiteln. Die amerikanische Regierung hatte darauf ihre Idee nicht weiter verfolgt.[1])

Zu Anfang des Jahres 1887 boten die Vereinigten Staaten der englischen Regierung das erste Mal ihre guten Dienste tatsächlich an. Das betreffende Instruktionsschreiben Bayards an Mr. Phelps vom 30. Dezember 1886 [2]) ist noch sehr vorsichtig gehalten.

Bayard nimmt in diesem Schreiben wiederum auf die Monroedoktrin Bezug. Er erklärt nämlich unter anderem, die Regierung Ihrer Majestät werde es verstehen, daß die Haltung freundlicher Neutralität und völliger Unparteilichkeit der Vereinigten Staaten diesem Streite gegenüber, der ja ausschließlich auf der Verschiedenheit der Auffassung von Tatsachen durch Freunde und Nachbarn der Vereinigten Staaten beruhe, völlig vereinbar mit dem Verantwortlichkeitsgefühle sei, das auf den Vereinigten Staaten den südamerikanischen Republiken gegenüber laste. Er fährt dann fort:

> „Die Doktrinen, die wir vor zwei Generationen auf Ansuchen und mit der kordialen Unterstützung und Billigung der englischen Regierung verkündet haben, haben im Laufe der Zeit nichts von ihrer Kraft und Bedeutung verloren, und die Regierung von England wie die der Vereinigten Staaten sind gleichmäßig an der Aufrechterhaltung eines Standes der Dinge interessiert, dessen Weisheit durch die Erfahrung von mehr als einem halben Jahrhundert dargetan worden ist."

Zum Schlusse versichert er wiederum ausdrücklich, daß der Streit mit England „lediglich einer über geographische Grenzen und Titel, nicht jedoch ein Fall versuchter politischer Jurisdiktion" sei.

Mr. Phelps entledigte sich dieses Auftrages, indem er durch Schreiben vom 8. Februar 1887 dem Lord Salisbury den Hauptinhalt der ihm gegebenen Instruktion mitteilt und die guten Dienste der Vereinigten Staaten in der Angelegenheit anbietet.[3]) Salisbury lehnte dieses Angebot durch Schreiben vom 22. Februar 1887 ab.[4])

---

[1]) Vergl. Bayard an Phelps unter dem 20. Juli 1885, eod. S. 57 f.
[2]) eod. S. 67 ff.
[3]) Blaubuch 1896, Nr. 1 S. 1; Corr. 1896, S. 80 f.
[4]) Blaubuch, l. c. S. 2; Corr. 1896, S. 84.

Von nun an wiederholten sich die Versuche der von Venezuela immer dringender um Vermittlung gebetenen Regierung der Vereinigten Staaten fortdauernd, aber stets ohne Erfolg.[1])

Auch die Sprache der amerikanischen Diplomatie änderte sich etwas.

Als der englische Gouverneur von Britisch Guayana durch Proklamation [2]) vom 31. Dezember 1887 Landkonzessionen für den Bau einer Eisenbahn in dem streitigen Gebiet, die der Präsident von Venezuela etreilt hatte, für unwirksam erklärte, schrieb der Staatssekretär an Mr. Phelps unter dem 17. Februar 1888,[3]) die Regierung der Vereinigten Staaten habe bisher ein ernstes und freundliches Interesse an dem Grenzstreite genommen und so weit als möglich dessen endgültige und ehrenwerte Beilegung befürwortet. Sie sei dabei von der Annahme ausgegangen, daß es sich bei dem Streite um historische Tatsachen handle und daß er sich hervorragend für die Beilegung durch Schiedssprechung eigne, sowie, daß beide Parteien festbegrenzte Ansprüche aufstellten. Die nunmehr von den Autoritäten in Britisch Guayana geltend gemachten Forderungen gäben Anlaß zu schwerer Unruhe und ließen Raum für die Vorstellung, daß der Gebietsanspruch nicht historischen Traditionen oder Beweisen folge, sondern offenbar unbestimmt sei. Er beauftragte Phelps sodann dahin, Salisbury zu erklären, daß es der amerikanischen Regierung zu größter Befriedigung gereichen würde, den Venezuelastreit freundschaftlich und in ehrenvoller Weise beigelegt zu sehen, und hinzuzufügen, daß die Vereinigten Staaten bereit seien, alles was in ihrer Macht stehe zu tun, um zur Herbeiführung eines solchen Endes zu helfen.

Der entscheidende Wendepunkt jedoch trat erst ein, als Präsident Cleveland in seiner Jahresbotschaft vom 3. Dezember 1894 [4]) auf den Streit zu sprechen kam und dabei erklärte, er werde die bisher gemachten Versuche, die diplomatischen Beziehungen zwischen England und Venezuela wieder herzustellen

---

[1]) Lincoln an Salisbury, 5. Mai 1890; Blaubuch, l. c. S. 2; Ablehnung Salisburys vom 26. Mai 1890, eod. S. 3; Salisbury an Pauncefote, 11. Nov. 1891, eod. S. 3; Gresham an Bayard am 13. Juli 1894, For. Rel. 1894, S. 25 ff. und vom 1. Dez. 1894, eod. S. 252.

[2]) Corr. 1896, S. 203.

[3]) eod. S. 204 f.

[4]) Richardsons Mess., Bd. IX S. 526.

und ihren Streit zur Entscheidung durch Schiedsspruch zu bringen, erneuern.

Kurz darauf, am 10. Januar 1895, brachte der Abgeordnete Livingston im amerikanischen Parlament eine gemeinsame Resolution ein, die den beiden Streitparteien aufs dringendste Arbitration empfahl. Diese Resolution wurde alsbald in etwas veränderter Form von beiden Häusern angenommen und vom Präsidenten am 20. Februar 1895 unterzeichnet.[1]) Sie lautet in ihrer endgültigen Form wie folgt:

„. . . beschlossen, daß die Anregung des Präsidenten, die er in seiner letzten Jahresbotschaft dieser Körperschaft gemacht hat, nämlich, daß Großbritannien und Venezuela ihren Grenzstreit friedlicher Schiedssprechung überweisen, beiden Parteien ernstlich zu günstiger Erwägung empfohlen wird."

Die englische Regierung änderte auch daraufhin noch nicht ihren Standpunkt.

Der amerikanische Gesandte in London, Mr. Bayard, begab sich am 2. Februar 1895 nochmals zum Earl Kimberley und erklärte ihm wiederum, wie begierig die Vereinigten Staaten seien, alles zu tun, um die Beilegung des Streites durch Schiedsverfahren zu erleichtern. Die Antwort Kimberleys, der dem Botschafter der Vereinigten Staaten im Verlaufe dieser Verhandlungen zugleich ein Memorandum über den englischen Standpunkt verlas, ging dahin, „daß die Regierung Ihrer Majestät zwar bereit sei, in bezug auf gewisse Teile des Gebietes . . . . zu Schiedsverfahren zu schreiten, daß sie aber nicht einem Abgehen von der Schomburgklinie zustimmen könnte".[2])

Am 20. März 1895 fragte Bayard bei Kimberley an, ob er ihm irgend welche weitere Information über die Zwistigkeit zwischen England und Venezuela geben könne.[3]) Kimberley erwiderte darauf, er könne nichts der Antwort hinzufügen, die Sir Edward Grey im House of Commons gegeben habe. Die dort gemachten

---

[1]) H. Rep. S. 252. Der Text findet sich in Stat. at Large, XXVIII S. 97 f. (Joint Res. Nr. 17). Über die Kongreßberatungen vergl. Cong. Rec., 53. Cong. 3. sess., Bd. XXVII, Teil I S. 836 (der Antrag), Teil 2 S. 1832 (Annahme des Hauses am 6. Februar 1895), Teil 3 S. 2113 (Annahme durch den Senat am 13. Februar 1895) S. 2297, (Annahme einer Senatsänderung durch das Haus am 16. Februar 1895) und S. 2642 (Notiz über Unterzeichnung durch den Präsidenten).

[2]) Vergl. Kimberleys Bericht über diese Unterhaltung an den englischen Gesandten in Washington vom 23. Februar 1895, Blaubuch, l. c. S. 5.

[3]) eod. S. 6 f.

Bemerkungen waren in der Tat überhaupt keine Antwort und lediglich ein Ausdruck dafür, daß die englische Regierung ihren alten Standpunkt unverändert beibehalte.[1])

Darauf bereitete Staatssekretär Olney im Auftrage des Präsidenten Cleveland eine sehr ausführliche Instruktion vor, die er unter dem 20. Juli 1895 dem amerikanischen Botschafter in London, Mr. Bayard, mit dem Auftrag übersandte, sie dem Lord Salisbury zu übermitteln.[2])

Diese Instruktion, die uns späterhin noch eingehend zu beschäftigen hat, verlangte von England kategorisch und unter ausführlichster Argumentierung mit der Monroedoktrin Erledigung des Grenzstreites durch Schiedsverfahren. Olney ersuchte ferner darin um eine so rechtzeitige Antwort, daß der Präsident in der Lage sei, die ganze Angelegenheit dem Kongreß in seiner demnächst fälligen Jahresbotschaft mitzuteilen. Die englische Antwort kam jedoch nicht rechtzeitig, und so mußte sich Cleveland damit begnügen, in seiner Jahresbotschaft vom 2. Dezember 1895 eine kurze Bemerkung zu dem Streitfall zu machen[3]) und eine Spezialbotschaft darüber in Aussicht stellen.

Die englische Antwort ist in zwei sehr ausführlichen Schriftstücken enthalten, die von Salisbury unterzeichnet sind und deren erstes vom 26. November 1895 [4]) sich mit den auf die Monroedoktrin bezüglichen Ausführungen von Olneys Instruktion befaßt, während das zweite, ebenfalls vom 26. November 1895 datierte [5]) es unternimmt, dessen tatsächliche Behauptungen zu widerlegen. Beide Dokumente sind eine entschiedene Ablehnung des Verlangens der Vereinigten Staaten und ein Verharren auf dem alten Standpunkt seitens der englischen Regierung.

Präsident Cleveland erstattete darauf dem Kongreß unter Übermittlung eines Teiles der ergangenen Korrespondenz dem

---

[1]) l. c. S. 6 Anm. *): Auszug aus Hansard's Deb. vom 11. März 1895 und vom 1. März 1895.

[2]) Blaubuch, l. c. S. 7 ff.; For. Rel. 1895, I. Teil S. 545 ff., 54. Cong. 1. sess. Sen. Ex. Doc. 31 S. 4 ff.; Moore, VI S. 535 ff. Ein Abdruck im Anhang unten unter I Nr. 8.

[3]) Richardsons Mess., IX S. 626 ff., besonders S. 632.

[4]) Blaubuch, l. c. S. 22 ff.; For. Rel., l. c. S. 563 ff.; 54. Cong. 1. sess. Sen. Ex. Doc. 31 S. 22 ff. Ein Abdruck findet sich im Anhang unten unter I Nr. 9.

[5]) Blaubuch, l. c. S. 25 ff.; For. Rel., l. c. S. 565 ff.; 54. Cong. 1. sess. Sen. Ex. Doc. Nr. 31 S. 26 ff.

Senat von der Angelegenheit in einer Spezialbotschaft vom 17. Dezember 1895 Bericht.

Clevelands Botschaft vom 17. Dezember 1895.

Diese zum Teil recht dunkle und schwerfällig gefaßte Botschaft mag in ihren bedeutungsvollsten Teilen hier in der Übersetzung wiedergegeben werden.[1])

Cleveland geht von der Erklärung Salisburys aus, die Monroedoktrin sei auf den „Zustand der Dinge, unter dem wir gegenwärtig leben" und insbesondere auf den Venezuela-Grenzstreit unanwendbar. Er widerspricht dieser Behauptung und führt aus:

„Die Doktrin, auf der wir fußen, ist lebenskräftig und vernünftig, weil ihre Durchsetzung wichtig für unsern Frieden und für unsere Sicherheit als eine Nation ist und weil sie notwendig für den unverletzten Bestand unserer freien Einrichtungen und für die ruhige Aufrechterhaltung unserer besonderen Regierungsform ist. Sie sollte auf jedes Stadium unseres nationalen Lebens Anwendung finden und kann solange nicht gegenstandslos werden als unsere Republik besteht. Wenn das Gleichgewicht der Kräfte berechtigterweise ein Grund für eifersüchtige Besorgnis zwischen den Regierungen der alten Welt und ein Gegenstand völliger Nichteinmengung für uns ist, so ist die Monroedoktrin nicht weniger für unser Volk und seine Regierung von vitalem Interesse . . .

Wenn eine europäische Macht durch Ausdehnung ihrer Grenzen Besitz von dem Gebiete einer unserer Nachbarrepubliken gegen deren Willen und unter Schmälerung ihrer Rechte ergreift, so ist schwer zu sehen, warum diese europäische Macht in diesem Umfange nicht dadurch versucht, ihr Regierungssystem auf den Teil dieses Kontinents auszudehnen, den sie so genommen hat. Das ist genau das Vorgehen, von dem Präsident Monroe erklärte, es sei „gefährlich für unsern Frieden und für unsere Sicherheit", und es kann keinen Unterschied machen, ob das europäische System durch ein Vorrücken der Grenze oder auf andere Weise ausgedehnt wird . . . .

---

[1]) Richardsons Mess., IX S. 655 ff.; For. Rel. 1895, I S. 542 ff.; 54. Cong. 1. sess. Sen. Doc., 31. S. 1 ff. Ein Abdruck findet sich im Anhang unten unter I Nr. 7.

Das Prinzip, für das wir streiten, hat praktisch besondere, wenn nicht ausschließliche Beziehung auf die Vereinigten Staaten. Es mag nicht in so vielen Worten zum Kodex des Völkerrechts zugelassen sein; aber da im Rate der Völker jede Nation einen Anspruch auf die Rechte hat, die ihr zugehören, so hat die Monroedoktrin, wenn ihre Durchsetzung etwas ist, was wir mit Recht beanspruchen können, ihren Platz so sicher und so gewiß im Kodex des Völkerrechts, als wie wenn sie besonders erwähnt wäre; und wenn die Vereinigten Staaten als Kläger vor dem Gerichtshofe, der das Völkerrecht verwaltet, auftreten, so ist die zu entscheidende Frage die, ob oder ob nicht wir Klagen vorbringen, die die Gerechtigkeit dieses Rechtsbuches für recht und gültig zu befinden vermag.

Die Monroedoktrin findet ihre Anerkennung in solchen völkerrechtlichen Prinzipien, die auf der Theorie beruhen, daß jede Nation ihre Rechte beschützt und ihre berechtigten Ansprüche durchgesetzt haben soll.

Natürlich ist diese Regierung völlig zuversichtlich, daß wir unter der Sanktion dieser Lehre klare Rechte und unzweifelhafte Ansprüche haben . . . .

Die von dieser Regierung im Hinblick auf die gegenwärtige Lage einzunehmende Haltung scheint keinen ernsten Zweifel zu gestatten. Nachdem wir viele Jahre lang treulich dafür gewirkt haben, England dazu zu bringen, diesen Streit unparteiischer Schiedssprechung zu unterbreiten und nachdem wir nun endgültig von seiner Weigerung, so zu handeln, benachrichtigt worden sind, bleibt nichts übrig als die Lage anzunehmen, ihre einfachen Anforderungen zu erkennen und uns entsprechend zu verhalten. . . . .

Der Streit hat eine solche Phase erreicht, daß es nunmehr den Vereinigten Staaten obliegt, Maßnahmen zu ergreifen, um mit ausreichender Gewißheit für ihre eigene Rechtfertigung zu bestimmen, was die wahre Grenzlinie zwischen der Republik von Venezuela und British Guiana ist.“

Cleveland schlägt dann dem Kongreß vor, eine angemessene Summe für die Ausgaben einer von ihm zu ernennenden Untersuchungskommission zu bewilligen, die diesen Grenzstreit prüfen und darüber Bericht erstatten solle. Er fügt weiterhin die folgende bedeutsame Drohung an:

„Wenn solch' ein Bericht gemacht und angenommen ist, wird es meiner Meinung nach die Pflicht der Vereinigten Staaten sein, der Zueignung irgend welchen Landes oder der Ausübung von Regierungsgewalt über irgend welches Gebiet, das wir auf Grund der Untersuchungen als rechtmäßig zu Venezuela gehörig erklärt haben, mit jedem in ihrer Gewalt stehenden Mittel als einem vorsätzlichen Angriffe auf ihre Rechte und Interessen zu widerstehen."

Die Stimmung des Kongresses zeigte sich in folgendem Verhalten: Einmal gingen dort als die übliche Begleiterscheinung der Aufregung der amerikanischen Nation eine Menge von Resolutionsanträgen ein. Im Senat wurde insbesondere vom Senator Lodge, der die Kongreßberichte um eine große Reihe von mit der Monroedoktrin zusammenhängenden Resolutionsanträgen bereichert hat, bis ihm endlich im Jahre 1912 in der Magdalena-Bay-Angelegenheit Erfolg beschieden gewesen ist, am 3. Dezember 1895 ein solcher Antrag eingebracht, der eine Bestätigung der Monroedoktrin in dem damals bestehenden Umfange erstrebte.[1]) Dieser Antrag wurde mit einem im gleichen Sinne gehaltenen, vom Senator Cullom[2]) am selben Tage eingebrachten und einem dritten, den Senator Baker[3]) am 9. Januar eingebracht hatte, vom Ausschuß für auswärtige Angelegenheiten durch den Vorschlag einer „concurrent resolution" ersetzt. Das Schicksal dieses Vorschlages, über den Senator Davis am 20. Januar 1896[4]) berichtete und der unter dem Namen „Davis-Doktrin" eine gewisse unberechtigte Berühmtheit erlangt hat, war, „auf den Kalender gesetzt" zu werden.[5])

Was den vom Präsident Cleveland gemachten Vorschlag anlangt, so folgte der Kongreß dieser Anregung unmittelbar. Schon am nächsten Tage, am 18. Dezember 1895, wurde vom Repräsentanten Hitt im Hause eine „joint resolution" eingebracht, die, wie der offizielle Sitzungsbericht bemerkt, mit

[1]) Cong. Rec., 54. Cong. 1. sess., Bd. XXVIII, Teil I S. 24.
[2]) eod. S. 25.
[3]) eod. S. 529.
[4]) eod. S. 783.
[5]) Vergl. unten S. 182 f.

lautem Beifalle begrüßt wurde. Sie sah die Bewilligung von 100 000 Dollar für die Ausgaben einer vom Präsidenten zu ernennenden Kommission vor, welche über die wahre Grenzlinie zwischen der Republik Venezuela und British Guiana eine Untersuchung anstellen und Bericht erstatten solle.

Diese Resolution wurde nach kurzer Erörterung vom Hause unmittelbar und mit dem Zusatze angenommen, daß 100 000 Dollar oder so viel als nötig bewilligt sei. Auch hier verzeichnet der Sitzungsbericht wiederum lauten Beifall, und zwar auf beiden Seiten des Hauses.

Der Senat beriet den Antrag am 19. und 20. Dezember 1895 und nahm ihn am 20. nach lebhafter Debatte an. Der Präsident unterzeichnete ihn am 21. Dezember.[1])

Die durch diesen Beschluß eingesetzte Kommission wurde am 4. Januar 1896 vom Präsidenten ernannt,[2]) sie wurde aber schon am 10. November 1896 durch Schreiben des Staatssekretärs Olney an ihren Vorsitzenden, Davis J. Brewer, um Einstellung ihrer Arbeiten ersucht, weil die Vereinigten Staaten sich auf Grund weiterer Verhandlungen[3]) mit England über einen zwischen England und Venezuela zu schließenden Vertrag über die schwebende Angelegenheit geeinigt hätten.[4]) Dieser Vertrag kam formell am 2. Februar 1897 zustande. Er war ein Arbitrationsabkommen über den ganzen Streitfall, ohne Einschränkung auf ein bestimmtes Gebiet.[5])

Der Schiedsspruch erfolgte am 3. Oktober 1899.[6])

Auf Grund der Anwendung des in dem Schiedsvertrag ausdrücklich für die Entscheidung zugrunde gelegten Prinzips der Preskription in einer Frist von 50 Jahren kam es zu einem Ergebnis, das zwar keinem der beiden geltend gemachten Ansprüche

---

[1]) Der Beschluß steht in Stat. at Large, XXIX (Cap. I) S. 1; vergl. auch eod. S. 438. Über die Kongreßverhandlungen vergl. Cong. Rec., 54. Cong. 1. sess. S. 234 f., S. 240 ff. und S. 565.

[2]) Vergl. den Kommissionsbericht im 55. Cong. 2. sess. Sen. Doc. Nr. 91 Teil 1—4.

[3]) Vergl. dazu die in den For. Rel. 1896 abgedruckten Urkunden auf S. 240 ff. und weiter besonders Br. and For. State Papers, Bd. LXXXVIII (1895—1896) S. 1242 ff.

[4]) Vergl. den eben angeführten Report, l. c. Teil I, Appendix B, S. 32.

[5]) Vergl. Martens, N. R. G., 2. Ser., Bd. XXVIII S. 328 ff.; Br. and For. State Papers, LXXXIX S. 57 ff.

[6]) Text z. B. Blaubuch 1899 Nr. 7, ebenso Martens, N. R. G., 2. Ser. Bd. XXIX S. 581.

in vollem Umfange Recht gab, das aber im ganzen der englischen Regierung durchaus günstig war.[1])

Bedeutung des Venezuela-Grenzstreites für die Monroedoktrin.

Für die Vereinigten Staaten bedeutete der Verlauf der Angelegenheit den größten diplomatischen Sieg, den sie bisher unter Anwendung der Monroedoktrin erfochten haben. Mit viel Recht erklärte Präsident Mc Kinley in seiner Jahresbotschaft vom 5. Dezember 1898,[2]) es sei eine Quelle großer Befriedigung für die amerikanische Regierung, die Beilegung des Streites durch Arbitration zu sehen.

Die große Tragweite des Falles liegt vor allem in diesem Triumphe der amerikanischen Diplomatie über die englische.

Für die Monroedoktrin ist er von höchster Bedeutung deshalb, weil hier das erstemal eines ihrer Verbote unter hervorragender Argumentierung mit ihr gegen den hartnäckigen Widerstand Englands in einer für die Vereinigten Staaten unmittelbar wenig bedeutungsvollen Angelegenheit unter deutlichen Kriegsdrohungen erzwungen wurde. So ergibt dieser Fall wie keiner vor und keiner nachher eine Stärkung und Kräftigung der Monroedoktrin als eines lebendigen Faktors in der Politik der Vereinigten Staaten.[3])

Dagegen stellt er sich inhaltlich in keiner Weise irgendwie als eine erweiterte Anwendung der Monroedoktrin dar, wie dies fast durchweg in der Literatur behauptet wird. Das Verhalten der Vereinigten Staaten in dieser Angelegenheit ist

---

[1]) Vergl. in diesem Zusammenhange auch den Streit, den England mit Brasilien um die Grenze Guayanas geführt hat. Er kann als ein Gegenstück des oben geschilderten Streites zwischen England und Venezuela bezeichnet werden. Im Gegensatz zu jenem wurde er durch England von vornherein auf der von ihm in dem Venezuela-Grenzstreit so standhaft abgelehnten Basis des Schiedsverfahrens geführt und beigelegt. Vergl. dazu das Schiedsabkommen vom 6. Nov. 1901, das in Martens, N. R. G., II. Ser., Bd. XXXII S. 413 abgedruckt ist. Durch dieses Abkommen wurde der König von Italien zum Schiedsrichter ernannt. Der interessante Schiedsspruch vom 6. Juli 1904 steht ebenda S. 485.

Über die Angelegenheit vergl. allgemein die ausführliche Darstellung von P. Fauchille in R. G., XII (1905) S. 25 ff., der viel Material gibt und Lapradelle, A. de, et N. Politis, L'arbitrage Anglo-Brésilien, de 1904, in Rev. du Droit Public et de la Science Politique usw., Bd. XXII (1905) S. 241 ff.

[2]) For. Rel. 1898 S. LXXXIII.

[3]) Über die häufig aufgestellte Behauptung, England habe durch sein Verhalten in dieser Angelegenheit die Monroedoktrin als einen politischen Grundsatz der Vereinigen Staaten anerkannt, ist noch in dem völkerrechtlichen Teil der Arbeit zu handeln. Vergleiche dort das im Cap. III Ausgeführte.

nichts weiter als eine Anwendung des ursprünglichen Verbots weiterer europäischer Kolonisation in Amerika, wie es schon in der Monroebotschaft enthalten war.

Lord Salisbury hat in seiner ersten Anwortsinstruktion vom 26. November 1895 eingewendet, es handle sich bei Englands Vorgehen gar nicht um einen Kolonisationsversuch einer europäischen Macht auf amerikanischem Boden, sondern einfach um die Bestimmung der Grenze einer britischen Besitzung. Er übersieht dabei, daß für den der Monroebotschaft insoweit zugrunde liegenden Oregon-Streit mit Rußland genau das Entsprechende gesagt werden könnte und daß die Angliederung neuen Kolonialbesitzes auf dem Wege der Grenzverschiebung im Grunde ebenso sehr Kolonisation ist, wie die Errichtung einer völlig neuen Kolonie.

Genau wie in dem Oregon-Streit mit Rußland vertraten die Vereinigten Staaten in diesem Venezuela-Grenzstreite den Standpunkt, sie könnten keine weitere gewaltsame europäische Kolonisation auf amerikanischem Boden dulden.

Allerdings war der Anspruch in diesem zweiten Falle auf ein anderes Verhalten wie im ersten gerichtet. In dem Streit mit Rußland forderten die Vereinigten Staaten eine Aufgabe des Oregongebiets durch Rußland zugunsten der Vereinigten Staaten. Im Venezuela-Grenzstreite hingegen verlangten sie von England Schiedssprechung über die Frage, wem das in Streit befindliche Guayanagebiet gehöre.

Salisbury hatte in seiner eben angeführten Instruktion weiterhin behauptet, das Arbitrationsverlangen der Vereinigten Staaten sei die Inanspruchnahme einer neuen Prärogative, von der sich in der Monroebotschaft nichts finde.

Tatsächlich sind die Vereinigten Staaten bei der Angelegenheit, wenigstens zuletzt, von der Annahme ausgegangen, England habe mindestens einen Teil des Streitgebietes nicht zu beanspruchen.

In der diplomatischen Korrespondenz tritt dieser Standpunkt zwar nicht besonders hervor. Man findet dort vielmehr immer und immer wieder die Ansicht wiederholt, die Vereinigten Staaten wüßten nicht, wem das zwischen beiden Teilen streitige Gebiet nun eigentlich gehöre. Da Venezuela vielleicht einen Anspruch darauf haben könnte, so sei es das Recht der Vereinigten Staaten, Gewißheit darüber zu erhalten, ob England etwa versuche, sich venezuelanisches Gebiet zuzueignen.

Tatsächlich kann aber, insbesondere mit Rücksicht auf den ganzen Ton der diplomatischen Korrespondenz, und vor Allem der historischen Ausführungen in Olneys Instruktion, sowie in Clevelands Sonderbotschaft vom 17. Dezember 1895 kein Zweifel über die Meinung der amerikanischen Regierung in dieser Angelegenheit bestehen.[1])

Diese Meinung ist in sehr bezeichnender Weise späterhin vom Präsidenten Cleveland selbst offengelegt worden, der in seinem Werke „Praesidential Problems" unter anderem folgendes bemerkt: [2])

> „Wir hatten seine (d. i. Englands) Ansprüche in den streitigen Gegenden sich derart und auf Grund solcher Vorwände erweitern und ausdehnen sehen, daß eine tatsächliche oder drohende Verletzung einer Doktrin vorzuliegen schien, welche unsere Nation vor langer Zeit festgelegt hat, und die erklärte, daß die amerikanischen Kontinente nicht mehr als Gegenstände für zukünftige Kolonisation durch irgend welche europäischen Mächte anzusehen sind."

Und weiter:

> „Wenn das Ultimatum Großbritanniens in bezug auf seinen Gebietsanspruch uns derart durch die Tatsachen unterstützt erschienen wäre, daß er nur einen schwachen Zweifel gestattet hätte, so wären wir vielleicht unseretwegen von vornherein der Verantwortlichkeit entgangen, auf die Befolgung der Monroedoktrin zu bestehen. . . . Wir glaubten jedoch, daß die Folgen eines Uns-Bescheidens in Englands Ansprüche die Nichtaufrechterhaltung und Behauptung eines Prinzips bedeuten würde, das allgemein von unserer Regierung und unserem Volk als höchst notwendig für unsere nationale Integrität und Wohlfahrt angesehen wird."[3])

---

[1]) Vergl. auch die oben S. 162 erwähnten, von Cullom, Baker, Lodge und Davis eingebrachten Resolutionsanträge.

[2]) S. 254.

[3]) Der englische Text lautet:
„We had seen her pretensions in the disputed regions widen and extend in such manner and upon such pretexts as seemed to constitute an actual or threatered violation of a doctrine which our nation long ago established, declaring that the American continents are not longer to be considered subject for future colonisation by any European power."
Sowie: „If the ultimatum of Great Britain as to her claim of territory had appeared to us so thoroughly supported upon the facts as to admit of smal doubt,

Gingen die Vereinigten Staaten aber davon aus, daß der Anspruch Englands wenigstens in einem bestimmten Umfange unberechtigt sei, so konnten sie in dem stetigen Vorrücken der Grenze von British Guiana in dem von Venezuela beanspruchten Gebiet in der Tat einen Kolonisationsversuch einer europäischen Macht in Amerika und damit eine Verletzung der ursprünglichen Monroedoktrin sehen.

Wenn die Vereinigten Staaten unter diesen Umständen auf Erledigung des Streites im Wege des Schiedsverfahrens drangen und nicht einfach von England ein Verlassen des betreffenden Gebietes forderten, so war dies weniger als das, was die Monroedoktrin ihnen als ihre Befugnis offen stellte. England hatte die diplomatische Erledigung der Angelegenheit abgelehnt. Ein Krieg zur Entscheidung des Streites zwischen England und Venezuela hätte die Vereinigten Staaten ebenfalls zu einem Einschreiten und zwar annehmbar zu einem gewaltsamen auf Grund der Monroedoktrin genötigt. Die von ihnen erhobene Forderung, der Streit sei durch Schiedsverfahren zu erledigen, ist demgemäß lediglich die mildeste Form eines Einschreitens zur Durchsetzung der Monroedoktrin.

Damit soll andererseits übrigens keineswegs der Meinung widersprochen werden, daß die Vereinigten Staaten sich in dieser Angelegenheit zum Richter über Grenzstreitigkeiten europäischer Mächte mit amerikanischen Staaten in Amerika aufgeworfen hätten. Die hier verfochtene Ansicht geht vielmehr lediglich dahin, daß diese Haltung der Vereinigten Staaten keine erweiterte Anwendung der Monroedoktrin bedeute.

Indem die Monroebotschaft es aussprach, einmal, daß die Vereinigten Staaten sich nicht um die schon vor 1823 in Amerika entstandenen Kolonien europäischer Mächte kümmern, andererseits jeder nach dieser Zeit versuchten Kolonisation widerstreben wollten, ergab es sich von selbst, daß sie jedesmal die Frage vorweg zu erledigen hatten, ob es sich in einem gegebenen Falle um eine Kolonisation handle, die schon vor dem Jahre 1823, oder um eine

---

we might have escaped the responsability of insisting on an observance of the Monroe Doctrine in the premises, on our own account, and have still remained the desinterested friend of both countries, merely contenting ourselves with benevolent attempts to reconcile the disputants. We were, however, far from discovering such satisfactory support in the evidence within our reach. On the contrary, we believed that the effects of our acquiescence in Great Britains pretensions would amount to a failure to uphold and maintain a principle universaly accepted by our Government and our people as vitally essential to our national integrity and welfare. . . ."

solche, die **nach** diesem Jahre vorgenommen worden war. Im ersteren Falle hatten sie sich schon nach der ursprünglichen Monroedoktrin passiv zu verhalten; im letzteren Falle waren für sie die Voraussetzungen des Einschreitens gegeben.

Die Prätention der Vereinigten Staaten, in Grenzstreitigkeiten wie dem hier geschilderten über die Ansprüche der beteiligten europäischen Nation zu Gericht zu sitzen, folgt unmittelbar aus der ursprünglichen Monroedoktrin. Sie wird in dem Venezuela-Grenzstreite von den Vereinigten Staaten lediglich das erste Mal in energischer Weise praktisch angewendet.

Daß diese Meinung richtig ist, tritt besonders scharf zutage, wenn man die Haltung der Vereinigten Staaten in diesem Falle mit derjenigen vergleicht, die sie gegenüber der am 3. Januar 1833[1]) erfolgten Besetzung der Falkland-Inseln oder Malvinas durch England einnahmen.

Dieser Fall ist kurz folgender:

Exkurs.[2])

(Die Vereinigten Staaten und die Besetzung der Falkland-Inseln durch England im Jahre 1833.)

Die Regierung von Buenos Ayres nahm die vor der argentinischen Küste gelegenen Falkland-Inseln als einen Teil des Vizekönigtums vom Rio de la Plata mit der Behauptung in Anspruch, Spanien, der Rechtsvorgänger von Buenos Ayres, habe sie zuerst entdeckt und besetzt.

Sie hatte bereits am 10. Juni 1829 formell von den Inseln Besitz ergriffen,[3]) nachdem bereits am 6. November 1820 D. Jewett

---

[1]) Br. and For. State Papers, XX S. 1197: Schreiben des die Besetzung vornehmenden Kommandanten des britischen Kriegsschiffes Klio Onslaw an den Kommandanten der militärischen Kräfte von Buenos Aires in Port Louis, Berkely Sound, vom 22. Jan. 1833.

[2]) Über die Falkland-Inseln vergl. besonders die Br. and For. State Papers, Bd. XX S. 311—441, Bd. XXII S. 1366 ff., Bd. XXXI S. 1003 ff.; Moore, I S. 876 ff., auch 298, 299; VI S. 435; vergl. ferner folgende Werke: Groussac, Paul, Les isles Malouines, nouvel exposé d'un vieux litige, Buenos Aires 1910 (Abdruck aus den Annalen der Nationalbibliothek von Buenos Aires; Hertz, Gerald Berkely, British Imperialism in the 18th Century, London 1908, Cap. IV S. 110 ff.: The winning of the Falkland Islands a war panic of 1770; Martin Robert Montgomery, History of the British possession in the Indian and Atlantic Oceans usw., London 1837.

Kurze Hinweise finden sich z. B. bei Calvo (5. Auf.) I, § 287 S. 417 ff.; Crichfield, S. 288; Henderson, S. 360; auch Valois, Deutsche Revue, l. c. S. 278 Anm. 2.

[3]) Decret der Regierung von Buenos Ayres in Br. and For. State Papers XX S. 314 f. Anmerkung.

von der Marine der Vereinigten Provinzen von Südamerika durch symbolische Akte (Hissen der Nationalflagge, Salute und dergleichen) im Namen der obersten Regierung der Vereinigten Provinzen von Südamerika eine solche Besitzergreifung vorgenommen hatte.[1])

Die Regierung von Buenos Ayres protestierte daher auf das heftigste, als England am 3. Januar 1833 von der Inselgruppe Besitz ergriff und bezeichnete dieses Vorgehen als einen unbefugten Eingriff in ihre souveränen Rechte über die Inseln.

Die englische Regierung behauptete dem gegenüber, daß sie in der Tat diese Inseln zu beanspruchen habe. Sie stützte sich dabei auf erste Entdeckung, Okkupation und ausdrückliche Billigung der britischen Ansiedelungen auf den Inseln durch Spanien. Diese Anerkennung sah sie in einer Erklärung der spanischen Regierung vom 22. Januar 1771.[2]) Darin hatte die spanische Regierung, die am 10. Juni 1770 durch spanische Kräfte erfolgte Vertreibung der englischen Ansiedelung Egmont desavouiert und diese Ansiedelung wiederhergestellt.

Die Behauptung der Regierung von Buenos Ayres, England habe die Inseln im Mai des Jahres 1774 auf Grund eines geheimen Verzichtsvertrages mit Spanien verlassen, wies die englische Regierung mit Entrüstung zurück. Das damals erfolgte Verlassen der Inseln, so erklärte sie, sei lediglich ein „temporary relinquishment" gewesen.

Lord Palmerston machte außerdem in dem betreffenden Schreiben vom 22. Januar 1871 darauf aufmerksam, daß die englische Regierung am 19. Februar 1829 Protest dagegen erhoben habe, daß der Präsident der Vereinigten Provinzen vom Rio de la Plata Dekrete erlassen hätte, die ihrer Natur nach Hoheitshandlungen über die Inseln gewesen seien.

Die Vereinigten Staaten hatten in den Jahren 1831 und 1832 ihrerseits mit der Regierung von Buenos Ayres in bezug auf diese Inseln Reibereien gehabt. Ein gewisser Louis Vernet, der auf Solidad, einer der Falkland-Inseln, eine Niederlassung errichtet hatte, hatte nämlich in der Eigenschaft als militärischer Gouverneur von Buenos Ayres drei amerikanische Schiffe (Breakwater, Harriet und Superior) wegen Robbenfanges an den Küsten der Falkland-Inseln beschlagnahmt und die Mannschaft ins Gefängnis geworfen. Die Vereinigten Staaten hatten sich aufs lebhafteste hierüber empört.[3]) Sie hatten zuerst Vernets Autorität

[1]) Zirkular D. Jewetts in Br. and For. State Papers, XX S. 422 Anmerkung.

[2]) Br. and For. State Papers, XXII S. 387. In der Tat können aus dieser Erklärung nicht die von England gefolgerten Schlüsse gezogen werden.

[3]) Vergl. besonders Br. and For. State Papers, Bd. XX S. 314.

überhaupt angezweifelt [1]) und den Verdacht geäußert, daß er lediglich ein Pirat sei. Sie hatten ferner für jeden Fall das Recht der amerikanischen Untertanen zum Robbenfang in jenen Gewässern behauptet und überdies zugleich die Ansprüche von Buenos Ayres auf diese Inseln in Frage gestellt, hatten im Dezember 1831 die amerikanischen Schiffe samt ihrer Besatzung durch Captain Duncan von der U. S. S. Lexington gewaltsam befreien sowie die Kolonisten von Buenos Ayres auf den Inseln von dort vertreiben lassen.

Annehmbar wesentlich durch diesen Zwist mitbestimmt, haben die Vereinigten Staaten gegen die Wiederaufnahme des mindestens 60 Jahre lang aufgegebenen englischen Besitzes dieser Inselgruppe nichts einzuwenden gehabt.

Während aus der betreffenden Zeit keine diplomatischen Äußerungen der Vereinigten Staaten in bezug auf diesen Fall bekannt geworden sind, hat Staatssekretär Bayard später im Jahre 1886 die Uninteressiertheit der Vereinigten Staaten an der Angelegenheit ausdrücklich darauf gegründet, daß die Monroedoktrin keine Anwendung auf diesen Fall habe. Er führte in dem betreffenden Schreiben vom 18. März 1886 aus: [2])

„Da die Wiederaufnahme tatsächlicher Okkupation der Falkland-Inseln durch Großbritannien im Jahre 1833 unter Beanspruchung eines Titels erfolgte den diese Regierung schon vorher aufgestellt und aufrecht erhalten hatte, so ist nicht einzusehen, daß die Monroedoktrin, die seitens der Argentinischen Republik angerufen worden ist, irgend welche Anwendung auf diesen Fall habe. Nach den Formulierungen, mit denen dieses Prinzip internationaler Führung ausgesprochen war, war ausdrücklich seine rückwirkende Kraft ausgeschlossen worden."

Nach diesem Tatbestande bejahten die Vereinigten Staaten also im vorliegenden Falle — wie weit mit Recht, steht hier nicht zur Frage — das Vorliegen eines vor das Jahr 1823 zurückreichenden Anspruches der englischen Regierung auf diese Inseln und entschieden sich auf Grund dieser Tatsache dazu, in den Besitzstreit Englands und der Regierung von Buenos Ayres nicht einzugreifen.

---

[1]) Präsident Cleveland in seiner Jahresbotschaft vom 8. Dez. 1885 bezeichnete die Vernetsche Colonie ausdrücklich als eine „piratical colony", vergl. Richardsons Mess., VIII S. 325. Er erklärte dort übrigens weiter, daß die Inseln vor der angeblichen Okkupation durch argentinische Kolonisten in verlassenem Zustande gewesen sei. — Der völkerrechtliche Standpunkt der Vereinigten Staaten in bezug auf das Recht ihrer Untertanen in diesen Gewässern zu fischen und Robbenfang zu treiben, ergibt sich aus der Instruktion Staatssekretär Livingstons an den Chargé d'affaires der Vereinigten Staaten in Buenos Ayres, Mr. Baylies, vom 26. Jan. 1832, MS. Inst. Am. States, XIV S. 235 (M., I S. 876 ff.).

[2]) Vergl. Moore, VI S. 435; Bayard an Quesada, 18. März 1880, MS. Inst., Notes to Argentine Republic, VI S. 256.

Im Venezuela-Grenzstreite hingegen stellten sie das von England behauptete Vorliegen eines solchen alten Anspruches auf das zwischen ihm und Venezuela im Streite befindliche Guayana-Gebiet in Zweifel und griffen deshalb auf Grund der Monroedoktrin ein.

Nach alledem stellt sich die tatsächliche Haltung der Vereinigten Staaten im Venezuela-Grenzstreit nicht als eine erweiterte Anwendung der Monroedoktrin dar.

Dies ist aber auch nicht der Fall mit den diplomatischen Auslassungen, zu denen diese Angelegenheit Anlaß gegeben hat. Die sachlichen Herrschaftsgrenzen der Monroedoktrin sind auch durch solche in keiner Weise erweitert worden.

Olneys Instruktion vom 20. Juli 1895.

In Frage könnte in dieser Beziehung vor allem die Instruktion kommen, die Staatssekretär Olney unter dem 20. Juli 1895 an den Botschafter der Vereinigten Staaten in England, Mr. Pauncefote, gesandt hat.[1])

Diese Instruktion beginnt mit einer sehr ausführlichen und ruhig gehaltenen Darstellung der Geschichte des Grenzstreites zwischen Venezuela und England, die bis zu der Kongreßresolution vom 20. Februar 1895 geführt wird.

Olney faßt sodann die seiner Ansicht nach wichtigsten Punkte der bestehenden Lage in einer Übersicht zusammen. Er hebt dabei besonders die ein halbes Jahrhundert hindurch laufenden vergeblichen Versuche Venezuelas, den Streit zu einem freundschaftlichen Abschlusse und dessen 25 Jahre langen Anstrengungen, ihn zur Arbitration zu bringen, hervor und macht auf der andern Seite auf Englands fortwährende Weigerung, sich in Arbitration einzulassen, sowie auf die Bemühungen der Vereinigten Staaten um die Herbeiführung einer solchen Lösung aufmerksam.

Die Regierung der Vereinigten Staaten, so erklärt er, habe durch ihre Haltung der englischen sowie auch der Welt bewiesen, daß die Ehre und das Interesse der Vereinigten Staaten bei der

---

[1]) Siehe oben S. 159.
Und besonders den Abdruck im Anhange unten unter I Nr. 8.

Kontroverse mit im Spiele seien und daß sie deren Fortsetzung nicht mit Gleichgültigkeit ansehen könnten.

Die vorliegende Situation zeige, daß die verantwortlichen Leiter der Interessen der Vereinigten Staaten sich die Frage vorlegen müßten, ob und in welchem Umfange die Vereinigten Staaten in dem Streite zu intervenieren hätten.

Olney stellt die Frage, ob irgend welche Rechte oder Pflichten in dieser Beziehung auf den Vereinigten Staaten lasteten und beantwortet sie mit Ja.

Zur Begründung dieser Ansicht unterzieht er die Monroedoktrin einer höchst ausführlichen, zum Teil völlig akademischen Betrachtung.

Er spricht von ihrer Entstehungsgeschichte, erklärt, derjenige Teil der Monroedoktrin, der es ausspreche, daß Amerika nicht mehr offen für europäische Kolonisation sei, sei nunmehr längst zugegeben. Es handle sich demgemäß hier nur noch um die gegen europäisches Eingreifen in amerikanische Verhältnisse gerichteten Bemerkungen der Monroedoktrin. Er geht dann dazu über, deren genauen Umkreis und Grenzen zu bestimmen, die, wie er sagt, nicht klar genug begriffen werden könnten.

Er führt dazu zuerst insbesondere aus, das kein allgemeines Protektorat der Vereinigten Staaten über die amerikanischen Nationen bestehe. Er meint ferner, daß die Monroedoktrin auch nicht irgend einen amerikanischen Staat davon befreie, seinen internationalen Verpflichtungen nachzukommen, noch daß sie eine europäische Macht davon abhalte, derartige ihr gegenüber bestehende Verbindlichkeiten zu erzwingen, oder es verbiete, den Bruch derartiger Verpflichtungen zu bestrafen.

Er meint, die in Frage kommende Regel habe nur eine Aufgabe, nämlich:

> „Keine europäische Macht oder Vereinigung europäischer Mächte soll gewaltsam einen amerikanischen Staat des Rechts berauben, sich selbst zu regieren und für sich selbst seine eigene politische Bestimmung und Zukunft zu gestalten."

Er versichert im weiteren Verlauf seiner Ausführungen — wie dies dann in entsprechender Weise ja auch von Cleveland ausführlicher getan worden ist [1]) —, daß die Monroedoktrin seit

---

[1]) cf. oben S. 160 ff.

ihrer Verkündung „das angenommene öffentliche Recht dieses Landes“ sei. Ihr sei vom Kongreß der Vereinigten Staaten stillschweigende Sanktion gegeben worden. Jede Verwaltung seit Monroe habe sie geprüft und sie begeistert bestätigt.

Olney führt sodann einige Fälle für ihre praktische Wirksamkeit auf, um darauf zu Beispielen ihrer Ausdehnung überzugehen. Dabei spricht er zunächst von Polks Verhalten in dem Yukatanfalle, sowie von Grants Standpunkt, daß Kolonien, die ihre bestehenden Beziehungen wechseln, frei zu werden hätten und fährt fort:

„Eine andere Entwicklung der Regel, die allerdings weder von ihrem Buchstaben noch von ihrem Geiste notwendig gefordert wird, ist in dem Widerspruche gegen Arbitration südamerikanischer Streitigkeiten durch eine europäische Macht gefunden worden. Es wird gesagt, amerikanische Fragen unterliegen amerikanischer Entscheidung, und aus diesem Grunde gingen die Vereinigten Staaten so weit, die Vermittelung im Kriege zwischen Chile und Peru gemeinsam mit Großbritannien und Frankreich zu verweigern. Endlich widersetzte sich Staatssekretär Bayard unter anderem aus dem Grunde, daß die Monroedoktrin und das Ansehen der Vereinigten Staaten als ihrem „Exponenten und Sponsor“ ernstlich geschmälert werden würde, eifrig der Durchsetzung der Pelletierklage gegen Haïti.“

Nachdem er diese Ausführungen gemacht, geht er zur eigentlichen Rechtfertigung der Monroedoktrin selbst über. Dabei hebt er insbesondere die weite Entfernung zwischen Europa und Amerika hervor, welche jede dauernde politische Vereinigung zwischen beiden unmöglich mache. Er betont fernerhin die von Washington in seiner Abschiedsbotschaft erwähnte Verschiedenheit der gegenseitigen Interessen, führt als Argument auch den Unterschied der hier und dort vorherrschenden Regierungsformen an und stellt die Frage, ob denn die Sicherheit und Wohlfahrt der Vereinigten Staaten so sehr mit der Aufrechterhaltung der Unabhängigkeit jedes amerikanischen Staates verbunden sei, daß sie das Eingreifen der Vereinigten Staaten rechtfertigten und erforderten, wenn immer diese Unabhängigkeit gefährdet sei. Auch hier gibt es für ihn nur eine Antwort: Die Vereinigten Staaten haben ein vitales Interesse an der Sache der Selbstregierung des Volkes.

Er gelangt dann im Verlaufe seiner Ausführungen zu dem folgenden höchst charakteristischen Ausspruche:

„Die Vereinigten Staaten sind heute tatsächlich souverän auf diesem Kontinent und ihr „fiat“ ist Gesetz in bezug auf die Angelegenheiten, auf die sie ihr Eingreifen erstrecken. Warum? . . . . Es ist, weil, neben allen andern Gründen, ihre unbegrenzten Hilfsquellen, verbunden mit ihrer isolierten Stellung sie zum Herrn der Lage und tatsächlich unverletzbar gegen eine oder alle anderen Mächte machen.

Alle Vorteile dieser Überlegenheit sind sofort gefährdet, wenn das Prinzip zugelassen wird, daß europäische Mächte amerikanische Staaten zu ihren Kolonien oder Provinzen machen können . . . . Die aus einem solchen Zustand der Dinge sich ergebenden verderblichen Folgen für die Vereinigten Staaten liegen auf der Hand.“

Nachdem er diese Gedanken noch weiter ausgeführt hat, geht er näher auf die Frage der Anwendbarkeit der Monroedoktrin auf den vorliegenden Grenzstreit ein.

Er führt dabei aus, es handle sich hier in diesem Grenzstreit zwar um eine Grenzlinie; aber da die Angelegenheit zwischen zwei Staaten spiele, so bedeute der Verlust politischer Kontrolle auf der einen Seite notwendigerweise den Gewinn solcher Kontrolle durch den andern Streitteil. Die Erklärung der Monroebotschaft, daß die Vereinigten Staaten sich nicht um bestehende europäische Kolonien in Amerika kümmern wollten, bezöge sich nur auf die damals bestehenden Kolonien und deren damalige Grenzen. Für die Anwendbarkeit jenes Satzes mache es lediglich einen formalen Unterschied, ob England sich venezuelanisches Land durch Erweiterung einer alten Kolonie zueigne statt durch Errichtung einer vollständig neuen.

Andererseits werde es ja allerdings nicht zugegeben, daß England sich Herrschaft über venezuelanisches Gebiet usurpiere, wie Venezuela das behaupte, und man könne demgemäß von dieser Tatsache auch nicht ausgehen.

Die Vereinigten Staaten hätten aber in jedem Falle das Recht, zu verlangen, daß die Wahrheit festgestellt werde. Daß eine konventionelle Beilegung unpraktisch sei, habe sich ergeben. Noch unmöglicher sei ein Appell zu den Waffen. Deshalb bleibe nur Arbitration übrig und zwar Arbitration der ganzen Streitfrage.

Olney schließt seine Ausführungen zur Sache folgendermaßen:

„Unter diesen Umständen erscheint dem Präsidenten seine Pflicht unverkennbar und gebieterisch. Da Großbritanniens Versicherung eines Anspruchs auf das im Streit befindliche Gebiet, verbunden mit seiner Weigerung, diesen Anspruch untersucht zu sehen, sachlich eine Aneignung des Gebietes zu eigener Benutzung ist, so würde, wollten die Vereinigten Staaten es unterlassen zu protestieren und es zur Warnung auszusprechen, daß dies Vorgehen die Interessen des amerikanischen Volkes beeinträchtige, sowie in sich selbst unterdrückerisch sei, soviel bedeuten wie eine Nichtbeachtung der feststehenden Politik, mit der die Ehre und die Wohlfahrt dieses Landes eng verbunden sind."

Diese Instruktion erfreut sich größter Berühmtheit und Wertschätzung.

Cleveland geht so weit, ihr die folgende Bemerkung zu zollen: [1])

„Die Monroedoktrin mag verlassen werden; wir mögen sie verwirken, indem wir das Los der Nationen wählen, die sich ausdehnen, unamerikanischen Wegen folgend, wir mögen über sie hinauswachsen, wie wir über andere Dinge, die wir einst schätzten, hinauszuwachsen scheinen; oder sie mag für immer als eine Schutzgarantie der Sicherheit in unserem Genusse freier Einrichtungen bestehen bleiben; aber unter keinen Umständen wird dieses amerikanische Prinzip jemals besser definiert, besser verteidigt oder tapferer behauptet werden, als es von Mr. Olney in dieser Depesche getan worden ist."

Die Behauptung, daß diese Instruktion die beste Definition enthalte, die der Monroedoktrin je gegeben worden sei oder gegeben werden würde, erregt Widerspruch.

Tatsächlich scheint kein Staatsdokument mehr Verwirrung in die Anschauungen über den sachlichen Inhalt der Monroedoktrin gebracht zu haben, wie diese Instruktion.

Bei der Bedeutung und überragenden Autorität, die sie genießt, mag bei ihrer Kritik hier einen Augenblick verweilt werden.

Wir übergehen dabei die Behauptungen, die sich auch in Clevelands Botschaft finden.

---

[1]) Praesidential Problems usw., S. 259. Vergl. auch Foster, S. 417. „It constitutes the most complete and satisfactory statement of the Monroe doctrine thus far made."

Kurz nur mag weiter auf folgendes hingewiesen werden:

Olney erklärt einmal, daß das Prinzip, Amerika sei nicht mehr offen für europäische Kolonisation, nunmehr bereits lange zugegeben sei und daß die Monroedoktrin demgemäß gegenwärtig nur noch ein Ziel und einen Zweck habe, nämlich zu verhindern, daß keine europäische Macht eine amerikanische gewaltsam des Rechtes der Selbstregierung beraube. Später hingegen wendet er selbst das von ihm zweifellos mit Unrecht für obsolet erklärte Prinzip der Nichtkolonisation selbst auf den Venezuela-Grenzstreit an.[1])

Ein bloßer Hinweis genügt hier ferner darauf, daß Olney in dem eben erwähnten Definitionsversuch der Monroedoktrin das Begriffsmerkmal der Gewalt in die Monroedoktrin wieder einführt, ein Merkmal, das bereits aus ihr verschwunden war.

Viel wichtiger ist die Beziehung, die Olney zwischen Monroedoktrin und dem Gedanken einer Protektion der Vereinigten Staaten über das übrige Amerika herstellt.

Zuerst erklärt er ausdrücklich, die Monroedoktrin begründe kein allgemeines Protektorat der Vereinigten Staaten über andere amerikanische Nationen. Dann aber entfährt ihm die radikalste Äußerung, die bisher je über das Verhältnis der Vereinigten Staaten zu dem übrigen Amerika gesagt worden ist, wenn er ausruft:

> „Die Vereinigten Staaten sind heute tatsächlich souverän auf diesem Kontinent und ihr „fiat“ ist Gesetz. . . .“

Diese Äußerung, oder wie wir sie vielleicht besser nennen können, dieses Geständnis ist von großem Werte für eine Geschichte der Anschauungen amerikanischer Diplomatie über die Beziehungen zwischen den Vereinigten Staaten zu den anderen amerikanischen Republiken.

Hier kommt sie deshalb in Betracht, weil Olney die Tatsache einer Suprematie der Vereinigten Staaten über das übrige Amerika als einen der von ihm vorgebrachten Rechtfertigungsgründe der Monroedoktrin anführt. Zur Rechtfertigung der Monroedoktrin mit einem derartigen Sonderverhältnis, der man jetzt dauernd begegnet, wird gerade diese Bemerkung Olneys häufig angeführt.

---

[1]) Das hat besonders Burgess hervorgehoben; vergl. Pol. Sc. Quart, XI S. 49.

Eine weitere Reihe irreführender oder schiefer Bemerkungen befindet sich insbesondere auch in seinen Ausführungen über die Anwendungsfälle der Monroedoktrin.

Dabei mag hier auf zwei Behauptungen besonders eingegangen werden.

Wir haben oben gesehen, daß Olney erklärt, Staatssekretär Bayard habe auf Grund der Monroedoktrin eine Erzwingung der Pelletier-Klagen gegen Haïti abgelehnt.

Tatsächlich ist nichts irreführender, als ein Versuch, das Verhalten der Vereinigten Staaten in dieser Angelegenheit irgendwie mit der Monroedoktrin in Verbindung zu bringen.

Der Fall ist kurz folgender:

Pelletier-Fall.[1])

Pelletier, ein Seeräuber und Sklavenhändler, Untertan der Vereinigten Staaten (wenn darüber auch Zweifel bestanden), war im Jahre 1861 auf einer Sklavenfahrt nach Haïti bei Fort Liberté von den haïtanischen Behörden gefangen genommen, seine Barke „William" war konfisziert, er selbst und die Besatzung wegen Piraterei und versuchten Sklavenhandels ins Gefängnis geworfen worden.

Es gelang ihm, im Jahre 1865 von Haïti zu entkommen, und er erhob nun über seine Behandlung beim Staatssekretär Klage.

Dieser lehnte es zunächst ab, zu seinen Gunsten irgend welche Schritte vorzunehmen. Auch beim Hause wie beim Senate der Vereinigten Staaten hatten entsprechende Petitionen keinen Erfolg.

Auf einen neuen Antrag beim Staatssekretariat fand Mr. O'Connor, damals „Solicitor and Examiner of Claims" bei dieser Behörde jedoch heraus, daß Grund für ein Redressverlangen vorliege.[2]) Die Vereinigten Staaten brachten es demgemäß zu einem Schiedsvertrage vom 24. Mai 1884 mit Haïti über diese Angelegenheit, wonach der Fall nach den zur Zeit des Ereignisses herrschenden Regeln des Völkerrechts entschieden werden sollte.

Als Schiedsrichter wurde William Strong, Mitglied des obersten Gerichts der Vereinigten Staaten, tätig. Er stellte ausdrücklich fest, daß Pelletier ein Sklavenhändler sei. Er erklärte auch, daß Pelletier, wenn seine Barke in einen amerikanischen Hafen ge-

[1]) Vergl. zu diesem Falle vor allem 49. Cong. 2. sess. Sen. Ex. Doc. Nr. 64; vergl. weiter For. Rel. 1887, S. 605 f.: Moore, II S. 6 f., VI S. 623 f., VII S. 60, S. 68; Moore, Arbitrations II S. 1793 ff.

[2]) Vergl. seine Berichte vom 19. Febr. und vom 29. März 1878.

bracht worden wäre, von einem Gerichte der Vereinigten Staaten verurteilt worden wäre. Er war aber andererseits der Ansicht, daß Pelletier der Piraterei wohl nach haïtanischem Recht, aber nicht nach Völkerrecht schuldig sei. Da nach dem Schiedsvertrage ausdrücklich Völkerrecht auf den Fall anzuwenden sei, so kam er zu dem einfach unbegreiflichen Ergebnis, Pelletier einen Schadensersatzanspruch für Wegnahme und Konfiskation seines Schiffes abzusprechen, andererseits aber die Regierung von Haïti zur Leistung von 57 250 Dollar für die Einsperrung und das durch die Bestrafung zugefügte Unrecht zu verurteilen.

Die Durchführung des Spruches machte Schwierigkeiten. Die haïtanische Regierung protestierte am 8. November 1886 in Washington dagegen. Staatssekretär Bayard unterzog darauf die ganze Angelegenheit einer eingehenden Prüfung und übersandte den Bericht darüber vom 21. Januar 1887 dem Präsidenten.

Er faßte seinen Standpunkt dem Falle gegenüber folgendermaßen zusammen: [1])

„Ich hege keinen Zweifel es auszusprechen, daß meinem Urteile nach die Klage Pelletiers eine derartige ist, die diese Regierung Haïti gegenüber, sei es durch Überredung oder Gewalt, nicht pressen sollte, und ich komme zu diesem Schlusse erstens, weil Haïti die Jurisdiktion zusteht, über ihn genau die Bestrafung zu verhängen, über die er sich beklagt, eine Bestrafung, die in Anbetracht der Abscheulichkeit des Verbrechens in keiner Weise übermäßig hoch erscheint, und zweitens, weil der Fall in sich selbst so gesättigt von Verwerflichkeit und Infamie ist, daß auf ihn kein Vorgehen richterlicher oder diplomatischer Natur gegründet werden kann."

Ich habe die Geschichte dieses Falles gegeben, um zu zeigen, daß er wirklich nichts mit der Monroedoktrin zu tun hat.

Zutreffend an Olneys Behauptungen ist nur, daß Staatssekretär Bayard sich gegen die zwangsweise Durchsetzung dieser Klage u. a. auch deshalb wendete, weil dies mit der Würde der Vereinigten Staaten unvereinbar sei. Bayard erklärte nämlich im Verlaufe seiner Ausführungen gelegentlich, falls die Vereinigten Staaten diese Klagen durchsetzten, so würde es schwer für sie sein, den Wächter der Rechte der Neuen Welt, zu behaupten, sie hätten diese Rechte nie ihrerseits verletzt. Daß die Monroedoktrin durch eine Erzwingung dieser Klagen ernstlich geschmälert werden würde, hat jedoch Bayard mit keiner Silbe direkt oder indirekt zum Ausdruck gebracht.

---

[1]) Vergl. das angezogene Sen. Ex. Doc. S. 12 ff.

„Amerikanische Fragen sind für amerikanische Entscheidung."

Von viel weittragenderer Bedeutung ist die in demselben Zusammenhang von ihm gemachte Bemerkung, eine Weiterentwicklung der Monroedoktrin werde auch in dem Widerspruch der Vereinigten Staaten gegen die Arbitration amerikanischer Fragen durch europäische Mächte gefunden. Es sei gesagt worden, amerikanische Fragen wären für amerikanische Entscheidung; die Vereinigten Staaten seien so weit gegangen, die Vermittlung im Kriege zwischen Peru und Chile gemeinsam mit England und Frankreich auf Grund dieses Prinzips abzulehnen.

Gerade diese Behauptung wird seit jener Bemerkung Olney's häufig wiederholt und für den feststehenden Inhalt der Monroedoktrin angesehen.[1]) Sie entspricht jedoch nicht den Tatsachen.

Olney sagt nicht, wer jene gegen europäische Schiedsgerichtsbarkeit in amerikanischen Fragen gerichtete Bemerkung gemacht hat. Es kann aber kaum zweifelhaft sein, daß er auf ein Schreiben des Staatssekretärs Frelinghuysen abzielt, das dieser unter dem 4. Januar 1883 an den Chargé d'Affaires der Vereinigten Staaten in Madrid, Mr. Reed, sandte.[2])

Frelinghuysen erklärte in diesem Schreiben in bezug auf einen Grenzstreit zwischen Colombia und Venezuela, die Regierung der Vereinigten Staaten könne nicht umhin, anzunehmen, daß die Entscheidung amerikanischer Fragen Amerika selbst zukomme.

Aus der Instruktion ergibt sich jedoch nichts dafür, daß Frelinghuysen diese Angelegenheit mit der Monroedoktrin in irgend welche Verbindung habe bringen wollen oder gar gebracht habe.

Sie fährt übrigens fort, die Regierung der Vereinigten Staaten sehe keinen Grund zum Eingreifen, um den Schiedsspruch des

---

[1]) Vergl. beispielsweise Latané, S. 271. Er erklärt: „that American questions are for American decision is now a well established rule of American diplomacy." Zum Beweise für diese Behauptung bezieht er sich ebenso wie Olney auf den Fall der Ablehnung gemeinsamer Vermittlung mit England und Frankreich in dem Kriege zwischen Chile und Peru seitens der Vereinigten Staaten.

Vergl. ferner Low, in 19. Century S. 853: „Mr. Olneys main propositions are that American questions are for American decisions."

[2]) MS. Inst. Spain, XIX S. 254 (M., III S. 30). Die Stelle wird oft falsch zitiert. Vergl. z. B. Harts American History Leaflets Nr. 4 S. 29. Vergl. ferner Alvarez, 1910 S. 173. Die betreffende Stelle lautet wörtlich wie folgt: „On the other hand, this Government can not but feel that the decision of American questions pertains to America itself. . . ."

Königs von Spanien, dessen Ernennung zum Schiedsrichter damals gerade zur Erörterung stand, zu hindern.

Tatsächlich gab der König von Spanien unter dem 16. März 1891 seinen Spruch in diesem Grenzstreit ja auch ungestört durch die Vereinigten Staaten ab.[1])

Krieg zwischen Chile und Peru.

Was insbesondere die Behauptung Olneys anlangt, das Verhalten der Vereinigten Staaten in dem zwischen Chile und Peru in der Zeit vom 1. März 1879 bis 23. Oktober 1883 geführten Kriege um die Territorialrechte von Atakama sei von dem Grundsatze: „Amerikanische Fragen sind für amerikanische Entscheidung" beeinflußt worden, so beruht sie ebenfalls auf einem Irrtume.[2])

Die Vereinigten Staaten haben es in diesem Kriege allerdings wiederholt abgelehnt, sich mit europäischen Mächten zur Vermittlung im Interesse der Wiederherstellung des Friedens zu verbinden.

Das geschah das erste Mal im Jahre 1879, als die amerikanische Regierung über ihre Stellungnahme zu solch' einer Vermittlung gemeinsam mit Deutschland und England sondiert wurde.

Die Gründe, die sie damals für ihre Ablehnung angaben, waren einmal, daß der Versuch noch verfrüht scheine, und ferner, daß sie derartige gemeinsame Maßnahmen mit anderen neutralen Mächten nicht liebten.[3])

Im Jahre 1881 wurde von ihnen wiederum ein Angebot abgelehnt, sich mit Frankreich und England zu einer Vermittlung zu verbinden.

---

[1]) Vergl. hier For. Rel. 1894 S. 200: Moore, Arbitrations, V S. 4858. Der Spruch steht Martens, N. R. G., XXIV 2. ser. S. 110.

[2]) Vergl. zu diesem Kriege vor allen Dingen das sehr ausführliche Sen. Ex. Doc. Nr. 79, 47. Cong. 1. sess. (Bd. IV S. 181—182). Papers relating to the war in South America and Attempt to bring about a peace; in 3 Teilen; vergl. ferner Akers, Charles Edmond, A History of South America, I. Aufl., New York 1904; Barras, Arana, Histoire de la guerre du Pacifique, 1879—1881, 2 Bde., Paris; Calderon, Garcia, Mediacion de los Estados Unidos del Norte et la guerra del Pacifico, Buenos Ayres 1884; Butherworth, Huzekiah, South America usw., New York 1898, XXIII S. 224 ff.; Clowes, Sir William Laird, Four modern Naval Campaigns usw., London u. New York 1902; II, The War between Chile and Peru 1879—1881; Hancock, Anson Uriel, A History of Chile, Chicago 1893 S. 272 ff.; Markham, Sir Clemens Robert, The war between Peru and Chile, London 1882, New York 1883.

[3]) Vergl. Staatsekretär Evarts Schreiben zu Mr. White, Gesandter der Vereinigten Staaten in Berlin am 19. Juli 1879; M S. Inst. Germany, XVI S. 486 (M., VI S. 34).

Staatssekretär Blaine begründete dies in einem Schreiben vom 5. September 1881 an Mr. Morton, den Gesandten der Vereinigten Staaten in Frankreich, damit,[1]) derartige gemeinsame Interventionen seien in der Geschichte der europäischen Diplomatie häufig und hätten zuweilen wohltätig für die Erhaltung des Gleichgewichts der Kräfte gewirkt. Die Vereinigten Staaten gehörten jedoch nicht zu diesem Staatensystem. Weder Interesse noch Neigung veranlaßten sie dazu, sich bei der Erörterung derartiger Fragen eine Stimme zu wünschen. Ihre Beziehungen zu den Nationen auf dem amerikanischen Kontinente seien jedoch verschieden. Letztere seien Schwesterrepubliken der Vereinigten Staaten; alle amerikanischen Regierungen seien besonders eng mit einander verbunden. Die Interessen der Vereinigten Staaten überstiegen im Verhältnis zu jenen Staatswesen diejenigen jeder anderen Macht. Sie müßten sich deshalb eine solche Stellung bewahren, die ihnen einen wirksamen und unabhängigen Einfluß in Amerika erhalte.

Zwei Gründe sind es also, aus denen in diesem Falle die Vereinigten Staaten eine gemeinsame Vermittlungspolitik ablehnen: Der erste Grund ist der, daß dies ihrer alten Politik der Vermeidung von Allianzen widersprechen würde. Der zweite, weil ihr besonderes Interesse und ihre besonderen Beziehungen auf dem amerikanischen Kontinente es notwendig machten, sich gegenüber den amerikanischen Angelegenheiten freie Hand zu sichern. Daß aber die Monroedoktrin bei dieser Entschließung eine Rolle gespielt habe, dafür fehlt jeder Anhaltspunkt.[2])

Vor allen Dingen aber haben die Vereinigten Staaten, wie noch näher zu zeigen sein wird,[3]) tatsächlich auch nie den Versuch gemacht, sich gegen europäische Schiedsgerichtsbarkeit in amerikanischen Angelegenheiten zu wehren. Sie haben sich sogar gelegentlich selbst in einem Streite zwischen ihnen und einem anderen amerikanischen Staatswesen einer nicht amerikanischen Macht als

[1]) For. Rel., 1881 S. 426.

[2]) Es ist interessant, hier folgendes hervorzuheben: Als der Gesandte der Vereinigten Staaten in Lima im Februar 1883 sich mit den Vertretern von Frankreich, England und Italien zur Unterbreitung von Vorschlägen für die Beendigung dieses Krieges an die beiden kriegsführenden Parteien verband, wurde diese seine Handlungsweise ausdrücklich von der Regierung der Vereinigten Staaten gemißbilligt. Vergl. Frelinghuysens Schreiben an Mr. Logan vom 7. März 1883, MS. Inst. Chile XVII S. 60 (M., VI S. 509).

[3]) Siehe unten S. 267 ff.

Schiedsrichter bedient, worüber später auch noch zu reden sein wird.

Nach alledem kann man abschließend sagen, daß die Monroedoktrin durch die Olney-Instruktion in keiner Weise inhaltlich erweitert worden ist und daß die Bedeutung dieses Schreibens auch nicht in einer Klärung, sondern in einer Verwirrung der Meinungen über diese Doktrin besteht.

Die sogenannte Davis-Doktrin.[1])

Endlich mag zum Schluß ein kurzes Wort von dem oben erwähnten Antrag Davis gesagt werden, von dem in der Literatur ein völlig unberechtigtes Aufsehen gemacht worden ist.[2])

Tatsächlich ist dieser Antrag nichts wie einer der vielen mißglückten Versuche, den Kongreß zu einer formellen Bestätigung einer schlechten Formulierung der Monroedoktrin durch einen Senator oder einen Abgeordneten zu bringen.[3])

Im übrigen steht nichts Neues darin; er geht zwar über das hinaus, was Cleveland und Olney zur Monroedoktrin erklärt haben. Er tut dies aber nicht deshalb, weil er weitergeht als die Monroedoktrin in ihrem damals festgestellten Umfange, sondern weil

---

[1]) Siehe oben S. 162.
Der Text dieses Antrags lautet folgendermaßen:
„. . . . Resolved . . . . that whereas President Monroe in his Message to Congress of December 2, A. D. 1823, deemed it proper to assert as a principle in which the rights and interests of the United States are involved that the American continents usw. wie die Botschaft . . . . and —
Whereas the doctrine and policy so proclaimed by President Monroe have since been repeatedly asserted by the United States by Excecutive declaration and action upon occasions and exigencies similar to the particular occasion and exigency which caused them to be first anounced, and have been ever since their promulgation, and now are, the rightful policy of the United States; therefore,
Be it resolved, That the United States of America reaffirms and confirms the doctrine and principles promulgated by President Monroe in his Message of December 2, A. D. 1823, and declares that it will assert and maintain that doctrine and those principles and will regard any infringment thereof, and particulary any attempt by any European power to take or acquire any new or additional territory on the American continents, or any islands adjacents thereto, or any right of sovereignty or dominion in the same in any case or instance as to which the United States shall deem such attempt to be dangerous to its peace or safety by or through force, purchase, cession, occupation, pledge, colonisation, protectorate or by control of the easement in any canal or any other means of transit across the American Isthmus, whether under unfounded pretension of right in cases of alleged boundary disputes or under any other unfounded pretensions, as manifestation of an unfriendly disposition towards the United States and as an interposition which it would be impossible in any form for the United States to regard with indifference."

[2]) Desjardins, S. 22 ff.; Mérignhac, S. 48 ff. und Pétin, S. 227 ff.

[3]) Vergl. oben S. 75 ff.

Olney und Cleveland in mehreren Punkten den Inhalt der Monroedoktrin gar nicht vollständig ausgeschöpft haben.

Ein kurzer Überblick über den ungemein schwerfälligen Antrag Davis ergibt, daß mit ihm nichts weiter versucht wird, als eine Bestätigung der Monroedoktrin durch den Kongreß herbeizuführen, wie sie sich durch Polk, Grant und im Verlaufe der Kanalangelegenheit herausgebildet hatte. Und daraus folgt weiter, daß von einer Davisdoktrin überhaupt ernstlich keine Rede sein kann.

g) Die Stellung der Vereinigten Staaten zu der Frage des Baues und der Kontrolle eines amerikanischen interozeanischen Kanals durch nicht amerikanische Mächte und mit nichtamerikanischem Gelde.[1])

Allgemeines.

Der Plan, einen Kanal durch die Mitte der amerikanischen Kontinente vom Atlantischen zum Stillen Ozean zu bauen, ist fast so alt wie die Entdeckung Amerikas.

---

[1]) Vergl. hier besonders die oben S. 100 ff. gemachten Ausführungen über die englische Politik im mittleren Amerika und die Haltung der amerikanischen Regierung dazu.

Literatur und Quellenmaterial über die Kanalfrage sind unabsehbar und vermehren sich unentwegt.

Ebensowenig wie oben der Versuch unternommen wird, eine vollständige Geschichte des amerikanischen Kanals zu geben, kann es hier die Aufgabe sein, ein auch nur einigermaßen vollständiges Literaturverzeichnis zu bieten. Die folgenden Nachweise sind lediglich eine Sammlung von Abhandlungen, die aus einem oder dem andern Grunde für die besonderen Zwecke der oben gemachten Ausführungen besonders in Betracht kamen.

Das Quellenmaterial findet sich besonders an folgenden Stellen:

St. A., LXVI S. 183 ff.: Verhandlungen zwischen Großbritannien und den Vereinigten Staaten von Amerika über einen Kanal zwischen dem Atlantischen und Stillen Ozean; Br. Acc. and Papers 1856, LX 2052: Corr. with the United States respecting Central America, und 2107: Further Correspondence usw. 1860, Vol., LXVIII 2748: Further Correspondence. Außerdem kommen für die englischen Quellen noch die betreffenden Bände der Br. and For. State Papers besonders in Betracht.

Von den amerikanischen Quellen sind besonders folgende hervorzuheben: Vor allen Dingen eine sehr wertvolle Urkundensammlung, die unter dem Titel: Correspondence in Relation to an Interoceanic Canal usw. (56. Cong. 1. sess. Sen. Doc. S. 237) von der amerikanischen Regierung im Jahre 1900 gedruckt worden ist. Dieses Buch wird hier als Corr. 1900 zitiert werden. Vergl. ferner Corr. between Great Britain and the United States in relation to Central American affairs, 34. Cong. 1. sess., Washington 1856; Moore, III S. 1 ff. (§ 336 ff.); Sullivan and Cromwell, Compilation of Executive Documents and Diplomatic Correspondence relative to a

Das Interesse der Vereinigten Staaten an dieser Idee beginnt sogleich nach Begründung der Selbständigkeit der latin-amerikanischen Staaten. Von da an ist die Geschichte dieser Idee eine Kette von Begebenheiten, so mannigfaltig, wie sie in den diplomatischen Annalen ihresgleichen sucht, und die gegenwärtig noch nicht abgeschlossen ist.

Wir haben oben bereits als selbständige Episoden die Bemühungen Englands in Zentralamerika um den Erwerb oder die

---

trans-isthmian Canal in Central America, 3 Bde., New York 1905. Diese nützliche Sammlung ist von der neuen Panama-Canal-Company herausgegeben worden. Canal de Panamá, Documentos relacionados con este, asúnto que se publican por order del Senado de la Republica, Bogotá 1903.

Vergl. ferner folgende Abhandlungen:

De Barral Montferrat, S. 43 ff. u. S. 171 ff.; Arias, Harmodio, The Panama Canal, a study in international Law and Diplomacy, London 1911; Beaumarchais, S. 96 ff.; De Bustamante, Le Canal de Panama et le droit international, R. I., Bd. XXVII (1895) S. 112 ff. u. S. 223 ff.; Cespèdes, S. 447 ff., Coolidge (Ed. 1912) S. 267 ff.; Despagnet, S. 633 ff.; Dunning S. 52 ff.; Foster, S. 461 ff.; Grant, The Nicaragua Canal in N. Am. Rev., Bd. CXXXII (Febr. 1881), S. 107 ff.; Henderson, Cap. II S. 63 ff.; Huberich, Charles Henry, Le Canal Transisthmique, Rev. d. D. Publ. et de la Sc. Pol., XIX, 1903, S. 193 ff.; Derselbe, The Transisthmian Canal: A Study in American diplomatic History, 1825—1904; Austin (Texas) 1904; Johnson, Emory R., The Panama Canal. Pol. Sc. Quart. (1903) Bd. XVIII S. 197 ff.; Johnson, Willis Fletscher, Four Centuries of the Panama Canal, New York 1906; Keasbey, Lindey Miller, The Nicaragua Canal and the Monroedoctrine usw., New York u. London 1896 (ein sehr gutes Buch); Derselbe, The National Canal Policy, Am. Hist. Ass. Ann. Rep., 1902, Bd. I Nr. 11 S. 275 ff.; Latané, John H., Cap. VI; Derselbe, The Neutralisation features of the Hay-Pauncefote Treaty, Am. Hist. Ass. Ann. Rep., 1902, Bd. I Nr. 12 S. 289 ff.; Lawrence, Essays on some disputed questions in modern international Law, Cambridge 1885, Essay III S. 89 ff. The Panama Canal and the Clayton-Bulwer Treaty; Lehmann, Richard, Der Panamakanal, seine Geschichte, die Befestigungs- und Gebührenfrage in Niemeyers Zeitschr., XXIII 3. u. 4. Heft (1913) S. 46 ff.; Lesseps, Ferdinand de, The Interoceanic Canal in N. A. Rev., Bd. CXXX (1880) S. 1 ff., auch Bd. CXXXI (ebenfalls 1880) S. 75 ff. (Lesseps richtet sich hier gegen die Anwendbarkeit der Monroedoktrin auf Privatunternehmen, wie den Canal oder wie eine Eisenbahn); v. Liszt, S. 210 ff.; Moore, John Basset, Interoceanic Canal and Hay-Pauncefote Treaty, Washington Gov. Print. Off. 1900; (Wiederabdruck aus der New York Times vom 4. März 1900); Müller-Heymer, Der Panamakanal in der Politik der Vereinigten Staaten, eine völkerrechtliche Studie, Berlin 1909; Nys, I S. 528 ff.; Oppenheim, I S. 251 ff.; Pensa, Henry, La république et le Canal de Panama, Paris 1906; Pétin, S. 115 ff.; Schleiden, R., Die rechtliche und politische Stellung der Panamakanalfrage, Preuß. Jahrbücher 1882, Juni; Scruggs, S. 16 ff.; Snow, S. 326—346; Travis, Ira Dudley, The History of the Clayton-Bulwer Treaty in Publications of the Michigan Pol. Sc. Ass., Bd. III, Jan. 1900, Nr. 8 (lesenswert); Tucker, S. 43 ff.; Viallate, Les Etats-Unis et le Canal interocéanique, Un chapitre d'histoire diplomatique américaine, R. G. Bd. X (1903) S. 5 ff.; Derselbe, Essays S. 57 ff.; Whiteley, James Gustavus, Les Traités Clayton-Bulwer and Hay-Pauncefote, R. J., 2. Ser. Bd. III, (1901) S. 5 ff.; Woolsey, T. S., Suez and Panama; A Parallel, Am. Hist. Ass. Ann. Rep. (1902—1903) Nr. 13 S. 305 ff.; Wyse, Lucien Nap. Bonaparte, Le Canal de Panama, Paris 1886.

Kontrolle solchen Landes, das ihm mit Hinsicht auf den Plan eines interozeanischen Kanals erstrebenswert erschien und die Haltung der Vereinigten Staaten dazu geschildert.[1])

Hier interessieren weiter folgende zwei Fragen: einmal, wie haben sich die Vereinigten Staaten gegenüber der Idee der Kontrolle eines solchen Kanals, und zweitens, wie gegenüber derjenigen seines Baues durch nichtamerikanische Mächte bezw. durch nichtamerikanisches Kapital verhalten?

Ihr Standpunkt hat in dieser Beziehung grundsätzliche Wandlungen erfahren.

Erste Etappe. — Geschichte.

Zum ersten Male kommt das Interesse der amerikanischen Regierung an der Kanalsidee zu einem deutlichen Ausdrucke in der Instruktion, welche Henry Clay den Vertretern der Vereinigten Staaten auf dem Panamakongreß des Jahres 1826 gab.[2])

Einer der Verhandlungsgegenstände auf diesem Kongresse sollte auch die Frage eines solchen Kanals sein.

Henry Clay äußerte nun in einem Schreiben vom 8. Mai 1826 an die Herren Anderson und Sergeant seine Meinung dahin, die Frage eines solchen Kanals werde einen geeigneten Gegenstand für die Kongreßberatungen bilden. „Dieses riesige Objekt", so schreibt er, „wird, falls es jemals vollendet werden sollte, in größerem oder kleinerem Maße für alle Teile der Welt von Interesse sein".

Und er fährt fort:

„Was zum Vorteile von All-Amerika zurückfließen wird, sollte mit gemeinsamen Mitteln und geeigneten Bemühungen ausgeführt und nicht den getrennten und ohne Beistand gemachten Anstrengungen einer Macht überlassen werden. . . . . Die Vorteile des Werkes sollten nicht ausschließlich einer Nation zugewendet werden, sondern sie sollten auf alle Teile des Erdballes gegen Zahlung einer gerechten Kompensation oder eines angemessenen Zolles erstreckt werden."[3])

---

[1]) Siehe oben S. 100 ff.

[2]) Vergl. hier: International American Conference, Reports of Committees and Discussions whereon. Bd. IV, Hist. Appendix. The Congress of 1826, at Panama, and subsequent Movements toward a conference of American Nations, Washington Gov. Print. Off. 1890, S. 113 ff., besonders S. 143.

Vergl. auch über diesen Kongreß die unten S. 277 ff. gemachten Ausführungen.

[3]) Die Idee, daß sämtliche Mächte der Erde in bezug auf die Benutzung des

Eingehender beschäftigte sich eine Senatsresolution aus dem Jahre 1835 mit den beiden hier in Betracht kommenden Fragen.

Der Senat faßte nämlich am 3. März 1835 einen Beschluß, durch den der Präsident der Vereinigten Staaten ersucht wurde, der Frage nach der Eröffnung von Verhandlungen mit den Regierungen anderer Staaten, insbesondere denen von Zentralamerika und Neu-Granada, zum Zwecke wirkungsvollen Schutzes solcher Individuen oder Gesellschaften, die einen derartigen Kanal bauen wollten, ebenso wie der Frage der Herbeiführung der Sicherung dauernder freier Benutzung dieses Kanals für alle Nationen näherzutreten.[1])

Kanals gleichmäßig zu behandeln seien, ist von den Vereinigten Staaten prinzipiell unverändert beibehalten. In jüngster Zeit ist der Kongreß jedoch diesem durch Verträge geheiligten Gedanken dadurch untreu geworden, daß er in Sektion V des Panamakanalakts vom 24. Aug. 1912 entgegen dem Hay-Pauncefote-Vertrag im Küstenhandel begriffene Schiffe der Vereinigten Staaten von der Zahlung von Kanalzöllen ausnahm. Der Text dieses Gesetzes steht z. B. im A. J. Supplement VI (1912) S. 277 ff. Vergl. hier ferner den Protest Englands vom 14. Nov. 1912, abgedruckt in Br. Acc. and Papers 1912, C. d. 6451 und in A. J. Supplement, Bd. VII Nr. 1 46 ff. abgedruckt. Vergl. über die Frage der Zulässigkeit dieser Bestimmung, über die bereits eine ziemlich ausführliche Literatur besteht, nur die folgenden drei Abhandlungen: Wilhelm Kaufmann, Das Panamakanalgesetz der Vereinigten Staaten vom 24. Aug. 1912 und das Völkerrecht. in Kohlers Zeitschr., Bd. VI, 1913, S. 407 ff., vergl. auch R. J. 1912 S. 581 ff.; Oppenheim, The Panama-Canal-Conflict between Great Britain and the United States of America, A Study, Cambridge 1913; Wambaugh, Exemption from Panama Tolls, in A. J., VII Nr. 2 S. 1 ff., auch abgedruckt im Cong. Rec. vom 26. Febr. 1913 S. 4223 ff.; endlich Lehmann, l. c. „die Frage der Kanalgebühren" S. 82 ff.; Samuel Seabury, Richter des Obersten Gerichtshofes im Staate von New York, behauptet in einer Abhandlung im Outlook vom 8. März 1913, die als Sen. Doc, 2, 63. Cong. spec. sess. gedruckt worden ist, folgendes: Durch den Vertrag mit Panama über die Abtretung der Kanalzone an die Vereinigten Staaten sei eine so neue Situation geschaffen worden, daß unter Anwendung der clausula rebus sic stantibus der Hay-Pauncefote-Vertrag hinfällig sei. Samuel Seabury hat offenbar bei dieser — übrigens nicht nur von ihm geäußerten — Ansicht vergessen, den Artikel IV dieses Vertrages zu lesen. Dort steht: „It is agreed that no change of territorial sovereignty or of the international relations of the country or countries traversed by the before-mentioned canal shall affect the general principle of neutralisation or the obligation of the High Contracting Parties under the present Treaty."

[1]) Vergl. Cong. Globe, 32. Cong. 3. sess. (1853) S. 251, in Claytons Rede. Der Text der Resolution lautet:

„Resolved: that the President of the United States be respectfully requested to consider the expediency of opening negotiations with the Governments of other nations, and particulary with the Governments of Central America and New Granada for the purpose of effectually protecting by suitable traty stipulations with them, such individuals or companies as may undertake to open a communication between the Atlantic and Pacific oceans by the construction of a ship canal across the isthmus which connects North and South America and of securing for ever by such stipulations, the free and equal right of navigating such canal to all such nations, on the payment of such reasonable tolls as may be established to compensate the capitalists who may engage in such undertaking and complete the work."

Eine entsprechende Resolution wurde vom Hause am 4. März 1839 angenommen.[1])

Damit war ausgesprochen, einmal, daß der Kongreß vom Bau des Kanals durch Private ausging, und zum andern, daß er annahm, der erbaute Kanal solle gemeinsam durch verschiedene Staaten zu schützen sein.

Die Frage, wie sich die Vereinigten Staaten diesen Schutz dächten, wurde im Jahre 1846 in dem Friedens-, Freundschafts-, Navigations- und Handelsvertrage zwischen ihnen und Neu-Granada, dem Rechtsvorgänger von Colombia, vom 12. Dezember 1846 [2]) behandelt.

Dieser Vertrag bestimmte im Artikel XXXV, daß die Vereinigten Staaten die vollständige Neutralität des Isthmus ebenso wie die Souveränitätsrechte und das Eigentum Neu-Granadas über das Isthmus-Gebiet dieser Republik garantieren sollten.

Ob diese Garantie der Vereinigten Staaten die alleinige sein, oder ob die anderer Staaten noch hinzutreten sollte, darüber enthielt er nichts.

Dagegen ging Präsident Polk von der Idee gemeinsamer Garantie aus. Er bemerkte in der die Annahme des eben erwähnten Vertrags dem Senat empfehlenden Botschaft vom 10. Februar 1847,[3]) es sei nicht zu bezweifeln und werde von Neu-Granada zuversichtlich erhofft, daß die gleichen Garantien auch von England und Frankreich gegeben werden würden, falls die Vereinigten Staaten sie leisten würden.

Ausdrücklich erwünscht und für notwendig bezeichnet wurde eine Garantie Englands von Staatssekretär Clayton, der den Gesandten der Vereinigten Staaten in Neu-Granada, Mr. Foote, unter dem 15. Dezember 1849 beauftragte, die Regierung von Neu-Granada zur Einleitung von Verhandlungen mit England über diesen Punkt zu drängen und dabei schrieb:

„Die Garantie Großbritanniens ist notwendig für das Kapital, das in die Eisenbahn zu stecken ist, und ist von großer und offenbarer Wichtigkeit für die Vereinigten Staaten.“ [4])

---

[1]) Cong. Globe, 25. Cong. 3. sess., Bd. VII Nr. 16 S. 241.

[2]) Text Martens, N. R. G., XIII S. 653 ff., sowie Treaty Vol. 1910 S. 302 ff., besonders S. 312 f. Der Artikel XXXV ist auch in Canal Corr. 1900 S. 246 abgedruckt.

[3]) Richardsons Mess., IV S. 512 ff.

[4]) MS. Inst. Colombia, XV S. 133 (M., III S. 11).

Weiterhin instruierte er auch den Gesandten der Vereinigten Staaten in England, Mr. Lawrence, unter dem 13. Dezember 1849 [1]) dahin, zusammen mit dem Vertreter der Regierung von Neu-Granada in London zur Gewährung einer Neutralitätsgarantie über den Isthmus durch England hinzuwirken, eine Maßnahme, die Clayton für höchst bedeutungsvoll erklärte. Falls England keinen derartigen Vertrag mit Neu-Granada zu schließen geneigt sei, so wurde Lawrence gleichzeitig beauftragt, den Lord Palmerston über die Neigung der englischen Regierung zum Abschlusse eines derartigen Vertrages mit den Vereinigten Staaten zu sondieren.

Auch an den Gesandten der Vereinigten Staaten in Frankreich, Mr. Rives, wurde unter dem 26. Januar 1850 eine entsprechende Instruktion über eventuelle Verhandlungen mit der französischen Regierung gesandt.[2])

Im Clayton-Bulwer-Vertrage, den die Vereinigten Staaten mit England unter dem 19. April 1850 [3]) abschlossen, kam diese Idee gemeinsamer Garantie der beiden Regierungen zu einem praktischen Ausdrucke.

Dieser Vertrag sollte, wie wir oben gesehen haben, vor allen Dingen den englischen Expansionsversuchen im mittleren Amerika ein Ende machen. Hier kommt aus folgenden Gründen er in Betracht:

In Artikel I war bestimmt, daß keine der beiden Nationen jemals irgend eine ausschließliche Kontrolle über den Schiffskanal für sich selbst erlangen oder aufrecht erhalten wollte.

In Artikel II wurde ausgemacht, daß beide Teile diejenigen Personen, die mit Erlaubnis der Lokalregierungen den Bau des Kanales unternehmen würden, sowie deren Eigentum bis zur Vollendung des Baues gegen ungerechte Festnahme, Konfiskation, Wegnahme, oder irgendwelche Gewalt schützen wollten.

Artikel V bestimmte die Protektion des Kanals nach dessen Vollendung sowie die Garantie seiner Neutralität durch England und die Vereinigten Staaten.

Nach Artikel VI sollten die Vertragschließenden alle Staaten, mit denen sie in freundschaftlichem Verkehr stünden, zum Abschlusse ähnlicher Abkommen einladen.

---

[1]) MS. Inst. Great Britain, XVI S. 75 (M., III S. 10).
[2]) MS. Inst. France, XV S. 125 (M., III S. 11).
[3]) Vergl. oben S. 105 f.

Nach Artikel VII sollten sie ihre Ermutigung und Unterstützung derjenigen Privatperson oder Gesellschaft geben, die im Besitze der notwendigen Konzessionen und des erforderlichen Kapitals das erste Angebot zum Beginne des Baues machen würde.

Nach der Präambel des Vertrags bezog er sich nur auf die sogenannte Nicaragua-Route, die die Vereinigten Staaten damals im Auge hatten. In Artikel VIII wurde jedoch ausgemacht, daß der Vertrag sich auch auf jede andere, insbesondere die Tehuantepec- und die Panama-Route erstrecken solle.

Kurz zusammengefaßt bestimmte dieser Vertrag danach folgendes in bezug auf die beiden hier wesentlichen Fragen:

1. England und die Vereinigten Staaten sollen gemeinsam den Kanal während des Baues und nach seiner Fertigstellung schützen, sowie seine Neutralität gewährleisten.

2. Beide Vertragsteile gehen davon aus, daß eine Privatperson oder eine Privatgesellschaft ihn bauen werde.

Über eine Garantie der Kanalzone schwieg dieses Abkommen.

Sein Abschluß machte insbesondere einen am 21. Juni 1849 zwischen den Vereinigten Staaten und Nicaragua abgeschlossenen, später jedoch dem Senate der Vereinigten Staaten dann gar nicht mehr zur Genehmigung vorgelegten Vertrag hinfällig. (Sogenannter Hise-Selva-Vertrag.)[1]

Dieser Vertrag ist hier vor allem deshalb von Interesse, weil in ihm die Idee, daß der Kanal vielleicht von den Vereinigten Staaten selbst gebaut werden könnte, wie mir scheint zum ersten Male, zum Ausdruck kommt und für diesen Fall Vorsehungen trifft.

Der Vertrag geht zwar zunächst von der Konstruktion des Kanals durch Private aus.[2]) In Artikel I wird aber ausdrücklich

---

[1]) Vergl. Martens, N.R.G., XV S. 180 ff., Br. and For. State Papers, S. 469 ff. u. Canal Corr. 1900 S. 247 ff.

[2]) Vergl. insbesondere den Artikel XIII.

Vergl. weiter den Vertrag der Am. Atlantic and Pacific Ship Canal Company mit dem obersten Direktor des Staates von Nicaragua, vom 27. Aug. 1849. In diesem Vertrag erhält die eben bezeichnete Gesellschaft, die dem Artikel VII des Clayton-Bulwer-Vertrages genügende Konzession für die Nicaragua-Route (Text, Canal Corr. 1900 S. 255).

Vergl. ferner das Dekret des obersten Direktors von Nicaragua, Norberto Ramirez, vom 9. März 1850, durch das die Inkorporation dieser Gesellschaft ausgesprochen wurde. l. c. S. 272 f. Vergl. endich das Dekret des Nicaraguanischen Präsidenten Patricio Rivas vom 18. Febr. 1856, das die Konzession der Gesellschaft widerruft, insbesondere weil sie den Kanal nicht begonnen, sondern die Idee als unpraktisch aufgegeben habe, eod. S. 309 f.

erklärt, die Regierung von Nicaragua gebe den Vereinigten Staaten oder einer Gesellschaft ihrer Untertanen das ausschließliche Recht zum Bau eines Kanals durch nicaraguanisches Gebiet.

Eine erste, wenn auch nur recht beschränkte Vorbereitung einer Änderung in den Anschauungen der Vereinigten Staaten zu den beiden hier behandelten Fragen finden wir in der Stellung des Staatssekretärs Cass gegenüber einem Schreiben Lord Napiers, des englischen Gesandten in Washington, vom 24. August 1857.[1])

In diesem Schreiben teilt Lord Napier der amerikanischen Regierung mit, General Herran, der Vertreter der Regierung von Neu-Granada, sei von seiner Regierung beauftragt worden, dem Staatssekretär Cass von dem Verlangen des Abschlusses eines Abkommens zwischen Neu-Granada, England, Frankreich und den Vereinigten Staaten in bezug auf den Kanal Mitteilung zu machen. Dieses Abkommen solle die Aufgabe haben, eine breite und dauernde Grundlage für die Freiheit und Neutralität des Gebiets und Transits von Panama zu bilden.

Lord Napier empfiehlt diesen Plan zur Annahme mit der Bemerkung, daß eine Verbindung der Vereinigten Staaten und England oder der Seemächte allgemein, zweifellos einer alleinigen Garantie der Vereinigten Staaten vorzuziehen sei.

Cass lehnte diesen Vorschlag durch Schreiben vom 10. Dezember 1857 ab.[2]) Er stellte damit das erste Mal der Idee eines unbeschränkten Zusammengehens der Vereinigten Staaten mit europäischen Mächten in bezug auf die Kontrolle des Kanals eine Einschränkung entgegen.

Abgesehen hiervon entsprach der von ihm eingenommene Standpunkt in dieser Angelegenheit jedoch dem von der amerikanischen Regierung bisher vertretenen und wurde in den nächsten Jahren auch noch beibehalten.

So hatten die Vereinigten Staaten nichts gegen die Bestimmungen des zwischen Nicaragua und England unter dem 11. Februar 1860[3]) abgeschlossenen Freundschafts-, Handels- und Schiffahrtsvertrags einzuwenden, in dessen Artikel XXI

---

[1]) Canal Corr. 1900, S. 212.

[2]) eod. S 213.

[3]) Martens, N. R. G., XVI, Teil II S. 380 ff., besonders S. 389. Dieser Vertrag erlosch durch Kündigung am 11. Juni 1888, vergl. Br. and For. State Papers, LXVIII S. 562 und dort den Brief Señor Guzmans an Lord Salisbury vom 7. Mai 1887.

England die Neutralität und den freien Gebrauch des Kanals Nicaragua gegenüber garantierte.

Ebensowenig hatten sie Bedenken gegen den von Frankreich mit Nicaragua kurz vorher, am 11. April 1859, abgeschlossenen Freundschafts-, Handels- und Schiffahrtsvertrag, in dem Frankreich ebenfalls die Neutralität und den freien Gebrauch des Kanals gewährleistete.[1])

Als im Jahre 1862 General Herran, der Gesandte der granadischen Konföderation in Washington, die Vereinigten Staaten um Hilfe gegen revolutionäre Unruhen in der Panama-Kanalzone auf Grund des Vertrages vom 12. Dezember 1846 bat, instruierte Staatssekretär Seward sogar die Vertreter der Vereinigten Staaten in England und Frankreich, Mr. Adams und Mr. Dayton, unter dem 11. Juli 1862 [2]) nicht nur dahin, mit den betreffenden Regierungen darüber zu verhandeln, ob die Vereinigten Staaten mit ihrer Einwilligung Schritte in dieser Angelegenheit ergreifen sollten und welche, sondern auch darüber:

> „ob diese Regierungen sich mit den Vereinigten Staaten dazu verbinden wollen, die Sicherheit des Durchgangs und die Autorität der granadischen Konföderation, sowie die Art und Weise, in der die Parteien solch' ein Abkommen durchführen sollen, zu garantieren." [3])

---

[1]) Martens, N. R. G., XVI, Teil II S. 183, Br. and For. State Papers, L S. 363 ff.

Auch Spanien leistete übrigens in Artikel XIII des mit Nicaragua unter dem 25. Juli 1850 abgeschlossenen Anerkennungs-, Friedens- und Freundschaftsvertrages eine ähnliche Garantie, vergl. Br. and For. State Papers, XXXIX S. 1331 und XLII S. 1206.

Interessant für den Standpunkt der Vereinigten Staaten in dieser Zeit ist ferner die Tatsache, daß Staatssekretär Everett in einem Schreiben vom 22. Febr. 1853 an den Peruanischen Gesandten Osma erklärte, die Vereinigten Staaten würden es begrüßen, wenn Peru den Wunsch ausdrücken wollte, dem Garantieabkommen zwischen Neu Granada und den Vereinigten Staaten vom 12. Dez. 1846 beizutreten. Vergl. dazu MS. Inst., Notes to Peruvian Leg. I S. 79 (M., III S. 25).

Vergl. endlich auch beispielsweise: „Additional Article of the Treaty of Friendship, Commerce and Navigation" zwischen England und Honduras vom 27. Aug. 1856 (Canal Corr. 1900 S. 311). Danach garantierte England der Republik Honduras die Neutralität der von der Internationalen Eisenbahngesellschaft von Honduras durch das Gebiet von Honduras zu legenden Eisenbahn.

[2]) Vergl. Dipl. Corr. 1862 S. 131 ff. und Canal Corr. 1900 S. 10 ff. Die betreffende Stelle lautet wörtlich:

„. . . whether these Governments will unite with the United States in guaranteing the safety of the transit and the authority of the Granadan Confederation or either of these subjects, and the form and manner in which the parties shall carry out such agreement."

[3]) Vergl. dazu unten S. 291—293.

Wir haben gesehen, daß der Vertrag mit Neu-Granada am 12. Dezember 1846 Garantie der Neutralität des Isthmus sowie der Souveränitätsrechte Neu-Granadas über das Isthmusgebiet vorsah. Wir haben ferner gesehen, daß der Clayton-Bulwer-Vertrag von 1850 gemeinsamen Schutz und Neutralisation des Kanals bestimmte und daß andere Staaten zum Abschluß entsprechender Abkommen eingeladen werden sollten.

Der dritte Vertrag, der für die Geschichte des Panamakanals von grundlegender Bedeutung ist, ist der sogenannte Dickison-Ayon-Vertrag zwischen Nicaragua und den Vereinigten Staaten vom 21. Juni 1867.[1])

Dieser Vertrag ist der Abschluß einer langen Reihe von Versuchen der Vereinigten Staaten, vertragsmäßig die Vorteile eines durch nicaraguanisches Gebiet führenden Kanals den Untertanen der Vereinigten Staaten zu sichern.[2])

Auch er war ganz in dem Geiste geschlossen, der in den beiden eben bezeichneten Verträgen zum Ausdruck gekommen war:

Die Vereinigten Staaten erklärten nach Artikel XV dieses Abkommens ihren Schutz auf alle natürlichen oder künstlichen, zukünftigen oder gegenwärtigen Landwege oder Wasserstraßen, vom Atlantischen zum Stillen Ozean durch Nicaragua erstrecken und die Neutralität derselben garantieren zu wollen.

Sie versprachen ferner, ihren Einfluß bei andern Staaten dahin geltend machen zu wollen, um diese zur Übernahme einer ebensolchen Garantie und desselben Schutzes zu veranlassen.

In Artikel XVII behielten sie sich das Recht vor, ihre „Protektion und Garantie" zurückzuziehen, falls die die Ausführung des Kanals unternehmenden oder leitenden Personen oder Gesellschaften gegen den Geist dieses Vertrages verstoßende Be-

---

[1]) Treaty Vol. 1910 S. 1279, Canal Corr. 1900 S. 182 ff. (ein Auszug); vergl. auch Keasbey, Appendix C, wo der Text dieses Vertrages abgedruckt ist. Die Ratifikationen wurden am 20. Juni 1868 ausgetauscht.

Dieser Vertrag ist von Nicaragua für den 20. Okt. 1902 gekündigt worden. Vergl. Treaty Vol. 1910, l. c. vergl. aber auch das Protokoll zwischen den Vereinigten Staaten und Nicaragua über die Konstruktion eines interozeanischen Kanals vom 1. Dez. 1900 (Treaty Vol. 1910 S. 1290).

[2]) Vergl. besonders den unratifizierten Freundschafts- und Handelsvertrag zwischen Nicaragua und den Vereinigten Staaten vom 3. Sept. 1849, abgedruckt in Martens, N. R. G., XV S. 183 (der hier in Frage kommende Artikel XXXV) ferner Br. and For. State Papers, XL S. 979, 1052; vergl. ferner den oben S. 189 erwähnten Hise-Selva-Vertrag vom 21. Juni 1849.

Vergl. endlich den sogenannten Cass-Yrissari-Vertrag vom 16. Nov. 1857, abgedruckt in Canal Corr. 1900, S. 141 ff.

stimmungen in bezug auf den Verkehr durch den Kanal machen sollten.

Dieser Vertrag ging demgemäß wiederum davon aus, daß der Kanal durch Privatpersonen, gleichgültig welcher Nation, erbaut werden solle. Dieser Standpunkt trat besonders im Artikel XVIII hervor, wo erklärt war, die den Vereinigten Staaten und ihren Untertanen gewährten freien Durchgangsrechte und sonstigen Befugnisse sollten nicht durch etwaige andere Konzessionen oder Kontrakte berührt werden können.

Was die Garantiefrage anlangt, so sah dieses Abkommen ebenso wie der Clayton-Bulwer-Vertrag vor, daß eine solche Garantie für die Neutralität eines etwaigen Kanals durch nicaraguanisches Gebiet von den Vereinigten Staaten gewährt werden solle, die auch hier wieder die Garantie anderer Staaten veranlassen sollten.

Dagegen spricht es nicht mehr von einer Garantie der Kanalzone, noch enthält es eine Bemerkung über eine gemeinsame mit anderen Staaten zu gewährende Garantie der Vereinigten Staaten.

Aus dem Jahre 1869 liegt ein Zeugnis dafür vor, daß die Anschauungen der amerikanischen Regierung sich um diese Zeit wesentlich zu ändern beginnen.

Staatssekretär Seward, der im Jahre 1862 ein Garantieabkommen in bezug auf die Sicherheit des Transits von Panama und der granadischen Konföderation mit England und Frankreich zusammen hatte abschließen wollen,[1]) erklärte am 18. Januar 1869 im Verlaufe von Verhandlungen mit Colombia über eine eventuelle Führung des Kanals durch dessen Gebiet in einem Schreiben an den colombianischen Gesandten in Washington, General Acosta,[2]) es sei seine sehr überlegte Überzeugung:

„daß in Zukunft weder irgend eine fremde Regierung, noch die Kapitalisten einer fremden Nation, ausgenommen die Regierung

[1]) Siehe oben S. 191.

[2]) MS. Inst., Notes to Colombia, VI S. 240 (M., III S. 21).

Ich gebe nach Moore den englischen Text dieser hier höchst bedeutungsvollen Worte: „... That henceforth neither any foreign government nor the capitalists of any foreign nation, exept the Government and capitalists of the United States, will ever undertake in good faith to build a canal across the isthmus of Darien;" ... „the neutrality most desirable for Colombia is to be found in a combination of the power, authority and influence of the United States of America and the power, authority and influence of the United States of Colombia to protect und die Kapitalisten der Vereinigten Staaten, es jemals im guten Glauben unternehmen werden, einen Kanal durch den Isthmus von Darien zu bilden".

Ferner, daß:

„die für Colombia erstrebenswerte Neutralität in der Verbindung der Macht, des Ansehens und des Einflusses der Vereinigten Staaten von Amerika und der Macht, des Ansehens und des Einflusses der Vereinigten Staaten von Colombia für den Schutz des Kanals und um ihn zum größten kommerziellen Nutzen aller Nationen ertragreich zu machen, gefunden werden müßte".

Endlich, daß:

„die Vereinigten Staaten nicht allein nicht willig sein würden, sich in eine verwirrende Allianz mit andern fremden Mächten für die Erbauung und die Aufrechterhaltung eines Durchgangs durch den Isthmus einzulassen, sondern auch, daß die Idee, andere Handelsmächte könnten und würden ihre Zustimmung dazu geben, mit den Vereinigten Staaten von Amerika für diesen Zweck eine Verbindung einzugehen, undurchführbar und visionär sei".

Der hier zutage tretende Standpunkt ist gegenüber dem von den Vereinigten Staaten bisher eingenommenen neu.

Seward richtet sich in diesen Ausführungen nicht nur wie Cass gegen eine gemeinsame Protektion und Garantie des Kanals durch die Vereinigten Staaten und europäischen Mächte, sondern er drückt als seine Meinung ferner die folgenden zwei Gedanken aus:

1. Die Neutralität des Kanals ist durch die Vereinigten Staaten und diejenige amerikanische Macht, durch deren Gebiet der Kanal führen wird, zu schützen.
2. Der Kanal ist durch die amerikanische Regierung bez. durch amerikanisches Kapital zu bauen.

Dieser Standpunkt ist jedoch ebenfalls lediglich als ein vorbereitender Ausdruck einer kommenden Idee zu bezeichnen.

---

the canal and make it productive of the largest commercial benefit to all nations." . . . „Not only would the United States be unwilling to enter into an entangling alliance with other foreign nations for the construction and maintenance of a passage through the isthmus, but also that the idea that other commercial powers could and would consent to enter into a combination with the United States of America for that purpose is inpracticable and visionary."

Denn in einem kurz darauf unter dem 26. Januar 1870 [1]) abgeschlossenen, jedoch nie in Kraft getretenen Vertrag zwischen den Vereinigten Staaten und Colombia wurden nicht nur die oben erwähnten Bestimmungen des Vertrages vom 12. Dezember 1846 zwischen den Vereinigten Staaten und Neu-Granada erneuert. In Artikel XI leisteten die Vereinigten Staaten fernerhin der Regierung von Colombia auch Garantie dahin, daß der Kanal, seine Dependenzen und sein Zubehör von allen feindlichen Akten einer andern Nation frei sein solle.

Im Artikel XXV endlich war bestimmt, daß beide Vertragsteile jede mögliche Anstrengung machen sollten, um von andern Mächten eine Garantie zugunsten der eben wiedergegebenen Bestimmungen des Artikels XI, sowie der Souveränität Colombias über das Gebiet des Isthmus von Panama und von Darien herbeizuführen. Weitergehend war sogar verabredet (Art. XXV), daß:

> „solche Nationen, welche durch Verträge mit den gegenwärtigen Vertragsparteien sich in der Garantie der Neutralität des Kanals und in der Souveränität über das Territorium . . . . verbinden sollten . . . .“

gewisse Handelsvorteile genießen sollten.

Die Vereinigten Staaten wollten also nach diesem Vertrage sich nicht nur um die Leistung von Garantien durch andere Staaten bemühen, sondern wollten auch versuchen, sich dazu mit andern Mächten vertragsmäßig zu vereinigen.

Zusammenfassung.

Der von den Vereinigten Staaten in bezug auf die beiden hier interessierenden Fragen bis hierher eingenommene Standpunkt läßt sich nach alledem folgendermaßen zusammenfassen:

1. Die Vereinigten Staaten gingen stets davon aus, daß sie an einer eventuellen Kontrolle eines interozeanischen amerikanischen Kanals beteiligt zu sein hätten. Andererseits hatten sie grundsätzlich nichts gegen eine, sei es in der Form des Schutzes und der Garantie der Neutralität des Kanals oder auch der Kanalzone zugleich bestehenden Kontrolle nichtamerikanischer Mächte einzuwenden.

   Dieser Standpunkt kam insbesondere in einer Reihe von Verträgen zum Ausdruck, in denen die Vereinigten

[1]) Canal Corr. 1900 S. 51 ff., vergl. besonders den Artikel XXV.

Staaten sich verpflichteten, andere europäische Staaten entweder zum Abschlusse selbständiger Garantieverträge mit den betreffenden zentralamerikanischen Staaten, oder zu gemeinsamer Garantie mit ihnen selbst zu veranlassen.

2. Die Frage danach, wer den Kanal solle bauen dürfen, wurde von ihnen grundsätzlich dahin beantwortet, daß hierfür freie internationale Konkurrenz maßgebend sein sollte.

Zweite Etappe.

Ein völliger Wendepunkt in dei Haltung der Vereinigten Staaten den beiden Fragen gegenüber trat ein, als es dem Leutnant Lucien Bonaparte Wyse gelang, für die „Société Civile Internationale du Canal Interocéanique" unter dem 20. März 1878 von der Regierung von Colombia das ausschließliche Privilegium für die Erbauung eines Kanals zwischen Atlantischem und Stillem Ozean durch colombianisches Gebiet zu erlangen (sogenannter Salgar-Wyse-Vertrag).[1])

Hinzukam, daß ein von Lesseps am 15. Mai 1879 in Paris zusammengerufener internationaler Ingenieurkongreß sich für die Panamaroute entschied, und insbesonders, daß sich die Allgemeine Interozeanische Panamakanal-Gesellschaft (Compagnie universelle du Canal interocéanique de Panama) bildete, deren Inkorporation in Paris unter dem 20. Oktober 1879 erfolgte, nachdem Lesseps die Wyse-Konzession für sie erworben hatte.[2])

In New York entstand darauf sofort ein amerikanisches Konkurrenzunternehmen unter dem Namen „Provisional Interoceanic Canal Society" mit General Grant als Präsidenten.

Insbesondere aber bewirkte die von den Vereinigten Staaten bis dahin nicht in Rechnung gezogene und nunmehr nahegerückte Gefahr, daß die finanziellen Vorteile eines Kanals ihnen entgehen könnten, sofort den völligen Umschwung in der Stellung der amerikanischen Regierung wie des amerikanischen Volkes zu der Kanalfrage.

---

[1]) Siehe Canal Corr. 1900 S. 113 ff. Siehe dort auch auf S. 120 ff. das Genehmigungs-Dekret vom 17. Mai 1878, sowie S. 125 ff. den Brief von Lucien B. Wyse, vom 18. Mai 1878, in dem er die in dem Dekret verfügten Änderungen der Konzession annimmt.

Vergl. ferner 57. Cong. 2. sess. Sen. Doc. Nr. 114 (1902—1903, Bd. IX). Dort findet sich auf S. 244 ff. der Zusatzvertrag, der den Vertrag vom 20. März 1878 ändert, welcher Zusatzvertrag durch Gesetz vom 20. Dez. 1890 genehmigt wurde. Vergl. endlich auch den Ausdehnungsvertrag mit der Panama-Company in Liqu. vom 4. April 1893.

[2]) Die Charter steht übersetzt in Sen. Doc. 253, 57. Cong. 1. sess. S. 29 ff.

Diese neue Haltung, wie sie von Seward bereits vorbereitet war, kam in einem Schreiben des Staatssekretärs Evarts an den Gesandten der Vereinigten Staaten in Colombia, Mr. Dichmann, vom 19. April 1880 klar zum Ausdruck.[1])

In dieser Instruktion beklagt sich der Staatssekretär darüber, daß den Vereinigten Staaten nicht von der vorgeschlagenen Konzession eine vorherige Mitteilung gemacht worden sei, wo sie doch seines Wissens allein die Neutralität eines Kanals durch colombianisches Gebiet und Colombias Souveränität über die Kanalzone garantiert hätten.

Es könne mit Rücksicht auf den Vertrag von 1846 mit Neu-Granada, so führt er weiter aus, schwerlich geleugnet werden, „daß solch' eine Konzession an fremde Untertanen neue Fragen gegenseitiger Rechte und Interessen, die beide die Souveränitäts- wie die Eigentumsrechte der Regierung von Colombia und solche, die ernstlich die Verantwortlichkeit aus der Vertragsgarantie der Vereinigten Staaten berühren, hervorbringen werde." Hierüber hätten mit den Vereinigten Staaten vorgängige Abmachungen getroffen werden müssen. Das Interesse der Vereinigten Staaten an der Eröffnung des Kanals sei besonders groß.

Er fährt fort:

> „Die Regierung der Vereinigten Staaten kann sich nicht durch ein Übereinkommen zwischen andern Mächten oder Privatpersonen, bei dem sie keine Partei ist, von einem direkten Interesse und, wenn notwendig, einer tatsächlichen Oberaufsicht und einem Eingreifen bei der Ausführung eines Plans als ausgeschlossen erachten, der, indem er eine interozeanische Verbindung durch den Isthmus herstellt, ihre Handelsinteressen wesentlich berühren, ihre eigenen territorialen Beziehungen ändern und ihr die Notwendigkeit einer auswärtigen Politik auferlegen würde, die als kriegsartige Vorbereitung oder verwickelnde Allianz bisher sorgfältig vermieden worden ist."

Auch der Kongreß begann sich lebhaft für die Kanalfrage zu interessieren.

Das drückte sich einmal darin aus, daß das Haus durch eine Resolution vom 16. Dezember 1879 beschloß, ein elfköpfiges Ko-

---

[1]) M S. Inst. Colombia, XVII 54 ff. (M., III S. 14 f).

mitee zur Untersuchung der Frage nach der geeignetsten Route für einen Kanal einzusetzen.[1])

Außerdem liefen wie gewöhnlich wieder eine Flut von Resolutionen im Senate wie im Hause ein, die sich alle mit der Kanalfrage und der von den Vereinigten Staaten einzunehmenden Stellung befaßten.

Besonders hervorzuheben ist hier einmal ein von General Burnside, Senator von Rhode Island, am 24. Juni 1879 im Senate und ein von Abgeordneten Carpo am 13. Dezember 1880 im Hause eingebrachter Antrag.

Über beide ist nie abgestimmt worden. Sie sind aber deshalb von besonderem Interesse, weil sie beide das erste Mal die Kanal-Angelegenheit mit der Monroedoktrin in direkte Verbindung bringen.

Der Antrag Burnside hatte folgenden Wortlaut:[2])

„Da das Volk dieser Union seit mehr als 50 Jahren die von Präsident Monroe aufgestellten Lehren als einen Grundsatz vertreten hat, in dem die Interessen der Vereinigten Staaten enthalten sind, daß die amerikanischen Kontinente zufolge der freien und unabhängigen Stellung, die sie sich errungen haben und behaupten, fürderhin nicht mehr als Gegenstände für zukünftige Okkupation[3]) durch irgend welche europäischen Mächte anzusehen sind, deshalb soll beschlossen werden, daß das Volk dieser Nation nicht ohne ernste Beunruhigung irgend einen Versuch europäischer Mächte mit ansehen kann, unter ihrem Schutze und ihrer Kontrolle einen Schiffskanal durch den Isthmus von Darien anzulegen; und eine solche Handlung seitens einer europäischen Macht könnte in keinem anderen Lichte, denn als die Kundgebung einer unfreundlichen Gesinnung gegen die Vereinigten Staaten angesehen werden.“

Die Resolution Carpo's vom 13. Dezember 1880 lautete:[4])

„Beschlossen . . . ., daß der Bau eines interozeanischen Kanals, der die Gewässer des Atlantischen und des Stillen

[1]) Cong. Rec., 46. Cong. 2. sess. (Bd. X) Teil I S. 128 (Antrag King).

[2]) Vergl. Cong. Rec., 46. Cong. 1. sess. Bd. IX (Teil II) S. 2312.

[3]) Nicht „Kolonisation“, wie in der Monroebotschaft steht.

[4]) Vergl. Cong. Rec., 46. Cong. 3. sess. S. 107 (Bd. XI Teil I). Vergl. auch S. 1568, wonach am 14. Februar 1881 vom Komitee für auswärtige Angelegenheiten für diese Resolution (Nr. 345) eine andere (Nr. 397) referiert wurde, bezüglich deren jedoch lediglich Drucklegung beschlossen wurde.

Ozean verbindet, durch ausländisches Kapital unter den Auspizien und der Charter einer europäischen Regierung der feststehenden Politik der Vereinigten Staaten widerspricht, eine Verletzung des Geistes und der Erklärungen der Monroedoktrin ist und nicht durch diese Regierung sanktioniert oder genehmigt werden kann, und daß die Vereinigten Staaten über einen interozeanischen Kanal eine solche Kontrolle und Aufsicht verlangen und dauernd behaupten werden, wie sie als ein Verteidigungsmittel zum Schutze ihrer nationalen Interessen, ihrer Einheit und Sicherheit, und zur Förderung der Wohlfahrt, sowie der Hebung des Handels der atlantischen und pacifischen Staaten der Union notwendig sein mögen." [1])

Alle solche Äußerungen zeigen, daß die Vereinigten Staaten nicht gewillt waren, sich die aus einem solchen amerikanischen Kanal springenden Vorteile durch eine nichtamerikanische Nation aus den Händen nehmen zu lassen.

Sie ergeben ferner, daß unter dem Einflusse der Furcht hiervor die Vereinigten Staaten nicht nur den Bau des Kanals durch sie selbst oder ihre Kapitalisten, zum mindesten aber eine Kontrolle über die Konzessionserteilung zu solchem Baue zu fordern beginnen, sondern daß sie auch anfangen, der bisher von ihnen begünstigten Beteiligung nichtamerikanischer Staaten an einer Kontrolle in bezug auf den Kanal selbst zu widerstreben.

Hinzutrat, daß Nachrichten darüber laut wurden, Colombia versuche, trotz und außer der von den Vereinigten Staaten durch den Vertrag von 1846 mit Granada geleisteten Garantie die Neutralisation des Kanals durch England, Frankreich, Deutschland, Spanien und Italien herbeizuführen.

---

[1]) Vergl. auch weiter die von Mr. King am 8. März 1880 im Hause eingebrachte, sehr ausführliche Resolution (Cong. Rec., 46. Cong. 2. sess. Bd. X Teil II S. 1392), die sich ebenfalls gegen europäische Kontrolle des Kanals auf Grund der Monroedoktrin richtet und den Präsidenten zur Ergreifung von Schritten für die Aufhebung der mit der Monroedoktrin in Widerspruch stehenden Verträge auffordert. Vergl. ferner die House Resol. Nr. 529, die am 29. März 1880 vom Repräsentanten Robinson eingebracht wurde und die ebenfalls die Monroedoktrin wiederversichert (Cong. Rec., eod. S. 1936).

Vergl. endlich Cong. Rec., eod. Teil III (Bd. X) S. 2480, wonach am 16. April 1880 für die Resolutionen 251 und 252 vom Komitee für auswärtige Angelegenheiten eine Resolution Nr. 281 berichtet wurde, durch die der Präsident der Vereinigten Staaten aufgefordert werden sollte, einen internationalen Kongreß südamerikanischer Republiken zur Beratung der Politik in bezug auf einen interozeanischen Kanal und der Tunlichkeit, einen solchen zusammenzurufen. Ihr Schicksal: kommt auf den Hauskalender am 23. April 1880, vergl. l. c. S. 2689.

Dem gegenüber kam die Richtung der amerikanischen Meinungsänderung besonders entschieden in der Botschaft des Präsidenten Hayes vom 8. März 1880 zum Ausdruck.[1]) Präsident Hayes erklärte hier unter anderm folgendes:

„Die Politik dieses Landes ist ein Kanal unter amerikanischer Kontrolle. Die Vereinigten Staaten können nicht der Überantwortung dieser Kontrolle an irgend eine europäische Macht oder eine Verbindung europäischer Mächte zustimmen. . . .

Das von Gesellschaften oder Untertanen anderer Länder in solche Unternehmen gesteckte Kapital ist in hohem Maße auf den Schutz einer oder mehrerer der großen Weltmächte angewiesen. Keine europäische Macht kann zur Gewährung solchen Schutzes intervenieren, ohne zu Maßnahmen auf diesem Erdteile zu schreiten, die den Vereinigten Staaten völlig unzulässig erscheinen würden. Verläßt man sich auf den Schutz der Vereinigten Staaten, so müssen sie eine solche Kontrolle ausüben, die sie dazu in den Stand setzt, ihre nationalen Interessen und die Rechte derjenigen, deren Privatkapital in dem Werke steckt, zu schützen und zu erhalten."

Diese Ausführungen waren eindeutig klar in bezug auf die Frage der Kontrolle des Kanals. Sie erklärten insoweit kurz und bündig: Die Vereinigten Staaten verlangen den Schutz und die Garantie eines solchen Kanals für sich allein.

Nach den Umständen, unter denen diese Botschaft erging, sagte sie zugleich aber auch weiter: Die Vereinigten Staaten wollen zugunsten amerikanischen Kapitals die Entscheidung über die Frage, wer einen solchen Kanal solle bauen dürfen, für sich selbst haben.

Hayes Nachfolger, Präsident Garfield, teilte den Standpunkt seines Vorgängers, indem er in seiner Inauguraladresse vom 4. März 1881 [2]) erklärte:

„Wir wollen auf keine enge Politik dringen, noch wollen wir besondere oder ausschließliche Vorteile in bezug auf irgend eine kommerzielle Route erstreben; aber, in der Sprache meines Vorgängers, ich halte es für das „Recht" und die Pflicht der Vereinigten Staaten, eine Oberaufsicht und Autorität der Ver-

---

[1]) Text Richardsons Mess., VII S. 585 f. Canal Corr. 1900, S. 7 ff.

[2]) Richardsons Mess., VIII S. 6 ff., besonders S. 11.

einigten Staaten, die unser nationales Interesse schützt, über jedweden interozeanischen Kanal durch den Isthmus, welcher Nord- und Südamerika verbindet, aufrecht zu erhalten und zu behaupten."

Besonders auf den Versuch Colombias, eine europäische Garantie herbeizuführen, zielt ein Schreiben des Staatssekretärs Blaine vom 24. Juni 1881 an den Gesandten der Vereinigten Staaten in England, Mr. Lowell, und an alle amerikanischen Legationen in Europa.[1]) Blaine erklärt hier, ein solcher Schritt würde die Natur einer Allianz gegen die Vereinigten Staaten an sich tragen und von diesen als der Ausdruck einer unfreundlichen Gesinnung gegen sie angesehen werden. Er erklärt ferner in bezug auf den Standpunkt der Vereinigten Staaten, dieser sei nichts als die Befolgung von vor langer Zeit verkündeten und nunmehr einen integrierenden und wichtigen Bestandteil der nationalen Politik der Vereinigten Staaten bildenden Prinzipien.

Der Verwirklichung solcher Ideen stand vor allem der Clayton-Bulwer-Vertrag im Wege.

Bereits kurz nach seinem Abschluß waren über ihn Meinungsverschiedenheiten ausgebrochen und Erörterungen gepflogen worden. Diese hatten sich allerdings zunächst im wesentlichen auf die Expansionsversuche Englands im mittleren Amerika und die Frage von deren Zulässigkeit nach diesem Vertrage bezogen. Das sogenannte Crampton-Webster-Abkommen vom 30. April 1852 [2]) wollte ebenfalls im wesentlichen in dieser Richtung Klarheit schaffen.

Die nunmehr neu und energischer einsetzende Bewegung auf Abänderung oder Aufhebung dieses Clayton-Bulwer-Vertrages [3])

---

[1]) Canal Corr. 1900, S. 380 ff.

[2]) Text Canal Corr. 1900, S. 297 ff.

Vergl. ferner auch in dieser Beziehung Buchanans Statement vom 2. Mai 1854 in Br. and For. State Papers, XLVI S. 247 ff. und H. Ex. Doc., 1, 34. Cong. 1. sess. S. 65 ff.; vergl. ferner das ausführliche Schreiben des Staatssekretär Cass an Lord Napier vom 8. Nov. 1858 in Br. and For. State Papers XLVIII S. 732 ff. und Canal Corr. 1900, S. 343 ff.

[3]) Vergl. hier auch den Vorschlag des Komitees für auswärtige Angelegenheiten zu einer Vereinigten Resolution des Kongresses vom 16. April 1880, nach dem der Präsident zur sofortigen Ergreifung von Schritten für die Aufhebung des Clayton-Bulwer-Vertrages ersucht wird. In H. Rep. Nr. 1121, 46. Cong. 2. sess. und Cong Rec. 46. Cong. 2. sess. Bd. X Teil III S. 2480. Der Antrag kam am 23. April 1880 auf den Kalender, eod. S. 2689.

hatte vor allem die Beseitigung der englischen Garantie über den Kanal zum Ziele.

Staatssekretär Blaine drückte sich hierzu in einer vertraulichen Instruktion vom 19. November 1881 an den Gesandten der Vereinigten Staaten in London, Mr. Lowell, in folgendem Sinne aus:[1]) Er bezeichnete das Abkommen als einen Vertrag, der vor mehr als 30 Jahren unter ungewöhnlichen Ausnahmebedingungen und lange erledigten Umständen gemacht worden sei, die besten Falles temporär in ihrer Natur gewesen und nie wiederholt werden könnten.

Er gab der Hoffnung Ausdruck, die englische Regierung werde sich zu Abänderungen bereit finden lassen und erklärte es als die Ansicht des Präsidenten, daß die Bestimmung betreffend ein gemeinsames Protektorat über den Kanal durch Nichtausführung und gemeinsame Zustimmung der beiden Regierungen für hinfällig angesehen werden sollte.[2])

Die Rechtfertigung des neugewonnenen Standpunktes unter ausführlicher Begründung mit der Monroedoktrin unternahm im weiteren Verlaufe der zufolge des englischen Widerstandes lange ergebnislosen Verhandlungen Blaines Nachfolger im Staatssekretariat, Frelinghuysen, in einem ganz hervorragenden Schreiben,[3]) das er unter dem 8. Mai 1882 an Mr. Lowell richtete.[4])

Dieses Schreiben, das Lowell dem Lord Granville vorzulesen und auf Wunsch in Abschrift zu überlassen den Auftrag erhielt, beschäftigte sich in ausführlicher Weise mit den Ansichten der amerikanischen Regierung „über die traditionelle kontinentale Politik der Vereinigten Staaten und den Clayton-Bulwer-Vertrag".

Frelinghuysen führt aus, ein isthmischer Kanal werde den Handel der Vereinigten Staaten berühren, ihre Westküste Angriffen aussetzen, ihre Isolation zerstören und sie zur Verbesserung ihrer Verteidigung und Vermehrung ihrer Marine, sowie möglicherweise dazu zwingen, entgegen ihren Überlieferungen an den An-

[1]) Vergl. For. Rel. 1881 S. 554 und Canal Corr. 1900, S. 384.

[2]) Vergl. auch seine Worte, abgedruckt Moore, III S. 193, wo er deutlich auf die Monroedoktrin anspielt.

Vergl. weiter besonders Lord Granvilles Antwort an Mr. West vom 7. Jan. 1882, der ausdrücklich auf die Monroebotschaft Bezug nimmt. For. Rel., 1882 S. 302 ff.

[3]) Keasbey, S. 409, bezeichnet diese Note mit Recht als ein „admirable State Paper".

[4]) Text For. Rel., 1882 S. 271 ff., sowie Canal Corr. 1900 S. 219 ff. Ein Abdruck im Anhang unten unter I Nr. 6.

gelegenheiten europäischer Nationen ein tätiges Interesse zu nehmen.

Der Präsident halte:

„es für unnötig und unweise, im Wege einer Einladung an die Nationen der Erde die Gewährleistung der Neutralität des Isthmusses herbeizuführen, oder ihren Flotten einen Vorwand dazu zu geben, sich in den unserer (d. i. der amerikanischen) Küste anliegenden Gewässern zu versammeln und möglicherweise diese Republik in Streitigkeiten zu verwickeln, von denen befreit zu sein ihre natürliche Lage sie berechtigt".

Und weiter:

„Solche Abkommen würden zur politischen Intervention in amerikanischen Angelegenheiten führen, der zuzustimmen oder gleichgültig zuzusehen die herkömmliche Politik der Vereinigten Staaten dem Präsidenten unmöglich macht. . . . .

Der Präsident glaubt, daß die Bildung eines Protektorats europäischer Nationen über den Isthmus im Widerspruch zu einer Doktrin stehen würde, die von den Vereinigten Staaten viele Jahre lang vertreten worden ist. . . ."

Frelinghuysen geht dann in längeren Ausführungen auf die Monroedoktrin selbst ein. Er spricht von ihrer Natur, ihrer Geschichte, und hebt insbesondere hervor, daß England dieseDoktrin, an deren Verkündung es einen hervorragenden Anteil habe, gebilligt hätte.

Er fährt fort:

„Es ist wahr, daß diese Doktrin sich auf das politische und nicht auf das materielle Interesse Amerikas bezieht. Aber niemand kann leugnen, daß es ernstlich das politische Interesse dieser Macht bedrohen und berühren würde, wenn der Isthmus unter den Schutz oder die Garantie der europäischen Mächte anstatt unter die der führenden Macht auf dieser Hemisphäre gestellt würde. . . .

Es ist nur offen zu sagen, daß diese Nation ebenso abgeneigt sein würde, diese Handelsstraße zwischen der pacifischen Küste und unserem östlichen Markt unter der Herrschaft der Verbündeten europäischen Mächte zu sehen, wie die englische Nation es sein würde, daß der Übergang von einer ihrer Besitzungen zu einer anderen unter solcher Kontrolle stünde."

Frelinghuysen geht sodann zu einer ausführlichen Kritik des Clayton-Bulwer-Vertrages über.

Nach alledem ist ihm eine europäische Kontrolle über den Kanal, wenn dieser auch ein Handelsunternehmen sei, deshalb unleidlich, weil eine solche Kontrolle die Gefahr europäischer Einmischungen in amerikanische Angelegenheiten herbeiführe, was nach der Monroedoktrin verboten sei.

Daß es ihm nicht nur auf ausschließliche Kontrolle des Kanals, sondern auch auf dessen Bau durch die Vereinigten Staaten selbst ankam, bewies Frelinghuysen durch den Abschluß eines Vertrages mit Nicaragua vom 1. Dezember 1884.[1])

Dieser Vertrag bestimmte folgendes:

Nach Artikel I sollte der Kanal durch die Vereinigten Staaten von Amerika erbaut und durch sie zusammen mit der Republik von Nicaragua beschützt werden.

Nach Artikel II schließen die beiden Vertragsparteien eine beständige Allianz und die Vereinigten Staaten versprechen, die Integrität des nicaraguanischen Gebiets schützen zu wollen.

Der Vertrag sah ferner vollständige Kontrolle der Vereinigten Staaten über den Bau des Kanals vor. Leitung und Schutz dieses Baues sollte unter der Generalaufsicht der beiden Vertragsstaaten einem sechsköpfigen Ausschusse übergeben werden (Artikel XIV).

Im Artikel XVIII stellten die Vereinigten Staaten feierlich jede Absicht in Abrede, die Souveränität und Unabhängigkeit Nicaraguas schmälern oder sich auf Kosten dieses Staates oder irgend einer der Schwesterrepubliken von Zentralamerika vergrößern zu wollen.

Einen grundsätzlich andern Standpunkt in dieser Angelegenheit nahm Präsident Cleveland ein. Er zog den eben erwähnten sogenannten Frelinghuysen-Zavala-Vertrag vom 1. Dezember 1884 von den Senatsberatungen zurück.

In seiner ersten Jahresbotschaft vom 8. Dezember 1885[2]) rechtfertigte er diesen Schritt folgendermaßen: Er erklärte, der Ansicht zu sein, daß er unfähig sei:

„Vorschläge zu empfehlen, die höchste Privilegien in bezug auf Besitz oder Ansprüche außerhalb unseres Gebietes einschließen,

---

[1]) Vergl. Appendix XI zu Kalender Nr. 3, 57. Cong. 1. sess. Sen. Rep. Nr. 1 (Rep. of the Sen. Committee on Interoceanic Canals).

[2]) Richardsons Mess., VIII S. 327 ff.

wenn sie mit absoluten und unbegrenzten Verpflichtungen zur Verteidigung der territorialen Unverletzlichkeit des Staates, wo solche Interessen liegen, verbunden sind."

Er war der Meinung:

„welche Straße auch immer über die Barriere, welche die beiden größten Seegebiete der Welt trennt, gebaut werden mag, sie muß dem Nutzen der Welt dienen — in der Obhut von jedermann — sie ist der Möglichkeit der Beherrschung durch eine einzelne Macht zu entrücken, noch darf sie ein Anlaß für Feindseligkeiten oder ein Preis für Kriegsgelüste werden. Ein Übereinkommen zur Erbauung, den Besitz und der Benutzung eines solchen Werkes durch diese Regierung, verbunden mit einem Angriffs- und Verteidigungsbündnis zu seinem Schutz mit einem fremden Staate, dessen Verantwortlichkeit und dessen Rechte wir dann teilen würden, ist meiner Ansicht nach unvereinbar mit solcher Bestimmung zu allgemeinem und neutralem Gebrauche und würde überdies für seine Verwirklichung Maßnahmen nach sich ziehen, die über den Rahmen unserer nationalen Regierungsform oder unserer gegenwärtigen Mittel hinausgehen."[1])

Dieses Zurückgehen zu früheren Anschauungen änderte nicht die allgemeine Richtung der amerikanischen Politik in dieser Angelegenheit. Diese kehrte nach Clevelands Abgang in ihre alten Bahnen zurück.

Als Lesseps Panamakanal-Kompagnie im Jahre 1888 finanziell zusammenbrach, wurden in Frankreich Anstrengungen gemacht, ihr durch eine seitens der französischen Regierung zu leistenden Garantie ihrer Aktien zu Hilfe zu kommen.

Dagegen richtete sich ein fast einstimmig gefaßter Beschluß des Senats vom 7. Januar 1889, der folgendermaßen lautete:[2])

„Daß die Regierung der Vereinigten Staaten mit ernster Besorgnis und Mißbilligung auf jede Verbindung einer euro-

---

[1]) Vergl hier übrigens auch seine Worte in der ersten Jahresbotschaft seiner zweiten Administration vom 4. Dez. 1893 (Richardsons Mess., IX S. 438): „The United States are especially interested in the successful achievement of the vast undertaking this Company has in charge. That it should be accomplished under disdinctively American auspices, and its enjoyment assured not only to the vessels of this country as a channel of communication between our Atlantic and Pacific seabords, but to the ships of the world in the interest of civilisation, is a proposition which, in my judgement, does not admit of question."

[2]) Vergl. Cong. Rec., 50. Cong. 2. sess. Bd. XX S. 338, 514, 546, 547, 597. Das Haus hat diese gemeinsame Resolution debattiert, aber nicht angenommen. Vergl. ebenda S. 707, 1232 u. 2698.

päischen Regierung mit der Erbauung oder Kontrolle eines Schiffskanals über den Isthmus von Darien oder durch Zentralamerika sehen wird, und jede solche Verbindung oder Kontrolle als nachteilig für die berechtigten Ansprüche und Interessen der Vereinigten Staaten und als eine Drohung für ihre Wohlfahrt betrachten muß.“ [1])

Der Nachfolger Clevelands nach Beendigung seiner ersten Verwaltung, Benjamin Harrison, brachte diesen veränderten Standpunkt bereits in seiner Inauguraladresse vom 4. März 1889 zum Ausdrucke, wenn er sagte: [2])

> „Wir haben glücklicherweise eine Politik der Vermeidung jedes Eingriffes in europäische Angelegenheiten aufrecht erhalten. Wir sind lediglich interessierte Zuschauer ihrer diplomatischen und kriegerischen Streitereien gewesen, bereit, unsere guten Dienste zur Herbeiführung des Friedens zu leisten, aber niemals, unsern Rat aufzudrängen, und niemals, zu versuchen, in unehrlicher Weise aus den Nöten anderer Mächte Handelsvorteile für uns herauszuschlagen. Wir sind berechtigt zu erwarten, daß unsere europäische Politik die amerikanische Politik der europäischen Höfe sei. Die Beherrschung eines kürzeren Wasserweges . . . . ist offensichtlich unvereinbar mit solchen Vorsichtsmaßregeln für unseren Frieden und für unsere Sicherheit, wie sie die großen Mächte gewohnheitsmäßig in Angelegenheiten, die sie berühren, beobachten und durchsetzen, so daß wir vertrauensvoll erwarten können, eine solche Absicht werde nicht von einer befreundeten Macht gehegt werden. . . .“

Und ferner:

> „Wir haben ein unbestreitbares Recht, deshalb zu erwarten, daß keine europäische Regierung die Errichtung kolonialer Dependenzen auf dem Gebiete solcher unabhängiger amerikanischer Staaten vornehme.“

Auch Präsident Mc Kinley, der Nachfolger Clevelands nach Beendigung seiner zweiten Administration, erklärte sich

---

[1]) Vergl. auch den zweiten Absatz dieser Resolution, der folgendermaßen lautet: „That the President be and he is hereby, requested to communicate this expression of the views of the government of the United States to the Governments of the countries of Europe“.

[2]) Richardsons Mess., IX S. 10. Vergl. auch seine erste Jahresbotschaft vom 3. Dez. 1889, l. c. S. 35.

ausdrücklich für den von der amerikanischen Regierung seit 1880 eingenommenen Standpunkt, wenn er in seiner Botschaft vom 5. Dezember 1898 sagte: [1])

„Daß unsere nationale Politik gebieterischer denn je die Kontrolle des Kanals durch diese (die amerikanische) Regierung erheischt."

Der Sieg der Vereinigten Staaten über England.

Der endliche Sieg des amerikanischen Standpunktes wurde gesichert, als England endlich nach langen Erörterungen nachgab und sich zur Ersetzung des Clayton-Bulwer-Vertrages durch einen andern Vertrag herbeiließ.

Am 5. Februar 1900 wurde zwischen den beiden Regierungen in Washington durch den dort residierenden britischen Botschafter, Lord Pauncefote, einerseits und den Staatssekretär der Vereinigten Staaten, Mr. Hay, andererseits ein Vertrag geschlossen (sogenannter **erster Hay-Pauncefote-Vertrag**).[2])

Dieser Vertrag sah u. a. folgendes vor:

Artikel I bestimmte, der Kanal könne unter den Auspizien der Vereinigten Staaten entweder durch sie direkt auf ihre eigenen Kosten oder durch Hingabe oder Leihe von Geld an Einzelpersonen oder Gesellschaften, durch Subskription oder dergleichen erbaut werden.

Die Regierung der Vereinigten Staaten sollte ferner alle mit solcher Erbauung zusammenhängenden Rechte ebenso wie die ausschließliche Befugnis der Regelung und Leitung des Kanals nach seiner Vollendung besitzen.

Zur Aufrechterhaltung des in Artikel VIII des Clayton-Bulwer-Vertrages aufgestellten „allgemeinen Prinzips der Neutralisation" nahmen die Vertragsschließenden eine Reihe von Regeln an, die inhaltlich mit denen übereinstimmen, welche in dem Abkommen von Konstantinopel vom 29. Oktober 1888 für die freie Schiffahrt des Suezkanals enthalten sind. (Art. II.)

Nach Artikel III sollten beide Staaten dieses Abkommen unmittelbar nach Austausch der Ratifikationen zur Kenntnis der anderen Mächte bringen und diese zum Beitritt einladen.

---

[1]) For. Rel. 1898, LXXI.

[2]) Der Text dieses Vertrages steht in Martens, N. R. G., 2. ser. Bd. XXIX S. 20; Sen. Doc. 85 (Bd. VIII) 57. Cong. 1. sess., St. A., LXVI S. 183; Strupp, II S. 202 f.

Der Senat der Vereinigten Staaten stimmte der Ratifikation dieses Vertrages [1]) zu. Er versah ihn aber mit einer Anzahl wichtiger Änderungen.

Vor allem fügte er im Artikel II die ausdrückliche Erklärung ein, daß der Clayton-Bulwer-Vertrag durch dieses Abkommen aufgehoben sei.

Er strich weiter insbesondere den Artikel III, wonach andere Mächte zum Beitritt eingeladen werden sollten.

Die englische Regierung hatte gegen die vom Senat angefügten Amendements Bedenken. Schließlich fügte sie sich aber nach weiteren Verhandlungen [2]) unter dem Drucke des Burenkrieges im wesentlichen allen Wünschen der Vereinigten Staaten.

Sie ließ sich sogar auf die wichtige weitere Änderung des Vertrags dahingehend ein, Aufrechterhaltung und Überwachung der Neutralität des Kanals den Vereinigten Staaten selbst zu überlassen.

So kam es am 18. November 1901 zu dem sogenannten zweiten Hay-Pauncefote-Vertrag, der von beiden Mächten ratifiziert wurde.[3])

In diesem Abkommen war außer kleinen Änderungen insbesondere die ausdrückliche Aufhebung des Clayton-Bulwer-Vertrages ausgesprochen.

Weiterhin war jede auf den Beitritt anderer Nationen zielende Bemerkung unterlassen.

Vor allen Dingen kommt hier aber die wichtige Bestimmung des Artikels III in Betracht. Dort ist erklärt:

> „Die Vereinigten Staaten nehmen als die Basis der Neutralisierung eines solchen Schiffskanals die folgenden Regeln an, wie sie inhaltlich in der Konvention von Konstantinopel vom 28. Oktober 1888 . . . enthalten sind. . . .“ (Folgen diese Regeln.)[4])

---

[1]) Sen. Doc., 85 (Bd. VIII) 57. Cong. 1. sess. (Proceedings of the Hay-Pauncefote treaty of February 5th., 1900) S. 10 ff.

[2]) Siehe bes. A. J., V (1911) S. 199 ff.

[3]) Der Vertrag steht u. a. bei Fleischmann, S. 321; Martens, N. R. G., 2. Ser., Bd. XXX S. 631; Niemeyers Zeitschr., XII S. 366; Strupp, II S. 203 f.; St. A., LXVI S. 213; Treaty Vol. 1910, I S. 782; A. J., III S. 127.

[4]) Der englische Text dieser Bestimmung lautet:
„The United States adopts, as the basis of the neutralisation of such ship canal, the following rules, substantially as embordied in the Convention of Constantinople, signed the 28th October, 1888, for the free navigation of the Suez Canal, that is to say. . . .“

Dagegen war auf Englands Wunsch als Artikel IV eine neue Bestimmung eingesetzt.

Dieser Artikel IV erklärte:

„Es ist vereinbart, daß kein Wechsel der Gebietsherrschaft oder der internationalen Beziehungen des Landes oder der Länder, die von dem vorher erwähnten Kanal durchquert werden, das allgemeine Neutralisationsprinzip oder die Verbindlichkeit der hohen vertragschließenden Parteien aus dem gegenwärtigen Vertrage berühren soll.“ [1])

Damit war der lange Kampf zwischen den Vereinigten Staaten und England über den internationalen amerikanischen Kanal von der amerikanischen Regierung gewonnen.

Die Fesseln für eine wirkungsvolle, selbständige Inangriffnahme der Kanalidee durch sie, die in der Existenz des Clayton-Bulwer-Vertrages bestanden hatten, waren beseitigt.

England hatte seine Bemühungen, in Amerika einen Kanal nach dem Muster des Suezkanals zu schaffen, aufgegeben und war vor der erfolgreicheren amerikanischen Diplomatie zurückgewichen.

Die Vereinigten Staaten waren, der Sache nach nur unwesentlich durch die eben erwähnten Verpflichtungen des Hay-Pauncefote-Vertrages beschränkt, zum Herrn über die Kanalfrage geworden, deren Lösung nunmehr in ihren Händen lag.

Für die Zwecke dieser Arbeit sind besonders die folgenden Punkte von Bedeutung:

Dieser Vertrag legte die Entscheidung darüber, wer den Kanal bauen solle, ganz in die Hände der Vereinigten Staaten. Er gab ihnen ferner England gegenüber die alleinige Kontrolle über jeden interozeanischen amerikanischen Kanal, gebunden nur durch die oben erwähnte einseitig abgegebene Versicherung in bezug auf die Durchführung der Neutralität dieses Wasserweges. Und endlich erhielten die Vereinigten Staaten durch ihn die Freiheit wieder, d i e K a n a l z o n e zu erwerben und so indirekter Kontrolle anderer Staaten oder ihrer Einmischung in Kanalangelegenheiten einen Riegel vorzuschieben.

---

[1]) „It is agreed that no change of territorial sovereignty or of international relations of the country or countries traversed by the before-mentioned canal shall affect the general principle of neutralisation or the obligation of the high contracting parties under the present treaty.“

Um die Kontrolle und die Entscheidungsgewalt über den Bau des Kanals völlig in ihre Hände zu bekommen, war es für die Vereinigten Staaten notwendig, sich auch mit den Staaten, durch deren Gebiet der Kanal laufen sollte, auseinanderzusetzen.

Staatssekretär Hay hatte bereits am 1. Dezember 1900 zu diesem Zwecke mit Nicaragua und Costa Rica Protokolle abgeschlossen, die die Grundlage für spätere Verträge der Vereinigten Staaten mit diesen beiden Republiken festlegen sollten.[1])

Nachdem die Vereinigten Staaten sich nach langem Schwanken für die Wahl der Panamaroute als der für den Kanal in erster Linie empfehlenswerten entschlossen hatten, erließ der Kongreß den sogenannten Spooner-Akt vom 28. Juli 1902.[2])

Dieses Gesetz ermächtigte den Präsidenten dazu, um einen Preis von höchstens 40 000 000 Dollar alles Eigentum der Neuen Französischen Panamakanal-Gesellschaft zu erwerben. Ihm wurde ferner die Vollmacht gegeben, von der Republik Colombia zu angemessenen Bedingungen die dauernde Kontrolle eines mindestens sechs englische Meilen breiten Landstriches von der Karaibischen See zum Stillen Ozean für die Vereinigten Staaten zu erwerben, mit der Befugnis, dort einen Kanal zu erbauen, in Betrieb zu halten und zu schützen.

Der Präsident sollte sodann durch eine Kommission den Bau eines Kanals vornehmen lassen.

Falls es ihm nicht gelingen sollte, den gewünschten Vertrag in angemessener Zeit mit Colombia zu schließen, so sollte er versuchen, von Nicaragua und Costa Rica dauernde Kontrolle über einen zum Bau des Kanals notwendigen Landstrich zu erwerben und den Bau der sogenannten Nicaraguaroute vornehmen lassen.

Am 22. Januar 1903 kam es tatsächlich zu einem Vertrage zwischen den Vereinigten Staaten und Colombia (sogenannter Hay-Herran-Vertrag).[3]) Dieser Vertrag wurde auch vom

---

[1]) Vergl. Treaty Vol. 1910, S. 351 (Protokoll mit Costa Rica) u. Treaty Vol. 1910, S. 1290 (Protokoll mit Nicaragua); vergl. ferner H. Doc. S. 611, 57. Cong. 1. sess. S. 23 ff.

[2]) „An Act to provide for the Construction of a Canal connecting the waters of the Atlantic and Pacific Ocean, appr. 28. June 1902", abgedruckt Stat. at Large 32, I, Cap. 1302 S. 481 ff.

[3]) Convention between United States and Colombia for construction of canal, to connect Atlantic and Pacific Ocean, signed Washington 22./23. Jan. 1903 in Conf. Sen. Ex. K., 57. Cong. 2. sess. Abgedruckt auch in 57. Cong. 2. sess. H. Doc., 316, Teil I S. 356 ff. u. 513 ff. (Monthly Bulletin des Bureaus der amerikanischen Republiken).

Senate der Vereinigten Staaten genehmigt. Colombia verzögerte jedoch die Ratifikation, und schließlich ließ der Kongreß von Colombia die laufende Session vergehen, ohne diese Ratifikation zu bewirken.

Daraufhin inszenierten die Vereinigten Staaten eine Revolte der colombianischen Provinz Panama, die am 3. November 1903 ausbrach. Am 4. November 1903 erklärte Panama seine Unabhängigkeit,[1]) am 14. November 1903 erkannten die Vereinigten Staaten die Provinz als selbständige Republik an,[2]) und am 18. November schlossen sie mit Panama einen Vertrag über den Kanal (sogenannter Hay-Varilla-Vertrag).[3])

Dieser Vertrag unterschied sich grundlegend von den Bestimmungen des durch ihn natürlich nicht berührten Vertrages der Vereinigten Staaten mit Neu-Granada vom 12. Dezember 1846. Er bestimmte insbesondere folgendes:

Die Vereinigten Staaten garantierten nach ihm die Unabhängigkeit der Republik Panama und erklärten, sie aufrecht erhalten zu wollen. (Art. I.)

Panama gestand den Vereinigten Staaten für Bau und Betrieb eines Kanals den Gebrauch, den Besitz und die Kontrolle einer in diesem Vertrag näher beschriebenen Zone zu, die sich in einer Breite von zehn englischen Meilen — auf jeder Seite von der Mittellinie des zu erbauenden Kanals in einem Abstand von fünf Meilen — durch Panama erstrecken sollte. (Art. II.)

Nach Artikel III räumte Panama den Vereinigten Staaten unter vollständigem Ausschlusse ihrer eigenen Souveränitätsrechte alle Machtbefugnisse und Autorität in der Kanalzone ein, die die Vereinigten Staaten dort besitzen würden, wenn sie der Souverän dieses Gebietes wären.

Fernerhin wurde den Vereinigten Staaten ein ewiges Monopol für den Bau eines Verbindungssystems durch das Gebiet Panamas vom Atlantischen zum Pazifischen Ozean gewährt.

Panama übertrug weiterhin den Vereinigten Staaten alle seine Rechte in bezug auf das Eigentum der neuen Panamakanal-

---

[1]) Text For. Rel. 1903, S. 256 f.

[2]) Vergl. das Zirkular des Staatssekretärs Hay an alle diplomatischen Repräsentanten der Vereinigten Staaten vom 14. Nov. 1903, abgedruckt in For. Rel. 1903, LXXXIII.

[3]) Vergl. Fleischmann, S. 322 ff.; Martens, N. R. G., 2. Ser. Bd. XXXI S. 599; St. A., Bd. LXIX S. 313; Treaty Vol. 1910, S. 1349.

Gesellschaft und ermächtigte diese zur Übertragung ihres Besitzes an die Vereinigten Staaten.

Endlich wurden die Neutralisationsbestimmungen des Hay-Pauncefote-Vertrages vom 18. November 1901 in dieses Abkommen übernommen.

Durch die in diesem Vertrag vereinbarte Abtretung der Panamakanalzone an die Vereinigten Staaten — denn eine solche Abtretung ist in den betreffenden Vereinbarungen mit Panama in der Tat zu erblicken [1]) — erwarben sie eine vollständige Kontrolle [2]) über jeden durch panamanisches Gebiet laufenden Kanal, die nur durch die Verpflichtung zur Aufrechterhaltung der Neutralität eines solchen Kanals beschänkt war.

Sie erwarben weiterhin zugleich Panama gegenüber das Recht, den Bau des Kanals selbst zu übernehmen.

Was diesen zweiten Punkt anlangt, so war es seit Änderung ihrer Kanalpolitik das konsequent verfolgte Ziel der Vereinigten Staaten gewesen, den Bau des Kanals in amerikanische Hände zu bringen.

Die Frage dagegen, ob die Vereinigten Staaten oder ob ihre Kapitalisten den Kanal bauen sollten, wurde erst viel später entschieden.

In dem oben erwähnten, von Präsident Cleveland zurückgezogenen Frelinghuysen-Zavala-Vertrag vom 1. Dezember 1884 war das erste Mal die Idee des Baues eines Kanals durch die Ver-

---

[1]) Vergl. z. B. den britischen Protest gegen den Panamakanalakt vom 24. Aug. 1912, der diese Souveränität der Vereinigten Staaten über die Panamakanalzone implicite zugibt, wenn er sagt: „Now that the United States has become the practical Sovereign of the Canal, siehe Greys Schreiben an den Botschafter Bryce vom 14. Nov. 1912, abgedruckt in A. J., Bd. VII Nr. 1, Supplement S. 53. Vergl. auch Kaufmann, l. c. S. 407, der von Quasi-Souveränität spricht. Vergl. beispielsweise Despagnet, S. 634, der das Abkommen als eine verdeckte Cession ansieht; ebenso Lehmann, S. 59; v. Liszt (1913) S. 100.

[2]) Es ist eine interessante Frage, ob die in einem Vertrag mit England, sowie einem solchen mit Panama, aber nicht als eine Verpflichtung Englands Panama gegenüber von den Vereinigten Staaten über die Neutralität des Kanals abgegebenen Erklärungen auch einen Erfüllungsanspruch der übrigen Mächte den Vereinigten Staaten gegenüber begründet haben. Nach Zeitungsnachrichten haben jedenfalls auch andere Seemächte, insbesondere Deutschland, gegen die Begünstigung der im Küstenhandel beschäftigten Schiffe der Vereinigten Staaten durch den Panama-Kanalakt vom 24. Aug. 1912 Protest erhoben.

Gegen den Erwerb von Rechten durch dritte Staaten aus dem Hay-Pauncefote-Vertrage spricht sich z. B. Oppenheim in seiner bereits oben angeführten Schrift über den Panamakanalkonflikt auf S. 46, der sich dabei auf das Rechtssprichwort „Pacta tertiis nec nocent nec prosunt" stützt.

einigten Staaten selbst zum Gegenstande eines Abkommens gemacht worden.

Präsident Cleveland dagegen begünstigte die Herstellung des Kanals durch Private. Er bewirkte es, daß A. G. Menocal sich für eine Gruppe von New Yorker Kapitalisten von Nicaragua eine Konzession für den Bau eines Kanals durch nicaraguanisches Gebiet gewähren ließ (Abkommen vom 23. März 1887). Diese Konzession wurde dann auf die „Maritime Canal-Company of Nicaragua" übertragen, eine Privatgesellschaft, in der sich Nicaragua und Costa Rica als Aktionäre befanden, und die durch Gesetz vom 20. Februar 1889 in den Vereinigten Staaten inkorporiert wurde.[1])

Als sie im Jahre 1893 die Fortsetzung des Baues der Nicaraguaroute infolge der damals in den Vereinigten Staaten bestehenden Geldkrisis einstellen mußte, wurden Versuche gemacht, die Fortsetzung des Baues durch die Herbeiführung einer Garantie der Vereinigten Staaten für die Aktien dieser Gesellschaft zu ermöglichen, Versuche, die jedoch alle ergebnislos verliefen.[2])

In dem Spooner-Akt war endlich die Entscheidung dahin zum Ausdruck gebracht, daß der Kanal von den Vereinigten Staaten selbst zu bauen sei.

Damit war, wenigstens soweit die Panamaroute in Betracht kommt, auch die zweite hier in Betracht kommende Frage danach, wer den Bau des Kanals übernehmen solle, endgültig dahin beantwortet, daß die Herstellung des Kanals den Vereinigten Staaten obliege.[3])

---

[1]) An Act to incorporate the Maritime Canal Company of Nicaragua Stat. at Large 25 (Cap. CLXXVI) S. 673, auch Sen. Doc. 400, 56. Cong. 1. sess. (Certificat über die Inkorporation); vergl. H. Rep. 211, 46. Cong. 3. sess; Sen. Rep. 368, 47. Cong. 1. sess.; H. Rep. 1698, 47. Cong. 1. sess., 2 Teile; Sen. Rep. 952, 47. Cong. 2. sess.; Sen. Rep. 1628, 49. Cong. 2. sess.; Sen. Rep. 221, 50. Cong. 1. sess.; ferner auch For. Rel. 1897, S. 417 ff. und Clevelands Mess. vom 3. Dez. 1894 in Richardsons Mess., IX S. 528.

[2]) Vergl. mehr über die Einzelheiten der Angelegenheit in diesem Stadium, die hier nicht gegeben sind, insbesondere bei Johnson, S. 110 ff.; Arias, Cap. IV (The Canal as a governments enterprise); Lehmann, S. 50 ff.; auch Pétin, § 6 S. 143 ff.

[3]) Der Streit um die Befugnis der Vereinigten Staaten, ihre Küstenschiffe von Zollabgaben frei zu lassen, hat mit der Monroedoktrin in ihrer gegenwärtigen Gestalt nicht das Geringste zu tun. Sie damit in Beziehung zu setzen, wie das z. B. Seabury in seiner oben S. 186, Anm. 3 von S. 185 zitierten Abhandlung auf S. 14 und 15 tut, ist entweder ein schweres Mißverstehen der Monroedoktrin oder das Unternehmen, sie unerhört auszudehnen. Die hier in Betracht kommende Frage ist lediglich die: Wollen die Vereinigten Staaten vertragsmäßige Verpflichtungen rein kommerzieller Natur, die sie auf sich genommen haben, erfüllen oder nicht? Das Verlangen Englands,

Die ausdrückliche Rechtfertigung dieses Standpunktes mit der Monroedoktrin unternahm, wie noch in manchen andern Fällen, auch hier wieder besonders apodiktisch Theodore Roosevelt.

In einer Spezialbotschaft an den Kongreß vom 4. Januar 1904, in der er auf das ausführlichste seine Haltung Panama gegenüber darzulegen unternimmt, erklärt er unter anderem folgendes:[1])

„Lange vor dem Abschlusse des Hay-Herran-Vertrages hatte der Gang der Ereignisse gezeigt, daß der Kanal, der den Atlantischen mit dem Stillen Ozean verbinden sollte, von den Vereinigten Staaten oder überhaupt nicht gebildet werden müßte. Erfahrung hatte dargetan, daß ein Privatunternehmen völlig unzureichend für diesen Zweck sei, und eine feststehende Politik, die von den Vereinigten Staaten bei so vielen denkwürdigen Gelegenheiten ausgesprochen und von der beinah einhelligen Stimme der amerikanischen Meinung unterstützt ist, hatte es moralisch unmöglich gemacht, daß das Werk von europäischen Mächten, sei es allein oder in Gemeinschaft unternommen werde."

Roosevelt ist nicht der einzige, der die Eigentumsfrage des Kanals mit der Monroedoktrin in eine ausdrückliche Verbindung bringt. Einen besonders typischen Ausdruck findet diese Idee in einem Report der Kanalkommission zum Senat vom Dezember 1901.

---

daß der Hay-Pauncefote-Vertrag von den Vereinigten Staaten erfüllt werde, ist in keiner Weise die Ausübung einer politischen Kontrolle durch England über den Kanal, wie die Monroedoktrin sie auszuschließen versucht, sondern ist lediglich die Geltendmachung eines ihm zustehenden Vertragsrechts.

Ebensowenig hat die nunmehr praktisch gegenstandslose Frage nach der Berechtigung der Vereinigten Staaten den Kanal zu befestigen, mit der Monroedoktrin irgend etwas zu tun. Auch hierbei handelt es sich im wesentlichen um Vertragsauslegung. Vergl. dazu statt anderer z. B. Lehmann unter C („die Befestigungsfrage") S. 69 ff. (der gegen ein solches Recht des Vertrages spricht) und die von ihm insbesondere auf S. 46 in der Anmerkung angeführten Autoren.

Das letzte Stadium der Entwicklung der diplomatischen Geschichte des Panamakanals, nämlich das Unternehmen, die Möglichkeit des Baues eines anderen Kanals neben dem Panamakanal durch nicht amerikanische Mächte auszuschließen, befindet sich noch im vollen Flusse der Entwicklung. Bei Abschluß dieses Kapitels (März 1913) sind die Vereinigten Staaten dabei, entsprechende Verträge mit den in Frage kommenden zentral-amerikanischen Staaten abzuschließen. Das zugängliche Material ist für eine Darstellung dieser unabgeschlossenen Vorgänge nicht ausreichend.

[1]) For. Rel. 1903, S. 60 ff.

Die Kommission begründet in diesem Bericht die Unleidlichkeit nichtamerikanischen Eigentums an dem Kanale mit den folgenden Worten: [1])

„Die Frage der Eigentümerschaft eines amerikanischen isthmischen Kanals durch eine asiatische oder europäische Regierung ist in Wirklichkeit so nahe mit der Ausübung von Souveränität verbunden, daß sie die Verletzung der Monroedoktrin droht, und es zur Pflicht der Vereinigten Staaten macht, solchem Unternehmen zu widerstreben."

Ergebnisse für die Monroedoktrin.

Fassen wir danach die Ergebnisse zusammen, die aus der Haltung der Vereinigten Staaten gegenüber den Fragen des Baues und der Kontrolle eines amerikanischen interozeanischen Kanals für die Monroedoktrin folgen, so kann man sagen:

1. Nach der ursprünglichen Monroedoktrin war es zur Verletzung des Grundsatzes der Unzulässigkeit von Eingriffshandlungen europäischer Mächte in amerikanische Angelegenheiten notwendig, daß die betreffenden Handlungen gewaltsam vorgenommen würden.

Wie dieses Begriffsmerkmal der Gewaltsamkeit in den oben behandelten Botschaften des Präsidenten Polk von 1845 und 1848, sowie des Präsidenten Grant von 1869 und 1870 keine Rolle mehr spielt, ebenso ist es auch im ganzen Verlaufe der Kanalangelegenheit für die Stellungnahme der Vereinigten Staaten ohne jede Bedeutung.

Gleicherweise wurde ihre Entschließung, daß der Bau des Kanales nicht von fremden Regierungen oder mit fremdem Gelde vorgenommen werden dürfe, nicht irgendwie von derartigen Erwägungen beeinflußt.

Die Stellung der Vereinigten Staaten in der Kanalangelegenheit ergibt demgemäß eine Wiederbestätigung der von Polk vorgenommenen Erweiterungen der Monroedoktrin dahin:

Für die Frage, ob eine Handlung die Monroedoktrin verletzt oder nicht, ist es bedeutungslos, mit welchen

[1]) Dieser Bericht ist undatiert. Seine Drucklegung wurde am 12. Dez. 1901 angeordnet. Vergl. Sen. Rep., Bd. I Nr. 1, 57. Cong. 1. sess. (1901—1902) Teil II (The Monroe doctrine S. 56 ff., besonders S. 576). Die betreffende Stelle lautet in Englisch: „The question of the ownership of an American isthmian Canal by an Asiatic (sic!) or European government is practically so nearly allied to the exercise of sovereignty as to threaten the violation of the Monroedoctrine and to make it the duty of the United States to oppose such enterprise." Vergl. dazu die unten auf S. 280 gemachten Bemerkungen.

Mitteln sie ausgeführt wird. Es kommt lediglich darauf an, zu welchem Ziele zu führen sie geeignet scheint.

2. Hierin erschöpft sich jedoch nicht die Bedeutung dieser Angelegenheit für die Monroedoktrin.

Bei allen bisher behandelten Fällen hätten die fraglichen Handlungen nichtamerikanischer Mächte — wenigstens nach Ansicht der Vereinigten Staaten — im Fall ihrer Durchführung unmittelbar die Vermehrung politischer Gewalt jener Mächte in Amerika ergeben.

Das Widerstreben der Vereinigten Staaten gegen den Bau oder die Kontrolle des Kanals durch nichtamerikanische Mächte oder mit nichtamerikanischem Gelde war dagegen nicht durch diese Erwägung bestimmt. Nicht, weil europäische Kontrolle oder gar der Bau des Kanals durch eine nichtamerikanische Privatgesellschaft die politische Macht eines nichtamerikanischen Staatswesens in Amerika unmittelbar steigern würde, erachteten die Vereinigten Staaten den Besitz der Kontrolle des Kanals in ihren eigenen Händen und seinen Bau durch sie selbst für notwendig. Wie ihre ganze Haltung dartut und wie insbesondere die oben zum Schluß der historischen Darstellung wiedergegebenen Ausführungen Roosevelts oder des Kommissionsberichts beweisen, erschienen den Vereinigten Staaten Bau und Kontrolle des Kanals von anderer Seite als durch sie selbst deshalb als unleidlich, weil dadurch eine günstige Gelegenheit für den Erwerb neuer politischer Macht seitens eines nichtamerikanischen Staates in Amerika geschaffen werde.

Die Vereinigten Staaten widerstrebten dem Bau oder der Kontrolle eines interozeanischen amerikanischen Kanals durch eine nichtamerikanische Macht deshalb, weil sich ihrer Ansicht nach daraus die Gefahr ergäbe, ein solcher Besitz oder eine solche Kontrolle könnten vielleicht der betreffenden Macht eine günstige Gelegenheit zur Vermehrung ihres politischen Einflusses in Amerika verschaffen.

Die Monroedoktrin verbietet nicht mehr nur Versuche solcher Machtvermehrung, sie richtet sich nunmehr auch gegen solche Handlungen, die sich nach Ansicht der Vereinigten Staaten als geeignete Vorbereitungshandlungen für den Erwerb weiteren politischen Einflusses nichtamerikanischer Mächte in Amerika darstellen.

3. Dies führt zu dem dritten Punkte, in dem durch die Haltung der amerikanischen Diplomatie in der Kanalangelegenheit die Monroedoktrin eine erweiterte Anwendung gefunden hat.

Bisher hatte diese sich lediglich auf solche Handlungen europäischer Mächte bezogen, die jene in ihrer Eigenschaft als souveräne Staatswesen vorgenommen hatten. Dagegen hatte sie sich nicht irgendwie gegen unpolitische Handlungen gerichtet, insbesondere nicht gegen Maßnahmen von Privatpersonen oder privaten Verbänden.

Auch diese Grenze beginnen die Vereinigten Staaten nunmehr zu überschreiten.

Indem sie den Bau des Kanals durch sie selber als eine mit der Monroedoktrin zu rechtfertigende Notwendigkeit ansehen, fangen sie an, deren Verbote auch auf unpolitische Handlungen, sogar auf die Maßnahmen von Privatpersonen zu erstrecken.

Die Monroedoktrin beginnt den außeramerikanischen Handelsverkehr in Amerika zu beschränken.

h) Die Schulden der Dominikanischen Republik und die Vereinigten Staaten in den Jahren 1905—1907.[1]

Für die Darstellung in diesem Kapitel verbleiben nunmehr noch zwei Fälle, nämlich einmal die Haltung der Vereinigten

[1]) Vergl. folgende Literatur zu Santo Domingo.

41. Cong. 3. sess. Sen. Ex. Doc. Nr. 17 (Bd. I, 1870—1871). Dominican Republic; 59. Cong. 1. sess. Conf. Ex. Doc.: Debt of Santo Domingo; Report J. H. Hollanders, vom 12. Dez. 1905; Conf. Sen. Ex. E. 59, 2. sess.: Convention between United States and Dominican Republic for assistance of United States in collection and application of costums, revenues of Dominican Republic, signed Santo Domingo City, 8. Febr. 1907, 20. Febr. 1907; Conf. Sen. Ex. V., 58. Cong. 3. sess.: Mess. transmitting a protocoll of agreement between United States and Dominican republic for collection and disbursement by United States of costums revenues of Dominican republic, signed Santo Domingo, 4. Febr. 1905, 15. Febr. 1905 (mit Auslassungen ist diese Botschaft auch in For. Rel. 1905, S. 334 ff. abgedruckt); Moore, VI S. 518 ff.; vergl. außerdem die For. Rel. der Jahre 1905—1907, insbesondere 1905, S. 298 ff. und 1906, S. 559 ff. sowie 1907, Teil I, S. 306 ff. Endlich ist viel Material in den Kongreßberichten der betreffenden Jahre enthalten.

De Barral Montferrat, S. 275 ff.; Céspedes, S. 235 ff.; Coolidge, S. 112 ff.; Edgington, S. 82 f.; Gracia, J. G., Compendio de la Historia de Santo Domingo, Santo Domingo 1879; Hancock, H. J., The situation in Santo Domingo, in Am. Ac. Pol. and Soc. Sc., Bd. XXVI Nr. 1 (1905) S. 1 ff. (ein sehr kurzer Artikel); Handelmann, Heinrich, Geschichte der

Staaten gegenüber den Schulden der Dominikanischen Republik in den Jahren 1905—1907 und zum andern der sogenannte Magdalena-Bay-Fall des Jahres 1912. Beide stellen sich gleicherweise als unmittelbare Fortsetzungen und Ausbildungen der durch die Panamakanal-Angelegenheit entwickelten Gedanken dar.

Der Fall.

Der zuerst genannte Fall läßt sich kurz folgendermaßen zusammenfassen:

Die Staatsschulden der Dominikanischen Republik betrugen im Jahre 1905 etwa 32 280 000 Dollar. Europäische Gläubiger hatten davon etwa 18 Millionen Dollar zu verlangen. Die jährlichen Einnahmen der Republik beliefen sich etwa auf 1 850 000 Dollar, wovon 1 300 000 Dollar als der für die Staatsverwaltung erforderliche Betrag angesetzt war. Die auswärtigen Gläubiger, insbesondere die belgischen, englischen, französischen und holländischen, drängten auf Bezahlung.

Das Land, mit einer Bevölkerung, die im Jahre 1888 auf etwa 610 000 Seelen geschätzt wurde,[1]) war durch unaufhörliche Revolutionen tief zerrüttet.[2]) Es war unter den obwaltenden Um-

---

Insel Haiti, 2. Ausg. Kiel 1860; Hazard, S., Santo Domingo Past and Present, London 1873; Henderson, S. 408 ff.; Hollander, Jacob H., The Convention of 1907 between the United States and the Dominican Republic, in A. J., Bd. I S. 287 ff.; International Bureau of American Republics, Washington: Dominican Republic, General descriptive Data prepared June 1908, Washington, Governm. Print. Off. 1909; Leal, F. A., La République Dominicaine, Paris 1888; Léger, Jaques Nicolas, Haiti, her History and her distractors, New York u. Washington 1907; Leroy-Beaulieu, Pierre, La République de Saint-Domingue et expansion des Etats-Unis aux Antilles in L'Economiste française, 33. Jahrg., Bd. I (4. Febr. 1905) S. 149 ff.; Mayr, l'Impérialisme américaine et la doctrine Monroe, 1905, S. 190 ff.; Moore, Dipl., S. 165 ff.; Derselbe, Four Phases, 141 ff.; Derselbe, Santo Domingo and the United States in Am. Monthly Rev. of Rev., XXXI (31. März 1905) S. 293 ff.; Newlands, Francis G., (Senator von Nevada), The San Domingo question, in N. Am. Rev., Bd. CLXXX (Juni 1905) S. 885 ff.; Pétin, S. 101 ff.; Questions diplomatiques et coloniales, Bd. XIX (1905) S. 185. Ein ungezeichneter Aufsatz mit dem Titel: La République du Saint-Domingue et la doctrine de Monroe; de la Rosa, A., Les Finances du Saint-Domingue et le controle américain, in R. G., XVIII (1911) S. 401 ff. u. 499 ff. sowie (1912) XVIV S. 73 ff. Diese sehr lesenswerte Arbeit zitiert insbesondere sehr viele Tagesliteratur. Snow, S. 357 ff.; Talcott, William, Europe and the United States in the West-Indies, in Ann. Am. Ac. Pol. and Soc. Sc., Bd. XXVI (1905) S. 33 ff.; Tucker, S. 117 f.

Vergl. hier auch die oben S. 137 ff. gemachten Ausführungen. Die eben gegebene Literatur bezieht sich auch auf die dort in Betracht kommende Zeit.

[1]) Siehe Statesman Yearbook für 1904, S. 1097.

[2]) In For. Rel. 1907, Teil I, befindet sich auf den Seiten 572—600 eine die Jahre 1844—1906 umfassende sehr belehrende Tabelle der politischen Ereignisse in der Dominikanischen Republik, die das akute politische Chaos dort beweist.

ständen außerstande, seine Schulden zu bezahlen und stand vor dem Bankrott.

Im Jahre 1903 hatten die Vereinigten Staaten ein Angebot, zusammen mit einer europäischen Macht die fiskalische Kontrolle über die dominikanischen Finanzen zu übernehmen, abgelehnt.

Da schloß am 20. Januar 1905 der Präsident der Republik, Morales, mit dem Kapitän Dillingham von der amerikanischen Kriegsflotte und dem Gesandten der Vereinigten Staaten bei jener Republik, Mr. Dawson, ein Abkommen zur Regelung der dominikanischen Schulden ab.[1]

Dieses Abkommen erklärte in seiner Präambel, daß die Unfähigkeit der dominikanischen Regierung, ihre drückenden Schulden zu zahlen, sowie die drohende Gefahr ausländischer Intervention der Grund für das Bestreben der Republik sei, zu einem Arrangement mit den Vereinigten Staaten zu gelangen.[2]

Als die Absicht des Vertrages wird es insbesondere erklärt, daß durch eine entsprechende Regelung den ausländischen Gläubigern der Republik eine ausreichende Garantie geschaffen werden solle.

Die amerikanische Regierung spricht es aus, daß sie die vollständige Integrität des Gebiets der Dominikanischen Republik garantieren wolle,[3] und dazu geneigt sei, dieser zu helfen, sowie ihre Unterstützung durch Darleihung der Garantie eines von der dominikanischen Regierung mit ihren ausländischen Gläubigern zu bewirkenden Arrangements gewähren wolle.

Es wird sodann ein Plan gezeichnet, wonach die Vereinigten Staaten es übernehmen, die Begleichung der dominikanischen Schulden zu bewirken. Sie sollten dazu insbesondere die dominikanischen Zollhäuser verwalten, von den Einnahmen einen Teil an die dominikanische Regierung abführen (nicht weniger als 45 %); den Rest sollten sie, so weit nötig, zur Bezahlung der Zollbeamten, sowie der dominikanischen Schuld verwenden.

Unter VII versprachen die Vereinigten Staaten, der dominikanischen Regierung auf deren Ersuchen hin die in ihrer Macht

[1]) Text For. Rel. 1905, S. 311 f.

[2]) „The imminent peril and urgent menace of intervention on the part of nations whose citizens have claims already established or to be established. . . .'

[3]) „Guaranteeing the complete integrity of the territory of the Dominican Republic."

stehende Hilfe zuteil werden zu lassen, um den dominikanischen Kredit wieder herzustellen, die Ordnung in der Republik aufrecht zu erhalten, die Tüchtigkeit der Zivilverwaltung zu vermehren und den materiellen Fortschritt und die Wohlfahrt dort zu fördern.

Dieses Abkommen wurde am 17. Februar 1905 durch ein zweites ersetzt.[1])

In dessen Präambel erscheint wiederum die drohende außeramerikanische Interventionsgefahr als einer der Gründe, der die dominikanische Regierung dieses Abkommen mit den Vereinigten Staaten wünschen lasse.

Die Gründe der Vereinigten Staaten für diesen Vertrag erscheinen in der folgenden veränderten Form: [2])

> „Die Regierung der Vereinigten Staaten von Amerika, die jedweden Versuch der Regierungen außerhalb dieser Hemisphäre, das Geschick der Dominikanischen Republik zu unterdrücken oder zu kontrollieren, als die Kundgebung einer unfreundlichen Gesinnung gegen die Vereinigten Staaten ansieht, ist in Erfüllung des Ersuchens der dominikanischen Regierung dazu geneigt, ihre Hilfe zur Herbeiführung eines zufriedenstellenden Arrangements mit allen Gläubigern der dominikanischen Regierung zu gewähren. Sie vereinbart, die vollständige territoriale Integrität der Dominikanischen Republik achten zu wollen."

Im folgenden wird dann erklärt, die amerikanische Regierung solle den Versuch machen, alle Schulden der dominikanischen in Ordnung zu bringen.

Zu diesem Zwecke wird ein Plan aufgestellt, der dem in dem ersten Abkommen gezeichneten in weitgehendem Umfange entspricht. Es wird ebenso die oben bereits wiedergegebene Erklärung der Vereinigten Staaten, der dominikanischen Regierung weitere Hilfe leisten zu wollen, wiederholt.

Der grundlegende Unterschied zwischen den beiden Abkommen war der, daß in dem ersteren die Vereinigten Staaten

---

[1]) Text: For. Rel. 1905, S. 342 ff.

[2]) „Whereas the Government of the United States of America, viewing any attempt on the part of the governments outside of this hemisphere to oppress or controll the destiny of the Dominican Republic as a manifestation of an unfriendly disposition toward the United States is, in compliance with the request of the Dominican Government, disposed to lend its assistance toward effecting a satisfactory arrangement with all the creditors of the Dominican Government, agreeing to respect the complete territorial integrity of the Dominican Republic. . . ."

ihre Hilfe durch Anbietung der Garantie eines Arrangements zwischen der Dominikanischen Republik und ihren Gläubigern versprechen, während sie nach dem zweiten, ohne daß der Plan eines Abkommens der Republik mit ihren Gläubigern erwähnt würde, sich bereit erklären, ihr bei Ordnung ihrer Finanzen durch Übernahme der Verwaltung der Zollhäuser behilflich zu sein.

Ein weiterer Unterschied bestand darin, daß die Vereinigten Staaten in dem zweiten Entwurf nicht versprechen, die Integrität der dominikanischen Regierung garantieren zu wollen, sondern nur, daß sie ihrerseits diese Integrität achten würden, während andererseits zum Ausdruck gebracht ist, daß der Versuch einer nichtamerikanischen Macht, das Geschick der Dominikanischen Republik zu kontrollieren oder zu unterdrücken, von den Vereinigten Staaten als der Ausdruck einer unfreundlichen Gesinnung gegen sie selbst angesehen würde.

Dieses Abkommen wurde durch Verfügung der dominikanischen Regierung vom 31. März 1905 zusammen mit der vereinbarten Präambel bestätigt.

Im Senat der Vereinigten Staaten dagegen, dem es vom Präsidenten Roosevelt mit einer ausführlichen Botschaft vom 16. Februar 1905 [1]) übermittelt wurde, traf es auf Widerspruch. Dieser gründete sich einmal auf verfassungspolitische Gesichtspunkte und ferner darauf, daß — wie Senator Tillman es in der lebhaften Debatte gelegentlich ausdrückte — die Vereinigten Staaten nicht den „Gendarm der Antillen" spielen wollten. Es wurde deshalb an die Kommission zurückverwiesen, aus der es vor dem am 18. März 1905 erfolgten Ende der Session nicht wieder erschien.

Präsident Roosevelt schloß darauf mit der dominikanischen Regierung einen modus vivendi ab,[2]) der mit dem 1. April 1905 beginnen und bis zum 31. Juli 1907 laufen sollte.[3])

---

[1]) For. Rel. 1905, S. 334 ff.

[2]) Vergl. Dekret des Präsidenten Morales vom 31. März 1905, das das Inkrafttreten dieses modus vivendi vom 1. April 1905 ab bestimmte. Abgedruckt in For. Rel. 1905, S. 366. Vergl. ferner die hierzu ergangene diplomatische Korrespondenz, eod. S. 298 ff.

[3]) Siehe For. Rel. 1907, Teil I, S. 322 ff.: „Final report of the transactions of the Dominican Costums Receivership under the modus vivendi, covering the 28 month, April 1, 1905, to July 31 1907."

Am 5. Januar 1907 traf der Finanzminister der Dominikanischen Republik, Señor Velasquez, ein Arrangement mit den Hauptgläubigern dieses Staates.[1])

Am 8. Februar 1907 [2]) endlich kam es zu einem neuen Vertrage zwischen den beiden Staaten, der am 25. Februar 1907 vom Senate der Vereinigten Staaten, am 3. Mai 1907 vom Kongreß der Dominikanischen Republik genehmigt wurde [3]) und am 1. August 1907 in Kraft trat.

Dieser Vertrag unterscheidet sich insbesondere in folgenden Punkten von seinen Vorgängern:

In der Präambel steht nichts mehr von der Interventionsgefahr auswärtiger Mächte als einem der Gründe dafür, daß die Dominikanische Republik ein Arrangement mit Hilfe der Vereinigten Staaten erstrebe.

Er enthielt auch nichts mehr darüber, daß die Vereinigten Staaten nichtamerikanische Eingriffe in die Geschicke dieser Republik als den Ausdruck einer unfreundlichen Gesinnung gegen sie selbst ansehen würden, oder allgemeiner, daß sie deren Integrität garantieren wollten.

Nichts ist auch von einem Versprechen, diese Integrität ihrerseits achten zu wollen, bemerkt.

Dagegen wurde vereinbart, daß die Vereinigten Staaten der Dominikanischen Republik nach einem bestimmten, genau bezeichneten Plane bei der Einziehung der Zölle helfen sollten.

In dieser Beziehung war insbesondere bestimmt, daß der Präsident der Vereinigten Staaten die Zollbeamten ernennen sollte, die diese Beitreibung zu bewirken hätten. Es war weiter vorgesehen, daß der Zolldirektor die eingehenden Gelder in bestimmter Weise zur Bezahlung der Ausgaben der Verwaltung, der Zinsen der dominikanischen Schuld und einer jährlichen Amortisationssumme, sowie zur Überantwortung des Restes an die dominikanische Regierung verwenden solle.

---

[1]) Vergl. hier Hollander in A. J., I, S. 292.

[2]) Text in Kohlers Zeitschr., III S. 67 ff.; Martens, N. R. G., 3. ser., I S. 637 ff.; Stat. at Large 35, Teil II (1907—1909) S. 1880 ff.; Treaty Vol. 1910, S. 418 f.; For. Rel. 1907, I S. 317 ff. Vergl. auch die Ex. Order des Präsidenten vom 25. Juli 1907 in For. Rel. l. c.

[3]) Vergl. Bescheinigung des Ministers für auswärtige Angelegenheiten vom 7. Mai 1907 in For. Rel. 1907, Teil I, S. 310 f.

Unter III endlich verpflichtete sich die Regierung dieses Staates dazu, ihre öffentlichen Schulden während des Bestehens der amerikanischen Verwaltung nicht ohne Einwilligung der amerikanischen Regierung zu vermehren und ebensowenig ihre Einfuhrzölle ohne solche Genehmigung zu modifizieren.

Dieses Abkommen ist nach alledem viel konkreter und zurückhaltender gefaßt als die beiden ihm vorausgehenden Entwürfe. Das Grundprinzip ist jedoch überall unverändert das gleiche.

Oben hatten wir bei der Darstellung der französischen Interventionsangelegenheit in Mexiko gesehen, wie Staatssekretär Seward im Jahre 1861 vergeblich den Versuch gemacht hatte, ein zwangsweises Vorgehen Englands, Frankreichs und Spaniens in Mexiko dadurch zu hindern, daß er ein Abkommen mit Mexiko über eine Garantie der mexikanischen Staatsschulden gegenüber den auswärtigen Gläubigern Mexikos herbeizuführen versuchte.[1])

Was Seward nicht gelungen war, kommt hier in etwas anderer Weise zur praktischen Durchführung:

Die Vereinigten Staaten leihen einer verschuldeten amerikanischen Nation ihre Hilfe zur Ordnung ihrer Schulden, in der Absicht, dadurch eine drohende Intervention nichtamerikanischer Gläubigerstaaten gegen die betreffende amerikanische Nation zu verhindern.

Daß die Furcht vor einer solchen Intervention in der Tat einer der Hauptgründe der Vereinigten Staaten für ihr Verhalten in dieser Angelegenheit gewesen war, ergibt sich mit Sicherheit aus den Präambeln der beiden Entwürfe vom Jahre 1905.[2])

Außerdem berichtet z. B. Mr. Dawson dem Staatssekretär Hay unter dem 2. Januar 1905 [3]) über eine Konferenz mit dem Präsidenten Morales, in dem sie sich über die Gefahr europäischer Interventionsabsichten besprochen hätten.

Roosevelts Botschaft vom 15. Februar 1905.

Die Gründe für die Haltung der amerikanischen Exekutive kommen in einer Botschaft des Präsidenten Roosevelt zum Senate,

---

[1]) Siehe oben S. 122 f.

[2]) Nach 1905 läßt sich das bei der nur beschränkten Zugänglichkeit des in Frage kommenden Materials nicht mehr dokumentarisch belegen. Es ist aber kein Grund für die Annahme vorhanden, daß die Vereinigten Staaten bei Fortsetzung und Durchführung der Angelegenheit dieses naheliegende Motiv aufgegeben hätten.

[3]) For. Rel. 1905, S. 298 f.

die er unter dem 15. Februar 1905 dieser Körperschaft zugehen ließ, aufs klarste zum Ausdruck.[1])

Diese Botschaft ist eines der bedeutsamsten Staatsdokumente zur Monroedoktrin aus neuerer Zeit. Ihr Inhalt mag daher hier mit einiger Ausführlichkeit wiedergegeben werden.

In ihr kreuzen sich vier Gedanken:

1. Der erste ist der, die Vereinigten Staaten seien zu einem Eingreifen in diesem Falle gezwungen, denn anderenfalls würden diejenigen Gläubiger der Dominikanischen Republik, die Untertanen der Vereinigten Staaten seien, zufolge der ablehnenden Haltung der Vereinigten Staaten gegenüber der Zwangsbeitreibung derartiger Ansprüche im Verhältnis zu den Untertanen anderer Gläubigerstaaten wahrscheinlich zu kurz kommen.

Mit der Monroedoktrin hat dieser Gedanke nicht das geringste zu tun.[2])

2. Der zweite Gedanke ist in folgenden Wendungen ausgedrückt:

„Die Rechtfertigung der Vereinigten Staaten, diese Last auf sich zu nehmen und die Verantwortlichkeit zu übernehmen, ist darin zu finden, daß es für sie mit internationaler Billigkeit nicht vereinbar ist, andern Mächten die Erlaubnis zu versagen, zu den Mitteln zu greifen, die allein zur Befriedigung ihrer Gläubiger zur Verfügung stehen und trotzdem selbst die Ergreifung solcher Schritte ihrerseits abzulehnen. . . .“

Hiermit unternimmt es Roosevelt, einen völlig neuen Grundsatz aufzustellen, der — falls er zum Inhalte der Monroedoktrin werden würde — als ein selbständiges drittes Unterprinzip koordiniert neben deren beide bereits bestehende Unterteile treten würde.

Das Fehlen dieses Grundsatzes in der Monroedoktrin hatte bereits Salisbury in seiner Antwortbotschaft auf Olneys Note in dem Venezuela-Grenzstreite den Vereinigten Staaten mit folgenden Worten vorgeworfen:

„Es ist eine notwendige Folge, daß, wenn die Regierung der Vereinigten Staaten die Führung dieser Gemeinwesen nicht

---

[1]) Text der Botschaft steht in Conf. Ex. V. 58. Cong. 3. sess. Ein Abdruck dieser Botschaft findet sich auch im Anhange unten unter I Nr. 10 abgedruckt.

[2]) Vergl. unten besonders S. 262 f. das über die Drago- und Calvo-Doktrin Gesagte.

beaufsichtigen will, es auch nicht unternehmen kann, jene von den Folgen schlechter Führung, deren sie gegen andere Nationen schuldig sein mögen, zu schützen. Wenn sie irgendwie die Rechte eines anderen Staates verletzen oder die deren Untertanen, so kann nicht behauptet werden, daß die Monroedoktrin ihnen die Hilfe der Vereinigten Staaten, um sich einer Genugtuung zu entziehen, zusichern wolle, die zu geben sie nach Völkerrecht vielleicht verpflichtet sind. Mr. Olney stellt einen derartigen Schluß aus den von ihm niedergelegten Prinzipien ausdrücklich in Abrede." [1])

Das hatte Olney in der Tat getan. Und besonders von Roosevelt ist es wiederholt bestätigt worden, daß die Vereinigten Staaten amerikanische Nationen nicht vor Bestrafung bei schlechter Führung oder Nichterfüllung ihrer internationalen Verbindlichkeiten schützen würden.[2])

Die Lösung des hieraus sich ergebenden Dilemmas unternimmt Roosevelt in den eben angeführten Worten seiner Botschaft.

Er hatte denselben Gedanken schon vorher mehrere Male formuliert und zwar insbesondere in seiner Botschaft vom 6. Dezember 1904 anläßlich der Intervention von Deutschland, England und Italien in Venezuela. Dort hatte er gesagt: [3])

„. . . . Die Anhängerschaft der Vereinigten Staaten an die Monroedoktrin mag sie in der westlichen Hemisphäre, wenn auch widerstrebend, dazu zwingen, in flagranten Fällen des Unrechts-

---

[1]) Diese schwerfälligen Ausführungen lauten im englischen Text folgendermaßen:

„It follows of necessity that if the Government of the United States will not control the conduct of these communities, neither can it undertake to protect them from the consequences attaching to any misconduct of which they may be guilty towards other nations. If they violate in any way the rights of another state, or of its subjects, it is not alledged that the Monroe doctrine will assure them the assistance of the United States in escaping from any reparation which they might be bound by international Law to give. Mr. Olney expressly disclaims such an inference from the principles he lays down."

[2]) Vergl. besonders seine Botschaft vom 3. Dez. 1901, abgedruckt in For. Rel. 1901, XXXVI: „We do not guarantee any state against punishment if it misconducts itself. . . ."; ferner Botschaft vom 5. Dez. 1905, eod. S. 34: „We do not intend to permit the Monroe doctrine to be used by any nation on this continent as a shield to protect it from the consequences of its own misleads against foreign nations."

[3]) For. Rel. 1904, XLI.

tuns oder der Unfähigkeit eine internationale Polizeigewalt auszuüben." [1])

Der Gedanke ist jedoch noch unfertig.

Nicht, daß die Vereinigten Staaten zögerten, den amerikanischen Schutzmann zu spielen! Im Gegenteil: es ließen sich leicht dafür eine Menge von Belegen geben.

Sie haben diese Rolle noch in jüngster Zeit wieder Nicaragua gegenüber angenommen, wo sie im Jahre 1912 interveniert haben. In einer Erklärung, die die amerikanische Regierung über ihre Politik, den nicaraguanischen Unruhen gegenüber der Regierung von Nicaragua am 12. September 1912 überreichen ließ, ist unter anderm erklärt: [2])

„Unter den Washingtoner Konventionen [3]) haben die Vereinigten Staaten ein moralisches Mandat, ihren Einfluß für die Erhaltung des allgemeinen Friedens in Zentralamerika, der durch den gegenwärtigen Aufstand ernstlich bedroht ist, geltend zu machen."

Neu an den Ausführungen Roosevelts ist die Verbindung dieser „Idee der Pflicht zum Einschreiten" mit der Monroedoktrin.

Roosevelts Gedanken sind geeignet, diese Doktrin in neue Bahnen zu lenken und ihr neue und erweiterte Aufgaben zuzuweisen. Sie scheinen tatsächlich in der amerikanischen öffentlichen Meinung Wurzel zu fassen, und man kann sie jetzt wieder-

---

[1]) Vergl. hier auch die bekannte Äußerung, die Roosevelts Staatssekretär Elihu Root in einer Rede vom 22. Dez. 1904 gemacht hat: „Das Correlativ zu der Warnung an die fremden Mächte: Laßt die Hand weg (hands off) ist die Mahnung an uns selbst: Legt Hand an (hands on) (cit. nach Dunning, S. 21 f.)

[2]) Diese „Declaration of Policy of United States in Nicaraguan disturbances" ist meines Wissens bisher noch nicht veröffentlicht. Die betreffende Stelle lautet in Englisch: „Under the Washington conventions, the United States has a moral mandate to exert its influence for the preservation of the general peace of Central America, which is seriously manaced by the present uprising."

Vergl. zu der Intervention in Nicaragua auch das ungewöhnlich scharfe Schreiben des Staatssekretärs Knox vom 1. Dez. 1909 an den Chargé d'Affaires der Nicaraguanischen Republik in Washington. Gedruckt in A. J., 1910, Supplement S. 249 ff.; ferner Präsident Tafts Mess. vom 3. Febr. 1912, H. Doc. 927, 62. Cong. 3. sess. S. 8 f.

[3]) Gemeint sind die am 20. Dez. 1907 unterzeichneten Konventionen, die auf einer von den zentralamerikanischen Republiken unter den Auspizien der Regierung der Vereinigten Staaten und von Mexiko im Jahre 1907 in Washington gehaltenen Konferenz beschlossen wurden.

Es ist aber hier besonders hervorzuheben, daß die Vereinigten Staaten lediglich beratende Teilnehmer dieser Konferenz waren.

Die Texte der betreffenden Verträge und Protokolle sind abgedruckt in Treaty Vol. 1910, II S. 2392 ff.

holt in der Tagespresse und in den periodischen Publikationen wiederentwickelt finden.

Besonders war dies der Fall während der letzten Revolution in Mexiko, die zu Anfang des Jahres 1913 den Sturz des Präsidenten Madero durch den Neffen des früheren Präsidenten Diaz im Verein mit einem von Maderos Truppenführern, General Huerta, und zu Maderos Ermordung führte.

So brachte z. B. der Outlook am 22. Februar 1913 [1]) einen sehr lesenswerten Artikel über Mexiko. Dieser Artikel enthält folgende Wendungen:

> „Die Vereinigten Staaten haben durch ihre Monroedoktrin den Nationen Europas Mitteilung davon gemacht, daß sie jedweden Versuch irgend einer von ihnen, der zu der Okkupation von Gebiet in der westlichen Hemisphäre führen könnte, als einen unfreundlichen Akt ansehen werden. Nachdem dies geschehen, sind die Vereinigten Staaten durch ihre Ehre gebunden, die Pflichten zu erfüllen, deren Vollziehung sie anderen Nationen verweigern." [2])

Dieser Grundsatz der Pflicht würde aber als ein Unterprinzip der Monroedoktrin deren Wesen und Inhalt so verändern, daß man mangels genügender Grundlagen nicht annehmen kann, er sei bereits gegenwärtig ein Teil der Monroedoktrin.

Er erscheint vielmehr bis jetzt lediglich als eine Entwicklungsmöglichkeit der Monroedoktrin.

3. Das gleiche ist der Fall mit einem dritten Gedanken, den wir in Roosevelts Botschaft finden. Dieser Gedanke wird von Roosevelt nicht klar von der eben erwähnten zweiten Idee getrennt, obgleich er sich wesentlich von ihr unterscheidet.

Er geht dahin, den Vereinigten Staaten liege eine Art Schutzpflicht den übrigen amerikanischen Republiken gegenüber ob.

---

[1]) Vol. CIII, Nr. 8 S. 379 ff. Dieser Artikel ist auch deshalb von besonderem Interesse, weil er die Rechtfertigung der Intervention der Vereinigten Staaten in Cuba aus dem oben erwähnten Gesichtspunkte einer Verpflichtung der Vereinigten Staaten, auf der amerikanischen Hemisphäre Ordnung zu schaffen, unternahm.

[2]) Diese Stelle lautet im englischen Text folgendermaßen:

„By its Monroe Doctrine the United States has given notice to the nations of Europe that it will regard as an unfriendly act any attempt on the part of any of them that might result in the occupation of territory on the Western Hemisphere. Having served this notice, the United States is in honor bound to perform the duties which it declines to allow other nations to perform."

Roosevelt drückt ihn mit folgenden Worten aus:

„Die Republik will gegen überseeische Angriffe gesichert sein. Das legt uns in Wahrheit keine neue Verpflichtung auf. Denn die Monroedoktrin meint genau solch eine Garantie auf unserer Seite. . . . .

Wir unsererseits verrichten in friedlicher Weise, nicht nur mit der kordialen Einwilligung, sondern in Übereinstimmung mit dem ernsten Ersuchen der hier in Betracht kommenden Regierung denjenigen Teil der internationalen Pflicht, der notwendigerweise in der Geltendmachung der Monroedoktrin inbegriffen ist. . . .

Es ist äußerst notwendig, durch unsere Handlungsweise zu zeigen, daß die Welt unserer Redlichkeit vertrauen könne und es verstehe, daß diese internationale Pflicht von uns in unserer eigenen Sphäre im Interesse nicht allein von uns selbst, sondern dem aller anderen Nationen mit strenger Gerechtigkeit gegen alle erfüllt wird. Wenn das getan ist, wird die Monroedoktrin zum Schlusse sicherlich allgemein angenommen werden; und dies wird bedeuten, daß sich die Sphäre allmählich vergrößert, in der friedliche Maßnahmen zur Beilegung internationaler Schwierigkeiten solche von kriegerischem Charakter verdrängen.“ [1])

4. Der hier vor allen Dingen in Betracht kommende vierte, in der Botschaft enthaltene Gedanke ist von Roosevelt in folgende Wendungen gefaßt worden:

„Gewisse fremde Länder haben sich wegen der Nichtbezahlung der ihren Untertanen zustehenden Forderungen gekränkt gefühlt. Das einzige Mittel, durch das fremde Gläubiger je von der Republik selbst irgend eine Zahlungsgarantie erhalten könnten, würde entweder gänzlicher oder zeitweiliger Gebietserwerb oder Inbesitznahme der Zollämter sein, was natürlich in sich selbst im Ergebnis die Besitzergreifung eines gewissen Teiles von Land bedeuten würde. . . .

Eine gekränkte Nation kann, ohne mit der Monroedoktrin in Widerspruch zu geraten, solche Schritte ergreifen, die sie zur Erledigung ihrer Streitigkeiten mit amerikanischen für geeignet hält, vorausgesetzt, daß dieses Vorgehen nicht die

[1]) Vergl. dazu unten S. 349.

Form der Einmischung in das Regierungssystem jener oder einer Plünderung ihres Gebiets unter irgend einer Maske annimmt. Aber wenn es sich um einen Geldanspruch handelt, so ist schließlich der einzige Weg, der zu seiner Beitreibung übrig bleibt, eine Blockade oder Bombardierung oder eine Besetzung der Zollämter, und das bedeutet, wie oben gesagt, dasselbe, was im Ergebnis ein Besitz von Territorium bedeutet, sogar wenn er nur ein zeitweiliger wäre. In diesem Augenblick werden die Vereinigten Staaten zur interessierten Partei, weil sie unter der Monroedoktrin nicht irgend eine europäische Macht das Gebiet einer dieser Republiken mit Beschlag belegen oder dauernd besetzen sehen können; und doch, solche Gebietsbesetzung, bemäntelt oder unbemäntelt, mag eventuell den einzigen Weg darbieten, auf dem die fragliche Macht irgendwelche Schulden einzusammeln vermag, es sei denn, daß ein Eingreifen der Vereinigten Staaten erfolgt."

Und ferner, wiederum im Verlaufe seiner Ausführungen zu dem Gedanken europäischer Intervention zürückkehrend:

„Sollte eine solche Maßregel von ihnen getroffen werden, so würde das einzige Mittel, um ihnen die Sicherung der Zahlung ihrer Ansprüche zu ermöglichen, sein, die Zollämter zu besetzen, und in Anbetracht des Zustandes der dominikanischen Finanzen würde dies eine definitive und sehr möglicherweise eine dauernde [1]) Besetzung dominikanischen Gebiets bedeuten, denn keine Frist könnte für die Zeit gesetzt werden, die für die Zahlung der Verbindlichkeiten jener Republik und ihrer unliquidierten Ansprüche erforderlich wäre."

Zusammenfassung.

Das heißt mit anderen Worten:

Nach Lage der Sache ist eine an sich zulässige Intervention nichtamerikanischer Mächte in der Dominikanischen Republik zur Beitreibung von deren Schulden zu erwarten. Diese Intervention würde annehmbar zu dauernder Besetzung von dominikanischem Territorium durch die betreffenden fremden Mächte führen. Das ist nach der Monroedoktrin unzulässig. Deshalb liegt es den Vereinigten Staaten ob, zur Abwendung dieser Ge-

---

[1]) „This would mean a definite and very possibly permanent occupation of Dominican Territory."

fahr als einzig bleibenden Weg ihrerseits zur Ordnung der dominikanischen Finanzen einzugreifen.

Also ein Vorgehen der Vereinigten Staaten zur Verhinderung einer von ihnen selbst an sich für zulässig erachteten Maßnahme einer europäischen Macht gegen eine amerikanische, weil diese Maßnahme möglicherweise zu Gebietserwerb jener Nation, zu Machtzuwachs in Amerika führen könnte!

Damit ist ebenso wie durch die tatsächliche Haltung der Vereinigten Staaten in dieser Angelegenheit der beim Panamakanalfall betätigte, oben in der Zusammenfassung der Ergebnisse dieses Falles unter 2[1]) formulierte Gedanke wieder angewendet und bestätigt:

Die Monroedoktrin verbietet nicht nur Unternehmungen, die auf unmittelbare Machtvermehrung einer europäischen Macht in Amerika gerichtet sind und dazu führen würden; sie verbietet nunmehr auch solche, die nach Ansicht der Vereinigten Staaten geeignete Vorbereitungshandlungen für den späteren Erwerb solcher Macht, die ein gefährlicher Schritt in dieser Richtung sind.

i) Magdalena-Bay-Fall.[2])

In dem Magdalena-Bay-Falle bestätigen sich alle drei in der Panamakanal-Angelegenheit zum Ausdruck gelangten Erweiterungen der Monroedoktrin wieder.

Es handelt sich dabei um folgende Angelegenheit:

Am 2. August 1912, im Verlaufe der Kongreßdebatten über die allgemeinen Schiedsverträge der Vereinigten Staaten mit England und Frankreich, nahm der Senat der Vereinigten Staaten die folgende Resolution an:[3])

---

[1]) Vergl. oben S. 216.

[2]) Ich gebe hier die Geschichte dieses interessanten Falles verhältnismäßig breit, weil er bisher noch keine quellenmäßige Darstellung gefunden hat. Er ist, außer nach persönlichen Mitteilungen und Informationen aus der Tagesliteratur, insbesondere nach den Kongreßberichten sowie den folgenden beiden Senatsdokumenten gearbeitet worden, nämlich 62. Cong. 2. sess. Sen. Doc. Nr. 694: Lands on Magdalena-Bay usw., Washington 1912 und 62. Cong. 2. sess. Sen. Doc. Nr. 640: Land at Magdalena-Bay. Der Bericht Staatssekretärs Knox vom 27. April 1912.

[3]) Der Text dieser Senatsresolution Nr. 371 (Report Nr. 996) lautet folgendermaßen: „resolved that when any harbor or other place in the American continents is so situated that the occupation thereof for naval or military purposes might

„Beschlossen, daß, wenn ein Hafen oder anderer Platz in den amerikanischen Erdteilen so gelegen ist, daß seine Besetzung für maritime oder militärische Zwecke den Verkehr oder die Sicherheit der Vereinigten Staaten zu bedrohen geeignet ist, die Regierung der Vereinigten Staaten den Besitz eines solchen Hafens oder anderen Platzes nicht ohne schwere Besorgnis in den Händen einer Korporation oder Vereinigung sehen würde, die eine solche Verbindung zu einer anderen nichtamerikanischen Regierung hat, daß dieser Besitz die tatsächliche Kontrollgewalt für maritime oder militärische Zwecke an diese Regierung gibt."

Diese Resolution hat folgende Vorgeschichte:

Geschichte des Falles.

Die mexikanische Regierung hatte im Jahre 1884 [1]) einem Bürger der Vereinigten Staaten namens Floris Hayes in Niederkalifornien (Territorio de Baya California) eine Konzession für ein ungeheures Stück Land gewährt, das über 400 000 Acker umfaßte und Magdalena-Bay (Bahia de la Magdalena) einschloß.

Ein gewisser Lakin, auf den die Konzession von Hayes Rechtsnachfolger, dem Amerikaner Edwards, übertragen worden war, gründete zur Ausnützung des Landes unter den Gesetzen des Staates Maine eine Gesellschaft mit dem Namen „Chartered Co. of Lower California", die in Zahlungsschwierigkeiten geriet. [2])

Ihr Eigentum ging in die Hände ihrer Gläubiger, insbesondere des Hauptgläubigers Mr. J. E. Henry, eines Holzhändlers in New Hampshire, über.

Zur Realisierung der Gläubigeransprüche wurde eine Kompanie unter dem Namen „Magdalena Bay Co." gegründet, und es wurden wiederholte Versuche gemacht, das Land der „Chartered Co. of Lower California" zu veräußern.

Unter anderem bemühte man sich um den Verkauf an ein japanisches Syndikat.

---

threaten the communications or safety of the United States the Government of the United States could not see, without grave concern, the possession of such harbor or other place by any corporation or association which has such a relation to another Government, not American, as to give that Government practical power of control for naval or military purposes."

[1]) Auskunft von Mr. Allen an mich vom 31. Okt. 1912.

[2]) Senator Lodge behauptet, sie habe Bankrott gemacht. Das wird von Mr. Allen namens seines Klienten verneint.

Die Regierung der Vereinigten Staaten von Amerika wurde mit der Angelegenheit dadurch befaßt, daß der Vertreter der den Verkauf betreibenden amerikanischen Compagnie, Mr. Fr. H. Allen, in New York beim Auswärtigen Amt in Washington nach der Stellung der amerikanischen Regierung gegenüber solcher Transaktion anfragte.[1])

Die Antwort des Staatssekretärs auf diese Anfrage, die unter dem 17. August 1911 erging,[2]) enthielt folgende Wendung:

„. . . . Es ist schwer für mich, die Erkundigungen, die Sie einziehen, kategorisch zu beantworten. Aber ich sollte die Tatsache nicht bemänteln, über die Sie sich selbst höchstwahrscheinlich völlig klar sind, daß solch' eine Übertragung sicherlich in einigen Kreisen derart ausgelegt werden würde, daß sie einen großen Lärm verursachen würde. Solch ein Ergebnis würde so offenbar von der Regierung der Vereinigten Staaten zu bedauern sein, daß es für mich unnötig erscheint, weitere Kommentare in Beantwortung Ihres Ersuchens, die Stimmung der Bundesregierung in den Premissen zu erfahren, zu geben." [3])

Am 5. Dezember 1911 wandte sich Mr. Allen wiederum schriftlich an den Staatssekretär.[4]) Er teilte ihm mit, daß ein Arrangement zwischen den amerikanischen und den japanischen Unternehmern eingeleitet worden sei, wonach die Japaner 35 % der Anteile übernehmen sollten mit Option für weitere 15 %. Die Amerikaner sollten mit einer Mehrheit im Direktorat und dem Amerikaner Blackman als Präsidenten und Leiter der Kompanie die Kontrolle über das Land behalten.

Mr. Allen sprach im Schreiben die Hoffnung aus, daß die Regierung der Vereinigten Staaten nunmehr keine Bedenken mehr gegen die Angelegenheit haben werde. Er bat ferner um anderweite Meinungsäußerung derselben.

---

[1]) Schreiben Mr. Allens an Knox vom 9. Aug. 1911 in Sen. Ex. Doc. 694, 62. Cong. 2. sess. S. 3.

[2]) eod. S. 4.

[3]) „It is difficult for me categorically to answer the inquiries you make, but I ought not to disguise the fact — very likely fully realized by you — that such a transfer would be quite certain to be interpreted in some quarters in a manner to cause a great outcry. Such a result would be so obviously a cause of regret to the Government of the United States that is appears unnessessary for me to make further comment in response to your request to know the feeling of the Federal Government in the premises."

[4]) eod. S. 4 f.

Der Staatssekretär antwortete durch Schreiben vom 18. Dezember 1912 [1]) mit der Erklärung, daß das Staatsdepartement zu den „Anregungen“ in dem Schreiben des Staatssekretärs vom 17. August 1912 nichts hinzuzufügen habe.

Auf eine weitere Anfrage seitens Mr. Allen beim „Assistent Secretary of State“, H. Wilson, vom 22. Dezember 1911 [2]) präzisierte dieser in einem Schreiben vom 28. Dezember 1911 [3]) die Ansicht seiner Regierung dahin, daß diese auch dem neuen Plane gegenüber keinen Anlaß sehe, dem Schreiben des Staatssekretärs vom 17. August 1911 noch etwas hinzuzufügen oder etwas darüber zu bemerken, ob sie irgendwann einen Grund sehen werde oder nicht, solch' einem Projekte mißgünstig gegenüberzustehen.

Die Angelegenheit erregte die öffentliche Aufmerksamkeit, als der einflußreiche Senator von Massachusetts, Mr. Lodge, am 29. Februar 1912 im Senate in einer Rede gegen die bedingslose Annahme der grade zur Verhandlung stehenden Arbitrationsverträge der Vereinigten Staaten mit England und Frankreich diesen Fall berührte.[4])

Er führte in dieser Rede zum Beweise dafür, daß die Verträge nicht in der dem Senate vorliegenden Form angenommen werden könnten, u. a. folgendes aus:

> „Nehmen Sie z. B. an, eine große östliche Macht würde direkt oder indirekt von einem Hafen an der Westküste von Mexiko zu dem Zwecke, ihn zu einer Marinestation und zu einem Waffenplatze zu machen, Besitz ergreifen: ... Es ist noch nicht sehr lange her, seit eine indirekte Bewegung begonnen wurde, und sie ist offenbar noch im Gange, für eine fremde Macht den Besitz von Magdalena-Bay zu erlangen. ... Wenn dies geschähe, so würden wir unmittelbar intervenieren. Wir würden erklären, daß dies eine Verletzung unserer ständigen, als Monroedoktrin bekannten Politik sei.“ [5])

[1]) eod. S. 5.
[2]) eod. S. 6.
[3]) eod. S. 6.
[4]) Cong. Rec., 62. Cong. 2. sess., Bd. XLVIII Nr. 67 S. 2739 ff.; auch extra gedruckt als Sen. Doc. Nr. 353, 62. Cong. 2. sess. (1912).
[5]) „Suppose, for example, some great Eastern power should directly or indirectly take possession of a harbor on the west coast of Mexico for the purpose of making it a naval station... It is not very long since an indirect movement was begun, and it is apparently still on foot to obtain possession for a foreign power of Magdalena Bay.... If it did, we should immediately intervene. We should declare that this was a violation of our constant policy known as the Monroe doctrine.“

Er führte dann weiter aus, daß die Vereinigten Staaten in einem solchen Falle nach den vorliegenden Vertragsentwürfen zur Arbitration veranlaßt werden könnten, worauf sie sich nicht einlassen könnten.

Die Angelegenheit selbst wurde vom Senate dadurch aufgenommen, daß er am 2. April 1912 eine Resolution verhandelte und annahm, die den Präsidenten ersuchte, „dem Senate alle im Besitze der Regierung befindliche Kenntnis über Landerwerb auf Magdalena-Bay durch die japanische Regierung oder eine japanische Kompanie zu übermitteln."

In Ausführung dieses Ersuchens übersandte der Präsident dem Senate eine Botschaft vom 30. April 1912 und mit ihr einen Report des Staatssekretärs vom 27. April 1912 über diese Angelegenheit.[1])

In diesem Berichte erklärte der Staatssekretär, er habe keinerlei Beweis für den Erwerb von Gebiet in Mexiko oder den Versuch oder den Wunsch eines solchen Erwerbes seitens der kaiserlich japanischen Regierung. Sowohl die japanische wie die mexikanische hätten übrigens in offiziellen öffentlichen Erklärungen derartige Gerüchte verneint.[2])

---

[1]) Sen. Ex. Doc. 640, 62. Cong. 2. sess.

[2]) Vergl. die Erklärung des japanischen Premierministers Marquis Saionji in der New York Times vom 6. April 1912, S. 1. Diese sehr diplomatische Erklärung, die am 5. April 1912 in Tokio abgegeben wurde, lautet folgendermaßen:

„So far as the Japanese Government is concerned there is positively no truth in the last Sunday's Tokio dispatch to the effect that negotiations between Mexico and Japan were concluded a few days ago for the establishment of a large Japanese settlement at Magdalena Bay.

On inquiry the following fact has been ascertained, which might have been responsible for the above eroneous report: Some time ago the agent in Mexico of the Toyo Kisen Kaisha (Oriental Steamship Company) of Japan obtained of his own accord from the Mexican Government the fishing rights in the west coast of Mexico. Later the said agent transferred the acquired right to the Oriental Whaling Company of Japan, and the whaling company concluded with the Mexican Government on the 17th of October 1911, a contract by the terms of which the company has dispatched to Mexico one of its Directors with fishing experts and fishermen, numbering about ten, who are now engaged in the investigation of the fishing district.

The fishing district extends from the territory of Tepic to the State of Oaxaca which has geographically no connection with Magdalena Bay.

The terms of the fishing right is for ten years, and has no political significance whatever, it being purely an individual industrial enterprise, on the part of a Japanese private concern, Nor is it a privilege exceptionally granted to the Japanese subject, the similar fishing right having heretofore been granted to the citizens or subjects of the United States, Great Britain, Italy, &c."

Der Staatssekretär berichtete dann zu der Frage von Landerwerb an der Magdalena-Bay durch eine japanische Kompanie über seine Korrespondenz mit Mr. Allen und erklärte, das Staatssekretariat habe in Ermangelung weiterer Informationen keinen Anlaß, irgendwelche Schritte zu ergreifen.

Bei der Verhandlung des Senats über diesen Report am 1. Mai 1912 gab der Senator Lodge einen geschichtlichen Überblick der Angelegenheit.[1]) Er führte dann aus, Magdalena-Bay habe gegenwärtig lediglich einen maritimen und militärischen Wert. Dieser Wert sei sehr groß. Zur Zeit sei die Situation noch harmlos,[2]) doch bilde sie eine sehr gute Gelegenheit für den Senat, eine Erklärung zur Monroedoktrin abzugeben und Klarheit darüber zu schaffen, daß unter der durch die Monroebotschaft verbotenen Kolonisation auch Maßnahmen von Kompanien oder Korporationen oder Bürgern oder Untertanen fremder Staaten zu verstehen seien, die auf einem Platze wie Magdalena-Bay genau das bewirken, was die Monroedoktrin zu verhindern beabsichtige. Er fährt dann wörtlich fort:

„Gegen die Tatsache, daß an der Magdalena-Bay eine aus Bürgern oder Untertanen einer fremden Regierung zusammengesetzte Kolonie beabsichtigt ist,[3]) die einen Punkt von großem militärischen Werte besetzt halten und vielleicht eine Kohlenstation errichten würden, müssen die Vereinigten Staaten genau so wachsam sein, als wie wenn dies direkt durch eine fremde Regierung geschähe. Der dünne Schleier einer Korporation berührt die Natur der Handlung nicht.“ [4])

[1]) Cong. Rec., l. c. S. 5913.

[2]) Es mag hier auch folgende interessante Episode mitgeteilt werden, die unbeachtet vorbeigegangen ist: Am 15. Mai 1912 bewirkte Senator Fall im Senate die Verlesung eines Zeitungsartikels auf der El Paso Times. Er erklärte diesen Artikel aus einer äußerst vertrauenswürdigen Quelle zu haben, und der Kongreß ordnete seine Drucklegung im Cong. Rec. an. Nach diesem Artikel hat ein gewisser Peter F. Aiken, der japanischer Spion im russisch-japanischen Kriege und später ein Spion für die mexikanische Regierung war, unter Mitteilung einer Menge von detaillierten Tatsachen im Gefängnis von El Paso erklärt, drei Vertreter der japanischen Regierung hätten am 9. März 1911 mit dem Führer der mexikanischen Revolution Pascual Orozco in Chihuahua ein Abkommen dahin getroffen, daß die japanische Regierung die nötigen Summen für die Revolution in Mexiko an Orozco liefern solle, gegen Gewährung der Magdalena-Bay Konzession und einer noch zu bestimmenden weiteren. Vergl. Cong. Rec., l. c. S. 6805.

[3]) Lodge geht davon aus, daß eine japanische Gesellschaft als Eigentümerin von Magdalena-Bay japanische Ansiedler dorthin bringen werde.

[4]) „The fact that a colony is comtemplated at Magdalena Bay composed of citizens or subjects of a foreign Government, who would hold a point of great military

Am 2. August 1912 stand die Angelegenheit wiederum beim Senate zur Verhandlung. Dieser hatte durch Resolution vom 16. Mai 1912 den Staatssekretär ersucht, ihm Kopien von Briefen des Anwaltes oder anderer in Magdalena-Bay interessierter Personen oder die Antworten darauf zu übermitteln.[1])

Der Präsident hatte daraufhin die Korrespondenz des Staatssekretariats mit Mr. Allen übersandt.

Senator Lodge hatte am 31. Juli 1912 als Ergebnis der Verhandlungen des Komitees für auswärtige Angelegenheiten eine Resolution eingebracht, die nur unwesentlich von der zu Anfang dieser Darstellung wiedergegebenen und vom Senate angenommenen abwich.[2])

Zur Begründung der Resolution erklärte Senator Lodge im Verlaufe der Debatte, die zum Teil bei geschlossenen Türen geführt wurde, seinen früheren Standpunkt teilweise ändernd, u. a. folgendes:[3])

Die Resolution beruhe auf dem allgemein anerkannten Prinzip des Völkerrechts, das älter als die Monroedoktrin sei. Sie stütze sich auf den Grundsatz, das jede Nation das Recht habe, ihre eigene Sicherheit zu schützen, und daß wenn sie fühle, der Besitz eines bestimmten Hafens oder Platzes durch eine fremde Macht für militärische oder maritime Zwecke sei für ihre Sicherheit gefährlich, daß es dann sowohl ihre Pflicht wie ihr Recht sei, einzuschreiten.[4])

Verkaufsverhandlungen über die Galapagos-Inseln und die Vereinigten Staaten 1866.

Die Eigenart dieses Falles tritt besonders hervor, wenn man die Haltung der Vereinigten Staaten in ihm mit derjenigen vergleicht, die sie im Jahre 1866 einnahmen, als ihre Regierung Mitteilung davon erhielt, daß Verhandlungen über den Verkauf der zu Ecuador gehörigen Galapagosinseln an englische Gläubiger dieser Republik bestünden.[5])

---

value and might establish a coaling station, is just as much to be guarded against by the United States as if it were done directly by a foreign Government. The thin veil of a corporation does not alter the character of the act."

[1]) 62. Cong. 2. sess. Sen. Doc. 694, S. 1.

[2]) In der letzten Zeile stand vor dem Worte „Zwecke" „nationale", das wurde in „maritime oder militärische" geändert.

[3]) Cong. Rec., 62. Cong. 2. sess., Bd. XLVIII Nr. 200 S. 10 800 ff.

[4]) Vergl. Cong. Rec. vom 2. Aug. 1912, 62. Cong. 2. sess., Bd. XXXVIII, Nr. 200 S. 10 800.

[5]) Vergl. Coggeshall an Staatssekretär Seward unter dem 28. Okt. 1866, Dipl. Corr. 1866, II S. 481.

Die amerikanische Regierung kam damals nicht auf den Gedanken, daß sie dagegen Widerspruch zu erheben hätte, geschweige denn, daß in solchem Verkaufe eine Verletzung der Monroedoktrin liege.

Staatssekretär Seward erklärte sodann in einem Schreiben an Mr. Coggeshall vom 5. Dezember 1866 folgendes:[1])

„Wenn Ecuador Anspruch auf diese Inseln hat, so sehe ich keinen Grund, auf den hin diese Regierung das Recht Ecuadors in Frage stellen könnte, den Boden an solche Privatpersonen, die ihn etwa zu kaufen wünschen, zu übertragen, sei es, daß sie nun Untertanen oder Bürger eines oder eines anderen Staates oder Landes sind."

Ergebnisse.

Wenn man nun nach den Ergebnissen fragt, die aus der Magdalena-Bay-Angelegenheit für die Monroedoktrin folgen, so sieht man zunächst, daß diese hier das erste Mal gegen Japan praktisch angewendet wird. Hierüber ist später noch zu reden.[2])

Für die Geschichte der sachlichen Herrschaftsgrenzen der Monroedoktrin hat der Fall folgende Bedeutung:

Es wird hier der Erwerb eines Stückes amerikanischen Bodens durch eine außeramerikanische Privatgesellschaft als der Monroedoktrin widersprechend erklärt. Dies geschieht, weil und insoweit als der Besitz dieses Gebietes in den Händen einer fremder Staatsgewalt unterstehenden Gesellschaft jenem ausländischen Staate eine günstige Gelegenheit zum Erwerbe einer politischen Kontrolle in Amerika zu geben und auf indirektem Wege die Gefahr der Vermehrung politischer Macht jenes Staates in Amerika zu begründen geeignet scheint.

Darin liegt eine Wiederbestätigung aller drei Gedanken, die in der Panamakanal-Angelegenheit zum Ausdrucke gelangt waren.

1. Auch in dem Magdalena-Bay-Falle kommt es für die Frage, ob eine Verletzung der Monroedoktrin vorliegt, nicht darauf an, daß die betreffende Handlung eine Gewalthandlung ist. Im Gegen-

[1]) eod. S. 483. „If Ecuador is invested with the title to those islands, I know no reason upon which the government could question the right of Ecuador to convey the soil to such private persons as should desire to buy, whether they should be the subjects or citizens of one state or country or of another."

[2]) Siehe unten S. 280.

teil: das dort untersagte Geschäft ist ein friedliches privates Handelsunternehmen.

2. Der Erwerb des betreffenden Gebietes ist nach der Lodge-Resolution ganz entsprechend dem Panamakanal-Falle (oder auch der dominikanischen Schuldenangelegenheit) nicht deshalb unzulässig, weil die betreffende Handlung (hier der Erwerb amerikanischen Gebiets durch eine Privatgesellschaft) einem außeramerikanischen Staate eine erhöhte politische Macht in Amerika unmittelbar in die Hände zu geben geeignet ist. Er ist mit Rücksicht darauf untersagt, daß er vielleicht zur Grundlage für eine solche Machtsteigerung werden könnte. Dieser Erwerb wird durch die Resolution als gefährlicher, vorbereitender Schritt in dieser Richtung auf Grund der Monroedoktrin verboten.

3. Endlich wird auch hier wieder eine Handlung privaten Handelsverkehrs für unzulässig erklärt.

Auch dieser Fall ist deshalb wieder ein Beleg dafür, daß die Monroedoktrin zur Schranke für den privaten Handelsverkehr in Amerika zu werden beginnt.[1])

3. Kleinere Fälle.[2])

a) Allgemeines.

Mit dem Gesagten ist die Geschichte der sachlichen Herrschaftsgrenzen des an nichtamerikanische Mächte gerichteten ersten Unterprinzips der Monroedoktrin über die großen, die Marksteine in dieser Geschichte bildenden Ereignisse bis zur Gegenwart geführt.

---

[1]) Hier verdient ein anderes Ereignis Erwähnung, von dem es schien, daß es zu einem Parallelfalle der Magdalena-Bay-Episode werden könne. Nach einer Veröffentlichung Sir Edward Law Durands, des Vorsitzenden der Internationalen Organisation „Patentia", (vergl. New York Times vom 25. Febr. 1912) war das dänische Parlament in jener Zeit drauf und dran, einem privaten Syndikat eine Konzession zur Übernahme des Hafens von St. Thomas (Dänisch Westindien) zu erteilen. Diese Konzession sollte das Recht der unbeschränkten Weiterüberlassung und des Weiterverkaufs der erworbenen Ansprüche haben. Durand sah in dieser Konzessionserteilung eine praktische Überantwortung der dänischen Hoheitsrechte über den Hafen von St. Thomas an das Syndikat und veröffentlichte deshalb jenen Artikel mit der Warnung, diese Angelegenheit sei eine schwere Drohung, die möglicherweise den Frieden der Welt gefährden könne, wobei er besonders auf die Lage der Insel zum Panama-Kanal hinwies.

Das Parlament gewährte dann übrigens in der Tat dem dänischen Syndikat eine Konzession. Aber diese „was returned to the Danish Government, because the Syndicate was unable to raise the necessary amount of money in Denmark". (Auskunft des dänischen Gesandten in Washington). Die Zeitungen der Vereinigten Staaten ereiferten sich auch in diesem Falle wieder über eine drohende Verletzung der Monroedoktrin.

Vergl. hier auch das unten auf S. 321 Bemerkte.

[2]) Infolge der Unzugänglichkeit des in Betracht kommenden Materials ist es mir trotz größter Bemühungen nicht gelungen, hier mehr als Fragmente zu geben.

Nicht dagegen sind damit alle in Betracht kommenden Begebenheiten erwähnt.

Es scheint von einigem Interesse zu sein, hier auch noch eine Anzahl kleiner, größerer Bedeutung entbehrender diplomatischer Episoden, in denen die Monroedoktrin eine Rolle gespielt hat, zu erwähnen.[1])

b) Europäische Einmischungsversuche in Ecuador 1848.

Als erstes Ereignis mag hier auf die Haltung hingewiesen werden, welche die Vereinigten Staaten um das Jahr 1848 gegenüber europäischen Eingriffsversuchen in Ecuador einnahmen.

Über dieses Ereignis, das als eine Art Vorbote der Stellung der amerikanischen Regierung in der großen mexikanischen Intervententionstragödie erscheint, ist nur wenig bekannt geworden.[2])

Aus einer Instruktion des Staatssekretärs Buchanan an Mr. Livingston, Gesandten der Vereinigten Staaten in Ecuador, ersehen wir jedoch folgendes: [3])

General Flores, ein früherer Präsident von Ecuador, hatte in Europa eine Expedition gegen diese Republik organisiert. Es gingen Gerüchte, daß einige europäische Regierungen ihre Hände dabei im Spiel gehabt hätten. Diese Nachricht erregte in Zentralamerika große Aufregung. Man nahm dort an, daß ihr

---

[1]) Alvarez, z. B. A. J., III S. 315, 323 und nach ihm auch noch andere Schriftsteller (vergl. z. B. Bonfils, S. 182 Nr. 300[2]) sehen einen weiteren Anwendungsfall der Monroedoktrin darin, daß die Vereinigten Staaten im Jahre 1895 der Abtretung der Corn-Inseln von Nicaragua an England widersprochen hätten.

In den Archiven des amerikanischen Auswärtigen Amts, auch in dem ungedruckten Material, erscheint nichts, was diese Behauptung stützen könnte. Man findet dort Korrespondenz in bezug auf politische Fragen zwischen Colombia und Nicaragua im Jahre 1888; die For. Rel. für 1895 enthalten Korrespondenzen zwischen England und Nicaragua in bezug auf die Einsperrung und Vertreibung des britischen Konsuls Hatsch; die Frage der Cession der Corn-Inseln ist dort jedoch nicht berührt. (Nach einer mir erteilten Auskunft aus dem amerikanischen Auswärtigen Amt.)

Dagegen kann man einen Anwendungsfall der Monroedoktrin in dem oben erwähnten Verhalten der Vereinigten Staaten gegenüber der brasilianischen Marinerevolte im Jahre 1893 sehen, vergl. oben S. 70.

[2]) Es ist zu bemerken, daß die Vereinigten Staaten bis zum Jahre 1848 keine Legation in Ecuador hatten.

[3]) MS. Inst., Ecuador I S. 3 (M., VI S. 473): Brief Staatssekretärs Buchanan vom 13. Mai 1848; vergl. auch die diplomatische Korrespondenz in Dipl. Corr. 1863, Teil I u. II, als Gerüchte verlauteten, Frankreich habe im Jahre 1863 Absichten auf Ecuador. Vergl. besonders die Instruktion Staatssekretärs Sewards an Mr. Dayton, Gesandter der Vereinigten Staaten in Frankreich, vom 25. Juli 1863, worin er Dayton zur Erörterung über diese Angelegenheit anweist, eod. I S. 685; vergl. auch den Bericht Daytons vom 21. Aug. 1863, wonach die französische Regierung alles ableugnet, eod. S. 689.

eigentliches Ziel ausgedehnter und bedeutungsvoller als ihr scheinbares sei.

Die Vereinigten Staaten wurden von dieser Angelegenheit, die übrigens durch die Verhaftung des General Flores rechtzeitig zu Ende kam, sowohl vom Minister für auswärtige Angelegenheiten von Ecuador (Schreiben vom 26. November 1846), wie auch durch die Regierung von Peru in Kenntnis gesetzt.

Die amerikanische Regierung nahm darauf Anlaß, ihren Vertreter in Ecuador zu beauftragen, er möge dem Minister für auswärtige Angelegenheiten in Ecuador folgendes erklären:

„Daß die Intervention oder das Vorschreiben, direkt oder indirekt, seitens europäischer Regierungen in Angelegenheiten der unabhängigen Staaten der amerikanischen Hemisphäre von der Regierung der Vereinigten Staaten niemals mit Gleichgültigkeit angesehen werden wird. Im Gegenteil werden zumindest alle in ihrer Macht stehenden moralischen Mittel bei jeder Gelegenheit zur Anwendung gebracht werden, um solche Einmischung zu entmutigen und zu hemmen."

c) England und die Tiger-Insel 1849.[1])

Als ein weiterer Fall verdient hier Hervorhebung das Verhalten des Vertreters der Vereinigten Staaten in Nicaragua, Mr. Squier, gegenüber den Bemühungen Englands, die Tigerinsel zu erwerben.

Dieser Fall kommt nicht als ein Anwendungsfall der Monroedoktrin durch die amerikanische Zentralregierung in Betracht, die schließlich dem Vorgehen ihres Vertreters die Bestätigung versagte. Er zeigt aber den Geist, der die amerikanische Diplomatie in bezug auf ihr Dogma des Verbotes nichtamerikanischer Kolonisation in Amerika beseelt.

Die Tigerinsel liegt direkt vor der Küste des amerikanischen Kontinents im Golf von Fonseca, dort, wo der damals projektierte Kanal über die Nicaraguaroute seinen Ausgang finden sollte.

---

[1]) Vergl. zu dieser Angelegenheit die oben S. 100 ff. auch die auf S. 183 ff. gemachten Ausführungen zur Geschichte des Panamakanals.

Vergl. auch folgende Literatur: Br. and For. State Papers, XL S. 953 ff.: Corr. with the United States respecting Central America (1849—1851), besonders S. 997 ff. auch 1019; Canal Corr. 1900, S. 361 f. Sen. Ex. Doc. Nr. 43, 31. Cong. 2. sess. (1850—1851 Bd. V): Information in relation to the difficulties between the British authorities and San Salvador; Moore, III S. 135; vergl. auch S. 183; Keasbey, S. 199 ff.; Tucker, S. 47.

Infolge dieser Lage erschien der Besitz dieser Insel der englischen Regierung aufs höchste erstrebenswert.

Zur Befriedigung dieses Begehrens ließ sie, angeblich zur Erzwingung von Schadensersatzansprüchen, am 16. Oktober 1849 die Insel kriegerisch besetzen.[1])

Der Chargé d'Affaires der Vereinigten Staaten in Nicaragua, Mr. Squier, hatte jedoch Englands Absichten auf die Insel in einem früheren Zeitpunkte erkannt. Er hatte deshalb, ohne die Ermächtigung seiner Regierung dazu abzuwarten, am 28. September 1849 mit Honduras einen allgemeinen Handelsvertrag abgeschlossen. Nach diesem Vertrage, der nach Erfüllung seines Zweckes von der amerikanischen Regierung dem Senate nie zur Genehmigung vorgelegt wurde, machte Honduras den Vereinigten Staaten gewisse Landkonzessionen, und in einem beigefügten Protokolle trat es an diese die Tigerinsel für achtzehn Monate oder bis zur Ratifikation des Handelsvertrages ab.[2])

Demgemäß konnte Squier der Besetzung der Insel durch England mit einem auf Eigentum der Vereinigten Staaten begründeten Proteste begegnen.[3])

Dem Lord Palmerston blieb demgemäß auf die Vorstellungen des amerikanischen Vertreters in London vom 13. Februar 1850[4]) nichts weiter übrig, als die Insel in ihren früheren Zustand zurückzuversetzen und diesen Besitzergreifungsakt mit der Erklärung zu desavouieren, daß die englische Regierung nicht die Absicht habe, irgend einen Teil von Zentralamerika zu besetzen oder zu kolonisieren. Die amerikanische Regierung andererseits desavouierte ebenfalls das Verhalten ihres Vertreters.[5]) [6])

---

[1]) Vergl. Sen. Ex. Doc. XLIII, 31. Cong. 2. sess. S. 4 ff.

[2]) eod. S. 19 (Dekret des Präsidenten von Honduras vom 9. Okt. 1849) Br. and For. State Papers, Bd. XL S. 999 f.

[3]) Vergl. das angeführte Sen. Ex. Doc. S. 7 sowie Br. and For. State Papers, Bd. XL S. 1000 f.

[4]) Br. and For. State Papers, Bd. XL S. 1002 f.

[5]) Vergl. Seward an Adams am 25. April 1866, Canal Corr. 1900 S. 361 f., der dort auf diese Angelegenheit zurückkommt und eine ausführliche Schilderung derselben gibt und Adams den Auftrag gibt, die Stimmung der englischen Regierung gegenüber dem eventuellen Erwerbe von Kohlenstationen durch die Vereinigten Staaten in Zentral-Amerika vorsichtig zu sondieren. Vergl. auch Schreiben Bulwers an Palmerston vom 2. März 1850, Br. and For. State Papers, Bd. XL S. 1090.

[6]) Eine interessante Parallele zu diesem Falle, die den Geist der amerikanischen Behörden in bezug auf die Monroedoktrin ebenfalls zeigt, ereignete sich im Jahre 1843: Captain Jones, Kommandant der Squadron der Vereinigten Staaten am

d) Die Vereinigten Staaten und die Abtretung der Mole St. Nicholas 1885.

An nächster Stelle ist ein Ereignis hervorzuheben, das insbesondere deshalb von Interesse ist, weil danach schon im Jahre 1885 die Monroedoktrin selbst durch die amerikanische Regierung einer fremden gegenüber als Argument verwendet wurde.

Der Fall ist nach Moore[1]) kurz folgender:

Nachdem die Vereinigten Staaten im Jahre 1883 ein Angebot der Haïtanischen Regierung auf Abtretung der Halbinsel der Mole St. Nicholas (nordwestliche Spitze von Haïti) oder der Insel Tortuga an die Vereinigten Staaten abgelehnt hatten, erhielten sie Nachricht darüber, daß die haïtanische Regierung erwöge, ein ähnliches Angebot an Frankreich zu machen.

Staatssekretär Frelinghuysen instruierte darauf den Gesandten der Vereinigten Staaten in Paris, Mr. Morton, unter dem 28. Februar 1885 mit der Erklärung, diesem Gerücht sei kein Glauben zu schenken, dahin, Morton möge bei passender Gelegenheit das französische Auswärtige Amt in geeigneten Ausdrücken darauf aufmerksam machen:

„daß der Erwerb von haïtanischem Gebiet durch Frankreich mit den als Monroedoktrin bekannten Prinzipien unserer öffentlichen Politik in Konflikt stehen würde.“ [2])

e) Die Vereinigten Staaten und die Besetzung von Tortuga 1887.

Genau so verhielten sich die Vereinigten Staaten im Jahre 1887 auf das Gerücht hin, England wolle die nördlich von Haïti gelegene Insel Tortuga besetzen.

Stillen Ozean, rückte auf die Zeitungsnachricht hin, daß England Kalifornien von Mexiko gekauft habe, ohne irgend eine Instruktion abzuwarten, etwa am 19. Okt. 1843 in Mexiko ein, nahm von Monterey Besitz und erklärte sich selbst zum Kommandanten der Marine- und militärischen Expedition nach Kalifornien. Der Präsident der Vereinigten Staaten desavouierte diese unautorisierte Handlung und rief Jones zurück. Vergl. hier besonders Adams: English interest in California, Am. Hist. Rev., Bd. XIV (1908—1909) S. 744 ff., der von tatsächlich stattgehabten Erwägungen Englands in bezug auf den Erwerb von Kalifornien in dieser Zeit nach neuem englischen Quellenmaterial berichtet. Vergl. weiter z. B. v. Holst (engl. Ausg.), Bd. II S. 615 ff.; Carrol, S. 57 f. An Quellenmaterial z. B. H. Ex. Doc. 27. Cong. 3. sess., Bd. V (1842—1843) Nr. 166.

[1]) Moore, VI S. 432 f. Vergl. die dort angeführten Manuskripturkunden.

[2]) MS. Inst., France XXI S. 172: „That acquisition of Haytian territory by France would conflict with the principles of our public policy known as the Monroe doctrine.“

Staatssekretär Bayard instruierte den Gesandten der Vereinigten Staaten in England, Mr. Phelps, unter dem 24. Februar 1887, er solle, falls er fände, daß etwas an der Sache sei:

„in geeigneten Ausdrücken gegen die Vollziehung einer Maßnahme seitens der Regierung ihrer Britischen Majestät remonstrieren, welche die gut bekannten Prinzipien der Monroedoktrin verletzen würde.[1])

f) Die Vereinigten Staaten und der Erwerb der Margarita-Insel durch Deutschland.[2])

Der letzte hier zu erwähnende Fall richtete sich gegen Deutschland. Deutschland scheint um das Jahr 1901 den Erwerb der zu Venezuela gehörigen Küsteninsel Margarita erwogen zu haben.

Hiergegen richtete sich der Widerspruch der amerikanischen Regierung. Staatssekretär Hay beauftragte den Chargé d'Affaires der Vereinigten Staaten in Berlin, Mr. Jackson, unter dem 10. April 1901,[3]) der deutschen Regierung zu eröffnen, ein solcher Versuch werde „im Hinblick auf die vor langer Zeit erklärte und weit bekannte Politik der Vereinigten Staaten eine Quelle der Unruhe für diese Regierung sein, wenn nicht sogar zur Störung der kordialen und freimütigen Beziehungen zwischen den Vereinigten Staaten und der betreffenden Macht führen." [4])

---

[1]) MS. Inst., Great Britain XXVIII S. 272 (M., VI S. 433, wo eine Reihe weiterer Manuskripte zitiert sind). Der englische Text lautet: „to remonstrate, in suitable terms, against the consummation of any measure on the part of Her Britannic Majestys Government, which would violate the well known principles of the Monroe doctrine".

[2]) More, Digest, VI S. 583.

[3]) Der englische Text dieser Bemerkung lautet nach Moore: „Having in view the long declared and widely known policy of the United States, any attempt on the part of a European power to acquire the Venezuelan coast-island of Margarita „would be a source of concern to this Government, if dot tending to the embarrassment of the cordial and frank relations" between the United States and such power". (MS. Inst., Germany XXI S. 283; die übrige zu dieser Angelegenheit ergangene Korrespondenz ist vertraulich.)

[4]) Ein Beleg dafür, wie stark die Monroedoktrin die Haltung der amerikanischen Regierung auch in kleinsten Dingen zu beeinflussen ist geeignet, ergibt sich aus folgendem: Als im Jahre 1877 eine New Yorker Zeitung das Gerücht verbreitete, Spanien wolle Porto Rico an Deutschland abtreten, wurde der Gesandte der Vereinigten Staaten in Madrid, Mr. Cushing, sofort bei der spanischen Regierung vorstellig. Der Erfolg war, daß das Gerücht als unbegründet von der spanischen Regierung aufs emphatischste verneint wurde. (For. Rel. 1874 S. 907, 912. 1913 f.)

4. Die Unanwendbarkeit der Monroedoktrin auf Selbsthilfehandlungen nichtamerikanischer Staaten gegenüber amerikanischen, die zu dem Zwecke vorgenommen werden, die amerikanischen zur Erfüllung ihrer internationalen Verbindlichkeiten anzuhalten.

a) Einführende Bemerkungen.

Zur schärferen Beleuchtung der Tatsache, daß die Verbote der Monroedoktrin tatsächlich nur unter dem Gesichtspunkte der Verhinderung nichteuropäischen Machtzuwachses in Amerika erlassen sind, mögen einige Ausführungen darüber angefügt werden, daß bei Verneinung dieses Gesichtspunktes die Vereinigten Staaten konsequent ihre Befugnis zum Einschreiten auf Grund der Monroedoktrin verneint haben. Insbesondere haben sie eine Vermischung von Drago- und Calvo-Doktrin mit der Monroedoktrin bisher abgelehnt.[1])

Wir sind in dieser Beziehung bereits einer Reihe von Belegen begegnet. Wir haben insbesondere mehrere Male gesehen, daß die Vereinigten Staaten ausdrücklich die prinzipielle Befugnis nichtamerikanischer Staaten, gegen amerikanische wegen zugefügter Kränkungen vorzugehen und sogar zum Kriege zu schreiten, zugegeben haben.

Erinnert werden mag dabei z. B. an die Äußerung des Staatssekretärs Seward in seiner Instruktion an die Herren Lord Lyons, Mercier und Tassara vom 4. Dezember 1861:[2])

„Die repräsentierten Souveräne haben ein unzweifelhaftes Recht, für sich selbst die Tatsache zu entscheiden, ob sie Kränkungen erlitten haben und zum Kriege gegen Mexiko zu schreiten zu dem Zwecke, sich Genugtuung dafür zu verschaffen. . . .“

Weiter mag Olneys Bemerkung hervorgehoben werden:[3])

„Die Monroedoktrin entbindet nicht irgend einen amerikanischen Staat seiner durch das Völkerrecht festgesetzten Verpflichtungen, noch hindert sie irgend eine direkt interessierte europäische Macht daran, solche Verpflichtungen zu erzwingen, oder verdiente Bestrafung für ihren Bruch aufzuerlegen.“

---

[1]) Ein Literaturverzeichnis über Drago- und Calvo-Doktrin ist den Nachweisen zum Venezuela-Schuldenfalle angefügt worden. Vergl. unten S. 253 Anm. 1 zu S. 252.

[2]) Siehe oben S. 121.

[3]) Siehe oben S. 171 ff.

Und endlich kommt hier beispielsweise die Bemerkung des Präsidenten Roosevelt in seiner Jahresbotschaft vom 3. Dezember 1901 in Betracht:[1])

„Wir leisten keinem Staat gegen Bestrafung Garantie, falls er sich schlecht führt, vorausgesetzt, daß die Bestrafung nicht die Form des Landerwerbs durch eine nichtamerikanische Macht annimmt."

Wir waren weiter in der untätigen Haltung der Vereinigten Staaten einmal gegenüber dem gemeinsamen Vorgehen Englands, Frankreichs und Spaniens gegen Mexiko,[2]) sowie andererseits in ihrem Verhalten gegenüber der Blockierung nicaraguanischer Häfen durch England wegen Insultierung englischer Untertanen [3]) in Bluefields im Jahre 1895 bereits zwei Fällen begegnet, in denen die hier behandelte Grenze der Monroedoktrin mit antitetischer Schärfe hervorgetreten waren.

Die Geschichte bewahrt eine Fülle weiterer Belege für eine derartige Begrenzung der Monroedoktrin auf.

Es liegt eine große Reihe von Begebenheiten vor, in denen nichtamerikanische Mächte, sei es zur Erlangung von Genugtuung für zugefügtes Unrecht, sei es zur Beitreibung von vermögensrechtlichen Ansprüchen, die entweder auf Rechtsgeschäft oder Delikt gestützt wurden, im Interesse ihrer souveränen Würde oder ihrer Untertanen zu den verfügbaren Mitteln der Selbsthilfe, wie Friedensblockaden, Embargo, Repressalien oder auch kriegerischen Maßnahmen unbehindert durch die Vereinigten Staaten geschritten sind.

Es wäre müßig, hier eine vollständige Sammlung dieser einander sehr ähnlichen und größerenteils bedeutungslosen Fälle zu veranstalten.

Doch mögen einige instruktive Beispiele ganz kurz angeführt werden.

b) Kleinere Fälle.[4])

Blockade mexikanischer Häfen durch Frankreich im Jahre 1838.

Ein solcher Fall ereignete sich im Jahre 1838.

---

[1]) Siehe oben S. 225 Anm. 2.
[2]) Siehe oben S. 117 ff.
[3]) Siehe oben S. 113.
[4]) Vergl. zu dem folgenden vor allem die sehr gründliche und verdienstliche Abhandlung von Falcke: „Die Friedensblockade", gedruckt in Niemeyers

Frankreich erhob damals gegen das tief verschuldete Mexiko Ersatzansprüche für Verluste, die französische Untertanen in mexikanischen Wirren erlitten hätten. Mexiko lehnte ab, diesem Verlangen nachzukommen und bestritt prinzipiell seine Verpflichtung, für derartigen Schaden zu Ersatzleistungen verbunden zu sein. Frankreich stellte daraufhin der mexikanischen Regierung am 21. März 1838 ein Ultimatum und belegte die mexikanische Küste durch Erklärung vom 14. April 1838 mit einer Blockade.[1]) Am 30. November 1838 erklärte der mexikanische Kongreß den Krieg gegen Frankreich.[2]) Im Verlauf dieses Krieges wurde am 27. November 1839 Vera Cruz bombardiert.

Die Vereinigten Staaten haben sich der ganzen Angelegenheit gegenüber passiv verhalten.[3])

Blockierung der brasilianischen Küste durch England 1861.

Ein weiterer Fall mag aus dem Jahre 1861 hervorgehoben werden.[4]) In diesem Jahre scheiterte die englische Barke Prince of Wales an der brasilianischen Küste. Der britische Konsul Vereker ermittelte, daß das Wrack geplündert und einige Mitglieder der Besatzung ermordet worden seien. Zur Erzwingung von

---

Zeitschr., Bd. XIX (1909) S. 63 ff., auf die für Einzelheiten verwiesen werden kann. Insbesondere vergl. die von ihm außer den hier erwähnten Beispielen weiter behandelten Fälle: „Blockade der Häfen New Granadas durch England 1837 S. 96—100; „Blockaden des Hafens von San Juan (Greytown) in Nicaragua durch England 1842 und 1844" S. 118—112 (vergl. dazu auch oben S. 100 ff); „Blockade uruguayischer Häfen durch England und Frankreich 1845—1847, durch Frankreich 1847—1850"; „Blockade argentinischer Häfen durch England und Frankreich 1845—1847, durch Frankreich 1847—1848" S. 120—130.

Besonders wertvoll sind auch die von Falcke gegebenen ausführlichen Quellen und Literaturangaben.

[1]) Die Notifikation ist abgedruckt in Br. and For. State Papers, XXVI S. 725 f.

[2]) Vergl. Br. and For. State Papers, XXVI S. 1123 f.

[3]) Vergl. jedoch die Botschaft des Präsidenten Bustamente von Mexiko zur Eröffnung des mexikanischen Kongresses vom 1. Jan. 1839. Dort heißt es nach Br. and For. State Papers 1838—1839 S. 1173: „The Cabinet of St. James offered their mediation and the President of the United States also has shown his earnest desire that the two countries may arrive at an accomodation."

[4]) Vergl. zu diesem Falle besonders Br. and For. State Papers, Bd. 54 (1863—1864) S. 579 ff.: Correspondence between Great Britain and Brazil relative to the Plunder of the Wreck of the British Barque Prince of Wales, on the Coast of Brazil, in June 1861; and to the Ill-treatment of Officers of Her Majestys ship Forte by a Brazilian Police Guard, in June 1861—1863. Vergl. besonders Falcke, S. 146—150; auch Wheaton, S. 415 f. und Stapleton, l. c. S. 262 ff.

Genugtuung hierfür, ebenso wie für die Einsperrung und angeblich schlechte Behandlung angetrunkener englischer Offiziere von H. M. S. Forte durch kaiserlich brasilianische Beamte,[1]) blockierte England den Hafen von Rio de Janeiro, kaperte fünf brasilianische Schiffe und zwang Brasilien zur Zahlung von 3 200 Pfund Sterling,[2]) die am 26. Februar 1863 erfolgte.

Auch in dieser Angelegenheit, die schließlich zur Suspension der diplomatischen Beziehungen zwischen beiden Ländern führte, haben die Vereinigten Staaten sich nicht eingemischt.

Krieg zwischen Spanien und den Republiken an der Westküste von Südamerika 1864—1866.

Ein besonders belehrendes Beispiel ist die Haltung der Vereinigten Staaten in dem Streite zwischen Spanien und Peru während der Jahre 1864—1865, der sich dann in dem Kriege zwischen den vereinigten Kräften von Chile, Peru, Ecuador und Bolivia gegen Spanien in dem Jahre 1865 bis zu seinem faktischen Ende im Mai 1866 fortsetzte.[3])

Der Streit zwischen Peru und Spanien hatte seine Quelle einmal in der Weigerung der peruanischen Regierung, alte, noch in der Kolonialzeit entstandene Verbindlichkeiten zu garantieren und ferner in der sogenannten Talambo-Angelegenheit.

Bei dieser handelte es sich um eine Rauferei zwischen Peruvianern und den Einwohnern einer Ansiedlung spanischer Basken in der Nähe von Talambo. Dabei waren sowohl Basken wie Peruvianer getötet worden.

Die spanische Regierung verlangte von Peru Genugtuung und entsandte eine Spezialkommission zur Untersuchung des Falles. Die peruvianische Regierung lehnte es ab, diese Kommission zu empfangen.

---

[1]) Diese Angelegenheit wurde dem belgischen König zum Schiedsspruch vorgelegt, der am 18. Juni 1863 entschied: „Il n'y a eu ni préméditation d'offense, ni offense envers la marine Britannique". (Br. and For. State Papers, LIII 1862—1863 S. 150 f.)

[2]) Vergl. das Memorandum in Br. and For. State Papers, 1863—1864 S. 526 ff.

[3]) Vergl. zu diesem Kriege insbesondere folgende Literatur: Br. and For. State Papers, besonders den LVI. Band. Dipl. Corr. besonders 1864, III u. IV, 1866, II; Moore, VII, 9 ff, VI, S. 445 f.; Akers, S. 505 ff.; Céspedes, S. 335 ff.; Moore, Arbitrations V S. 5048 ff.; US. Naval War College, International Law Situations (1901) S. 23 ff. (insbesondere über das Bombardement von Valparaiso); Tucker, S. 118 f.

Darauf besetzte eine spanische Squadron am 14. April 1864 die zu Peru gehörigen und für die Gewinnung von Guano wertvollen Chincha-Inseln.

Die Vereinigten Staaten erhoben zunächst bei der spanischen Regierung Vorstellungen, insbesondere deshalb beunruhigt, weil von Aussprüchen spanischer Staatsmänner berichtet wurde, die dahin gingen, Spanien habe die Selbständigkeit Perus niemals anerkannt und könne deshalb seine alten Rechte auf die Chincha-Inseln wieder aufnehmen.

Staatssekretär Seward instruierte den Gesandten der Vereinigten Staaten in Spanien, Mr. Koerner, unter dem 19. Mai 1864 dahin, er möge der spanischen Regierung Mitteilung davon machen, daß die Vereinigten Staaten den Wiedererwerb von Peru durch Spanien nicht gleichgültig mit ansehen werde.[1])

Der spanische Minister für auswärtige Angelegenheiten versicherte darauf, der spanischen Regierung lägen derartige Absichten völlig fern,[2]) eine Versicherung, die von ihm zu Anfang des Jahres 1865 in einem Rundschreiben an die Repräsentanten Spaniens in Europa und Amerika wiederholt wurde. Dort hieß es: [3])

> „Was immer das Ende und die Erledigung zukünftiger Ereignisse sein möge, die spanische Regierung leugnet jetzt wieder jedwede Absicht auf Wiedereroberung und Beherrschung auf dem Gebiete der amerikanischen Kontinente ab."

Die Vereinigten Staaten haben sich bei diesen Versicherungen beruhigt.

Am 27. Januar 1865 hatte der Präsident von Peru mit Spanien einen Friedensvertrag geschlossen, wonach Spanien die Chincha-Inseln verlassen, Peru dagegen die Kosten der spanischen Expedition zahlen und die verlangte Bürgschaft leisten sollte. Die Peruvianer hatten darauf, empört über einen solchen, ihnen entwürdigend dünkenden Vertrag, den Präsidenten beseitigt und waren im Bündnis mit Chile, Ecuador und Bolivia zum Kriege gegen Spanien geschritten.[4])

---

[1]) Dipl. Corr. 1864, IV S. 23 f.

[2]) Dipl. Corr., IV S. 30 f., 1864.

[3]) Nach Annual Reg. für 1865, S. 256: „that whatever may be the termination and settlement of future events, it now again disavows any view of reconquest and domination in the territory of the American continents."

[4]) Vergl. hier Br. and For. State Papers, Bd. LVI S. 709, wo die Kriegserklärung vom 14. Jan. 1866 steht; vergl. ferner das Defensiv- und Offensiv-

Die Vereinigten Staaten haben sich auch hier untätig verhalten.

Lediglich, als die spanische Regierung Anstalten machte, wiederum die Chincha-Inseln zu besetzen, begannen sie sich zu rühren.

Staatssekretär Seward ließ, nachdem er einen formalen Protest gegen diese Maßnahme nach Rücksprache und auf Veranlassung des spanischen Gesandten in Madrid, Mr. Tassara, abzusenden unterlassen hatte, vertraulich und in freundschaftlicher Weise der spanischen Regierung, ohne in schriftliche Korrespondenz darüber einzugehen, mitteilen:

„daß der Präsident aufrichtig und ernstlich erwartet, Spanien werde nicht zu einer Wiederbesetzung der Chincha-Inseln schreiten, denn ein solches Vorgehen würde dazu führen, die harmonischen Beziehungen mit der Regierung Ihrer Katholischen Majestät ernstlich zu stören, von denen es das Verlangen des Präsidenten ist, daß sie nicht unterbrochen werden möchten." [1])

Im übrigen haben die Vereinigten Staaten sich darauf beschränkt, in dem Streite wiederholt (ebenso wie andere Mächte, insbesondere Frankreich und England) ihre guten Dienste anzubieten.[2]) Sie haben auch gegen die völkerrechtswidrige Bom-

Bündnis Perus mit Chile vom 5. Dez. 1865, eod. S. 707, sowie die definitive Konvention einer Offensiv- und Defensiv-Allianz zwischen Chile und Peru vom 30. Jan. 1866, eod. S. 711. Weiter besonders vergl. in diesem Zusammenhange den Allianzvertrag zwischen Bolivia, Chile, Colombia, Ecuador, San Salvador und Venezuela vom 10. Juli 1865, in Martens, N. R. G., XX S. 596 und Arch. Dipl., 1865, IV S. 114 f. (eine Allianz: „dans le but de faire obstacle à l'ingérence européenne dans les affaires américaines").

Die diplomatischen Beziehungen zwischen Spanien und Chile waren übrigens schon am 17. November 1865 abgebrochen worden (Br. and For. State Papers, LV S. 296). Die Gründe dafür waren hauptsächlich Chiles feindselige Haltung Spanien gegenüber in dessen Streite mit Peru. Besonders beklagte sich Spanien, seine Flagge sei insultiert worden. Vergl. für die gegenseitigen Vorwürfe insbesondere das undatierte Gegenmanifest des chilenischen Ministers für auswärtige Angelegenheiten (etwa vom 29. Okt. 1865) in Dipl. Corr. 1866, Teil II S. 349, sowie das Zirkular des spanischen Ministers des Auswärtigen vom 23. Nov 1865, eod. Teil I S. 584 ff.

[1]) Vergl. Seward an Hale am 16. Juli 1866; MS. Inst., Spain XV S. 565 (M., VI S. 507 f.)

[2]) Vergl. z. B. Seward an Hale, 11. Dez. 1865 in Dipl. Corr. 1866, I S. 565; Derselbe an Señor Asta Buruaga, chilenischer Gesandter in Washington, am 19. April 1866, eod. II S. 426; Derselbe an Prevost unter dem 21. April 1866 (Auftrag zur Anbietung guter Dienste Ecuador gegenüber), eod. II S. 465.

bardierung des unbefestigten Valparaiso durch die spanische Flotte am 31. März 1866 protestiert.[1])

Ihren Bemühungen ist es schließlich weiterhin gelungen, daß sich am 20. Oktober 1870 in Washington eine Konferenz von Vertretern der Streitparteien unter dem Vorsitze des Staatssekretärs Fish zusammenfand, deren Ergebnis die Unterzeichnung wenigstens eines allgemeinen Waffenstillstandes von unbestimmter Dauer war, ein Waffenstillstand, der erst nach drei Jahren und nach einer durch Vermittlung der Vereinigten Staaten erfolgten Aufkündigung enden sollte und der den bereits eingestellten Krieg tatsächlich zu seinem Schluß brachte.[2])

Irgend eines autoritativen Eingreifens in der ganzen Angelegenheit haben sich die Vereinigten Staaten jedoch streng enthalten.

Daß dies auf grundsätzlichen Erwägungen der amerikanischen Regierung beruhte, ergibt sich aus einem Schreiben des Staatssekretärs Seward an Mr. Kilpatrick, den Gesandten der Vereinigten Staaten in Chile, vom 2. Juni 1866, in dem Seward mit Bezugnahme auf diesen Krieg u. a. erklärt: [3])

„Wir gestehen deshalb jeder Nation das Recht zu, Frieden oder Krieg zu machen für solche Gründe, welche sie für gerecht und weise hält, falls sie weder politisch noch ehrgeizig sind.“ [4])

---

[1]) Vergl. hier besonders den mit einer langen Sachdarstellung versehenen Protest der chilenischen Regierung vom 1. April 1866 in Dipl. Corr. 1866, II S. 421 f.
Über die Bemühungen der Vereinigten Staaten im Verein mit den übrigen Großmächten die Bombardierung zu hindern, vergl. besonders General Kilpatricks ausführlichen Bericht an den Staatssekretär Seward vom 2. April 1866, eod. S. 386 ff. Über die völkerrechtliche Beurteilung der Bombardierung und darüber, daß sie ein „simple act of devastation“ war, vergl. z. B. Hall S. 532 und auch die Ausführungen in dem Protest des Konsularkorps an den Admiral Menez Mendez Munez vom 27. März 1866, Dipl. Corr., eod. S. 403.

[2]) Moore, VII S. 9 ff.; Derselbe in Arbitrations V S. 5048 ff.

[3]) Dipl. Corr. 1866, II S. 413. „We therefore concede to every nation the right to make peace or war, for such causes other then political or ambitious as it think right and wise.“

[4]) Tucker, S. 118 f. führt den Krieg in dem Kapitel „Kleinere Gelegenheiten“, in denen die Monroedoktrin angewendet wurde, an. Dies ist fehlerhaft. Tatsächlich kann er lediglich nach der Annual Cyclop. 1865, S. 654 anführen, daß die Untertanen der Vereinigten Staaten, die in Lima und Callao wohnten, am 27. April 1865 sechs Resolutionen faßten: „Emphatically affirming the principle of the Monroe doctrine, and declaring that in the recognition of that doctrine „consists the safeguard and only defense of the sister-republics of this continent.“ “

Fall Lüders 1897.

Emile Lüders,[1]) ein deutscher Staatsangehöriger, der sich in Haïti angesiedelt hatte, war verhaftet worden, weil er einen Schutzmann, der einen von Lüders Leuten wegen Zurückhaltung eines Schlüssels festnehmen wollte, aus seinen Geschäftsräumen verwiesen hatte. Er wurde wegen des Angriffs auf den Schutzmann zuerst zu einem Monat Gefängnis und auf seine Appellation hin in einem andern Verfahren zu einem Jahr Gefängnis und einer Geldstrafe verurteilt.

Der deutsche Vertreter in Haïti erhielt von der deutschen Regierung den Auftrag, von dem haïtischen Präsidenten Lüders Befreiung, Beseitigung der ihn verurteilenden Richter, Einsperrung des betreffenden Schutzmanns, sowie eine Indemnität von etwa 4000 Mark für jeden Tag Gefängnis vor der zweiten Entscheidung und etwa 20 000 Mark für jeden Tag nach dieser zu fordern.

Der Präsident, dem der deutsche Vertreter diese Ansprüche auf einem öffentlichen Sonntagsempfange vortrug, weigerte sich, sie anzunehmen.

Später erklärte er sich damit einverstanden, die vom Deutschen Reich verlangten etwa 80 000 Mark zu zahlen.

Die deutsche Regierung hatte aber unterdessen ihre Forderungen wiederum anders präzisiert und sandte zu deren Durchsetzung zwei deutsche Kriegsschiffe nach Haïti, die am 6. Dezember 1897 vor Port au Prince erschienen. Ihr Kommandeur drohte die Beschießung von Port au Prince an, falls Haïti nicht eine Schadensersatzsumme von etwa 120 000 Mark zahle, Lüders Rückkehr gestatte und für seine Sicherheit sich verbürge, für die Behandlung des kaiserlichen Vertreters Abbitte leiste und in Wiederherstellung der gegenseitigen Beziehungen, sowie den sofortigen Empfang eines deutschen Repräsentanten willige, Bedingungen, die die haïtische Regierung sämtlich erfüllte.[2])

Die Vereinigten Staaten sahen keinen Anlaß, das deutsche Vorgehen zu hindern. Der Gesandte der Vereinigten Staaten in Haïti war es sogar, der Lüders Entlassung aus dem Gefängnis veranlaßt und ihn nach New York gesandt hatte.

---

[1]) Nach Moore, VI S. 474 f. (§ 954).

[2]) Staatssekretär Sherman an Mr. Butell unter dem 29. Dez. 1897, 224, MS. Dom. Let. XXXII (Moore, S. 474 f.)

In einem Schreiben an den Gesandten der Vereinigten Staaten in Haïti, Mr. Powell, vom 22. Dezember 1897 machte Staatssekretär Sherman folgende bezeichnende Ausführungen, welche die Unanwendbarkeit der Monroedoktrin auf derartige Fälle ausdrücklich betonen. Sherman erklärte,

„diese Regierung ist nicht irgendwie verpflichtet, in die fortwährend wiederkehrenden Zänkereien der Republiken auf dieser Hemisphäre mit andern Staaten sich verwickeln zu lassen. Die Monroedoktrin, auf die Sie Bezug nehmen, ist auf den vorliegenden Fall völlig unanwendbar, und die Beziehungen und Interessen dieser Regierung zu ihren Nachbarn werden nicht durch irrtümliche Auffassungen des Gesichtskreises der von Präsident Monroe verkündeten und seitdem streng befolgten Politik gefördert." [1])

Geschichte.

c) Der Venezuela-Schuldenfall.[2]) [3])

Vor allem ist aber hier als letzter Fall das gemeinsame Vorgehen Englands und Deutschlands, denen sich später Italien zugesellte,

---

[1]) MS. Inst., Haïti IV 23 (M., VI S. 474 f.)
Der englische Text lautet: „This Government is not under any obligation to become involved in the constantly recurring quarrels of the republics of this hemisphere with other states. The Monroe doctrine, to which you refer, is wholly in applicable to the case, and the relations and interests of this Government with its neighbors are not benefitted by erroneous conceptions of the scope of the policy announced by President Monroe and since strictly followed."

[2]) vergl. hier die folgenden Literaturnachweisungen. Br. Acc. and Papers 1902, CXXX C. d. 1372 (Venezuela Nr. 1, 1902): Correspondence respecting the affairs of Venezuela. Br. Acc. and Papers 1903, LXXXVII, C. d. 1399 (Venezuela Nr. 1, 1903): Corr. respecting the aff. of Venezuela, 1903.
Br. Acc. and Papers 1904, CXI, C. d. 1941, Venezuela Nr. 1, 1904. Award of the tribunal of arbitration.
Br. and For. State Papers, Bd. LXLV (1901—1902), besonders S. 1054 ff.: Corr. respecting the affairs of Venezuela usw., Bd. LXLVI (1902 bis 1903) S. 439 ff. (Fortsetzung der Korrespondenz.
For. Rel. besonders die Bände von 1901, 1902, 1903; Sen. Doc. 316, 58. Cong. 2. sess.: Ralston, Jackson, Harvey: Venezuelan Arbitration of 1903, including protocolls, personals and rules of commissions, opinions and summary of awards, with appendix containing Venezuelan Yellow Book of 1903, sowie Bowen, Pamphlet, entitled, „Venezuelan protocolls" and „Preferential question", Hague decision, with history of recent Venezuela revolutions, Washington 1903; Ralston, Jackson, Harvey: Report of French Venezuelan mixed commission of 1902, Washington Sen., Doc. Nr. 533, 59. Cong. 1. sess. (Supplement to Venezuelan Arbitration 1903); The Venezuelan arbitration before the Hague tribunal and 1903, ausgegeben 1905, 58. Cong. 3. sess. Sen. Doc. Nr. 119 (gibt auch das britische Blaubuch von 1903).
Arch. Dipl., besonders 3. Ser., Bd. LXXXVII (Sept. 1903) Nr. 9 S. 257 ff.; Bd. LXXXVIII Nr. 10—12 (Okt. 1903) S. 89 ff.; 3. Ser., Bd. XCII

zum Zwecke zwangweiser Beitreibung vermögensrechtlicher Ansprüche ihrer Untertanen gegen die Republik Venezuela in den

---

Nr. 11 und 12 (Nov./Dez. 1904) S. 191 ff., 397 ff.; 3. Ser. usw.; St. A., Bd. LXVIII S. 121 ff. und S. 290 ff.; Bd. LXIX S. 257 ff.; Venezuela ante el conflicto con las potencias aliadas Alemania, Inglaterra é Italia en 1902—1903, 2 Bde., Carácas 1905 (eine anonyme Compilacion, gefertigt von General Manuel Landalto Rosales, unter Direktion von R. Telle Mendoza; Rec. des actes et protocoles concernant le litige entre l'Allemange, l'Angleterre et l'Italie d'un part et le Vénézuela d'autre part usw., Hague 1904; Bowen, Herbert W.: Correspondence and Cablegrams relating to the Venezuelan protocols, Washington 1903; Drago, Luís María, La Republica Argentina y el caso de Venezuela: documentos, juicios y comentarios usw., Buenos Aires 1903: Moore, VI S. 586 ff., Annual Cycl. besonders 1902, International Yearbook 1902.

Antokoletz, S. 93 ff.; De Barral Montferrat, S. 255 ff.; Basdevant, L'action corrective Anglo. germano-italienne contre la Vénézuela, R. G., XI (1904) S. 362 ff.; Benoist, Charles, Les affaires du Vénézuela, Revue des deux mondes, V. Pér., Bd. XIII (Jan. 1903) S. 229 ff.; Cobbett, S. 339 ff.; Dunning, S. 21 ff.; Edgington, S. 267 ff.; Hershey, Amos S., The Venezuelan affair in the light of international Law; in Am. Law Reg., Bd. XLII, neue Ser. (Mai 1903) S. 249 ff.; A Jeffersonian Democrat: The Venezuela affair and the Monroe doctrine in N. Am. Rev. CLXXVII[1] (1903) S. 321 ff.; Mallarmé, L'arbitrage Vénézuélien devant la cour de la Haye, 1903—1904, R. G., Bd. XIII (1906) S. 423 ff.; Penfield, W. (Sollicitor of the Department of State): The Anglo-German Intervention in Venezuela, in N. Am. Rev. 1903, Bd. CLXXVII[1] S. 86 ff.; Tucker, Supplement von 1905, Cap. XI S. 133 ff.

Zur Drago- und Calvo-Doktrin mag folgende Literaturauswahl hier angeführt werden:

Alvarez, 1910 S. 237 ff.; Derselbe, A. J., III S. 332 ff.; Bar, L. v., De la responsabilité des Etats à raison des dommages soufferts par des étrangers en cas de troubles, d'émeute ou de guerre civile in R. J., XXXI (1891) S. 464 ff.; Barclay, Sir Thomas, Problems of international practice and diplomacy, S. 115 ff. Bowen, Herbert W., The Monroe, Calvo and Drago Doctrine in the Independent Bd. LXVI (1907, April) S. 902 ff.; Coolidge (Engl. Ed. 1912) bes. S. 295 ff.; Despagnet, S. 274 ff.; Drago, L. M., La republica Argentina y el caso del Venezuela usw., 1903, Buenos Aires; Drago, Cobro cocritivo de doidas publicas, 1906, Buenos Aires; Drago, State Loanes in their relation to international Law. A. J., I (1907) S. 692 ff.; dies ist die englische Übersetzung der folgenden Schrift: Les Imprunts d'Etat et leurs rapports avec la politique international, R. G., XIV (1907) S. 251 ff.;auch separat, Paris 1907; Dunning, S. 22 ff.; Edgington, S. 218 ff., 228 ff., 245 ff., 248 ff., 261 ff.; Fried, Die zweite Haager Friedenskonferenz, S. 119; Halguin, José, La Doctrine de Drago, Haag 1907; Hershey, Amos S., The Calvo and Drago doctrines, in A. J. I 1907) S. 26—46; Aiggins, S. 180 ff.; Kennedy, Chamonne, The Drago doctrine, in N. Hm. Rev., Bd. CLXXXV (31. Juli 1907); Latané, The forcible collection of international debts, in Atlantic Monthly, Bd. XXII (Okt. 1906) S. 546 ff.; Macdonnel, South American Republics and the Monroedoctrine in 19. Century, Bd. LIII (1903) S. 587 ff.; Moulin, La doctrine de Drago, R. G., Bd. XIV (1907) S. 417 ff.; Derselbe, La doctrine de Drago, in „Questions de droits des gens et des politiques internationales", Paris 1908 (eine sehr nützliche Sammlung von Dokumenten und Artikeln zur Drago-Doktrin). Oppenheim, I S. 192 f.; Raven, Geschichte und Bedeutung der Drago-Doktrin, in Marine-Rundschau 1909; Scott, International Law and Drago-Doctrine, N. Am. Rev., Bd. CLXXXIII (5. Okt. 1906) S. 602 f.; Derselbe, Hague Convention restricting the use of force to recover on contract claims, A. J., II S. 78 ff.; A de Sousa, Pinto, A Doutrina de Drago, Recife, 1907;

Jahren 1902—1903, und die dabei von den Vereinigten Staaten eingenommene Haltung hervorzuheben.

Die Angelegenheit ist noch in frischer Erinnerung. Ihre Geschichte ist kurz wie folgt:

Die deutschen Ansprüche setzten sich zusammen aus Indemnitätsforderungen deutscher Untertanen für Verluste während der Bürgerkriege in Venezuela von 1898—1900 und später, zweitens, unbezahlte Beträge an den Ingenieur Karl Henkel in Hamburg und die Aktiengesellschaft für Beton- und Montierbau in Berlin, sowie nichtbezahlten Zinsen einer aus Anlaß des Baues der großen venezuelanischen Eisenbahn ausgegebenen, 50 Millionen Bolivares betragenden Anleihe, von der sich zwei Drittel in den Händen der Berliner Diskonto-Gesellschaft befanden.

Die englischen Ansprüche bestanden einmal aus Forderungen für die Wegnahme englischer Fischerboote und Küstenhandelsschiffe durch venezuelanische Küstenwachtschiffe, ferner ebenfalls Indemnitätsbeträgen für Revolutionsschäden, sowie drittens Klagen der britischen Inhaber der venezuelanischen Anleihen.

Die venezuelanische Regierung ging von dem Standpunkte aus, daß vermögensrechtliche Ansprüche fremder Staatsangehöriger nach venezuelanischem Recht zu entscheiden und ebenso wie die Ansprüche venezuelanischer Untertanen zu behandeln seien. Sie hatte zur Prüfung der betreffenden Klagen demgemäß eine von der Regierung abhängige, lediglich aus Venezuelanern bestehende Kommission eingesetzt, die einen Teil derselben zurückgewiesen und einen andern Teil reduziert hatte.

Die deutsche Regierung erkannte diese Entscheidung nicht an. Sie wies ebenso den Vorschlag des venezuelanischen Präsidenten Castro, die deutschen Ansprüche dem venezuelanischen Kongreß vorzulegen, zurück.[1])

Den englischen Ansprüchen stellte Venezuela insbesondere das Verlangen entgegen, daß, bevor die „anderen Angelegenheiten, die wechselseitig die venezuelanische Regierung und die Legation

---

Strupp, II S. 106—111, enthält Dragos Schreiben vom 29. Dez. 1902; Westlake, J., The Hague Conference, in Quarterly Rev., Januar 1908, S. 236 ff.

[2]) Die Bezeichnung „Blaubuch" schlechthin ohne weiteren Zusatz in der folgenden Darstellung bedeutet das oben angegebene Blaubuch vom Jahre 1903 (LXXXVII, C. d. 1399).

[1]) Vergl. dazu die Korrespondenz zwischen Deutschland und Venezuela im Venezuela-Gelbbuch, Sen. Doc. 119, 58. Cong. 3. sess. S. 252 ff.

von Großbritannien betreffen", weiter erörtert würden, vorher der Fall der „Ban Reigh" erledigt werde.[1])

Dieser Fall, der völkerrechtlich besonders für die Frage der einem Staate einem andern gegenüber obliegenden Sorgfalt in Betracht kommt, ist folgender:

„Ban Reigh"-Fall.

Die „Ban Reigh" war ein Schiff, das in Aberdeen (Großbritannien) ausgerüstet worden war. Ihr war, nachdem sein Kapitän sich in den Besitz englischer Papiere gesetzt hatte, die Erlaubnis erteilt worden, unter englischer Flagge auszulaufen. Diese Erlaubnis war erteilt worden, nachdem der colombianische Gesandte in London der englischen Regierung erklärt hatte, das Schiff sei für die colombianische Regierung bestimmt und solle Waffen nach Colombia bringen[2]), und nachdem die englische Regierung sich ferner darüber vergewissert hatte, daß kein formeller Kriegszustand zwischen den unter gespannten Beziehungen sich befindlichen Regierungen von Colombia und der „liberalen" Castros bestehe.[3])

Das Schiff war nach den venezuelanischen Gewässern abgefahren, hatte dort seinen Namen in „Libertador" geändert und war zum Dienste für die von General Matos gegen Castro gerichtete Revolution verwendet worden, an den es am 2. Januar 1902 von der colombianischen Regierung formell verkauft worden war,[4]) hatte Waffen in Venezuela verladen, den General Matos an Bord genommen und sogar die venezuelanische Küste beschossen.

Die venezuelanische Regierung, die das Schiff für ein Piratenschiff erklärte,[5]) behauptete, die englische Regierung sei ihr zum Ersatz des durch die „Ban Reigh" zugefügten Schadens verpflichtet, weil sie dadurch, daß sie dieses Schiff habe auslaufen lassen, die ihr völkerrechtlich obliegende Sorgfalt verletzt habe.[6])

---

[1]) Vergl. besonders General Pachano an Haggard unter dem 28. Febr. 1902, Blaubuch, S. 76 f.

[2]) Vergl. besonders Señor Ponce an Lansdowne, unter dem 15. Nov. 1901, Blaubuch, S. 45.

[3]) Vergl. General Pachano an Haggard, unter dem 20. Nov. 1901, l. c. S. 55 und Haggard an Lansdowne, 21. Nov. 1901, l. c. S. 46.

[4]) Vergl. Englisches Memorandum respecting the Steamship „Ban Reigh" or „Bolivar" vom 19. Mai 1902, eod. S. 99 f. Noch am 7. Mai 1902 berichtet Mr. Dickson an Lansdowne, daß die colombianische Regierung das Schiff für ihr Eigentum erkläre. l. c. S. 106. Vergl. endlich Hudson an Lansdowne unter dem 1. Februar 1902, wonach der eingetragene Eigentümer dieses Schiffes, de Paula, ihm versichert habe, er habe das Schiff gekauft: „as a agent of the Colombian Government and was instructed by them, after the purchase had been completed at Martinique to transfer the vessel to General Matos."

[5]) Vergl. Castros Proklamation vom 30. Dez. 1901, l. c. S. 62 f.

[6]) Vergl. über die Angelegenheit überhaupt die ausführliche Korrespondenz in dem oft angeführten Blaubuche, sowie Br. and For. State Papers, Bd. XCV S. 1054 ff., sowie im Venezuela-Gelbbuch, Sen. Doc. 119. 58. Cong. 3. sess. S. 324 ff.

Die deutsche Regierung hatte schon zu Ende des Jahres 1901 ein zwangsweises Vorgehen gegen Venezuela erwogen, in dessen Verhalten sie einen frivolen Versuch, gerechtfertigte Ansprüche zu umgehen, sah.[1])

Im Verlaufe des Jahres 1902 war sie dann mit der englischen Regierung zu einer Einigung über ein gemeinsames Vorgehen gegen Venezuela gelangt.[2])

Am 7. Dezember 1902 stellten beide Mächte der venezuelanischen Regierung ein Ultimatum.[3])

Diese erklärte, es sei für sie unmöglich, den geltendgemachten Ansprüchen nachzukommen. Sie wiederholte ihre vorher vorgebrachten Einwände nochmals und behauptete, ihre Kassen seien leer.[4])

Darauf gingen die beiden Mächte zu Gewaltmaßnahmen über. Am 9. und 12. Dezember wurden venezuelanische Schiffe festgenommen und drei davon versenkt.[5]) Am 16. Dezember wurde Puerto Cabello bombardiert.[6])

Am 11. Dezember stellte auch Italien, dessen Ansprüche gegen Venezuela sich wesentlich auf während der venezuelanischen Unruhen seit 1898 erlittenen Schaden italienischer Untertanen bezogen,[7]) und das seinen Kreuzer „Bausan“ in die venezuelanischen Gewässer gesandt hatte,[8]) ebenfalls ein Ultimatum.[9])

---

[1]) Vergl. das Promemoria des Botschafters von Holleben an das Auswärtige Amt in Washington vom 11. Dez. 1901 in For. Rel. 1901 S. 192. Vergl. ferner: von Pilgrim-Baltazzi an den Minister für auswärtige Angelegenheiten von Venezuela am 16. Juli 1901 in Martens, N. R. G., 3. ser. I S. 61.

[2]) Vergl. die betr. Korrespondenz im Blaubuch, besonders Lansdowne an Buchanan unter dem 23. Juli 1902, S. 129; englisches Memorandum für den deutschen Botschafter in London vom 22. Okt. 1902, S. 141 ff.; Lansdowne an Buchanan, 26. Nov. 1902, S. 156 f., idem an eundem am 1. Dez. 1902, eod. S. 160.

[3]) Siehe Haggard an Lansdowne, 7. Dez. 1902, eod. S. 166; das deutsche Ultimatum steht im Venezuela-Gelbbuch, l. c. S. 272 ff.; vergl. die Antwort vom 29. Dez. 1902, S. 275; vergl. auch die Schriftstücke S. 298 f. und S. 299 ff.

[4]) Lansdowne an Buchanan, 13. Dez. 1902, Blaubuch, S. 172.

[5]) Vergl. Haggard an Lansdowne, 10. Dez. 1902, l. c. S. 167.

[6]) Vergl. den Bericht des Kommandeurs Montgommerie an die englische Admiralität vom 16. Dez. 1902, l. c. S. 174.

[7]) Vergl. einzelnes über die Ansprüche Sen. Doc., Nr. 316 S. 642 ff. (Ital. Ven. Mixed Claim Commission) 58. Cong. 2. sess.

[8]) Lansdowne an Sir R. Dodd, unter dem 5. Dez. 1902, Blaubuch S. 165, und an Buchanan unter dem 9. Dez. 1902, l. c. S. 166, auch Auswärtiges Amt an die Admiralität, unter demselben Tage, l. c. S. 166.

[9]) Vergl. Venezuela-Gelbbuch, l. c. S. 316 (Riva an Baralt, unter dem 11. Dez. 1902) sowie S. 317 f. (die Antwort vom 13. Dez.).

Am 20. Dezember wurde eine kriegerische Blockade [1]) der venezuelanischen Küste erklärt [2]) und dergestalt ausgeführt, daß Deutschland den Teil von La Guayra bis zur Grenze von Colombia, England den ostwärts liegenden Teil bis zur Grenze von Demerara und Italien, das unterdessen ein zweites Schiff gesandt hatte, Tucacus und Caro blockieren sollte. Im Verlaufe dieser Maßnahmen wurde eine Reihe venezuelanischer Handelsschiffe weggenommen.

Unter dem Drucke dieses Vorgehens gab Venezuela nach. Sein erster Vorschlag um gütliche Beilegung erfolgte schon um den 15. Dezember 1902, indem sie durch die amerikanische Regierung einen Vorschlag zur Arbitration der Ansprüche unterbreiten ließ.[3])

Dieser Vorschlag wurde am 17. Dezember 1902, ebenfalls durch Vermittlung der Vereinigten Staaten, dringend wiederholt.[4])

Nachdem Präsident Castro erklärt hatte, er wolle die geltend gemachten Klagen im Prinzip anerkennen, kam es zu einer gütlichen Einigung der Parteien.[5])

Die drei Mächte schlossen mit Venezuela am 13. Februar 1903 Protokolle ab, in denen die prinzipielle Anerkennung ihrer Ansprüche durch Venezuela wiederholt wurde, in denen Venezuela sich ferner verpflichtete, gewisse Beträge sofort zu bezahlen, sowie 30 % der Zolleinnahmen der Häfen von La Guayra und Puerto Cabello zur Begleichung der übrigen Klagen sowie der Forderungen der übrigen Gläubiger vom 1. März 1903 an zurückstellen, und endlich, daß gemischte Kommissionen über Höhe und Betrag der übrigen Forderungen befinden sollten.[6])

Eine der Hauptschwierigkeiten bei den Vergleichsverhandlungen war gewesen, daß die drei europäischen Gläubigermächte

---

[1]) Vergl. die englische, deutsche und italienische Notifikation in Br. and For. State Papers, Bd. XCV S. 425 ff.

[2]) Eine am 10. Dez. 1902 eingerichtete friedliche Blockade der ganzen venezuelanischen Küste wurde von den Vereinigten Staaten nicht als wirksam anerkannt und z. B. auch im House of Commons als unwirksam bezeichnet. Vergl. dazu besonders International Year Book 1902, S. 723 f.

[3]) Lansdowne an Buchanan unter dem 15. Dez. 1902, Blaubuch S. 173 f.

[4]) Lansdowne an Sir. M. Herbert, unter dem 17. Dez. 1902, eod. S. 175 f.

[5]) Die Blockaden wurden Mitternacht 14. zu 15. Febr. 1903 aufgehoben. Siehe die Notifikationen in Br. and For. State Papers, Bd. XCII S. 795 ff.

[6]) Die Texte der drei Konventionen stehen bei Martens, N. R. G. 3. ser. I S. 46 ff.

verlangt hatten, ihre Ansprüche sollten vor denen anderer Gläubiger berichtigt werden.

In drei Verträgen, die Venezuela am 7. Mai 1903 mit jenen Mächten abschloß, wurde deshalb diese Frage der Vorzugsbehandlung dem Haager Hofe zur Entscheidung überwiesen. Zugleich wurde der Beitritt anderer Gläubigerstaaten zu dem Schiedsverfahren vorgesehen.[1])

Dieser Beitritt wurde von den Vereinigten Staaten, von Mexiko, von Norwegen und Schweden, von Frankreich, Belgien, Spanien und den Niederlanden, die alle ähnliche Protokolle über Verweisung ihrer Ansprüche zur Entscheidung an gemischte Kommissionen wie Deutschland, England und Italien unter dem 13. Februar 1903 geschlossen hatten, erklärt.[2])

Der viel besprochene Spruch des Haager Hofes erfolgte am 22. Februar 1904. Er bejahte bekanntlich den Anspruch der drei Blockademächte auf Vorzugsbehandlung.[3])

Die Haltung der Vereinigten Staaten.

Die Vereinigten Staaten wurden zuerst mit der Angelegenheit befaßt, als der deutsche Botschafter in Washington, Herr von Holleben, dem amerikanischen Auswärtigen Amte unter dem 11. Dezember 1901 ein Promemoria übersandte, in dem er von Deutschlands Klagen über Venezuela Mitteilung machte und Deutschlands Absicht erklärte, eventuell zwangsweise gegen diese Republik vorzugehen.

Dieses Promemoria, von dem Albert Bushnell Hart wohl mit guten Gründen gesagt hat, hinter ihm liege ein

---

[1]) Vergl. die Verträge vom 7. Mai 1903, eod. S. 54 ff.

[2]) Vergl. die Beitrittserklärungen unter den Texten der drei Hauptverträge in For. Rel. 1903, S. 439 f., 477 f., 611 f.

Die Beitrittserklärungen erfolgten seitens der Vereinigten Staaten am 17. Febr. 1903, Mexikos am 23., Frankreichs am 27., der Niederlande am 28. Febr., Belgiens am 7., Schwedens und Norwegens am 10. März und Spaniens am 2. April 1903. Sie sind also abgedruckt in Sen. Doc. 316, 58. Cong. 2. sess. (Bd. XXXV 1903—1904).

[3]) Text in Br. Acc. and Papers, 1904 (vergl. Inhaltsverzeichnis); Martens, N. R. G., III. Ser., Bd. I S. 57 ff. Über die Verhandlungen siehe die offizielle Publikation vom Jahre 1904, sowie Sen. Doc. 119, 58. Cong. 3. sess. (1904—1905 Bd. VII).

Über die Arbeiten der gemischten Kommissionen, die in Carácas tagten, vergl. die Berichte im Sen. Doc. 316, 58. Cong. 2. sess. (Bd. XXXV, 1903—1904), sowie Supplement: Sen. Doc. 533, 59. Cong. 1. sess. (Bd. XXIX, 1905—1906).

Stück ungeschriebener Geschichte,[1]) enthält folgende Bemerkungen:[2])

„Wir halten es für wichtig, zuerst die Regierung der Vereinigten Staaten über unsere Absichten in Kenntnis zu setzen, sodaß wir beweisen können, daß wir weiter nichts im Sinne haben, als denjenigen unserer Untertanen zu helfen, die Schaden erlitten haben. . . . .

Wir erklären insbesondere, daß wir bei unserem Vorgehen unter keinen Umständen den Erwerb oder die dauernde Besetzung von venezuelanischem Gebiet erwägen. . . . ."

Staatssekretär Hay antwortete durch Übersendung eines Memorandums vom 16. Dezember 1901.[3])

Dieses Memorandum ging von einem Passus in Präsident Roosevelts letzter Jahresbotschaft vom 3. Dezember 1901 aus.[4]) Roosevelt hatte dort bei seinem Bericht über die erste Haager Friedenskonferenz folgende Worte gebraucht:

„Die Monroedoktrin ist eine Erklärung, daß keine Gebietsvergrößerung durch eine nichtamerikanische Macht auf Kosten einer amerikanischen Macht auf amerikanischem Boden stattfinden darf. Sie ist in keiner Weise feindlich gegen irgend eine Nation der alten Welt gemeint. . . .

Diese Doktrin hat nichts mit den Handelsbeziehungen irgend einer amerikanischen Macht zu tun, außer daß sie jeder von ihnen erlaubt, solche nach ihrem Belieben anzubahnen. . . . . Wir schützen keinen Staat gegen Bestrafung, wenn er sich

---

[1]) Proceedings usw., Bd. XXXII S. 794.

[2]) Abgedruckt For. Rel. 1901, S. 192. Der englische Text lautet: „We consider it of importance to let first of all the Government of the United States know about our purposes so that we can prove that we have nothing else in view than to help those of our citizens who have suffered damages, and we shall first take into consideration only the claims of those German citizens who have suffered in the civil war.

We declare especially that under no circumstances do we consider in our proceedings the acquisition or the permanent occupation of Venezuelan territory. . ."

[3]) For. Rel. 1901, S. 195 f.

[4]) For. Rel. 1901, am Anfang unter I ff. besonders S. XXXVI. Englischer Text „The Monroe doctrine is a declaration that there must be no territorial aggrandizement by any non-American power at the expense of any American power on American soil. It is in no wise intended hostile to any nation in the Old World . . .

„This doctrine has nothing to do with the commercial relations of any American power, save that it in truth allows each of them to form such as it desires". . .

We do not guarantee any State against punishment if it misconducts itself, provided that punishment does not take the form of the acquisition of territory by any non-American power."

schlecht führt, vorausgesetzt, daß die Bestrafung nicht die Form des Gebietserwerbs durch irgend eine nichtamerikanische Macht annimmt."

Diese Bemerkungen waren in dem Memorandum wörtlich zitiert. Ebenso war auf die Erklärung des deutschen Botschafters, Deutschland beabsichtige keinen Gebietserwerb in Venezuela, Bezug genommen. Das Memorandum schloß:

„Der Präsident der Vereinigten Staaten schätzt die Liebenswürdigkeit der deutschen Regierung, ihn mit dem Stand der betreffenden Angelegenheiten bekannt zu machen und hält sich nicht für berufen, in Erwägungen über die in Frage kommenden Klagen einzutreten. Er glaubt, daß bei dieser Angelegenheit die Vertreter der kaiserlichen Regierung keine Maßnahmen ergreifen werden, welche sich nicht in Übereinstimmung mit dem gut bekannten oben erwähnten Zweck Seiner Majestät des Deutschen Kaisers befinden."

Denselben Standpunkt nahm die amerikanische Regierung ein, als die englische ihr von ihren Absichten in bezug auf Venezuela Mitteilung machte.[1])

Auf diese Mitteilung, die viel zurückhaltender wie das deutsche Promemoria gefaßt war und nicht derartige Versicherungen wie dieses enthielt, erklärte Staatssekretär Hay am 13. November 1902, ohne ausdrückliche Erwähnung der Monroedoktrin:

„Die Regierung der Vereinigten Staaten bedauert zwar, wenn europäische Mächte gewaltsam gegen zentral- und südamerikanische Staaten vorgehen, kann aber nicht widersprechen, falls sie Schritte zur Erlangung von Redreß für Ungemach, das ihre Untertanen erlitten haben, ergreifen, vorausgesetzt, daß kein Landerwerb ins Auge gefaßt wird." [2])

Das hieß in beiden Fällen mit andern Worten: Die Vereinigten Staaten fühlen sich einer zwangsweisen Beitreibung vermögensrechtlicher Ansprüche gegen amerikanische Staaten durch nichtamerikanische Mächte gegenüber nicht dazu berufen, auf Grund der Monroedoktrin einzugreifen. Diese findet nur Anwendung, wenn dauernder Landerwerb beabsichtigt ist.

[1]) Vergl. das Telegramm vom 11. Nov. 1902 in St. A., XVIII S. 133 u. Blaubuch, S. 145.
[2]) Vergl. St. A., LXVIII S. 136, Blaubuch, S. 147.

Die Haltung der Vereinigten Staaten während des ganzen Verlaufs der Venezuelaschulden-Angelegenheit entspricht diesen Sätzen.

Allerdings hat die amerikanische Regierung sich aufs lebhafteste um die schnelle, gütliche Erledigung des Streites bemüht.

Als Präsident Castro zur Antwort auf die Wegnahme venezuelanischer Schiffe englische und deutsche Untertanen in Carácas festnehmen ließ, hat der Gesandte der Vereinigten Staaten in Venezuela, Mr. Bowen, ihre Freilassung bewirkt.[1])

Die amerikanische Regierung hat ferner die Vorschläge der venezuelanischen Regierung, die Angelegenheit durch Arbitration zu erledigen, den drei europäischen Mächten übermittelt und warm befürwortet.[2])

Und weiter: Präsident Roosevelt hat es zwar abgelehnt, in diesem Streite und später in der Frage der „Vorzugsforderungen" ein Schiedsrichteramt zu übernehmen, wie vorgeschlagen worden war.[3]) Andererseits aber hat Mr. Bowen, nachdem ihm Vollmacht zur Verhandlung mit jenen drei Mächten im Namen von Venezuela gegeben worden war,[4]) die Vertretung der venezuelanischen Regierung völlig übernommen.

Er hat die Verhandlungen geführt, und ihm ist der Abschluß der Verträge zu danken gewesen.

Das alles stellt sich jedoch als die Leistung guter Dienste und nicht als ein autoritatives Dazwischentreten der Vereinigten Staaten dar; noch weniger ist es ein Handeln auf Grund der Monroedoktrin auf seiten der Vereinigten Staaten, die sich ja ganz in die Reihe der übrigen Gläubigerstaaten stellten, ihrerseits ein Protokoll mit Venezuela unterzeichneten und an dem Haager Verfahren teilnahmen.[5])

---

[1]) Vergl. die Korrespondenz im Blaubuch, S. 181 u. 183.

[2]) Vergl. besonders den Bericht Lansdownes an Sir Herbert vom 17. Dez. 1902, eod. S. 175 f.

[3]) eod. Nr. 198, 208, 255, 263, 267, 269.

[4]) Vergl. hier besonders Venezuela-Gelbbuch, l. c. S. 372 ff.; Bowens Vollmacht, vergl. 375 (das Angebot vom 9. Dez., die Annahme vom 11. Dez.), eod. S. 374.

[5]) Nach Annual Cyclop. 1902, S. 827, Spalte 2, hat Castro etwa am 7. Dez. 1902 an die Vereinigten Staaten appelliert: „To intervene for the prevention of hostilities which he represented as a violation of the Monroe doctrine." Mr. Bowen hat ihn nach derselben Quelle dahin aufgeklärt: „That the United States would not interpose to avert the forcible collection of debts due so long as no permanent occupation of Venezuelan territory was attempted by European powers".

Dragos Note vom 29. Dezember 1902.

Daß die Vereinigten Staaten in der Venezuelaschulden-Angelegenheit keinen Anwendungsfall der Monroedoktrin sahen, trat besonders bei folgender Gelegenheit zutage:

Der argentinische Minister des Äußeren, Señor Luis Drago, sandte unter dem 29. Dezember 1902 an den Gesandten Argentiniens in Washington, den Señor Martin Grácia Mérou, zur Übermittlung an das amerikanische Auswärtige Amt jene Note, in der er die jetzt unter dem Namen Dragodoktrin gehenden Gedanken entwickelte.[1])

Drago nahm, veranlaßt durch die Venezuela-Angelegenheit in dieser Note, Gelegenheit, „einige Gedanken in bezug auf die gewaltsame Beitreibung öffentlicher Schulden" vorzutragen.

Er führt dann seine bekannte Idee aus, daß bei der Gleichheit souveräner Staaten die Zwangsbeitreibung derartiger Schulden durch andere Mächte völkerrechtlich unzulässig sei.

Er behauptet dabei insbesondere, ein derartiges Vorgehen, wie das Verfahren der drei europäischen Mächte sei geeignet, eine für den Frieden und die Sicherheit der amerikanischen Nationen gefährlichen Präzedenzfall zu schaffen.

Er fährt fort:

> „Die Beitreibung von Anleihen auf militärischem Wege schließt, um sie wirksam zu machen, Gebietsbesetzung in sich, und Gebietsbesetzung bedeutet die Unterdrückung oder Unterordnung derjenigen Staatsregierungen, denen sie auferlegt wird.
>
> Solch' eine Situation ist offensichtlich in Widerspruch mit den von den amerikanischen Nationen oftmals erklärten Grundsätzen und besonders mit der so eifrig bei allen Gelegenheiten von den Vereinigten Staaten aufrecht erhaltenen und verteidigten Monroedoktrin, eine Doktrin, der die Argentinische Republik bisher mit großem Ernste angehangen hat."[2])

---

[1]) Diese Note findet sich in Arch. Dipl. III. ser. Vol. LXXXVIII Nr. 10 bis 12 (Okt. 1903) S. 54 ff.; For. Rel. 1903, 1—5 (ein französischer Text auch R. G., XIV (1907) S. 252 ff. (Anm. 2); sie steht endlich bei Strupp, II S. 106 ff.

[2]) „The collection of loans by military means implies territorial occupation to make them effective, and territorial occupation signifies the suppression or subordination of the governments of the countries on which it is imposed.

Such a situation seems obviously at variance with the principles many times proclaimed by the nations of America, and particulary with the Monroe doctrine, sustained and defended with so much zeal on all occasions by the United States, a doctrine to which the Argentine Republic has heretofore solemnly adhered".

Drago geht also davon aus, daß die Beitreibung von Ansprüchen, wie sie von den drei Mächten vorgenommen wurde, nicht nur an sich unzulässig sei, sondern auch gegen die Monroedoktrin verstoße.

Er macht den Versuch, die Monroedoktrin und die von ihm formulierte Theorie (die Dragodoktrin) derart mit einander zu verbinden, als ob die letztere sich als eine Art Unter- und Folgesatz der ersteren darstellte.

Die Stellung der amerikanischen Regierung Dragos Note gegenüber.

Die Regierung der Vereinigten Staaten hat es seit Hamilton oft wiederholt, daß sie gewaltsame Interventionen zur Beitreibung der Ansprüche von Untertanen eines Staates gegen eine andere Nation — sei es, daß diese Ansprüche auf Kontrakten, oder sei es, daß sie auf Delikten beruhen — nicht billige.

Soweit Kontraktsklagen und Ansprüche aus Verletzungen, die in Bürgerkriegen erfolgt sind, in Frage kommen, haben die Vereinigten Staaten diese Ideen in bezug auf Ersatzansprüche aus Mobgewalttaten, wenigstens sofern ihre eigene Verantwortlichkeit in Frage kam,[1]) im wesentlichen auch ihrerseits praktisch betätigt.

Sie sind es auch gewesen, die auf Grund eines am 22. August 1906 auf der dritten Pan-Amerikanischen Konferenz zu Rio de Janeiro einstimmig gefaßten Beschlusses [2]) auf der zweiten Haager

---

[1]) Vergl. zu dieser Angelegenheit, der hier nicht weiter nachgegangen werden kann, vor allen Dingen den vorzüglichen Artikel von Amos S. Hershey in A. J., I S. 20 ff. über die Calvo- und Drago-Doktrin, der dort insbesondere die Haltung der Vereinigten Staaten zu diesen beiden Doktrinen einer feinen Untersuchung unterzieht.

Ausgiebiges Material findet sich in Moores Digest; vergl. für Kontraktansprüche besonders VI S. 285 ff., 293 ff. und 705 ff.; für Ansprüche aus Bürgerkriegen besonders VI S. 885 ff.; für Ansprüche aus Schaden, der durch Pöbel zugefügt ist, besonders VI S. 809 ff.

[2]) Vergl. den Report of the Delegates of the United States to the Third International Conference of the American States held at Rio de Janeiro, Brazil July 21 to August 26, 1906, Washington, Government Printing Office 1907. Der englische Text der in Englisch und Spanisch gefaßten Resolution findet sich dort auf S. 116 f. Er lautet: „Resolved: To recommend to the Governments represented therein that they consider the point of inviting the Second Peace Conference at The Hague to examine the question of the compulsory collection of public debts, and in general means tending to diminish between nations conflicts having an exclusively pecuniary origin."

Vergl. ferner den Bericht der Kommission der Vereinigten Staaten vom 10. Jan. 1907 über die Verhandlungen der Konferenz betreffend diesen Punkt, ein Gegenstand, von dem gesagt wird, daß er „overshadowed in interest all other topics before the Conference," eod. S. 12 ff.

Vergl. endlich besonders auch die interessante Instruktion an die Delegierten der Vereinigten Staaten zu dieser Konferenz vom 18. Juni 1906, besonders S. 41 f.

Friedenskonferenz Anträge einbrachten, die zum Abschlusse des zweiten Abkommens betreffend die Beschränkung der Anwendung von Gewalt bei der Eintreibung von Vertragsschulden führten, ein Abkommen, das Waffengewalt in diesen Fällen nur dann für zulässig erklärt, „wenn der Schuldnerstaat ein Angebot schiedsrichterlicher Erledigung ablehnt oder unbeantwortet läßt, oder im Falle der Annahme den Abschluß des Schiedsvertrages vereitelt oder nach dem Schiedsverfahren dem Schiedsspruche nicht nachkommt.[1])

Die Antwort, die Staatssekretär Hay auf die Note Dragos gab, ist in einem Memorandum enthalten, das er unter dem 17. Februar 1903 der argentinischen Gesandschaft in Washington übermittelte.[2])

Hay lehnte eine Meinungsäußerung zu Dragos Darlegungen ab und stellte sich genau auf den gleichen Standpunkt, wie die in dem Memorandum an den deutschen Botschafter vom 16. Dezember 1901 angeführte Botschaft des Präsidenten Roosevelt vom 3. Dezember 1901, aus der er die in dem Memorandum angeführten Worte wiederholt.[3]) Er zitierte ferner aus Präsident Roosevelts letzter Jahresbotschaft vom 2. Dezember 1902 eine in bezug auf die Panamakanal-Angelegenheit und den Erlaß des Spooner-Akts gemachte Bemerkung dahingehend, daß die amerikanischen Nationen nicht den geringsten Grund zur Angst vor Angriffen durch die Vereinigten Staaten hätten, daß jede in ihren eigenen Grenzen Ordnung zu halten verpflichtet sei und ihre Verpflichtungen Fremden gegenüber zu erfüllen habe, und daß sie, falls sie das täten, versichert sein könnten, daß sie nichts von auswärtigen Eingriffen zu fürchten hätten.[4])

Damit war ausgesprochen, was die Vereinigten Staaten als ihren Standpunkt durch ihre Haltung in dieser wie auch in schon früheren Angelegenheiten (vergl. z. B. die französische Inter-

---

[1]) R. G. Bl., 1910 S. 59 ff.; Martens, N. R. G., 3. ser. Bd. III S. 414 ff. Vergl. weiter z. B. Scott, James Brown: Text of the Peace Conferences at the Hague, 1899 and 1907, mit einer Einleitung von Staatssekretär Elihu Root, Boston und London 1908, S. 193 ff.; auch Liszt, S. 471.

[2]) For. Rel. 1903, S. 5.

[3]) Vergl. oben S. 259 ff.

[4]) Vergl. For. Rel. 1902, XXI: „No independent nation in America need have the slightest fear of aggression from the United States. It behooves each one to maintain order within its own borders and to discharge its just obligations to to foreigners. When this is done they can rest assured that, be they strong or weak, they have nothing to dread from outside interference".

vention in Mexiko 1838 oder die französisch-englische und spanische Intervention in demselben Lande vom Jahre 1856) betätigt hatten, daß die Vereinigten Staaten es nicht für ihre Aufgabe erachten, ihre mißbilligende Ansicht über derartige Zwangsbeitreibungen in autoritativer Weise nichtamerikanischen Staaten gegenüber durchzusetzen.

Und noch mehr: Als Antwort auf Dragos mit der Monroedoktrin gestützten Appell war Hays Erklärung eine prinzipielle Ablehnung der Vereinigten Staaten, die sachlichen Herrschaftsgrenzen der Monroedoktrin auf die von Dragos Ausführungen umfaßten Fälle zu beziehen, oder — da Monroe- und Dragodoktrin ihrem Wesen nach grundverschieden sind [1]) — besser ausgedrückt: zu erweitern.

Nochmals die dominikanische Schuldenangelegenheit.

In diesem Zusammenhange ist noch einmal kurz auf das Arrangement zwischen den Vereinigten Staaten und der Dominikanischen Republik vom Jahre 1907 zurückzukommen.

Es ist behauptet worden, das Verhalten der Vereinigten Staaten in dieser Angelegenheit sei durch ihre in der Venezuelaschulden-Angelegenheit gemachten Erfahrungen bestimmt gewesen.[2])

Dies wird in gewissem Umfange zweifellos richtig sein. Roosevelt hat das in seiner, den Standpunkt der Vereinigten Staaten in jener Angelegenheit grundsätzlich entwickelnden Botschaft an den Senat vom 15. Februar 1905 ausdrücklich ausgesprochen, indem er dort erklärte: [3])

„Unter dem anerkannten Recht der Nationen sind fremde Regierungen in ihrem Rechte — falls sie dies ausüben wollen — wenn sie zur Unterstützung von Vertragsklagen ihrer Untertanen aktiv intervenieren. Sie üben diese Befugnis zuweilen aus, und zufolge wachsenden kommerziellen Wettbewerbes besteht eine steigende Neigung, mehr und mehr auf diplomatischem Wege bei der Durchsetzung der Ansprüche ihrer Untertanen zu helfen.

---

[1]) Das wird oft und nicht nur von Drago verkannt. Vergl. z. B. Hershey, l. c. S. 45; Moulin, R. G., XIV (1907) S. 460, vergl. auch Drago, eod. S. 274; andererseits vergl. z. B. Basdevant, eod. Bd. XIII (1896) S. 509 u. Bd. XI S. 449 ff.

[2]) Vergl. z. B. Dunning, S. 24 f.

[3]) Siehe oben S. 223 ff.

Im Hinblick auf dieses Dilemma, in dem die Vereinigten Staaten sich befinden, müssen sie entweder ihre gewohnte Haltung der Nichtintervention in solchen Fällen beibehalten — eine unter normalen Umständen angemessene Haltung, die aber unter diesen besonderen Verhältnissen zum Nachteile ihrer Bürger gegenüber denjenigen anderer Staaten führt — oder sie müssen, um mit ihrer Politik in Übereinstimmung zu bleiben, aktiv intervenieren, um die Verträge und Konzessionen ihrer in Ackerbau, Handel und Transportgeschäften in Konkurrenz mit den Bürgern und Untertanen anderer Länder begriffenen Bürger zu schützen."

Und ferner:

„Wenn die Regierung der Vereinigten Staaten es ablehnt, Schritte zu ergreifen, und andere ausländische Regierungen ergreifen Maßnahmen zur Sicherung der Zahlung ihrer Ansprüche, so würden die letzteren nach der Entscheidung des Haager Hofes in den Venezuelafällen zur vorzugsweisen Begleichung ihrer Ansprüche berechtigt sein; und das würde alle dominikanischen Revenuen verschlingen und würde ein virtuelles Aufopfern amerikanischer Forderungen und Interessen in bezug auf diese Insel bedeuten."

Roosevelt erklärt also den Abschluß des Arrangements mit der Dominikanischen Republik als den Ausweg aus einem durch die Haager Entscheidung über die „Vorzugsrechte" geschaffenen Dilemma zwischen einer Gefährdung der Rechte ihrer Untertanen zu Ungunsten derjenigen anderer Staaten und ihrer traditionellen Verwerfung von Interventionen zur Beitreibung von Ansprüchen ihrer Untertanen von fremden Staaten.

Dieser Gedanke erscheint in seiner Botschaft jedoch deutlich als ein besonderer Rechtfertigungsgrund für das Verhalten der Vereinigten Staaten in der dominikanischen Schulden-Angelegenheit. Er steht selbständig neben demjenigen Rechtfertigungsgrunde, der sich auf die Monroedoktrin stützt.[1])

Wenn danach die Stellungnahme der Vereinigten Staaten in diesem Falle auf die Monroedoktrin gegründet wurde, und wenn sie außerdem auch noch zugleich tatsächlich den von Drago formulierten Wünschen genügte, so bedeutete das nur, daß in diesem

---

[1]) Siehe oben S. 224.

Einzelfalle die Forderungen von Dragodoktrin und Monroedoktrin sich deckten.

Keineswegs jedoch kann das Verhalten der Vereinigten Staaten in der dominikanischen Schulden-Angelegenheit als eine zufolge der in dem Venezuelaschuldenfalle erhaltenen Lehren erfolgte Vereinigung von Monroedoktrin und Dragodoktrin angesehen werden.

d) Allgemeines Ergebnis.

Nach den vorstehenden Ausführungen kann man folgende Ergebnisse zusammenfassen:

Die Vereinigten Staaten haben bisher die Anwendung der Monroedoktrin auf solche Fälle durchweg verneint, in denen nichtamerikanische Mächte von amerikanischen die Erfüllung internationaler Verbindlichkeiten zu erzwingen unternahmen, die aber nicht als Versuche des Erwerbs politischen Machtzuwachses solcher nichtamerikanischen Mächte in Amerika in Betracht kamen.

Insbesondere haben sie es bisher abgelehnt, den sachlichen Herrschaftsinhalt der Monroedoktrin um den Inhalt der Dragodoktrin (oder gar der weiteren Calvodoktrin) zu bereichern.

5. Das Verbot der Erweiterung politischer Macht nichtamerikanischer Staaten in Amerika und der Schiedsgerichtsbarkeitsgedanke.

Einführung.

Die Beschränkung der sachlichen Herrschaftsgrenzen des gegen den Zuwachs der Macht nichtamerikanischer Staaten in Amerika gerichteten ersten Unterprinzips der Monroedoktrin auf solche Handlungen, die als gefährliche unter dem Gesichtspunkte der Machtvermehrung in Frage kommen, drückt sich ebenfalls deutlich in der Haltung der Vereinigten Staaten zur Schiedsgerichtsbarkeitsfrage, wie gegenüber der nach dem Gebrauch anderer friedlicher Streitschlichtungsmittel aus.

Die Vereinigten Staaten haben für Schiedsgerichtsbarkeit, ebenso für gute Dienste und Vermittlung bekanntlich stets eine große Vorliebe gehabt.

Was gute Dienste und Vermittlungen anlangt, so haben sie sie ihrerseits häufig sowohl in Streitigkeiten amerikanischer Staaten untereinander als auch europäischer untereinander, wie zwischen amerikanischen und europäischen Staaten angewendet und haben die Monroedoktrin niemals gegen die Vornahme derartiger Maßregeln ins Feld geführt.

Es mag hier mit Beschränkung auf die besonderen Zwecke dieser Ausführungen kurz bei der Frage nach der Stellung der Vereinigten Staaten zum Schiedsgerichtsbarkeitsgedanken etwas verweilt werden.

Die Rolle des Schiedsrichters in europäischen Angelegenheiten haben die Vereinigten Staaten zwar nur ausnahmsweise und zögernd übernommen, wie später noch hervorzuheben sein wird.[1])

Dagegen haben sie pinzipiell niemals etwas gegen europäische Schiedsrichterschaft in amerikanischen Streitigkeiten einzuwenden gehabt.[2])

Es liegen eine Reihe Fälle vor, in denen die Vereinigten Staaten sogar selbst in einem Streite mit einer amerikanischen Macht sich solchem Schiedsverfahren unterworfen haben.

Fälle.

So haben sie am 11. April 1839 mit Mexiko einen Schiedsvertrag geschlossen, durch den der König von Preußen zur Entscheidung über Indemnitätsansprüche amerikanischer Bürger gegen Mexiko zum Schiedsrichter bestimmt wurde.[3])

Ein ebensolcher Streit zwischen ihnen und Chile wurde durch Vertrag vom 10. November 1858 der Entscheidung des Königs von Belgien unterworfen,[4]) der seinen Spruch am 15. Mai 1863 abgab.[5])

Einen anderen Indemnitätsstreit, den sie wiederum mit Mexiko führten, entschied auf Grund eines Vertrages vom 27. November 1872 Sir Edward Thornton durch Spruch vom 16. April 1874.[6])

---

[1]) Vergl. unten S. 313 f.

[2]) Vergl. oben S. 179 ff.

[3]) Vergl. hier Martens, N. R., XVI S. 624 ff., besonders Art. VII auf S. 630. Vergl. auch Calvo, III S. 445.

[4]) Martens, N. R. G., XVII, I S. 243 f.

[5]) Calvo, III S. 442.

[6]) Derselbe l. c. S. 447.

Und endlich mag beispielsweise darauf hingewiesen werden, daß der Streit der Vereinigten Staaten mit Chile um die Ansprüche der Firma Alsop & Co. durch Protokoll vom 1. Dezember 1909 dem englischen König als „amiable compositeur" überwiesen wurde, der am 5. Juli 1911 seinen Spruch in der Sache abgab.[1])

Was Streitigkeiten zwischen anderen amerikanischen Mächten anlangt, so mag außer auf den bereits oben erwähnten Grenzstreit zwischen Colombia und Venezuela,[2]) insbesondere auf einen Grenzstreit zwischen Colombia und Costa Rica hingewiesen werden.

Dieser Streit wurde durch Abkommen vom 25. Dezember 1880[3]) dem König der Belgier, eventuell dem spanischen König zur Entscheidung übertragen. Der König von Belgien lehnte ab. Der spanische König Alfons XII. starb vor Abgabe des Spruches. Deshalb wurde durch den das Abkommen von 1880 etwas modifizierenden Vertrag vom 20. Januar 1886 erklärt,[4]) daß nunmehr die gegenwärtige Regierung von Spanien für die Entscheidung zuständig sei. Infolge von Streitigkeiten zwischen den Parteien geriet das Schiedsverfahren dann ins Stocken. Durch Schiedsvertrag vom 4. November 1896[5]) wurde endlich der Präsident der französischen Republik zum Schiedsrichter ernannt, der am 11. September 1900 seinen Spruch abgab.[6])

In bezug auf diesen Streit hat die amerikanische Regierung übrigens im Jahre 1881 ausdrücklich erklärt, sie würde nicht eingreifen, um die Beendigung des Verfahrens zu hindern, noch werde sie ihre Meinung über die Annahme des Schiedsrichteramtes durch

---

[1]) Vergl. hier „The Case of the United States of America for and in behalf of the original American Claimants in this Case.... Versus the Republic of Chile before His Majesty George V. usw. under The Protocoll of December 1, 1909, Washington, Gov. Print. Off.; Appendix to the Case of the United States usw., in 2 Bänden, Washington 1910; The Countercase of the United States of America usw., Washington 1910, Appendix to the Countercase usw., Washington 1910, Award, usw., Washington 1911 (Sonderabdruck des Auswärtigen Amtes).

[2]) Siehe auch oben S. 179 f.

[3]) For. Rel. 1881, S. 71.

[4]) Martens, N. R. G. 2. ser., XXXII S. 383.

[5]) Martens, N. R. G. 2. ser., XXV S. 62.

[6]) Martens, N. R. G. 2. ser., Bd. XXXII S. 411 ff.
Vergl. auch den Vertrag zwischen Costa Rica und Panama vom 17. März 1910 (Text Martens, N. R. G., 3. ser., Bd. V S. 678 ff.), wonach der oberste Richter der Vereinigten Staaten zum Schiedsrichter in der die Fortsetzung des oben genannten Streites bildenden Zankerei ernannt wurde.

den König von Spanien aussprechen.[1]) Staatssekretär Blaine erklärte allerdings andererseits auch, daß das Schiedsabkommen zum Gegenstand einer vorgängigen Mitteilung und Beratung mit den Vereinigten Staaten hätte gemacht werden sollen.

Er stützte dies aber auf die Tatsache, daß die Vereinigten Staaten mit Neu-Granada (dem Rechtsvorgänger von Colombia) den oben erwähnten Garantievertrag von 1846 [2]) geschlossen habe, der die Vereinigten Staaten zum direkten Interessenten bei einem solchen Schiedsabkommen gemacht habe.[3])

Erwähnt mag auch der Grenzstreit zwischen Chile und Argentinien werden, der auf Grund eines Schiedsvertrages vom 17. April 1896 [4]) durch den König von England am 20. November 1902 entschieden wurde.[5])

Weiter gehört beispielsweise hierher der Schiedsspruch des Königs von Spanien in einem Grenzstreite zwischen Honduras und Nicaragua vom 23. Dezember 1906 auf Grund des Vertrages von Tegucigalpa vom 7. Oktober 1894.[6])

Und endlich kann man hier auch den Grenzstreit zwischen Frankreich und Holland über die Grenze zwischen Französisch- und Holländisch-Guayana als den Streit zweier amerikanischer Kolonialmächte erwähnen. Dieser wurde laut Konvention vom 29. Januar 1888 [7]) dem russischen Kaiser zur Entscheidung übergeben, der seinen Schiedsspruch vom 13./25. Mai 1891 [8]) dahin abgab, daß der Awafluß die Grenze der beiden Kolonien sei.

Die Vereinigten Staaten haben es weiterhin auch nicht für unvereinbar mit der Monroedoktrin gehalten, daß Streifragen über den Besitz amerikanischen Gebietes seitens nichtamerikanischer

[1]) For. Rel., 1881, Nr. 1057: Blaine an den Gesandten der Vereinigten Staaten Mr. Fairehild unter dem 25. Juni 1881.

[2]) Siehe oben S. 187.

[3]) Vergl. näheres zu dem Streite und die Stellung der Vereinigten Staaten dazu Moore, VI S. 29 ff. und die dort angeführten Nachweise; vergl. auch Moore, Arbitrations, S. 4857.

[4]) Br. and For. State Papers, Bd. LXXXVIII S. 553 f.

[5]) Br. and For. State Papers, Bd. XCV (1902—1903) S. 162 ff. Vergl. hier auch Alvarez, Des occupations des Territoires contestés usw. in R. G., Bd. X (1903) S. 651 ff.

[6]) Martens, 2. ser., Bd. XXXV S. 563 und Kohlers Zeitschr. II S. 362 ff.

[7]) Martens, N. R. G., 2. ser., Bd. XVI S. 730 und Bd. XVII S. 124.

[8]) Martens, N. R. G., 2. ser., Bd. XVIII S. 100 Bd. XXVII S. 136.

Mächte bei vorliegender Ungewißheit über die tatsächlichen Grundlagen durch Kompromiß erledigt würden. (Vergl. besonders den Oregonstreit mit Rußland und mit England.) Und in solchen Fällen haben sie auch ganz besonders Schiedsgerichtsbarkeit stets für ein geeignetes Mittel der Streiterledigung und sogar geradezu zur Durchführung der Monroedoktrin angesehen.

Sie haben deshalb die Entscheidung durch Schiedsspruch derartiger Streitfälle nicht nur häufig als vereinbar mit ihren Ideen vom Inhalt der Monroedoktrin zugelassen,[1]) sondern haben solches Verfahren als den geeignetsten Weg sogar auf das entschiedenste begünstigt. Der klassische Fall dafür ist der Venezuela-Grenzstreit von 1895.[2])

In ihrem Disput mit England über ihre Nordostgrenze[3]), über die San Juan-Wassergrenze,[4]) sowie über die Alaskagrenze[5]) haben sie sich selbst dieses Mittels bedient.

---

[1]) Vergl. hier den Abschnitt über die Durchführung der Monroedoktrin unten S. 282 ff.

[2]) Vergl. oben S. 142 ff.
Die Fälle sind so zahlreich, daß es viel zu weit führen würde, sie aufzuführen.

[3]) Vergl. den Vertrag vom 6. Aug. 1842, H. Ex. Doc. 2, 27. Cong. 3. sess. Br. and For. State Papers, XXX, S. 136 ff. und Martens, N. R. G., III S. 456.

[4]) Vergl. oben S. 88 f.
Pétin behauptet auf S. 113: Les Etats-Unis en acceptant l'Arbitrage, violaient la doctrine de Monroe". Er nimmt andererseits an, daß in dem Grenzstreit zwischen Venezuela und England die Monroedoktrin durch Annahme von Schiedssprechung respektiert worden sei, denn in diesem Falle sei eine 50-jährige Preskriptionsfrist für die Entscheidung zur Grundlage gemacht worden. Das habe so viel geheißen wie: „Nous ne pouvons pas vous accorder des territoires que ceux que vous possédez en 1823, la seule chose qu'on pourra faire sera de tracer une ligne divisoire pour mettre fin aux empiètements illicites qui auront été consommés depuis cette époque." Er fährt übrigens allgemein fort: „Toutefois, en acceptant l'arbitrage d'un Européan, les Etats-Unis dérogeaient à la maxime fondamentale du message de 1823, l'exclusion de l'Europe des affaires de l'Amérique. Accepter la sentence d'un Européen était contraire à l'esprit même de la doctrine de Monroe, qui avait denié à l'Europe, le droit de s'occuper des affaires américains. Les Etats-Unis avaient respecté le § 7 du message et avaient violé les §§ 48 et 49."

[5]) Vergl. vom Vertrag vom 24. Jan. 1903 und die Entscheidung vom 20. Okt. 1903. Vergl. zu der Alaska-Angelegenheit besonders Parliamentary Papers, Jan. 1904, C. d. 1877, Bd. CXI: Correspondence respecting the Alaska-Boundary; 58. Cong. 2. sess. Sen. Doc. S. 162; Alaska-Boundary Tribunal. Proceedings usw. 7 Bde., Washington 1904 und 3 Kartenbände. Die Entscheidung vom 20. Okt. 1903 steht I S. 29 f. Sie steht auch Martens, N. R. G., 2. ser. Bd. XXXII S. 418 ff. Der Vertrag von 1903 steht Martens, N. R. G., 2. ser. Bd. XXXI S. 494 und XXXII S. 418; Balch, Thomas Willing, The Alaska Frontier, Philadelphia 1903; Balch, Edwin Swift, Letters and Papers relating to the Alaska frontier. Philadelphia 1904; Hodgins, Thomas, The Alaska-Canada Boundary disput usw., Toronto 1902 (nur 24 Seiten).

Allen genannten Fällen gemeinsam ist, daß der wahre Sachstand, die wahren Grenzen der Herrschaftsrechte der streitenden Parteien, ungewiß oder unauffindbar waren. Die Monroedoktrin will aber nicht nur den Zuwachs der Herrschaftsmacht nichtamerikanischer Staaten in Amerika ausschließen, sondern sie verspricht zugleich auch, die Vereinigten Staaten würden den legitimen europäischen Besitzstand von 1823 in Amerika achten. Deshalb sind Schiedsspruch wie Kompromiß in der Tat geeignete Aushilfsmittel, durch Festsetzung einer der materiellen Wahrheit vermutlich am nächsten kommenden Grenze einen gegebenen Streit zu einer Erledigung zu bringen und zugleich den Forderungen der Monroedoktrin, so gut es nach Lage der Sache möglich ist, zu genügen.

Anders liegt der Fall, wenn der Streit um eine Frage geht, in der die auf allgemeine völkerrechtliche Grundsätze gestützte Entscheidung von derjenigen abweichen würde, die unter Berücksichtigung der Monroedoktrin zu erfolgen hätte.

Ein Streit um das Recht Mexikos, die Magdalena-Bay an ein japanisches Syndikat zu verkaufen, würde von den Vereinigten Staaten vor jedem internationalen Tribunal verloren werden.[1])

Nicht minder würde, um an zwei weiteren von Senator Lodge zur Begründung seines Antrages, die Arbitrationsverträge der Vereinigten Staaten mit Frankreich und England zu amendieren, gegebenen Beispielen zu exemplifizieren,[2]) jedes Schiedsgericht die Befugnis der Vereinigten Staaten leugnen, Einspruch gegen den Verkauf der Galapagos-Inseln durch Ecuador an eine östliche oder westliche Macht zu erheben.[3]) Und dasselbe Recht würde ihnen im Falle einer Entscheidung über ihren Widerspruch solchen Verkaufes der Insel Curaçao durch Holland abgesprochen werden.

Würden solche Fälle zur Schiedssprechung gestellt werden, so würde tatsächlich die Monroedoktrin selbst zum Gegenstand der Aburteilung werden und damit die Möglichkeit geschaffen sein, ihre Anwendung auf die zur Schiedssprechung gegebenen Fälle zu hindern.

In dem damit geschaffenen Dilemma zwischen Schiedsgerichtsidee und Monroedoktrin haben die Vereinigten Staaten sich für

---

[1]) Siehe oben S. 230 ff.

[2]) Siehe ebenda vom 29. Oktober 1912 in Sen. Doc. 353. 62. Cong. 2. sess. S. 23.

[3]) Siehe hier auch oben S. 236 f.

diese entschieden und haben es für richtig gehalten, diese Entschließung wiederholt zum Ausdruck zu bringen.[1])

Die Haager Vorbehalte.

Das geschah einmal durch die Vorbehalte, unter denen sie die Abkommen über friedliche Erledigung internationaler Streitfälle der ersten und zweiter Haager Konferenz angenommen haben. Die diplomatischen Vertreter der Vereinigten Staaten fügten bekanntlich beide Male und zwar in den Plenarsitzungen vom 25. Juli 1899 und vom 16. Oktober 1907 diesen Abkommen einen Vorbehalt bei, mit dem sie dann auch unterzeichnet wurden und der außerdem vom Senat bei der Genehmigung der auf der zweiten Konferenz beschlossenen Konvention in der Sitzung vom 2. April 1908 wiederholt und erweitert wurde.[2])

Dieser Vorbehalt lautete:

„Von dem Inhalte dieses Abkommens darf nichts derart ausgelegt werden, daß es die Vereinigten Staaten von Amerika verpflichtete, von ihrer überlieferten Politik abzuweichen, nach der sie sich eines Eingreifens, einer Einmengung oder einer Einmischung in die politischen Fragen oder in die Politik oder in die innere Verwaltung irgend eines fremden Staates enthalten. Noch soll irgend etwas in dem genannten Abkommen so ausgelegt werden, als wenn es für die Vereinigten Staaten von Amerika das Aufgeben ihrer überlieferten Politik in bezug auf rein amerikanische Fragen in sich schlöße." [3])

---

[1]) Vergl. zu dem folgenden besonders die lesenswerten Ausführungen H. Pohls in der Festgabe der Bonner Juristenfakultät für Krüger, Berlin 1911: Der Monroevorbehalt, S. 447 ff.

[2]) Den Vorbehalt der amerikanischen Regierung in der Sitzung vom 25. Juli 1899 vergl. Conférence internationale de la paix.... Ministère des affaires étrangères, 1907, S. 69; Martens, N. R. G., 2. ser. Bd. XXVI S. 1007, Treaty Vol., II S. 2032. Vergl. auch die Proklamation mit dem Vorbehalt in Stat. at Large, XXXII, II S. 1779 ff. Für den Vorbehalt der amerikanischen Vertreter in der Sitzung vom 16. Okt. 1907 vergl. Deuxième conférence internationale de la paix usw., Bd. I S. 335; Martens, N. R.G., III. ser. Bd. III S. 408. Für das Senatsamendement vom 2. April 1908 vergl. auch Martens, N. R. G., III. ser. Bd. 3 S. 408 und Treaty Vol. 1910 S. 2247; vergl. ferner Stat. at Large, Bd. XXXVI Nr. II S. 2240, wonach die Proklamierung der Konvention unter Hervorhebung sowohl des diplomatischen wie des parlamentarischen Vorbehaltes erfolgte.

[3]) Der weitere Vorbehalt, den der Senat in der Sitzung vom 2. April 1908 der Ratifikation des betreffenden Abkommens [der zweiten Haager Konferenz außer Wiederholung des Diplomatenvorbehalts vom 16. Okt. 1907 beigefügt hat, lautet folgendermaßen: „Beschlossen ferner als ein Teil dieses Ratifikationsakts:

Das Anbieten und Leisten guter Dienste oder von Vermittlungen steht mit der Monroedoktrin nicht im Widerspruch. Außerdem verpflichten die genannten beiden Haager Abkommen keinen der Vertragsteilnehmer, gute Dienste oder Vermittlung anzunehmen. Deshalb enthalten sie tatsächlich nichts, was die Vorbehalte der Vereinigten Staaten inhaltlich zu motivieren geeignet gewesen wäre. Beide waren durch die Sachlage nicht geboten. Sie sind eine spontane Versicherung der Vereinigten Staaten, daß sie sich in kein Verfahren einlassen wollten, welches zu Ergebnissen zu führen geeignet ist, die mit der Monroedoktrin nicht in Einklang stehen.

Der Senat und die Schiedsverträge mit England und Frankreich 1912.

Eine weitere Gelegenheit, diesem Standpunkt mit strenger Beschränkung auf Arbitration einen sehr entschiedenen Ausdruck zu geben, nahm sich der Senat, als die Genehmigung der beiden von den Vereinigten Staaten mit England und Frankreich am 3. August 1911 abgeschlossenen allgemeinen Schiedsverträge zu seiner Entscheidung stand.[1])

Daß die Vereinigten Staaten dieses Abkommen mit der Maßgabe genehmigen, daß die Anrufung des ständigen Schiedshofs behufs Erledigung von Streitigkeiten nur auf Grund eines zwischen den im Streite befindlichen Teilen geschlossenen oder in Zukunft zu schließenden allgemeinen oder besonderen Schiedsabkommens erfolgen kann; und daß die Vereinigten Staaten von der in Art. 53 des Abkommens gegebenen Freiheit, eine Feststellung des Schiedsvertrags durch den ständigen Schiedshof auszuschließen, jetzt Gebrauch machen und hierdurch von der Zuständigkeit des ständigen Schiedshofs die Befugnis ausschließen, einen durch die von den Vereinigten Staaten geschlossenen oder in Zukunft zu schließenden Schiedsabkommen erforderlichen Schiedsvertrag festzustellen und daß sie ferner ausdrücklich erklären, daß, wenn ein Schiedsabkommen, woran die Vereinigten Staaten beteiligt sein möchten, einen Schiedsvertrag erfordert, dieser nur durch Übereinkommen zwischen den Vertragsparteien festgestellt werden soll, es sei denn, daß ein solches Schiedsabkommen ausdrücklich ein anderes bestimmt". Mit dieser weiteren Klausel ist dann übrigens auch die Ratifikation erfolgt. Vergl. RGBl. 1910 S. 378.

Auch die Ratifikation des betreffenden Abkommens der ersten Haager Konferenz erfolgte seitens der Vereinigten Staaten übrigens mit dem oben erwähnten Vorbehalte; vergl. RGBl. 1901 S. 482 f.

[1]) Der Text des Abkommens mit England steht: Conf. Ex. H., 62. Cong. 1. sess. Auch A. J., V (1911) Suppl. 249 ff.; Strupp, 1. Ergänzungsheft (1912) S. 97 ff.

Der Text des Abkommens mit Frankreich steht: Conf. Ex. J., 62. Cong. 1. sess., auch A. J., Bd. V (1911) Suppl. S. 253 ff.; Strupp, 1. Ergänzungsheft (1912) S. 93 ff.

Der englische Text lautet: „All differences hereafter arising between the high contracting parties, which it has not been possible to adjust by diplomacy, relating to international matters in which the high contracting parties are concerned

Diese Verträge, dazu bestimmt, die damals in Kraft befindlichen vom 4. April bezw. 10. Februar 1908 zu ersetzen und zu erweitern, sahen in Artikel I übereinstimmend folgendes vor:

„Alle Meinungsverschiedenheiten, die fürderhin zwischen den hohen vertragsschließenden Teilen entstehen werden, und die durch Diplomatie zu schlichten nicht möglich gewesen ist, sollen, wenn sie sich auf internationale Angelegenheiten, in denen die hohen vertragschließenden Teile auf Grund eines Rechtsanspruches oder sonstwie interessiert sind, und die ihrer Natur nach abgeurteilt werden können, weil sie zu einer Entscheidung durch Anwendung der Grundsätze des Rechts und der Billigkeit fähig sind, dem ständigen Schiedshofe, der beim Haag durch das Abkommen vom 18. Oktober 1907 eingerichtet ist, oder einem andern Schiedshofe, der in jedem Falle durch Sonderabkommen zu bestimmen ist, welches Sonderabkommen für die Organisation eines solchen Hofes, wenn notwendig, Vorsehung treffen soll, den Umfang der Kompetenz der Schiedsrichter, sowie die zu entscheidende Frage bestimmen und die Bedingungen der Verweisung und des Verfahrens festlegen."

Diese Verträge sahen in Artikel II ferner die Einrichtung von Kommissionen zur Untersuchung von Kontroversen der im ersten Artikel bezeichneten Art zwischen den Parteien auf Ansuchen eines von ihnen vor Unterbreitung des Streites zur Schiedsgerichtsbarkeit vor.

Vor allen Dingen bestimmten sie in Artikel III, daß, falls die Parteien sich darüber uneinig seien, ob eine Meinungsverschiedenheit zwischen ihnen nach Artikel I Gegenstand eines Schiedsverfahrens sei oder nicht, diese Frage der Untersuchungskommission unterbreitet werden sollte. Wenn dann alle Schiedsrichter, oder alle bis auf einen, diese Frage bejahen sollten, so sollte der Fall „zur

---

by virtue of a claim of Right made by one against the other under treaty or otherwise, and which are justiciable in their nature by reason of being susceptible of decision by the application of the principles of law or equity, shall be submitted to the permanent Court of arbitration established at The Hague by the Convention of October 18, 1907, or to some other arbitral tribunal as may be decided in each case by special agreement, which special agreement shall provide for the organisation of such tribunal if necessary, define the scope of the powers of the arbitrators, the question at issue, and settle the terms of reference and the procedure thereunder."

Vergl. hier die Abhandlung von Vlietinck, Ed.: Le traité d'arbitrage Anglo Americain au Senat des Etats-Unis in R. J. (1913) 2. ser. Bd. XV Nr. 3 S. 307 ff. u. Nr. 4 S. 417 ff.

Schiedsgerichtsbarkeit in Übereinstimmung mit den Bestimmungen dieses Vertrages" übergeben werden.

Der Senat hatte insbesondere gegen diese letzte Bestimmung das (unbegründete) Bedenken, daß damit die Vereinigten Staaten zur Unterwerfung einer Frage unter ein Schiedsgerichtsverfahren gezwungen werden könnten, die, wie z. B. der Magdalena-Bay-Fall oder andere in den Umkreis der Monroedoktrin gehörige Angelegenheiten, nach Ansicht der Vereinigten Staaten nicht durch Schiedsverfahren erledigt werden dürften.

Er beschloß daher am 7. März 1912 das folgende Amendement:[1])

„Daß der Senat zur Ratifikation des genannten Vertrages rät und ihr zustimmt, es dabei aber verstanden wissen will, daß der Vertrag nicht dazu ermächtigt, irgend eine Frage der Schiedssprechung zu unterwerfen, die .... von der Aufrechterhaltung der traditionellen Stellung der Vereinigten Staaten zu amerikanischen Fragen, gemeinhin als Monroedoktrin beschrieben .... abhängt oder sie in sich schließt." [2])

Dieser Beschluß, mit dem der Senat sich übrigens in vollsten Widerspruch mit der Exekutive setzte, und durch den er das Inkrafttreten der beiden Verträge vereitelte,[2]) zeigt aufs deutlichste, daß wenigstens der Senat die Monroedoktrin als eine Schranke für Schiedsgerichtsbarkeit für die Vereinigten Staaten ansieht.

---

[1]) Cong. Rec., Bd. XLVIII Nr. 73 S. 3054 ff. (für England), eod. S. 3055 (für Frankreich).

[2]) Der englische Text dieser Resolution lautet folgendermaßen: „That the Senate advises and consents to the ratification of the said treaty with the understanding that the treaty does not authorize the submission to arbitration of any question which effects the admission of aliens into the United States, or the admission of aliens to the educational institutions of the several States, or the territorial integrity of the several States or of the United States, or concerning the question of the alleged indebtedness or moneyed obligation of any State of the United States, or any question which depends upon or involves the maintenance of the traditional attitude of the United States concerning American questions, commonly described as the Monroe doctrine, or other purely governmental policy".

Der Präsident hat übrigens am 15. März 1912 identische Mitteilungen an den britischen und den französischen Botschafter in Washington gerichtet, in denen er seine Überzeugung ausspricht, daß der Plan der Annahme eines allgemeinen Schiedsvertrages auf der Basis des ursprünglichen Vorschlages nicht aufgegeben werden sollte. Er hat die Hoffnung ausgesprochen, daß der betreffende Botschafter dazu geneigt sein werde, die Verhandlungen fortzusetzen, „mit der Absicht zu entscheiden, ob es nicht möglich wäre, die durch den amendierten Vertrag erwachsenen Schwierigkeiten zu überwinden." (Nach einer mir erteilten Auskunft.) Bei Abschluß dieses Abschnittes ist nichts von weiteren Schritten verlautbart.

6. Die Adressen der Monroedoktrin; von ihrer Durchführung und deren Mitteln; ihre räumlichen Herrschaftsgrenzen.

a) Allgemeines.

Die bisher gegebene Darstellung hatte sich mit der Entwicklung der **sachlichen** Herrschaftsgrenzen des ersten Unterprinzips der Monroedoktrin beschäftigt.

Zum Verständnis ihrer Eigenart und einer vollständigen Feststellung ihres gegenwärtigen Inhaltes ist hier weiter zu fragen, an wen sich dieses Unterprinzip richtet, auf welches Gebiet es sich erstreckt und was es über die Voraussetzungen und Mittel seiner Durchführung enthält, alles Fragen, über die bisher wenig Klarheit herrscht.

b) Die persönlichen Herrschaftsgrenzen der Monroedoktrin.

Das erste Unterprinzip der Monroedoktrin spricht nach der Monroebotschaft über die Grenzen der politischen Tätigkeit europäischer Mächte den selbständigen amerikanischen Staaten gegenüber.

In der Botschaft und durch sie redete der Präsident der Vereinigten Staaten zum Kongreß.

Das änderte sich, als mit dem Eingehen ihrer Gedanken in das Allgemeinbewußtsein des amerikanischen Volkes die Monroedoktrin zu einem Grundsatz der auswärtigen Politik der Vereinigten Staaten wurde.

Die Panama-Konferenz von 1826.

Schon im Jahre 1825 wurde der Versuch gemacht, die Monroedoktrin in dieser Beziehung grundlegend umzugestalten und sie zu einer Art Leitfaden aller amerikanischen Staaten in ihrem Einzelverhalten bei europäischen Angriffen auf sie umzuformen.

Anlaß dazu gab die Frage danach, welche Haltung die Vereinigten Staaten gegenüber der von **Bolivar**, dem Befreier von Spanisch-Amerika, zur Herbeiführung naher politischer Verbindungen zwischen den amerikanischen Republiken nach Panama zusammengerufenen und dort vom 26. Juni 1826 an tagenden Konferenz einnehmen sollten.[1])

In einer Sonderbotschaft zum Senat vom 26. Dezember 1825 erklärte Präsident John Quincy Adams als einen der Gegenstände, die auf der Konferenz verhandelt werden sollten: [2])

„Ein Abkommen zwischen allen auf der Versammlung vertretenen Parteien, dahingehend, daß jede mit ihren eigenen Mitteln gegen die Errichtung einer zukünftigen europäischen Kolonie in ihren Grenzen wachen solle."

In seiner ausführlichen Botschaft, die er am 15. März 1826 dem Haus in Ausführung eines Verlangens zugehen ließ, möglichst vollständig die Korrespondenz der Vereinigten Staaten mit den auf dem Panamakongreß vertretenen Regierungen und allgemein über den Charakter dieser Versammlung Information vorzulegen, bemerkte Adams unter ausdrücklicher Bezugnahme auf die Monroebotschaft und wörtlicher Anführung größerer Teile derselben: [3])

„Sollte es angezeigt erscheinen, irgend ein förmliches Abkommen über dieses Thema einzugehen, so würden sich unsere

---

[1]) Zur Panamakonferenz vergl. die folgende Literaturauswahl: International American Conference, reports of commitees and discussions thereon, Bd. IV, Hist. Appendix, The Congress of 1826, at Panama usw., Washington 1890; Sen. Ex. Doc. 34, 19. Cong. 1. sess.; Congressional Debates, 1825—1826, 19. Cong. 1. sess., Appendix S. 43 ff.; Am. State Papers, For. Rel., V S. 834 u. VI S. 383; Stat. at Large, IV S. 158; Br. and For. State Papers, XIII S. 389 f, XV S. 832 ff.; Alvarez, 1910 S. 46 ff.; Beaumarchais, S. 59 ff.; Benton, Thirty Years View usw., Bd. I, Cap. XXV; Chadwick, Cap. XI S. 205 ff.; Edgington, S. 55 ff.; Foster, S. 451 ff.; Fried, Alfred H., Pan-Amerika 1910, S. 9 ff.; Haeberlin, S. 13 f.; Henderson, S. 342 ff.; von Holst, Constitutional History of the United States, Bd. I S. 409 ff.; Keasbey, S. 136 ff.; Lyman, Diplomacy of the United States II S. 467 ff.; Lawrence, S. 285 ff.; Pétin, S. 78 ff.; Pradt, D. D. de, Congress de Panama, Paris 1885; auch Reinsch, Paul S., die internationale Konferenz und das Bureau der amerikanischen Republiken; in Kohlers Zeitschr, III (1909) S. 432 ff.; Snow, S. 294 ff.; Tucker, Cap. III S. 23 ff.

[2]) Am. State Papers, For. Rel., V S. 834; Br. and For. State Papers, Nr. 825—826 S. 391 ff.; Richardsons Mess., II S. 318 ff.
Der englische Text lautet: „An agreement between all the parties represented at the meeting that each will guard by its own means against the establishment of any future Europeen colony within its borders might be found advisable."

[3]) Richardsons Mess., II S. 329 ff., besonders S. 334 ff. Englischer Text: „Should it be deemed advisable to contract any conventional engagement on this topic, our views would extend no further than to a mutual pledge of the parties to the compact to maintain the principle in application to its own territory". Die Stelle fährt übrigens fort: „And to permit no colonial lodgements or establishments of Europeen jurisdiction upon its own soil."

Absichten nicht über die gegenseitige Verpflichtung der Parteien zur Aufrechterhaltung des Prinzips in Anwendung auf ihr eigenes Gebiet hinaus erstrecken."

Das bedeutete in der Tat den Versuch, die Monroedoktrin gegenüber ihrem Inhalt nach der Monroebotschaft von Grund aus umzuwandeln. Es war, wie Henderson bemerkt hat, tatsächlich die Erklärung einer neuen Doktrin des Inhaltes:

„Laßt jeden Staat die Integrität seines eigenen Gebietes verteidigen." [1])

Die Monroedoktrin als eine Doktrin der Vereinigten Staaten.

Diese Ideen Adams sind nie zum Inhalte der Monroedoktrin geworden. Die Vereinigten Staaten haben sie nie wieder aufgenommen. Es ist im Gegenteil stets das hervorragendste Charakteristikum der Monroedoktrin gewesen und geblieben, daß die Vereinigten Staaten den Ausschluß nichtamerikanischen Einflusses von jedem und von irgend welchem Teile der amerikanischen Kontinente als eine ihnen für das ganze Gebiet Amerikas obliegende Aufgabe ansahen; nie aber haben sie es für den Inhalt der Monroedoktrin gehalten, daß jede amerikanische Nation für sich selbst ihr eigenes Gebiet gegen nichtamerikanische Angriffe schützen und verteidigen solle.

Die Monroedoktrin ist stets eine Doktrin der Vereinigten Staaten geblieben.

Dagegen war schon die Monroebotschaft ihrer Aufgabe und Wirkung nach mehr als nur eine innerstaatliche Emanation der Vereinigten Staaten. Sie war zugleich eine „warnende Notiz" an die Welt.[2])

So hatte sie Richard Rush verstanden.[3])

Auch Henry Clay hatte sich ähnlich wie jener ausgedrückt, indem er in einer Instruktion vom 25. März 1825 an den Gesandten der Vereinigten Staaten in Mexiko, Mr. Poinsett, geschrieben hatte:

„Dieses Prinzip wurde in das Gesicht der Welt erklärt." [4])

---

[1]) Vergl. S. 357; vergl. auch Carrol, die Annexation von Texas usw. S. 57, vergl. oben S. 83 Anm. 1, sowie Keasbey, S. 139: „This was the Monroe doctrine reduced to a mere phrase."

[2]) Vergl. oben S. 44.

[3]) Ebenso z. B. Foster, S. 447; Henderson, S. 338.

[4]) Br. and For. State Papers, XIII S. 485 ff.

So hatte sie auch der Präsident Polk aufgefaßt, der es ausdrücklich ausgesprochen hatte, sie sei der Welt verkündet worden.[1])

Und der gleichen Meinung war Calhoun gewesen.[2])

So ist sie dauernd verstanden und behandelt worden; und in dieser Weise hat sie auch unmittelbar gewirkt, denn sie wurde zu einem der Gründe für die heilige Allianz, ihre Pläne in bezug auf die latin-amerikanischen Staaten nicht auszuführen.

Die Geschichte hat in dieser Richtung eine Klarstellung gebracht:

Die Monroedoktrin als ein Verbot an die nichtamerikanischen Staaten und nur sie.

Die Monroebotschaft richtete ihre Verbote an die europäische Staatenwelt. Daß die Monroedoktrin nicht nur diese beschränkt, sondern jedes nichtamerikanische Staatswesen schlechthin, ist neuerdings wiederholt ausgesprochen worden und ist zweifellos nunmehr als der Inhalt der amerikanischen öffentlichen Meinung anzusehen.

Roosevelt erklärte in dieser Hinsicht in seiner Jahresbotschaft vom 3. Dezember 1901,[3]) der Inhalt der Monroedoktrin sei der, daß keine Gebietsvergrößerung einer nichtamerikanischen Macht auf Kosten einer amerikanischen in Amerika stattfinden dürfe.

Auch der Bericht der Interozeanischen Kanalkommission an den Senat vom Jahre 1901 ist hier zu erwähnen. Denn dort ist bemerkt, daß durch die Frage der Eigentümerschaft eines isthmischen Kanals seitens einer asiatischen oder europäischen Macht eine Verletzung der Monroedoktrin drohe.[4])

Und endlich haben die Vereinigten Staaten bei der ersten sich bietenden Gelegenheit, nämlich dem Magdalena-Bay-Falle, nicht einen Augenblick gezögert, die Monroedoktrin gegen Japan anzuwenden. Hervorzuheben ist ganz besonders, daß die betreffende Senatsresolution vom 2. August 1912 nicht mehr von Europa spricht, auch nicht Japan ausdrücklich erwähnt, sondern sich gegen die gesamte nichtamerikanische Staatenwelt richtet.[5])

---

[1]) Siehe oben S. 91.

[2]) Siehe oben S. 99.

[3]) Vergl. oben S. 225 Anm. 2 und besonders For. Rel., 1901, XXXVI.

[4]) Vergl. oben S. 215.

[5]) Vergl. oben S. 230 ff.
Diese Tatsachen werden in der Literatur noch nicht genügend berücksichtigt. Dort wird gemeinhin noch angenommen, daß der hier in Betracht kommende Teil der Monroedoktrin ein gegen die europäischen Mächte gerichtetes Verbot sei.

Darüber hinaus hat die Monroedoktrin sich in der hier in Betracht kommenden Beziehung jedoch nicht erweitert. Insbesondere ist sie nie zu einem Verbote an die übrigen amerikanischen Staaten in bezug auf ihr Verhalten zu einander geworden.

Auf der andern Seite hat sie sich auch nie dahin umgewandelt, daß sie nunmehr einen Anspruch der übrigen amerikanischen Staaten auf Schutz seitens der Vereinigten Staaten proklamiert.

An Aufforderungen um Hilfeleistung seitens der amerikanischen Republiken an die Vereinigten Staaten hat es zwar nicht gefehlt.[1]) Demgegenüber hat die amerikanische Regierung es jedoch häufig zum Ausdruck gebracht, daß die Monroedoktrin den Vereinigten Staaten keinerlei Verpflichtung andern Nationen gegenüber dahingehend auferlege, sie im gegebenen Einzelfalle anzuwenden.

So nahm z. B. Henry Clay, derselbe Mann, der im Jahre 1824 versucht hatte, den Kongreß zu einer formellen Bestätigung der Monroedoktrin zu veranlassen,[2]) als Staatssekretär auf eine Anfrage der argentinischen Regierung über den Umkreis der Monroedoktrin Anlaß, dem Chargé d'Affaires der Vereinigten Staaten in Buenos Ayres, Mr. Forbes, unter dem 3. Januar 1828 zu schreiben:[3])

> „Die Erklärung muß als freiwillig gemacht angesehen werden und nicht als ein Versprechen oder als eine Verpflichtung aufgefaßt werden, deren Durchführung fremde Nationen zu verlangen ein Recht haben."

In neuester Zeit hat allerdings Theodore Roosevelt die Idee einer Bindung der Vereinigten Staaten den übrigen amerikanischen Republiken gegenüber zur Aufrechterhaltung der Monroedoktrin behauptet.

Wie bereits oben bemerkt,[4]) hat er insbesondere anläßlich des dominikanischen Schuldenfalles in seiner Botschaft vom 15. Februar 1905 die Idee zum Ausdruck gebracht, daß den Vereinigten

[1]) Vergl. beispielsweise insbesondere den Venezuelagrenzstreit und die in seinem Verlaufe häufig gemachten Versuche Venezuelas in dieser Richtung, oben bes. S. 154 ff.

[2]) Vergl. auch die oben S. 261 Anm. 5 erwähnte Bemühung Castros in dem Venezuela-Schuldenfalle; vergl. weiter Dragos Verhalten oben S. 262 f. und siehe endlich beispielsweise den Fall der Falklandinseln oben S. 168 ff.

[3]) MS. Inst., United States Ministers XII S. 49 (M., VI S. 434): „The declaration must be regarded as having been voluntarily made, and not as conveying any pledge or obligation, the performance of which foreign nations have a right to demand."

[4]) Siehe oben S. 227 f.

Staaten eine Art Schutzpflicht den übrigen amerikanischen Republiken gegenüber obliege.

Dieser neue Gedanke, den Roosevelt übrigens, wenn auch nicht in so radikaler Weise schon vorher geäußert hatte, ist, wie ebenfalls oben bereits bemerkt, bis jetzt lediglich eine Entwicklungsmöglichkeit der Monroedoktrin. Er ist noch zu jung und unfertig, als daß man annehmen könnte, er gehöre bereits gegenwärtig zum Inhalte der Monroedoktrin.

c) Die Durchführung der Monroedoktrin.

Dies führt von selbst zu einem weiteren Probleme, nämlich zu der Frage: wie stellt sich die Monroedoktrin zu ihrer Durchsetzung; sind ihre Verbote im Falle einer Zuwiderhandlung zu erzwingen, unter welchen Voraussetzungen und mit welchen Mitteln soll dies geschehen?

Grundlegendes.

Die Monroebotschaft schwieg über diese Punkte. Sie erklärte lediglich, die Vereinigten Staaten würden einen Versuch der europäischen Mächte, ihr System auf irgend welchen Teil dieser Hemisphäre auszudehnen, als gefährlich für ihren eigenen Frieden und für ihre Sicherheit ansehen. Sie sprach es weiter aus, daß ein Eingreifen dieser Mächte zu dem Zwecke, selbständige amerikanische Staaten zu unterdrücken, oder ihr Geschick zu bestimmen, von den Vereinigten Staaten als Kundgebung eines unfreundlichen Verhaltens ihnen selbst gegenüber angesehen werden würde. Und endlich erklärte sie, daß das politische System der „Verbündeten" nicht auf irgend einen Teil Amerikas erstreckt werden könne, ohne Frieden und Glück der Vereinigten Staaten zu gefährden.

Nach Calhoun [1]) ist in der Monroebotschaft jeder Hinweis auf Widerstand deshalb vermieden, weil — so drückte er sich aus —:

> „Widerstand, uns, dem Kongreß zusteht. Es steht uns zu, zu sagen, ob wir Widerstand leisten wollen oder nicht, und in welchem Umfange. . . . Ob Sie widerstehen wollen oder nicht und die Maßregeln des Widerstandes — ob er durch Verhand-

---

[1]) Siehe oben S. 99 f.

lung, Remonstrierung oder irgend eine mittelbare Maßnahme oder durch die Zuflucht zu den Waffen erfolgen soll, alles das muß nach den Umständen des einzelnen Falles bestimmt und entschieden werden."

Dieser Anschauung Calhouns stehen staatsrechtliche Bedenken entgegen: Aus dem in Artikel II § 3 der amerikanischen Verfassung vorgesehenen Rechte des Präsidenten, ausländische Gesandten zu empfangen, wird gemeinhin gefolgert, daß dem Präsidenten die allgemeine Leitung der amerikanischen auswärtigen Angelegenheiten obliege.[1])

Er ist dabei teils völlig frei, teils an die Zustimmung des Senats gebunden.

Insbesondere steht ihm der gesamte diplomatische Verkehr ausschließlich zu. Das ist in dem Gesetz vom 27. Juni 1789,[2]) durch das das amerikanische Auswärtige Amt eingerichtet wurde, ausdrücklich vorgesehen. Denn nach diesem Gesetz soll der Staatssekretär (Secretary of the Department of Foreign affairs) die ihm vom Präsidenten anvertrauten Pflichten in bezug auf die diplomatischen Beamten der Vereinigten Staaten oder auf Verhandlungen mit den diplomatischen Beamten der Fürsten fremder Länder usw. nach dessen Anweisung ausführen. Diese Ausführung soll nach Anordnung oder Instruktion des Präsidenten erfolgen.

Der Präsident ernennt ferner die diplomatischen Beamten der Vereinigten Staaten, welche Ernennung der Genehmigung des Senats unterworfen ist. Er schließt die Verträge der Vereinigten Staaten mit auswärtigen Mächten ab. Auch diese sind zu ihrer Wirksamkeit vom Senate zu billigen. Dagegen ist all-

---

1) Vergl. hier besonders: Freund, Ernst, Das öffentliche Recht der Vereinigten Staaten von Amerika, Tübingen 1911, § 100 S. 133 ff.; Mc. Clain, Emlin, Constitutional Law in the United States, London und Bombay 1905, S. 213 ff.; Pomeroy, John Norton, An Introduction to the Constitutional Law of the United States, 10. Aufl., besorgt von Edmund Hennett, Boston 1888; Willoughby, Westel: The Constitutional Law of the United States, 2 Bde., 1910, New York, Bd. I, Cap. XXXII; Foreign Relations: The Treaty Power, S. 450 ff.; Derselbe, in seinem kürzeren, ausgezeichneten Buch: Principles of the constitutional Law of the United States, New York 1912, Cap. XXIII; Foreign Relations, The Treaty Power, S. 450 ff.; vergl. endlich die Worte von Black, Herny Campbell, Handbook of American Constitutional Law, St. Paul (Minneapolis 1895) S. 109: „The constitution provides that the President shall receive ambassadors and other public ministers. This grant of authority, together with a treaty making power, invests the federal executive with entire control over the foreign relations of the United States.

2) Stat. at Large I S. 28 f.

gemein anerkannt, daß der Präsident allein neue auswärtige Regierungen anzuerkennen die Befugnis hat.

Nur das Recht der Kriegserklärung steht dem Kongreß zu.

Zufolge dieser staatsrechtlichen Stellung ist die Exekutive der Vereinigten Staaten sehr wohl und in weitem Umfange dazu in der Lage, die Frage, ob einer Verletzung der Monroedoktrin Widerstand zu leisten sei oder nicht, allein zu entscheiden und die getroffene Entscheidung auch durchzusetzen. Insbesondere steht die Führung diplomatischer Verhandlungen und die Vornahme von Remonstrierungen zu diesem Zweck allein bei ihr. Und die Geschichte der Monroedoktrin zeigt ja auch, daß sie von ihr in einer Unmenge von Fällen in wirksamster Weise selbständig gehandhabt worden sind.

Man kann aus dem Schweigen der Monroebotschaft über die Frage der Durchführung ihrer Vorschriften tatsächlich nicht darauf schließen, daß ihre Verfasser nicht zugleich auch an eine Durchsetzung derselben gedacht hätten.

Die Botschaft wollte die Ausdehnungsabsichten Rußlands zurückweisen, sowie den Interventionsplan der heiligen Allianz abschrecken und seine Ausführung hindern.

Unter solchen Umständen wird man der Monroebotschaft wahrlich nicht gerecht, wenn man meint, daß sie nicht mehr habe sagen wollen, als lediglich von der Ansicht des Präsidenten Monroe über mutmaßliche Gefühle der Vereinigten Staaten zu erzählen.

Man wird deshalb anzunehmen haben, daß der Gedanke der Durchsetzung ihrer Forderungen in der Monroedoktrin schon von Anfang an und seit ihrer Entstehung enthalten war.

Darüber, daß er in der Folgezeit nicht aus ihr verschwunden, sondern sich immer mehr und mehr gefestigt hat, ist kein Wort zu verlieren. Den Beweis dafür bilden ihre häufigen Anwendungsfälle.

Mehr läßt sich zu der Frage sagen, in welchem Umfange die Monroedoktrin zu erzwingen ist:

Sollen die Vereinigten Staaten schlechtweg in jedem Nichtbeobachtungsfalle zu ihrer Durchsetzung verpflichtet sein?

Das Haus hatte im Jahre 1826 bei den Beratungen über die Frage der Beschickung der Panamakonferenz dies auf das entschiedenste verneint und freiestes Ermessen der Vereinigten Staaten in jedem Einzelfalle proklamiert. Es hatte den folgenden Beschluß gefaßt: [1])

„Es ist deshalb die Ansicht dieses Hauses, daß die Regierung der Vereinigten Staaten auf dem Kongreß von Panama nur in einem diplomatischen Charakter vertreten sein sollte. Sie sollte auch nicht irgend eine Offensiv- oder Defensiv-Allianz eingehen, oder in bezug auf eine solche Allianz mit allen oder mit irgend einer der amerikanischen Republiken sich in Verhandlungen einlassen, noch sollte sie mit ihnen oder mit einer von ihnen Partei irgend einer vereinigten Erklärung für den Zweck werden, die Einmischung irgend einer europäischen Macht in ihre Unabhängigkeit oder ihre Regierungsform zu hindern. Sie sollte auch nicht Partei irgend eines Abkommens werden, das den Zweck hat, Kolonisation auf dem amerikanischen Kontinente zu hindern. Dem Volk der Vereinigten Staaten sollte es vielmehr frei stehen, in jeder Krisis so zu handeln, wie seine Gefühle der Freundschaft zu diesen Republiken und wie es seine eigene Ehre und Politik jeweilig vorschreiben mögen."

Anderer Ansicht ist Präsident Polk. Er erklärte in seiner oben [2]) wiedergegebenen Botschaft vom 2. Dezember 1845, daß der Versuch europäischer Mächte, sich in die Angelegenheiten auf dem nordamerikanischen Kontinente einzumischen, die Vereinigten Staaten bereit zum Widerstande „at any and all hazards" — unter allen Umständen — finden werde.

Nicht ganz so weit, aber immerhin weiter als die Panamaresolution vom 21. April 1826, geht Staatssekretär Buchanan, der unter dem 13. Mai 1848 dem Gesandten der Vereinigten Staaten

---

[1]) Vergl. oben S. 277 ff. Für den Beschluß vergl. Cong. Deb., 1825—1826, 19. Cong. 1. sess., II S. 2456. Der Beschluß wurde am 28. April 1826 eingebracht. Vergl. eod. S. 2369.

Der englische Text dieser Resolution lautet folgendermaßen:

„It is, therefore, the opinion of this House, that the Government of the United States ought not to be represented at the congress of Panama, except in a diplomatic character, nor ought they to form any alliance, offensive or defensive, or negotiate respecting such an alliance, with all or any of the Spanish American republics; Nor ought they to become parties with them, or either of them, to any joint declaration for the purpose of preventing the interference of any of the European powers with their independence or form of government, or to any compact for the purpose of preventing colonization upon the continent of America; but that the people of the United States should be left free to act, in any crisis, in such a manner as their feelings of friendship towards these republics, and as their own honor and policy may at the time dictate".

[2]) Siehe oben S. 89 ff.

in Ecuador die oben[1]) erwähnten Worte schrieb, daß die Vereinigten Staaten niemals eine direkte oder indirekte Intervention europäischer Regierungen in die Angelegenheiten der selbständigen amerikanischen Staaten mit Gleichgültigkeit ansehen würden, daß sie im Gegenteil mindestens alle in ihrer Macht stehenden moralischen Mittel bei jeder Gelegenheit anwenden würden, um solche Einmengung zu entmutigen und zu hemmen.

Ganz anders wie jene Resolution des Hauses von 1826 lautet ferner auch, was Staatssekretär Olney in seiner schon oft angeführten Instruktion vom 20. Juli 1895 in dem Venezuela-Grenzstreite bemerkt.[2]) Wie erwähnt, führte er dort aus, daß ein Eingreifen der Vereinigten Staaten zur Aufrechterhaltung der Unabhängigkeit jedes anderen amerikanischen Staates dann gerechtfertigt und erfordert sei, wenn diese Unabhängigkeit gefährdet wäre.

Noch weiter geht auch hier wieder Präsident Roosevelt.

Er erklärte in einer Rede, die er am 2. April 1903 in Chicago hielt:[3])

„Wir sind der Ansicht, daß unsere Interessen in dieser Hemisphäre größer sind, als die irgend einer europäischen Macht es möglicherweise sein können und daß es unsere Pflicht gegen uns selbst und gegen unsere schwächeren Nachbarrepubliken ist, darauf zu sehen, daß keine der großen überseeischen militärischen Mächte das Gebiet amerikanischer Republiken angreife oder Kontrolle darüber erwerbe.“[4])

Eine sichere Grundlage für die Erkenntnis des Standpunktes der Vereinigten Staaten zu dem hier behandelten Punkte ergibt ihre tatsächliche Haltung.

Fast ohne Ausnahme haben sie gegebenenfalls Schritte zur Durchführung der Monroedoktrin ergriffen. Nur selten haben sie ihren Standpunkt nicht auch durchgesetzt.

---

[1]) Siehe oben S. 240.

[2]) Siehe oben S. 171 ff.

[3]) Presidential Adresses and State Papers, (Statesman Edition) I S. 257. Englischer Text: „We hold that our interests in this hemisphere are greater than those of any European power possibly can be, and that our duty to ourselves and to the weaker republics who are our neighbors requires us to see that none of the great military powers from across the seas shall encroach upon the territory of the American republics or acquire control thereover.“

[4]) Zu den oben gemachten Ausführungen vergl. überhaupt z. B. Coolidge (engl. Ausg. 1912) S. 114 f.; Edgington, S. 80; Tucker, S. 73.

Nichtbeachtungsfälle der Monroedoktrin.
Englands und Frankreichs Vorgehen gegen Argentinien 1844.

Als eine wenn auch nicht besonders ausgesprochene Nichtbeachtung der Monroedoktrin erscheint die Haltung der Vereinigten Staaten gegenüber dem Vorgehen Englands und Frankreichs gegen Argentinien zugunsten Uruguays im Jahre 1844 bis 1845.[1])

Argentinien und Brasilien hatten in einem unter Englands Vermittelung[2]) abgeschlossenen Friedensvertrage vom 27. August 1828 die Unabhängigkeit der Regierung von Monte Video anerkannt und zu achten versprochen (Artikel III des Vertrages).

Im Jahre 1844 rief Brasilien die Hilfe Englands und Frankreichs gegen Argentinien wegen eines von diesem Uruguay gegenüber verübten Angriffes an. Die beiden Mächte gingen darauf in der Tat gegen Argentinien vor, blockierten die Küste von Buenos Ayres [3]) und schritten auch zu anderen Zwangsmaßnahmen insbesondere der Wegnahme von Schiffen.

Nach einer Instruktion des Lord Aberdeen an Mr. Ausley vom 20. Februar 1845 [4]) lag zwar bei diesem Vorgehen der britischen Regierung jede Absicht der Einmischung in die Unabhängigkeit von Buenos Ayres fern.

Lord Aberdeen erklärte aber, die englische Regierung sei zum Einschreiten moralisch verpflichtet, weil die Unabhängigkeit Monte Videos unter ihrer Vermittlung zustande gekommen sei. Er schrieb also der englischen Regierung die dem Geiste der Monroedoktrin strikte zuwiderlaufende Pflicht und Befugnis zu, als eine Art Patron über die Geschicke einer amerikanischen Republik zu fungieren.

Die amerikanische Regierung hat auch diese Haltung Englands und Frankreichs als eine Zuwiderhandlung gegen die Monroe-

---

[1]) Kurze Hinweise zu diesem Falle finden sich z. B. bei Alvarez, A. J., III S. 299; Crichfield, S. 388; Henderson, S. 361; Reddaway, S. 141, besonders vergl. Calvo, I S. 327 ff.; vergl. ferner Moore, VI S. 422 f.; Falcke in Niemeyers Zeitschr., l. c. S. 120 ff.; Haeberlin, S. 17 hält diese Angelegenheit für einen Anwendungsfall der Monroedoktrin.

[2]) Vergl. die Präambel des Friedensvertrages, abgedruckt in Br. and For. State Papers, XV (1827—1828) S. 1935 ff.

[3]) Vergl. besonders die Blockadeerklärung vom 1. Aug. 1845, abgedruckt in Br. and For. State Papers XXXIV, (1845—1846), S. 1265.

[4]) Abgedruckt Br. and For. State Papers, Bd. XXXIII (1844 is 1845) S. 930 ff.

doktrin empfunden und war sich darüber klar, daß danach für sie die Voraussetzungen zum Einschreiten gegeben seien.

Staatssekretär Buchanan schrieb [1]) dem Gesandten der Vereinigten Staaten in Argentinien, Mr. Harris, unter dem 30. März 1846, die letzte Jahresbotschaft des Präsidenten zum Kongreß habe die große amerikanische Doktrin gegen die Einmischung europäischer Regierungen in die inneren Angelegenheiten der Nationen auf dem amerikanischen Kontinente so klar dargelegt, daß es überflüssig erscheine, dem ein weiteres Wort hinzuzufügen. England und Frankreich hätten dies Prinzip durch ihre bewaffnete Intervention in Argentinien in gröbster Weise verletzt, wie der ganzen Welt offenbar sei. Er fährt dann aber fort, daß bestehende Verhältnisse es den Vereinigten Staaten unmöglich machten, an diesem Kriege teilzunehmen. Der Präsident wünsche jedoch, daß der ganze moralische Einfluß der Vereinigten Staaten zugunsten der verletzten Partei in die Wagschale geworfen werde, und die Vereinigten Staaten wünschten der argentinischen Regierung in diesem Kampf gegen fremde Einmischung Erfolg.[2])

Intervention der Vereinigten Staaten mit England und Frankreich in Santo Domingo 1850—1851.[3])

Ein interessanter Nichtbeachtungsfall der Monroedoktrin (ebenso wie des Grundsatzes der Vermeidung von Allianzen [4])

---

[1]) M S. I n s t., Argentine Republic, XV, 19 (M., VI S. 422 f.) Die Stelle lautet im englischen Urtext folgendermaßen: „The late annual message of the President to Congress has so clearly presented the great American doctrine in opposition to the interference of Europeen governments in the international concerns of the nations of this continent, that it is deemed unnecessary to add another word upon this subject. That Great Britain and France have flagrantly violated this principle by their armed intervention on the La Plata is manifest to the whole world. Whilst existing circumstances render it impossible for the United States to take part in the present war; yet the President desires that the whole moral influence of this Republic should be cast into the scale of the injured party. We cordially wish the Argentine Republic success in its struggle against foreign interference."

[2]) Vergl. auch die in M., VI S. 423 auszugsweise gegebene Fortsetzung der Manuskriptinstruktion d e s s e l b e n an denselben vom 30. März 1846 (M S. I n s t., Argentine Republic, XV S. 19).

[3]) vergl. zu diesem Falle besonders:
S e n. E x. D o c. 113, 32. Cong. 1. sess.
M o o r e, VI S. 509 ff. und die dort angeführten Urkunden.
H a e b e r l i n, S. 18.
Besonders auch P a x s o n, Frederic L.: A Tripartite Intervention in Haiti 1851; in The University of Colorado Studies Vol. I Nr. 4 (Febr. 1904) S. 323—330. Publ. v. der Universität v. Colorado.

[4]) Vergl. oben S. 54.

durch die Vereinigten Staaten, der an ihre noch zu erwähnende der Monroedoktrin in gleicher Weise widersprechende Haltung Cuba gegenüber aus dem Jahre 1875 und ihren an eine Reihe europäischer Mächte gerichteten Vorschlag gemeinsamer Intervention in den damals auf dieser Insel bestehenden Aufstand gegen Spanien erinnert,[1]) liegt aus den Jahren 1850/1851 vor und bezieht sich auf Santo Domingo.

Ungeachtet der Monroedoktrin haben die Vereinigten Staaten in diesen Jahren zur Beendigung eines Krieges zwischen den beiden auf Santo Domingo bestehenden Staatswesen, dem Kaiserreich Haïti und der Dominikanischen Republik, auf Ersuchen der letzteren mit England und Frankreich zusammen gemeinsame Schritte unternommen und damit jene zwei europäischen Mächte zu einer Einmischung in eine reinamerikanische Angelegenheit geradezu veranlaßt.

Sie sind mit ihnen dahin übereingekommen, von der haïtischen Regierung gemeinsam sofortige Einstellung der Feindseligkeiten zu fordern und die eventuelle Erzwingung ihres Verlangens anzudrohen. Es wurde dabei ausgemacht, daß man eventuell zur Blockierung haïtischer Häfen schreiten wolle.

Bedeutsamere Folgen hatte diese Angelegenheit übrigens nicht. Die haïtianische Regierung lehnte den unter dem 15. Februar 1851 von den drei Mächten gemachten Vorschlag eines endgültigen Friedensvertrages oder eines 10 jährigen Waffenstillstandes ab. Sie erklärte sich jedoch damit einverstanden, daß ein bereits vorher geschlossener Waffenstillstand fortdauern möge und daß die Streitpunkte zwischen ihr und der Dominikanischen Republik durch eine Kommission, bestehend aus Vertretern der beiden Streitparteien in gleicher Zahl, erledigt und daß der Spruch unter Mediation und Garantie der drei Intervenienten durchgeführt werden sollte. Da die Vertreter von England und Frankreich sich bei dieser Sachlage zur Androhung von Gewalt nicht für berechtigt hielten, fiel das Bündnis der drei Mächte auseinander und diese „Tripartite Intervention" erreichte ihr schnelles Ende.

Der Clayton-Bulwer-Vertrag 1850.

Eine besondere Stellung nimmt der Clayton-Bulwer-Vertrag

[1]) Über diesen Fall, der eine Nichtbefolgung sowohl des 1. wie des 2. Unterprinzips der Monroedoktrin ist, vergl. das unten S. 329 ff. Bemerkte.

vom 19. April 1850 ein, jenem Markstein in der Geschichte des Panamakanals.[1])

Der von den Vereinigten Staaten mit seinem Abschluß verfolgte Gedanke war der, dem englischen Einfluß in Zentralamerika einen Riegel vorzuschieben und englische Kontrolle über einen eventuellen interozeanischen amerikanischen Kanal auszuschließen.

Dieser Gedanke kam jedoch in dem Vertrage nur unvollkommen und nur um den Preis der Vereinbarung englischer Mitkontrolle über den eventuellen Kanal zum Ausdruck.

Hierin lag einmal eine Verletzung des amerikanischen Prinzips der Vermeidung von Allianzen.[2]) Zugleich war es aber auch eine Nichtachtung der Monroedoktrin, die sich gegen jedwede Vermehrung politischen Einflusses einer nichtamerikanischen Macht in Amerika richtet.

Dieser Vertrag ist deshalb ein Beispiel für die Anwendung der Monroedoktrin, soweit er englischen Einfluß in dem mittleren Amerika ein Ende zu machen suchte; er ist eine Zuwiderhandlung, soweit er englische Mitkontrolle über einen eventuellen amerikanischen Kanal zuließ.

Belize.[3])

Ein weiterer Fall der Nichtdurchsetzung der Monroedoktrin ist in der passiven Haltung der Vereinigten Staaten gegenüber der Gründung der englischen Kolonie Belize enthalten.

Wir haben oben bereits dargestellt, daß die Vereinigten Staaten gegen das Vorgehen Englands in dieser Richtung zunächst wiederholt heftigen Protest eingelegt und Versuche gemacht hatten, die Ausführung der englischen Pläne zu verhindern.

Schließlich haben sie es aber doch geschehen lassen, daß England die Grenzen zwischen Guatemala und den englischen „Ansiedelungen und Besitzungen in der Bay von Honduras"

[1]) Siehe oben besonders S. 105 f. u. 188 ff.
Die Meinungen über diesen Vertrag vom Standpunkte der Monroedoktrin aus sind geteilt. Er wird überwiegend für eine Verletzung der Monroedoktrin angesehen. Vergl. z. B. Alvarez, A. J., III S. 316; v. Dirksen, S. 68; Dunning, S. 58, nach dem der Vertrag der Sache nach eine Nichtigerklärung der Monroedoktrin war; Foster, S. 457; Haeberlin, S. 19; Mahan, National Review, Bd. XL, Teil II S. 883; Pétin, besonders S. 165; Wharton, Digest I S. 168. Dafür, daß der Vertrag keine Zuwiderhandlung der Monroedoktrin sei, vergl. Lawrence, Ess., S. 125 u. S. 142 ff.; Scruggs, S. 252, besonders energisch Travis, S. 334 f. u. 373 ff. (genaues Zitat oben S. 184 Anm.).

[2]) Siehe oben S. 54 f.

[3]) Vergl. oben S. 100 ff., bes. S. 108 sowie die Bemerkung auf S. 113 ff.

durch Vertrag vom 30. April 1859 unter Zugrundelegung des Besitzstandes von 1850 regelte, und sie haben sich darein gefügt, daß die englische Regierung im Jahre 1862 diese Ansiedelung zur britischen Kolonie erklärte.

Spanien und die Dominikanische Republik 1861.

Weiter widerspricht auch die ebenfalls bereits oben geschilderte Untätigkeit der Vereinigten Staaten gegenüber den fortgesetzten Versuchen Spaniens vom Jahre 1861 bis etwa 1865, die Dominikanische Republik zum spanischen Kolonialbesitz zurückzuführen, dem Geiste der Monroedoktrin in der von Polk ihr gegebenen Fassung.[1])

Unruhen in Neu-Granada 1862.

Ein weiterer Fall, der wie die Intervention in Haïti vom Jahre 1850/51 ebenfalls eine Nichtbeachtung nicht nur des Grundsatzes von der Vermeidung von Allianzen, sondern auch zugleich des Geistes der Monroedoktrin durch die amerikanische Regierung darstellt, ist in der Einladung enthalten, die sie im Jahre 1862 an die französische und englische richtete, zur Beendigung von Unruhen in Neu-Granada gemeinsam mit ihr vorzugehen.[2])

Es ist interessant, zu bemerken, daß die Regierung von Mexiko, als ihr aus dem betreffenden Bande der gedruckten diplomatischen Korrespondenz der Vereinigten Staaten der hier in Betracht kommende Instruktionsbrief des Staatssekretärs Seward vom 11. Juli 1862 an die Gesandten der Vereinigten Staaten in London und Paris bekannt wurde,[3]) gegen dieses Vorgehen der Vereinigten Staaten unter deutlicher Bezugnahme auf die Monroedoktrin und unter Hervorhebung der Unvereinbarkeit dieser Haltung der amerikanischen Regierung mit dieser protestierte.

Der mexikanische Gesandte in Washington, Señor Don Matias Romero, richtete zu diesem Zwecke unter dem 19. März 1863 an den Staatssekretär Seward ein Schreiben, das folgende Wendungen enthielt:

„Die mexikanische Regierung, die stets als eine unerläßliche Bedingung für die Aufrechterhaltung der Unabhängigkeit und

---

[1]) Siehe oben bes. S. 96 f.; daß in diesem Verhalten eine Verletzung der Monroedoktrin liege, hebt z. B. Haeberlin, S. 29 ausdrücklich hervor.

[2]) Vergl. oben S. 191.
Auch Alvarez, A. J., III S. 316 hält diesen Fall für eine Verletzung der Monroedoktrin.

[3]) Dipl. Corr. 1862, 37. Cong. 3. sess. S. 131 ff.

der Autonomie der amerikanischen Nationen den Ausschluß von Interventionen der europäischen Mächte in ihre inneren Angelegenheiten angesehen hat . . . . kann nicht mit Gleichgültigkeit die in anderen Teilen des amerikanischen Kontinents sich abspielenden Ereignisse sehen, aus denen früher oder später sich vielleicht eine europäische Intervention in diesen Ländern ergibt.

Das Geschick der amerikanischen Nationen ist in solcher Weise zusammen verknüpft, daß, wenn die Eingriffe der Despoten Europas in einer von ihnen Erfolg haben sollten, es kaum möglich sein würde, deren Ausdehnung auf alle von ihnen zu verhindern. Über diesen Gegenstand ist die Meinung der mexikanischen Regierung in voller Übereinstimmung mit der traditionellen Politik der Vereinigten Staaten. Nach Ansicht der mexikanischen Regierung hätte das Ergebnis kein anderes als eine europäische Intervention sein können, falls der Vorschlag, den die Vereinigten Staaten im letzten Juni den Kabinetten von St. James und der Tuillerien gemacht haben, Landkräfte nach dem Isthmus von Panama zum Schutze der Neutralität des Isthmusses zu senden, seitens der Regierungen von England und Frankreich angenommen worden wäre." [1])

In der Antwort, die Staatssekretär Seward dem Señor Romero unter dem 20. März 1863 [2]) auf dieses Protestschreiben gab, er-

---

[1]) Dipl. Corr. 1863, II S. 1150 f. Der englische Text lautet: „The Mexican Government, which has always considered as an indispensable condition for the preservation of the independence and autonomy of the American nations the keeping out of them the intervention of the European powers in their domestic affairs and which, in order to maintain this sacred principle intact, to-day finds itself involved in a most gigantic war with one of the most powerful and most warlike nations of Europe, cannot see with indifference the events occurring in other portions of the American continent, and from which there may result, sooner or later an European intervention in these countries.

The fate of the nations of America is bound together in such a manner that if the encroachments of the despots of Europe should succeed in one of them, it would scarely be possible to prevent their beeing extended to all of them. Upon this subject the opinion of the Government of Mexico is in full accord with the traditional policy of the United States.

In the opinion of the Government of Mexico, the result could have been none other than that of an European intervention, if the proposal which the United States made in June last to the Cabinets of St. James and the Tuilleries, to send land forces to the isthmus of Panama, with a view of protecting the neutrality of the isthmus, had been accepted by the governments of Great Britain and France."

[2]) eod. S. 1151. Englischer Text: „While the United States not only have no disposition to controvert the general views of the government of Mexico in regard to foreign intervention in the political affairs of the American states on this continent,

klärte er u. a., er fühle sich verpflichtet, „sein Bedauern darüber zum Ausdruck zu bringen, daß ein, „zweifellos unbeabsichtigtes“, Mißverstehen des Charakters der betreffenden Korrespondenz der mexikanischen Regierung die betreffende Mitteilung hat notwendig erscheinen lassen.“

Das Instruktionsschreiben Sewards vom 11. Juli 1862 hatte den amerikanischen Gesandten in England und Frankreich ausdrücklich dahin angewiesen, über die Frage mit den betreffenden Regierungen zu verhandeln, „ob diese Regierungen sich mit den Vereinigten Staaten dazu verbinden wollen, die Sicherheit des Durchgangs und die Autorität der Granadischen Konföderation, sowie die Art und Weise, in welcher die Parteien solch' ein Abkommen durchführen sollen, zu garantieren.“ [1]) Von dem Plan einer Sendung französischer und englischer Truppen war hier allerdings nicht ausdrücklich gesprochen; worin aber der Sache nach das „zweifellos unbeabsichtigte Mißverstehen“ der mexikanischen Regierung gelegen sein soll, ist gegenüber dem eben erwähnten Passus der Sewardschen Instruktion nicht recht ersichtlich. Es kann ernstlich nicht zweifelhaft sein, daß diese in der Tat eine Einladung seitens der Vereinigten Staaten an England und Frankreich zu einer gemeinsamen Intervention in Neu-Granada enthielt. Ist dem aber so, so haben die Vereinigten Staaten damit Geist und Wortlaut der Monroedoktrin verletzt.

St. Barthélemy 1877.

Überhaupt nicht gerührt scheinen sie sich zu haben, als Schweden durch Vertrag vom 10. August 1877 die in den kleinen Antillen gelegene und jetzt von Guadeloupe aus verwaltete Insel St. Barthélemy an Frankreich zurück übertrug,[2]) eine Insel, die Frankreich mit Schweden in Anbetracht gewisser ihm an der

but freely confess their sympathy with these views, as they are communicated by Mr. Romero, the undersigned nevertheless, feels obliged to express his regret that a misaprehension, doubtless unintentional, of the character of the correspondence referred to, has seemed to the Mexican Government to render it necessary to direct that communication to be made.“

[1]) Siehe oben S. 191.

[2]) Vergl. zu dieser Angelegenheit die kurzen Hinweise bei Alvarez, 1910 S. 155; bei Coolidge (engl. Ausg.) 1912 S. 113 und bei Beaumarchais, S. 94 f.; vergl. auch das Ann. Reg. 1877 S. 261; der Vertrag vom 10. August 1877 steht bei Martens, N. R. G., 2. ser., IV S. 366 ff.

Hervorgehoben mag hier übrigens werden, daß Ullmann auf S. 464 meint, diese Cession habe mit dem Wortlaute der Monroedoktrin durchaus nicht in Widerspruch gestanden.

schwedischen Küste, insbesondere bei Göteborg gewährter Handelsvorteile im Jahre 1784 schon einmal ausgetauscht hatte.[1])

Die Vereinigten Staaten haben sich dieser Angelegenheit gegenüber passiv verhalten.

Daß darin eine Nichtanwendung der Monroedoktrin liegt, tritt um so stärker dadurch hervor, daß die amerikanische Regierung erst kurz zuvor im Jahre 1870 sich unter Bezugnahme auf die Monroedoktrin gegen eine Übertragung der Insel an Italien ausgesprochen hatte.

Italien hatte sich in diesem Jahre bei der Regierung von Schweden und Norwegen um den Erwerb der Insel bemüht. Diese Regierung hatte darauf bei der amerikanischen angefragt, ob sie nicht die Insel zu denselben Bedingungen wie Italien zu haben wünsche.

Dieses Angebot wurde durch Schreiben des Staatssekretärs Fish an den Gesandten von Schweden und Norwegen in Washington, den Grafen Lewenhaupt, vom 14. Februar 1870 abgelehnt.[2])

In diesem Schreiben ersuchte Fish den Grafen Lewenhaupt gleichzeitig, endgültige Entschließungen über diesen Gegenstand zur Zeit noch hinauszuschieben, dabei bemerkend, die Annahme des italienischen Angebotes könne „vielleicht als der kardinalen Politik der Vereinigten Staaten widersprechend aufgefaßt werden, die sich gegen neue Kolonien europäischer Regierungen auf dieser Hemisphäre wendet".

Irrtümliche Auffassungen.

Andere Fälle hingegen, die oft als Beispiele für Nichtanwendungen der Monroedoktrin durch die Vereinigten Staaten angeführt werden, sind dies in der Tat nicht.

Insbesondere gehören in diese Kategorie die Fälle passiven Verhaltens der Vereinigten Staaten gegenüber den zahlreichen Blockaden oder sonstigen Zwangsmaßnahmen, die europäische Mächte amerikanischen Staaten gegenüber entweder zur Durchsetzung eines vermögensrechtlichen Anspruchs oder wegen er-

---

[1]) Nach einer Auskunft des französischen Botschafters in Washington, Jusserand.

[2]) M S. Note to Sweden, VI S. 221 (M., VI S. 428). „An acceptance which might be construed as averse to that cardinal policy of the United States which objects to knew colonies of Europeen governments on this hemisphere. . . ."

littener Unbill und aus dergleichen Gründen, jedoch ohne eine Absicht des Erwerbes oder der Erweiterung politischer Macht in Amerika vorgenommen haben. Alle diese Fälle, wie z. B. die Blockierung Mexikos durch Frankreich im Jahre 1838 oder die Venezuelas in den Jahren 1875 durch Deutschland, 1902—1903 durch Deutschland, Italien und England, Argentiniens durch Frankreich im Jahre 1838, Brasiliens im Jahre 1861 durch England, ebenso Nicaraguas im Jahre 1895, oder die Wegnahme venezuelanischer Schiffe durch Holland im Jahre 1908 usw.,[1] sind nach dem oben Ausgeführten keine Nichtachtungen der Monroedoktrin, sodaß die Vereinigten Staaten auch nicht durch eine untätige Haltung in diesen Fällen die Durchführung der Monroedoktrin verabsäumten.

Weiter mag hier nochmals darauf hingewiesen werden, daß die Bereitschaft der Vereinigten Staaten, die Erledigung von Streitigkeiten über unsichere Gebietsansprüche zwischen amerikanischen und nichtamerikanischen Staaten durch Kompromiß oder Schiedsverfahren zuzulassen, mit dem Geiste der Monroedoktrin durchaus vereinbar ist. Die Duldung derartiger Maßnahmen kann demgemäß ebenfalls nicht begründeterweise als eine Nichtanwendung der Monroedoktrin durch die Vereinigten Staaten angesehen werden.

Zu beachten ist ferner, daß die Monroedoktrin niemals so verstanden worden ist, als ob die Vereinigten Staaten in jedem Falle sofort zuzuspringen hätten, wenn ein nichtamerikanischer Staat Anstalten zur Ausführung eines mit der Monroedoktrin in Widerspruch stehenden Planes macht.

Die Vereinigten Staaten haben für die Bestimmung des Zeitpunktes, bis zu dem sie „interessierte Zuschauer" blieben, und von dem an sie aktiv Partei ergriffen, stets ihr freies, politisches Ermessen walten lassen.

Man wird deshalb sagen können, daß, falls in einem Falle im Endergebnis sich keine Verletzung der Monroedoktrin ergibt, diese von den Vereinigten Staaten auch dann nicht mißachtet worden ist, wenn der Verlauf der Angelegenheit ihnen einen Grund gegeben hätte, einzugreifen, ohne daß von ihnen tatsächlich eingegriffen worden ist. (Vergleiche z. B. hier den Streit zwischen

---

[1]) Ein Teil dieser Fälle, deren Zahl sich noch sehr vermehren ließen, ist oben S. 245 ff. erwähnt worden.

England und Brasilien um die Insel Trinidade,[1]) der am 3. August 1896 dadurch zu einem Ende kam, daß die englische Regierung freiwillig erklärte, ihre Ansprüche auf diese Insel aufzugeben. Vergleiche ferner den Grenzstreit zwischen Frankreich und Brasilien [2]) über die Grenze von Französich-Guayana und den brasilianischen Territorium, oder den Grenzstreit zwischen England und Brasilien.[3]) Und endlich vergleiche beispielsweise weiter den Streit zwischen Holland und Venezuela um die Aves-Insel, der durch den Schiedsspruch des Königs von Spanien am 30. Juni 1865 zu Venezuelas Gunsten entschieden wurde.[4]) Alle diese Fälle haben ohne ein Dazwischentreten der Vereinigten Staaten zu einem den Anforderungen der Monroedoktrin genügenden Abschlusse geführt.)

Ebensowenig wie in solchen Fällen ist eine Nichtbeachtung der Monroedoktrin schon dann gegeben, wenn die Vereinigten Staaten, wie z. B. im Falle der französischen Intervention in Mexiko, oder im Venezuela-Grenzstreite, zunächst nicht eingegriffen, sondern der Entwicklung der Dinge abwartend zusahen.

Ergebnis.

Die Monroedoktrin ist danach zwar nicht ausnahmslos von den Vereinigten Staaten beachtet und durchgesetzt worden. Die Fälle ihrer Nichtanwendung sind andererseits aber auch nicht so zahlreich, wie zuweilen angenommen wird.

Sie ist jedenfalls häufig genug angewendet worden, um folgendes zu sagen: Die Monroedoktrin enthält den Gedanken, daß die Vereinigten Staaten sie prinzipiell durchzusetzen haben, wenn sie auch Ausnahmen davon zuläßt.

---

[1]) Zu diesem Streit um diese in den For. Rel. — nach Auskunft des brasilianischen Botschafters irrtümlich — Trinidad genannte Insel, die 651 geographische Meilen von der Küste von Brasilien im 20° 31′ südlicher Breite und 13° 47′ 57″ östlich vom Rio de Janeiro Meridian liegt, vergl. For. Rel. 1905 S. 64. Vergl. überhaupt For. Rel. 1905, I Teil S. 64 ff. und besonders A. G. d. Araujo Jorge; Ensaios de Historia Diplomatica do Brasil no Regimen Republicano. Premeira Serie (1889—1902) Rio de Janeiro 1902, besonders Cap. IV S. 104, für dessen Zugänglichmachung ich Seiner Excellenz dem brasilianischen Botschafter in Washington, Señor Dominico da Gama, hier danken möchte.

[2]) Vergl. ebenda Kap. V u. VI; auch Rouard de Card: Le différend Franco-brésilien relativ à la délimination des Guyanes. R. G., IV, 1897 S. 277 ff.

[3]) Siehe oben S. 164 Anm. 1.

[4]) Seijas, Rafaël Fernando, El derecho International Hispano-Americano, Carácas, 6 Bde. (1884—1885) IV. Bd. S. 209 f., sowie Moore, International Arbitrations, V S. 5037.

d) Die Mittel zur Durchführung.

Was die Mittel ihrer Durchsetzung anlangt, so kann man drei verschiedene Gruppen aufstellen:

Freundschaftliche Verkehrshandlungen.

Einmal und vor allen Dingen kommen da freundschaftliche Verkehrshandlungen in Betracht.

Unter ihnen spielt das ständig angewendete Mittel des diplomatischen Schriftenwechsels die erste Rolle.

Weiter gehören hierher das Anbieten und Leisten guter Dienste und von Vermittlungen. Diese sind uns im Verlaufe der Darstellung als Mittel der Durchsetzung der Monroedoktrin ebenfalls andauernd begegnet.

Ferner kann man hier Kompromisse anführen, ein Mittel, wie es besonders im Oregon-Streit mit Rußland und England von den Vereinigten Staaten selbst zum Zwecke der Durchführung der Monroedoktrin angewandt worden ist.[1])

Und endlich ist hierher auch die Herbeiführung von Schiedsverfahren zu zählen. (Vergl. z. B. den Venezuela-Grenzstreit, den San Juan-Wasser-Grenzstreit, den Streit zwischen England und den Vereinigten Staaten und deren Nordostgrenze und endlich den Alaska-Grenzstreit.)

Präventivhandlungen.

Hieran schließt sich eine zweite Gruppe, die aus Präventivhandlungen der Vereinigten Staaten zum Zwecke des Ausschlusses von Gelegenheiten zu Zuwiderhandlungen gegen die Monroedoktrin für außeramerikanische Staaten gebildet wird.

Solcher Mittel haben die Vereinigten Staaten sich insbesondere fortdauernd im Verlauf der Panamakanal-Angelegenheit bedient, wo sie sich durch den Abschluß entsprechender Verträge das Monopol zu sichern bemühten, den Kanal selbst zu bauen bezw. mit Hilfe amerikanischen Geldes bauen zu lassen, sowie ihn zu kontrollieren.

Weiter ist hier beispielsweise General Grants Versuch, Santo Domingo zu erwerben, zu erwähnen, ebenso wie das Arrangement des Jahres 1907 zwischen den Vereinigten Staaten und der dominikanischen Regierung, das zu dem Zwecke vorgenommen wurde, die

---

[1]) Siehe oben S. 85 ff.

Gründe für ein außeramerikanisches Vorgehen gegen diese Republik zu beseitigen.

Und endlich kann hier auf die verschiedenen Bemühungen der Vereinigten Staaten, Cuba von Spanien zu erwerben,[1]) oder ihren Versuch, die dänisch-westindischen Inseln von Dänemark zu kaufen,[2]) hingewiesen werden.

Diktatorische Handlungen.

Die dritte Gruppe endlich bilden Handlungen diktatorischer Natur.

Eine solche stellte die Monroebotschaft inhaltlich ihrerseits selbst dar, denn sie drohte den bewaffneten Widerstand der Vereinigten Staaten gegen die Pläne der heiligen Allianz an.

Auch später haben diese Staaten sich zur Durchführung der Monroedoktrin derartiger Maßnahmen wiederholt bedient.

Als Beispiele können dabei insbesondere ihr Verhalten gegenüber der französischen Intervention in Mexiko oder dasjenige im Venezuela-Grenzstreite angeführt werden.

Zu tatsächlicher Gewaltanwendung und vor allem zum Kriege für die Durchsetzung der Monroedoktrin ist es bisher allerdings nie gekommen.

Es kann aber kein Zweifel darüber bestehen, daß die Vereinigten Staaten in Fällen wie den beiden eben genannten durchaus dazu entschlossen waren, ihren Standpunkt nötigenfalls mit den Waffen zu vertreten.[3])

Die Frage, ob für bestimmte Fälle bestimmte Mittel zu wählen seien, ist ebenso wie die nach dem Zeitpunkte des Einschreitens auf Grund der Monroedoktrin niemals gestellt worden.

Dies Schweigen über die Mittel der Durchführung der Monroedoktrin hat ganz offenbar die Bedeutung, daß in jedem Falle jedes Mittel nach Wahl der Vereinigten Staaten zur Verfügung stehen soll.

---

[1]) Siehe unten S. 322.

[2]) Siehe unten S. 321.

[3]) Für den mexikanischen Fall vergl. z. B. Buchanans Worte in seiner Jahresbotschaft vom 3. Dez. 1860 (Richardsons Mess., V S. 646, die oben S. 120 f. in deutscher Übersetzung wiedergegeben sind). Der englische Text lautet: We should thus have been relieved from the obligation of resisting, even by force should this become necessary, any attempt by these Governments to deprive our neighboring Republic of portions of her territory — a duty from which we could not shrink without abandoning the traditional and established policy of the American people."

Vor allem ist nie angezweifelt worden, daß die Vereinigten Staaten zur Durchsetzung der Monroedoktrin stets zu Gewaltmaßregeln greifen könnten.

Das einzige den Vereinigten Staaten zur Verfügung stehende Mittel einer tatsächlichen Intervention der heiligen Allianz in Amerika zu begegnen, wäre der Gebrauch von Gewalt gewesen. Man kann deshalb annehmen, daß gewaltsame Durchführbarkeit schon ein der Monroebotschaft unterliegender Gedanke gewesen ist.

Sicher ist er seit Polks Vorschlag, Yukatan militärisch zu besetzen, seit den Kriegsdrohungen der Vereinigten Staaten gegen Frankreich in der mexikanischen Interventions-Angelegenheit und seit dem Venezuela-Grenzstreite [1]) Inhalt der Monroedoktrin.

Die Monroedoktrin enthält demnach eine Drohung gewaltsamer Durchsetzung ihrer Verbote im Falle von deren Nichtachtung durch nichtamerikanische Staaten.

Sie ist eine Drohung mit Gewalt.

e) Die räumlichen Herrschaftsgrenzen der Monroedoktrin.

Die Monroebotschaft richtete sich gegen Kolonisationsversuche „europäischer Mächte" auf den „amerikanischen Kontinenten" (mit Ausnahme der dort zu Recht bestehenden europäischen Kolonien). Sie spricht sich ferner gegen die Übertragung des europäischen Systems auf die amerikanische „Hemisphäre" aus.

Daß unter Amerika im Sinne der Monroedoktrin nicht ausschließlich die zusammenhängenden Teile des amerikanischen Kontinents zu verstehen sind, kann nach der Art, wie die Vereinigten Staaten dauernd die Monroedoktrin angewendet haben, nicht mehr zweifelhaft sein.

Ihre häufigen Erklärungen, Cuba dürfe von Spanien nicht an eine andere Kolonialmacht abgetreten werden oder ihre Politik der dominikanischen Regierung gegenüber beweisen, daß auch

---

[1]) Woolsey, S. 236, in seinem kriegerischen Artikel gegen Clevelands Handhabung der Monroedoktrin in dem Venezuela-Grenzstreite sieht in der Drohung mit Gewalt seitens der Vereinigten Staaten England gegenüber eine durch Cleveland vollzogene Erweiterung der Monroedoktrin. Das ist ganz sicher unrichtig. Daß die amerikanische Regierung in der mexikanischen Interventions-Angelegenheit Frankreich gegenüber mit Gewalt gedroht haben, kann nicht bezweifelt werden.

die dem amerikanischen Kontinente benachbarten Inselgruppen im Sinne dieses Verbotes unter den Begriff „Amerika" zu rechnen sind.[1])

Fraglich ist nur, in welchem Umfange dies der Fall ist.

Der Geograph Réclus [2]) stellt die Behauptung auf, der amerikanische Kontinent im Sinne der Monroedoktrin bestehe aus der großen Territorialmasse sowie aus den anliegenden Inselgruppen und Inseln, ebenso aus denjenigen Inseln, die weniger als 1000 Kilometer davon entfernt liegen.

Man wird der Idee der Monroedoktrin mehr gerecht werden, wenn man von derartigen formalen Beschränkungen absieht und unter Amerika im Sinne des hier behandelten ersten Unterprinzips der Monroedoktrin alles Gebiet versteht, welches für eine natürliche Betrachtungsweise bei Verteilung aller Ländermassen der Erde auf fünf Erdteile zum amerikanischen Kontinente fällt.

Dazu sind dann nicht nur die westindischen Inseln zu rechnen, sondern z. B. auch die Ecuador gehörigen Galapagos-Inseln,[3]) oder die zu Peru gehörigen Lobos- oder Seal-Inseln[4]) oder die zu Venezuela gehörige Aves-Insel,[5]) weiter die nicaraguanischen Corn-Inseln,[6]) oder die zu Honduras gehörige Tiger-Insel.[7])

Da aber die Monroedoktrin kein geographischer Lehrsatz sein, sondern Grenzen für politische Herrschaftsmacht ziehen

---

[1]) Als weiteres Beispiel mag hier auch darauf hingewiesen werden, was Staatssekretär Bayard in einem Schreiben vom 18. März 1886 an Mr. Quesada in Bezug auf die Falklandsinseln schrieb, Ausführungen, die oben S. 170 in der deutschen Übersetzung wiedergegeben sind.

[2]) Nouvelle Géographie Universelle, Paris 1893, Buch XVIII S. 695, u. Buch XIX S. 786. Vergl. auch Alvarez in A. J., III S. 320.

[3]) Vergl. oben S. 236 und besonders Sen. Doc. Nr. 41, 56. Cong. 1. sess. darüber, daß England mit Ecuador tatsächlich in Verhandlungen über diese Galapagosinseln gestanden hat.

[4]) Vergl. über den Streit der Vereinigten Staaten mit Peru über diese Inseln Sen. Ex. Doc. Nr. 109, 32. Cong. 1. sess. (Bd. X, 1851—1852); Sen. Rep. 397, 34. Cong. 3. sess. (1856—1857); Moore, I S. 575.

[5]) Vergl. oben S. 296.

Über den Streit der Vereinigten Staaten mit Venezuela über die Aves-Insel vergl. Sen. Ex. Doc. 25, 34. Cong. 3. sess., Bd. VI; Sen. Ex. Doc. Nr. 10, 36. Cong. 2. sess.; Br. and For. State Papers, Bd. LIX (1878 bis 1879) S. 276 ff.

[6]) Siehe oben S. 239 Anm. 1.

[7]) Siehe oben S. 240 f.

will, so wird man darüber hinaus unter Amerika hier auch all' das Gebiet zu verstehen haben, das zwar nach den eben gemachten Ausführungen geographisch nicht zu Amerika gehören würde, daß aber politisch einen Bestandteil irgend einer amerikanischen Macht bildet.

Praktisch kommt hierbei nur der vom amerikanischen Kontinente entfernte Kolonialbesitz der Vereinigten Staaten in Betracht, nämlich die Philippinen, die Hawaiien und Tutuila, Porto Rico und Guam.

Dafür, daß die Hawaien nach amerikanischer Anschauung zu Amerika auch schon gerechnet worden sind, bevor sie von den Vereinigten Staaten annektiert wurden, mögen zwei Zeugnisse angeführt werden.

Während der langdauernden Versuche der Vereinigten Staaten, diese Inselgruppe unter ihre politische Herrschaft zu bringen, instruierte Staatssekretär Blaine am 1. Dezember 1881 den Gesandten der Vereinigten Staaten in Hawai, Mr. Comly, folgendermaßen: [1])

> „Unter keinen Umständen können die Vereinigten Staaten einen Wechsel in der territorialen Kontrolle über eine von beiden (nämlich Cuba oder die Hawaiien) dulden, der sie vom amerikanischen System abschneiden würde, wozu sie unabänderlich gehören."

Und während der internationalen amerikanischen Konferenz, die am 2. Oktober 1889 in Washington zusammentrat, wurde auf Antrag der Vereinigten Staaten am 17. März 1890 ein Beschluß dahin gefaßt, den König der Hawaiien, der im Gegensatz zur haïtischen Regierung, sowie derjenigen der Dominikanischen Republik ursprünglich nicht eingeladen worden war, zur Entsendung eines Delegierten zur Konferenz noch nachträglich aufzufordern.[2])

Auch in bezug auf den räumlichen Herrschaftsumfang der Monroedoktrin hat ihre Geschichte eine Erweiterung gebracht.

Indem nämlich Polk ihre Verbote auf Verfügungen nichtamerikanischer Mächte über deren amerikanischen Kolonialbesitz an andere europäische Mächte erweiterte, fügte er diese Kolonien

---

[1]) For. Rel. 1881, S. 635 ff.

[2]) Vergl. die Zusammenfassung über die Tätigkeit dieser Konferenz bei Moore, VI S. 599 ff.; vergl. ferner beispielsweise Fried, S. 46 ff.

dem bisher auf den Besitz amerikanischer, selbständiger Staaten beschränkten „verbotenen" Gebiet zu.

Hierzu gehören: Canada, Neu-Fundland, Britisch-Guayana, Britisch-Honduras, die Bermudas, die Falklandinseln, die westindischen Inseln Englands, besonders Jamaica, ferner Französich-Guayana, der französiche Inselbesitz in den Antillen, besonders St. Barthélemy und endlich Holländisch-Guayana, St. Thomas, St. Croix, St. John und Curaçao.

Im übrigen hat sich das räumliche Herrschaftsfeld der Monroedoktrin nicht geändert. Insbesondere ist es auch nicht kleiner geworden. Die von Polk erklärte Beschränkung des Kolonisationsverbots auf Nordamerika ist, wie schon erwähnt, niemals in den Inhalt der Monroedoktrin eingegangen.[1])

7. Zusammenfassung.

Es bleibt nunmehr noch übrig, aus den vorstehenden Ausführungen den gegenwärtigen Inhalt des hier behandelten ersten Unterprinzips der Monroedoktrin festzustellen.

Wir haben, insbesondere in dem Widerstreben der Vereinigten Staaten gegen Englands Bemühungen, seine Herrschaft in mittlerem Amerika zu erweitern,[2]) gegen Frankreichs Intervention in Mexiko zu politischen Zwecken [3]) und in ihrem Eingreifen in den Venezuela-Grenzstreit [4]) eine Reihe von Fällen angetroffen, welche, ohne eine inhaltliche Erweiterung der Monroedoktrin zu bringen, deren Existenz als einen wirkenden Faktor in der amerikanischen Politik bestätigen und verstärken.

Die meisten Anwendungfälle dieses Unterprinzips der Monroedoktrin erweitern sie jedoch zugleich und bilden sie gleichzeitig inhaltlich fort.

Dieses Unterprinzip hatte sich nach der Monroebotschaft gegen Versuche europäischer Mächte gerichtet, die darauf zielen, durch gewaltsame Einengung der politischen Freiheit amerikanischer Staaten oder durch koloniale Neugründungen auf amerikanischem Boden ihre politische Macht in Amerika zu mehren.[5])

[1]) Siehe oben S. 80, 92.
[2]) Siehe oben S. 100 ff.
[3]) Siehe oben S. 123 ff.
[4]) Siehe oben S. 142 ff.
[5]) Siehe oben S. 66 ff.

Dieser Abgrenzung gegenüber haben sich im Verlaufe der Geschichte der Monroedoktrin zwei grundlegende Erweiterungen ergeben:

Die erste führt auf die Botschaft des Präsidenten Polk vom 2. Dezember 1845 zurück. Nach der von ihm hier der Monroedoktrin gegebenen Auslegung und Formulierung stehen mit ihr nicht mehr nur bestimmt geartete Handlungen in Widerspruch, sondern schlechtweg alle Versuche einer europäischen Nation, ihre politische Macht in Amerika auszudehnen, oder sich solche dort neu zu begründen.[1])

Dieser neu gewonnene Standpunkt ist in der Folgezeit häufig wiederbestätigt worden. Durch Polk selbst ist dies in seiner auf die Yukatan-Angelegenheit bezüglichen Botschaft vom 29. April 1848 geschehen.[2])

Es ist ferner durch den Präsidenten Grant in seiner auf Cuba bezüglichen Botschaft vom 6. Dezember 1869,[3]) sowie in seinen die Annektierung der Dominikanischen Republik empfehlenden Botschaften vom 31. Mai 1870 und 5. Dezember 1870 getan worden.[4])

Dieser Standpunkt ist endlich insbesondere durch die von den Vereinigten Staaten in der Panamakanal-Angelegenheit eingenommene Haltung wiederbestätigt worden.[5])

Die zweite grundlegende, geschichtlich entwickelte Erweiterung der Monroedoktrin besteht darin, daß die nach der Monroebotschaft vorhandenen Beschränkungen ihrer Anwendbarkeit auf solche Handlungen, welche Versuche unmittelbaren Erwerbs von neuer Macht durch europäische Staaten in Amerika darstellen, verschwinden. Es hat sich geschichtlich ergeben, daß nunmehr jedwede Tätigkeit eines nichtamerikanischen Staates in bezug auf Amerika als unverträglich mit der Monroedoktrin angesehen wird, falls sie nur nach dem Urteile der Vereinigten Staaten geeignet erscheint, mittelbar oder unmittelbar die Vermehrung der politischen Macht eines nichtamerikanischen Staates in Amerika herbeizuführen.

Als Hauptfall hierfür haben wir die Haltung der Vereinigten Staaten gegenüber den beiden Fragen, wer den interozeanischen

---

[1]) Siehe oben S. 83 ff.
[2]) Siehe oben S. 97 ff.
[3]) Siehe oben S. 132 ff.
[4]) Siehe oben S. 137 ff.
[5]) Siehe oben S. 183 ff.

amerikanischen Kanal bauen und zum andern, wer ihn kontrollieren solle, angetroffen.[1])

Diese Haltung hat ihre Wiederbestätigung und Ausbildung einmal durch das Eingreifen der Vereinigten Staaten in die finanziellen Verhältnisse der Dominikanischen Republik[2]) und zum andern beispielsweise in dem Magdalena-Bay-Falle[3]) gefunden.

Kanal-Angelegenheit wie Magdalena-Bay-Fall haben es zugleich auch klargestellt, daß, falls nach Ansicht der Vereinigten Staaten eine Maßnahme unter dem Gesichtspunkte möglicher Machtvermehrung eines nichtamerikanischen Staates in Amerika als gefährlich in Betracht kommt, es gleichgültig ist, wer die betreffende Handlung vornimmt, insbesondere ob dies eine Privatperson tut.

Durch beide Fälle ist die Monroedoktrin zu einer Schranke des nichtamerikanischen Handelsverkehrs mit amerikanischen Staaten geworden.

Andererseits hat sich im Laufe der Geschichte wiederholt Anlaß zur Bestätigung der Tatsache gefunden, daß die Monroedoktrin nicht schlechtweg gegen jede ausländische Tätigkeit in bezug auf Amerika gerichtet sei. Es ist vielfach zum Ausdruck gelangt, daß, falls dieser Gesichtspunkt der Gefahr in dem oben beschriebenen Sinne nach Ansicht der Vereinigten Staaten nicht einschlägt, die Monroedoktrin keine Anwendung finden soll. Dies ist besonders der Fall gewesen bei dem gemeinsamen Vorgehen Englands, Deutschlands und Italiens gegen Venezuela.[4])

Hierbei ergab sich zugleich auch die Gelegenheit für die Klarstellung, daß die Vereinigten Staaten eine Verbindung zwischen Monroedoktrin und Drago- (bezw. Calvo-) Doktrin bislang abgelehnt haben.[5])

Wir haben weiterhin gefunden, daß die Monroedoktrin sich in dem hier behandelten Unterprinzip als ein von den Vereinigten Staaten ausgehendes Prinzip darstellt, welches sich an alle außeramerikanischen Staaten und nur an diese richtet, und das lediglich den Vereinigten Staaten gegenüber besteht.[6])

---

[1]) Siehe oben S. 183 ff.
[2]) Siehe oben S. 217 ff.
[3]) Siehe oben S. 230 ff.
[4]) Siehe oben S. 252 ff.
[5]) Siehe oben S. 262 f.
[6]) Siehe oben S. 277 ff.

Es ist auch der Versuch gemacht worden darzutun, daß die Androhung von Gewalt für ihre Erzwingung zu ihrem Inhalte gehört.

Und endlich ist gezeigt worden, daß die räumlichen Herrschaftsgrenzen dieses Verbots sich auf alles Gebiet erstrecken, das für eine natürliche Auffassung zu Amerika im politischen oder geographischen Sinne gehört.

Abschließend können wir daher folgendes sagen:

Das erste Unterprinzip der Monroedoktrin ist ein von den Vereinigten Staaten ausgehendes und ihnen gegenüber bestehendes, unter Androhung gewaltsamer Durchsetzung im Falle seiner Nichtbeachtung erlassenes Verbot an die nichtamerikanische Staatenwelt.

Dieses Verbot richtet sich gegen jede von nichtamerikanischer Seite ausgehende Handlung, die nach Ansicht der Vereinigten Staaten dazu geeignet ist, mittelbar oder unmittelbar einem nichtamerikanischen Staate in bezug auf amerikanisches Gebiet politische Macht zu geben oder zu vermehren.

III. Das zweite Unterprinzip:

Der Grundsatz der Beschränkung politischer Betätigungsfreiheit der Vereinigten Staaten Europa gegenüber.

1. Allgemeines.

Im letzten Kapitel war der Versuch gemacht worden, für den Grundsatz der Beschränkung politischer Betätigungsfreiheit nichtamerikanischer Staaten in Amerika die Grundlinien einer organischen, zu immer größerer Breite und Vertiefung führenden Entwicklung zu zeichnen.

Diese Entwicklung hatte sich im Widerspruche der Vereinigten Staaten gegen Versuche nichtamerikanischer Mächte, die Monroedoktrin zu mißachten, vollzogen. Sie hatte sich nicht nur in der tatsächlichen Haltung der Vereinigten Staaten ausgedrückt, sondern auch in zahlreichen Meinungsäußerungen über den jeweiligen Inhalt dieses Unterprinzips.

Besonders diese hatten eine verhältnismäßig sichere Grundlage für die Untersuchung gegeben.

Anders steht es mit dem nunmehr zu behandelnden zweiten Unterprinzip, das von der Beschränkung politischer Betätigungsfreiheit der Vereinigten Staaten Europa gegenüber handelt.

Es wäre allerdings sehr wohl Gelegenheit dazu gewesen, die Nichtbeteiligung der Vereinigten Staaten an europäischen Angelegenheiten — z. B. bei Ablehnung entsprechender Aufforderungen, in Rechtfertigungen solcher Nichtbeteiligung, in Parlamentsbeschlüssen usw. — ausdrücklich mit der Monroedoktrin zu begründen und so die Anwendung und das Fortbestehen auch ihres zweiten Unterprinzips ausdrücklich zu versichern.

Tatsächlich ist dergleichen aber nur in ganz ungenügendem Maße geschehen.

Wir finden zwar eine Reihe von Fällen, wo seitens der Vereinigten Staaten ein Einschreiten abgelehnt wurde, weil die Voraussetzungen des ersten Unterprinzips verneint wurden. Die Zeugnisse dafür, daß die Vereinigten Staaten ihre Verpflichtung zu einem untätigen Verhalten europäischen Angelegenheiten gegenüber mit der Monroedoktrin begründet haben, sind jedoch äußerst selten.

Ab und zu sind wir im Verlaufe unserer Ausführungen zwar Bemerkungen über die Verpflichtung der Vereinigten Staaten zur Untätigkeit Europa gegenüber begegnet.

Wir hatten z. B. gesehen, daß Präsident Polk in seiner Botschaft vom 2. Dezember 1845 als Einleitung seiner gegen europäische Eingriffsversuche in Amerika gerichteten Ausführungen erklärt hatte, die Regierung der Vereinigten Staaten habe sich niemals in die Beziehungen anderer Staaten eingemischt.[1])

Ein weiteres Beispiel findet sich in Präsident Grants Botschaft vom 6. Dezember 1869,[2]) wo er als Einleitung seiner gegen die Übertragung amerikanischer Dependenzen von einer europäischen Macht an eine andere gerichteten Ausführungen erklärt hatte, daß die Vereinigten Staaten keine Neigung hätten, sich in die bestehenden Beziehungen Spaniens zu seinen amerikanischen Kolonialbesitzungen einzumischen.

---

[1]) Siehe oben S. 90; besonders Richardsons Mess., IV S. 398.
[2]) Siehe oben S. 133; besonders Richardsons Mess., VII S. 27.

Und endlich hatte beispielsweise Staatssekretär Olney in seiner Instruktion an Bayard vom 20. Juli 1895 [1]) am Anfang seiner die Monroedoktrin betreffenden Ausführungen ebenfalls derartige Gedanken wiederholt.

Diese Bemerkungen erscheinen jedoch ebenso wie schon die betreffenden Ausführungen der Monroebotschaft mehr als eine Art Präludium zu den eigentlich wesentlichen, gegen europäische Betätigung in Amerika gerichteten Erklärungen. Sie scheinen mehr gelegentlich gemacht zu sein und nicht die Bedeutung kräftiger, belebender Wiederversicherungen des zweiten Unterprinzips der Monroedoktrin zu haben.

Demnach erhebt sich hier von vornherein die Frage, ob man nach dem tatsächlichen Verhalten der Vereinigten Staaten Europa gegenüber überhaupt noch von einem Fortleben dieses Prinzips sprechen kann?

2. Grenzbestimmungen.

Wenn man mit dieser Frage an die Geschichte des Grundsatzes der Beschränkung politischer Betätigungsfreiheit der Vereinigten Staaten Europa gegenüber herantritt, so zeigt sich, daß er schon in der Monroebotschaft etwas anders als das erste Unterprinzip abgegrenzt ist.

Dieses hat sich nach jener Botschaft gegen Versuche europäischer Mächte gerichtet, welche darauf zielen, durch gewaltsame Einengung der politischen Freiheit amerikanischer Staaten oder durch koloniale Neugründungen auf amerikanischem Boden ihre politische Macht in Amerika zu vermehren.

Das hier behandelte zweite Unterprinzip der Monroedoktrin erklärte nach der Monroebotschaft, die Vereinigten Staaten sollten nicht in innere europäische Angelegenheiten eingreifen und sich insbesondere nicht um die im Jahre 1823 bereits bestehenden europäischen Kolonien kümmern.[2])

„Innere Angelegenheiten."

Aus den Zwecken der Monroebotschaft ergibt sich unmittelbar, daß man unter inneren Angelegenheiten weder lediglich solche zu

[1]) Siehe oben S. 171 ff.; besonders For. Rel. 1895, I S. 545.
[2]) Siehe oben S. 73 f.

verstehen hat, die als „innere" im Gegensatz zu „äußeren" im staatsrechtlichen Sinne bezeichnet zu werden pflegen, noch auch lediglich solche, die nur einen europäischen Staat berühren.

Der Begriff der „inneren Angelegenheit" muß von vornherein im Sinne von innereuropäischer Angelegenheit aufgefaßt werden. Es müssen darunter solche Angelegenheiten europäischer Mächte einbezogen werden, in welchen den Vereinigten Staaten nicht eine unmittelbare Parteirolle zukommt.

Diese Auslegung entspricht der tatsächlichen Haltung der Vereinigten Staaten:

Sie haben es für ihre Beteiligung oder Nichtbeteiligung an einer Angelegenheit stets für bedeutungslos erachtet, ob diese eine „innerstaatliche" europäische im eigentlichen Sinne des Wortes war, oder ob ein Rechtsgeschäft oder ein Streit zwischen verschiedenen Staaten. Es hat ferner niemals einen Unterschied gemacht, zwischen wie vielen verschiedenen Staaten die betreffende Angelegenheit spielte. Niemals ist weiter Rücksicht darauf genommen worden, ob sie sich in den Grenzen des europäischen Kontinents abwickelte, oder ob sie sich auf Kolonien bezog.

Das wesentliche Erfordernis war stets nur die negative Tatsache, daß die staatlichen Aufgaben der Vereinigten Staaten ihnen nicht eine Parteirolle in dem betreffenden Ereignis zuweisen durfte und natürlich weiter, daß nicht das erste Unterprinzip der Monroedoktrin einschlug.

Infolgedessen haben die Vereinigten Staaten beispielsweise niemals gezögert, ihren Untertanen auch europäischen Mächten gegenüber den völkerrechtlich üblichen Schutz und zwar oft in sehr energischer und weitgehender Weise [1]) zuteil werden zu lassen,

[1]) Vergl. hier besonders den Streit der Vereinigten Staaten mit Österreich im Falle Martin Kotzta:

Fall Kotzta.

Kotzta, ein ungarischer Flüchtling des Jahres 1848, war über die Türkei nach den Vereinigten Staaten geflohen. Er hatte dort seine Absicht erklärt, Untertan der Vereinigten Staaten zu werden und sich im Juni 1853 wiederum nach der Türkei gewandt. Er war in Besitz eines amerikanischen Konsularreisepasses, welcher erklärte, daß er unter dem Schutze der Vereinigten Staaten stehe. In Smyrna wurde er eines Tages auf Befehl des österreichischen Generalkonsuls von Weckbecker verhaftet und an Bord des österreichischen Schiffes Hussar geschafft, um nach Triest transportiert zu werden. Kapitän Ingraham von dem amerikanischen Kriegsschiff St. Louis verlangte darauf seine Auslieferung und drohte sogar zur Verhinderung von Kotztas Überführung nach Triest Gewalt an, indem er seine Kanonen auf das österreichische Schiff richtete. Kotzta, der sich übrigens selbst wie ein Blick durch die amerikanische diplomatische Korrespondenz beweist.[1])

Sie haben sich durch die Monroedoktrin ebenfalls nie behindert gefühlt, die Handelsinteressen ihrer Bürger europäischen Mächten gegenüber kräftig zu schützen und zu fördern.[2])

Die Namen ihrer Vertreter fehlen zwar unter Vereinbarungen wie der Schiffahrtsakte für die Donaumündungen vom 2. November 1865 [3]) oder der Zusatzakte dazu vom 28. Mai 1881,[4]) der Rhein-Schiffahrtsakte vom 27. Oktober 1868,[5]) dem Berliner Vertrage vom 13. Juli 1878 [6]) und ähnlichen Abkommen über rein europäische Angelegenheiten.

Dagegen trifft man ihre Vertreter auf allen Konferenzen, deren Aufgaben über die Behandlung europäischer Fragen hinausgehen. Dies ist der Fall nicht nur mit solchen, wie den beiden Haager Konferenzen, sondern beispielsweise insbesondere mit der Londoner Seerechtskonferenz von 1907, der Brüsseler Antisklavereikonferenz von 1890,[7]) der Kongokonferenz von 1885.[8]) [9])

---

als ungarischen Untertanen bezeichnet hatte, wurde schließlich ins Gewahrsam des französischen Konsuls in Smyrna gebracht und endlich entlassen.

Über diesen Fall vergl. besonders:

H. Ex. Doc., Nr. 91, 33. Cong. 1. sess. (Bd. XI); Sen. Ex. Doc., Nr. 40 u. Nr. 53, 33. Cong. 1. sess. (Bd. VIII); auch Botschaft vom 8. Dez. 1853 in Richardsons Mess., V S. 210 ff.; Moore, III S. 820 ff.; Martens, Causes Célèbres, V S. 583 ff.; Scott, S. 400; Snow, S. 226; Hall, S. 238 ff.; Oppenheim, I S. 388, Anm. 1; Halleck, I S. 117; Wheaton-Atlay, S. 250.

[1]) Viele Fälle bei Moore, besonders VI § 990 ff.

[2]) Vergl. dazu die oben S. 262 f. gemachten Bemerkungen zu Dragodoktrin.

[3]) Martens, N. R. G., XVIII S. 143 ff.; auch St. A., X S. 135 und Fleischmann, S. 72 ff.

[4]) Martens, N. R. G., 2. ser., IX S. 253; auch RGBl. 82, S. 61 und Fleischmann, S. 171 ff.

[5]) Martens, N. R. G., XX S. 355; Fleischmann, S. 81 ff.

[6]) Martens, N. R. G., 2. ser., III S. 449; auch RGBl. 1878, S. 307 und Fleischmann, S. 148 ff.

[7]) Vergl. die Generalakte vom 2. Juli 1890; RGBl. 1892, S. 605; Martens, N. R. G., 2. ser., XVI S. 3 und XVII S. 345; auch Fleischmann, S. 226 ff., vergl. auch oben S. 341 f.

[8]) Vergl. die Generalakte vom 20. Febr. 1885; RGBl. 1885, S. 215; Martens, N. R. G., 2. ser., X S. 414; Fleischmann, S. 195 ff. Im übrigen vergl. für die Haltung der Vereinigten Staaten hier, unten S. 340 f.

[9]) Eine bedeutungsvolle Ausnahme ist es, daß die Vereinigten Staaten sich an dem Vertrage von Konstantinopel vom 22. Okt. 1888 nicht beteiligt haben und ihm auch später nicht beigetreten sind.

Vergl. dazu das Schreiben des Staatssekretärs Day an Mr. Hay, dem Botschafter der Vereinigten Staaten in London, vom 14. Juli 1898:

2. „The Department, while recognizing the general and unrestricted purpose

„Eingreifen."

Was weiter den Begriff des Eingreifens anlangt, so ist ebenfalls unmittelbar ersichtlich, daß dieser Ausdruck nach der Monroebotschaft weiter als der der Intervention im völkerrechtlichen Sinne sein sollte.

Die Monroebotschaft wollte nicht lediglich die Erfüllung einer den Vereinigten Staaten ohnehin schon obliegenden völkerrechtlichen Verpflichtung zur Nichtintervention versichern. Sie wollte vielmehr, wie bereits oben ausgeführt, die Herstellung von Beziehungen zwischen den Vereinigten Staaten und Europa verhindern, die eine Gefahr für den Bestand der Vereinigten Staaten zur Folge haben könnten.[1])

Danach wird man die Versicherung der Monroebotschaft, die Vereinigten Staaten wollten nicht in innereuropäische Angelegenheiten eingreifen usw., als eine Erklärung dahingehend zu verstehen haben, daß die Vereinigten Staaten sich jedweder politischen Tätigkeit Europa gegenüber in bezug auf dessen eigene Angelegenheiten enthalten wollten.

Andererseits ist festzustellen, daß die Vereinigten Staaten sich hieran niemals vollständig gehalten haben.

Bei ihrem unsteten Verhalten in dieser Beziehung und in Anbetracht der Tatsache, daß hier zwischen „Worten und Werken" zahlreiche Widersprüche aufzudecken sind, ist es kaum möglich, stets das Typische vom Zufälligen zu sondern und in jedem Einzelfalle mit Sicherheit zu sagen, ob er einen Ausnahmefall oder eine Änderung der Monroedoktrin bedeutet.

Feststellen kann man jedoch so viel, daß die Erklärungen des ersten Unterprinzips der Monroedoktrin denjenigen des zweiten immer vorgegangen sind, und daß diese, wo sie mit jenen zusammengetroffen, vor ihnen zurückgewichen sind.

Dies wurde von dem Zeitpunkte an praktisch, als sich das erste Unterprinzip auch auf Verfügungen europäischer Kolonialmächte über ihren amerikanischen Kolonialbesitz an eine andere euro-

of the convention of October 29, 1888, was not disposed wholly to rely upon it or formally to appeal to it, since the United States is not one of the signatory powers.
3. The Department was not disposed by a formal appeal to the convention, to recognize a general right on the part of the signatories to say anything as to the use of the canal in any manner by the United Staates." For. Rel. 1898, S. 983; vergl. hier auch Fleischmann, S. 220.

[1]) Vergl. oben S. 49 ff.

päische Macht erweiterte[1]) und so die Voraussetzungen eines Einschreitens der Vereinigten Staaten in „innereuropäische Kolonialangelegenheiten" zur Durchsetzung des ersten Unterprinzips geschaffen waren.

Gute Dienste und Vermittlungen.

Man wird aus der Haltung der Vereinigten Staaten auch weiter folgern dürfen, daß das Anbieten und Leisten von guten Diensten und Vermittlungen nicht mehr zu den von ihnen nach der Monroedoktrin zu unterlassenden Handlungen gehört.

Das Anbieten und Leisten guter Dienste und von Vermittlungen ist seitens der Vereinigten Staaten stets mit großer Vorliebe, und zwar auch in Streitigkeiten zwischen europäischen Staaten oder bei solchen, in denen eine europäische Macht wenigstens mitbeteiligt war, ausgeübt worden.

Vielleicht der berühmteste Fall dafür ist ihr bereits erwähntes Verhalten in dem Kriege zwischen Spanien einerseits und den vereinigten Kräften von Peru, Chile, Bolivia und Ecuador andererseits.[2])

Während es sich hier um ein Eingreifen in eine Angelegenheit zwischen einer europäischen Macht und amerikanischen Staaten handelt, stellt sich die bekannte Mediation der Vereinigten Staaten in dem russisch-japanischen Kriege, die dann zu dem Abschluß des Friedens von Portsmouth vom 5. September 1905 [3]) führte, als ein Eingreifen in den Streit zweier nichtamerikanischer Staaten dar.

Die Vereinigten Staaten und der deutsch-französische Krieg.

Weniger bekannt ist ein Ereignis, in dem es zwar nicht zur Leistung guter Dienste kam, in dem die Vereinigten Staaten aber dazu bereit waren:

Während des deutsch-französischen Krieges von 1870/71 machte Frankreich bekanntlich Anstrengungen, ein gemeinsames

---

[1]) Vergl. hier insbesondere die bei Polks Botschaft vom 2. Dez. 1845 gemachten Ausführungen, vor allem oben S. 96 f.

[2]) Vergl. oben S. 247 ff.

[3]) Vergl. hier besonders die beiden Telegramme des vertretenden Staatssekretärs Mr. Loomis an Mr. Meyer, Botschafter der Vereinigten Staaten in Petersburg, vom 8. Juni 1905 in MS. Inst., Russia XIX 27 und an Mr. Griscom, Gesandter der Vereinigten Staaten in Tokio, in MS. Inst., Japan V S. 232, vom selben Tage (M., VII S. 21 f.).

Vergl. auch Hishida, Seiji G., The International Position of Japan as a Great Power, New York 1905, besonders S. 239 ff. und S. 274 ff.

Vorgehen anderer Mächte zur Wiederherstellung des Friedens herbeizuführen. Daran sollten sich auch die Vereinigten Staaten beteiligen. Diese lehnten eine solche Vermittlung ab, weil, wie Staatssekretär Fish unter dem 9. September 1870 dem Gesandten der Vereinigten Staaten am preußischen Hof, Mr. Bancroft, telegraphierte, Politik und Interesse es den Vereinigten Staaten verböten, sich mit europäischen Mächten zur Einmischung in europäische Fragen zu verbinden.[1])

Und nach einem Bericht Sir Edward Thorntons an Earl Granville vom 12. September 1870 hat Staatssekretär Fish im Auftrage des Präsidenten unter dem 11. September 1870 [2]) Mr. Washburne gegenüber erklärt:

„daß es der traditionellen Politik der Vereinigten Staaten widerspreche, in europäischen Angelegenheiten zu intervenieren, und daß die Regierung deshalb daran behindert sei, zusammen mit den europäischen Mächten ihre Vermittlung anzubieten."

Er fügt aber hinzu — und das ist hier das in erster Linie wesentliche —, daß die Regierung der Vereinigten Staaten es für ihre Pflicht halten werde, um der Menschlichkeit willen für die Wiederherstellung des Friedens zu vermitteln, falls beide, Frankreich und der Norddeutsche Bund darum ersuchen sollten.

Präsident Grant ging in seiner Botschaft vom 5. Dezember 1870 [3]) noch weiter. Nachdem er erklärt hatte, er habe sich auf unoffiziellem Wege Sicherheit darüber verschafft, daß die Regierung von Norddeutschland zur Zeit nicht geneigt sei, Friedensvorstellungen ein williges Ohr zu leihen, bemerkte er:

„Sollte die Zeit kommen, wo ein Eingreifen (action) der Vereinigten Staaten die Wiederherstellung des Friedens um eine einzige Stunde beschleunigen kann, so werden die Vereinigten Staaten diese Gelegenheit von Herzen ergreifen." [4])

Der Burenkrieg.

Als letzter Fall mag hier noch der erfolglose, weitergehende Versuch der Vereinigten Staaten zur Leistung von guten Diensten

---

[1]) For. Rel. 1870, S. 193.

[2]) Br. and For. State Papers, LXI S. 784.

[3]) For. Rel. 1870, S. 4 und Richardsons Mess., VII S. 97.

[4]) Die betreffende Stelle lautet im Urtext:
„Should the time come when the action of the United States can hasten the return of peace by a single hour, that action will be heartily taken."

in dem Kampfe zwischen England und dem Burenfreistaate erwähnt werden:

Am 10. März 1899 erhielt die amerikanische Regierung von ihrem Konsul in Prätoria ein Telegramm des Inhalts, die Regierung der Südafrikanischen Republik habe ihn (ebenso übrigens auch die Vertreter europäischer Mächte) gebeten, auf Intervention der amerikanischen Regierung zum Zwecke der Beendigung der Feindseligkeiten zu drängen.

Der Präsident teilte dieses Ersuchen sofort der englischen Regierung mit und drückte zugleich seine ernste Hoffnung aus, daß ein Weg gefunden werden möge, um den Frieden zustande zu bringen, sowie daß er sich freuen würde, wenn er in freundschaftlicher Art und Weise zur Herbeiführung eines solchen glücklichen Ausgangs helfen könnte.

Die Antwort der englischen Regierung ging dahin, daß sie dem Präsidenten für sein freundliches Interesse danke, daß sie aber nicht die Intervention irgend einer anderen Macht annehmen könne.[1])

Schiedsverfahren.[2])

Was die Erledigung europäischer Streitigkeiten durch Übernahme einer Schiedsrichterrolle anlangt, so haben sich die Vereinigten Staaten dem gegenüber wiederholt abweisend verhalten. Dies war z. B. der Fall, als der Senat in der Amendierungsresolution vom 12. Dezember 1906 zur Algesiras-Akte es aussprach, die Vereinigten Staaten sollten sich nicht an der Erledigung politischer Fragen rein europäischen Charakters beteiligen.[3])

Jedoch finden sich hiervon auch Ausnahmen.

Bulama-Schiedsfall 1869—1870.

Die wichtigste ist der sogenannte Bulama-Schiedsfall.[4])

Hierbei handelte es sich um einen alten, in das Jahr 1834 zurückreichenden Souveränitätsstreit zwischen England und Portugal über die in der Nähe der afrikanischen Küste (10° 34' nörd-

---

[1]) Die Korrespondenz über diese Episode ist enthalten in Sen. Doc. 222, 65. Cong. 1. sess. (Bd. XVI): Request of South African Republics for Intervention.

[2]) Siehe oben S. 267 ff.

[3]) „Settlement of political questions which are entirely European in their scope."

[4]) Vergl. dazu besonders Br. and For. State Papers LXI, S. 1163 bis 1165. (Das Protokoll der Lissabonner Konferenz vom 13. Jan. 1869.) Moore, International Arbitrations II S. 1909 ff. u. V S. 4793.

licher Breite und 18° 38' westlicher Länge von Greenwich) etwa 20 Meilen lange und 10 Meilen breite Bulama- oder Bolama-Insel sowie einen Teil des gegenüber liegenden Festlandes.

Nach langen Streitereien kam es hier zu einem Schiedsabkommen vom 13. Januar 1869, wonach der Präsident der Vereinigten Staaten als Schiedsrichter handeln sollte.

Präsident Grant nahm dieses Amt an und gab seinen Schiedsspruch unter dem 21. April 1870 zugunsten Portugals ab.

Cravairola-Grenzstreit 1873—1874.

Ein weiteres Beispiel bildet der Cravairola-Grenzstreit [1]) zwischen Italien und der Schweiz um den Besitz der Cravairola-Alp. In diesem wurde laut Abkommen vom 31. Dezember 1873 der Gesandte der Vereinigten Staaten in Rom, George P. Marsh, zum Unparteiischen erwählt, der dieses Amt mit Ermächtigung der amerikanischen Regierung auch annahm und unter dem 23. September 1874 seinen Spruch abgab.

Liberia und England.

Endlich mag hier auch noch kurz erwähnt werden, daß in einem der wiederholten Grenzstreite zwischen England und Liberia im Jahre 1879 [2]) die Vereinigten Staaten auf Ersuchen der Parteien den Commandore Schufeldt zum Schiedsrichter ernannten. Allerdings kam es hier nicht zu einem Schiedsspruche.

3. Eingriffe der Vereinigten Staaten in europäische Angelegenheiten.

Die Vereinigten Staaten sind hierüber aber häufig hinausgegangen. Die Geschichte der amerikanischen Diplomatie enthält eine fortlaufende Kette von Belegen dafür, daß sie zu Handlungen geschritten sind, die dem Geiste und dem Wortlaute der Monroedoktrin widersprechen, sei es, daß es sich dabei um unwesentliche Intercessionen, sei es auch, daß es sich um Interventionsmaßnahmen im technischen Sinne handelte.

---

[1]) Vergl. hier For. Rel. 1875, S. 749 ff.; Martens, N. R. G., XX S. 214 und 2. ser., VIII, S. 560; vergl. auch Stat. at Large, XIX S. 415; Moore, Arbitrations II S. 2026 ff.

[2]) Vergl. For. Rel. 1871, S. 487 ff.; 1879, S. 717 f.; Moore, Arbitrations V S. 4948.

a) Kondolenz bei Laskers Tod.

Wir können dabei ganz absehen von Fällen, wie jener kleinen Kompetenzüberschreitung, zu der sich das Haus am 9. Januar 1884 verleiten ließ, indem es eine Trauerresolution anläßlich des Todes des deutschen Sozialistenführers Dr. Edward Lasker faßte und der deutschen Regierung zur Übermittlung an den Reichstag übersenden ließ, eine Resolution, deren Annahme Bismarck zurückwies.[1])

b) Intercession für Juden.[2])

Wir können ferner von den ziemlich zahlreichen Intercessionen schweigen, die die Vereinigten Staaten zugunsten unterdrückter Juden vorgenommen haben.

c) Die ungarische Revolution. — Allgemeines.

Ein viel bedeutungsvollerer Fall ist ihr Verhalten gegenüber der ungarischen Revolution von 1848 bis 1849 und den daraus folgenden Ereignissen.

Die Vereinigten Staaten sahen diesem Freiheitskampfe mit tiefstem, die ganze Nation füllenden Interesse und größter Sympathie für die Sache der ungarischen Revolutionäre unter Kossuths Führung zu.[3])

---

[1]) H. Ex. Doc. 113, 48. Cong. 1. sess. (Bd. XXVI): wo die Resolution und die ergangene Korrespondenz steht.

[2]) Cyrus Adler, der Präsident der American Jewish Historical Society, hat in einer Adresse an diese Gesellschaft eine ziemlich ausgiebige Sammlung derartiger Fälle, insbesondere der auf Rußland, die Türkei, Rumänien und Marokko bezüglichen gegeben. Auf diese Sammlung kann hier verwiesen werden. Der Titel des Werkes ist: Jews in the Diplomatic Correspondence of the United States Baltimore 1911; vergl. ferner zahlreiches Urkundenmaterial in den For. Rel. seit 1864.

Über die Behandlung der Juden in Rußland vergl. besonders Mr. Whites lesenswerten Bericht vom 6. Juli 1893, abgedruckt in For. Rel. 1894, S. 525 ff.

Viel Material findet sich auch bei Moore, VI, § 923—926 (S. 374 ff.).

Mérignhac, II S. 299, hält die Proteste der Vereinigten Staaten gegen die Judenbedrückungen in Rumänien und Rußland von 1902 und 1903 für Interventionen im technischen Sinne; Hershey, S. 153 Anm. 17, drückt hiergegen seinen erstaunten Widerspruch aus.

[3]) Vergl. zu der folgenden Darstellung besonders:

Sen. Ex. Doc. 9, 31. Cong. 2. sess. (Bd. III); Sen. Ex. Doc. 43, 31. Cong. 1. sess.; Sen. Ex. Doc. 81, 31. Cong. 1. sess. (Bd. XIV); Sen. Ex. Doc. 92, 32. Cong. 1. sess. (Bd. IX); das sehr interessante H. Ex. Doc. 78, 32. Cong. 1. sess. (Bd. VI); Websters Works, Bd. VI S. 488 ff., Correspondence with the Chevalier Hülsemann; Br. and For. State Papers XXXVIII, S. 260 ff.; Moore, I S. 218 ff., VI S. 46 ff.; Foster, S. 331 ff.; Calvo, I S. 245 f.; Moore, Kossuth the revolutionist I und besonders II in Pol. Sc. Quart. 1895 (X) S. 95 ff. u. 257 ff.; Dipl., S. 136 ff.; Pomeroy, S. 308 ff.; vergl. auch Scruggs, S. 253. Nach ihm ist der Kossuthfall keine Zuwiderhandlung der Monroedoktrin. Tucker, S. 122 u. 125 f.

Während ein solches Mitgefühl aber gegenüber dem Freiheitskampfe der Griechen[1]) nur eine Reihe von Sympathiekundgebungen offizieller und privater Natur sowie private Hilfstätigkeit[2]) ausgelöst hatte, führte es hier weiter.

Einmal ernannte der Präsident unter dem 28. Juni 1849 kurz vor Beendigung des Aufstandes Dudley Mann zum Spezial- und Geheimagenten der Vereinigten Staaten in Ungarn. Manns Instruktionen gingen besonders dahin, genaue Information über den Stand der Dinge zu erhalten, als eine Grundlage für die Anerkennung Ungarns, sowie für den Abschluß von „Handelsarrangements" zwischen diesem und den Vereinigten Staaten.

Ihm war außerdem die Ermächtigung gegeben worden, selbst über die Mittel und Wege zu entscheiden, durch die er sich Kossuth und seinen vertraulichen Ratgebern nähern wolle und darüber, welche Mitteilungen diesem zu machen seitens der Regierung der Vereinigten Staaten ihm für gut scheine.[3])

Was dies in Wahrheit bedeutete, drückte Präsident Taylor in seiner Jahresbotschaft vom 4. Dezember 1849 deutlicher aus, wenn er sagte: [4])

> „Ich bekleidete einen . . . . Agenten mit Vollmacht, unsere Bereitschaft zu prompter Anerkennung seiner (Ungarns) Unabhängigkeit im Falle der Fähigkeit, sie aufrecht zu erhalten, zu erklären."

Die Mission Manns erledigte sich, bevor er sich von Wien weiter nach Ungarn begeben hatte, durch den Zusammenbruch der ungarischen Revolution.

---

[1]) Vergl. das Material in Am. State Papers For. Rel., V S. 251 ff., Sympathieadresse einer Gruppe New Yorker an das Haus; sowie eine Sammlung von Staatsdokumenten in bezug auf die Sachlage in Griechenland mit einer Botschaft des Präsidenten Monroe vom 31. Dez. 1823; Sympathieadresse des Staates Süd-Carolina; Sympathieadresse Bostoner Bürger an den Kongreß; vergl. auch die Monroebotschaft vom 3. Dez. 1823: Richardsons Mess, II S. 217, die ihrerseits ebenfalls eine Sympathiekundgebung für die Griechen enthält; weiter vergl. besonders J. Q. Adams dritte Jahresbotschaft vom 4. Dez. 1827 in Richardsons Mess., II S. 384; Ex. Papers 14, 18. Cong. 1. sess.; Moore, VI S. 33 f.

[2]) Ein Vorschlag Edward Livingstons, der im Hause am 2. Jan. 1827 eingebracht wurde, 50 000 Dollar zu ihren Gunsten zu bewilligen, wurde am 11. Jan. 1827 sogar abgelehnt. Vergl. Cong. Deb., 19. Cong. 2. sess. (1826—1827) S. 576 ff. und 654.

[3]) Br. and For. State Papers, XXXVIII (1850—1851) S. 200 ff.

[4]) Richardsons Mess., V S. 12.

Hülsemann-Webster-Korrespondenz.

Als die ihm erteilten Instruktionen, die Präsident Taylor mit Spezialbotschaft vom 28. März 1850 dem Senate übersandt hatte,[1]) bekannt wurden, fand sich der Vertreter der österreichischen Regierung in Washington, der Chargé d'Affaires von Hülsemann, veranlaßt, durch Schreiben vom 30. September 1850 im Auftrage seiner Regierung beim Staatssekretär Webster formell gegen das Verhalten der Vereinigten Staaten als eine „Einmischung in die inneren Angelegenheiten" seiner Regierung Protest einzulegen.

Er erklärte in diesem Proteste die Sendung eines Agenten nach Wien mit dem Auftrage, auf einen günstigen Moment für die Anerkennung der ungarischen Republik zu lauern und einen Handelsvertrag mit ihr abzuschließen, als unverträglich mit dem Völkerrecht.

Er stellte dabei die Frage, wie es möglich sei, „eine solche Mission mit dem Prinzip der Nichtintervention, wie es so formell von den Vereinigten Staaten als die Basis amerikanischer Politik verkündet worden sei, zu vereinbaren". Und er beklagte sich darüber, daß die Vereinigten Staaten Österreichs Freundschaft und Vertrauen damit belohnten, so ungeduldig auf den Fall der österreichischen Monarchie zu warten und sogar daran zu denken, dieses Ereignis durch die Äußerung entsprechender Wünsche zu beschleunigen.[2])

---

[1]) Sen. Ex. Doc. 43, 31. Cong. 1. sess.

[2]) Vergl. hier Sen. Ex. Doc. 9, 31. Cong. 2. sess.; Br. and For. State Papers XXXVIII, S. 271; Moore, I S. 221 ff.; vergl. oben auch die sehr ausführliche Antwort Staatssekretärs Webster, vom 21. Dez. 1850, in Sen. Ex. Doc. 43, 31. Cong. 1. sess.; Br. and For. State Papers XXXVIII, S. 243 und Moore, l. c. S. 223 ff.; aus dem Schreiben Hülsemanns mag hier besonders die folgende Bemerkung im Original wiedergegeben werden:

„As soon as the Imperial Government became aware of the fact that a United States Agent had been despatched to Vienna, with orders to watch for a favorable moment to recognise the Hungarian Republic, and to conclude a treaty of commerce with the same, the undersigned was directed to adress some confidential but pressing representations to the Cabinet of Washington against that proceeding, which is so much in variance with those principles of international law, so scrupulously adhered to by Austria at all times, and under all circumstances towards the United States. In fact, how is it possible to reconcile such a mission with the principle of nonintervention, so formally anounced by the United States as a basis for American policy, and which has just been sanctioned with so much solemnity by the president, in his inaugural adress of March 5, 1894. Was it in return of the friendship and confidence which Austria has never ceased to manifest towards them, that the United States became so impatient for the downfall of the Austrian monarchy, and even sough to accelerate that event by the utterance of their wishes to that effect?"

Es geht zwar weit, schon in diesem Verhalten der Vereinigten Staaten eine Verletzung völkerrechtlicher Rechtssätze zu sehen. Zweifellos aber handelten sie damit nicht nur ihren Grundsätzen über die Behandlung unfertiger Staatsgebilde zuwider, sondern in zweiter Linie auch (hauptsächlich weil ihre Haltung die ungarischen Revolutionäre in ihrem Aufstand gegen Österreich ermutigen mußte) dem Geiste der Monroedoktrin entgegen, die ihnen ein Eingreifen in die inneren Angelegenheiten Österreichs untersagte.[1])

Fall Kossuth.

Die Vereinigten Staaten haben ein solches Verhalten auch nach dem Zusammenbruch der ungarischen Revolution fortgesetzt, indem sie dem nach der Türkei geflohenen L. Kossuth und seinen Begleitern ihre wirksame Hilfe zuteil werden ließen.

Die türkische Regierung hatte sich zwar geweigert, die Festnahme dieser Revolutionäre auf türkischem Boden durch Österreich zu erlauben, oder sie selbst an Österreich auszuliefern, sie hielt diese Männer aber gefangen.

Die Vereinigten Staaten machten nun nicht nur die größten Anstrengungen, die Türkei von jedem derartigen Schritte abzuhalten.[2]) Auf Grund einer entsprechenden Resolution des Kongresses vom 3. März 1851 sandten sie auch die Dampf-Fregatte „Mississippi" nach der Türkei, die mit Einwilligung der Pforte die Revolutionäre aufnahm, um sie nach Amerika in Sicherheit zu bringen.

Nachdem Kossuth, der zu Agitationszwecken die Fregatte in Gibraltar verlassen und später in Southampton ein anderes amerikanisches Schiff bestiegen hatte, am 4. Dezember 1851 in New York angekommen war, bereiteten sie ihm einen großartigen Empfang.

Das Volk jubelte ihm zu. Er wurde sowohl vom Präsidenten wie von den beiden Häusern des Kongresses empfangen (5. und 7. Januar 1852). Der Präsident gab ihm ein Diner, und der Kongreß feierte am 7. Januar 1852 mit einem Bankett.

---

[1]) Vergl. z. B. Foster, S. 331 f.; der das Verhalten der Vereinigten Staaten in der Kossuth-Episode ausdrücklich als unvereinbar mit der Monroedoktrin erklärt.

[2]) Vergl. hier besonders Staatssekretär Clayton an Mr. Marsh unter dem 12. Jan. 1850, in Sen. Ex. Doc. 43, 31. Cong. 1. sess. S. 13 sowie Staatssekretär Webster an Marsh, unter dem 28. Febr. 1851, MS. Inst., Turkey, I S. 346 (M., VI S. 47).

Weiter aber erstreckte sich die Tätigkeit der Vereinigten Staaten hier nicht. Kossuths Hoffnungen, sie zu einer Intervention im Interesse der ungarischen Revolution zu bringen, ein Plan, zu dem er den Präsidenten der Vereinigten Staaten auch direkt aufforderte, gingen nicht in Erfüllung.

Nachdem der kranke Henry Clay bei einer Kossuth auf dessen dringendes Ersuchen gewährten Unterredung gegen dessen Vorschläge protestiert und ihn beschworen hatte, von seinem nutzlosen Beginnen abzustehen und nachdem dies bekannt geworden war, flaute die begeisterte Stimmung in Amerika bald ab, und die Episode kam zu einem schnellen Ende.

d) Insurrektion in Kreta.

Ein weiterer Zuwiderhandlungsfall gegen das zweite Unterprinzip der Monroedoktrin ist in dem Verhalten zu erblicken, daß die Vereinigten Staaten in den Jahren 1866—1868 der Insurrektion in Kreta gegenüber einnahmen.[1])

Wie der griechische Freiheitskampf und die Revolution Ungarns, so erregte auch der kritische Versuch, sich von der Türkei zu befreien und mit Griechenland zu vereinigen, größte Sympathie in den Vereinigten Staaten, die sich zu tätigen Hilfeleistungen steigerte.

So beauftragte Staatssekretär Seward unter dem 21. September 1866 den Gesandten der Vereinigten Staaten in Konstantinopel, Mr. Morris, mit den Repräsentanten der andern christlichen Mächte bei der Pforte zu dem Zwecke Beratungen zu pflegen, durch Gebrauch ihrer guten Dienste die unglücklichen Verhältnisse in Kreta zu bessern.[2])

Auf einen Appell der Insurgenten vom 9. November 1866 an Morris, ihren leidenden Familien zu helfen, waren die Vereinigten Staaten dabei behilflich, deren Frauen und Kinder nach Griechenland zu bringen,[3]) und leisteten den Notleidenden alle denkbare Unterstützung.[4])

---

[1]) Vergl. hier besonders For. Rel. 1866, II S. 253 ff.; 1867, I S. 616 f., II S. 14 ff., 96 ff., besonders 1868, II S. 110 ff.

Dafür, daß dieses Verhalten der Vereinigten Staaten gegen die Monroedoktrin ist, vergl. z. B. Bonfils, S. 180 (die dort angegebene Jahreszahl 1886 ist ein Druckfehler.)

[2]) For. Rel. 1866, II S. 253.

[3]) Wortlaut dieses Appells eod. S. 257. Der Fragebrief von Morris an Seward vom 22. Nov. 1866, eod. S. 256.

[4]) Vergl. besonders die verschiedenen Dankesresolutionen der Kretischen Nationalversammlung, der Provinzialregierung von Kreta, die Petition kretischer

Diese Handlungen lassen sich allerdings noch mit dem Sinne der Monroedoktrin vereinbaren. Unverträglich damit sind jedoch zwei gemeinsame Sympathiebeschlüsse, die die beiden Häuser des Kongresses im Juli 1867 und 1868 faßten.[1])

In beiden Resolutionen drückte der Senat seine tiefe Sympathie für die kretischen Untertanen aus, „die einen Teil der griechischen Familie bilden", sprachen von ihrem Schmerze über das Leiden dieser „interessanten Leute" und von ihrer Hoffnung, die Resolution werde zur Beendigung des Streites helfen.

Der zweite Beschluß, der auch im Tone entschiedener war wie der erste, ging noch weiter, indem er im Abs. II erklärte:

> „Religion, Zivilisation und Menschlichkeit erheischen es, daß der bestehende Streit in Kreta zu einem Ende gebracht werde, und zur Herbeiführung dieses Ergebnisses sollten die zivilisierten Mächte der Welt sich zu freundlichem Einflusse mit der türkischen Regierung verbinden."[2])

Besonders bezeichnend war, daß beide Beschlüsse den Präsidenten anwiesen, den Gesandten der Vereinigten Staaten in Konstantinopel zur Mitteilung an die türkische Regierung zu instruieren.

Mr. Morris berichtet, daß Seine Hoheit bei Vortrag der Resolution „über den Charakter des Beschlusses und die Übermittlungsanordnung des Kongresses" offenbar überrascht gewesen sei.[3])

Beide Resolutionen und insbesondere ihre Mitteilung an die türkische Regierung sind unverkennbare Eingriffe der Vereinigten Staaten in eine innere türkische Angelegenheit und unverträglich mit dem Geiste der Monroedoktrin.

Bürger, auch die Resolution der griechischen Deputiertenkammer, sowie das Dankesschreiben der griechischen Regierung für diese Hilfe. Alle abgedruckt in For. Rel. 68, II S. 131, 138 und 143 f.

[1]) Die erste Resolution ist dem Senat von Sumner, 19. Juli 1867 berichtet und durchgebracht worden; vergl. Cong. Globe, 40. Cong. 1. sess. (1867) S. 727. Sie wurde im Hause 19. Juli 1867 angenommen, eod. S. 447; vom Präsidenten gebilligt am 20. Juli 1867, eod. S. 755; vergl. Stat. at Large, Bd. XV Nr. 41 S. 31.

Die zweite Resolution, die ebenfalls von Sumner beantragt worden war, passierte den Senat am 21. Juli 1868; vergl. Cong. Globe, 40. Cong. 2. sess. (1867/1868, Teil V) S. 4283. Annahme durch das Haus am 25. Juli 1868, eod. S. 4488; vom Präsidenten gebilligt am 27. Juli 1868, eod. S. 4517.

[2]) Sec. 2. „And be it further resolved that religion, civilisation and humanity require that the existing contest in Crete should be brought to a close and to accomplish this result the civilised Powers of the world should unite in friendly influence with the Government of Turkey."

[3]) Der Brief, der das Datum „August 1867" trägt, steht in For. Rel. 1867, II S. 15.

e) Amerikanische Expansion auf Kosten Europas.

Was speziell das Verhalten der Vereinigten Staaten den in Amerika bestehenden europäischen Kolonien gegenüber anlangt, so stellt sich dieses ebenfalls als ein fortlaufendes Zuwiderhandeln gegen den Geist der Monroedoktrin dar.

Die Vereinigten Staaten haben diesem europäischen Kolonialbesitz gegenüber auch nach 1823 eine emsige Expansionstätigkeit entwickelt. Hierfür mögen die folgenden Fälle angeführt werden:

1. Im Jahre 1850 haben sie von England das im Erie-See gelegene Horse Shoe-Riff zum Bau eines Leuchtturms erworben.[1])

2. In den Jahren 1865—1867 fanden Verhandlungen zwischen den Vereinigten Staaten und Dänemark über den Verkauf der beiden Inseln St. Thomas und St. John an die Vereinigten Staaten statt. Diese Verhandlungen führten nahe zu einem Abschluß. Am 24. Oktober 1867 wurde ein Abtretungsvertrag zwischen den beiden Staaten geschlossen, der jedoch nicht die Billigung des Senates der Vereinigten Staaten fand.

   Diese Angelegenheit wurde übrigens später wieder aufgenommen: Im Jahre 1902 wurden, nachdem schon in den Jahren 1892 und 1896 unformale Erörterungen über die Abtretungsfrage zwischen den beiden Regierungen gepflogen worden waren, die Verhandlungen unter Erstreckung auf die Insel St. Croix wieder aufgenommen.

   Es kam wiederum, und zwar am 24. Januar 1902, zu einem Abtretungsvertrage, der am 17. Februar desselben Jahres von den Vereinigten Staaten ratifiziert und publiziert wurde. Diesmal fand jedoch dieses, besonders im Hinblick auf den Panamakanal so wichtige Abkommen nicht die Billigung des dänischen Landsthing: Während dessen Unterhaus den Vertrag am 17. Februar 1902 genehmigte, ergab sich im Oberhause am 21. Oktober 1902 Stimmengleichheit.[2])

---

[1]) Vertrag vom 9. Dez. 1850, abgedruckt in Treaty Vol. 1910, S. 444 ff. und ferner die Appropriationsgesetze für den Leuchtturm, Stat. at Large, IX S. 380, 627, sowie Stat. at Large, X S. 343.

[2]) Vergl. hier: Sen. Doc. 284, 57. Cong. 1. sess. (Cession of Danish Islands in the West Indies); enthält den Vertragsentwurf vom 27. Jan. 1902; dann H. Rep., XXVII, XLI, 57. Cong. 1. sess. (Bericht über angebliche Bestechung von Kongreßmitgliedern im Zusammenhang mit der Kaufangelegenheit vom 1. Juli 1902;) Moore, I S. 601 ff.; Dipl. S. 246; Paxton, The Danish Islands; Are we bound in honor to pay for them? 1869, Boston; Schuyler, American Diplomacy, S. 27, und The St. Thomas Treaty; a Series of Letters to the Boston Advertiser, New York 1869..

Vergl. auch oben S. 238 Anm. 1.

3. Im Jahre 1867 versuchten die Vereinigten Staaten von Spanien Culebra und Culebrita zu erwerben, Inseln, die zu der westindischen Gruppe gehören und die dann später durch den Friedensvertrag vom 10. Dezember 1898 an die Vereinigten Staaten übergingen.[1])
4. Durch Vertrag vom 30. März 1867 haben sie ferner für 7 200 000 Dollar vom russischen Zaren alle die ihm in Amerika verbliebenen Territorien und Herrschaften gekauft, was insbesondere Alaska einschloß.[2])
5. In den Jahren 1869 und 1870 fanden ferner diplomatische Verhandlungen über die Abtretung von Canada an die Vereinigten Staaten statt, die ergebnislos verliefen.[3])
6. Endlich mag noch auf die wiederholten, z. B. in den Jahren 1848[4]) und 1854[5]) sowie später um 1867[6]) gemachten Versuche, Cuba von Spanien zu kaufen, hingewiesen werden.[7]) [8])

Man könnte zwar mit Rücksicht darauf, daß der rechtsgeschäftliche Erwerb des europäischen Kolonialbesitzes in Amerika durch die Vereinigten Staaten die konsequente Verfolgung eines und desselben Gedankens ist, annehmen, die Monroedoktrin beziehe sich nicht mehr auf solche Handlungen. Dies ist jedoch

---

1) Vergl. Moore, VI S. 601 und die dort zitierten Manuskript-Instruktionen.

2) Vergl. Martens, N. R. G., 2. ser. I S. 39 ff., sowie Treaty Vol. 1910, S. 1521.

3) Vergl. Moore, I S. 582.

4) Vergl. Staatssekretär Buchanan, an den Gesandten der Vereinigten Staaten in Madrid Mr. Saunders, Instruktion vom 17. Juni 1848, enthalten in Br. and For. State Papers LXIV, S. 178 und H. Ex. Doc. 121, 32. Cong. 1. sess. S. 42 f. Buchanan weist hier Saunders an, die Spanische Regierung über ihre Geneigtheit zum Verkauf Cubas zu sondieren und erklärt, daß die Vereinigten Staaten bis zu 100 000 000 Dollar zahlen würden; vergl. auch Buchanans Jahresbotschaft vom 19. Dez. 1859; in Richardsons Mess., V S. 510 f., sowie seine Botschaft vom 3. Dez. 1860, ebenda S. 642.

5) Vergl. Staatssekretär Marcy an Soulé unter dem 13. Nov. 1844; H. Ex. Doc. 93, 33. Cong. 2. sess. S. 134 ff., besonders S. 139.

6) Vergl. Memorandum Mr. Sewards vom 7. Mai 1867, MS., Notes to Spanish Legations IX S. 398 (M., VI S. 456).

7) Vergl. auch Sen. Rep. Nr. 351 an den 35. Cong. 2. sess. Bd. I, wonach Senator Slidell am 24. Januar 1859 vom Komitee für auswärtige Angelegenheiten einen Gesetzesvorschlag berichtete, nach dem der Präsident der Vereinigten Staaten zum Kauf der Insel Cuba von Spanien für 30 000 000 Dollar ermächtigt wurde. Der Antrag wurde später zurückgezogen. Dieser Report gibt eine ausführliche Geschichte der Stellung der Vereinigten Staaten zu Cuba.

Es ist übrigens interessant hervorzuheben, daß in einem Schreiben des zweiten Assistent Secretary of State, Mr. Adee vom 14. Jan. 1898 an Mr. Ohl (224 MS. Dom. Let. 434; M., I S. 589) erklärt ist, seit 1869 sei kein Annexionsvorschlag in bezug auf die Inseln von oder im Interesse der Vereinigten Staaten gemacht worden.

8) Vergl. das unten S. 324 ff. sowie auch das oben S. 60 ff. zum Louisianakaufe und Floridafalle Ausgeführte.

gegenüber solchen Fällen, wo die Vereinigten Staaten Angriffe auf europäische Kolonien im Wege der Gewalt versucht haben, nicht mehr möglich, ohne das Fortbestehen des zweiten Unterprinzips der Monroedoktrin überhaupt zu verneinen.

f) Canada.

Zu solchem Unternehmen führte das seit dem Bestehen der Vereinigten Staaten stets wache Interesse derselben Canada gegenüber: [1])

Als nämlich im Jahre 1867 Nachrichten davon verlauteten, die verschiedenen kanadischen Provinzen sollten zu einer Konföderation geeint werden, faßte das Haus am 27. März 1867 eine Resolution dahingehend, daß das Volk der Vereinigten Staaten die an der nördlichen Grenze vorgeschlagene Konföderation ohne Zustimmung der Einwohner der zu konföderierenden Provinzen mit größter Besorgnis ansehe, und daß eine solche Maßnahme geeignet sei, die zwischen England und den Vereinigten Staaten bereits bestehenden Verlegenheiten zu vermehren.[2])

Als dann diese Einigung tatsächlich erfolgte,[3]) rührten sich die Vereinigten Staaten übrigens nicht.

---

[1]) Es würde zu weit gehen, hier längere Ausführungen über die diplomatischen Beziehungen zwischen den Vereinigten Staaten und England in bezug auf Canada zu geben. Vergl. zur weiteren Orientierung jedoch folgende Abhandlungen: Bourinot, Sir John George, Canada and the United States, an historical retrospect, in Am. Hist. Ass. Papers, Bd. V Teil III S. 87 ff.; Hodgins, Thomas, British and American Diplomacy affecting Canada (1782—1899), Toronto 1900; Moffett, Samuel Erasmus, The Americanisation of Canada, New York 1907; Varigny, C., de la doctrine de Monroe et le Canada, Rev. des deux mondes, 1879 S. 628 ff.

Vergl. insbesondere hier, Moore, I S. 580 ff.; Coolidge (engl. Ausg. 1912) S. 245; Henderson, S. 409; Moore, Dipl. S. 242; Tucker, S. 113.

[2]) Vergl. Cong. Globe, 40. Cong. 1. sess. (1867) S. 392. Die Resolution ist dort nicht wörtlich gegeben.

[3]) „An Act for the Union of Canada" usw. vom 29. März 1867, (sogenannter „British North American Act") abgedruckt in A. J. Suppl. IV, 1910 S. 39 ff. Vergl. auch ebenda Anm. 2 über die späteren Additionen zu der Konföderation.

Der British North American Act steht auch in Dodds Modern Constitutions; University of Chicago Press 1909, Bd. I S. 33 ff. und Houston, William, Documents illustrative of Canadian Institutions, Toronto 1891, S. 186 ff.

Erwähnt kann hier auch werden, daß am 13. Dez. 1880 der Abgeordnete Butterworth im Hause eine „joint resolution" (H. Res. 240) einbrachte, den Präsidenten der Vereinigten Staaten dazu zu ermächtigen „to negotiate with references to the unity and assimilation with the United States of the Dominion of Canada, or one or more of the Provinces thereof. Diese Resolution wurde zweimal gelesen und verschwand im Komitee für auswärtige Angelegenheiten. (Cong. Rec., 50. Cong. 2. sess. Bd. XX, I, S. 234).

Schon am 2. Juli übrigens, während des Schwebens jener Einigungsangelegenheit der canadischen Provinzen wurde im Haus vom Komitee für auswärtige An-

g) Cuba.

Bis zum Krieg mit Spanien.

Einer besonderen Besprechung wert ist hier die Politik der Vereinigten Staaten in bezug auf Cuba.[1])

---

gelegenheiten ein Gesetz auf eventuelle Annektierung jener Provinzen berichtet, ging aber nicht durch. (Vergl. Moore, I S. 580 f. und die dort angegebene Amer. Annual Cyclop. 1866, S. 78).

Für den Geist, der die Vereinigten Staaten auch heute noch in bezug auf Kanada beseelt, mag ein Passus einer Rede Champ. Clarks, des einflußreichen „Speakers" des Hauses, die er dort am 14. Febr. 1911 bei den Verhandlungen über das kanadische Reciprozitätsgesetz hielt, angeführt werden: „I am in favor of the reciprocity treaty to promote our trade relations. I am for it because I hope to see the day when the American flag will flote over every square foot of the British North American possessions clear to the North Pole. They are people of our blood. They speak our language, their institutions are much like ours. They are trained in the difficult art of self-government.... I do not have any doubt whatever that the day is not far distant, when Great Britain will joyfully see all of Her North American possessions become a part of this Republic. That is the way things are tending now." (Cong. Rec., Bd. XLVI S. 2519—2521, besonders 2520). Diese Rede ist hier angeführt, weil sie großes Aufsehen in England wie in den Vereinigten Staaten hervorrief. Vergl. hier übrigens auch Moore, Four Phases, S. 147 ff., bes. S. 176.

[1]) Vergl. hier auch die oben S. 62 f., 94 ff., 132 ff. gemachten Ausführungen. Die Literatur zu Cuba ist sehr zahlreich. Das hier folgende Verzeichnis, das sich auch auf die anderweit im Verlaufe der Abhandlungen gemachten Ausführungen bezieht, ist lediglich eine mit Rücksicht auf die besonderen Zwecke dieser Arbeit gemachte Auswahl.

Sehr viel Material befindet sich in den Br. and For. State Papers. Vergl. z. B. die die Zeit von 1822—1837 umfassende Korrespondenz. Sammlung im Bd. XXVI (1837—1838) S. 1124 ff. Für die Zeit von 1840—1844 vergl. besonders Bd. XXXII (1844—1845) S. 861 ff.

Von Publikationen des amerikanischen Kongresses mögen hier die folgenden besonders hervorgehoben werden:

H. Ex. Doc. 121, 32. Cong. 1. sess. (Bd. XII, 1851—1852); Sen. Ex. Doc. 13, 32. Cong. 2. sess. (Bd. III, 1852—1853): Correspondence on the proposed Tripartite Convention relative to Cuba (Dieses Dokument ist auch im Jahre 1853 von Little, Brown & Co. in Boston extra gedruckt worden); 33. Cong. 2. sess. H. Ex. Doc. 93 (1854—1855, Bd. X), The Ostend-Conference; 43. Cong. 1. sess. H. Ex. Doc. 30 (1873—1874, Bd. VIII): Steamer Virginius. (Über diese Angelegenheit vergl. mehr unten S. 329 Anm. 1; 44. Cong. 1. sess. H. Ex. Doc. 90 (1875—1876, Bd. XII). Correspondence relative to Cuba (behandelt besonders die Aufforderung der Vereinigten Staaten an europäische Mächte, mit ihm zusammen in Cuba zu intervenieren. Vergl. unten S. 328 ff. Das Dokument ist eine unvollständige und zur Unterdrückung der Tatsachen über die Haltung der amerikanischen Regierung bestimmte Veröffentlichung); 54. Cong. 1. sess. Sen. Doc. 213 (1895—1896, Bd. VII), Briefwechsel des Auswärtigen Amts „between November 5, 1875 and the Date of the Pacification of Cuba in 1878 relating to the subject of mediation or intervention by the United States in the affairs of Cuba...."; Sen. Rep. 885, 55. Cong. 2. sess.: Affairs in Cuba, 2 Teile, 1897—1898; Sen. Doc. 62, 55. Cong. 3. sess. (1898—1899, Bd. VIII), A Treaty of Peace between the United States and Spain; 56. Cong. 2. sess. Sen. Doc. 148 (1900—1901, Bd. XI) Papers relating to the treaty with Spain; vergl. ferner die betreffenden Bände der Am. State Papers For. Rel. und For. Rel.; vergl. ferner besonders Moore, Digest, an vielen Stellen, besonders VI S. 56—237 und 447—482.

d'Alaux, Georges, Cuba et la propagande annexioniste. Rev. des deux Mondes, 15. Juli 1850, Nouvelle Pér, 20. Jahrg. Bd. VII S. 363 ff.; Beau-

Diese Politik war bis zu der Intervention vom Jahre 1898 durch zwei Tatsachen beherrscht gewesen: Das war einmal die Anwendung des ersten sich gegen europäischen Machtzuwachs auf dem amerikanischen Kontinente gerichteten Unterprinzips der Monroedoktrin, die sich in einem konsequenten Widerstande der Vereinigten Staaten gegen die Idee des Überganges dieser Insel von Spanien an eine andere europäische Macht ausdrückte.

Die zweite Grundtatsache, die in der betreffenden Zeit die Politik der Vereinigten Staaten in bezug auf Cuba beherrschte, ist ein fortwährendes Hin- und Herpendeln zwischen dem Willen zur Befolgung des zweiten, ein Eingreifen der Vereinigten Staaten in europäische Angelegenheit verbietenden Unterprinzips und ihrem Verlangen, diese Insel zu besitzen.

Die hier zur Behandlung übrig bleibende Frage ist die: Wie weit hat dieses zweite Unterprinzip sich durchgesetzt,

---

marchais, S. 145 ff.; Bryce, James, Some reflections on the State of Cuba, N. Am. Rev. 174, Nr. 4 (April 1902) S. 445 ff. (im wesentlichen Reiseeindrücke); Callahan, J. M., Cuba and Anglo American Relations in Am. Hist. Ass. An. Rep. 1897 S. 193 ff.; Callahan, Cuba and international relations; A historical study, Baltimore 1899; das wertvolle Werk Chadwicks, The relations of the United States and Spain; Diplomacy, New York 1910; Cépedes, S. 367 ff.; Coolidge, (engl. Ausg. 1912) S. 286 ff. und passim. Dunning, S. 32 ff.; Flack, Horace Edgar, Spanish-American Relations proceeding the war of 1898, Baltimore 1906; Foster, S. 458 f. und passim.; Haeberlin, S. 31 ff.; Hart, Foundations IV S. 108 ff., A Century of Cuban Diplomacy, 1795—1895; Heilborn, die völkerrechtliche Stellung Cubas in der deutschen Juristenzeitung vom 15. Mai 1895, S. 215 f.; Henderson, S. 359 ff.; Hershey, A. S., Intervention and the Recognition of Cuban Independence in Am. Ac. Pol. and Soc. Sc., Bd. XI, 1898, S. 353 ff., eine hervorragende Arbeit; von Holst, an vielen Stellen, vergl. den Index der engl. Ausgabe S. 75—78; Kingsley, V. W., Spain, Cuba and the United States. Recognition and the Monroedoctrine, New York 1870 (erschien unter der Zeichnung „by Americus"); Latané, Kap. III S. 89 ff., The Diplomacy of The United States in regard to Cuba; Derselbe unter demselben Titel, in Am. Hist. Ass. Ann. Rep. 1897, S. 217 ff. (ist mit einigen Änderungen das vorher genannte Kapitel seines größeren Werkes); Derselbe, Intervention of the United States in Cuba, in N. Am. Rev., Bd. CLXVI (1898) S. 350 ff.; Mérignhac, A., L'autonomie Cubaine et le Conflict Hispano-Américain, Revue de Droit Public et de la Science Politic, Bd. IX (1898) S. 235 ff.; Müller, Cuba, Berlin 1898; Olivart, Le différend entre l'Espagne et les Etats-Unis au sujet de la question Cubaine; R. G., IV (1897) S. 577 ff., V (1898) S. 358 ff., 499 ff., VII (1900) S. 541 ff., IX (1902) S. 161 ff., X (1903) S. 577 ff., XII (1905) S. 469 ff.; Pétin, S. 238—366; Snow, S. 349—357; Robinson, Albert G., Cuba and the Intervention, 1905, New York, London und Bombay; vergl. besonders die ersten 6 Kapitel bis S. 99; Taylor, Hannis, A Review of the Cuban question in its economic, political and diplomatic Aspects, und besonders von S. 628 an, „The Monroe doctrine as it now exists; in N. Am. Rev., Bd. CLXV (Nov. 1897) S. 610 ff. (Taylor war Gesandter der Vereinigten Staaten in Spanien); Tucker, S. 77 ff., Viallate, Essays, S. 207—280; Wheaton-Atlay, S. 317 ff.

und wie weit hat jene Begehrlichkeit die Vereinigten Staaten zu seiner Nichtachtung veranlaßt?

Die zahlreichen Erklärungen der amerikanischen Diplomatie, daß nur die Vereinigten Staaten als Nachfolger Spaniens im Besitz von Cuba in Betracht kommen könnten, sind an sich noch keine Zuwiderhandlungen gegen die Monroedoktrin, weil und so lange sie lediglich der allgemeine Ausdruck einer Hoffnung sind und nicht mit der Idee ihrer praktischen Durchführung verbunden auftreten.

Bezüglich der wiederholt gemachten Versuche, Cuba von Spanien zu kaufen, kann man zweifelhaft sein, ob sie wirklich eine hier nennenswerte Nichtachtung der Monroedoktrin darstellen.

An dieser Stelle kommen nur gewaltsame Erwerbsversuche in Betracht.

Solcher haben sich die Vereinigten Staaten in der hier in Betracht kommenden Zeit im wesentlichen enthalten.

Im Jahre 1854 fand sich sogar eine besondere Gelegenheit, dies zu betätigen: [1])

Eine ganze Reihe von Fragen waren damals zwischen ihnen und Spanien in bezug auf Cuba in Erörterung.

Einmal waren die Erörterungen mit Spanien über den Kauf von Cuba, zu deren Anknüpfung Mr. Soulé vom Staatssekretär Marcy ermächtigt worden war, noch im Gange.

Soulé hat auch den Auftrag erhalten, über den Abschluß eines neuen Handelsvertrages mit der spanischen Regierung zu verhandeln.[2])

Und endlich erregte der sogenannte Black-Warrior-Fall damals die Gemüter: [3])

Der „Black-Warrior" war ein amerikanisches Handelsschiff, dessen Ladung wegen angeblicher Zollhinterziehungsversuche

---

[1]) Vergl. hier besonders 33. Cong. 2. sess. H. Ex. Doc. 93 (1854—1855 Bd. X, The Ostende Manifesto).

[2]) Vergl. z. B. Marcy's Instruktion an Soulé vom 23. Juli 1853, abgedruckt in dem eben bezeichneten Haus Dokument S. 3 ff.

[3]) Über den „Black-Warrior"-Fall vergl. bes. H. Ex. Doc., Nr. 93, 33. Cong. 2. sess., daß die betreffende Korrespondenz, wenn auch nicht vollständig enthält. Vergl. ferner H. Ex. Doc. 76 und 86, 33. Cong. 1. sess.; Moore, VI S. 59; Chadwick, Kap. XIII, The Case of the Black Warrior, Ostend Manifesto, S. 251 ff.; von Holst, engl. Ausgabe V S. 22 ff.

durch dessen Kapitän am 28. Februar 1854 von den spanischen Zollbehörden von Habana konfisziert worden war.

Die spanische Regierung machte Schwierigkeiten, die von den Vereinigten Staaten verlangte Indemnität zu leisten, und es kam zu einer ernsten diplomatischen Reibung zwischen den beiden Staaten.

Am 16. August 1854 gab Staatssekretär Marcy dem Mr. Soulé den Auftrag, sich mit seinen Pariser und Londoner Kollegen, Mr. Mason und Mr. Buchanan, zu einer Konferenz zusammenzufinden, um in bezug auf die schwebenden Angelegenheiten mit Spanien Beratungen zu pflegen, über die empfehlenswerten Schritte ihre Meinungen auszutauschen, Verabredungen über ein völliges Zusammengehen zur Unterstützung von Soulés Verhandlungen in Madrid zu treffen und der Regierung der Vereinigten Staaten Mitteilung von ihren Ansichten zu machen.[1])

Die drei Gesandten, in der Ansicht, zur Abgabe eines allgemeinen, in gemeinsamer Beratung zu fassenden Gutachtens über die Politik, die die Vereinigten Staaten Cuba gegenüber einschlagen sollten, aufgefordert zu sein, gaben ein solches unter dem Datum des 18. Oktober 1854 zu Aix la Chapelle ab (sogenanntes Ostende-Manifest).[2])

In diesem sehr berühmt gewordenen Staatsdokumente legten sie aufs ausführlichste ihre Gedanken in bezug auf die seitens der Vereinigten Staaten Cuba gegenüber einzunehmende Haltung dar. Ihr Standpunkt war — soweit er hier interessiert — kurz folgender:

Die Vereinigten Staaten sollten ungesäumt den Versuch machen, Cuba von Spanien zu kaufen. Falls ihr Angebot von Spanien abgeschlagen werden würde, sollten sie sich die Frage

---

[1]) Vergl. das verstümmelte Schreiben in H. Ex. Doc. 93, 33. Cong. 2. sess. S. 124 f.: „These and other considerations which will readily occur to you suggest that much may be done at London and Paris either to promote directly the great object in view, or at last to clear away impediments to its successful consumation.

Under these circumstances, it seems desirable that there should be a full and free interchange of views between yourself, Mr. Buchanan and Mr. Mason, in order to secure a concurrence in reference to the general object.

The simplest and only very apparent means of attaining this end is, for the threee Ministers to meet, as early as may be, at some convenient central point, say Paris, to consult together, to compare opinions as to what may be advisable and to adopt measures for perfect concert of action in aid of your negotiation at Madrid.“.....

[2]) So genannt, weil die Verhandlungen zuerst in Ostende stattgefunden hatten. Vergl. hier auch das unten S. 378 f. Bemerkte.

überlegen: „Gefährdet Cuba im Besitze Spaniens ernstlich unsern inneren Frieden und die Existenz unserer geliebten Union?" Im Falle der Bejahung dieser Frage, so erklärten die drei Gesandten, sei es das Recht der Vereinigten Staaten, diese Insel der spanischen Regierung zu entreißen.[1])

Die Antwort Marcys, die er unter dem 13. Dezember 1854 auf dieses Manifest hin an Soulé sandte,[2]) war eine ziemlich umschriebene Ablehnung der dort entwickelten Gedanken. Marcy erklärte, der Bericht der drei Gesandten enthalte natürlich nicht den Vorschlag, Spanien vor die Alternative zu stellen: „Verkauf oder Wegnahme". Er fährt dann fort:

„Aber zu folgern, daß die Zurückweisung eines Abtretungsvorschlages gewaltsame Besetzung nach sich ziehen würde, würde die Annahme in sich schließen, daß Selbsterhaltung die Erwerbung von Cuba für die Vereinigten Staaten notwendig mache. . . . . Wie sehr wir jedoch auch einen Mißerfolg unserer Bemühungen, die Abtretung der Insel zu erlangen, bedauern müßten, so würde doch dieser Fehlschlag nicht ohne eine wesentliche Änderung der Bedingungen auf der Insel eine unmittelbare Gefahr für die Existenz unserer Regierung bedeuten." [3])

Soulé wurde schließlich beauftragt, die Verhandlungen über den Black Warrior-Fall fortzusetzen, worauf er am 17. Dezember 1854 erzürnt seine Entlassung nahm.[4])

Einmal schien es, als ob die Vereinigten Staaten aus ihrer passiven Haltung heraustreten und zur Intervention in Cuba schreiten wollten.[5])

---

[1]) Siehe das mehrfach angezogene H. Ex. Doc. S. 127—132.

[2]) eod. S. 134 ff.

[3]) Die Stelle lautet vollständig im englischen Text folgendermaßen: „But to conclude that on the rejection of a proposition to cede, seizure should ensue, would be to assume that self-preservation necessitates the acquisition of Cuba by the United States..... that Spain has refused, and will persist in refusing, our reclamations for injuries and wrongs inflicted, and that she will make no arrangement for our future security against the recurrence of similar injuries and wrongs. .... However much we might regret the want of success in our efforts to obtain the cession of it, that failure would not, without a material change in the condition of the island, involve imminent peril to the existence of our government."

[4]) Der wütende Brief steht in dem bezeichneten H. Doc. S. 140.

[5]) Über diese Interventionsangelegenheit vergl. insbesondere die ausgiebige, im Jahre 1896 dem Senate übersandte Dokumentensammlung in 54. Cong. 1. sess. Sen. Doc. 213; vergl. auch Moore, VI S. 92 ff. sowie 44. Cong. 1. sess. H. Ex. Doc. 90.

Dies geschah im Jahre 1875, als die lange Kette der übrigens nicht durchweg begründeten Klagen der Vereinigten Staaten gegen Spanien über die im Verlauf der cubanischen Revolution erlittenen Verluste von Leben und Eigentum amerikanischer Untertanen, sich immer mehr vergrößerte.[1])

Staatssekretär Fish sandte an Mr. Cushing, den Gesandten der Vereinigten Staaten in Madrid, unter dem 5. November 1875 eine ausführliche Instruktion, die als „Instruktion Nr. 266" sehr bekannt geworden ist und sich mit den cubanischen Verhältnissen befaßte.[2])

Diese Instruktion erörterte in breiten Ausführungen den Zustand der Dinge in Cuba. Sie kam zu dem Schlusse, daß das dort nicht so fortgehen könne, und es war darin die Hoffnung des Präsidenten zum Ausdruck gebracht, Spanien werde spontan geeignete Maßnahmen für die Wiederherstellung des Friedens und der Ruhe auf jener Insel ergreifen.

---

[1]) Vergl. insbesondere den sehr bekannt gewordenen Fall des „Virginius". Dabei handelte es sich ganz kurz um folgendes:

Ein in den Vereinigten Staaten eingetragenes, unter deren Flagge segelndes Schiff cubanischer Insurgenten mit dem Namen „Virginius" wurde am 31. Okt. 1873 während des Aufstandes in Cuba von dem spanischen Kriegsschiff Tornado auf hoher See, 10 bis 15 engl. Meilen von Jamaica gekapert. Die Besatzung wurde in Santiago de Cuba vor ein Kriegsgericht gestellt und 57 davon erschossen, darunter 9 amerikanische und 16 britische Untertanen.

Die Angelegenheit wirbelte viel Staub auf. Die Vereinigten Staaten verlangten zunächst Herausgabe des Schiffes sowie der Überlebenden und Salutierung der amerikanischen Flagge, es sei denn, Spanien könne beweisen, daß der „Virginius" die amerikanische Flagge betrügerischerweise geführt habe.

Der Attorney General der Vereinigten Staaten gab dann am 17. Dez. 1873 sein Gutachten dahin ab, daß eine fraudulose Flaggenführung vorliege, daß Spanien aber trotzdem nicht zu seinen Maßnahmen berechtigt gewesen sei (Off. Opp. of the Attorneys General, Bd. XIV, 1875, S. 340 ff.). Der Flaggengruß wurde darauf erlassen und das Schiff an die Vereinigten Staaten am 16. Dez. 1873 ausgeliefert. Über das weitere Verlangen der Vereinigten Staaten auf Schadensersatz, weil keine Entschuldigung für das summarische Verfahren der spanischen Regierung vorläge, konnten sich die beiden Mächte jedoch nicht einigen, und es kam zu einer langen, diplomatischen Kontroverse darüber.

Vergl. über den Fall mehr in folgenden Veröffentlichungen: Br. Acc. and Papers, LXXVI, 1874: C91, Spain Nr. 3: Correspondence respecting to the Capture of the „Virginius" und Nr. 4, C1063, wo weitere Korrespondenz zu diesem Falle gedruckt ist. Vergl. weiter das sehr umfangreiche H. Ex. Doc. 30, 43. Cong. 1. sess. 1873 bis 1874, Vol. VIII: Doc. and Corr. relative to the Capture of the steamer „Virginius" and proceedings subsequent thereto; For. Rel. 1874, S. 845 ff.; Moore, II S. 895, 967, 980, 684; Scott, Cases, S. 320; Snow, S. 179 ff.; Chadwick, S. 314 ff.; T. George Curtis, The Case of the „Virginius", considered with reference to the Law of self-defense." Hall, S. 262, 270; Oppenheim, I S. 187; Taylor, S. 407 f.; Woolsey, § 214 S. 375 ff.

[2]) Vergl. Sen. Ex. Doc. 213, 54. Cong. 1. sess. S. 3—10.

Fish erklärte dann weiter:

„Mangels irgend einer Aussicht auf Beendigung des Krieges oder eine Änderung der Art und Weise, in der er auf beiden Seiten geführt worden ist, fühlt der Präsident, daß die Zeit nahe ist, wo es vielleicht die Pflicht anderer Regierungen sein wird, zu intervenieren, lediglich in der Absicht, einen unseligen und vernichtenden Konflikt zum Ende zu bringen und Frieden auf der Insel Cuba wieder herzustellen."

Er beauftragte Mr. Cushing, die spanische Regierung hiervon in Kenntnis zu setzen und ermächtigte ihn, diese Instruktion dem spanischen Minister für auswärtige Angelegenheiten vorzulesen.

Diese Instruktion wurde auch dem Gesandten der Vereinigten Staaten in England zur Mitteilung an die englische Regierung und zur Anfrage „nach ihrer Geneigtheit gesandt, den Standpunkt der Vereinigten Staaten durch ihren Einfluß" zu unterstützen. Sie wurde auch weiter allen diplomatischen Vertretern der Vereinigten Staaten übermittelt, den bei den großen europäischen Mächten akkreditierten zugleich mit dem Auftrage, sie den betreffenden Höfen mitzuteilen.[1]) Die Gesandten in Berlin, Wien, Petersburg, Rom und Paris erhielten außerdem die Anweisung, dort zu erklären, es würde den Vereinigten Staaten zur höchsten Befriedigung gereichen, wenn jene Regierungen bei der spanischen auf die Wichtigkeit und Notwendigkeit drängen wollten, diesem Kampf ein Ende zu machen oder ihn aufzugeben.[2])

Die Vereinigten Staaten erhielten von allen diesen Regierungen Absagen.[3])

Die englische Regierung insbesondere erklärte, sie sei bereit, im Interesse der Menschlichkeit und Freundschaft bei der Beendigung der Wirren in Cuba mitzuwirken, sie könne jedoch nicht irgendwelchen Druck auf die spanische Regierung ausüben oder ihr Vorschläge machen, die diese nicht annehmen werde.[4])

---

[1]) Vergl. eod. S. 10 f.

[2]) Vergl. Fish an Washburne, Gesandter der Verein. Staaten in Paris, unter dem 15. XI. 1875, S. 13 f., wo bemerkt ist, daß die Instruktion gleichzeitig nach Berlin, Petersburg, Wien und Rom gesandt worden sei.

[3]) Vergl. die Urkunden über die Verhandlungen mit den europäischen Höfen ebenda von S. 87 ab.

[4]) Schenk an Fish, unter dem 28. Jan. 1876, eod. S. 120 ff.

Graf Bülow erklärte für die deutsche Regierung am 26. Januar 1876, die spanische Regierung habe dem Fürsten Hatzfeld versichert, die cubanische Insurrektion werde in kurzer Zeit niedergeworfen sein. Unter diesen Umständen sei die deutsche Regierung nicht dazu geneigt, irgend welche Schritte, wie die vorgeschlagenen, zu ergreifen.[1])

Auch die spanische Regierung erklärte in einem sehr höflichen Schreiben vom 16. April 1876, daß ihre Ansichten ganz die der Vereinigten Staaten seien, daß sie jedoch für jedwede Einmischung derselben danke.[2])

Diese Angelegenheit, die durch die Herstellung des Friedens in Cuba im Jahre 1878 gegenstandslos wurde, erscheint als eine Art Vorläufer der Ereignisse, die dann zur Abtrennung Cubas von Spanien geführt haben. Sie ist ihrer ganzen Erscheinung nach eine deutliche Mißachtung nicht nur des Grundsatzes der Vermeidung von Allianzen, sondern auch des zweiten Unterprinzips der Monroedoktrin durch die Vereinigten Staaten.[3]) Denn diese machten in diesem Falle Anstalten dazu, sich in Verbindung mit europäischen Mächten vereint in eine Kolonialangelegenheit Spaniens auf der amerikanischen Hemisphäre zu mischen.[4])

Der Krieg mit Spanien.

Als im Jahre 1895 in Cuba wiederum eine Revolution ausbrach und es allen Anschein hatte, als ob sie denselben endlosen Verlauf wie der zehnjährige Krieg der Jahre 1868—1878 nehmen

---

[1]) Davis an Fish unter dem 26. Jan. 1876, Sen. Doc. 213, 54. Cong. 1. sess. S. 109.

[2]) Calderon y Collantes an Cushing, 16. April 1876, in dem vielfach angeführten Sen. Doc., S. 78 f.

[3]) Vergl. z. B. Hart, Proceeding of the United States Naval Institute, XXXII, S. 782. „Absolutely opposed to the spirit of the Monroe doctrine."

Andererseits jedoch Chadwick, S. 384. „It may possibly be now thought that under the present interpretation of the Monroe doctrine there was, in 1875, a violation of it; but certainly the author of that doctrine, John Quincy Adams, could not have been of that opinion in 1826 had the facts been before him."

[4]) Der oben geschilderte Fall beweist nicht nur die Absicht der Vereinigten Staaten, sich gemeinsam mit europäischen Mächten in eine spanische Angelegenheit einzumischen, und er stellt sich deshalb nicht nur als eine Verletzung des zweiten Unterprinzips der Monroedoktrin dar; das gemeinsame Vorgehen sollte sich auf amerikanisches Gebiet beziehen. Deshalb hat man in dieser Angelegenheit zugleich auch ein mit dem ersten Unterprinzip in Widerspruch stehendes Vorgehen der Vereinigten Staaten, eine von den Vereinigten Staaten ausgehende Aufforderung zur Mißachtung auch dieses Unterprinzips durch die betreffenden Europäischen Staaten zu sehen, ähnlich ihrem Verhalten gegenüber Haïti in den Jahren 1850 und 1851. Vergl. dazu auch oben S. 288 ff.

würde, da traten die Vereinigten Staaten von vornherein Spanien gegenüber energischer als damals auf.

Schon im April 1896 richtete Staatssekretär Olney an den spanischen Gesandten in Washington, Dupuis de Lôme, ein ausführliches Schreiben,[1]) in dem er unter Schilderung der cubanischen Zustände und unter Hervorhebung insbesondere des daraus für Untertanen der Vereinigten Staaten erwachsenden Schadens die Mitwirkung der amerikanischen Regierung bei der Pazifikation der Insel anbot.

Ausdrücklich lehnte er in dieser Note jede Absicht der Vereinigte Staaten auf Cuba und jede Absicht gegen Spaniens Souveränität über diese Insel ab.[2]) Er erklärte auch besonders, daß die Vereinigten Staaten die Frage einer Intervention gegenwärtig noch nicht erwögen, wies aber damit zugleich indirekt auf die Möglichkeit einer solchen Intervention hin.

Er fügte hier auch die Bemerkung an, daß die Vereinigten Staaten einen andern zehnjährigen Krieg nicht dulden würden.[3])

Die spanische Antwort war wiederum eine ungemein höfliche und verbindliche Ablehnung von Hilfeleistungen der Vereinigten Staaten.[4])

Die kriegerische Note wurde auch hier vom Präsidenten Cleveland angeschlagen, der in seiner Jahresbotschaft vom 7. Dezember 1896 [5]) des längeren auf die cubanischen Ereignisse und das Interesse der Vereinigten Staaten an ihnen einging.

Er erklärte dort, daß ihr Interesse und ihre Politik sie dazu zwingen würden, dem Erwerbe oder der Einmischung in die Verhältnisse dieser Insel durch andere Mächte zu widersprechen.

Er gelangte dann zu den folgenden Wendungen: [6])

> „Wenn die Unfähigkeit Spaniens, mit der Insurrektion fertig zu werden, offenbar geworden und es dargetan ist, daß

[1]) Brief vom 4. April 1896, abgedruckt For. Rel. 1904, S. 540 ff.

[2]) „The United States has no designs upon Cuba and no designs against the sovereignty of Spain."

[3]) „That the United States cannot contemplate with complacency another ten years of Cuban insurrection .... may certainly be taken for granted."

[4]) For. Rel. 1904, S. 544 ff.: Dupuis de Lôme an Olney am 4. Juni 1896.

[5]) eod. XXVII, besonders XXXV.

[6]) Die betreffende Stelle lautet in der englischen Fassung:
„When the inability of Spain to deal sucessfully with the insurrection has become manifest, and it is demonstrated that her sovereignty is extinct in Cuba

seine Souveränität über Cuba für alle ihre rechtmäßigen Aufgaben erloschen ist, und wenn ein hoffnungsloser Kampf für ihre Wiederherstellung in einen Streit ausgeartet sein wird, der nichts als wie unnötige Aufopferung menschlichen Lebens und die völlige Zerstörung gerade des Gegenstandes dieses Kampfes ist, dann wird eine Situation vorliegen, der gegenüber unsere Verpflichtungen gegen die Souveränität Spaniens von höheren Verbindlichkeiten aufgehoben sein werden, Verbindlichkeiten, die anzuerkennen und zu erfüllen wir uns kaum werden entziehen können."

Auch Präsident Mc Kinley erörterte in seiner Botschaft vom 6. Dezember 1897[1]) wieder die Frage der Intervention zugleich mit derjenigen der Anerkennung der Insurgenten als Kriegsführende.

Er lehnte ausdrücklich zwangsweise Annektierung Cubas durch die Vereinigten Staaten ab und erklärte, eine solche Maßnahme würde nach ihrem Moralkodex eine „verbrecherische Aggression" sein.

Er erklärte ferner, mit Rücksicht auf einen gerade eingetretenen Wechsel des Kabinetts in Madrid und die daraus sich ergebenden Hoffnungen sei die Zeit für eine „Intervention aus Gründen der Menschlichkeit" noch nicht gekommen.

Er schloß aber mit den Worten:

„Wenn es späterhin sich als eine uns durch unsere Verpflichtungen gegen uns selbst, die Zivilisation und Menschlichkeit auferlegte Pflicht ergeben sollte, gewaltsam zu intervenieren, so wird das ohne unsere Schuld und nur deshalb geschehen, weil die Notwendigkeit für eine solche Handlungsweise so einleuchtend ist, daß sie die Unterstützung und die Billigung der zivilisierten Welt herausfordert."

---

for all purposes of its rightful existence, and when a hopeless struggle for its reestablishment has degenerated into a strife which means nothing more than the useless sacrifice of human life and the utter destruction of the very subject-matter of the conflict, a situation will be presented in which our obligations to the sovereignty of Spain will be superseded by higher obligations which we can hardly hesitate to recognize and discharge."

[1]) For. Rel. 1897, XI ff. Englischer Text: „if it shall hereafter appear to be a duty, imposed by our obligations to ourselfes, to civilisation and humanity to intervene with force, it shall be without fault on our part and only because the necessity for such action will be so clear as to command the support and approval of the civilized world."

Am 16. Juli 1897 [1]) wurde der neue Gesandte der Vereinigten Staaten in Madrid, Mr. Woodford, dazu beauftragt, erneute ernsteste Vorstellungen beim spanischen Hofe zur Beendigung des Aufstandes zu machen und die guten Dienste der Vereinigten Staaten hierzu anzubieten. Dieser Versuch wurde von der spanischen Regierung mit einer Bitte um rigorosere und wirksamere Durchführung der amerikanischen Neutralität und insbesondere damit beantwortet, daß die Freibeuter-Expeditionen von den Vereinigten Staaten nach Cuba verhindert werden möchten und daß dies die beste Hilfeleistung sei, die die Vereinigten Staaten der spanischen Regierung geben könnten.[2])

Der Lauf der folgenden Ereignisse, von dem unangenehmen, zur Resignation Dupuis de Lôme's führenden Zwischenfall,[3]) der Zerstörung der „Maine“ im Hafen von Habana am 15. Februar 1898, zu der die Intervention der Vereinigten Staaten in Cuba vorschlagenden Botschaft Mc Kinleys vom 11. April 1898,[4]) dem Kongreßbeschlusse vom 20. April 1898, der Cuba für frei und unabhängig erklärte und von Spanien sofortige Räumung der Insel sowie Verzicht auf dieselbe verlangte,[5]) bis zum Kriege zwischen

---

[1]) Über diese Verhandlungen vergl. die For. Rel. 1898, S. 558 ff.

[2]) Señor Gullon an Woodford unter dem 23. Okt. 1897, For. Rel. 1898, S. 582 ff.

[3]) Señor Dupuis de Lôme hatte bekanntlich an den spanischen Minister des Äußern, Canalejas, einen Brief mit abfälligen Bemerkungen über Präsident Mc Kinley gesandt, dessen Inhalt durch Zufall öffentlich bekannt wurde und in den Vereinigten Staaten große und offenbar übertriebene Empörung hervorrief, der zu einem diplomatischen Schriftenwechsel und Dupuis de Lômes Amtsniederlegung führte. Über diese Episode vergl. For. Rel. 1898, S. 1007 ff.: „Retirement of Señor Don Enrique Dupuis de Lôme, Spanish Minister at Washington. Vergl. auch S. 680 ff.

[4]) For. Rel. 1898, S. 750 ff.; Richardsons Mess., X S. 139 ff.

[5]) Stat. at Large, XXX S. 738. Vergl. insbesondere die folgenden Abschnitte dieser Resolution:

„First. That the people of the island of Cuba are and of right ought to be free and independent, and that the government of the United States hereby recognizes the Republic of Cuba as the true and lawful government of that island.

Second. That it is the duty of the United States to demand, and the government of the United States does hereby demand that the government of Spain at once relinquish its authority and government in the island of Cuba, and withdraw its land and naval forces from Cuba and the Cuban waters.“ ....

„Fourth. That the United States hereby disclaims any disposition or intention to exercise sovereignty, jurisdiction or control over the said island, except for the pacification thereof, and asserts its determination when that is accomplished to leave the government and control of the Island to its people.“

beiden Mächten und zum Pariser Friedensschlusse vom 10. Dezember 1898,[1]) bedarf hier keiner Darstellung.

Ergebnisse.

Hier verbleibt die Frage nach der Bedeutung dieser Ereignisse für die Monroedoktrin.

Daß die amerikanische Intervention in Cuba eine klare und eindeutige Verletzung von derem zweiten Unterprinzipe war, kann nicht bezweifelt werden.

Ihr Verhalten Cuba gegenüber ist hier aber gar nicht die auffälligste Erscheinung. Denn die Vereinigten Staaten haben nach Beendigung dieser Intervention Cuba wieder verlassen und der Insel eine gewisse Scheinselbständigkeit gegeben. Zu ihrer formalen Annektierung sind sie jedoch in Befolgung der vom Präsidenten wie dem Parlamente vor dem Ausbruch des Krieges gegebenen Versicherungen und Versprechungen nicht geschritten.[2])

---

[1]) Der Text des Friedensschlusses siehe besonders in Martens, N. R. G., 2. ser., Bd. XXXII S. 74 ff.; in Sen. Doc. 62, Teil II, 55. Cong. 3. sess. sowie Stat at Large, XXX, 1754, auch im Auszug bei Strupp, II S. 111 f.

[2]) Vergl. hier über die Evakuation und Anerkennung Cubas und die Bedingungen dazu das unter dem Namen „Plattamendement" gehende Gesetz vom 2. März 1901 (Stat. at Large, Bd. XXXI S. 897 ff.), das zum Inhalt eines Vertrages zwischen den Vereinigten Staaten und Cuba vom 22. Mai 1903 wurde und bestimmungsgemäß der cubanischen Verfassung einverleibt worden ist. Der Vertrag steht bei Martens, N. R. G., 2. Ser. XXII S. 338, sowie Treaty Vol. 1910, I S. 362 ff.; auch Strupp, II S. 112 ff. Nach diesem Vertrag wird die Regierung von Cuba nie irgend einen Vertrag oder ein anderes Abkommen mit einer fremden Macht eingehen, der Cubas Unabhängigkeit schmälert oder zu schmälern geeignet ist. Sie will auch nicht irgendwie eine fremde Macht oder fremde Mächte dazu autorisieren oder ihnen gestatten, durch Kolonisation oder für militärische oder maritime Zwecke und dergl. eine Niederlassung oder irgend eine Kontrolle über einen Teil der Insel zu erhalten. Die cubanische Regierung verspricht ferner, keine öffentliche Schuld zu übernehmen oder einzugehen, für die Bezahlung von deren Zinsen und für deren Tilgung durch eine angemessene Amortisationsrate die ordentlichen Einnahmen der Insel nach Abzug der laufenden Regierungsausgaben nicht ausreichen. Endlich gesteht Cuba den Vereinigten Staaten das Recht zu, für die Erhaltung seiner Unabhängigkeit, die Aufrechterhaltung einer für den Schutz von Leben, Eigentum und persönlicher Freiheit ausreichenden Regierung, sowie die Erfüllung der in dem Pariser Vertrage den Vereinigten Staaten auferlegten, und nunmehr von der Regierung von Cuba zu übernehmenden Pflichten in Cuba zu intervenieren.

Wie sich hiernach die Frage nach der völkerrechtlichen Stellung Cubas gestaltet, ist bisher noch nicht zum Gegenstande einer abschließenden Bearbeitung geworden. Die Meinungen sind geteilt; Bonfils, S. 105 nimmt z. B. an, Cuba sei ein protegierter Staat; Hershey, S. 108, spricht von einem Protektorat der Vereinigten Staaten; Liszt, S. 56, beschränkt sich darauf zu bemerken, den Vereinigten Staaten stehe ein weitgehendes Interventionsrecht zu; Lawrence, S. 281, erklärt, Cuba führe ein: „state life of its own under the benevolent tutelage of the Great American Republic", auf S. 67 erklärt er Cuba als „a client State" und vergleicht sein Verhältnis zu den Vereinigten Staaten mit dem Verhältnis Koreas zu Japan in der Zeit von 1904—1910; Mérignhac, II S. 220 f., nimmt

Viel drastischer ist die durch den Artikel II des Pariser Friedensvertrages erfolgte Übertragung von Porto Rico sowie der am Südende der Marianen gelegenen Insel Guam und vor allen Dingen der Philippinen an die Vereinigten Staaten.

Die Zession dieser Inselbesitzungen, am Ende des Krieges und als Ersatz für die Kriegsentschädigung, zu deren Zahlung Spanien nicht imstande gewesen wäre, ist inhaltlich, obgleich sie sich formell als ein Rechtsgeschäft auf der Grundlage gegenseitiger Willenseinigung der Parteien vollzog, ebenso sehr ein Gewaltakt wie die Befreiung Cubas.

Als die Vereinigten Staaten zu dem Kriege mit Spanien schritten, drohte keine fremde Einmischung in cubanische Verhältnisse, die etwa wie bei der Dominikanischen Schuldenangelegenheit die Rechtfertigung einer Intervention der Vereinigten Staaten zum Zwecke, einer Verletzung des ersten Unterprinzips der Monroedoktrin zuvorzukommen, mit der Monroedoktrin abgeben könnte.

Ebensowenig liegt ein Anhaltspunkt dafür vor, die Monroedoktrin habe eine Ausdehnung dahin erfahren, daß sie nunmehr die Berechtigung der Vereinigten Staaten behaupte, nach ihrem Ermessen Eingriffe zur Ordnung zerrütteter politischer Zustände in Amerika vorzunehmen. Und wer eine derartige Meinung ausspricht, verkennt völlig die sachlichen Herrschaftsgrenzen der Monroedoktrin.[1])

---

ein Protektorat der Vereinigten Staaten an; Wheaton-Atlay, S. 66 f. meint, Cuba sei ein protegierter Staat besonderer Art, und endlich Whitcomb „La Situation International de Cuba (1905) Cap. V, ist der Ansicht, Cuba sei ein teilsouveräner Staat.

[1]) Pétin, S. 360 ff., dessen tüchtiges Buch unter einem Mangel an scharfen Abgrenzungen leidet, behauptet auf S. 360, die Vereinigten Staaten hätten zwar den Buchstaben der Monroedoktrin verletzt, sie aber ihrem Geiste nach bei ihrem Vorgehen angewendet. Verletzt gewesen sei sie durch den von Spanien in Cuba eingeführten „despotisme à la Turque". Die Vereinigten Staaten hätten den Krieg an Spanien erklärt, weil Spanien ihrem Verlangen gütlich nicht nachgekommen sei, dort ein mit der Monroedoktrin übereinstimmendes Régime herzustellen. Die Kriegserklärung sei erfolgt, um Spanien zur Reflektierung der Monroedoktrin zu zwingen.

Beaumarchais unterscheidet eine ursprüngliche Monroedoktrin, die in ihrem Charakter defensiv gewesen sei und eine Monroedoktrin „seconde Manière". Diese letztere sei offensiv, ihre Formel sei: „L'Amérique aux Etats-Unis", (siehe besonders S. 91—95). Er behauptet S. 145: „La Doctrine de Monroe „seconde manière" a trouvé dans l'affaire de Cuba sa dernière et sa plus aggressive interprétation. . . . ."

Der am häufigsten vorgebrachte Rechtfertigungsgrund für das Verhalten der Vereinigten Staaten Spanien gegenüber in dieser Angelegenheit ist vor allem „das Interesse der Menschlichkeit".[1])

So erklärte insbesondere Präsident Mc Kinley in seiner Botschaft vom 11. April 1898 folgendes: [2])

„Die Gründe für solche Intervention mögen kurz in folgendem zusammengefaßt werden:

Erstens: In der Sache der Menschlichkeit und um den Barbareien, dem Blutvergießen, der Hungersnot und dem entsetzlichen Elend ein Ende zu machen, die die streitenden Parteien entweder nicht enden oder mildern können oder nicht wollen. Es ist keine Antwort, zu sagen: das gehe alles in einem andern Lande vor sich, das zu einer andern Nation gehöre und sei deshalb nicht unsere Sache. Im Gegenteil, es ist ganz besonders unsere Pflicht, weil es sich gerade vor unserer Tür abspielt." [3])

---

[1]) Vergl. hier besonders die Ausführungen darüber in Sen. Rep. Nr. 885, 55. Cong. 2. sess. (Bd. V 1897—1898), XIII ff.; vergl. ferner Hershey, S. 154; MacFarland, The right of the United States to intervene in Cuba" in Albany Law Journal vom 30. April 1898, Bd. LXII S. 278 ff.; Moore, Dipl. S. 142; Woolsey, Am. Dipl. besonders S. 61 ff. und 71 ff.; Westlake, I S. 307.

[2]) Siehe oben S. 334.

[3]) Die betreffende Stelle lautet vollständiger in Englisch folgendermaßen:
„The grounds for such intervention may be briefly summarized as follows:
First. In the cause of humanity and to put an end to the barbarities, bloodshed, starvation, and horrible miseries now existing there, and which the parties to the conflict are either unable or unwilling to stop or mitigate. It is no answer to say this is all in an other country, belonging to an other nation, and is therefore none of our business. It is specially our duty, for it is right at our door."

Second. We owe it to our citizens in Cuba to afford them that protection and indemnity for life and property which no government there can or will afford, and to that end to terminate the conditions that deprive them of legal protection.

Third. The right to intervene may be justified by the very serious injury o the commerce, trade, and business of our people, and by the wanton destrection of property and devastation of the island.

Fourth, and which is of the utmost importance. The present condition of affairs in Cuba is a constant menace to our peace, and entails upon this government an enormous expense. With such a conflict waged for years in an island so near to us and with which our people have such trade and business relations; when the lives and liberty of our citizens are in constant danger and their property destroyed and themselves ruined; where our trading vessels are liable to seizure and are seized at our very door by warships of a foreign nation, the expeditions of filibustering that we are powerless to prevent altogether, and the irritating questions and entanglements thus arising — all these and others that I need not mention, with the resulting strained relations, are a constant menace to our peace, and compel us to keep on a semiwar footing with a nation with which we are at peace."

Vergl. hier auch das Schreiben des Präsidenten der Vereinigten Staaten an den Herzog von Almadova del Rio vom 30. Juli 1898, worin als Antwort auf die Bitte um Frieden vom 22. Juli 1898 die Friedensbedingungen mitgeteilt werden und das Verhalten der Vereinigten Staaten ausführlich gerechtfertigt wird. (For. Rel. 1898, S. 820 ff.)

Nirgends dagegen erscheint in den Regierungsäußerungen, die anläßlich dieser Angelegenheit ergangen sind, ein Versuch, den Widerspruch zwischen Monroedoktrin und der Haltung der Vereinigten Staaten zuzudecken.

Ob und wieweit ihr Vorgehen sich mit völkerrechtlichen Grundsätzen rechtfertigen läßt, steht hier ebensowenig wie dessen Weisheit zur Frage.

Das zweite Unterprinzip der Monroedoktrin, das hier einschlägt, ist nicht lediglich eine Versicherung der Vereinigten Staaten, sich rechtswidriger Interventionen enthalten zu wollen. Wenn in ihm die feierliche Versicherung enthalten ist, die Vereinigten Staaten wollten sich nicht um die bestehenden Kolonien europäischer Mächte kümmern, so heißt das, auch wenn man es in seinem allerengsten Sinne nimmt: Die Vereinigten Staaten wollen in keinem Falle und unter keinen Umständen zu Interventionen in solche Kolonien schreiten, gleichgültig, ob sie dazu völkerrechtlich berechtigt wären oder nicht.

Ein deutlicheres und schärferes Sichbekümmern um Spaniens Kolonien als die Wegnahme des bedeutungsvollen Restes derselben ist nicht denkbar. Dies umsomehr, als die Vereinigten Staaten mit dieser Wegnahme über die unmittelbar von ihnen als notwendig verfolgten Zwecke hinausgingen, in dem sie sich mit Guam, Porto Rico und den Philippinen den größeren Teil des damaligen spanischen Kolonialbesitzes zueigneten.

Das Verhalten der Vereinigten Staaten Spanien gegenüber in dieser Angelegenheit ist eine überaus drastische und anschauliche Nichtbefolgung des zweiten Unterprinzips der Monroedoktrin.[1])

---

[1]) Es fehlen natürlich nicht die entgegengesetzten Meinungen. So erklärt z. B. Dunning, S. 37 f, es sei bei der ersten Verkündung der Monroedoktrin gegenüber der Einräumung der Vereinigten Staaten, sich nicht in die Angelegenheiten irgend einer europäischen Kolonie auf der westlichen Hemisphäre kümmern zu wollen, notwendigerweise das Recht des Schutzes ihrer eigenen Interessen vorbehalten geblieben. Und hiermit rechtfertigt er die cubanische Intervention. Hershey, Ann. Am. Ac. Pol. and Soc. Sc., Bd. XI (1898) S. 73 erklärt: „Surely the spirit of the Monroe doctrine which was expecially launched against the introduction of oppressive and despotic government on this hemisphere, may be invoked to justify intervention against Spain in behalf of Cuba by the recognition of her independence."

Taylor, N. Am. Rev. CLXVI, S. 628, verteidigt die Intervention in Cuba mit „Selbstverteidigung" und zugleich (!) mit der Monroedoktrin.

Vergl. auch Pfeffer, A Republic in the Philippines, N. Am. Rev., März 1899, S. 317. Er erklärt, die Annexion der Philippinen sei nicht gegen

4. Gegenstandslosigkeit des zweiten Unterprinzips.

a) Die Weltpolitik der Vereinigten Staaten; insbesondere amerikanischer Imperialismus.

Blickt man auf diese historische Reihe zurück, so kann man sagen, daß die Vereinigten Staaten fortdauernd dem Wortlaute wie dem Geiste des zweiten Unterprinzips der Monroedoktrin zuwidergehandelt haben, und zwar im Jahre 1898 mit nicht zu übertreffender Schärfe.

Kann trotzdem noch von dessem Fortbestehen geredet werden?

Für die Entscheidung dieser Frage scheinen die folgenden Tatsachen besonders wichtig zu sein:

Mit der Umbildung der Vereinigten Staaten aus einem jungen und schwachen Staatswesen zu einer starken, selbstbewußten Weltmacht wurde der Entstehungsgrund der Monroedoktrin, die Besorgnis für den unverletzten Bestand der Vereinigten Staaten, gegenstandslos.

Ihre Politik trat in eine neue Etappe, in die Etappe des Imperialismus ein.[1]) „Der nordamerikanische Imperialismus beansprucht", wie von Liszt [2]) dies ausgedrückt hat, „seit dem siegreichen Kriege mit Spanien die Wahrung der Weltmachtstellung der Vereinigten Staaten in den Welthändeln".

Dieser Imperialismus hat zur Erweiterung des Betätigungsfeldes des stets regen Expansionstriebes der Vereinigten Staaten geführt, die räumlich jetzt fünfmal so groß sind als zu Anfang ihres Bestehens.

Bis 1898 beschränkte sich dieser Ausdehnungstrieb im wesentlichen auf das amerikanische Festland und zeitigte nur hier tatsächliche Ergebnisse, von dem Louisiana-Kaufe zum Erwerbe von

die Monroedoktrin gewesen, denn diese sage nichts über Acquisitionen durch die Vereinigten Staaten. Dieses ist ein Musterbeispiel des Nichtverstehens von Sinn und Wortlaut der Monroebotschaft und der Ideen der Monroedoktrin.

Vergl. endlich auch Holls, Am. Monthly Rev. of Rev., Bd. XX (1899) S. 563. Er bezeichnet die Behauptung: „that the taking possession of the Philippine Islands has in any way modified the reciprocal policy of the United States and Europeen powers with reference to questions purely Europeen or purely America als eine „curious contention".

[1]) Aus der Unmasse von Büchern und Artikeln über den amerikanischen Imperialismus vergl. statt anderer die ruhigen und würdigen Ausführungen John Bassett Moores in: Four Phases, Lecture III und IV.

[2]) S. 65.

Florida, zu der Wegnahme Californiens und New Mexikos von Mexiko im Frieden von Guadalupe-Hidalgo vom 20. Februar 1848 in Verbindung mit dem Gadsden-Vertrag vom 30. Dezember 1853 [1]) und schließiich zur Wegnahme des Panamakanalstreifens von Colombia durch den mit dessen revoltierender Provinz Panama vorzeitig abgeschlossenen Hay-Varilla-Vertrags vom 18. November 1903.[2])

Der alte Standpunkt.

Diese Beschränkung war ein neben der Monroedoktrin bestehender Grundsatz der Politik der Vereinigten Staaten gewesen.

Frelinghuysen und der Erwerb von La Fortune. (Fortune Insel).

Staatssekretär Frelinghuysen hatte diesen Standpunkt in einem Schreiben vom 20. Juni 1885 an Mr. Langston besonders deutlich ausgedrückt, in dem er den Vorschlag des Präsidenten von Haïti Salomon auf Abtretung der Insel La Fortune an die Vereinigten Staaten ablehnte.

Er bemerkte dort:

„Die Politik dieser Regierung, wie sie früher bei mannigfachen Gelegenheiten erklärt worden ist, hat sich dahin bewegt, Besitzungen, die vom Hauptkontinente entfernt sind, zu vermeiden. Wäre es die Tendenz der Vereinigten Staaten gewesen, Gebietsherrschaft über dazwischenliegende Gewässer auszudehnen, so hätten die Gelegenheiten zur Ausführung einer derartigen Absicht nicht gefehlt, sei es an der Küste von Afrika, in den westindischen Inseln oder im südlichen Stillen Ozean.“ [3])

Cleveland und die Kongokonferenz.

Auch Präsident Cleveland hatte sich während seiner ersten Administration zu diesem Standpunkte bekannt. Der Anlaß dazu ergab sich aus folgendem:

Die Vereinigten Staaten hatten zur Kongokonferenz des Jahres 1885 ihrerseits Vertreter entsandt. Diese waren jedoch dahin angewiesen worden, sich auf eine Teilnahme an den Be-

---

[1]) Vertrag von Guadalupe Hidalgo: Martens, N. R. G., XI S. 387, XIV S. 7; Gadsden-Vertrag eod. 2. Ser., I S. 1.

[2]) Zu den oben erwähnten Ereignissen vergl. für Louisiana und Florida oben S. 60 ff.; für Hay-Varilla-Vertrag oben S. 211 f.

[3]) MS. Inst., Haiti, II S. 339 (M., I S. 432). Die unterstrichene Stelle ist im Original nicht hervorgehoben. Der englische Text dieser Stelle lautet folgendermaßen:

ratungen zu beschränken. Sie hatten aber dem zuwider die Generalakte der Konferenz bedingungslos mitunterzeichnet.[1]

In seiner Jahresbotschaft vom 8. Dezember 1885 erwähnt Präsident Cleveland diese Angelegenheit und bemerkt dabei:

„Diese Regierung betrachtet jedoch ihre Freiheit, in dieser Angelegenheit zu tun, was ihr für gut scheint, keineswegs geschmälert. Und in der Annahme, eine Verpflichtung zur Teilnahme an Verbindlichkeiten für die Erzwingung der Neutralität in dem entfernten Kongostaate würde eine Allianz sein, deren Verantwortung wir zu übernehmen nicht in der Lage sind, stehe ich davon ab, vom Senate die Sanktion dieses allgemeinen Akts zu erbitten.“ [2]

Diese Sanktion unterblieb demgemäß.

Der Senat und die Brüsseler Anti-Sklaverei-Akte.

Dieser Standpunkt ergibt sich weiter aus dem Vorbehalt, mit dem die Vereinigten Staaten die Brüsseler General-Akte zur Unterdrückung von afrikanischem Negerhandel vom 2. Juli 1890 versahen.[3]

Der Senat fügte seinem Zustimmungsbeschlusse vom 11. Januar 1892 die folgende Erklärung als einen Teil des Ratifikationsaktes an:[4]

„daß die Vereinigten Staaten von Amerika, die weder Besitzungen noch Protektorate in Afrika haben, es hiermit leugnen, durch Ratifizierung dieses Vertrages irgend ein Interesse an den bestehenden oder beanspruchten Besitzungen oder Protektoraten anderer Mächte zu zeigen, oder eine Billigung über

---

„The policy of this Government, as declared on many occasions in the past, has tended toward avoidance of possessions disconnected from the main continent. Had the tendency of the United States been to extend territorial dominion beyond intervening seas, opportunities have not been wanting to effect such a purpose, whether on the coast of Africa, in the West Indies, or in the South Pacific. No such opportunity has been hither to embraced, and but little hope could be offered that Congress, which must in the ultimate resort be brought to decide the question of such transmarine jurisdiction, would favorably regard such an acquisition as His Excellency proposes. . . .“

[1] R. G. Bl. 1885, S. 215; St. A., XLV S. 230; Fleischmann, S. 195 ff.

[2] Richardsons Mess., VIII S. 330. Vergl. auch Fleischmann, S. 195, Anm. 2 und überhaupt Sen. Ex. Doc. 196, 49. Cong. 1. sess.: „Affairs of the independent State of Congo“.

[3] R. G. Bl. 1892, S. 605; St. A. LIV, S. 27; Martens, N. R. G., 2. Ser., XVI, S. 3; XVII, S. S. 345; Fleischmann, S. 226 ff.

[4] Treaty Vol. 1910, 1991.

deren Klugheit, Zweckmäßigkeit oder Rechtmäßigkeit, und daß sie keinem Ausdrucke in der Generalakte beitreten, der als eine solche Erklärung oder Anerkennung aufgefaßt werden könnte.“ [1])

Diese Erklärung wurde, einem weiteren Beschlusse des Senates entsprechend, dem Hinterlegungsprotokolle der Ratifikation der Vereinigten Staaten beigefügt.[2])

Der Wendepunkt.

Die Beendigung des alten Samoastreits mit England und Deutschland durch den Washingtoner Vertrag vom 2. Dezember 1899, durch welchen die Vereinigten Staaten die Tutuila- und etliche kleinere östlich vom 171 ° westlich von Greenwich gelegenen Inseln erhielten,[3]) sowie die Annektierung der Hawaiien während dieses Krieges mit Spanien[4]) brachten den alten Grundsatz zu seinem Ende.

[1]) Englischer Text: „That the United States of America, having neither possessions nor protectorates in Africa, hereby disclaims any intention, in ratifying this treaty, to indicate any interest whatsoever in the possessions or protectorates established or claimed on that Continent by the other powers, or any approval of the wisdom expediency or lawfullness thereof, and does not join in any expressions in the said General Act which might be construed as such a declaration or acknowledgment.

[2]) eod. S. 2157 ff. besonders 2182 f.

[3]) Die diplomatischen Beziehungen der Vereinigten Staaten in bezug auf Samoa und die Geschichte des langen Streites zwischen ihnen, Deutschland und England gehören nicht in diese Darstellung. Einen Überblick über diese Episode und insbesondere den amerikanischen Standpunkt gewinnt man aus der folgenden auswahlsweise zusammengestellten Literatur:

Sen. Doc. 45, 43. Cong. 1. sess.; H. Ex. Doc. 161, 44. Cong. 1. sess.; H. Ex. Doc. 44, 44. Cong. 2. sess.; Sen. Ex. Doc. 31, 50. Cong. 2. sess.; Sen. Ex. Doc. 68, 50. Cong. 2. sess.; Sen. Doc. 102, 50. Cong. 2. sess.; H. Ex. Doc. 118, 50. Cong. 2. sess.: H. Ex. Doc. 238, 50. Cong. 1. sess.; Sen. Ex. Doc. 93, 53. Cong. 2. sess.; Sen. Doc. 97, 53. Cong. 3. sess. Vergl. auch Confidential Correspondence respecting Affairs in Samoa (Dez. 1888 bis März 1889) für den Gebrauch des amerikanischen Kommissars in Berlin, 1889 gedruckt. Moore, I S. 536 ff.; St. A., XLIV S. 252 ff.; Callahan, Kap. IX S. 135 ff.: Foster, American Diplomacy in the Orient, Cap. XII S. 386 ff.; Henderson, S. 205 ff.; Moore, Four Phases, S. 187 ff.; Snow, S. 398 ff. Vergl. endlich auch die Ausführungen Pétins, S. 375 ff. Der oben erwähnte Vertrag ist abgedruckt bei Martens, N. R. G., 2. ser., XXX S. 446 und Treaty Vol. 1910, 1595.

[4]) Für die Politik der Vereinigten Staaten in den Hawaiien gegenüber vergl. zur allgemeinen Orientierung auswahlsweise die folgenden Nachweise:

H. Ex. Doc. 35, 27. Cong. 3. sess.; H. Ex. Doc. 48, 53. Cong. 2. sess., ferner 53. Cong. 2. sess., Sen. Ex. Doc. 13, 46, 57, 65, 77; H. Ex. Doc. 47, 48, 70, 76, 95, 112, 140; Sen. Rep. 243, I, II; For. Rel. 1894, App. II; Moore, I S. 475 ff.; Bicknell, Cap. VIII; Carpenter, Cap. VIII; Foster, l. c. 365 ff.; Moore, Four Phases, S. 181 ff.; Pétin, S. 392 ff.; Snow, S. 361 ff.; Thurston, Lorrin A., A Handbook on the Annexation of Hawaii, 1897 St. Joseph

Die Hinnahme der Philippinen und von Guam bedeutete die auf die Dauer unvermeidliche, mit dem zweiten Unterprinzip der Monroedoktrin jedoch unverträgliche Erstreckung dieser imperialistischen Expansionspolitik der Vereinigten Staaten auf europäische Kolonien.

Hinzutritt, daß die Beschränkung der Monroedoktrin auf ihr erstes, gegen die nichtamerikanischen Mächte gerichtetes Unterprinzip der gegenwärtig gemeinhin gegebenen Formulierung der Monroedoktrin entspricht.

Man denke hier nur an die — im übrigen irreführende — populäre Phrase, „Amerika den Amerikanern", oder, wie sie auch ausgedrückt wird: „Amerika den Nordamerikanern".

Hinzu tritt weiterhin, daß in den Abhandlungen über die Monroedoktrin jetzt fast durchweg Darstellungen des zweiten Unterprinzips der Monroedoktrin oder auch nur längere Hinweise darauf fehlen, ja sogar, daß es wiederholt ausdrücklich ausgesprochen wird, dieses sei nunmehr erledigt.[1])

Allerdings liegen gerade aus der Zeit nach dem spanischen Kriege drei Zeugnisse vor, durch die die Anhängerschaft der Vereinigten Staaten auch an dies zweite Unterprinzip der Monroedoktrin mit aller Schärfe ausgesprochen ist.

Alte Gedanken in neuer Zeit.

Gemeint sind dabei einmal die Vorbehalte, die die Vereinigten Staaten auf den beiden Haager Konferenzen zu den Abkommen über die friedliche Erledigung internationaler Streitfälle gemacht haben.[2])

(Mich.). Die Resolution beider Häuser vom 7. Juli 1898, die die Annektierung aussprach, steht Stat. at Large, XXX (1897—1899), S. 750 f.

Es ist übrigens interessant zu sehen, daß Cleveland noch im Jahre 1893 in bezug auf die Hawaiien den Grundsatz der Ablehnung von Expansionen in die Ferne betätigte. Er zog nämlich am 9. März 1893 den am 14. Februar 1893 von Staatssekretär Foster mit der Hawaiischen Regierung abgeschlossenen Annexionsvertrag vom Senate mit der bezeichnenden Bemerkung zurück, dieser Vertrag würde ein Verlassen der ungebrochenen Tradition der Vereinigten Staaten sein, indem er die Hinzufügung eines mehr als 2000 Meilen von der amerikanischen Küste entfernten Gebietes zur Union vorsehe (Richardsons Mess. IX, S. 393; vergl. auch seine Ausführung in dieser Angelegenheit in seiner Spezialbotschaft zum Kongreß vom 18. Dez. 1893, eod. S. 460 ff., besonders S. 461). Das Material über die Vertragsverhandlungen steht For. Rel. 1894, App., II, besonders S. 20 ff., 196 ff., 1190 f.

[1]) Vergl. statt anderer hier z. B. Hart, Proceedings usw. XXXII S. 791.

[2]) Vergl. oben S. 273 f. und besonders auch wieder die interessanten Ausführungen von Pohl in der Festgabe für Krüger usw. Für die Wertung dieser Vorbehalte mag übrigens hier auch noch besonders erwähnt werden, daß Holls in der Am.

Das dritte Beispiel ist ihr Verhalten der Algesiras-Konferenz gegenüber. Die Vereinigten Staaten beteiligten sich bekanntlich an ihr und unterzeichneten auch die Generalakte. Ihre Vertreter fügten jedoch in der Sitzung vom 7. April 1906 den folgenden Vorbehalt an: [1])

„Da die Regierung der Vereinigten Staaten von Amerika keine politische Interessen in Marokko hat und bei ihrer Beteiligung an dieser Konferenz von keinen andern Wünschen und Absichten geleitet war als in Marokko zur Sicherung der umfassendsten Gleichheit auf den Gebieten des Handels, der Behandlung und der Vorzugsrechte für alle Nationen mitzuwirken und die Einführung von Reformen zur Erreichung allgemeiner Wohlfahrt auf der Grundlage vollkommener Herzlichkeit der auswärtigen Beziehung und wohlgeordneter innerer Verwaltung zu erleichtern, so gibt sie die Erklärung ab, daß sie zwar durch Unterzeichnung der Generalakte, die unter dem Vorbehalte der Ratifikation gemäß den Verfassungsgesetzen erfolgt, sowie des Zusatzprotokolls sich den Reglements und Erklärungen der Konferenz anschließt und ihre Anwendung auf die amerikanischen Bürger und Interessen in Marokko gutheißt, daß sie aber damit keine Verpflichtung oder Verantwortung in Ansehung der Maßregeln übernimmt, die zur Ausführung der erwähnten Reglements und Erklärungen erforderlich sein könnten."

Der Senat fügte am 12. Dezember 1906 bei Genehmigung der Generalakte einen inhaltlich entsprechenden, aber etwas anders gefaßten Beschluß bei, der übrigens ebenfalls in die Ratifikationsurkunde aufgenommen und bei Austausch der Ratifikationen mit hinterlegt wurde.[2])

Month. Review of Review vom Nov. 1899, Bd. XX S. 562 in einem Aufsatz mit dem Titel „The results of the Peace Conference in their Relations to the Monroe doctrine" erwähnt hat, daß die Erklärung auf der ersten Konferenz spontan gemacht worden sei. Holls war bekanntlich einer der amerikanischen Delegierten zu dieser Konferenz.

[1]) Vergl. hier Ministère des affaires étrangères, Documents dipl. Prot. et Comptes rendus de la Conf. d'Algésiras, Paris 1907, Regierungsdruckerei, Bd. III S. 7; Martens, N. R. G., 2. Ser., Bd. XXXIV S. 1 ff.; R. G. Bl. 1907, S. 20 und wieder besonders Pohl, S. 459 ff.

[2]) Diese Senatsresolution lautet in der Übersetzung folgendermaßen:
„Folgende Resolution wird als Teil dieses Ratifikationsaktes gefaßt: Der Senat betrachtet es als selbstverständlich, daß die Beteiligung der Vereinigten Staaten an der Algesiraskonferenz, sowie bei der Formulierung und Annahme der daraus hervorgegangenen Generalakte nebst Protokoll zu dem alleinigen Zwecke erfolgt ist, um ihren Handel in Marokko zu erhalten und zu vermehren, um Leben, Freiheit

Ergebnis.

Andererseits kann es als eine bezeichnende Tatsache angesehen werden, daß während der Senatsdebatten im Jahre 1912 über die allgemeinen Schiedsverträge der Vereinigten Staaten mit England und Frankreich die Erörterungen sich lediglich um die Vereinbarkeit der vorliegenden Entwürfe mit dem ersten Unterprinzip der Monroedoktrin drehten, das für die ganze Monroedoktrin genommen wurde.[1])

Die am 7. März 1912 angenommene Resolution unterließ es dann auch, das zweite Unterprinzip der Monroedoktrin wieder zu bestätigen und beschränkte sich, wie sich aus der oben wiedergegebenen Fassung ergibt, auf das erste.[2])

Zur Geltung der Monroedoktrin gehört der Wille ihrer Durchführung. Derartige Resolutionen oder Erklärungen, wie die anläßlich der beiden Haager Konferenzen sowie der Algesiras-Konferenz seitens der Vereinigten Staaten abgegebenen, erscheinen so lange als bedeutungslose Worte, so lange sie nicht von jenem Willen zur Durchführung getragen sind.

Nach dem Vorausgegangenen kann nicht mehr angenommen werden, daß dieser Wille auf Seiten der Vereinigten Staaten noch vorliege.

Man kommt deshalb zu dem Schlusse, daß das zweite, die Vereinigten Staaten beschränkende Unterprinzip der Monroedoktrin sich erledigt habe.

---

und Eigentum ihrer dort wohnenden oder reisenden Bürger zu schützen, und um durch ihre freundschaftlichen Dienste und Bemühungen zur Beseitigung von Reibungen und Meinungsverschiedenheiten behilflich zu sein, die den Frieden zwischen Mächten, welche mit den Vereinigten Staaten den Vertrag von 1880 unterzeichnet haben und sämtlich auf freundschaftlichem Fuße mit dieser Regierung stehen, zu bedrohen scheinen, daß aber nicht der Zweck war, von der überlieferten auswärtigen Politik Amerikas abzuweichen, die eine Beteiligung der Vereinigten Staaten bei der Regelung politischer Fragen von lediglicheuropäischer Bedeutung verbietet." (Im Original nicht gesperrt.)

Für den Text dieser Resolution vergl. R. G. Bl. 1907 S. 21; Martens, N. R. G., 2. Ser., Bd. XXXIV S. 297 ff.; Treaty Vol. 1910, 2183; R. G. Bl. 1907, S. 21; vergl. hier auch For. Rel. 1905, S. 668 ff., 1906, S. 1470 ff.

[1]) Vergl. besonders die bedeutende Rede des einflußreichen Senators Lodge vom 22. Febr. 1912, besonders gedruckt als Sen. Doc. Nr. 353, 62. Cong. 2. sess.

[2]) Siehe oben S. 231.

IV. Die Monroedoktrin der Gegenwart.

Das vorbeigezogene Bild zeigte ein immer breiter und stärker Werden des ersten Unterprinzips der Monroedoktrin, das von der Beschränkung der politischen Tätigkeit nichtamerikanischer Mächte in Amerika spricht.

Auf der andern Seite sahen wir ein dauerndes Schwächerwerden und Verblassen des zweiten Unterprinzips, das den Vereinigten Staaten Europa gegenüber Beschränkungen auferlegte, bis zu seinem Verschwinden durch Nichtbefolgung.

Aber nicht nur die persönlichen, räumlichen und sachlichen Herrschaftsgrenzen der Monroedoktrin haben wesentliche Wandlungen durchgemacht, und nicht nur hat sie in dem nunmehr einzig noch bestehenden ersten Unterprinzip an Lebenskraft und Durchsetzungswillen zugenommen; auch ihr Sinn hat sich grundlegend gewandelt:

Jenes „Hands off", das die Monroebotschaft beiden, den europäischen Mächten wie den Vereinigten Staaten zurief, war der Besorgnis dieser für ihren ungeschmälerten Bestand entsprungen gewesen. Diese Besorgnis war das Motiv für die Entstehung der Monroedoktrin, und politische Isolation Amerikas zur Erhaltung der Vereinigten Staaten ihr Grundgedanke gewesen.

Mit dem Wachsen der Macht der Vereinigten Staaten zur Ebenbürtigkeit und zur Überlegenheit über ihre nichtamerikanischen Rivalen in Amerika hatte die defensive Idee der Isolation zur Verteidigung der Vereinigten Staaten ihren Sinn verloren.[1])

Soweit sie den Vereinigten Staaten Beschränkungen auferlegte, waren diese daher über sie hinweggegangen. Sich aus ihrer politischen Zurückhaltung herausbegebend, brachten sie das zweite Unterprinzip, das ihnen diese Zurückhaltung auferlegt hatte, zum Verschwinden.

Aber noch mehr: Nur in einem einzigen Falle, nämlich dem Oregon-Streit mit England, ist nach Erlaß der Monroebotschaft die Monroedoktrin zur Zurückweisung von angeblich gegen die Vereinigten Staaten selbst und unmittelbar gerichteten Angriffen einer nichtamerikanischen Macht aufgerufen und benutzt worden. Und in diesem Falle ist das Ergebnis so gewesen, wie es wahrscheinlich ohne die Monroedoktrin ebenfalls gewesen sein würde: ein Kompromiß.

---

[1]) Siehe oben S. 64 ff.

Nach diesem Ereignisse haben die Vereinigten Staaten es nicht mehr für nötig gehalten, zur Begegnung von Angriffen auf ihre eigene Unabhängigkeit oder Souveränität hinter der Monroedoktrin ihren Schutz zu suchen. Weder bei den Erörterungen um die Grenze von Alaska, noch auch beispielsweise in dem San Juan-Wasserstreit haben sie auf die Monroedoktrin zurückgegriffen.

Man kann deshalb sagen, die Monroedoktrin habe ihre Rolle eines Hilfsmittels zur Abwehr von Angriffen, die gegen die Vereinigten Staaten unmittelbar selbst gerichtet sind, tatsächlich ausgespielt.[1])

Im Gegenteil: Sie ist zu einem Mittel häufiger Herstellung von politischen Beziehungen zwischen den Vereinigten Staaten und nichtamerikanischen Mächten geworden, und ihr zu Liebe haben die Vereinigten Staaten sich geradezu diplomatische Erörterungen und Streitereien mit nichtamerikanischen Mächten geschaffen, oder sie sind in den Streit solcher Mächte mit amerikanischen Staaten eingetreten.

Die Monroedoktrin hat die Verwirklichung der Idee der Isolation der Vereinigten Staaten nicht nur nicht gefördert, sondern sie hat ihr sogar widerstrebt.

Übrig geblieben von jenem Isolationsgedanken ist die Abschließung der anderen amerikanischen Staaten vor angeblichen politischen Ambitionen nichtamerikanischer Nationen, die sich auf das Gebiet und die politische Entschließungsfreiheit jener erstrecken.

Die Verteidiger der Monroedoktrin behaupten demgegenüber ein unverändertes Fortbestehen des alten, defensiven Grundes für ihr Bestehen.

Ihre Gegner werfen ihr vor, daß sie sich von einer defensiven zu einer agressiven Maßnahme umgewandelt habe. Sie behaupten, daß die Monroedoktrin für den amerikanischen Imperialismus ein bequemes Mittel dazu sei, den Vereinigten Staaten das übrige Amerika als ein willkommenes Feld späterer politischer Betätigung — sei es für den Erwerb weiteren politischen Einflusses, sei es für weitere Expansion — offen zu halten.

Sie sind dabei in der Lage, auf den Expansionszug jener Republik nach dem Süden hin, auf ihre gelegentlichen Wünsche gen

[1]) Vergl. hier z. B. Harts Bemerkung in „Proceedings usw." XXXII, S. 755 „Paradoxically, the Monroe Doctrine has always applied less to other parts of America than to the United States itself."

Canada, auf ihre väterliche Haltung gegenüber den übrigen amerikanischen Staaten und ihren überragenden Einfluß auf deren Geschicke und Entschließungen hinzuweisen.

Je lauter diese Vorwürfe werden, desto lauter werden auch die Gegenversicherungen der Vereinigten Staaten: Alles, was dieses Land über den Schutz und die Erhaltung seiner eigenen unverletzten Existenz hinaus wünscht und erstrebt, ist, seine Nachbarstaaten stetig, wohlverwaltet und gedeihend zu sehen.[1])

Feststeht bei diesem Widerstreit der Meinungen, daß unter der Monroedoktrin der Einfluß der Vereinigten Staaten in dem übrigen Amerika und der Ausschluß fremden Einflusses dort überraschend glücklich gewachsen ist und zwar so, wie er ohne die Monroedoktrin und bei freier Konkurrenz zwischen den Vereinigten Staaten und anderen nichtamerikanischen Mächten nicht gewachsen sein würde.[2])

Man wird ferner auch kaum bestreiten können, daß jenem Gedanken des Schutzes des unverletzten Bestandes der Vereinigten Staaten, wenn er nicht beseitigt ist, zwei weitere Gedanken wenigstens zur Seite getreten sind:

Das ist einmal der, die Monroedoktrin sei ein Mittel, den ungestörten Fortschritt und die Weiterentwicklung des Wohlstandes der Vereinigten Staaten zu sichern und zu schützen.

Dies ist wiederholt von amerikanischer Seite selbst zugestanden worden. Man erinnere sich hier nur beispielsweise an die Worte des Präsidenten Polk: „Kürzlich haben einige von Ihnen die Doktrin eines Gleichgewichts der Kräfte auf diesem Kontinente zur Hemmung unseres Fortschrittes aufs Tapet gebracht", eine Tatsache, gegen die er dann die Monroedoktrin ins Feld führt.[3])

Man denke ferner an die bezeichnenden Worte des Präsidenten Grant in seiner Botschaft vom 31. Mai 1870, in der er die Annektierung von Santo Domingo empfahl und dabei sagte: „Der Erwerb von San Domingo ist eine Befolgung der Monroedoktrin; er ist eine Maßnahme nationalen Schutzes. Er bedeutet die Geltendmachung unseres gerechten Anspruches auf einen kontrollierenden

---

[1]) Roosevelts Botschaft vom 6. XII. 1904, abgedruckt For. Rel. 1904, XLI.

[2]) Den Gedanken, die Hegemonie der Vereinigten Staaten in Amerika sei nicht mit der Monroedoktrin zu vermengen, spricht besonders energisch Alvarez aus, vor allem vergl. A. J., III S. 314.

[3]) Siehe oben S. 90.

Einfluß über den großen Handelsverkehr, der bald vom Osten nach dem Westen über den Isthmus von Darien strömen wird." [1]) Solche Worte wollen, wenn nicht mehr, mindestens so viel sagen: Die Monroedoktrin ist dazu bestimmt, dem Fortschritte amerikanischen Handels zu dienen.

Und endlich denke man noch beispielsweise an die Kanalpolitik der Vereinigten Staaten, die mit dem Gedanken einer Verteidigung des unverletzten Bestandes dieser Nation doch in der Tat nur unzureichend motiviert erscheint.

Der zweite neu aufgetretene Gedanke ist der, daß die Monroedoktrin die unter ihr so glücklich gedeihende Suprematie der Vereinigten Staaten in Amerika aufrecht zu erhalten und zu schützen die Aufgabe habe.

Daß eine solche Suprematie der Vereinigten Staaten über die anderen amerikanischen Republiken tatsächlich besteht und dauernd wächst, wird von niemandem, weder von Gegnern noch von Anhängern der Monroedoktrin bestritten[2]). Und für die Begründung der Monroedoktrin mit ihr bildet fast jedes mit der Monroedoktrin in Verbindung stehende Staatsdokument, zumindestens seit dem Venezuela-Grenzstreite, einen Beleg. Geht doch sogar Roosevelt so weit, auf dieses Verhältnis der Suprematie eine Pflicht der Vereinigten Staaten gegenüber den übrigen amerikanischen Republiken zu eventuellen Hilfeleistungen zu begründen.[3])

Wenn wir hiernach auf den gesamten geschichtlichen Verlauf der Monroedoktrin zurückblicken und das Ergebnis der bisher angestellten Untersuchungen in eine kurze Formel zusammenfassen, so können wir mit folgenden Sätzen abschließen:

> Die Monroedoktrin in ihrer gegenwärtigen Gestalt ist dazu bestimmt, dem Schutze der gedeihlichen Fortentwicklung von Wohlfahrt und Suprematie der Vereinigten Staaten in Amerika, sowie — nach amerikanischer Anschauung — zugleich auch der Erhaltung ihres unverletzten Bestandes zu dienen.
>
> Sie ist ein aus diesen Gründen aufrecht erhaltenes, von den Vereinigten Staaten aus-

[1]) Siehe oben S. 141.
[2]) Siehe unten S. 396 ff.
[3]) Siehe oben S. 227 f.

gehendes und ihnen gegenüber bestehendes, unter Androhung gewaltsamer Durchsetzung im Falle seiner Nichtbeachtung erlassenes Verbot an die nichtamerikanische Staatenwelt.

Dieses Verbot richtet sich gegen jede von nichtamerikanischer Seite ausgehende Handlung, die nach Ansicht der Vereinigten Staaten dazu geeignet ist, mittelbar oder unmittelbar einem nichtamerikanischen Staate in bezug auf amerikanisches Gebiet, das nicht zu den Vereinigten Staaten gehört, politische Macht zu geben oder zu vermehren.

Dritter Abschnitt.

Monroedoktrin und Völkerrecht.

I. Allgemeines.

Bis hierher war von dem Inhalte der Monroedoktrin gesprochen worden. Im folgenden soll ein Versuch gemacht werden, sie einer Kritik von völkerrechtlichen Gesichtspunkten aus zu unterziehen.

Als eine Regel für das Verhalten der Vereinigten Staaten in gewissen auswärtigen Angelegenheiten ist sie in erster Linie ein politischer Grundsatz der Vereinigten Staaten, wie von verschiedensten Seiten unzählige Male wiederholt worden ist.

Diese Tatsache schließt das Bestehen von Beziehungen zwischen ihr und dem Völkerrechte jedoch keineswegs aus.[1])

Einmal zeigt die Geschichte anderer politischer Grundsätze, wie z. B. die des Prinzips vom europäischen Gleichgewicht, des Legitimitätsprinzips, des Nationalitätsprinzips, des europäischen Konzerts oder der „offenen Tür", welch' ein bedeutungsvoller Faktor solche politischen Maximen sowohl für die tatsächliche Gestaltung völkerrechtlicher Situationen, als auch für die Fortbildung des Völkerrechts sein können. Die Monroedoktrin ist ihrerseits ein hervorragendes Beispiel hierfür.

---

[1]) Das Verhältnis von Völkerrecht und Politik (in dem oben in Betracht kommenden Sinne als praktische Staatskunst) hat bisher noch keine abschließende Behandlung gefunden. Vergl. dazu die gelegentlichen Bemerkungen in den folgenden, auswahlsweise zusammengestellten Schriften: Bluntschli, Johann Kaspar, Lehre vom modernen Staat, III. Teil, Politik als Wissenschaft, 1876, Stuttgart, besonders Kap. III S. 23 ff.: Verhältnis der Politik zur Rechtsordnung; Bulmerincq, in Marquardsen, I § 3 S. 177 f.; Derselbe, Praxis usw., S. 143; Derselbe, La Politique et le Droit dans la Vie Internationale, in R. J., I. Ser. Bd. IX (1877) S. 361 ff.; Geffcken, Das Problem des Völkerrechts in Nord und Süd, XI S. 32; Heffter, S. 8 f.; Hershey, S. 3 f.; Holtzendorff, Prinzipien der Politik, 2. Aufl. 1879, Berlin, S. 219 ff.; Holtzendorff, in H. H., I § 18 S. 64 ff.: Verhältnis des Völkerrechts zur Politik; Leseur, Introduction, S. 50 ff. (Nr. 31 u. 32); Martens, I S. 186; Novicow, J., La Politique Internationale, mit Einführung von Eugène Vèron, Paris 1886; Schmelzing, Über das Verhältnis des sogenannten Naturrechts zum positiven Rechte, zur Moral und Politik, 1813; Ullmann, S. 37 f.

Das Maß ihres tatsächlichen Einflusses in dieser Beziehung entzieht sich jeder wissenschaftlichen Feststellung. Dieser Einfluß erstreckt sich nicht nur auf die völkerrechtliche Stellung der übrigen amerikanischen Staaten zu einander, oder zu den Vereinigten Staaten; er bezieht sich auch auf deren Stellung zu den andern Mitgliedern der Völkerrechtsfamilie. Nicht minder übt er seine Wirkungen auf die Stellung der Vereinigten Staaten in diesem Kreise aus. Und endlich ist die Bedeutung, die er für die Erhaltung des Weltfriedens und die Vermeidung vielfacher Reibungen und Streitigkeiten gehabt hat, gar nicht abzugrenzen.[1])

Ebenso wenig kann man den Einfluß, den die Monroedoktrin auf die Entwicklung des Völkerrechts ausgeübt hat, scharf abgrenzen. Sie ist als das vornehmlichste Mittel anzusehen, durch das die Vereinigten Staaten ihre Beiträge zur Geschichte des Völkerrechts geliefert haben.[2])

Man begegnet ihren Spuren dort an verschiedenen Stellen. Vor allem ist dies in der Interventionslehre der Fall. Die Monroedoktrin ist, insbesondere in Verbindung mit der Haltung Englands den Interventionsneigungen der heiligen Allianz gegenüber, der hervorragendste Faktor für die Entstehung des jetzt so gut wie allgemein anerkannten Nichtinterventionsprinzips geworden.[3])

Indem die Monroedoktrin andererseits die Nichtbeachtung dieses Prinzips für bestimmte Fälle in Aussicht stellt, steht sie aber auch wieder dessen unbeschränkter Durchführung im Wege.

Eine entsprechende zweiseitige Bedeutung kommt ihr für die Entwickelung des Grundsatzes von der völkerrechtlichen Gleichheit aller selbständigen Staaten zu: Während sie auf der

[1]) Vergl. hier besonders die Bemerkungen Moores, Four Phases, S. 147 f., der dort schreibt: „The people of the United States had laid foundations of the system of neutrality; they had materially contributed to the establishment of the freedom of the seas; had announced the doctrine of expatriation and had proclaimed the Monroe Doctrine, they had penetrated with their trade the most distant parts of the globe and had been the chief instrument in opening one of the great empires of the far East to the commerce and residence of foreigners.“

[2]) Vergl. hier weiter folgende, speziell in bezug auf die Monroedoktrin gemachten Bemerkungen Reddaways, S. 2: „Throughout its course, moreover, the Monroe Doctrine has never ceased to raise questions of national independence, of intervention, of the equality of States, of treaties, of the acquisition of territory which are at once the most important and the most difficult problems of the International Law of Peace.“

[3]) Es mag hier übrigens darauf hingewiesen werden, daß noch am 8. Dez. 1864 eine Bulle Pius IX. dieses Prinzip für einen „error“ erklärte (Pos. 6[2] dieser Bulle); vergl. Rivier, Lehrbuch, S. 244; Nys, II S. 230 ff.

einen Seite eine mächtige Schutzmaßregel für diesen Grundsatz ist, bedeutet sie auf der andern gleichzeitig dessen Beschränkung zugunsten der Vereinigten Staaten und auf Kosten der übrigen Nationen.

Ebenso steht es mit ihrer Bedeutung für die Entwickelung des Arbitrationsgedankens:[1]) Vielleicht kein Ereignis hat ihn praktisch mächtiger gefördert, wie z. B. die Haltung der Vereinigten Staaten in dem Venezuela-Grenzstreite. Andererseits sind aber auch gerade sie es, die der allgemeinen und vorbehaltlosen Verwirklichung dieses Gedankens der Monroedoktrin zuliebe immer noch einen Damm entgegenstellen. (Vergl. die Monroevorbehalte auf den beiden Haager Konferenzen und zu den allgemeinen Schiedsverträgen der Vereinigten Staaten mit England und Frankreich u. a. m.)

Und endlich mag auf den Einfluß hingewiesen werden, den das Verbot weiterer Kolonisation nichtamerikanischer Staaten in Amerika auf die Lehre vom Gebietserwerb und seinen Voraussetzungen, sowie auf die Bedeutung der Monroedoktrin für die neue Theorie vom Bestehen eines amerikanischen Völkerrechts gehabt hat.[2])

Aber auch hierüber hinaus können weitere Beziehungen zwischen einem politischen Satz und dem Völkerrecht bestehen. Ein politischer Grundsatz kann sehr wohl zugleich inhaltlich ein Völkerrechtssatz sein oder einen solchen zu seiner Grundlage haben.[3]) Die Aufrechterhaltung und Durchführung von Völkerrechtssätzen, ebenso wie ihre Anwendung auf Einzelfälle, sind hervorragende, ständig geübte staatliche Aufgaben.

Würde die Monroedoktrin weiter nichts als eine politische Maxime sein, so hätten sich kritische Erörterungen über sie — abgesehen von der Frage ihrer Bedeutung für das Völkerrecht — mit politischen Untersuchungen, wie besonders der nach ihrem politischen Werte oder Unwerte, zu begnügen.

---

[1]) Siehe besonders oben S. 267 ff.

[2]) Siehe unten S. 364 ff.

[3]) Bulmerincq, Praxis usw., S. 143, scheint anderer Ansicht zu sein. Er erklärt: „Der Stoff des Völkerrechts ist ein rechtlicher, wie es bei einer Rechtsdisziplin als selbstverständlich gelten müßte, dennoch wird vielfach Politisches in das Völkerrecht hineingemischt. Rechtliches und Politisches sind aber qualitativ als Unbedingtes und Bedingtes unterschieden. Das Recht setzt fest und läßt keine Wahl, die Politik gibt verschiedene Mittel zu einem Zwecke an und läßt die Wahl frei. Prinzipiell Verschiedenes paßt nicht in ein System: Das Rechtliche gebührt dem Völkerrecht, das Politische der äußeren Politik."

Dies sind aber Gegenstände, die wir von vornherein aus dem Kreise unserer Ausführungen ausgeschaltet hatten.[1])

Ihr zweites Unterprinzip, das es unternahm, Grenzen für die politische Tätigkeit der Vereinigten Staaten Europa gegenüber zu ziehen, war in der Tat ein solch' politischer Zeitsatz und nichts weiter gewesen.

Anders steht es mit ihrem zweiten, gegenwärtig allein noch bestehenden Unterprinzipe.

Für dieses erhebt sich weiterhin die Frage, ob und inwieweit es mit dem Völkerrechte vereinbar oder ob und inwieweit darin ein völkerrechtswidriger Grundsatz aufgestellt sei.

Anlaß hierzu gibt die Art, in der sich die Vereinigten Staaten die Durchsetzung der Monroedoktrin denken und wie sie diese handhaben.

Ein Bestreben ihrerseits, diese Doktrin zu verwirklichen und durchzuführen, unterliegt zwar an sich noch keiner völkerrechtlichen Kritik.

Der Ausschluß politischen Einflusses nichtamerikanischer Staaten in Amerika ist kein Zustand, der als solcher völkerrechtlich unzulässig wäre; ein Streben danach würde deshalb an sich noch keine Handlung sein, die in sich selbst schon völkerrechtswidrig ist. Die Verfolgung eines solchen Zieles steht den Vereinigten Staaten frei, ohne daß sie dazu einer besonderen völkerrechtlichen Legitimation bedürften.

Notwendige Voraussetzung ist jedoch dabei, daß bei der Verfolgung eines solchen Zieles nicht Mittel und Wege gewählt werden, durch die bestehende Sätze des Völkerrechts mißachtet werden.

Würden die Vereinigten Staaten, wie sie es häufig getan haben,[2]) sich darauf beschränken, die Befolgung der Monroedoktrin durch Übereinkommen mit anderen Mächten oder durch sonstige völkerrechtlich zulässige, freundschaftliche Maßnahmen des diplomatischen Verkehrs herbeizuführen, so würde ihre Handlungsweise außerhalb des Feldes völkerrechtlicher Kritik bleiben.

Die Vereinigten Staaten haben aber mehr getan: Sie haben verboten, und haben die gewaltsame Durchführung dieser Ver-

---

[1]) Siehe oben das Vorwort S. 8.

[2]) Vergl. hier beispielsweise insbesondere ihr Verhalten bei der Regelung der dominikanischen Schulden in den Jahren 1905—1907, oben S. 217 ff. Vergl. ferner z. B. ihre Kanalpolitik usw.

bote angedroht. Wir haben oben gesehen, daß die Monroedoktrin ein unter Androhung gewaltsamer Durchführung im Falle ihrer Nichtbeachtung erlassenes Verbot an die nichtamerikanische Staatenwelt ist.[1])

Die Androhung und der Gebrauch von Gewalt ist als Verletzung fremder Souveränität vom Völkerrecht grundsätzlich untersagt und nur ausnahmsweise zulässig.[2])

Es ist auf der andern Seite aber auch fast einstimmig zugegeben, daß derartige Maßnahmen in Ausnahmefällen, über deren Umkreis lebhafter Streit und vollste Verwirrung herrscht, zugelassen werden müssen.[3])

Demnach erhebt sich die Frage, ob und inwieweit sich für die Drohungen der Monroedoktrin und damit sie selbst eine völkerrechtliche Rechtfertigung finden läßt.

Dies könnte auf zweifache Weise erfolgen:

Es könnte einmal bewiesen werden, daß die Monroedoktrin ein völkerrechtlicher Sonderrechtssatz sei, der den Vereinigten Staaten einen subjektiven Sonderanspruch zur Erzwingung der Forderungen dieses ihres politischen Leitsatzes gäbe. Es könnte

---

[1]) Siehe oben S. 305 und 349 f.

[2]) Dies wird in der völkerrechtlichen Literatur durchweg nur für Interventionen ausgeführt. Tatsächlich ist aber nicht jede Gewalthandlung oder jede Drohung eines Staates gegen einen andern eine Intervention. Interventionen sind nur autoritative, unter Androhung von Gewalt vorgenommene Einmischungen eines Staates in die inneren Angelegenheiten eines anderen oder in die Beziehungen zweier von dem Eingreifenden verschiedener Mächte. Und zwar ist dies, wie gewöhnlich ebenfalls nicht beachtet wird, weiterhin nur dann der Fall, wenn die betreffende Angelegenheit nicht zugleich eine eigene Angelegenheit des Eingreifers ist. Selbsthilfehandlungen zur Verteidigung des Kreises der völkerrechtlich geschützten Interessen des betreffenden Staates sind ebenso wenig Interventionen wie Angriffe desselben auf einen andern Staat, die, wie z. B. rechtlose Eroberungskriege oder wie die Geltendmachung und Erzwingung eines Anspruchs, nicht Einmischungen in die inneren Angelegenheiten des angegriffenen Staates sind. Diese Beschränkungen ergeben sich als unmittelbar notwendig, weil andererseits der völkerrechtliche Begriff der Intervention seine begriffliche Eigenart verlieren und in dem weiteren Begriff der Zwangshandlung aufgehen würde.

Sehr korrekt von Liszt, S. 63. — Für Interventionen vergl. insbesondere: Bonfils, S. 175; Carnazza-Amari, I S. 495; Despagnet, S. 251; Gareis, S. 95; Hall, S. 279; Heffter, S. 109; Heilborn, besonders S. 253; Hershey, Ann. Am. Ac. Pol. and Soc. Sc. Vol. XI (1898) S. 60; besonders die Anmerkung; Lawrence, S. 123 f.; Mérignhac, I S. 284; Oppenheim, I S. 188; Piédelièvre, I S. 261; Pradier-Fodéré, I S. 547; Rivier, Princ., I S. 397; Lehrb. S. 243; Walker, Mannual, S. 19; Wilson, S. 57.

[3]) Daß Interventionen nie zu rechtfertigen seien, behauptet z. B. Fiore Droit International codifié, Nr. 44 S. 304; vergl. auch S. 307.

zweitens der Nachweis geführt werden, daß sie völkerrechtlich zugelassene Einmischungen der Vereinigten Staaten in die Beziehungen anderer Mächte in Aussicht stelle, daß sie ausschließlich völkerrechtlich zulässige Interventionen androhe.

II. Die Monroedoktrin als völkerrechtlicher Sonderrechtssatz.

Die Frage, ob die Monroedoktrin inhaltlich zugleich ein Völkerrechtssatz ist, wird überwiegend verneint.[1])

Andererseits fehlt es auch nicht an gegenteiligen Äußerungen: In der Monroebotschaft selbst war erklärt, daß der Ausschluß weiterer europäischer Kolonisation in Amerika ein Grundsatz sei, „der die Rechte und Interessen der Vereinigten Staaten berühre".

Präsident Cleveland hatte beispielsweise weiter die Völkerrechtsnatur der Monroedoktrin mit allem Nachdrucke bejaht, indem er in seiner Botschaft vom 17. Dezember 1895 anläßlich des Venezuela-Grenzstreites erklärt hatte: [2])

> „Aber da im Rate der Völker jede Nation einen Anspruch auf die Rechte hat, die ihr zugehören, so hat die Monroedoktrin, wenn ihre Durchsetzung etwas ist, das wir mit Recht beanspruchen können, ihren Platz so sicher und gewiß im Codex des Völkerrechts als wenn wie sie dort besonders erwähnt wäre....
>
> Die Monroedoktrin findet ihre Anerkennung in solchen völkerrechtlichen Prinzipien, die auf der Theorie beruhen, daß jede Nation ihre Rechte beschützt und ihre berechtigten Ansprüche durchgesetzt haben soll." [3])

[1]) Dafür daß die Monroedoktrin kein Völkerrechtssatz ist, vergl. beispielsweise die folgenden Stimmen: Arias, Der Panamakanal usw. S. 78; Beaumarchais, S. 46 f.; Coolidge (deutsche Ausgabe) S. 103; Dana in Wheaton, S. 111; Desjardins, R. G., Sonderabdruck 1896, besonders S. 12; von Dircksen, S. 68; Dunning, S. 8; Hale, The South Americans usw. S. 328; Hershey, Ann. Am. Ac. Pol. and Soc. Sc. IX (1898) S. 66: American Law Register, Mai 1903, S. 248, Anm. 1; Lehr, in R. J., 2. Ser., Bd. XV (1913) Nr. 1, S. 51 f.; Liszt, S. 65; Oppenheim, I S. 196 und 198; Nys, II S. 247; Pétin, S. 52; Pollock, S. 1; Reddaway, S. 113; Silbey, in The Law Times usw., S. 215; Ullmann, S. 464.

[2]) Siehe oben S. 161 und For. Rel. 1895, I S. 542; sowie Richardsons Mess., IX S. 655 ff.

[3]) An weiteren Zeugnissen vergl. beispielsweise insbesondere Henry Clays Bemerkung in seiner Instruktion an Mr. Poinsett, Gesandten der Vereinigten Staaten in Mexiko vom 25. März 1825 (Br. and For. State Papers, XIII S. 485): „You will bring to the notice of the Mexican Government, the Message of the late

Gegen die Völkerrechtsnatur der Monroedoktrin spricht von vornherein ihre Unbestimmtheit, Dehnbarkeit und Ver-

---

President of the United States to their Congress, on the 2nd December 1823, asserting certain important principles of intercontinental Law, in the relations of Europe and America."

Ferner Webster in seiner Rede zur Panama-Konferenz-Angelegenheit, vom 14. April 1826 (Websters Works, Bd. III S. 203; Cong. Deb., 19. Cong. 1. sess. II, Teil II S. 2254 ff.; M., VI S. 405 ff.): „It is doubtless true that this declaration must be considered as founded on our rights, and to spring mainly from a regard to their preservation."

Auch Olney in seiner Instruktion an Bayard vom 20. Juli 1895 (oben und For. Rel. 1895, I S. 545 ff.): „That the rule thus defined has been the accepted public Law of this country ever since its promulgation can not fairly be denied." Beachtet muß zum Verständnis dieser Stelle die englisch-amerikanische Auffassung werden, wonach die Sätze des Völkerrechts zugleich auch „the law of the land" bilden. Vergl. hier nur beispielsweise Moore, I § 2;

Derselben Ansicht über die Natur der Monroedoktrin ist Alvarez, der dies wieder und wieder ausgesprochen hat. Vergl. z. B. Alvarez, 1910, besonders S. 139 und 179; vergl. für dieselbe Ansicht beispielsweise auch Scruggs, in N. Am. Rev. 176 (1903) S. 195 ff., besonders S. 199, der dort folgende, ziemlich unconcise Bemerkung macht: „Not one of the Europeen Powers has ever entered formal protest against it; on the contrary, all have acquiesced in it, and thus tacidly assented to it. It is therefore, a valid part of the public law of this continent; and until abandonned by us, or until formally shallenged by Europe, or until modified, or abrogated by public treaty, it will continue to be recognized as part of the modern International Code of the Christian world."

Vergl. ferner Fried, S. 292. Er meint, durch die Einladung der lateinischen Staaten zur zweiten Haager Konferenz, wie durch Annahme des Abkommens zur Beschränkung von Gewaltanwendung bei Eintreibung von Vertragsschulden hätten die europäischen Staaten die Souveränität der Staaten Amerikas de facto anerkannt und damit den Grundsatz der Monroedoktrin völkerrechtlich gebilligt.

Gardner, Inst., (schon im Jahre 1860) S. 27: „Henceforth these (die Ideen der Monroedoktrin) are settled principles of American Public law and policy."

Vergl. weiter eine Bemerkung eines mit „Ignotus" gezeichneten lesenswerten Artikels in N. Am. Rev. XXXVIII (1901—1902) S. 289: The Future of South America: ".... The Monroe doctrine which is considered by them (den Vereinigten Staaten) at last, a canon of International Law." Vergl. auch Münsterberg, I S. 523, sowie S. 49.

Hier mögen auch folgende Bemerkungen erwähnt werden: Stoerck in seinem Aufsatz: Amerikanisches Völkerrecht, in der Deutschen Revue vom Juni 1898 (besonders S. 3 des Sonderdruckes) erklärt: Die Vereinigten Staaten seien „auf dem Wege, unter faktischer Loslösung vom alten System der Rechtsgemeinschaft mit Europa, ein vom europäischen scharf sich absonderndes, eigenes amerikanisches Völkerrecht zur Ausbildung und Befestigung zu bringen."

Vergl. weiter Anderson in Proc. of the Am. Soc. of Intern. Law 1912 S. 81: „. . . it is urgent that the Monroe Doctrine, in fact accepted and respected by all nations, should attain from all of them the consecration of an admitted principle of international law."

Endlich Taylor: Er erklärt zunächst S. 151 (§ 114), die Monroedoktrin müsse mit solchen Quellen (sources) des Völkerrechts zusammengenommen werden, die auf Instruktionen von Staaten für die Führung ihrer eigenen Gerichte und Beamten beruhe. Er schließt dann aber mit einer Bemerkung, die in der Übersetzung folgendermaßen lautet: „Sobald die gesamte Familie der Nationen oder aller ihre direkt an dieser Angelegenheit interessierten Mitglieder sich bei dieser Doktrin beruhigen (acquiesce in that doctrine) wie Großbritannien und Frankreich das getan änderlichkeit. Man kann hier die Worte wiederholen, die Dupuis für das europäische Gleichgewicht geschrieben hat. Er sagt:[1])

„La marque distinctive d'une règle juridique est de fournir des solutions claires précises et identiques pour tous les cas identiques. Le principe d'équilibre est, au contraire, vague, incertain et mobile. Il ne reconnaît pas de cas identiques à régler, car l'infinie variété des bouillonements de la vie internationale multiplie sans cesse les données changeantes des problèmes à résoudre. Il n'a point, pour un cas donné, une solution unique mais combinaisons diverses, toutes soutenables et toutes contestables, toutes capables d'assurer, à la satisfaction des uns, au déplaisir des autres, jamais au contentement de tous, un moment d'équilibre que demain détruira ou remettra en question."

Gegen ihre Rechtsnatur ist weiterhin einzuwenden, daß in den Vereinigten Staaten selbst der Wille fehlt, die Monroedoktrin als Völkerrechtssatz behandelt zu sehen. Die Ansicht, daß die Monroedoktrin kein Völkerrechtssatz sei, tritt uns in den Arbeiten amerikanischer Verfasser über sie fast durchweg entgegen und findet sich auch häufig in amerikanischen Staatsdokumenten zum Ausdruck gebracht.[2])

Weiterhin würden die Vereinigten Staaten, wenn die Monroedoktrin ein völkerrechtliches Prinzip wäre, nicht berechtigt sein, ihre Haltung dieser Doktrin gegenüber zu ändern, wie sie das tatsächlich beständig tun.[3])

Damit die Monroedoktrin zu einem Völkerrechtssatze werden könnte, wäre aber vor allem die ausdrückliche oder stillschweigende Zustimmung der in Betracht kommenden Mitglieder der Völkerrechtsgemeinschaft dazu erforderlich. Nur durch eine solche Zustimmung könnte die Monroedoktrin aus dem Ausdrucke einer einseitigen Anmaßung völkerrechtlicher Sonderrechte zu einem Völkerrechtssatze werden.[4])

---

haben, wird die eine Hegemonie der Vereinigten Staaten in diesen Kontinenten begründende Regel ein Teil des öffentlichen Rechts der Welt (public law of the world) werden, wenn das nicht bereits der Fall ist."

[1]) Le principe d'équilibre et le concert européen usw., Paris 1900, S. 134.

[2]) Es lohnt sich nicht, eine Liste der überaus zahlreichen Belege für diese Behauptung hier aufzuführen, vergl. jedoch Anm. 1 auf S. 356.

[3]) Dies wird besonders hervorgehoben in Wilson-Tucker, S. 84.

[4]) Coolidge behauptet sogar (deutsche Ausgabe) S. 103: „Zweitens ist die Monroedoktrin kein Teil des allgemeinen Völkerrechts" (die englische

Dies ist nicht nur deshalb richtig, weil für die Geltung alles objektiven Völkerrechts die Willensübereinstimmung der Mitglieder der Völkerrechtsfamilie eine fundamentale Bedingung ist.[1]) Dies trifft besonders dann zu, wenn für ein Mitglied dieser Völkerrechtsgemeinschaft ein Sonderrecht in Anspruch genommen wird. Denn aus dem Wesen des Völkerrechts als eines Gemeinschaftsrechts gleichstehender souveräner Staaten folgt unmittelbar, daß die Sonderbehandlung eines Mitgliedes dieser Gemeinschaft von den anderen Rechtsgenossen besonders zugebilligt sein muß.

Was die Monroedoktrin anlangt, so hätte eine derartige Zustimmung der andern Mächte — oder wie sie auch genannt werden kann, eine derartige „Anerkennung" — dahin zu gehen, daß die Vereinigten Staaten die völkerrechtliche Befugnis haben sollen, die von der Monroedoktrin verbotenen Handlungen nichtamerikanischer Staaten unter Androhung oder Gebrauch von Gewalt zu hindern.

Eine Anerkennung der Monroedoktrin als eines politischen Grundsatzes der Vereinigten Staaten durch andere Mächte, die ebenfalls behauptet worden ist,[2]) würde nicht geeignet sein, die Monroedoktrin zu einem Völkerrechtssatze zu machen. Denn eine derartige Anerkennung ist ihrem Wesen nach nichts weiter als das Zugeben einer bestehenden Tatsache. Sie ist ohne jedwede konstitutive Wirkung und insbesondere ohne Bedeutung für die Frage nach der völkerrechtlichen Natur der Monroedoktrin.

Ausgabe S. 107 sagt nur: „It not a part of International Law")....„..... Aber auch selbst, wenn alle Völker die Monroedoktrin formell anerkennen sollten, bliebe sie doch nur die erklärte Politik eines einzigen Volkes."

[1]) Vergl. für die Richtigkeit dieser Behauptung die folgenden typischen Meinungsäußerungen:

Bonfils, S. 22: La reconnaissance internationale est la condition sine qua non, l'élément essentiel du caractère positif des règles du droit internationale"; Heffter, S. 3 u. 7 (Gemeinsamer Wille: consensus"); v. Liszt, S. 11 ff. „Das Völkerrecht beruht auf der übereinstimmenden Rechtsüberzeugung der Kulturstaaten, soweit sich diese zur Erklärung des Rechtswillen verdichtet hat."

Vergl. weiter: Lawrence, § 29 ff. (S. 40 ff.) und Oppenheim, I, § 11 (S. 15 ff.)

[2]) Vergl. Bassett Moore, Dipl. S. 164, der dort folgendes bemerkt: „The Monroe doctrine as a limitation upon the extension of European power and influence on the American continents, is now generally recognized as a principle of American policy. To its explicit acceptance by Great Britain and Germany there may be added the declaration which was spread by unanimous consent upon the minutes of The Hague Conference...."

Die Anerkennung der Monroedoktrin als eines Völkerrechtssatzes wird insbesondere häufig darin gesehen, daß die auf den beiden Haager Konferenzen vertretenen Mächte sich bei den dort von den Vereinigten Staaten gemachten (oben erwähnten)[1]) „Monroe-Vorbehalten" beruhigt hätten.[2])

Tatsächlich bestand diese „Beruhigung" in nichts weiter als in einem Nichtwidersprechen der übrigen Konferenzmächte gegen eine von den Vereinigten Staaten ihrem Beitritte zu dem Abkommen über friedliche Erledigung von internationalen Streitfällen zugefügte einschränkende Bedingung, eine Bedingung, deren Beifügung jene Mächte nicht zu hindern vermochten. „Wie diese Erklärung(en) der amerikanischen Delegierten aber so anzusehen sein sollte(n), als ob sie einen derartigen zweiseitigen Effekt hätte(n), und wieso das Prinzip, „Schweigen bedeutet Zustimmung", bei einer so wichtigen Angelegenheit angerufen werden könne, ist schwer einzusehen." [3])

Ebenso wenig wie durch eine gemeinsame Willensäußerung ist bisher die Anerkennung der Monroedoktrin als eines Völkerrechtssatzes durch Einzelerklärungen anderer Nationen erfolgt. Kein Staat hat bisher die Monroedoktrin völkerrechtlich anerkannt.

Was nichtamerikanische Regierungen anlangt, so ist alles, was bisher vorliegt, eine kleine Anzahl liebenswürdiger Bemerkungen.[4])

---

[1]) Siehe oben S. 273 f.

[2]) Vergl. beispielsweise Alvarez, A. J., III S. 318, auch S. 275; Derselbe 1910, S. 139; Drago, R. G., XIV (1907) S. 279 (vergl. oben Venezuela-Schuldenfall); Holls, Am. Monthly Rev. of Reviews, Bd. XX S. 560 ff.: vergl. auch Roosevelts Message vom 3. Dez. 1901 For. Rel. 1901, XXXVI: „This same peace conference (i. e. die erste Haager) acquiecced in our statement of the Monroe doctrine as compatible with the purposes and aims of the conference".

[3]) So drückte sich Higgins, Pearce, A. in seinem ausgezeichneten Werke „The Peace Conferences and other International Conferences concerning the Laws and Usages of War", Cambridge 1909, S. 173 aus. Er schrieb dort: „In his annual Message to Congress in 1901 Mr. Roosevelt treated the acceptance of this Declaration by the Conference of 1899 as an acquiescence of the powers in the Monroe Doctrine..... It is however difficult to see why the declaration of the United States delegates should be considered to have a bilateral effect, and the principle that „silence gives consents" be invoked in so important a matter."

Im Sinne der oben gemachten Ausführungen drücken sich ebenfalls sehr entschieden aus: Arias, S. 79 ff. und Foster, Arg. 475: „This declaration did not commit any other nation to the policy set forth but it was a solemn notice to the world of the continued adherence of the United States to the Monroe Doctrine." Gegen eine Anerkennung der Monroedoktrin auf den Haager Konferenzen auch Mettgenberg im Archiv für öffentliches Recht, XXX, 3. Heft (1913) S. 409.

[4]) Vergl. z. B. die Worte, die der Lordpresident of the Council (The Duke of Devonshire) in Antwort auf „the Kings Speech" im Haus der Lords am 17. März 1903

Ihnen gegenüber steht aber eine vielleicht noch größere Reihe von Ansprüchen nichtamerikanischer Regierungsvertreter, die die Rechtsnatur der Monroedoktrin aufs entschiedenste ableugnen, wie es z. B. Lord Salisbury in seinem Antwortschreiben auf Olneys Instruktion vom 20. Juli 1895 getan hat. Salisbury machte in diesem Schreiben vom 26. November 1895 folgende Ausführung:[1])

„Bei den Bemerkungen, die ich gemacht habe, bin ich von der Theorie ausgegangen, daß die Monroedoktrin in sich selbst richtig ist. Ich darf jedoch nicht so verstanden werden, als ob ich irgend eine Annahme derselben seitens der Regierung Ihrer Majestät hätte ausdrücken wollen. Sie muß in Rücksicht auf den großen Staatsmann, auf den sie zurückzuführen ist, und auf die große Nation, die sie allgemein angenommen hat, respektvoll erwähnt werden. Aber Völkerrecht ist gegründet auf die allgemeine Zustimmung der Nationen; und kein Staatsmann, so hervorragend er auch immer sein möge, und keine Nation, so mächtig sie auch ist, ist dazu zuständig, in den Codex des Völkerrechts ein neues Prinzip hineinzubringen, das nie vorher anerkannt war und das seitdem nicht von der Regierung auch nur eines Landes angenommen worden ist."

Ebensowenig wie ausdrücklich hat irgend ein nichtamerikanischer Staat die Monroedoktrin stillschweigend durch eine konkludente Handlung völkerrechtlich anerkannt.

In dieser Richtung wird zuweilen als Argument auf zwei Ereignisse hingewiesen, nämlich einmal auf das Nachgeben Englands im Venezuela-Grenzstreite und zweitens auf die Venezuelaschulden-

machte: „Accepting as we do fully and unreservedly the Monroe Doctrine, to which the Government and the people of the United States attach so great importance" (vergl. Hansards Deb., Vol. CXVIII, Sess. Vol., Nr. 1, unter dem 17. Febr. 1903) Lansdowne's Bemerkungen, die Basdevant, R. G., XI. S. 446, Anm. 3) zitiert und die er am 2. März 1903 im Haus der Lords gemacht hat, handeln nicht von der Monroedoktrin, sondern sprechen von der Intervention in Venezuela (vergl. Hansards Deb., l. c. S. 1065). Die von Basdevant, l. c. und Drago, R. G., XIV S. 278, weiterhin in diesem Zusammenhange angeführte Bemerkung des Lord Cranborne im House of Commons, die er dort am 15. Dez. 1902 gemacht hat, besagt nur: keine Nation als England sei so begierig gewesen, den Vereinigten Staaten bei der Aufrechterhaltung der Monroedoktrin behilflich zu sein. Vergl. Hansards Deb., Vol. CXVI, S. 1263. Endlich mag hier noch eine Bemerkung, welche Balfour nach der Rev. of Reviews im März 1903 gemacht hat, angeführt werden, die ausdrückte, daß die Monroedoktrin keine Feinde in England habe. Es ist klar, daß in allen derartigen Bemerkungen keine Anerkennung der Monroedoktrin liegt.

[1]) Vergl. For. Rel. 1895, I S. 563 ff.; vergl. auch oben S. 159.

Angelegenheit, und hier insbesondere auf die vorgängig gemachten Mitteilungen Deutschlands an die Vereinigten Staaten, daß die deutsche Regierung mit ihrem Vorgehen keinerlei Landerwerb in Amerika erstrebe.[1])

Wie aus dem englischen Verhalten in der Venezuela-Angelegenheit eine Anerkennung der Monroedoktrin durch England gefolgert werden könnte, ist — insbesondere mit Rücksicht auf die eben wiedergegebenen Worte Salisburys — nicht einzusehen. Wenn England sich hier schließlich zur Erledigung des Streites im Wege eines Schiedsverfahrens herbeiließ, wie die Vereinigten Staaten das von ihm verlangten, so bedeutet das lediglich, daß England in einem Einzelfalle zum Schlusse nachgab, und nichts weiter. Hierüber hinaus dieser Angelegenheit irgend welche völkerrechtlichen Wirkungen zuzuschreiben, und insbesondere so schwerwiegende, dafür fehlt jede Berechtigung.

Das gleiche ist von der durch den Botschafter von Holleben am 11. Dezember 1901 namens der deutschen Regierung der amerikanischen abgegebenen Erklärung zu bemerken.[2]) Es geht meines Erachtens sogar zu weit, in ihr, wie z. B. Bassett Moore das tut, eine Anerkennung der Monroedoktrin als einen politischen Grundsatz der Vereinigten Staaten seitens Deutschlands zu erblicken.

Was die übrigen amerikanischen Staaten anlangt, so sind sie die Schutzobjekte der Monroedoktrin. Aber einmal werden diese seit der von Polk ihr gegebenen Ausdehnung auch auf rechtsgeschäftliche Verfügungen über amerikanisches Gebiet durch sie mittelbar ebenfalls in derartigen Verfügungen an eine nichtamerikanische Macht beschränkt. Und zum andern ist es ein selbstverständlicher Ausfluß der Souveränität, daß kein Staat das Recht hat, einer andern selbständigen Nation wider ihren Willen gegen Angriffe seitens einer dritten zu helfen.

Aus diesen Gründen ist die Zustimmung der amerikanischen Staaten zur Monroedoktrin zwar nicht genügend, um diese zu einem völkerrechtlichen Sonderrechtssatze zu machen, sie ist dazu jedoch ebenso wie diejenige der nichtamerikanischen Staaten erforderlich. Erfolgt ist sie dagegen von dieser Seite

---

[1]) Penfield, N. Am. Rev. 1903, S. 96, bemerkt zu dem Venezuela-Schuldenfalle folgendes: „The result of the intervention has therefore been of vast advantage to the states of the New World, by having led to the final recognition of the Monroe Doctrine by two leading Europeen States".

[2]) Siehe oben S. 258 f.

ebenfalls — sei es ausdrücklich oder stillschweigend — bisher noch nicht.

Auch hier ist alles, was man feststellen kann, eine Reihe unverbindlicher Bemerkungen über die Monroedoktrin.[1])

Allerdings haben amerikanische Republiken wiederholt die Vereinigten Staaten unter Bezugnahme auf die Monroedoktrin um Hilfe gegen angebliche nichtamerikanische Angriffe ersucht.[2])

Niemals aber hat auch nur eine dieser Nationen den Willen oder die Bereitschaft zum Ausdrucke gebracht, den Vereinigten Staaten eine allgemeine Befugnis ungerufenen Eingreifens in ihre Angelegenheiten mit andern Staaten einzuräumen.[3])

Und gegenwärtig scheint zufolge der Furcht vor der unter der Monroedoktrin wachsenden Hegemonie der Vereinigten Staaten in Amerika die Abneigung jener Staatswesen gegen die Monroedoktrin sich dauernd zu steigern.[4])

---

[1]) So haben z. B. die beiden Häuser des brasilianischen Kongresses anläßlich von Präsident Clevelands Sonderbotschaft vom 17. Dez. 1895, die sich mit dem Venezuela-Grenzstreite befaßte, eine Glückwunschresolution gefaßt. Vergl. For. Rel. 1895, I S. 75; vergl. auch Sen. Doc. 31, 54. Cong. 1. Sess.

[2]) Vergl. z. B. Venezuelas unaufhörliches Werben um die Hilfe der Vereinigten Staaten in ihrem Grenzstreit mit England. Vergl. ferner das Anrufen der Monroedoktrin durch Argentinien, in seinem Streite mit England um die Falkland-Inseln (siehe oben S. 169 ff.) oder vergl. beispielsweise Dragos bekannten Appell vom 29. Dez. 1902 oben S. 262 f.

[3]) Eine Ausnahme kommt vielleicht am nächsten der Vertrag vom 22. Mai 1903, den die Vereinigten Staaten mit Cuba abgeschlossen haben. (Vergl. dazu das oben S. 335 Anm. 2 Bemerkte.) Und in diesem Sinne ist die Bemerkung, die Strupp diesem Vertrage Bd. II S. 112 seiner Urkundensammlung beifügt, nicht ohne guten Grund gemacht, der dort schreibt: „Ausdehnung der Monroedoktrin auf Kuba:"

Der Vertrag mit der Dominikanischen Republik vom 8. Febr. 1907 dient ganz beschränkten Zwecken und gibt den Vereinigten Staaten keine allgemeine Befugnis eines ungerufenen Eingreifens in die Angelegenheiten dieser Republik mit andern Mächten, vergl. oben S. 222.

[4]) Vergl. hier besonders das belehrende Buch Calderons: Latin-America its Rise and Progress usw., besonders S. 297 und 303: „From Monroe to Olney the defensive Doctrine has gradually changed to a moral tutalage" (303). . . . . „The tutelage of the United States seems to us more dangerous than the German invasion" (297). Vergl. überhaupt weiter besonders die S. 290 ff., 302 und 392.

Vergl. ferner Stephen Bonsal in The N. Am. Rev., Bd. CLXXVI[a] (Mai 1903) S. 756, in einem belehrenden Artikel mit der Überschrift: „Castro, a Latin-American Type." „Many men, with whose views I am generally in agreement, have stated that in South America they never heard a word of praise of the Monroe Doctrine whether from native born or emigrant. This was also my own experience except on one occasion. . . ." (Er erzählt dann von Castros Freude über das Verhalten der Vereinigten Staaten in der Venezuelaschulden-Angelegenheit.)

Vergl. weiter für die Stimmung gegen die Monroedoktrin in Südamerika Bingham, Hiram: Across South America usw. Boston und New York 1911, der von Bryce in dem Buche: On South America, S. 509 f. für diese

Demgemäß kann von einer Anerkennung der Monroedoktrin durch die übrigen amerikanischen Republiken nicht gesprochen werden und ist auch nicht zu erwarten. Jene Hilferufe erscheinen lediglich als Versuche der betreffenden latin-amerikanischen Staatswesen, die Tätigkeit der Vereinigten Staaten zu ihren Gunsten anzuregen in Fällen, wo sie dieser Hilfe bedürftig waren.[1])

Die Idee eines amerikanischen Völkerrechts.

Besondere Beachtung verdient die Behauptung, die Monroedoktrin sei ein Satz des „amerikanischen Völkerrechts". eine Meinung, wie sie in besonders beredter Weise von Alvarez verfochten wird.[2])

Er kommt hierzu, weil:

„Tous les Etats latins du nouveau monde sont d'accord avec les Etats-Unis, comme le montrent les déclarations des hommes d'Etat de l'Amérique, les pactes souscrits dans les Congrès internationaux de la première époque, les pactes souscrits par différent Etats, les déclarations des Parlaments etc.

Stimmung angeführt und außerdem mit den Worten empfohlen wird: „On of the most acute and thoughtful of Northamerican travellers".

Vergl. endlich auch die Bemerkungen bei Albert Hale: The South Americans usw. S. 303—306.

[1]) Ähnlich Stoerck, S. 4.

[2]) Vergl. besonders Alvarez, 1910, Kap. V: „Politique des Etats-Unis sur le Continent Americain — Doctrine de Monroe — Politique d'Hégémonie — Politique d'Impérialisme."

Vergl. ferner seinen Aufsatz R. G. XIV (1907), S. 393 ff., besonders S. 395 ff Auch seinen Aufsatz: „La Doctrine de Monroe à la quatrième Conférence panaméricaine". In R. G., XVIII (1911) S. 37 ff. sowie „La nationalité dans le droit international américain", Sonderabdruck aus R. G., 1907, Paris; besonders die Einführung S. 3 ff.

Wie Alvarez auch z. B. Scruggs, S. 199, und Alcorta, S. 50 f. „. . . . Les Etats de l'Amérique, et surtout ceux de l'Amérique du Sud, ne sont pas dans la même position que les Etats de l'Europe; et, sur certains points, il peut arriver, que leurs usages, leurs coutumes, leurs traités, ne soient pas d'accord avec le droit manifesté en pareille occurence en Europe, par suite d'une interprétation erronée ou spéciale.

Sans prétendre qu'il y avait un droit international essentiellement américain tant qu' en Amérique on n'a pas fait des principes du droit le fondement du droit international, et que tous les Etats n'y sont pas soumis au règles qui en découlent, nous pouvons cependant affirmer que, dans l'état actuel des choses et prenant en considération la manière dont on y cherche les solutions, il faut reconnaître qu'il existe et que, soit dans les relations des Etats de l'Amérique entre eux, soit dans leurs rapports avec les Etats de l'Europe, il convient d'en tenir compte si l'on ne veut s'exposer aux plus graves erreurs. La Doctrine de Monroe, qui vint poser en principe l'autononie absolue des Etats de l'Amérique, que signifie-t-elle si ce n'est la proclamation des principes essentiellement américains dans les manifestation actuelles du droit international?"

et enfin cette circonstance que chaque fois qu'un des Etats latins d'Amériques s'est trouvé dans un des cas compromis dans cette première catégorie, il s'est tourné vers les Etats-Unis pour leur demander aide.“ [1])

Das Beweismaterial für diese schwerwiegenden Behauptungen legt Alvarez in einem irgendwie ausreichenden Umfange nicht vor.

Nach den oben gemachten Bemerkungen gehört es zu den Begriffsmerkmalen der Monroedoktrin, daß sie ein von den Vereinigten Staaten ausgehendes und ihnen gegenüber bestehendes Verbot ist.[2])

Deshalb wäre, um nachzuweisen, daß sie ein Satz des amerikanischen Völkerrechts ist — wenn man die Möglichkeit eines solchen überhaupt anerkennt [3]) —, der Beweis dafür zu erbringen, daß die übrigen amerikanischen Staaten damit einverstanden seien, die Schutzobjekte der Monroedoktrin zu sein und dementsprechend behandelt zu werden, ein Beweis, den zu geben schwer halten dürfte.

Alvarez ist anderer Ansicht. Er meint:

„La doctrine de Monroe n'est pas personellement aux Etats-Unis; elle représente les necessités politiques et économiques du continent américain. Si on l'a tenu pour une politique personelle, s'est parce qu'elle se trouve condensée dans le message de 1823 et que les Etats-Unis ont été son défenseur.“ [4])

Aber wollte man auch die von Alvarez vertretene Ansicht vom Inhalte der Monroedoktrin und seine Theorie der Existenz eines „amerikanischen Völkerrechts“ als Prämisse zugeben, so

---

[1]) Alvarez, 1910, S. 153.

[2]) Siehe oben S. 279 ff.

[3]) Gegen den Begriff des amerikanischen Völkerrechts richtet sich besonders die folgende Arbeit: Sà Vianna Alvaro de Souza: De la non existence d'un droit international américain: Dissertation présentée au Congress scientifique Latino-américain. Rio de Janeiro 1912.

Gegen den Begriff des amerikanischen Völkerrechts im Sinne von Alvarez richtet sich ferner Bindau: Cours inaugural du cours de droit international public à l'Université de Buenos Ayres. Rev. de Droit, histoire et lettres, Buenos Ayres, Mai 1905, S. 368.

Besonders nachdrücklich auch Beaumarchais, S. 27 f.

Vergl. endlich auch die Worte Pétins, S. 54: „Sans doute il y a bien des différences entre le droit positif européen et le droit positif américain . . . . . mais ces différences, qui donnent du droit positif une physiognomie spéciale, ne constituent pas pour l'Amérique un droit indépendant, mais simplement un usage différent plus ou moins avancé d'institutions communes.“

[4]) Alvarez, 1910, S. 145.

wäre der Beweis, daß jene Doktrin ein Satz dieses amerikanischen Völkerrechts sei, noch nicht geführt.

Bei einer solchen Beweisführung wären von vornherein alle Tatsachen auszuschalten, die lediglich dartun, daß auch andere amerikanische Staaten sich gegen die politische Betätigung nichtamerikanischer Mächte in Amerika in derselben Weise wie die Vereinigten Staaten verhalten und dies zu ihrem Grundsatz erhoben haben. Denn derartige Tatsachen sind nur dazu geeignet den Beweis dafür zu erbringen, daß jene Staaten ebenfalls ihre „Monroedoktrin" besitzen, und daß die Monroedoktrin ein gemeinsames politisches Grundprinzip oder ein gemeinsamer Satz des äußeren Staatsrechts der betreffenden amerikanischen Republiken einschließlich der Vereinigten Staaten ist. Nicht geeignet dagegen sind sie für den Nachweis, daß die Monroedoktrin, wie sie von Alvarez, und noch mehr wie sie von uns verstanden wird, eine über der Gesamtheit der amerikanischen Staaten stehende Regel bildet, daß sie der Inhalt eines „gemeinen" amerikanischen Völkerrechtes ist.[1])

Der Nachweis der von Alvarez aufgestellten Behauptung könnte nur dadurch geführt werden, daß gezeigt würde, die amerikanischen Republiken wären dazu gelangt, die Monroedoktrin als eine über ihnen allen stehende Regel für ihr Verhalten europäischen Angriffen gegenüber anzunehmen. Damit die Monroedoktrin als ein Satz des amerikanischen Völkerrechts sei, wäre es

[1]) Dies wird beispielsweise in der Botschaft des Präsidenten Diaz von Mexiko vom 1. April 1896 in besonders drastischer Weise verkannt. In dieser Botschaft, die im übrigen ein wertvolles Zeugnis dafür ist, daß die Monroedoktrin noch nicht einmal als die gemeinsame Doktrin verschiedener amerikanischer Staaten angesprochen werden kann, bemerkt Präsident Diaz nach der englischen Übersetzung in den Br. and For. State Papers LXXXIX, S. 230 f.: „The Mexican Government can not declare its partiality for a doctrine which condemns as criminal any attack on the part of the monarchs of Europe against the republics of America, against the independent nations of this continent, now all subject to a popular form of governm.ent.

Each one of those republics ought, by means of a declaration like that of President Monroe, to proclaim that every attack on the part of a foreign power, with a view of curteiling the territory of the independence of, or of alterating the institutions of, any of the republics of America, would be considered by the nations making the declaration as an attack on itself, provided that the nation directly attacked was threatened in such manner bespoke the aid of the other nations opportunely. In this manner the doctrine now called by the name of Monroe would become the doctrine of America in the fullest sense of the word, and though originating in the United States, would belong to the international law of the continent." (Im Original nicht gesperrt.)

notwendig, daß sie eine „gemeine" Regel für jene Republiken als eine politische Einheit bilde. Abgesehen davon, daß der Beweis der Existenz eines amerikanischen Völkerrechts nicht erbracht ist, fehlen aber auch hierfür wieder alle tatsächlichen Grundlagen.

Die pan-amerikanische Bewegung, so groß im übrigen ihre in Europa wohl noch kaum im vollen Umfange erkannte Bedeutung ist, ist nicht geeignet, hierfür Belege zu geben. Soweit die Herstellung engerer politischer Beziehungen der amerikanischen Staaten zu einander in Betracht kommt, sind ihr dauernde und reale Ergebnisse bisher nicht beschieden gewesen.[1]) Man kann hier nicht von mehr als von Zukunftshoffnungen reden, zu denen ihre Entwicklungsgeschichte vielleicht berechtigt.

Man hat aber andererseits sogleich hinzuzufügen, daß die Monroedoktrin der Vereinigten Staaten diesen Hoffnungen entgegensteht.[2]) Denn die notwendige Grundlage für die Monroedoktrin ist ein Verhältnis der Überordnung und der Unterordnung, der Schutzmacht auf der einen Seite, dargestellt durch die Vereinigten Staaten und der Schutzobjekte auf der andern, gebildet durch die übrigen amerikanischen Republiken. Die Grundvoraussetzung für die pan-amerikanische Bewegung dagegen ist Gleichordnung. Und so kann man beobachten, wie die Beratungsgegenstände der internationalen amerikanischen Konferenzen aus weittragenden politischen Einigungsgedanken eines Bolivar und der Teilnehmer der Panamakonferenz vom Jahre 1826 sich immer entschiedener zu unpolitischen Aufgaben, wie Eisenbahn-, Sanitäts-,

---

[1]) Man sollte hier übrigens beachten, daß die pan-amerikanische Bewegung durchaus nicht eine ausschließliche oder primäre Tendenz gegen die nichtamerikanische Staatenwelt hat. Diese Bewegung erstrebt ebenso sehr den Frieden und eine Garantie der Unabhängigkeit der einzelnen amerikanischen Staaten im Verhältnis zu einander, wie gegen nichtamerikanische Staaten. Sie zeigt wiederholt sogar eine Richtung der Abwehr gegen Angriffe, die von seiten der Vereinigten Staaten vermutet wurden. Vergl. hierzu z. B. den sogenannten (niemals in Kraft getretenen Kontinental-Vertrag vom 15. Sept. 1858, der in Santiago zwischen Peru, Chile und Ecuador geschlossen wurde. Dieser Vertrag war aus dem Mißtrauen gegen die Vereinigten Staaten geboren und verursacht durch den Angriffskrieg der Vereinigten Staaten gegen Mexiko, der mit der Wegnahme von Californien und New Mexico endete, sowie insbesondere durch Walkers Freibeuter-Expeditionen. Hierzu vergl. besonders: Calvo, I, S. 88 f., Fried, S. 18 f., ferner International American Conference, Washington 1890, Bd. IV S. 207 ff. (vergl. oben). Der Text des Vertrages steht bei Torres Caïcedo, S. 241 ff.

[2]) Sá Vianna, S. 265: „Il convient cependant de noter que le Monroeisme constute aujourd'hui le seul obstacle invencible à un rapprochement parfaitement sincère et durable, entre les Républiques latines et la République Anglo-Saxonne."

Patent-, Gebrauchsmuster-, Literaturschutz-, Professorenaustauschfragen usw. umwandeln, und daß sie nur hier anfangen, greifbare Erfolge zu haben.[1])

Nach alledem ist abschließend zu sagen:

Die Monroedoktrin ist kein Satz des Völkerrechts, insbesondere keiner eines amerikanischen Völkerrechts.

---

[1]) Über die pan-amerikanische Bewegung kann hier ebenfalls nicht mehr bemerkt werden, so sehr der interessante Stoff dazu auch reizt. Für sie ist ebenfalls noch nichts Abschließendes geschrieben worden. In deutscher Sprache kommt besonders das tüchtige Werk von Alfred H. Fried, das hier bereits mehrfach erwähnt ist, in Betracht. Von Werken in französischer Sprache sind in erster Linie die Arbeiten von Alvarez und dabei vor allen Dingen sein im Jahre 1910 erschienenes Buch zu nennen. — Das Quellenmaterial findet sich bis zur ersten internationalen amerikanischen Konferenz von Washington in der von der amerikanischen Regierung im Jahre 1890 gedruckten vierbändigen Veröffentlichung: „International American Conference", das bereits in dem Literaturverzeichnis zur Panamakonferenz erwähnt ist. Vergl. auch sonst noch diesen Literaturnachweis; vergl. oben S. 278 Anm. 1.

Vergl. ferner 57. Cong. 1. sess. Sen. Doc. 330, 1902 (Second International Conference of American States) Report of the Delegates of the United States to the III. International Conference of the American States, held at Rio de Janeiro, Brazil, 21. Juli bis 26. Aug. 1906; Gov. Print. Off., Washington 1907 (Sonderdruck); 61. Cong. 3. sess.; Sen. Doc. 744, 1911; Gov. Print. Off. IV. International Conference of American States, (Buenos Ayres, 12. Juli bis 30. Aug. 1910); Barrett, John, The Pan American Union, Peace Friendship Commerce, Washington 1911; Basdevant, La Conférence de Rio de Janeiro de 1906 et l'union internationale de République américaines, R. G., XV (1908) S. 230 ff.; Calvo, The relation of Central America to the Pan-American Movement; in Supplement to the Ann. Am. Ac. Pol. and Soc. Sc. (The Pan-American Conference and their Significance, Mai 1906, S. 21f., nur 2 Seiten); auf S. 5 ff. derselben Publikation befindet sich eine kurze Abhandlung des Señor Don Jaquin de Casasus, mit dem Titel: The Record of achievement of the Pan-American Conferences; Karl Klugmann, Die Union der amerikanischen Republiken in Internationale Monatsschrift für Wissenschaft Kunst und Technik, herausgegeben von Max Cornelius, Berlin 1912, Heft 3 S. 258 ff.; Noël, John Vavasour, History of the Second Pan-American Congress Baltimore 1902; Reinsch, Paul S., Die internationale Konferenz und das Bureau der amerikanischen Republiken in Kohlers Zeitschr., III (1909) S. 432 ff.; Derselbe, The III. International Conference of American States, in Am. Pol. Sc. Review, Bd. I, 1906—1907, S. 187 ff.; Derselbe, The IV. International Conference of American Republics, A. J., IV (1910) S. 777 ff.; Romero, M. (mexikanischer Gesandter in Washington), The Pan-American Conference in N. Am Rev., Bd. CLI (1890) S. 354 ff.; Subercaseaux, B. Vicuna, Los Congresos Pan-Americanos, Santiago de Chile 1906.

III. Monroedoktrin und Intervention.[1][2]

1. Die Monroedoktrin gestützt auf das sogenannte Selbsterhaltungsrecht.

Bis hierher war versucht worden, den Beweis dafür zu führen, daß die Monroedoktrin inhaltlich ihrerseits kein Völkerrechtssatz ist.

---

[1]) Zur Interventionslehre vergl. die folgende Literaturauswahl: Bluntschli, S. 68, 107, 120, 380, 474 ff.; Bonfils, S. 175 ff.; Bourgeois, J., Le Principe de non-intervention, R. G., IV (1897) S. 475 ff.; Calvo, I S. 264 ff.; Carnazza-A. I S. 495 ff.; Derselbe, Nouvel exposé du principe de non-intervention, A. J., Bd. V (1873) S. 352 ff. und 531 ff.; Creasy, S. 287 ff.; Despagnet, S. 250 ff.; Fiore, Nouveau droit, I S. 497 ff.; Derselbe, Droit International Codifié, (1911) S. 304 ff.; Floeckher, A. de, (Hamburger Referendar), De l'Intervention en droit International, Paris 1896; Floeckher, A. de, Les Conséquences de l'intervention, R. G., III 1896, S. 329 ff.; Foignet, S. 84 ff.; Funk-Brentano und Sorel, Kap. XI S. 213 ff.; Gareis, § 26, S. 95 ff.; Geffcken, Heinrich, Das Recht der ntervention, Separatdruck aus H. H. 1887, Hamburg; Derselbe, H. H. IV S. 131 ff.; Hall, Kap. VIII S. 278 ff.; Halleck, S. 101, 104, 108, 111, 558 ff.; Hartmann, § 17 S 56 ff.; Heilborn, in der Holtzendorff-Kohlerschen Encyklopädie, S. 1054 ff.; Heilborn, System, S. 353 ff.; Hautefeuille, L. B., Le principe de non-intervention usw., Paris 1863, Wiederdruck aus der Revue Contemporaine, Bd. XXXIV S. 93 ff.; Heffter-Geffcken, §§ 44—46 S. 109 f.; Heiberg, Das Prinzip der Nichtintervention, Leipzig 1842; Hershey, Essentials, S. 147 ff.; Historicus, (Sir William usw. Harcourt), Letters by...., on some questions of International Law, Reprinted from The Times, London und Cambridge 1863, besonders II S. 39 ff.; „Letters or the perils of Intervention"; v. Kamptz, Völkerrechtliche Erörterung des Rechts der europäischen Mächte, in die Verfassung eines einzelnen Staats sich einzumischen, Berlin 1821; Kent, Ausgabe Abdy, S. 40 ff.; Lawrence S. 123 ff.; Lingelbach, W. E., The Doctrine and Pratice of Intervention in Europe; Ann. Am. Ac. Pol. and Soc. Sc., Bd. XVI (1900) S. 1 ff.; v. Liszt, besonders S. 63 f.; Lorimer, S. 43 ff.; Martens, I § 76; Mérignhac, I S. 284 ff.; Moore, VI, Kap. XIX S. 1 ff.; Nys, II S. 185 ff. und 200 ff.; Oppenheim, I S. 188 ff.; Phillimore, I S. 553 ff.; Pomeroy, § 202 ff. S. 242 ff.; Pradier-F., I Nr. 354 ff., S. 546 ff.; Rivier, Princ, I, § 31 S. 389 ff.; Derselbe, Lehrb. § 33 S. 243 ff. und § 57 S. 363 ff.; Rolin-Jaequemyns, G., Note sur la théorie du droit d'intervention à propos d'une lettre de M. le Professor Arntz, R. J., VIII (1876) S. 673 ff.; v. Rotteck, H., Das Recht der Einmischung in die inneren Angelegenheiten eines fremden Staates, Freiburg 1845; Stapleton, Augustus Granville, Intervention and non-intervention or the foreign policy of Great Britain, 1790—1865, London 1866; Strauch, Zur Interventionslehre; eine völkerrechtliche Studie, Heidelberg 1879; Taylor, International Law, S. 404 ff.; Ullmann, § 163 S. 459 ff.; Walker, Manual, S. 19 ff.; Westlake, I S. 304 ff.; Wheaton-Atlay, § 63 S. 88 ff.; Wildmann, I S. 47 ff.; Wilson-Tucker, Kap. II S. 55 ff.; Woolsey, Introduction, S. 34 ff.

[2]) Wir verstehen unter Völkerrechtssätzen hier den gesamten Inhalt des objektiven Völkerrechts, nicht nur solche Bestimmungen, die subjektive Rechte geben, sondern auch die von ihm umfaßten Duldungssätze. Insbesondere soll der Ausdruck nicht andeuten, daß wir hier ein allgemeines Interventionsrecht aner-

Es bleibt hier nunmehr noch die Frage übrig, ob sich für das von ihr in Aussicht gestellte gewaltsame Einschreiten der Vereinigten Staaten und damit für die Monroedoktrin selbst aus allgemeinen völkerrechtlichen Gesichtspunkten eine Rechtfertigung finden läßt, ob die Monroedoktrin allgemeine Prinzipien des Völkerrechts zu ihrer Grundlage hat.

Die von ihren Verteidigern in dieser Hinsicht üblicherweise aufgestellte Behauptung geht dahin, die Monroedoktrin sei durch das sogenantnte Selbsterhaltungsrecht zu rechtfertigen.[1] [2]

Die Befugnis eines Staates, alles Erforderliche zum Zwecke seiner Selbsterhaltung zu tun, ist eine der natürlichsten und unanfechtbarsten Grundtatsachen des Völkerrechts. Erkennt man die Existenzberechtigung unabhängiger Staatswesen an, so muß man ihnen notwendigerweise zugleich auch die Befugnis zubilligen, alle solche Handlungen vorzunehmen, die zur ungestörten Aufrechterhaltung ihres Eigenlebens notwendig erscheinen.

---

kennen, wie dies gegen die herrschende Meinung, z. B. von Geffcken, H. H., IV S. 134, sowie von Mérignhac, I S. 290 f. geschieht.

Für die herrschende Meinung, daß die Intervention kein Recht sei, vergl. insbesondere:

Bonfils, S. 176 (Parler d'un droit d'intervention pour le revendiquer ou pour le repousser c'est abuser du mot droit); Davis, Elements, S. 110; de Floeckher, de L'Intervention usw., S. 17 ff. u. 23 ff.; Funk-Brentano-Sorel, S. 212 ff.; Heilborn, Kritik, S. 354 ff.; Hershey, S. 155 („It may become a source of legal rights and duties"): Martens, I S. 299; Oppenheim, I S. 189 ff.; (er scheidet zwischen Intervention by Right und Admissability of Intervention in default of Right); Piédelièvre, I S 260; Pomeroy, S. 244; Pradier-F., I S. 547 ff.; Ullmann, S. 460 („soweit dies Recht nicht besonders eingeräumt ist).

[1]) Über Wesen und Begriff der Selbsterhaltung vergl. auswahlsweise die folgenden Nachweise:

Bonfils, S. 143 ff.; Calvo, I S. 352 ff.; Gareis, S. 93 f.; Despagnet, S. 224 ff.; Hall, Kap. VII S. 264 ff.; Halleck, Bd. I, Kap. IV S. 100 ff.; Hartmann, § 15 S. 44 f.; Heffter, S. 72 ff.; Heilborn, S. 280 ff.; Hershey, S. 144 ff.; v. Holtzendorff, in H. H., II S. 51 ff.; Martens, I S. 294 ff.; Mérignhac, I S. 239 ff.; Nys, II S. 218 ff.; Oppenheim, I S. 184 ff.; Phillimore, I S. 312 ff.; Piédelièvre, S. 171 ff.; Pradier-F., I Nr. 211 ff., S. 356 ff.; Rivier, Princ., I § 20 S. 265 ff.; Derselbe, Lehrb. S. 180; Taylor, S. 401 ff.; Twiss, S. 178 ff.; Ullmann, S. 144 ff.; Westlake, I S. 296 ff.; Derselbe, Chapters, Kap. VIII S. 111 ff. (International Rights of selfpreservation); Wheaton-Atlay, S. 86 ff.

[2]) Die Behauptung, daß das Selbsterhaltungsrecht der Monroedoktrin eine völkerrechtliche Grundlage gebe, tritt besonders deutlich hervor bei Foster, S. 477, in folgender Bemerkung: „It may be said that the principle which underlies the Monroe doctrine — the right of self-defence, the preservation of the peace and safety of the nation — is recognized as an elementary part of international Law." Ähnlich Henderson, S. 291.

In erster Linie gibt diese Selbsterhaltungsbefugnis jedem Staat die Berechtigung dazu, diejenigen Handlungen einer anderen Macht zurückzuweisen, die ihn unmittelbar selbst berühren.[1])

Diese Tatsache war früher von einiger Bedeutung für die Monroedoktrin. Sie war geeignet, ihr eine völkerrechtliche Grundlage zu geben, insoweit sie den Gebrauch von Gewalt zur Zurückweisung von direkt gegen die Vereinigten Staaten selbst gerichtete Handlungen nichtamerikanischer Staaten proklamierte. Derartige Fälle sind jedoch nunmehr als gegenstandslos aus der Betrachtung ausgeschieden.[2])

Infolgedessen kommt das Prinzip der Selbsterhaltung hier nur noch in bezug auf Einmischungen eines Staates in die Angelegenheiten zweier anderer Staaten — nämlich solche der Vereinigten Staaten in Beziehungen zwischen einer anderen amerikanischen Nation und einer nichtamerikanischen Macht oder zwischen zwei nichtamerikanischen Staaten, die Kolonialbesitz in Amerika haben — in Frage. Daß derartige Interventionen, wenn sie zum Zwecke der Selbsterhaltung vorgenommen werden, sich völkerrechtlich rechtfertigen lassen, wird ebenfalls mit Recht allgemein anerkannt[3].) Denn sie sind dann nichts weiter als ein Ausdruck des völkerrechtlich zulässigen „Selbsterhaltungsrechts".

Wir haben hier nicht die Frage nach Voraussetzungen, Inhalt und Grenzen der Selbsterhaltungsbefugnis ex professo abzuhandeln. Deshalb sind wir der Aufgabe überhoben, auf die vielen dabei ungeklärten Streitpunkte eingehen zu müssen.

Als Grundlage für die hier unternommene völkerrechtliche Kritik der Monroedoktrin und ihre Beurteilung an Hand der Selbsterhaltungsgrundsätze genügen die folgenden Feststellungen:

---

[1]) Diese Seite des „Selbsterhaltungsrechts" in seiner streng defensiven Form wird in der Literatur durchweg vernachlässigt. Sie ist gegenüber dem „offensiven Selbsterhaltungsrechte" die wichtigere Form. Denn sie gibt die Rechtfertigung für alle gewaltsamen Zurückweisungen unberechtigter Angriffe eines Staates auf einen andern ab. Freilich ist die Berechtigung, ein Selbsterhaltungsrecht in solchen Fällen auszuüben, zu selbstverständlich, um lange Ausführungen zu erfordern.

[2]) Siehe oben S. 347.

[3]) Vergl. dafür, daß Intervention sich auf das Selbsterhaltungsrecht gründen lasse, die folgenden Stimmen: Davis, Elements, S. 99 f. (er nimmt an, daß eine Einmischung nur dann mit Selbstverteidigung gerechtfertigt werden könne, wenn der betreffende Staat Unrecht erlitten habe und ihm Genugtuung verweigert worden sei); Despagnet, S. 251 ff.; Hall, Kap. VIII S. 279 ff. Halleck, S. 102; Lawrence, S. 127; Oppenheim, I S. 193; Mérignhac, I S. 291; Phillimore, I Nr. 371 S. 553 f.; Rivier, Princ. I S. 397 ff.; Derselbe, Lehrb. S. 245 f.; Taylor, § 420 S. 422; Woolsey, S. 44.

Jedes Eingreifen eines Staates, auch das zum Schutze der unverletzten Eigenexistenz des Angreifers vorgenommene, das sich gegen einen anderen Staat richtet, verletzt dessen völkerrechtlich prinzipiell unverletzbare Existenz. Schon hieraus folgt, daß das Maß dessen, was auf Grund der Selbsterhaltungsbefugnis zuzulassen ist, auf das zum Schutz des eingreifenden Staates absolut Notwendige beschränkt werden muß.

Ferner muß bemerkt werden, daß die Ausdehnung des „Selbsterhaltungsrechtes" über ein solch' absolut notwendiges Maß hinaus der sichere Weg dazu ist, um in das Gefüge des völkerrechtlichen Systems Gewalt und Willkür in dem Gewande eines Völkerrechtssatzes wieder einzuführen.

Und endlich ist hier ganz besonders hervorzuheben, daß das „Selbsterhaltungsrecht", auch soweit es sich in Angriffen gegen andere Staaten äußert, seinem Wesen nach lediglich defensiven Zwecken dienen soll, daß es lediglich den ungeschmälerten Bestand des angreifenden Staates zu schützen bestimmt ist, nicht aber seinen Wünschen nach Fortschritt und Verbesserung Vorschub zu leisten hat.[1])

Andererseits mag aber auch darauf hingewiesen werden, daß die Schmälerung jedes Rechts oder jedes Interesses eines Staates die Schmälerung seines unverletzten Bestandes bedeutet und demgemäß die Voraussetzungen für ein Vorgehen unter dem Gesichtspunkte der Selbsterhaltung zu rechtfertigen geeignet ist. Von Liszt[2]) hat mit Recht bemerkt, daß kein Grund vorliegt, warum der betreffende Staat warten müsse, bis er vor dem unmittelbar drohenden Untergange steht, bevor er auf Grund des Selbsterhaltungsrechts eingreifen dürfe.

Die Selbsterhaltungsbefugnis rechtfertigt mit andern Worten auch jede im Notstande vorgenommene Intervention.[3])

---

[1]) Westlake, I S. 299, identifiziert sogar Selbstverteidigungsrecht und Selbsterhaltungsrecht. Er sagt: „What we take to be pointed out by justice as a true international right of self-preservation is merely that of self-defence."

Man sollte den Ausdruck Selbstverteidigung jedoch auf diejenigen Selbsthilfehandlungen beschränken, die Verteidigungshandlungen im eigentlichen Sinne sind.

Vergl. hier auch z. B. die Bemerkungen Taylors, S. 404 ff., der dort die Intervention als die offensive Form der Selbsterhaltung bezeichnet.

[2]) S. 182.

[3]) Über das Verhältnis von Selbsterhaltungsbefugnis und völkerrechtlichem „Notstandsrecht" herrscht große Unstimmigkeit: Ullmann, S. 461, ist z. B.

Aus der Tatsache, daß nur solche Maßnahmen, welche absolut notwendig für den Schutz der unverletzten Eigenexistenz eines Staates erscheinen, mit dem „Selbsterhaltungsrecht" gerechtfertigt werden können, folgt unmittelbar weiter, daß das „Selbsterhaltungsrecht" nur dann berechtigterweise ausgeübt werden kann, wenn es sich um die Abwehr einer gegenwärtigen Gefahr für den abwehrenden Staat handelt.

Nach alledem wird man den Kreis der mit dem „Selbsterhaltungsrecht" zu begründenden Interventionen auf alle solche Maßnahmen und nur solche zu beziehen haben, die zur Abwehr einer gegenwärtigen Gefahr[1]) für den unverletzten Bestand des intervenierenden Staates notwendig erscheinen.[2])

---

der Meinung, daß Selbsthilfehandlungen, die durch Notstand veranlaßt sind, überhaupt keine Interventionsfälle seien.

Heilborn, Kritik, S. 358, hält offenbar die Notstandshandlungen für Sonderfälle von Selbsterhaltungshandlungen. Ähnlich v. Liszt. Er behauptet (l. c.) die Anwendbarkeit des strafrechtlichen Notstandsbegriffes (ebenso wie natürlich die des Notwehrbegriffes) für das Völkerrecht, und erklärt, daß mit der Anerkennung des Rechts auf Selbsterhaltung der Notstandsbegriff innerhalb engerer Grenzen anerkannt sei.

Rotteck, S. 20, erkennt Notstand als einen Entschuldigungsgrund für Interventionen an, zieht für diesen Begriff andererseits aber sehr enge Grenzen, indem er sagt: „Dies gilt jedoch nur von einem wahren Notstande .... Bei einem Staate ...., wenn seine Unabhängigkeit, Freiheit und ganze Existenz durch die Unruhen im Nachbarstaate aufs augenscheinlichste bedroht sind." (R. spricht nur von Einmischungen in innere Angelegenheiten eines anderen Staates.) „Bei solcher Collision der Pflicht der Selbsterhaltung mit der Pflicht, die Unabhängigkeit des Nachbars zu achten, geht jene vor, kann die Intervention als unbedenklich geschehen." Er idientfiziert im Grunde also Notstand und Selbsterhaltung.

[1]) Daß gegenwärtige Gefahr notwendig sei, um Interventionen mit dem Selbsterhaltungsrechte zu rechtfertigen, ist mehr oder weniger deutlich besonders betont bei:

Creasy, S. 291: „Clearly the danger, in order to amount to a justification for a war of intervention, must be a danger which directly affects the vital and substantial interests of the foreign State ...."

Hershey, S. 150: „To justify intervention on this ground, the danger must be, of course direct and immediate, and not merely contingent or remote."

Halleck, S. 102, verlangt für die Berechtigung der Einmischung in innere Angelegenheiten eines Staates durch einen andern „impending danger". Von dieser Gefahr erklärt er, sie müsse „threatening and immediate" sein.

Vergl. weiter: Martens, I S. 294 f.; Rivier, Princ. I S. 397; Taylor S. 404 ff. und endlich vergl. auch Woolsey, S. 44.

[2]) Das Begriffserfordernis der Notwendigkeit folgt unmittelbar daraus, daß Notwendigkeit die oberste Grundlage des Selbsterhaltungsrechts ist, die sich auf jene stützt. Vergl. hierfür besonders: Gareis, S. 93; Hershey, S. 144 f.; Martens, I S. 294 f.; Oppenheim, I S. 185; Rivier, Princ, I S. 277.

Dagegen z. B. Bonfils, Nr. 242 S. 143; Mérignhac, S. 246 f.; Piédelièvre, I Nr. 207 S. 175.

Die eben gemachten Ausführungen entsprechen dem von den Vereinigten Staaten selbst eingenommenen und, so weit nicht die Monroedoktrin in Frage kam, auch befolgten Standpunkte.

Der Fall der „Caroline".

Dies tritt besonders in dem bekannten Fall der „Caroline" hervor.[1])

Bei diesem handelte es sich um die Frage nach der Berechtigung der Verletzung der Territorialhoheit eines Staates durch einen andern zum Zwecke der Selbsterhaltung.

Der Fall ist kurz folgender:

Während eines Aufstandes gegen England, der in den Jahren 1837 und 1838 in Canada stattfand, hatte eine Gruppe von Insurgenten die im Niagarafluß gelegene Navy-Insel besetzt und hatte diese Insel zu einer Operationsbasis gegen England gemacht, wobei sie von Untertanen der Vereinigten Staaten, welche mit der Revolution sympathisierten, unterstützt wurden. Bei ihrem Vorgehen gegen England verwendeten sie auch das Dampfboot „Caroline". Dies Boot diente als eine Art Kommunikationsfahrzeug zwischen der Insel und dem Hauptland. Die Insurgenten benutzten es vor allem dazu, Munition und Mannschaften vom

---

[1]) Zu diesem sehr berühmt gewordenen Falle vergl. die folgenden Nachweise: Br. and For. State Papers, XXVI (1837—1838) S. 1373 ff. (hier findet sich das Affidavit des Kommandanten der „Caroline" vom 30. Dez. 1837 über die oben geschilderten Fälle); Br. and For. State Papers, XXIX S. 1126 ff.: Correspondence between Great Britain and the United States respecting the arrest and imprisonment of Mr. Mc Leod for the destruction of the steamboat „Caroline"; vergl. ferner Br. and For. State Papers, XXX (1841—1842) S. 193 ff.; Br. Acc. and Papers, 1843, Bd. LXI Nr. 439: Papers relative to the special mission of Lord Ashburton to The United States of America in 1842, Teil IV: Case of the „Caroline' S. 45 ff.

H. Ex. Doc. 64, 25. Cong. 2. sess. Bd. II (1837—1838): „Neutrality — Canadian frontier"; H. Ex. Doc. 74, 25. Cong. 2. sess. (1837—1838 Bd. III) enthält Dokumente über die Aufrechterhaltung der Neutralität der Vereinigten Staaten Mexico, Texas und Canada gegenüber. H. Rep. 162, 26. Cong. 2. sess. (1840—1841) enthält den Bericht vom 13. Febr. 1841 über den „Caroline"-Fall, sowie Mc Leods Einsperrung, mit einer Geschichte der Begebenheit; Sen. Doc. 99, 27. Cong. 3. sess. (Bd. III, 1842—1843): Correspondence in relation to the destruction of the „Caroline"; Moore, II S. 409 ff.; Derselbe, Arbitrations, III S. 2419 ff.; Websters Works, Boston 1851, VI S. 292 ff.: Correspondence with Lord Ashburton. In violability of national territory, Case of the „Caroline". Ann. Reg. 1841, S. 316 ff.; Calvo, III S. 127 ff.; Cobbett, I S. 83 ff. (Mc Leod's Fall); Hall, S. 265 f.; Hershey, S. 145; v. Holst, III S. 244; Kent (Ausgabe Abdy) S. 148; Lawrence (dritte Auflage) S. 501 ff.; Oppenheim, I S. 187; Phillimore, I S. 315, III S. 60 ff.; Scott, S. 67 und 319 N.; Snow, S. 177 f.; Taylor, S. 406; Westlake, I S. 300 f.

Gebiete der Vereinigten Staaten auf die Navy-Insel zu schaffen, mit der Absicht, sie von dort nach Canada zu überführen.

Am 29. Dezember 1837 wurde auf das Boot von englischen Mannschaften gefeuert, als es, unter amerikanischer Flagge fahrend, bei Black Rock landete, jedoch ohne Erfolg.

Das Schiff ankerte zur Nacht im Hafen von Schlosser, im Staate New York, auf amerikanischer Seite.

Gegen Mitternacht wurde es von einem englischen Detachement von etwa 70—80 Mann unter dem Kommando des Colonel A. W. Mc Nab angegriffen, wobei zwei Mann von den darauf befindlichen, größerenteils aus Untertanen der Vereinigten Staaten bestehenden Mannschaften und Passagieren getötet wurden. Das Schiff wurde genommen, angesteckt und über die Niagara-Fälle gesandt.

Die Vereinigten Staaten erhoben gegen ein solches Vorgehen bei der englischen Regierung Vorstellungen. Da diese Episode sich auf Territorium der Vereinigten Staaten abgespielt hatte, so erklärten sie, daß ihre Gebietshoheit verletzt worden sei, und es kam zwischen den beiden Regierungen zu einem diplomatischen Notenwechsel.

Hinzu trat folgendes: Ein gewisser Alexander Mc Leod, der englischer Untertan war, hatte sich im trunkenen Zustande im Gebiete des Staates New York damit gebrüstet, an der Zerstörung der „Caroline" mitbeteiligt gewesen zu sein. Er wurde verhaftet und gegen Englands Vorstellungen des Mordes angeklagt.[1]) Dieses Verfahren wurde fortgesetzt, obgleich die englische Regierung die Verantwortung für das Geschehene übernahm und erklärte, das englische Vorgehen sei die Ausübung eines gewaltsamen, durch Selbstverteidigung gerechtfertigten Regierungsaktes gewesen.[2])

---

[1]) Er wurde übrigens auf Grund eines Alibis freigesprochen. Holtzendorff, H. H. Bd. II S. 74 Anm. 4 behauptet, Mc Leod sei freigesprochen und außer Verfolgung gesetzt worden, weil die britische Regierung die internationale Verantwortlichkeit für das Geschehene und Anbefohlene übernommen habe. Dies ist nicht zutreffend.

Der Fall Mc Leods wurde übrigens Anlaß zum Erlaß eines Gesetzes vom 29. Aug. 1842 (Stat. at Large, V, 539, c. 257). Nach diesem Gesetz sind die Gerichte der Vereinigten Staaten berechtigt, ein „Writ of habeas corpus" zu gewähren, wenn eine Person „being a subject or citizen of a foreign State and domiciled therein, is in custody for an act done or omitted unter any alldged right, title, authority, privilege, protection or exemption claimed under the commission, or order, or sanction of any foreign State, or under color thereof the validity and effect whereof depend upon the law of nations".

[2]) Vergl. dazu besonders die Korrespondenz in Br. and For. State Papers, XXIX S. 1126.

Die Angelegenheit wurde im Jahre 1842 im Verlaufe der Verhandlungen, die Lord Ashburton mit Staatssekretär Webster in jener Zeit über einige zwischen England und den Vereinigten Staaten schwebende Streitpunkte führte, durch eine Entschuldigung der englischen Regierung erledigt.[1])

Während der diplomatischen Erörterungen über den „Caroline"-Fall gab nun Webster dem englischen Gesandten in Washington, Mr. Fox, eine Erklärung ab, die man als eine Art Begriffsbestimmung der Selbstverteidigung durch die amerikanische Regierung ansehen kann.

Webster erklärte nämlich in dem betreffenden Schreiben vom 24. April 1841: [2])

> „Man kann nicht annehmen, daß jenes Vorgehen bei vernünftiger Anwendung oder Konstruktion des Rechts der Selbstverteidigung vom Standpunkte des Völkerrechts aus gerechtfertigt werden kann. Es ist zuzugeben, daß ein begründetes Recht der Selbstverteidigung Nationen ebenso wie Individuen stets zusteht und für beide gleicherweise nötig ist. Aber die Ausdehnung dieses Rechts ist eine Frage, die nach den Umständen jedes einzelnen Falles zu beurteilen ist; und wenn seine angebliche Ausübung zur Begehung feindlicher Handlungen im Gebiete einer im Frieden befindlichen Macht geführt hat, so kann nur eine klare und absolute Notwendigkeit den Rechtfertigungsgrund bilden."

In diesen Worten ist das Merkmal der Notwendigkeit besonders hervorgehoben.

Im Verlaufe seiner Ausführungen erklärt Webster jedoch in allgemeinerer Weise: [3])

---

[1]) Diese Verhandlungen bezogen sich hauptsächlich auf die nordöstliche Grenze der Vereinigten Staaten. Der Text des Webster-Ashburton-Vertrags, der diese Verhandlungen zum Abschluß brachte, und am 9. Aug. 1842 unterzeichnet wurde, steht in Martens, N. R. G. III S. 456, sowie Treaty Vol. 1910 Bd. I S. 650 ff.

[2]) Br. Acc. and Papers, l. c. S. 45 ff., auch Websters Works VI S. 250 ff. Die betreffenden Worte lauten: „It does not think that transaction can be justified by any reasonable application or construction of the right of self-defence, under the law of nations. It is admitted that the just right of self-defence attaches always to nations as well as to individuals, and is equally necessary for both. But the extend of this right is a question to be judged of by the circumstances of each particular case: and when its alledged exercise has led to the commission of hostile acts within the territory of a Power at peace nothing less than a clear and absolute necessity can afford ground of justification."

[3]) Br. Acc. and Papers, l. c. S. 49: Diese Stelle lautet: „Under these circumstances and under those immediately connected with the transaction itself,

„Unter diesen und den mit der Maßnahme unmittelbar verbundenen Umständen wird es die Aufgabe der Regierung Ihrer Majestät sein, zu zeigen, mit welchen Tatsachen und welchen völkerrechtlichen Regeln [1]) die Zerstörung der „Caroline" verteidigt werden kann. Es wird dieser Regierung obliegen, eine Notwendigkeit zur Selbstverteidigung zu zeigen, die gegenwärtig und überwältigend war, keine Wahl der Mittel und keinen Augenblick zur Überlegung ließ."

Lord Ashburton nahm im Verlaufe der oben erwähnten Verhandlungen mit Webster namens der englischen Regierung in einem Schreiben vom 28. Juli 1842 die eben erwähnte Wendung des Schreibens an Fox an und wiederholte sie wörtlich im Verlaufe seiner Bemerkungen.[2])

In einem Anwortschreiben vom 6. August 1842, in dem Webster seine Befriedigung über diesen Standpunkt Lord Ashburtons aussprach, stellte er ausdrücklich die Übereinstimmung beider Regierungen über den Umfang des Begriffes berechtigter Intervention zum Zwecke der Selbstverteidigung fest und sagte: [3])

„Der Präsident sieht mit Vergnügen, daß Eure Lordschaft zugibt, daß solche große Prinzipien öffentlichen Rechts, wie sie diese Regierung zum Ausdruck gebracht hat, anwendbar sind. . . . . Es ist zweifellos berechtigt, daß zusgetandenermaßen

---

it will be for H. M.'s Government to show upon what state of facts, and what rules of national law, the destruction of the „Caroline" is to be defended. It will be for that Government to show a necessity of self-defence, instant, overvelming leaving no choice of means and no moment of deliberation."

[1]) Das englische Original spricht von „national law"; dies ist ganz offensichtlich ein Schreibfehler und muß „international law" heißen.

[2]) Vergl. Br. Acc. and Papers, S. 41; Websters Works, VI S. 294 ff.; auch Br. and For. State Papers, XXX S. 195 ff. Die entscheidende Stelle lautet: „It is so far satisfactory to perceive, that we are perfectly agreed as to the general principles of international law applicable to this unfortunate case. . . . Agreeing therefore on the general principle and on the possible exception to which it is liable, the only question between us is, whether this occurance came within the limits fairly to be assigned to such exceptions: whether, to use your words, there was „that necessity of self-defence, instant, overvelming, leaving no choice of means" which preceded the destruction of the „Caroline" while moored to the shore of the United States?"

[3]) eod. S. 55, „Undoubtedly it is just, that while it is admitted that exceptions growing out of the great law of self-defence do exist, those exceptions should be confined to cases in which the necessity of that self-defence is instant, overvelming and leaving no choice of means and no moment for deliberation."

zwar Ausnahmen bestehen, die aus dem großen Recht der Selbstverteidigung folgen, daß solche Ausnahmen aber auf Fälle beschränkt werden sollten, in welchen „die Notwendigkeit dieser Selbstverteidigung gegenwärtig und überwältigend ist, keine Wahl der Mittel und keinen Augenblick der Überlegung zuläßt.“ “

Nach alledem sehen wir, daß die amerikanische Regierung. ganz ebenso wie dies in der oben gegebenen Abgrenzung der auf Selbsterhaltung zu gründenden Interventionen geschehen, hier in bestimmtester und allgemeiner Weise die Zulässigkeit derartiger Angriffe, wie den hier in Betracht kommenden, von vorliegender Notwendigkeit, gegenwärtiger Gefahr und Selbstverteidigung abhängig macht.

Ostende-Manifest.

Einen ähnlichen Standpunkt, unter besonderer Betonung des Erfordernisses der unmittelbaren Gefahr, findet man in dem berühmten Ostende-Manifest, ebenso wie in der Antwort des Staatssekretär Marcy darauf vom 13. November 1854 vertreten.

Über die Umstände, die zur Entstehung dieser beiden Urkunden geführt haben, ist oben im Zusammenhang mit der Geschichte der Monroedoktrin in bezug auf Cuba gesprochen worden.[1])

---

[1]) Siehe oben S. 326 ff.

Ein Abdruck des Manifests findet sich auch in den American History leaflets, herausgegeben von Hart und Channig, Nr. 2: „The Ostend Manifesto, New York 1906.

„Self-preservation is the first law of nature, with States as well as with individuals. All nation have, at different periods, acted upon this maxim, Although it has been made the pretext for committing flagrant injustice, as in the partition of Poland and other similar cases which history records, yet the principle itself. though often abused has always been recognized......

Our past history forbids that we should acquire the island of Cuba without the consent of Spain unless justified by the great law of self-preservation. We must in any event, preserve our own conscious rectitude and our self-respect.

Whilst pursuing this course we can afford to disregard the censures of the world to which we have been so often and so unjustly exposed.

After we shall have offered Spain a price for Cuba far beyond its present value, and this shall have been refused, it will then be time to consider the question, does Cuba, in the possession of Spain seriously endanger our internal peace and the existence of our cherished Union?

Should this question be answered in the affirmative. than, by every law. human and divine, wc shall be justified in wresting it from Spain if we possess the power; and this upon the very same principle that would justify an individual in tearing down the burning house of his neighbor if there were no other means of preventing the flames from destroying his own home.“

Beide sind jedoch meines Wissen mit der hier in Betracht kommenden Frage noch nicht in Verbindung gebracht worden. Deshalb mögen die betreffenden Worte des Manifestes in der Übersetzung hier wiedergegeben werden:

Das Ostende-Manifest erklärte u. a.:

„Selbsterhaltung ist das erste Naturrecht bei Staaten, ebenso wie bei Individuen. Unsere bisherige Geschichte verbietet uns, die Insel Cuba ohne Spaniens Zustimmung zu erwerben, ausgenommen, wenn wir durch das große Gesetz der Selbsterhaltung gerechtfertigt sind. . . . Bringt Cuba in Spaniens Besitz unsern inneren Frieden und das Bestehen unserer geliebten Nation ernstlich in Gefahr?

Sollte diese Frage bejaht werden, dann werden wir nach jedem Recht, menschlichem wie göttlichem, gerechtfertigt dastehen, Cuba von Spanien zu entreißen,falls wir die Macht dazu haben; und dies auf Grund desselben Prinzips, das eine Einzelperson berechtigen würde, das brennende Haus seines Nachbars niederzureißen, falls keine andern Mittel dazu zur Verfügung stünden, die Flammen an der Zerstörung seines eigenen Hauses zu hindern."

Und einen ganz ähnlichen Standpunkt über die Voraussetzungen des Selbsterhaltungsrechts drückt Staatssekretär Marcy in seinem Antwortschreiben vom 13. Dezember 1854 auf dieses Ostende-Manifest aus, von dem bereits oben[1]) die entscheidende Stelle in der Übersetzung gegeben worden ist.

Man sieht also, daß auch hier wieder die Befugnis zur Nichtachtung fremder Souveränität durch Eingreifen in das Eigenleben eines Staates seitens eines anderen durch eine zufolge drohender Gefahr für die Existenz des Angreifers eingetretene Notwendigkeit eines solchen Vorgehens begründet wird.

Nach alledem ist man berechtigt, den Vereinigten Staaten die oben gemachte Abgrenzung des Begriffs des Selbsterhaltungsrechts entgegenzuhalten und daran die Monroedoktrin zu messen.

Kann diese danach aus dem Gesichtspunkt des „Selbsterhaltungsrechts" gerechtfertigt werden und eventuell: inwieweit ist dies der Fall?

Würde man mit der herrschenden Ansicht der Gegner der Monroedoktrin annehmen, die Monroedoktrin sei von einem defensiven zu einem ausschließlich offensiven Grundsatze geworden, ihr Sinn sei nunmehr Imperialismus oder gar Expansion der Vereinigten

---

[1]) Vergl. oben S. 328.

Staaten, so würde die eben gestellte Frage von vornherein verneint werden müssen. Denn eine völkerrechtliche Interventionsbefugnis zu derartigen selbstsüchtigen Zwecken ist ein Widerspruch in sich selbst.

Dasselbe gilt, falls man die Monroedoktrin als ein Mittel zum Schutze des ungestörten Fortschrittes von Wohlfahrt und Gedeihen der Vereinigten Staaten ansieht.[1])

Gewiß ist es eine der berechtigsten Unternehmungen des Staates, sich um den Fortschritt seiner Wohlfahrt und seines Gedeihens zu bemühen und alles zu tun, um dieses zu schützen und zu gewährleisten. Man kann diese Aufgabe sogar als den Inhalt der ihm nach dem Völkerrecht zu seiner Selbsterhaltung obliegenden Tätigkeit erklären, wie dies wiederholt getan worden ist[2].) Aber ebenso sicher hat man, wenn man nicht das völkerrechtliche Gebilde der nebeneinander lebenden Staatenfamilie im Begriffe zerstören will, anzunehmen, daß jeder Staat sich bei Erfüllung dieser Aufgabe grundsätzlich auf den Gebrauch der legitimen Mittel des völkerrechtlichen Verkehrs zu beschränken hat, daß die ihm zustehende Aufgabe der Förderung seines Wohlstandes ihm keine Legitimation dazu gibt, dies unter Verletzung der subjektiven Völkerrechte eines anderen Mitgliedes der Völkerrechtsfamilie zu tun.

Eine Interventionsbefugnis, sei es zur Beförderung, sei es zum Schutze des politischen oder kommerziellen Fortschrittes eines Staates auf Kosten eines andern, kann völkerrechtlich prinzipiell nicht anerkannt werden. Und demgemäß ist die Idee, daß die Monroedoktrin ein Mittel zum Schutze des ungestörten Fortschrittes von Wohlfahrt und Gedeihen der Vereinigten Staaten sei, nicht geeignet, irgend eine Grundlage für ihre Rechtfertigung vom Standpunkt des Völkerrechts aus abzugeben.

Unterstellt man dagegen die Behauptung als richtig, daß die Monroedoktrin auch gegenwärtig noch, wenigstens zugleich mit anderen Zwecken, der Verteidigung des ungeschmälerten Bestandes der Vereinigten Staaten zu dienen bestimmt sei, so fallen unter den Kreis der von ihr angedrohten Interventionen in der

---

[1]) Siehe oben S. 348.

[2]) Vergl. hier beispielsweise Bonfils, Nr. 243 S. 143; Chretien, Nr. 187 ff. S. 188 ff.; Foignet, S. 75 f.; Hall, S. 43 f.; Nys, II S. 217 ff.; Pradier-F., Nr. 219 S. 366 und Nr. 261 S. 424; Rivier, Princ., I S. 265 ff.

Tat auch solche Maßnahmen, die zur Abwehr einer gegenwärtigen Gefahr für die Vereinigten Staaten notwendig erscheinen. Die Monroedoktrin umfaßt unter dieser Voraussetzung begrifflich dann auch Interventionsdrohungen, die unter dem Gesichtspunkte der Selbsterhaltung gerechtfertigt sind.

Sie bezieht sich aber auch dann nicht nur ausschließlich, ja, nicht nur in erster Linie auf solche, ist vielmehr viel weiter gefaßt.

Nach der oben gegebenen Begriffsbestimmung hat man den Kreis der mit dem „Selbsterhaltungsrechte" zu begründenden Interventionen auf solche Maßnahmen zu beschränken, die zur Abwehr einer gegenwärtigen Gefahr für den unverletzten Bestand des intervenierenden Staates notwendig erscheinen.[1])

Dieser Kreis ist viel enger als der durch die Monroedoktrin umschriebene.

Nicht einmal die Monroe*botschaft* beschränkte sich darauf, sich nur gegen diejenigen Handlungen zu richten, auf welche sich die eben wiederholte Begriffsbestimmung bezieht. Denn sie verbot gewisse Kolonisierungshandlungen und gewisse Einmischungen europäischer Staaten, die von ihnen zu dem Zwecke vorgenommen werden würden, um ihre politische Macht in Amerika zu vergrößern. Solche Handlungen berühren jedoch auch für den Fall, daß sie erfolgreich sind, nicht notwendig überhaupt irgendwie die Vereinigten Staaten, geschweige denn, daß sie eine gegenwärtige Gefahr für deren unverletzten Bestand notwendig in sich schließen und ihr Eingreifen deshalb erforderlich machen. Sie tun dies weder für sich betrachtet als Einzelereignisse, noch dann, wenn man ihnen die Bedeutung des Anfanges einer Kette politischer Tätigkeiten nichtamerikanischer Mächte in Amerika, den Charakter von Präzedenzfällen beilegt. Sie mögen eine Gefahr für die betreffenden amerikanischen Staaten, gegen die sie sich direkt richten, bedeuten und mögen so geartet sein, daß sie gewaltsame Zurückweisungshandlungen *dieser* Mächte völkerrechtlich gerechtfertigt erscheinen lassen. Eine Gefahr für die Vereinigten Staaten und insbesondere eine gegenwärtige, für ihren unverletzten Bestand bestehende und ihr sofortiges Eingreifen notwendig machende, brauchen sie nicht zu enthalten, und werden sie tatsächlich nur in sehr seltenen Fällen darstellen.

---

[1]) Siehe oben S. 373.

War schon die Monroe*botschaft* weiter als der Kreis jener Handlungen, die als Selbsterhaltungsmaßregeln gerechtfertigt werden können, so ist das in noch viel größerem Maße von der Monroe*doktrin* der Fall, in dem Umfange, wie sie heutzutage besteht.

Sie richtet sich gegenwärtig ja gegen *jede* von nichtamerikanischer Seite ausgehende Handlung, die nach Ansicht der Vereinigten Staaten dazu geeignet ist, mittelbar oder unmittelbar einem nichtamerikanischen Staate in bezug auf amerikanisches Gebiet, das nicht zu den Vereinigten Staaten gehört, politische Macht zu geben oder zu vermehren.[1])

Aus dieser Begriffsbestimmung, wie wir sie oben zum Schlusse der Ausführungen über ihre geschichtliche Entwickelung zusammenfassend gegeben hatten, ergibt sich folgendes:

Die Monroedoktrin hat nunmehr einen derartig weiten Umfang angenommen, daß sie sich sogar schon gegen solche Handlungen wendet, die möglicherweise eine Situation schaffen können, welche zu einem Machtzuwachs nichtamerikanischer Staaten in Amerika zu führen geeignet ist, ein Machtzuwachs, der vielleicht in seinen Folgen den Vereinigten Staaten einmal gefährlich werden mag.

Hinzu tritt, daß der Begriff der Gefahr kein objektiv bestimmter ist, vielmehr in seinem Bestehen und in seinem Grade von der Widerstandskraft desjenigen Staates abhängt, dem die betreffende Gefahr gegenüber tritt: Was gefährlich für Paraguay oder für Panama oder für Santo Domingo ist, ist noch nicht gefährlich für die Vereinigten Staaten.

Man kann sogar so weit gehen, die Frage zu stellen, ob denn bei der gegenwärtigen Stärke der Vereinigten Staaten die Verteilung auch des *gesamten* übrigen amerikanischen Kontinents an nichtamerikanische Kolonialmächte überhaupt diesem Staatswesen würde gefährlich werden können.

Sicherlich birgt bei einer nur einigermaßen unbefangenen Auffassung vom Begriff der Gefahr, wie er hier gebraucht wird, der Besitz der Margarita-Insel durch Deutschland, oder von St. Barthélemy durch Italien anstatt durch Schweden, oder um nur noch ein Beispiel anzuführen, der Erwerb eines Stückes

[1]) Vergl. oben S. 349 f.

venezuelanischen Gebietes am Ende eines lang ausgezogenen Grenzstreites durch England keine Gefahr für die Vereinigten Staaten in sich.

Aber ganz abgesehen hiervon, bedarf es überhaupt gar keiner langen Ausführungen für die folgende Feststellung:

Ein derartig mittelbarer und doppelt bedingter Gefahrbegriff, wie der eben bestimmte, kann nicht dazu geeignet sein, die von der Monroedoktrin angedrohten Handlungen mit dem Selbsterhaltungsrecht zu rechtfertigen. Wollte man ihn als taugliche Grundlage zur Rechtfertigung von Interventionen aus dem Gesichtspunkte der Selbsterhaltung ansehen, so würde dem Begriff des Selbsterhaltungsrechts dadurch eine Ausdehnung gegeben werden, die jeder unter seinem Schilde vorgenommenen Gewalthandlung die Möglichkeit einer völkerrechtlichen Begründung bieten würde.

Blickt man weiter unter diesem Gesichtswinkel auf die Geschichte der Monroedoktrin zurück, so hat man zu sagen:

Nicht ein Fall, in dem die Vereinigten Staaten sich auf Grund der Monroedoktrin in Angelegenheiten zwischen einer amerikanischen und einer nichtamerikanischen Macht eingemischt haben, führt tatsächlich auf berechtigte Selbsterhaltung zurück.

Fraglich könnte das höchstens in bezug auf ihr Verhalten gegenüber der französischen Intervention in Mexiko sein, ein Verhalten, das in der Tat häufig auf die Selbsterhaltung gestützt wird. Aber unter Zugrundelegung der oben gegebenen Grenzbestimmung vom Begriff der berechtigten Intervention zum Zwecke der Selbsterhaltung kommt man dazu, dieser Ansicht zu widersprechen. Denn wenn damals auch Napoleons Pläne geglückt wären, wenn er den von ihm erstrebten beherrschenden Einfluß auf die mexikanischen politischen Verhältnisse tatsächlich erworben haben würde, so hätte dies zwar vielleicht und wahrscheinlich einen unmittelbaren ungünstigen Einfluß auf den amerikanischen Handel gehabt. Das Gelingen der napoleonischen Pläne würde dem Fortschritt des amerikanischen Wohlstandes hinderlich gewesen sein und würde diesem einen Damm entgegengestellt haben. Ebenso würde das Entstehen einer neuen starken politischen Macht in Amerika dem Wachsen der politischen Machtstellung der Vereinigten Staaten dort ein Hemmschuh gewesen sein, was herbeizuführen ja auch tatsächlich die ausgesprochene Idee Napoleons gewesen ist.[1]) Eine unmittelbare Gefahr für den Bestand der amerikanischen Union würde darin aber nicht gelegen haben.

Aus alledem folgt:

Unter der Voraussetzung, daß man überhaupt das Fortbestehen eines defensiven Charakters der Monroedoktrin anerkennt und nicht annimmt, sie diene nunmehr lediglich aggressiven Zwecken, droht sie zwar Zwangshandlungen der Vereinigten Staaten auch in solchen Fällen an, wo die betreffende Intervention unter dem Gesichtspunkte der Selbsterhaltung völkerrechtlich gerechtfertigt erscheint. Andererseits ist sie aber viel weiter gefaßt, und es bleibt eine größere Gruppe von Interventionen übrig, die sich darauf nicht stützen lassen.

Tatsächlich hat ferner das Selbsterhaltungsrecht geschichtlich bisher noch keine Rolle als ein Rechtfertigungsgrund der Monroedoktrin gespielt; denn bisher liegt noch kein Fall vor, in dem die Vereinigten Staaten in die Beziehungen zwischen einer europäischen und einer nichteuropäischen Macht einzugreifen deshalb berechtigt gewesen wären, weil ein solches Eingreifen zur Abwehr einer gegenwärtigen Gefahr für den Bestand der Vereinigten Staaten tatsächlich notwendig war.

2. Monroedoktrin und politisches Gleichgewicht.[2])

Die nächste Frage, die in diesem Zusammenhange wenigstens einer kurzen Erörterung bedarf, ist die über das Verhältnis der Monroedoktrin zum sogenannten Grundsatz des „politischen Gleichgewichts".

Dieses Prinzip wird häufig als eines ihrer Rechtfertigungsgründe angeführt.

---

[1]) Vergl. oben S. 122 Anm. 1.

[2]) Über das Gleichgewicht der Kräfte vergl. die folgende, auswahlsweise zusammengestellte Übersicht:

Danewsky: L'Equilibre politique, la légitimité et le principe des nationalités, St. Petersburg 1882; Donnadieu, Léonce, Essay sur la Théorie de l'Equlibre, étude d'histoire diplomatique et de droit international, Paris 1900; Dupuis, Le principe d'équilibre et le concert européen de la paix de Westphalie à l'acte d'Algesiras (1648—1906) Paris 1909; Kaeber, E., Die Idee des europäischen Gleichgewichts in der publizistischen Literatur vom 16. bis zur Mitte des 18. Jahrhunderts, Berlin 1907; de Stieglitz: De l équilibre politique du légitimisme usw., 3 Bde., 1893—1897 Paris.

Aus allgemeineren völkerrechtlichen Werken vergl. außer diesen Monographien besonders Bluntschli, Nr. 95 ff. S. 101 ff.; Bonfils, Nr. 23 S. 9 und Nr. 248 S. 147 ff.; Carnazza-A., I S. 421 ff.; Creasy, S. 278 ff.; Despagnet,

Es wird dabei folgendermaßen argumentiert: Man behauptet, die Aufrechterhaltung des europäischen Gleichgewichts sei geeignet, einen Rechtfertigungsgrund für gewisse Interventionen enropäischer Mächte abzugeben. Das in Amerika bestehende Verhältnis der verschiedenen Staaten zu einander berechtige die Vereinigten Staaten dort zu einem entsprechenden Vorgehen zu dem Zwecke, die bestehende Kräfteverteilung in jenem Weltteil aufrecht zu erhalten. Die Monroedoktrin sei ihrem Wesen nach nichts anderes in Amerika, als was das europäische Gleichgewicht für Europa sei.[1])

Man kann hier davon absehen, ob der Nachweis geführt worden ist oder auch nur geführt werden kann, daß das europäische Gleichgewicht in der Tat einen völkerrechtlichen Rechtfertigungsgrund für bestimmt geartete Interventionen abzugeben geeignet ist. Fest steht jedenfalls soviel, daß derartige Interventionen oft geübt und ebenso oft mißbraucht worden sind.

Und kaum zweifelhaft wird es andererseits sein, daß jene Parallele zwischen Europa und Amerika in bezug auf das Bestehen

---

Nr. 176 ff. S. 227 ff.; Gareis, S. 20; Heffter, § 5 S. 10 ff.; Oppenheim (1. Aufl.) I S. 80, 193, 289, 307; Taylor, besonders S. 98 ff.; Twiss, S. 187 ff.

Und von den Gegnern dieses Prinzips vergl. besonders Bulmerincq, Praxis, S. 40 ff. (er bezeichnet das System des politischen Gleichgewichts auf S. 48 als „unerfindlich"); Lawrence, S. 127 ff.; Mérignhac, I S. 242 ff. Pradier-F., I S. 424 ff., Nr. 262 ff.; Rivier, Princ., I S. 276 f. und S. 405; Westlake, S. 303 f.

1) Vergl. hier die besonders typischen Bemerkungen Kassons, S. 269: „The Europeen critics of the Monroe Doctrine say that it is not recognized as a part of a code of international law, and does not therefore bind other nations, and is not entitled to observance by them. Was the Doctrine of the „Balance of Power" a part of that code? Was it declared in that code that Russia should not seize Constantinople? Or that France should not seize and appropriate to her own trade the great ports of China? Would Germany for that reason permit France or England to have permanent possession of the Port of Rotterdam or of Antwerp? Or acquire a strong military or naval position on the coast of Denmark? Would the Europeen powers quietly permit the United States because of the silence of the international code of the subject to acquire Sicily, and establish a republican dependent government there? Spheres of influence are not recognized by international law, but they are respected by the common sense of nations; and this recognition promotes the peace of the world." — Etwas konziser als in diesen verworrenen, jedoch nicht selten in ähnlicher Fassung zu findenden Bemerkungen findet sich die oben bekämpfte Ansicht ausgesprochen, beispielsweise bei Hershey, Ann. Am. Acc. Pol. and Soc. Sc., XI (1898) S. 66 und Tucker, S. 131.

Vorsichtiger Davis, S. 110, Anm. Er erklärt, die Vereinigten Staaten hätten die Aufgabe, den Frieden und die Integrität der amerikanischen Staaten zu erhalten und fährt fort: „In this respect it bears a relation to the States of America in some respects resembling that borne by the principle of the Balance of Power, and has the same claim to consideration from the point of view of international law. Vergl. auch die Bemerkung Pétins in der nächsten Anmerkung.

eines politischen Verhältnisses zwischen verschiedenen Staaten, das als Rechtfertigungsgrund für Interventionen dienen könnte, keine weitere Bedeutung als die eines unglücklichen Vergleiches hat. Sie wäre nur dann ernstlich diskutierbar, wenn sie sich auf ein in Amerika bestehendes Gleichgewicht der Kräfte bezöge. So weit geht jene Parallele jedoch nicht. Das Bestehen eines derartigen politischen Verhältnisses in Amerika wird nicht behauptet und kann nicht behauptet werden. In der Tat waren das politische System Europas und das in Amerika existierende schon grundverschieden in den Zeiten des Präsidenten Monroe und sind es heute in noch viel größerem Umfange wie damals. Nicht nur, daß sich dort etwas wie ein politisches Gleichgewicht nicht eingeführt hat; es hat sich im Gegenteil in Amerika ein so ausgesprochenes System der einseitigen politischen Überlegenheit der Vereinigten Staaten über die übrigen amerikanischen Nationen herausgebildet, daß sein Bestehen in Europa wahrscheinlich ein Vorgehen der übrigen Mächte gegen den betreffenden Staat zur Aufrechterhaltung des europäischen Gleichgewichts veranlassen würde, und daß seine Bezeichnung mit einem Worte, wie „Gleichgewicht", einen Mißbrauch dieses Ausdruckes bedeutet.[1])

Nach alledem läßt sich folgendes sagen: Erkennt man auch an, daß das System des europäischen Gleichgewichts ein völkerrechtlicher Grundsatz sei,[2]) und daß sich aus ihm ein Interventions-

[1]) Die oben vertretene Ansicht steht in besonders scharfem Widerspruch zu den folgenden Worten Pétins, S. 53: „La Doctrine de Monroe, a-t-on dit c'est le principe de l'équilibre appliqué à l'Amérique. Opinion ingénieuse dont on ne peut nier la vérité, car il est fort possible que la doctrine de Monroe soit la „balance of powers" de l'Amérique."

Demgegenüber vergl. z. B. die Worte von Lawrence, (3. Aufl.) S. 130: „The political circumstances of the new world have happily prevented the growt of such a system (-balance of power) on the American continent, and its importation from Europe has been avoided, owing to the wise policy of successive administrations from that of Monroe onwards."

[2]) Die Völkerrechtsnatur des Equilibriums wird bekanntlich mit gewichtigen Gründen bestritten. Vergl. hier z. B. Bonfils, S. 143; er erklärt dies Prinzip selbst sei kein Rechtssatz, sondern eine Methode zur Anwendung des Rechtsgrundsatzes der Selbsterhaltung; Bulmerincq, I S. 49; Kaltenborn, Kritik des Völkerrechts, Leipzig 1847; S. 193; Klüber, S. 81; Pétin, S. 53; Pillet, Recherches sur les droits fondamentaux des Etats, R. G., 1898, S. 252. Vergl. auch Davis, S. 106; v. Liszt, S. 13, und besonders energisch Dupuis, S. 90 ff.

Andererseits vergl. besonders Twiss, S. 187 f.; er erklärt, das Prinzip des europäischen Gleichgewichts sei seit dem Utrechter Frieden von 1713 ein ausdrücklich anerkannter Satz des positiven Rechts; ebenso Despagnet, S. 228; vorsichtiger drückt sich Taylor, S. 425, Anm. 48 aus, der dort in bezug auf dieses Prinzip von „Express recognition as a de facto system" redet.

recht europäischer Mächte zu seiner Aufrechterhaltung ableiten läßt,[1]) so sind alle diese Tatsachen hier doch ohne jedwede Bedeutung und nicht geeignet die Monroedoktrin völkerrechtlich irgendwie zu rechtfertigen.

Eine direkte Beziehung zwischen Monroedoktrin und jenem Prinzip des politischen Gleichgewichts wird durch die Behauptung hergestellt, die Vereinigten Staaten brauchten jene Doktrin zur Aufrechterhaltung eines Gleichgewichts der Kräfte der Welt.[2])

Für das Prinzip des europäischen Gleichgewichts könnte vielleicht mit Rücksicht auf eine Reihe seiner ausdrücklich gedenkenden völkerrechtlichen Verträge der Schatten eines Zweifels dahingehend bestehen, ob es nicht doch ein Völkerrechtssatz sei.

Für den unfertigen und erst im Bestehen befindlichen Begriff des Gleichgewichts der Kräfte der Welt ist dies nicht der Fall. Dieser Begriff ist ein rein politischer Grundsatz. Er hat seine Rechtfertigung ebenso wie die Monroedoktrin in allgemeinen völker-

---

[1]) Dafür daß sich Interventionen zur Aufrechterhaltung des Gleichgewichts der Kräfte rechtfertigen lassen, sprechen sich unter verschiedener Begründung mehr oder weniger unbeschränkt insbesondere die folgenden aus: Bluntschli, S. 102 f.; Creasy, S. 284 ff.; Geffcken, Separatdruck seiner Arbeit in H. H. Hamburg 1887, S. 27 f.; Halleck, S. 559 ff.; Martens, I S. 302; vergl. auch S. 295. Martens meint, der zwischen den betreffenden Staaten bestehende Zustand müsse direkt die Interessen der internationalen Gesellschaft verletzen; Oppenheim, I S. 193; Phillimore, I S. 560 ff.; Pomeroy, S. 245; Pradier-F., Nr. 372, S. 568 ff.; Strauch, S. 10; Taylor, S. 425 f.; Ullmann, S. 463; Woolsey, S. 44.

Über die Voraussetzungen der Berechtigung solcher Intervention herrscht Streit. Die überwiegende Meinung begnügt sich einfach mit der Feststellung, daß das Prinzip vom politischen Gleichgewicht seinerseits auf dem Selbsterhaltungsrecht beruhe. Vergl. hier Bluntschli, Nr. 98 S. 102; Halleck, I S. 559; Heffter, S. 73; Martens, I S. 295; Mérignhac, I S. 242; Woolsey, S. 45 ff.; besonders Rivier, Princ., I S. 400; vergl. ferner de Floeckher S. 35 („On ne pourra parler de l'admissibilité d'une intervention que dans le cas où il y aura en même temps une menace pour leur existence politique"); auch Cherston Baker, S. 180 spricht es aus, daß Interventionen für die Aufrechterhaltung des Gleichgewichts der Kräfte lediglich auf Selbstverteidigung beruhen. Walker, Manual, S. 24 f. endlich erklärt: „Interventions in persuance of the decrées of the Concert of Europe is a special instance of intervention prompted by the needs of self-defence." Vergl. auch unten S. 390 Anm. 1.

[2]) Vergl. hier besonders Oppenheim, I S. 198.

Vergl. hier auch die Worte Everetts im Schreiben an den Grafen Sartiges vom 1. Dezember 1852, abgedruckt in Sen. Ex. Doc., Nr 12, 32. Cong. 2. sess. S. 15 ff., worin er das Widerstreben der Vereinigten Staaten gegen den Übergang Cubas an eine andere Macht begründet. Everett sagt dort u. a.: „That event would not take place without a serious derangement of the international system now existing, and it would indicate designs in reference to this hemisphere which could not but awaken alarm in the United States."

rechtlichen Sätzen zu suchen. Und da er ebenso wenig wie jene bisher völkerrechtlich anerkannt worden ist, so ist der einzige Rechtfertigungsgrund, der für ihn gefunden werden kann, die Selbsterhaltungsbefugnis.

Unter diesen Umständen ermangelt dieser Begriff neben dem Selbsterhaltungsrechte für unsere Zwecke jeder völkerrechtlichen Sonderbedeutung, und die Monroedoktrin kann nicht mit der Behauptung gerechtfertigt werden, sie sei zur Aufrechterhaltung dieses rein politischen Grundsatzes notwendig.

Überdies ist auch hier in tatsächlicher Hinsicht zu leugnen, daß jedweder politischer Machtzuwachs oder auch nur irgend ein solcher, der einer nichtamerikanischen Nation in Amerika zufällt, das Gleichgewicht der Kräfte der Welt erschüttern oder auch nur gefährden würde.

Der Grundsatz des politischen Gleichgewichts, in welche Beziehungen man ihn auch zur Monroedoktrin bringen mag, ist nach alledem völlig ungeeignet, irgendwie zur Rechtfertigung der Monroedoktrin beizutragen.

3. Monroedoktrin und Völkerrechtsdelikt.

Von weit größerer Bedeutung als die eben behandelte Frage ist diejenige, ob und inwieweit sich die Monroedoktrin aus dem Gesichtspunkte rechtfertigen lasse, daß sie die gewaltsame Zurückweisung ungerechtfertigter Verletzungen völkerrechtlich geschützter Interessen eines amerikanischen Staates (oder einer nichtamerikanischen Macht, die in Amerika Kolonialbesitz hat) durch einen nichtamerikanischen seitens der Vereinigten Staaten androht.

Der Begriff des völkerrechtlichen Delikts im Sinne eines von einem Völkerrechtssubjekte ausgehenden Unrechts gegenüber einem andern Staate ist wissenschaftlich noch sehr unausgebildet. Insbesondere ist er noch nicht von den übrigen Handlungen, die die völkerrechtliche Haftpflicht eines Staates herbeiführen können, begrifflich klar abgegrenzt worden.[1])

---

[1]) Vergl. hier insbesondere v. Liszt, S. 177 ff., der die folgende glückliche Definition gibt: „Völkerrechtliches Delikt ist die von einem Staate ausgehende Verletzung eines völkerrechtlich geschützten Interesses eines anderen Staates.“

Über einen Punkt, der hier von besonderer Bedeutung ist, herrscht jedoch in der Literatur eine große Übereinstimmung: Man ist sich fast völlig darüber einig, daß unberechtigte Interventionen eines Staates gegenüber einem andern jedem dritten das sogenannte Recht der Gegenintervention geben.[1])

Die Berechtigung eines Staates, im Falle sonstiger deliktischer Handlungen eines anderen Staates gegen einen dritten, die nicht Interventionen sind, einzuschreiten, wird dagegen nur gelegentlich und in engen Grenzen anerkannt und dann zumeist lediglich unter dem Gesichtspunkte des Angriffes auf das Völkerrecht selbst.[2])

---

v. Liszt bemerkt übrigens zutreffend weiter, daß jede Verletzung völkerrechtlich geschützter Interessen ein Delikt sei, daß strafbares vom nicht strafbaren Unrecht im Völkerrecht nicht zu trennen seien und daß deshalb auch einfache Vertragswidrigkeit, soweit es sich wirklich um völkerrechtliche Verträge handelt, sich als Delikt darstelle.

Vergl. ferner Bonfils, S. 589 f., Nr. 929: „Les délits et quasi-délits se produisent sous forme de lésions, d'atteintes illicites portées, volontairement ou involontairement, sans motifs légitimes, aux droits d'un autre Etat, à la liberté ou à l'honneur d'un de ses sujets".

Ferner Gareis, S. 215. Nach ihm sind völkerrechtliche Delikte Verstöße gegen völkerrechtliche Verträge oder gegen ein Grundrecht.

Vergl. weiter Despagnet, S. 731 ff., Nr. 464 ff.; Heffter, Nr. 100 ff. S. 218 ff.; Hershey, S. 161 f.; Holtzendorff in H. H., II S. 70 ff., wonach völkerrechtliches Delikt jede Grundrechtsverletzung ist; Martens, II S. 41 f. Neumann, S. 85 f.

Oppenheim, I S. 209: „International delinquency is every injury to another State committed by the head and the Government of a State through neglect of an international legal duty."

Piédelièvre, S. 1, 317 ff. Nr. 365 ff.

Ullmann, S. 147 ff.: „Als völkerrechtliches Delikt erscheinen alle Angriffe gegen die durch das Völkerrecht den Völkerrechtssubjekten verbürgte Rechtssphäre."

Zorn, S. 154 ff. bestimmt Völkerrechtsdelikt als die Verletzung von Staatshoheitsrechten eines Staates durch die Willensäußerung eines andern Staates.

[1]) Vergl. hier auswahlsweise: Bluntschli, § 479 S. 269; Bry, S. 138: „second intervention pour contrebalancer une première intervention et en paralyser les efects"; Creasy, S. 295; Despagnet, S. 255, Nr. 197; Hall, S. 282; Hershey, S. 150; Lawrence, (Bd. IV) S. 126; Pétin, S. 68; Taylor, § 427 Nr. 427.

Beschränkter: Heffter, Nr. 45 S. 111: „Ein Einspruchsrecht gegen die unbefugte Intervention eines anderen Staates in die Angelegenheiten eines dritten Staates, insofern .... durch diese Intervention ein auch für die übrigen oder für bestimmte Staaten rechtsverletzendes Prinzip aufgestellt wird."

[2]) Vergl. hier z. B. Bluntschli, S. 264 Nr. 471: „Wenn die Verletzung des Völkerrechts gemeingefährlich ist, so .... sind die übrigen Staaten .... veranlaßt, dagegen zu wirken und für Herstellung und Sicherung der Rechtsordnung einzustehen."

Geffcken, in H. H., IV § 45 S. 157 f.: „Grobe Verletzung des Völkerrechts kann gerechten Grund zur Intervention geben." Er führt auf S. 158 dafür den „rechtlosen Überfall eines Staates" als Beispiel an.

Hall, (6. Aufl.) S. 282, der die Contreintervention schlechtweg als berechtigt anerkennt, erklärt: „.... that the existence of a right to oppose acts contrary

Ein Grund für eine derartige Sonderbehandlung von Gegeninterventionen liegt nicht vor. Es ist nicht ersichtlich, warum Interventionen in innere Angelegenheiten eines Staates oder in die Beziehungen zweier Staaten seitens eines andern einer dritten Macht mehr Anlaß und ein größeres Recht zum Einspringen geben sollten als sonstige deliktische Angriffe eines Staates auf einen andern.

Die Erzwingung eines ungerechtfertigten Anspruches oder frivoles Händelsuchen kann völkerrechtlich ein ebenso schwerwiegendes oder sogar ein schwereres Unrecht sein, wie eine unberechtigte Intervention.

Was nun in diesem Falle das Recht der Intervention eines dritten Staates anlangt, so ist es mit ebenso viel Grund zuzulassen, wie die völkerrechtliche Befugnis, Gegeninterventionen vorzunehmen.

Dies folgt zwar nicht aus dem Selbsterhaltungsrecht, wie zuweilen behauptet worden ist.[1])

Das Selbsterhaltungsrecht würde ja, richtig verstanden, eine Interventionsbefugnis nur in ganz engen Grenzen und nur dann rechtfertigen, wenn der betreffende deliktische Angriff eine

---

to law, and to use force for the purpose when infractions are sufficiently serious, is a necessary condition of the existence of an efficient international law."

Lawrence, (3. Aufl.) S. 119: „War to rebut the aggression of an unscrupulous neighbor is the most just and necessary of all wars. Intervention to prevent an unscrupulous neighbor from aggressive interference in the concerns of a third power is the most unselfish of all interventions.... Intervention to prevent or terminate the illegal intervention of another state is justifiable."

v. Martens, I S. 302: „Ein legaler Grund zur Intervention liegt auch bei Verletzung von Verträgen, sofern diesen die Kraft allgemein verbindlicher Völkergesetze innewohnt, vor."

Oppenheim, I S. 191, hält Interventionen dann für berechtigt, wenn ein Staat allgemein anerkannte Regeln des Völkerrechts verletzt.

Pradier-F., I S. 671 f. Nr. 437, kennt eine „intervention pour faire respecter les principes généraux du droit international, lorsque ceux-ci viendraient à être violés".

Ullmann, S. 463: „Kollektives Vorgehen der leitenden Mächte wird, (abgesehen von den Fällen der Bedrohung des Gleichgewichts der Staaten) dann als zulässig erscheinen, wenn das Verhalten eines Staates die Regierung der Grundlagen der internationalen Ordnung und des Völkerrechtes bekundet."

, Westlake, I S. 304: „When the relations between any two or more states have either passed into war or reached a degree of tension clearly threatening war, to deny the right of any other state to intervene in support of justice would be to deny the existence of an international society."

[1]) Die Rechtfertigungsgründe sind im übrigen recht buntscheckig. Vergl. an dieser Stelle beispielsweise: Geffcken, in H. H., IV S. 158; er verlangt Gemeingefahr für alle Staaten; ferner Halls Ausführungen in der letzten Anm.; Lawrence, (3. Aufl.) S. 126 (Selbsterhaltung der Gesellschaft); Rivier, Princ., I S. 400; Lehrb. S. 246; Westlake: siehe letzte Anmerkung.

unmittelbare Gefahr für den dritten Zwischeninterventienten, sei es in seinem Einzeldasein oder sei es als Mitglied der Völkerrechtsfamilie, bedeuten und deshalb als notwendig erscheinen würde.[1])

Das ist aber bei derartigen Völkerrechtsdelikten, wie sie hier in Frage stehen, keineswegs immer oder nur oft der Fall. Die Begehung eines völkerrechtlichen Delikts seitens des einen Staates gegenüber einem andern bedeutet im Gegenteil nur ganz selten und in schwer denkbaren Fällen zugleich auch eine unmittelbare Gefahr für unbeteiligte dritte Mächte.

Der Rechtfertigungsgrund für Interventionen zur Zurückweisung völkerrechtlicher Delikte ist meines Erachtens vielmehr mittelbar aus einer andern Tatsache zu gewinnen. Er folgt aus der Befugnis eines Staates, die ihm zufolge seiner Eigenschaft als eines völkerrechtlichen Rechtssubjektes unmittelbar zuzubilligen ist, für gerechte Zwecke Verträge, insbesondere politische Schutz- oder Garantie- oder Protektionsverträge, oder auch Verteidigungsallianzen abzuschließen.[2])

Aus dieser Befugnis kann man unbedenklich unmittelbar als logische Folge die Befugnis eines jeden Staates ableiten, auf Grund konkreter Willensübereinstimmung für den betreffenden Einzelfall einer andern Nation bei der Zurückweisung ihres Angreifers behilflich zu sein.

Diese Befugnis findet natürlich ihre Grenze darin, einmal, daß der hilfreiche Intervenient eine gerechte Sache unterstützt oder wenigstens zu untersützen meint.[3]) Ferner muß der betreffende Angriff in der Tat deliktisch sein. Und vor allen Dingen darf

---

[1]) Siehe oben S. 373.

[2]) Das Recht des Abschlusses von Allianzen wird übrigens ebenfalls zuweilen aus dem Selbsterhaltungsrechte abgeleitet. Vergl. z. B. Pradier-F., I S. 420 f.; auch Rivier, Princ., I S. 275; Twiss, I S. 185.

Für das Recht des Vertragsschlusses wird die oben vertretene Ansicht ge teilt, z. B. von Hall, S. 317; Halleck, I S. 288; Hershey, S. 147, der es ausspricht, aus Souveränität und Unabhängigkeit folge das Recht: „to negotiate and conclude treaties and alliances which are not in violation of international law." Vergl. weiter auch Fiore, S. 385 Nr. 753; Funk-Brentano und Sorel, S. 96: „C'est parce que les Etats sont souverains qu'ils ont le droit de négocier et de traiter."

[3]) Vergl. hier besonders Despagnet, Nr. 444 ff. S. 689 ff.; Fiore, 1911 S. 391 Nr. 755 ff.; Halleck, II S. 6. Er geht davon aus, daß jedem Allianzvertrag die stillschweigende Klausel beigefügt sei, er solle nicht bindend sein außer im Falle eines gerechten Krieges. In Bd. I S. 293 erklärt Halleck, jeder Staat habe das Recht, Verträge nach seinem Belieben abzuschließen, soweit sie nicht das gleiche Recht anderer verletzten. Vergl. weiter Martens, Préc. § 119, Oppenheim, I S. 548 f., der erklärt, es sei eine anerkannte Regel des

drittens die Hilfe nicht gegen den Willen des Bedrohten aufgedrängt werden. Denn die Unabhängigkeit jedes souveränen Staates gibt ihm zugleich das Recht, selbst und frei darüber zu entscheiden ob er eintretenden Falles die Hilfe einer andern Macht annehmen oder zurückweisen will.[1])

Überblickt man unter diesen Gesichtspunkten die Anwendungsfälle der Monroedoktrin, so sieht man, daß die Vereinigten Staaten ihr Eingreifen niemals von der Bereitschaft der in Frage kommenden amerikanischen Macht, ihre Hilfe auch anzunehmen, abhängig gemacht haben. Sie haben nie daran gedacht, daß die Wünsche der betreffenden amerikanischen Nation auf ihre Entschließung, die Monroedoktrin anzuwenden oder nicht, einen Einfluß ausüben sollten.

Wie sie ihre Verpflichtung, ihrerseits dem Hilfsbegehren solcher Staaten Gewähr zu geben, stets verneint haben,[2]) so haben sie auch ihre Haltung niemals von einem Ansuchen oder auch nur einem Einverständnisse derselben beeinflussen lassen.

Diese Tatsache, für die die Geschichte mannigfache Belege gibt, drückt sich bereits in der Formulierung der Monroe**botschaft** aus. Denn schon diese sprach einfach davon, daß die in ihr als unzulässig bezeichneten Handlungen mit den Rechten und Interessen der Vereinigten Staaten kollidierten.

Hiervon abgesehen, kann man feststellen, daß die unter die Monroedoktrin fallenden Interventionsdrohungen tatsächlich in beträchtlichem Umfange als völkerrechtlich berechtigt erscheinen, weil sie sich als Ankündigungen der Vereinigten Staaten darstellen, amerikanischen Mächten ihre Hilfe gegen deliktische Angriffe nichtamerikanischer Staaten zu gewähren.

Die von der Monroe**botschaft** umfaßten Fälle gruppieren sich sogar fast sämtlich hier ein.[3]) Denn sowohl gewaltsame Ko-

Völkerrechts, daß unmoralische Verbindlichkeiten nicht Gegenstand eines völkerrechtlichen Vertrags sein könnten. Vergl. endlich Pomeroy, S. 349 und Wheaton-Atlay, S. 400 f., der bei einem Allianzvertrage ebenfalls für den Eintritt des „Casus föderis" eine „justa causa" fordert.

[1]) Dieser Punkt wird von der Literatur sehr vernachlässigt. Vergl. jedoch Heffter, Europäisches Völkerrecht, S. 72: „Gegen drohende oder bereits angefangene Vergewaltigung anderer tritt das Recht der Notwehr bis zur Anwendung völliger Gefahr in Kraft, und jeder Dritte ist sogar berechtigt, dazu Beistand zu leisten, wenn der Bedrohte ihn nicht von sich weiset."

[2]) Siehe oben S. 277 ff.

[3]) Vergl. hier besonders Mérignhac, in Rev. de Droit public usw., l. c. S. 8 und Droit Public et international, I S. 404 f. Er macht folgende Bemerkung:

lonisationen auf fremdem Staatsgebiete, wie gewaltsame Beschränkungen der politischen Betätigungsfreiheit eines andern Staates zum Zwecke eigener politischer Machtvermehrung sind als rechtlose Verletzungen der Unabhängigkeit des mißachteten Staates völkerrechtliche Delikte.

Und wenn man die Fälle überschaut, in denen die Vereinigten Staaten eingegriffen haben, so findet man eine größere Anzahl, bei denen dieser Gesichtspunkt in der Tat einschlug und gelten zu lassen ist.

Dies ist besonders von ihrem Eingreifen in die französische Intervention in Mexiko der Fall:[1]) Das Vorgehen Napoleons war ohne jede Berechtigung vorgenommen. Es war ein klares völkerrechtliches Delikt; und andererseits war das Eingreifen der Vereinigten Staaten in den republikanischen Kreisen Mexikos durchaus erwünscht und traf dort auf keinerlei Widerspruch.

Hierher gehört weiter auch der Venezuela-Grenzstreit. Für die Beurteilung dieses Falles hat man einmal davon auszugehen, daß die Vereinigten Staaten das Verhalten Englands für unberechtigt, also für ein völkerrechtliches Delikt hielten. Und tatsächlich hat der Schiedsspruch vom 3. Oktober 1899 ja auch den venezuelanischen Ansprüchen, wenn auch nur in einem geringeren Maße, stattgegeben. Demgemäß haben sich die englischen Ansprüche teilweise in der Tat als unberechtigt, d. h. als deliktisch herausgestellt.[2])

Mit noch mehr Recht lassen sich derartige Bemerkungen für das Verhalten der Vereinigten Staaten gegenüber den englischen Bemühungen, sich im mittleren Amerika politische Kontrolle oder sogar territorialen Zuwachs zu verschaffen, machen.[3])

„La partie de la déclaration relative à la prohibition de l'intervention européene est en parfaite harmonie avec le principe de non-intervention dominant aujourd'hui dans les rapports internationaux. Au fond, Monroë declare que si l'Europe intervient, il exercera le droit de contre-intervention, dont la légitimité est incontestable pour faire cesser une intervention illicite. On peut seulement faire remarquer qu'en la forme la déclaration sort de la coutume internationale, en ce sens qu'aucun autre Etat n'a songé à proclamer, par advance, son droit de contreintervention.,

Die hier gemachte Beschränkung auf Contre-Interventionen ist nach dem oben Ausgeführten zu eng.

[1]) Siehe oben S. 117 ff.

Dies ist übrigens in der Literatur wiederholt hervorgehoben worden. Vergl. z. B. Hershey, S. 150; Lawrence, S. 127; Taylor, S. 427

[2]) Siehe oben S. 142 ff.

[3]) Siehe oben S. 100 ff.

Und endlich mag hier auch noch auf ihre Haltung gegenüber dem spanischen Versuch aus dem Jahre 1861, die Dominikanische Republik zurückzugewinnen, hingewiesen werden.[1])

Andererseits lassen sich die von der Monroedoktrin angedrohten Interventionen aber keineswegs sämtlich unter dem hier behandelten Gesichtspunkte rechtfertigen.

So untersagte doch z. B. schon die Monroebotschaft Kolonisationen nichtamerikanischer Mächte auf tatsächlich unbesessenem amerikanischen Boden.[2]) Sie unternahm es damit, die allgemein anerkannte völkerrechtliche Befugnis eines jeden Staates zur Ausdehnung auf Gebiet, das keiner fremden Souveränität unterliegt, unberechtigterweise zu verkürzen.[3])

Was ferner die in der Folgezeit sich ergebenden Erweiterungen der Monroedoktrin betrifft, so beziehen sie sich fast durchweg auf Handlungen nichtamerikanischer Staaten, die völkerrechtlich durchaus zulässig sind: Weder Rechtsgeschäfte zwischen zwei Kolonialmächten über das einer von ihnen gehörige Gebiet in Amerika, noch Verträge über amerikanisches Land, die zwischen einer amerikanischen und einer nichtamerikanischen Macht abgeschlossen werden, berechtigen als solche völkerrechtlich die Vereinigten Staaten zu einem Einspruch oder gar einem aktiven Dazwischentreten mit der Behauptung, es läge ein völkerrechtliches Delikt auf Seite der betreffenden nichtamerikanischen Macht vor. Im Gegenteil: Derartige Rechtsgeschäfte sind der Ausdruck der sich aus der Souveränität ergebenden Befugnis eines Staates, über die seiner Souveränität unterworfenen Gegenstände freie Verfügungen zu treffen. Nicht jene Verfügungen sind völkerrechtliche Delikte, dies sind vielmehr die unberechtigten Eingriffsversuche auf Grund der Monroedoktrin.

---

[1]) Siehe oben S. 139 f.

[2]) Siehe oben S. 66 f.

[3]) Vergl. hier insbesondere:
Hall, (5. Aufl.) S. 100 ff.; Fiore, 1911, Nr. 1054 S. 505; Despagnet, Nr. 396 S. 596; Heffter, besonders S. 157; v. Holtzendorff, in H. H., II S. 231; Jèze, l. c. S. 57; Martens, I, besonders S. 351; Mérignhac, Revue usw., l. c. S. 41; (er erklärt dort, daß in Abwesenheit besonderer Abkommen: „cette prétention constitue une violation des principes du droit international"; Nys, II S. 1 ff. („Le droit de l'état d'accroître la portion de la planète ou il exerce sa puissance exclusive se base sur le droit de conservation, qui implique le droit de développement"); Oppenheim, I S. 291 ff.; Rivier, Lehrb., S. 146 ff.; Salomon, Chales, De l'occupation des territoires sans maître", Paris 1889, S. 5, besonders auch S. 191 f. (Nr. 75); Ullmann, besonders S. 311.

Von den später der Monroedoktrin gewordenen Erweiterungen ist es lediglich das seit Polks Botschaft vom Jahre 1845 in der Monroedoktrin mit enthaltene Verbot der Zueignung amerikanischen Bodens durch gewaltsame Wegnahme seitens einer europäischen Macht, das sich für seine Hauptfälle als ein Verbot der Begehung eines Delikts seitens einer europäischen Macht auf Kosten einer amerikanischen darstellt.[1])

Ausschließlich und völlig ist dies aber auch nicht der Fall. Denn die Wegnahme eines Gebietsteiles am Ende eines gerechten Krieges als Ersatz für die Kriegsentschädigung, oder als Surrogat für andere Ansprüche, die zu erfüllen der betreffende Staat entweder unfähig oder unwillig ist, kann das einzige Mittel sein, das zur Befriedigung eines völkerrechtlich durchaus berechtigten Anspruches zur Verfügung steht. Der Gebrauch dieses Mittels ist unter solchen Verhältnissen nicht rechtswidrig und würde die Vereinigten Staaten völkerrechtlich nicht zu einem zwangsweisen Eingreifen berechtigen.

Diese Tatsache ist von besonderer Bedeutung gegenüber der Behauptung Roosevelts, daß unter der Monroedoktrin die dauernde Besetzung von amerikanischem Boden durch nichtamerikanische Gläubigerstaaten amerikanischer Republiken unzulässig sei.[2]) [3])

---

1) Siehe oben S. 96 f.

2) Vergl. oben S. 228 f.

3) Mit dem eben Ausgeführten ist in der Kontroverse darüber, ob die Eroberung als ein völkerrechtlich gültiger Erwerbstitel für Gebietshoheit angesehen werden kann, nur teilweise Stellung genommen. Unseres Erachtens kann folgendes nicht geleugnet werden: Wenn von einem Schuldner der Ersatz für völkerrechtlich bestehende Ansprüche nicht auf andere Weise, als durch Hingabe von Territorium, geleistet werden kann, so ist der betreffende Schuldnerstaat zu dieser Hingabe verpflichtet. Ist er unwillig, dieser Verpflichtung nachzukommen, so muß die Wegnahme zusammen mit der Besitzergreifung seine Übertragungsbereitschaft ersetzen und wie eine Cession wirken, also einen völkerrechtsgültigen Erwerbstitel des Wegnehmenden auf das betreffende Gebiet begründen.

Vergl. hier ganz besonders Holtzendorffs Abhandlung: Eroberung und Eroberungsrecht Berlin 1871, S. 20. Das Recht der Eroberung wird gegenwärtig noch überwiegend bejaht. Eine ausgezeichnete Geschichte der Meinungen über diesen Punkt gibt Nys, II S. 74 ff. Für die Ansicht, daß die Eroberung völkerrechtlicher Erwerbstitel sei, vergl. beispielsweise Hershey, S. 180 f.; v. Liszt, S. 90; Lawrence, S. 166 f.; Rivier, Princ., I S. 181 f.; Taylor, S. 608; Walker, Manual, S. 33. Dagegen beispielsweise Bonfils, S. 352 Nr. 535; Despagnet, S. 574 ff., Nr. 386; Fiore, 1911, S. 515, besonders Nr. 1080.

v. Stengel, in seinem Artikel: Die deutschen Schutzgebiete, ihre völkerrechtliche Stellung, Verfassung und Verwaltung, in den Annalen des deut-

Nach alledem können wir sagen: Das Recht eines Staates, im Falle eines durch einen andern erfolgenden deliktischen Angriffs auf einen dritten Staat diesem zu Hilfe zu kommen, ist geeignet, eine Reihe der durch die Monroedoktrin angedrohten Interventionshandlungen der Vereinigten Staaten gegenüber politischen Betätigungen nichtamerikanischer Staaten in Amerika völkerrechtlich zu rechtfertigen. Gerechtfertigt erscheinen Hilfeleistungen, die zur Abwehr eines Deliktes im völkerrechtlichen Sinne erfolgen und die von der betreffenden amerikanischen Macht nicht zurückgewiesen werden. Dementsprechend sind auch eine Anzahl der von den Vereinigten Staaten auf Grund der Monroedoktrin vorgenommenen Eingriffe, insbesondere ihre Intervention in dem Venezuela-Grenzstreit, ihr Eingriff in Englands Bemühungen um Kontrolle im mittleren Amerika, und besonders ihre Verhalten gegenüber Frankreichs Intervention in Mexiko völkerrechtlich berechtigte Interventionshandlungen.

4. Monroedoktrin und Suprematie der Vereinigten Staaten.[1])

Damit sind die Gesichtspunkte, aus denen die Monroedoktrin völkerrechtlich gerechtfertigt werden könnte, erschöpft.

Es wird zu ihrer Verteidigung, besonders seit dem Eingreifen der Vereinigten Staaten in dem Venezuela-Grenzstreite, häufig auch auf das Bestehen einer Suprematie dieser Republik über die anderen amerikanischen Staatswesen hingewiesen.

Wenn man unter Suprematie den Zustand einer tatsächlichen politischen Führerschaft einer Nation in einem bestimmten Staatenkreise versteht, so besteht sie in der Tat zugunsten der Vereinigten Staaten in Amerika, wie

---

schen Reichs, 1889, S. 40, spricht z. B. die Ansicht aus, daß man durch Eroberung nur ein ganzes Land, nicht aber Teile eines solchen erwerben könne.

Vergl. endlich die folgenden drei Verfasser: Carl Heimberger, der Erwerb der Gebietshoheit, Karlsruhe 1882, besonders S. 121 ff.; Salomon, l. c. besonders S. 25; Ullmann, § 81. Diese drei sind Vertreter der Meinung, Eroberung mache das betreffende Land herrenlos, und es könne nunmehr von dem Eroberer okkupiert werden.

[1]) Vergl. hier besonders das oben S. 346 ff., bes. 349 Bemerkte.

im Verlaufe dieser Abhandlung wiederholt ausgesprochen worden ist und wie jetzt fast allgemein zugegeben wird.[1])

Diese Tatsache ist jedoch in sich selbst ungeeignet, einen Rechtfertigungsgrund für die Monroedoktrin abzugeben.

Suprematie, wie sie hier verstanden wird, ist ein rein tatsächlicher, kein rechtlicher Begriff. Er kann nicht zur Grundlage irgend welcher besonderer Befugnisse der Vereinigten Staaten gemacht werden, wenn man nicht das völkerrechtliche Axiom von der Gleichheit der Staaten aufgeben will.

Dieser Grundsatz der völkerrechtlichen Gleichheit aller Mitglieder der Staatengemeinschaft ist allerdings gelegentlich, und zwar von bedeutungsvoller Seite, angegriffen worden. Es ist in bezug auf „das europäische Konzert" die Behauptung aufgestellt worden, „daß die großen Mächte Europas unter stillschweigender Zustimmung aller europäischer Staaten eine Art superintendierender Autorität" in völkerrechtlichen Angelegenheiten erlangt hätten.[2])

Mit Recht wird jedoch hiergegen eingewendet, daß diese Ansicht politische und rechtliche Gleichheit verwechsle.[3])

Aber auch ihre Richtigkeit zugegeben, und wollte man sie entsprechend auf amerikanische Verhältnisse anwenden,[4]) so würde sie höchstens geeignet sein, das Bestehen jenes von Roosevelt proklamierten Mandates der Vereinigten Staaten zur Rolle einer

---

[1]) Vergl. hier beispielsweise Alvarez, besonders A. J., III S. 313, 319, 324; Bry, S. 162; Céspedes, S. 9, Despagnet, S. 269; Hershey, S. 152f; v. Liszt, S. 65; Martens, I S. 303 (Hegemonie); Mérignhac, Revue usw., 1896 (Sonderabdruck) S. 8; Nys, II S. 242; Taylor, besonders S. 416 ff.

[2]) Vergl. hier besonders Lawrence, Essays on some disputed questions in modern International Law, Cambridge 1885, Essay V: The Primacy of the Great Powers, S. 208 ff.; Derselbe, Principles, S. 268 ff., besonders auch S. 288 f. Vergl. ferner Hicks, Frederick Charles: The Equality of States and The Hagus Conferences, in A. J., II (1908) S. 530 ff.; Lorimer, I Kap. XV S. 168 ff. (Of the necessity of ascertaining the relative value of States); Derselbe, Le problème Final du Droit International, in R. J., Bd. IX (1877) S. 161 ff., besonders S. 165ff.; Taylor, besonders S. 98 und 417 f.; Westlake, I S. 308 f.

[3]) Vergl. besonders Oppenheim, I S. 170 f.

[4]) Vergl. auch Hersheys Bemerkung auf S. 152 für die „primacy" der Vereinigten Staaten: „It is a Primacy essentially political in its nature which has no legal basis whatsoever, but which rests upon certain maximes enunciated by the fathers of the republics and applied by American statesmen."

Vergl. andererseits aber auch Taylors Worte, S. 418: „Thus, in a clear and consistent form was finally reached the conclusion that the same supreme directing and arbitrating power which in the Old World is vested in the Concert of Europe, is, in the new, vested in the Government of the United States acting alone."

Art amerikanischen Polizeibehörde zu beweisen. Auch die Anhänger der Theorie von der Ungleichheit der Staaten behaupten nur ein Bestimmungsrecht des europäischen Konzerts in europäischen Angelegenheiten. Nicht aber nehmen sie für dieses Konzert die Befugnis in Anspruch, außerhalb jenes Staatenkreises stehenden Mitgliedern der Völkerrechtsfamilie ihre Entscheidungen aufzudrängen.

Demgemäß würden bei entsprechender Anwendung dieses Verhältnisses auf Amerika die Vereinigten Staaten völkerrechtlich noch nicht in der Lage sein, auf Grund einer ihnen dann zustehenden Entscheidungsgewalt in amerikanischen Angelegenheiten zugleich auch über Angelegenheiten nichtamerikanischer Mächte in bezug auf Amerika bindende Entschließungen zu treffen.

IV. Ergebnis.

Mit dem Gesagten sind wir auch am Ende der völkerrechtlichen Ausführungen über die Monroedoktrin angelangt. Das Ergebnis ist ein wesentlich negatives.

Wir haben gesehen, daß die Monroedoktrin, die in erster Linie ein politischer Grundsatz ist, vom völkerrechtlichen Standpunkte aus hier nur insofern interessiert, als sie für die Durchsetzung ihrer Verbote Gewalt in Aussicht stellt.

Mit Beschränkung auf diese Fälle haben wir uns weiter die Frage vorgelegt, ob die Monroedoktrin etwa zugleich ein völkerrechtlicher Sonderrechtssatz sei, und haben diese Frage zu verneinen gehabt. Dabei war insbesondere schon aus tatsächlichen Gründen auch der Idee zu widersprechen gewesen, daß die Monroedoktrin etwa zum Inhalt eines „amerikanischen Völkerrechts" gehöre, jener modernen und partikularistischen völkerrechtlichen Theorie, die von Alvarez ausgebildet worden ist.

Wir hatten uns bei diesen kritischen Ausführungen über das Verhältnis der Monroedoktrin zum Völkerrecht sodann die Frage vorzulegen gehabt, ob die Monroedoktrin, wenn sie auch ihrerseits kein völkerrechtlicher Sonderrechtssatz ist, sich doch wenigstens auf Völkerrechtssätze zurückführen und durch solche rechtfertigen läßt.

Dabei war lediglich die Frage übrig geblieben, ob die Monroedoktrin unter dem Gesichtspunkt, daß sie berechtigterweise Interventionen androhe, ihre völkerrechtliche Grundlage finde.

Diese Frage war nach vier Richtungen hin untersucht worden:

Einmal war danach gefragt worden, ob die Monroedoktrin sich mit dem sogenannten Selbsterhaltungsrecht stützen lasse und inwieweit dies eventuell der Fall sei. Das Ergebnis war hier gewesen, daß allerdings gewisse von ihr umfaßte Fälle als Interventionen zum Zwecke der Selbsterhaltung völkerrechtlich berechtigt erscheinen. Andererseits war aber auch zugleich festzustellen gewesen, daß das Selbsterhaltungsrecht bisher geschichtlich noch keine Rolle als ein Rechtfertigungsgrund der Monroedoktrin gespielt hat.

Sodann war das Verhältnis der Monroedoktrin zum politischen Gleichgewicht untersucht worden, mit dem Ergebnis, daß der Grundsatz des politischen Gleichgewichts, in welche Beziehungen man ihn auch zur Monroedoktrin stellen mag, tatsächlich völlig ungeeignet ist, irgendwie zu ihrer Rechtfertigung etwas beizutragen.

Etwas positiver war das Ergebnis gewesen, das eine weitere Untersuchung danach zeitigte, ob die Monroedoktrin sich etwa deshalb rechtfertigen lasse, weil sie die Hilfe der Vereinigten Staaten bei Zurückweisung deliktischer Angriffe nichtamerikanischer Staaten auf amerikanische in Aussicht stelle. Hierbei hatte sich gezeigt, daß in der Tat gewisse von der Monroedoktrin angekündigte Zwangshandlungen der Vereinigten Staaten unter diesem Gesichtspunkt völkerrechtlich begründet scheinen. Und zwar war festgestellt worden, daß alle solche Hilfeleistungen eine völkerrechtliche Grundlage haben, die zur Abwehr eines deliktischen Angriffs seitens eines nichtamerikanischen Staates auf eine amerikanische Macht erfolgen, wenn diese Hilfeleistungen von der betreffenden amerikanischen Macht nicht zurückgewiesen werden.

Was endlich die vierte Richtung anlangt, in der die hier gestellte Frage erörtert worden ist, so hat es sich ergeben, daß die in Amerika bestehende Suprematie der Vereinigten Staaten über die übrigen amerikanischen Republiken nicht irgendwie dazu geeignet ist, einen Rechtfertigungsgrund der Monroedoktrin vom völkerrechtlichen Standpunkt aus abzugeben.

Soweit die von der Monroedoktrin in Aussicht gestellten Handlungen hiernach keine völkerrechtliche Rechtfertigung gefunden haben, sind sie als unbefugte Angriffe der Vereinigten Staaten auf fremde souveräne Staatswesen und deren Beziehungen zu andern Mächten völkerrechtswidrig und mit ihnen zugleich auch die Monroedoktrin, die sie ankündigt.

Scharfe Grenzen für das Maß und die Grenzen der Rechtswidrigkeit der Monroedoktrin zu ziehen, ist nach Lage der Sache unmöglich.

Jedenfalls kann man abschließend folgendes sagen:

Die Monroedoktrin ist insoweit völkerrechtswidrig,[1]) als sie die gewaltsame Verhinderung eines berechtigten Zuwachses der politischen Macht nichtamerikanischer Staaten in Amerika durch die Vereinigten Staaten auch in solchen Fällen androht, wo deren Eingreifen nicht zur Abwehr einer ihrem unverletzten Bestande drohenden unmittelbaren Gefahr erforderlich erscheint.

---

[1]) Und zufolge des Verhältnisses zwischen Politik und Völkerrecht auch als politischer Grundsatz zu mißbilligen. Vergl. hier Heffters Worte auf S. 8: „Ein Widerspruch zwischen Völkerrecht und Politik, wenn auch in Praxis öfters vorhanden, kann naturgemäß nicht stattfinden; es gibt nur eine Wahrheit und keine sich widersprechenden Wahrheiten. Eine sittlich korrekte Politik kann niemals tun und billigen, was das Völkerrecht verwirft, und andererseits muß auch das Völkerrecht gelten lassen, was das Auge der Politik für den Selbstbestand eines Staates schlechterdings als notwendig erkennt"

Vergl. auch Holtzendorff, Princ., besonders S. 109 ff.

Schlussbemerkungen.

Es ist ein buntes Bild, auf das wir von diesem Punkte aus zurückblicken: Bemerkungen in der Botschaft eines Präsidenten der Vereinigten Staaten lösen sich von den vergänglichen Zwecken, denen zu dienen sie bestimmt waren und werden, vom Willen der amerikanischen Nation getragen, zu einem ihrer politischen Glaubenssätze.

Ungezählte Male wiederholt und wiederversichert, ausgelegt mißverstanden und den wechselnden Bedürfnissen und Forderungen der Nation angepaßt, erleben sie eine wandlungsreiche Geschichte: Was gegenstandlsos erscheint, wird ausgemerzt, neue Gedanken an seine Stelle gesetzt und eingefügt. Ihre Forderungen, hinter denen die des Völkerrechts zurückzustehen haben, festigen und stärken sich mehr und mehr zu drohenden, Gehorsam heischenden Verboten.

Wir haben versucht, in dem Gewirr der Geschehnisse den Faden ihrer historischen Entwicklung, der uns von 1823 bis zur Gegenwart führte, aufzufinden, festzustellen, was die Monroedoktrin von heute will und was sie nicht will und dadurch eine Basis für ihre Beurteilung vom Standpunkte des Völkerrechtes aus zu gewinnen.

Wir haben diese Feststellung gemacht und diese Beurteilung unternommen, wobei wir als letztes Ergebnis eine teilweise Diskrepanz zwischen Monroedoktrin und Völkerrecht aufzuzeigen hatten.

Zu einem Entwicklungsende hat die Untersuchung uns nirgends geführt. Die Monroedoktrin steht im vollen Flusse ständiger Umgestaltung. Jeden Tag kann eine neue Seite ihres Inhalts sich entfalten, eine alte verschwinden.

Der Anzeichen dazu liegen genug vor; eine Menge Entwicklungstendenzen lassen sich hier nachweisen; viele ungelöste und gegenwärtig noch unlösbare Fragen allgemeiner wie besonderer Natur drängen sich auf: Wie wird sich das Verhältnis der Monroedoktrin zur Calvo- und Drago-Doktrin gestalten? Wie dasjenige zu der neuen, unter dem Namen Dollar-Diplomatie gehenden politischen Idee der Vereinigten Staaten? In welchem Umfange wird sie den nichtpolitischen Verkehr nichtamerikanischer Staaten mit amerikanischen beschränken? Wird die von Roosevelt ausgebildete Idee der Aufsichtspflicht der Vereinigten Staaten über das übrige Amerika zum Inhalte der Monroedoktrin werden und den Platz ihres zweiten obsoleten Unterprinzips, das sich gegen die politische Betätigung der Vereinigten Staaten Europa gegenüber aussprach, einnehmen? Wird sie zu einer festeren politischen Verbindung der amerikanischen Staaten unter einander führen, sei es zu einem Verhältnis der Gleichordnung oder der Unterordnung, oder wird sie etwa in einem solchen Verhältnisse aufgehen? Wird sie durch die Anerkennung anderer Staaten einmal zu einem Völkerrechtssatze werden? Wird sich der Riß zwischen ihr und dem Völkerrecht so oder auf irgend eine andere Weise schließen oder etwa erweitern? Und endlich, soll sie vielleicht in Zukunft aus dem politischen Repertoire der Vereinigten Staaten überhaupt verschwinden?

Diese und eine Menge anderer Fragen drängen sich auf und harren der Lösung. Gegenwärtig sind sie Probleme, deren Beantwortung politische Prophezeiung bedeutet. Davor aber endet die Aufgabe dieser Arbeit.

Anhang.

I. Urkunden.

1. George Washingtons Abschiedsadresse vom 17. September 1796.[1])

Observe good faith and justice towards all Nations. Cultivate peace and harmony with all. Religion and Morality enjoin this conduct; and can it be that good policy does not equally enjoin it? — It will be worthy of a free, enlightened, and, at no distant period, a great nation, to give to mankind the magnanimous and too novel example of a People always guided by an exalted justice and benevolence .....

Against the insidious wiles of foreign influence, I conjure you, to believe me, fellow-citizens, the jealousy of a free people ought to be constantly awake, since history and experience prove that foreign influence is one of the most baneful foes of republican Government ....

The great rule of conduct for us, in regard to foreign Nations, is, in extending our commercial relations, to have with them as little Political connexion as possible. So far as we have already formed engagements, let them be fulfilled with perfect good faith. Here let us stop.

Europe has a set of primary interests which to us have none, or a very remote relation. — Hence she must be engaged in frequent controversies, the causes of which are essentially foreign to our concerns. — Hence therefore, it must be unwise in us to implicate ourselves by artificial ties in the ordinary vicissitudes of her politics, or the ordinary combinations and collisions of her friendships, or enmities.

Our detached and distant situation invites and enables us to pursue a different course. If we remain one people, under an efficient government, the period is not far off when we may defy material injury from external annoyance; when we may take such an attitude as will cause the neutrality we may at any time resolve upon to be scrupulously respected; when belligerent nations, under the impossibility of making acquisitions upon us, will not lightly hazard the giving us provocation; when we may choose peace or war as our interests, guided by justice, shall counsel.

Why forego the advantages of so peculiar a situation? Why quit our own to stand on foreign ground? Why, by interweaving our destiny with

[1]) Vergl. besonders oben S. 51 f.

that of any part of Europe, entangle our peace and prosperity in the toils of European ambition, rivalship, interest, humour, or caprice?

T'is our true policy to steer clear of permanent alliances with any portion of the foreign world, so far, I mean, as we are now at liberty to do it — for let me not be understood as capable of patronizing infidelity to existing engagements. I hold the maxim no less applicable to public than to private affairs, that honesty is always the best policy. I repeat, therefore, let those engagements be observed in their genuine sense. But, in my opinion, it is unnecessary and would be unwise to extend them.

Taking care always to keep ourselves by suitable establishments on a respectable defensive posture, we may safely trust to temporary alliances for extraordinary emergencies.

Harmony and a liberal intercourse with all nations are recommended by policy, humanity, and interest".

2. Thomas Jeffersons Schreiben an Präsidenten Monroe vom 24. Oktober 1823.*)

Monticello Oct. 24. 23.

DEAR SIR The question presented by the letters you have sent me is the most momentous which has ever been offered to my contemplation since that of independance. that made us a nation; this sets our compass, and points the course which we are to steer thro' the ocean of time opening on our view. and never could we embark on it under circumstances more auspicious. our first and fundamental maxim should be, never to entangle ourselves in the broils of Europe; our 2d. never to suffer Europe to intermeddle in Cis-Atlantic affairs, America, North & South, has a set of interests distinct from those of Europe, and peculiarly her own. she should therefore have a system of her own, separate and apart from that of Europe. while the last is laboring to become the domicil of despotism, our endeavor should surely be to make our hemisphere that of freedom. one nation, most of all, could disturb us in this pursuit; she now offers to lead, aid, and accompany us in it. by acceding to her proposition, we detach her from the band of despots, bring her mighty weigth into the scale of free government and emancipate at one stroke a whole continent, which might otherwise linger long in doubt and difficulty. Great Britain is the nation which can do us the most harm of any one, or all on earth; and with her on our side we need not fear the whole world. with her then we should the most sedulously nourish a cordial friendship; and nothing would tend more to knit our affections than to be fighting once more side by side in the same cause. not that I would purchase even her amity at the price of taking part in her wars. but the war in which the present proposition might engage us, should that be it's consequence, is not her war, but ours. it's object is to introduce and to establish the American system, of ousting from our land all foreign nations, of never permitting the powers of Europe to

*) Vergl. besonders oben S. 47.

intermeddle with the affairs of our nations. it is to maintain our own principle, not to depart from it. and if, to facilitate this, we can effect a division in the body of the European powers, and draw over to our side it's most powerful member, surely we should do it. but I am clearly of Mr. Canning's opinion, that it will prevent war, instead of provoking it. with Great Britain withdrawn from their scale and shifted into that of our two continents, all Europe combined would not dare to risk war. nor is the occasion to be slighted, which this proposition offers, of declaring our Protest against the atrocious violations of the rights of nations by the interference of any one in the internal affairs of another; so flagitiously begun by Bonaparte and now continued by the equally lawless alliance, calling itself Holy.

But we have first to ask ourselves a question. do we wish to acquire to our own Confederacy any one or more of the Spanish provinces? I candidly confess that I have ever looked on Cuba as the most interesting addition which could ever be made to our system of states. the controul which, with Florida point this island would give us over the Gulph of Mexico, and the countries and the Isthmus bordering on it, as well as all those whose waters flow into it, would fill up the measure of our political well-being. yet, as I am sensible that this can never be obtained, even with her own consent, but by war; and as her independance, which is our second interest, and especially her independance of England, can be secured without it, I have no hesitation at abandoning my first wish to future chances, and accepting it's independance with peace and the friendship of England, rather than it's association, at the expence of a war, and her enmity. I could honestly therefore join in the declaration proposed that we aim not at the acquisition of any of those possessions, that we will not stand in the way of any amicable arrangement between any of them and the mother country: but that we will oppose, with all our means, the forcible interposition of any other power, either as auxiliary, stipendiary, or under any other form or pretext, and most especially their transfer to any power, by conquest, cession, or acquisition in any other way.

I should think it therefore advisable that the Executive should encorage the British government to a continuance in the dispositions expressed in these letters by an assurance of his concurrence with them, as far as his authority goes, and that as it may lead to war, the Declaration of which is vested in congress, the case shall be laid before them for consideration at their first meeting under the reasonable aspect in which it is seen by himself.

I have been so long weaned from political subjects, and have so long ceased to take any interest in them, that I am sensible that I am not qualified to offer opinions worthy of any attention. but the question now proposed involves consequences so lasting, and effects so decisive of our future destinies, as to kindle all the interest I have heretofore felt on these occasions, and to induce me to the hazard of opinions, which will prove my wish only to contribute still my mite in what may be useful to our country, and praying you to accept them at only what they are worth, I add the assurance of my constant and affectionate friendship and respect.

3. Die Botschaft des Präsidenten Monroe vom 2. Dezember 1823.[1])

Abs. 7. „At the proposal of the Russian Imperial Government, made through the minister of the emperor residing here, a full power and instructions have been transmitted to the minister of the United States at St. Petersburg, to arrange, by amicable negotiation, the respective rights and interests of the two nations on the northwest coast of this continent. A similar proposal has been made by his Imperial Majesty to the Government of Great Britain, which has like wise been acceded to. The Government of the United States has been desirous. by this friendly proceeding, of manifesting the great value which they have invariably attached to the friendship of the Emperor, and their solicitude to cultivate the best understanding with his Government. In the discussions to which this interest has given rise, and in the arrangements by which they may terminate. the occasion has been judged proper for asserting, as a principle in which the rights and interests of the United States are involved, that the American continents, by the free and independent condition which they have assumed and maintain, are henceforth not to be considered as subjects for future colonization by any European powers."

Abs. 48. „It was stated at the commencement of the last session that a great effort was then making in Spain and Portugal to improve the condition of the people of those countries, and that it appeared to be conducted with extraordinary moderation. It need scarcely be remarked that there sult has been, so far, very different from what was then anticipated. Of events in that quarter of the globe with which we have so much intercourse, and from which we derive our origin, we have always been anxious and interested spectators. The citizens of the United States cherish sentiments the most friendly in favor of the liberty and happiness of their fellow-men on that side of the Atlantic. In the wars of the European powers in matters relating to themselves we have never taken any part, nor does it comport with our policy so to do. It is only when our rights are invaded or seriously menaced that we resent injuries or make preparation for our defense. With the movements in this hemisphere we are, of necessity, more immediately connected, and by causes which must be obvious to all enlightened and impartial observers. The political system of the allied powers is essentially different in this respect from that of America. This difference proceeds from that which exists in their respective Governments. And to the defense of our own, which has been achieved by the loss of so much blood and treasure, and matured by the wisdom of their most enlightened citizens, and under which we have enjoyed unexampled felicity, this whole nation is devoted. We owe it, therefore, to candor, and to the amicable relations existing between the United States and those powers, to declare that we should consider any attempt on their part to extend their system to any portion of this hemisphere as dangerous to our peace and safety. With the existing colonies or dependencies of any European power we have not interfered, and shall

[1]) Vergl. hier besonders oben S. 37 f.

not interfere. But with the governments who have declared their independence, and maintained it, and whose independence we have, on great consideration and on just principles, acknowledged, we could not view any interposition for the purpose of oppressing them, or controlling in any other manner their destiny, by any European power, in any other light than as the manifestation of an unfriendly disposition toward the United States. In the war between these new governments and Spain we declared our neutrality at the time of their recognition, and to this we have adhered and shall continue to adhere, provided no change shall occur which, in the judgment of the competent authorities of this Government, shall make a corresponding change on the part of the United States indispensable to their security.

Abs. 49. The late events in Spain and Portugal show that Europe is still unsettled. Of this important fact no stronger proof can be adduced than that the allied powers should have thought it proper, on any principle satisfactory to themselves, to have interposed, by force, in the internal concerns of Spain. To what extent such interposition may be carried, on the same principle, is a question in which all independent powers whose governments differ from theirs are interested, even those most remote, and surely none more so than the United States. Our policy in regard to Europe, which was adopted at an early stage of the wars, which have so long agitated that quarter of the globe, nevertheless remains the same, which is, not to interfere in the internal concerns of any of its powers; to consider the government de facto as the legitimate government for us; to cultivate friendly relations with it, and to preserve those relations by a frank, firm, and manly policy, meeting, in all instances, the just claims of every power, submitting to injuries from none. But in regard to these continents, circumstances are eminently and conspicuously different. It is impossible that the allied powers should extend their political system to any portion of either continent without endangering our peace and happiness, nor can any one believe that our southern brethren, if left to themselves, would adopt it of their own accord. It is equally, impossible, therefore, that we should behold such interposition, in any form, with indifference. If we look to the comparative strength and resources of Spain and those new governments, and their distance from each other, it must be obvious that she can never subdue them. It is still the true policy of the United States to leave the parties to themselves, in the hope that other powers will pursue the same course.

4. Präsident Polks Botschaft vom 2. Dezember 1845.[1])

„The rapid extension of our settlements over our territories heretofore unoccopied, the addition of new states to our confederacy, the expansion of free principles, and our rising greatness as a nation, are attracting the attention of the powers of Europe; and lately the doctrine has been broached in some of them, of a „balance of power" on this continent, to check our

[1]) Vergl. hier besonders oben S. 89 ff.

advancement. The United States, sincerely desirous of preserving relations of good understanding with all nations, cannot in silence permit any European interference on the North American continent; and should any such interference be attempted, will be ready to resist it at any and all hazards.

It is well known to the American people and to all nations, that this Government has never interfered with the relations subsisting between other governments. We have never made ourselves parties to their wars or their alliances; we have not sought their territories by conquest; we have not mingled with parties in their domestic struggles; and believing our own form of government to be the best, we have never attempted to propagate it by intrigues, by diplomacy, or by force. We may claim on this continent a like exemption from European interference. The nations of America are equally sovereign and independent with those of Europe. They possess the same rights, independent of all foreign interposition, to make war, to conclude peace, and to regulate their internal affairs. The people of the United States can not, therefore, view with indifference attempts of European powers to interfere with the independent action of the nations on this continent. The American system of government is entirely different from that of Europe. Jealousy among the different sovereigns of Europe, lest any one of them might become too powerful for the rest, has caused them anxiously to desire the establishment of what they term the ,,balance of power". It cannot be permitted to have any application on the North American continent, and especially to the United States. We must ever maintain the principle, that the people of this continent alone have the right to decide their own destiny. Should any portion of them, constituting an independent state, propose to unite themselves with our confederacy, this will be a question for them and us to determine, without any foreign interposition. We can never consent that European powers shall interfere to prevent such a union, because it might disturb the ,,balance of power" which they may desire to maintain upon this continent. Near a quarter of a century ago, the principle was distinctly announced to the world, in the annual message of one of my predecessors, that ,,the American continents, by the free and independent condition which they have assumed and maintain, are henceforth not to be considered as subjects for future colonization by any European power". This principle will apply with greatly increased force, should any European power attempt to establish any new colony in North America. In the existing circumstances of the world, the present is deemed a proper occasion to reiterate and reaffirm the principle avowed by Mr. Monroe, and to state my cordial concurrence in its wisdom and sound policy. The reassertion of this principle, especially in reference to North America, is,at this day, but the promulgation of a policy which no European power should cherish the disposition to resist. Existing rights of every European nation should be respected; but it is due alike to our safety and our interests, that the efficient protection of our laws should be extended over our whole territorial limits, and that it should be distinctly announced to the world as our settled policy, that no future European colony or dominion shall, with our consent, be planted or established on any part of the North American continent."

5. Präsident Polks Botschaft vom 29. April 1848.[1])

„To the Senate and House of Representatives of the United States:

I submit for the consideration of Congress several communications received at the Department of State from Mr. Justo Sierra, commissioner of Yukatan, and also a communication from the Governor of that State, representing the condition of extreme suffering to which their country has been reduced by an insurrection of the Indians within its limits, and asking the aid of the United States.

These communications present a case of human suffering and misery which can not fail to excite the sympathies of all civilized nations. From these and other sources of information it appears that the Indians of Yukatan are waging of a war of extermination against the whit erace. In this civil war they spare neither age nor sex, but put to death, indiscriminately, all who fall within their power. The inhabitants, panic stricken and destitute of arms, are flying before their savage pursuers toward the coast, and their expulsion from their country or their extermination would seem to be inevitable unless they can obtain assistance from abroad.

In this condition they have, trough their constituted authorities, implored the aid of this Government to save them from destruction, offering in case this should be granted to transfer the „dominion and sovereignty of the peninsula" to the United States. Similar appeals for aid and protection have been made to the Spanish and the English Governments

Whilst it is not my purpose to recommend the adoption of any measure with a view to the acquisition of the „dominion and sovereignty" over Yucatan, yet, according to our established policy, we could not consent to a transfer of this „dominion and sovereignty" either to Spain, Great Britain, or any other European power. In the language of President Monroe, in his message of December, 1823 —

„we should consider any attempt on their part to extend their system to any portion of this hemisphere as dangerous to our peace and safety."

In my annual message of December, 1845, I declared that —

Near a quarter .... continent.[2])

Our own security requires that the established policy thus announced should guide our conduct, and this applies with great force to the peninsula of Yucatan. It is situated in the Gulf of Mexico, on the North American continent, and from its vicinity to Cuba, to the capes of Florida, to New Orleans, and, indeed, to our whole southwestern coast, it would be dangerous

---

[1]) Vergl. hier besonders oben S. 97 ff.

[2]) Wie die Botschaft vom 2. Dezember 1845; vergl. die vorhergehende Seite.

to our peace and security if it should become a colony of any European nation.

We have now authentic information that if the aid asked from the United States be not granted such aid will probably be obtained from some European power, which may hereafter assert a claim to „dominion and sovereignty" over Yucatan.

Our existing relations with Yucatan are of a peculiar character, as will be perceived from the note of the Secretary of State to their commissioner dated on the 24 th of December last, a copy of which is herewith transmitted. Yucatan has never declared her independence, and we treated her as a State of the Mexican Republic. For this reason we have never officially received her commissioner; but whilst this is the case, we have to a considerable extent recognized her as a neutral in our war with Mexico. Whilst still considering Yucatan as a portion of Mexico, if we had troops to spare for this purpose I would deem it proper, during the continuance of the war with Mexico, to occupy and hold military possession of her territory and to defend the white inhabitants against the incursions of the Indians, in the same way that we have employed our troops in other States of the Mexican Republic in our possession in repelling the attacks of savages upon the inhabitants who have maintained their neutrality in the war. But, unfortunately, we can not at the present time, without serious danger, withdraw our forces from other portions of the Mexican territory now in our occupation and send them to Yucatan. All that can be done under existing circumstances is to employ our naval forces in the Gulf not required at other points to afford them relief; but it is not to be expected that any adequate protection can thus be afforded, as the operations of such naval forces must of necessity be confined to the coast.

I have considered it proper to communicate the information contained in the accompanying correspondence, and I submit to the wisdom of Congress to adopt such measures as in their judgment may be expedient to prevent Yucatan from becoming a colony of any European power, which in no event could be permitted by the United States, and at the same time to rescue the white race from extermination or expulsion from their country."

6. Instruktion des Staatssekretärs Frelinghuysen an den Gesandten der Vereinigten Staaten in England, Mr. Lowell vom 8. Mai 1882.[1])

SIR: Mr. Sackville West has handed me copies of two dispatches from Lord Granville to him respecting the Clayton-Bulwer treaty; the first, dated 7th January last, comments upon Mr. Blaine's 270 of the 19th of November; the second, of the 14th January, comments upon Mr. Blaine's 281 of the 29th November.

They have been read with interest and with attention. After careful consideration, the President is not without hope that the views of the two

[1]) Vergl. hier besonders oben S. 202 ff.

Governments may be harmonized in this matter. He therefore directs me to communicate to you, somewhat at length, the opinions entertained here respecting the traditional continental policy of the United States and the Clayton-Bulwer treaty.

A canal across the Isthmus for vessels of all dimensions and every character, under possible conditions hereinafter referred to, would affect this Republic in its trade and commerce; would expose our Western coast to attack; destroy our isolation; oblige us to improve our defenses and to increase our Navy, and possibly compel us, contrary to our traditions, to take an active interest in the affairs of European nations. The United States, with their large and increasing population and wealth, can not be uninterested in a change in the physical conformation of this hemisphere which may injuriously affect either the material or political interests of the Republic, and naturally seek that the severance of the Isthmus connecting the continents shall be effected in harmony with those interests. This Government, while believing that the Isthmus should not be severed so as to do unnecessary injury to the United States, at the same time appreciates the desire of Great Britain that she should be able, by a short and easy passage from ocean to ocean, to reach her eastern and American possessions on the Pacific, and that other nations of the world have a similar interest in such a passage. There is, however, no necessary conflict between the political claims of the United States in this matter and the material interests of other nations.

A canal across the Isthmus can be created, and under the protectorate of the United Staates and the Republic whose territory it may cross, can be freely used by all nations; thus in some degree would be continued to the United States the benefit of that conformation of the earth which is now an element of security and defense.

For thirty years the Panama Railroad has been maintained without other protection than that of the United States and the local sovereign, in accordance with the treaty of 1846 with New Granada.

During that period Great Britain has carried to a successful result the wars of the Crimea and the Indian mutiny; France has three times convulsed Europe with strife; a conflict between Russia and Turkey has changed the face of the Ottoman Empire; thrones have crumbled; empires have been constructed; republics have arisen, while on this continent the most remarkable civil war in history has occurred, and at the same time the Emperor of the French was lending his active support to an aspirant for imperial honors in the neighboring Republic of Mexico. Within that period almost every form of war and strife have taken place that would seem to make especially necessary the neutralization of the Isthmus, and yet the trains of the Panama Railroad have run from ocean to ocean peacefully and with no other interruption than what has come from the rare turbulence of the local population.

During the same time another isthmus has been pierced, and while wars have raged within sight of the Mediterranean port the peaceful commerce of the world has moved through the Suez Canal quietly and safely under no international protectorate.

If no guarantee or protectorate has been found necessary during such troubled times, it can scarcely be required in the more peaceful period which both the Government of the United Staates and that of Great Britain hope and strive for.

The President, therefore, considers it unnecessary and unwise, through an invitation to the nations of the earth, to guarantee the neutrality of the transit of the Isthmus, or to give their navies a pretext for assembling in waters contiguous to our shores, and to possibly involve this Republic in conflicts from which its natural position entitles it to be relieved.

It will doubtless occur to Lord Granville, as it does to us, that international agreements of this kind calling for interference by force, and conferring joint rights upon several independent powers, are calculated to breed dissension and trouble. In times of peace, when there is no call for their exercise, they are harmless though useless. But when wars and trouble come, it too frequently happens that differences arise, and so at the very moment when the agreement should be enforced it is impossible to enforce it: and such agreements would lead to that political intervention in American affairs which the traditional policy of the United States makes it impossible that the President should either consent to or look upon with indifference.

The President believes that the formation of a protectorate by European nations over the isthmus transit would be in conflict with a doctrine which has been for many years asserted by the United States. This sentiment is properly termed a doctrine, as it has no prescribed sanction and its assertion is left to the exigency which may invoke it. It has been repeatedly announced by the Executive Department of this Government, and through the utterances of distinguished citizens; it is cherished by the American people, and has been approved by the Government of Great Britain.

It is not the inhospitable principle which it is sometimes charged with being and which asserts that European nations shall not retain dominion on this hemisphere and that none but republican governments shall here be tolerated; for we well know that a large part of the North American continent is under the dominion of Her Majesty's Government, and that the United States were in the past the first to recognize the imperial authority of Dom Pedro in Brazil and of Iturbide in Mexico. It is not necessary now to define that doctrine, but its history clearly shows that it at least opposes any intervention by European nations in the political affairs of American republics.

In 1823 Mr. Canning. with the concurrence of the cabinet of London, informed Mr. Rush that Great Britain could not see with indifference the intervention of foreign power in Spanish America, or the transfer to those powers of any of the colonies, and suggested a joint declaration to that effect by the United States and Great Britain. This suggestion grew out of the relations then existing between France and Spain, their attitude towards the South American republics then struggling for independence, and the injuries to the colonies and commerce of Great Britain which would result from a successful prosecution of the policy of those two Governments. President Monroe did not adopt the proposal for a joint declaration; but in his message of December 2, 1823, after stating that it was our policy not to interfere with the internal concerns of European powers, speaking of the war which the revolted colonies were carrying on against Spain, and of contemplated interference by the „Holy Alliance" in behalf of the latter, said, in language which has gone into history under his name, thus:

But in regard to these continents circumstances are eminently and conspicuously different. It is impossible that the allied powers should extend their political system to any portion of either continent without endangering our peace and happiness, nor can any one believe that our southern brethren, if left to themselves, would adopt it of their own accord. It is equally impossible, therefore, that we should behold such interposition in any form with indifference.

This sentiment was received in England with enthusiasm. Mr. Brougham said:

The question in regard to Spanish America is now, I believe, disposed of or nearly so; for an event has recently happened than which none has ever dispensed greater joy, exultation, and gratitude over all the freedmen of Europe; that event which is decisive on the subject is the language held with respect to Spanish America in the message of the President of the United States.

Sir James Mackintosh said:

This evidence of the two great English commonwealths (for so I delight to call them, and I heartily pray that they may be forever united in the cause of justice and liberty) cannot be contemplated without the greatest pleasure by every enlightened citizen of the earth.

Mr. John Quincy Adams, who well knew what had led to these statements by Mr. Monroe, explained in a message to the House of Representatives on the 17th day of March, 1826, that there was no purpose of interfering with the existing European colonies in America; that the language was only a frank declaration that the United States could not look with indifference either upon an attempt by colonization to close any port of the continent against the commerce of the United States or upon concerted political interference from Europe in American affairs.

Thus the doctrine of non-intervention by European powers in American affairs arose from complications in South America, and was announced by Mr. Monroe on the suggestion of the official representative of Great Britain.

The doctrine so formulated by Monroe and expounded by Adams has since remained a cardinal principle of our continental policy. In several notable instances, especially in the case of the French attempt to set up imperial authority in Mexico, it guided our political action, and it is to-day firmly embedded in the American heart.

It is true that this doctrine refers to the political and not to the material interest of America; but no one can deny that to place the isthmus under the protection and guarantee of the powers of Europe, rather than under the protection of the leading power of this hemisphere, would seriously threaten and affect the political interest of that power.

It is not to be anticipated that Great Britain will controvert an international doctrine, which she suggested to the United States, when looking to her own interest, and which, when adopted by this Republic, she highly approved; and it is but frank to say that the people of this country would be as unwilling that the pathway of commerce between the Pacific coast and our Eastern market should be under the dominion of the allied European powers as would be the people of Great Britain that the transit from one to another part of her possessions should be under such control.

Prior to the war of the Revolution, Great Britain had acquired strong positions from Halifax to Antigua, dominating the coast of the United States. She retained these positions after the peace of 1783, and continues to use them for offensive and defensive purposes. She has strengthened old strongholds and made new ones, while the United States has ever refused to avail herself of proffered commanding external military stations.

No well-informed statesman doubts the ability of this nation to raise a powerful navy. To raise such a navy might bring commercial advantages to the United States, but it is doubtful whether it would promote the peace of the world; and the United States desires that their citizens may, without any armed assertion of right, be conveyed by water transit from their western to their eastern shores without passing under the guns of European powers.

These are our own views, and it is but frank to state them, while Her Majesty's Government is not called upon either to admit or deny them.

To considerations such as these Lord Granville, in his dispatch of November 10, 1881, answers that the position of Great Britain and the United States, in reference to the canal, is determined by the —

engagements entered into by them respectively in the convention, which was signed at Washington on the 19th of April, 1850, commonly known as the Clayton-Bulwer treaty, and that Her Majesty's Government rely with confidence upon the observance of all the engagements of that treaty.

We are thus fairly brought to the consideration of the Clayton-Bulwer treaty.

The treaty relates to communication between the oceans, and divides itself into two parts:

First, and principally, that which the treaty terms a „particular object", to wit, a then projected interoceanic canal in Central America by the Nicaragua route; and this is the only object stated in the preamble of the treaty, which says that the two Governments, „being desirous of consolidating the relations of amity which so happily subsist between them, by setting forth and fixing in a convention their views and intentions with reference to any means of communication by ship canal which may be constructed between the Atlantic and Pacific oceans by the way of the river San Juan de Nicaragua and either or both of the lakes of Nicaragua or Managua to any port or place on the Pacific Ocean, „to that end confer full powers on Mr. Clayton and Sir Henry Bulwer.

The first and principal object of the treaty is considered in the first seven articles.

Second. The subordinate object of the treaty is that treated of in the remaining or eighth article, which states that the two Governments „having not only desired, in entering into this convention, to accomplish a particular object, but also to establish a general principle (and this is the principle), hereby agree to extend their protection by treaty stipulation to any other practicable communication" across the isthmus, „and especially to the interoceanic communications, should the same prove practicable, whether by canal or railroad, which are now proposed to be established by the way of Tehuantepec or Panama." This „general principle" or joint protection is to be effected, as stated, „by treaty stipulations."

Although this discussion relates to a canal by the Panama route outside of Central America, to which the eighth article refers, yet your attention is invited as well to the first and principal as to the second and subordinate purpose of the treaty.

First. While the primary object of the treaty, as will be seen, was to aid the immediate construction of a canal by what is known as the Nicaragua route it is equally plain that another and important object, which the United States had in view, was to dispossess Great Britain of settlements in Central America, whether under cover of Indian sovereignty or otherwise. The United States were tenacious that Great Britain should not extend further her occupation of threatening military or naval strategic points along their maritime frontier. To assure this, the parties to the treaty jointly agreed not to exercise dominion over, or fortify or colonize Nicaragua, Costa Rica, the Mosquito coast, or any part of Central America. Great Britain, however, exercises dominion over Belize or British Honduras, the area of which is equal to that of Massachusetts, Connecticut, and Rhode Island, and the impression prevails that since the conclusion of the treaty of 1850, the English inhabitants of that district have spread into the territory of the neighboring Republics and now occupy a large area of land which, under the convention, belongs to one or the other of the two Republics, but over which the Government of Her Majesty assumes to exercise control.

Such dominion seems to be inconsistent with that provision of the treaty which prohibits the exercise of dominion by Great Britain over any part of Central America. This makes it proper for me to say that the English privileges, at the time of the conclusion of the Clayton-Bulwer treaty, in what has been known as the Belize, were confined to a right to cut wood and establish sawmills in a territory defined by metes and bounds. These privileges were conferred by treaties, in which Spanish sovereignty was recognized. On the successful revolution, the rights of Spain vested in the new Republics, and had not been materially changed when the Clayton-Bulwer treaty was concluded. That treaty was concluded April 19, and its ratification advised by the Senate May 22, 1850. On the exchange of the ratifications, Sir Henry Bulwer filed in this Department, under date of June 29, 1850, a declaration that the exchange was made with the understanding on the part of Her Majesty's Government that the treaty did not apply to Her Majesty's settlement at Honduras and its dependencies. Mr. Clayton answered, under date of July 4, 1850, that he so understood, but that he must not be understood to either affirm or deny British title therein. It is to be observed that each of these declarations was made after the conclusion of the treaty by the joint action of the President and the Senate, and that the declaration was not made to or accepted by them. In 1859 Great Britain entered into a treaty with Guatemala, in which what had been called the settlement in the declaration made on the exchange of the ratification of the Clayton-Bulwer treaty was styled „Her Britannic Majesty's settlement and possessions."

In the treaty with Guatemala the boundaries were defined, and it was agreed that all on one side of the defined boundaries „belongs to Her Britannic Majesty." It is further understood that when the commissioners met to mark the boundary in accordance with the agreement, it was found that the subjects of Great Britain had occupied so much more of Guatemala than was supposed that the commissioner on the part of Her Majesty's Government refused to proceed, and this large area of land has since remained practically in the possession of Great Britain.

The United States have never given their assent to this conversion of the British „settlement" in Central America under Spanish-American sovereignty into a British „possession" with British sovereignty. There is a vast difference between a settlement subject to the sovereignty of the Central-American Republic and a colony controlled by Great Britain.

Under the treaty of 1850, while it is binding, the United States have not the right to exercise dominion over or to colonize one foot of territory in Central America. Great Britain is under the same rigid restriction. And if Great Britain has violated and continues to violate that provision, the treaty is, of course, voidable at the pleasure of the United States.

Again, it is well known that the parties to the Clayton-Bulwer treaty anticipated that a canal by the Nicaragua route was to be at once commenced. Under the assumption of a protectorate of Mosquito, British authority was at that time in actual and visible occupation of one end of the Nicaragua route, whether with or without title is not now material, and it was intended by this treaty to dispossess Great Britain of this occupation. This object was accomplished in 1859 and 1860 by treaties between Great Britain, Guatemala, Honduras, and Nicaragua, referred to in Lord Granville's dispatch of January 14, 1882. It was to this adjustment, which was one of the prime objects of the treaty, and not to the colonization of British Honduras, that Mr. Buchanan in his message of December, 3, 1860, alludes as „an amicable and honorable adjustment of dangerous questions arising from the Clayton-Bulwer treaty."

When the Clayton-Bulwer treaty was concluded it was contemplated that the Nicaragua Canal, to which the treaty principally had relation, would be at once commenced and finished with all possible speed by American and British capital under the impulse of the joint protectorate. This appears not only from the context of the treaty, but also from the history of the negotiations which lead to the treaty, and the relations which then existed between this Government and the Central American States.

On December 12, 1846, New Grenada, by a treaty of commerce, in consideration of certain guarantees, made the United States valuable grants relating to the Panama route, to which your attention will be directed when we consider the rights of this Republic in relation to the Panama route.

The discovery of gold in California soon made it important to find some rapid way of reaching it. Notwithstanding the progress of the Panama Railroad scheme, public feeling was running strongly in favor of a ship-canal large enough to accommodate ocean steamships. Influenced by this strong feeling the minister of the United States in Nicaragua, without instructions, negotiated a treaty with that Republic, which conferred upon certain citizens of the United States the valuable right to construct a ship-canal from San Juan on the Atlantic coast to the Pacific. Nicaragua claimed sovereignty over the whole of the line of the proposed canal, while Great Britain, as I have shown, claimed sovereignty over a portion of it occupied by the Mosquito Indians.

At the time of the concession by Nicaragua it would have been impossible to procure in the United States the capital necessary for the construction of a ship-canal from the Atlantic to the Pacific.

Hence it was that, when Mr. Clayton learned of the concession, he at once informed Mr. Crampton, the British minister, saying that the United States did not propose to avail themselves exclusively of these privileges, but wished a canal constructed, and that the claim of Great Britain on behalf of the Mosquito Indians, which the United States could not admit, stood in the way. The Government of the United States, Mr. Clayton said, was persuaded that —

These considerations, if fairly laid before Her Majesty's Government, would induce Her Majesty's Government to make such an arrangement with regard to the Mosquito Indians as would prevent its being an obstacle to the design in question.

President Taylor was present at the interview, and „cordially concurred". Mr. Crampton reported the conversation to Lord Palmerston the 1st October, and on the 15th of the same month transmitted to him a copy of the concession by Nicaragua to the American company. The 22d November Mr. Abbott Lawrence officially informed Lord Palmerston that an American company, aided by the subscription of a large amount of British capital, had begun to construct the Panama Railroad, and had completed the contracts for iron for it. He transmitted to Lord Palmerston a copy of the guaranty in the treaty of 1846 with New Grenada, and invited Great Britain to join in the guaranty. In the same note he acquainted her Majesty's Government with the concession from Nicaragua to the American canal company, and said that the conflicting claims as to Mosquito threw an obstacle in the way of the work, and invited a conversation on the subject. It seems that several conversations were had, since on the 14th of the following December Mr. Lawrence addressed a formal note to Lord Palmerston, in which, after referring to them and again setting forth the concessions for the Panama Railroad and the Nicaragua Canal, and stating that the United States had „disclaimed all intention to settle, annex, colonize, of fortify the territory of Central America, which declaration had been met by a similar disclaimer on the part of Great Britain", and also that Her Majesty's Government ,,had intimated their willingness to join with the United States in their guaranty of neutrality", he asked, in substance, 1st. Whether Great Britain would enter into a treaty with Nicaragua similar to that negotiated by the United States? 2d. Whether Great Britain would enter into a treaty with New Grenada guaranteeing the neutrality of the railway then under construction. 3d. Whether the obstruction of the Mosquito Protectorate would be removed? This note was never answered formally in London, but negotiations were transferred to Washington.

Meantime, and in the autumn of 1849, Sir Henry Bulwer had succeeded Mr. Crampton in Washington, and, soon after his arrival, commenced negotiations with Mr. Clayton for a treaty for the protection of a canal.

On the 6th of January, 1850, Sir Henry Bulwer wrote to Lord Palmerston, saying:

Your lordship is aware that the main interest of the United States in this matter has arisen from its newly acquired possession in the Pacific, and the project of an American company to form a water communication between the two oceans, passing through the lake of Nicaragua and the river San Juan, this company having obtained from the state of Nicaragua the use of its lakes and territory for this purpose, and the use also of the river San Juan, to which Nicaragua lays claim. * * * But it so happens that while it is very difficult, not to say impossible, for Her Majesty's Government to listen to those claims of Nicaragua, our decision with respect to which has been already openly taken, there is no difficulty, I believe, whatsoever in Her Majesty's Government assisting the United States in its general views with respect to that water communication across Central America which Great Britain must be almost as desirous as theUnited States to see established. * * * I am disposed to think that the best way of doing this is by a convention between Great Britain and the United States.

Negotiations conducted on this basis progressed so rapidly that on the 3d February, 1850, Sir Henry Bulwer was able to transmit for Lord Palmerston's criticism the full project of a treaty. Extracts from the covering dispatch fully explain what the treaty was intended to accomplish.

The State of Nicaragua made to an American company, formed for the construction of such a canal, the grant, accompanied by various favors and privileges, of all such portion of the territory claimed by it as the said company require. * * * It was, however, impossible for the contemplated scheme to be executed under any grant from the State of Nicaragua as long as the mouth of the San Juan River was in the hands of another people protected by Great Britain. * * * Both the American company to which I have alluded and the American Government have latterly manifested an earnest desire to have it clearly understood that they will modify all that portion of their original engagement with Nicaragua which secures any advantages to one State which another may not equally enjoy; and if such be the spirit which is to preside over the vast project under consideration, Great Britain has not only no interest in preventing its success, but every interest in forwarding its completion and providing for its security. * * * It is with such views that the inclosed convention has been drawn up, its object being to exclude all question of the disputes between the Nicaragua and the Mosquitos, but to settle, in fact, all that it was essential to settle with regard to these disputes as far as the ship communication between the Atlantic and Pacific and the navigation of the river San Juan were concerned.

The project, which was inclosed in this dispatch, was, in the substance of its provisions and in most of its language, indentical with the treaty subsequently concluded, with one marked exception. In the project Article VII stopped with the general provision to give encouragement and support to the first parties offering to commence the work with the necessary capital. In the subsequent negotiations the following words were added to that article and form part of Article VII of the executed treaty:

And if any persons or company should already have, with any State through which the proposed ship canal may pass, a contract for the construction of such a canal as that specified in this convention, to the stipulations of which contract neither of the contracting parties in this convention have any just cause to object, and the said persons or company shall, moreover, have made preparations and expended time, money, and trouble, on the faith of such contract, it is hereby agreed that such persons or company shall have a priority of claim over every other person, persons, or company to the protection of the Governments of the United States and Great Britain, and be allowed a year from the date of the exchange of the ratifications of this convention for concluding their arrangements and presenting evidence of sufficient capital subscribed to accomplish the contemplated undertaking, it being understood that if at the expiration of the aforesaid period such persons or company be not able to commence and carry out the proposed enterprise, then the Governments of the United States and Great Britain shall be free to afford their protection to any other persons or company that shall be prepared to commence and proceed with the construction of the canal in question.

The Clayton-Bulwer treaty was concluded on the 19th of the following April, and I think it will not be denied that the object which President Taylor, Mr. Clayton, Sir Henry Bulwer, and Lord Palmerston had in view in making it was primarily and mainly this: To insure at the earliest possible moment the completion of the particular ship canal for which a concession had been made by Nicaragua to citizens of the United States on the 29th of August, 1849; all the interviews of which accounts remain, and all the correspondence relate to this particular canal and to no other. As if to make assurance doubly sure, the project of a treaty which Sir Henry Bulwer sent to Lord Palmerston the 3d of February, being found doubtful or insufficient in this respect, was so amended between that time and the 19th April as to make it practically certain that that grant would be accepted by both Governments as the one covered by the treaty.

It was to this particular canal that were to be applied all the provisions of the first article in the treaty relating to the fortification of the canal, the control over it, and exclusive advantage in it; of the second article, relating to blockade, detention or capture; of the third and fourth articles, relating to protection during construction and to free ports; of the fifth article, in regard to a guaranty of neutrality; of the sixth article, with regard to treaties with other states, and the use of the good offices of the high contracting parties; and of the seventh article, as already noticed; but if under the provisions of the seventh article the claims of the holders of this particular concession should be set aside, then each Government reserved to itself the right to determine whether its interests required it to afford protection to the holders of any other concession.

The two Governments did, however, subsequently come to a harmonious agreement with regard to the grant by Nicaragua, the one contemplated by the treaty.

The company was organized, and Colonel Childs, who had been chief engineer of the canals of the State of New York, was sent to Nicaragua to make a survey. He arrived there in August, 1850, and in 1852 his report was received, printed, and laid before the Secretary of War by direction of the President, who detailed Colonel Abert and Lieutenant-Colonel Turnbull, of the United States Army, to examine it and give their opinions upon it. They approved the report on the 20th March, 1852.

On the 16th June, in the same year, Mr. Lawrence informed Lord Malmesbury of these facts, and requested Her Majesty's Government to appoint engineers of skill and experience to examine it on the part of that Government.

Mr. Lawrence was on the 30th July informed that an officier of the royal engineers and an eminent civil engineer had been appointed for that purpose, and on the 13th August their report was transmitted to Mr. Lawrence by Lord Malmesbury. The report was favorable, and a combination of British capitalists was made in contemplation of united action with American shareholders in the construction of the canal. For reasons which need not now be repeated, but principally because of the discussion which immediately began as to the clauses of the treaty relating to settlements in British Honduras, the project failed, and no canal was ever constructed under that grant.

A line of steamers was put on and run for many years, carrying passengers between New York and San Francisco. The expedition of Walker into Nicaragua terminated this line. The grant was revoked, the steamers were seized; the stockholders received no benefit from their property, and although the company nominally exists, it has been practically superseded by subsequent grants from Nicaragua to other companies.

It was also agreed in the treaty that the parties should invite other states to enter into similar stipulation, to the end that they might share in the „honor and advantage of having contributed to a work of such general interest and importance as the canal herein contemplated", to wit, that by the Nicaragua route.

It is to be observed that if other nations were to become parties to the enterprise it was only on the joint invitation of both the United States and Great Britain; but the President regards the provision as lapsed by the failure to construct the canal to which it referred, and by the fact before stated that experience has shown that no joint protectorate for any canal across the isthmus is requisite. The canal, however, now in question is on the Panama and not on the Nicaragua route.

The remaining subject of the treaty is contained in the eighth article, which relates to a canal or railway across the isthmus other than by the Nicaragua route, as by way of Tehuantepec or Panama, and it is this provision of the treaty which has occasioned this correspondence. The article provides as follows:

The Governments of the United States and Great Britain having not only desired, in entering into this convention, to accomplish a p a r t i c u l a r o b j e c t [to wit, the Nicaragua Canal, which, at the date of the treaty, it was thought was about to be constructed], but also to establish a general principle, they hereby agree to extend their protection, by treaty stipulations, to any other communications, whether by canal or railway, across the Isthmus which connects North and South America, and especially to the interoceanic communications, should the same prove to be practicable, whether by canal or railway, which are now proposed to be established by the way of Tehuantepec or Panama.

It is to be here observed that the Government of the United States has a treaty with New Grenada, now a part of the United States of Colombia, entered into in 1846, by which free transit is guaranteed to the citizens of the United States across the Isthmus of Panama upon any mode of communication that may be constructed, subject to no duties or burdens but such as may be imposed upon citizens of New Grenada, and by which, in order to secure the tranquil and constant enjoyment of these advantages, the United States guaranteed, positively and efficaciously, the perfect neutrality of the Isthmus, with the view that free transit from sea to sea might not be interrupted or embarrassed, and also guaranteed the rights of sovereignty and property which New Grenada (now the United States of Colombia) had and posesses over said territory.

By this treaty with New Grenada the United States claim to occupy a peculiar relation to the means of transit by railroad or canal across the Isthmus, within the territories of the United States of Colombia, a relation which cannot justly be superseded by the intervention of other States without the consent of the United States, duly and properly obtained. A protectorate of this kind is, like government, necessarily exclusive in its character, and implies a right and duty to make it effective. There may be a joint protectorate engaged in by mutual convention of different states, but the protectorate itself must be a unit. The treaty with New Grenada of 1846 still remains in full force. If Great Britain should desire to be united with the Government of the United States in that guaranty, of course it would require the consent of the United States of Colombia and of this Government, and a convention to that end, the terms of which should be made agreeable to the parties.

Article VIII of the Clayton-Bulwer treaty relates only to those projects now [1850] proposed to be established; and expressly contemplates some further „treaty stipulation" on the part of Great Britain with the United States of America and New Grenada, now the United States of Colombia, before Great Britain can join the United States in the protectorate of the canal or railway by the Panama route. No such treaty stipulation has been made or has been proposed by Great Britain. Since the ratification of the Clayton-Bulwer treaty, for thirty years the United States, under the treaty of 1846 with New Grenada, has extended protection to the transit from sea to sea by the Panama Railway.

Should Her Majesty's Government, after obtaining the consent thereto of the United States of Colombia, claim under the Clayton-Bulwer treaty the right to join the United States in the protection of the existing Panama Railway, or any future Panama canal, the United States would submit that experience has shown that no such joint protectorate is requisite; that the

Clayton-Bulwer treaty is subj-ct to the provisions of the treaty of 1846 with New Grenada, while it exists, which treaty obliges the United States to afford and secure to it the sole protectorate of any transit by the Panama route; and if Great Britain still claimed the right to join in the protectorate the United States would then determine whether the „treaty stipulations“ proposed by Great Britain regulating that joint protectorate were just; and, if so, whether the length of time during which Great Britain has concurred in the protection of the Panama route under the treaty with New Grenada has or has not relieved the United States from any obligation to accept a proposal from the Government to join in the guaranty.

I may then state the President's views on the whole subject, which I do with an assurance that they will meet with a candid consideration from Lord Granville, and with the hope that they may be substantially concurred in by Her Majesty's Government.

The Clayton-Bulwer treaty was concluded to secure a thing which did not exist, and which now never can exist. It was to secure the construction of a canal under the grant of 1849 from Nicaragua that the United States consented to waive the exclusive and valuable rights which have been given to them; that they consented to agree with Great Britain that they would not occupy, fortify, colonize, or assume dominion over any part of Central America, and that they consented to admit Her Majesty's Government at some future day to a share in the protection which they have exercised over the Isthmus of Panama.

The Government and people of the United States, though rich in land and industry, were poor in money and floating capital in 1850. The scheme for a canal, even without the complications of the Mosquito protectorate, was too vast for the means of the Americans of that day, who numbered then considerably less than one-half of their numbers to-day. They went to England, which had what they had not, surrendered their exclusive privileges, offered an equal share of all they had in those regions in order, as expressed in the seventh article of the treaty, „that no time should be unnecessarily lost in commencing and constructing the said canal“. Through no fault of theirs time was unnecessarily lost, the work was never begun, and the concession failed.

The President does not think that the United States are called upon by any principle of equity to revive those provisions of the Clayton-Bulwer treaty which were specially applicable to the concession of August, 1849, and apply them to any other concession which has been since or may hereafter be made. The conditions of 1882 are not those of 1852. The people of the United States have now abundance of surplus capital for such enterprises, and have no need to call upon foreign capitalists. The legislative branch of the Government of the United States may also desire to be free to place the credit of the United States at the service of one or more of these enterprises. The President does not feel himself warranted in making any engagement or any admission respecting the extinct provisions of the Clayton-Bulwer treaty which would prevent or interfere with such a purpose.

On the contrary, frankness requires him to say that as the persons who held the grant which the United States understood to be accepted by the two Governments under the provisions of the treaty have not „carried out the proposed enterprise", the United States esteem themselves competent to refuse to afford their protection jointly with Great Britain to any other person for company, and hold themselves free hereafter to protect any interoceanic communication in which they or their citizens may become interested in such way as treaties with the local sovereign powers may warrant and their interests may require.

There are some provisions of the treaty which the President thought might be advantageously retained. With this purpose the present correspondence was opened by the note to you of the 19th November last, in which these points were indicated. The President is still ready on the part of the United States to agree that the reciprocal engagements respecting the acquisition of territory in Central America, and respecting the establishment of a free port at each end of whatever canal may be constructed, shall continue in force, and to define by agreement the distance from either end of the canal where captures may be made by a belligerent in time of war, and with this definiton thus made to keep alive the second article of the treaty. He hopes that Lord Granville on further consideration may not be averse to revising his opinion that such agreements would not be beneficial.

To the suggestion made by Lord Granville, at the close of this note of January 7, that the United States should take the initiative in an invitation to other powers to participate in an agreement based upon the convention of 1850, the President is constrained, by the considerations already presented, to say that the United States can not take part in extending such an invitation, and to state with entire frankness, that the United States would look with disfavor upon an attempt at a concert of political action by other powers in that direction.

It is not necessary to observe that there is no provision of the Clayton-Bulwer treaty which authorizes Great Britain to invite, or obliges the United States to accept, the aid of other nations to protect or to guarantee the neutrality of the Panama route.

Fortunately the want of harmony in the views of the two Governments can have at present no injurious influence. No canal yet exists across the Isthmus, and in the natural course of events some time must elapse before one can be constructed; meanwhile the points of divergence between Her Majetsy's Government and that of the United States may disappear. The President hopes that long before the subject becomes one of practical importance Her Majesty's Government may be brought to see that the interests of Great Britain and of the United States in this matter are identical, and are best promoted by the peaceful policy which he has marked out for this country.

In the meantime the diversity of opinion which now exists will not in any wise impair the good understanding happily existing between the people and Governments of the United States and Great Britain.

You will read this dispatch to Lord Granville, and if he desires to have a copy of it you may leave one with him.

I am, sir, your obedient servant.

7. Botschaft des Präsidenten Cleveland vom 17. Dezember 1895 betreffend den Venezuela-Genzstreit.[1])

To The Congress:

In my annual message addressed to the Congr‑‑ on the third instant I called attention to the pending boundary controversy between Great Britain and the Republic of Venezuela and recited the substance of a representation made by this Government to Her Britannic Majesty's Government suggesting reasons why such dispute should be submitted to arbitration for settlement, and inquiring whether it would be so submitted.

The answer of the British Government, which was then awaited, has since been received and, together with the dispatch to which it is a reply, is hereto appended.

Such reply is embodied in two communications addressed by the British Prime Minister to Sir Julian Pauncefote, the British Ambassador at this Capital. It will be seen that one of these communications is devoted exclusively to observations upon the Monroe doctrine, and claims that in the present instance a new and strange extension and development of this doctrine is insisted on by the United States, that the reasons justifying an appeal to the doctrine enunciated by President Monroe are generally inapplicable „to the state of things in which we live at the present day", and especially inapplicable to a controversy involving the boundary line between Great Britain and Venezuela.

Without attempting extended argument in reply to these positions, it may not be amiss to suggest that the doctrine upon which we stand is strong and sound because its enforcement is important to our peace and safety as a nation, and is essential to the integrity of our free institutions and the tranquil maintenance of our distinctive form of government. It was intended to apply to every stage of our national life, and can not become obsolete while our Republic endures. If the balance of power is justly a cause for jealous anxiety among the governments of the old world, and a subject for our absolute noninterference, none the less is an observance of the Monroe doctrine of vital concern to our people and their Government.

Assuming, therefore, that we may properly insist upon this doctrine without regard to „the state of things in which we live", or any changed conditions here or elsewhere, it is not apparent why its application may not be invoked in the present controversy.

If a European power, by an extension of its boundaries, takes possession of the territory of one of our neighboring Republics against its will and in derogation of its rights, it is difficult to see why to that extent such European

---

[1]) vergl. hier besonders oben S. 160 ff.

power does not thereby attempt to extend its system of government to that portion of this continent which is thus taken. This is the precise action which President Monroe declared to be „dangerous to our peace and safety", and it can make no difference whether the European system is extended by an advance of frontier or otherwise.

It is also suggested in the British reply that we should not seek to apply the Monroe doctrine to the pending dispute because it does not embody any principle of international law which „is founded on the general consent of nations", and that „no statesman, however eminent, and no nation, however powerful, are competent to insert into the code of international law a novel principle which was never recognized before, and which has not since been accepted by the Government of any other country".

Practically the principle for which we contend has peculiar if not exclusive relation to the United States. It may not have been admitted in so many words to the code of international law, but since in international councils every nation is entitled to the rights belonging to it, if the enforcement of the Monroe doctrine is something we may justly claim it has its place in the code of international law as certainly and as securely as if it were specifically mentioned, and where the United States is a suitor before the high tribunal that administers international law the question to be determined is whether or not we present claims which the justice of that code of law can find to be right and valid.

The Monroe doctrine finds its recognition in those principles of international law which are based upon the theory that every nation shall have its rights protected and its just claims enforced.

Of course this Government is entirely confident that under the sanction of this doctrine we have clear rights and undoubted claims. Nor is this ignored in the British reply. The Prime Minister, while not admitting that the Monroe doctrine is applicable to present conditions, states: „In declaring that the United States would resist any such enterprise if it was contemplated, President Monroe adopted a policy which received the entire sympathy of the English Government of that date". He further declares: „Though the language of President Monroe is directed to the attainment of objects which most Englishmen would agree to be salutary, it is impossible to admit that they have been inscribed by any adequate authority in the code of international law". Again he says: „They (Her Majesty's Government) fully concur with the view which President Monroe apparently entertained, that any disturbance of the existing territorial distribution in the hemisphere by any fresh acquisitions on the part of any European State, would be a highly inexpedient change."

In the belief that the doctrine for which we contend was clear and definite, that it was founded upon substantial considerations and involved our safety and welfare, that it was fully applicable to our present conditions and to the state of the world's progress and that it was directly related to the pending controversy and without any conviction as to the final merits of the dispute, but anxious to learn in a satisfactory and conclusive manner whether Great Britain sought, under a claim of boundary, to extend her possessions on this continent without right, or whether she merely sought possession of territory fairly included within her lines of ownership, this Government proposed to the Government of Great Britain a resort to arbitration as the proper means of settling the question to the end that a vexatious boundary dispute between the two contestants might be determined and our exact standing and relation in respect to the controversy might be made clear.

It will be seen from the correspondence herewith submitted that this proposition has been declined by the British Government, upon grounds which in the circumstances seem to me to be far from satisfactory. It is deeply disappointing that such an appeal actuated by the most friendly feelings towards both nations directly concerned, addressed to the sense of justice and to the magnanimity of one of the great powers of the world and touching its relations to one comparatively weak and small, should have produced no better results.

The course to be pursued by this Government in view of the present condition does not appear to admit of serious doubt. Having labored faithfully for many years to induce Great Britain to submit this dispute to impartial arbitration, and having been now finally apprized of her refusal to do so, nothing remains but to accept the situation, to recognize its plain requirements and deal with it accordingly. Great Britain's present proposition has never thus far been regarded as admissible by Venezuela, though any adjustement of the boundary which that country may deem for her advantage and may enter into of her own free will cannot of course be objected to by the United States.

Assuming, however, that the attitude of Venezuela will remain unchanged, the dispute has reached such a stage as to make it now incumbent upon the United States to take measures to determine with sufficient certainty for its justification what is the true divisonal line between the Republic of Venezuela and British Guayana. The inquiry to that end should of course be conducted carefully and judicially and due weight should be given to all available evidence records and facts in support of the claims of both parties.

In order that such an examination should be prosecuted in a thorough and satisfactory manner I suggest that the Congress make an adequate appropriation for the expenses of a Commission, to be appointed by the Executive, who shall make the necessary investigation and report upon the matter with the least possible delay. When such report is made and accepted it will in my opinion be the duty of the United States to resist by every means in its power as a willful aggression upon its rights and interests the appropriation by Great Britain of any lands or the excerise of governmental jurisdiction over any territory which after investigation we have determined of right belongs to Venezuela.

In making these recommendations I am fully alive to the responsibility incurred, and keenly realize all the consequences that may follow.

I am nevertheless firm in my conviction that while it is a grievous thing to contemplate the two great English-speaking peoples of the world as being otherwise than friendly competitors in the onward march of civilization, and strenuous and worthy rivals in all the arts of peace, there is no calamity which a great nation can invite which equals that which follows a supine submission to wrong and injustice and the consequent loss of national self respect and honor beneath which are shielded and defended a people's safety and greatness.

8. Staatssekretär Olneys Instruktion an den Gesandten der Vereinigten Staaten in England, Mr. Bayard, vom 20. Juli 1895 betreffend den Venezuela-Grenzstreit.[1])

SIR: I am directed by the President to communicate to you his views upon a subject to which he has given much anxious thought and respecting which he has not reached a conclusion without a lively sense of its great importance as well as of the serious responsibility involved in any action now to be taken.

It is not proposed, and for present purposes is not necessary, to enter into any detailed account of the controversy between Great Britain and Venezuela respecting the western frontier of the colony of British Guayana. The dispute is of ancient date and began at least as early as the time when Great Britain acquired by the treaty with the Netherlands of 1814 „the establishments of Demerara, Essequibo, and Berbice". From that time to the present the dividing line between these „establishments" (now called British Guayana) and Venezuela has never ceased to be a subject of contention. The claims of both parties, it must be conceded, are of a somewhat indefinite nature. On the one hand Venezuela, in every constitution of government since she became an independent State, has declared her territorial limits to be those of the Captaincy General of Venezuela in 1810. Yet, out of „moderation and prudence", it is said, she has contended herself with claiming the Essequibo line — the line of the Essequibo River, that is — to be the true boundary between Venezuela and British Guayana. On the other hand, at least an equal degree of indefiniteness distinguishes the claim of Great Britain.

It does not seem to be asserted, for instance, that in 1814 the „establishments" then acquired by Great Britain had any clearly defined western limits which can now be identified and which are either the limits insisted upon to-day, or, being the original limits, have been the basis of legitimate territorial extensions. On the contrary, having the actual possession of a district called the Pomaron district, she apparently remained indifferent as to the exact area of the colony until 1840, when she commissioned an engineer, Sir Robert Schomburgk, to examine and lay down its boundaries. The result was the Schomburgk line which was fixed by metes and bounds, was delineated on maps, and was at first indicated on the face of the country itself by posts, monograms, and other like symbols. If it was expected that Venezuela would acquiesce in this line, the expectation was doomed

---

[1]) vergl. besonders oben S. 171 ff.

to speedy disappointment. Venezuela at once protested and with such vigor and to such purpose that the line was explained to be only tentative — part of a general boundary scheme concerning Brazil and the Netherlands as well as Venezuela — and the monuments of the line set up by Schomburgk were removed by the express order of Lord Aberdeen. Under these circumstances, it seems impossible to treat the Schomburgk line as being the boundary claimed by Great Britain as matter of right, or as anything but a line originating in considerations of convenience and expediency. Since 1840 various other boundary lines have from time to time been indicated by Great Britain, but all as conventional lines — lines to which Venezuela's assent has been desired but which in no instance, it is believed, have been demanded as matter of right. Thus neither of the parties is today standing for the boundary line predicated upon strict legal right — Great Britain having formulated no such claim at all, while Venezuela insists upon the Essequibo line only as a liberal concession to her antagonist.

Several other features of the situation remain to be briefly noticed — the continuous growth of the undefined British claim, the fate of the various attempts at arbitration of the controversy, and the part in the matter heretofore taken by the United States. As already seen, the exploitation of the Schomburgk line in 1840 was at once followed by the protest of Venezuela and by proceedings on the part of Great Britain which could fairly be interpreted only as a disavowal of that line. Indeed — in addition to the facts already noticed — Lord Aberdeen himself in 1844 proposed a line beginning at the River Moroco, a distinct abandonment of the Schomburgk line. Notwithstanding this, however, every change in the British claim since that time has moved the frontier of British Guayana farther and farther to the westward of the line thus proposed. The Granville line of 1881 placed the starting point at a distance of twenty-nine miles from the Moroco in the direction of Punta Barima. The Rosebery line of 1886 placed it west of the Guaima River, and about that time, if the British authority known as the Statesman's Year Book is to be relied upon, the area of British Guayana was suddenly enlarged by some 33,000 square miles — being stated as 76,000 square miles in 1885 and 109,000 square miles in 1887. The Salisbury line of 1890 fixed the starting point of the line in the mouth of the Amacuro west of the Punta Barima on the Orinoco. And finally, in 1893, a second Rosebery line carried the boundary from a point to the west of the Amacuro as far as the source of the Cumano River and the Sierra of Usupamo. Nor have the various claims thus enumerated been claims on paper merely. An exercise of jurisdiction corresponding more or less to such claims has accompanied or followed closely upon each and has been the more irritating and unjustifiable if, as is alleged, an agreement made in the year 1850 bound both parties to refrain from such occupation pending the settlement of the dispute.

While the British claim has been developing in the manner above described, Venezuela has made earnest and repeated efforts to have the question of boundary settled. Indeed, allowance being made for the distractions of a war of independence and for frequent internal revolutions, it may be fairly said that Venezuela has never ceased to strive for its adjustment. It could, of course, do so only through peaceful methods, any resort to force as against its powerful adversary being out of the question. Accordingly, shortly after the drawing of the Schomburgk line, an effort was made to settle the boundary by treaty and was apparently progessing towards a successful issue when the negotiations were brought to an end in 1844 by the death of the Venezuelan plenipotentiary.

In 1848 Venezuela entered upon a period of civil commotions which lasted for more than a quarter of a century, and the negotiations thus interrupted in 1844 were not resumed until 1876. In that year Venezuela offered to close the dispute by accepting the Moroco line proposed by Lord Aberdeen. But, without giving reasons for his refusal, Lord Granville rejected the proposal and suggested a new line comprehending a large tract of territory all pretension to which seemed to have been abandoned by the previous action of Lord Aberdeen. Venezuela refused to assent to it, and negotiations dragged along without result until 1882, when Venezuela concluded that the only course open to her was arbitration of the controversy. Before she had made any definite proposition, however, Great Britain took the initiative by suggesting the making of a treaty which should determine various other questions as well as that of the disputed boundary. The result was that a treaty was practically agreed upon with the Gladstone government in 1886 containing a general arbitration clause under which the parties might have submitted the boundary dispute to the decision of a third power or of several powers in amity with both.

Before the actual signing of the treaty, however, the administration of Mr. Gladstone was superseded by that of Lord Salisbury, which declined to accede to the arbitration clause of the treaty notwithstanding the reasonable expectations of Venezuela to the contrary based upon the Premier's emphatic declaration in the House of Lords that no serious government would think of not respecting the engagements of its predecessor. Since then Venezuela on the one side has been offering and calling for arbitration, while Great Britain on the other has responded by insisting upon the condition that any arbitration should relate only to such of the disputed territory as lies west of a line designated by herself. As this condition seemed inadmissible to Venezuela and as, while the negotiations were pending, new appropriations of what is claimed to be Venezuelan territory continued to be made, Venezuela in 1887 suspended diplomatic relations with Great Britain protesting „before Her British Majesty's Government, before all civilized nations and before the world in general, against the acts of spoliation committed to her detriment by the Government of Great Britain, which she at no time and on no account will recognize as capable of altering in the least the rights which she has inherited from Spain and respecting which she will ever be willing to submit to the decision of a third power".

Diplomatic relations have not since been restored, though what is claimed to be new and flagrant British aggressions forced Venezuela to resume negotiations on the boundary question — in 1890, through its Minister in Paris and a special envoy on that subject — and in 1893, through a confidential agent, Señor Michelena. These negotiations, however, met with the fate of other like previous negotiations — Great Britain refusing to arbitrate except as to territory west of an arbitrary line drawn by herself. All attempts in that direction definitely terminated in October ,1893, when Señor Michelena filed with the Foreign Office the following declaration:

I perform a most strict duty in raising again in the name of the Government of Venezuela a most solemn protest against the proceedings of the Colony of British Guayana, constituting encroachments upon the territory of the Republic, and against the declaration contained in Your Excellency's communication that Her Britannic Majesty's Government considers that part of the territory as pertaining to British Guayana and admits no claim to it on the part of Venezuela. In support of this protest I reproduce all the arguments presented to Your Excellency in my note of 29 of last September and those which have been exhibited by the Government of Venezuela on the various occasions they have raised the same protest.

I lay on Her Britannic Majesty's Government the entire responsibility of the incidents that may arise in the future from the necessity to which Venezuela has been driven to oppose by all possible means the dispossession of a part of her territory, for by disregarding her just representation to put an end to this violent state of affairs through the decision of arbiters, Her Majesty's Government ignores her rights and imposes upon her the painful though peremptory duty of providing for her own legitimate defense.

To the territorial controversy between Great Britain and the Republic of Venezuela, thus briefly outlined, the United States has not been and, indeed, in view of its traditional policy, could not be indifferent. The note to the British Foreign Office by which Venezuela opened negotiations in 1876 was at once communicated to this Government. In January, 1881, a letter of the Venezuelan Minister at Washington, respecting certain alleged demonstrations at the mouth of the Orinoco, was thus answered by Mr. Evarts, then Secretary of State:

In reply I have to inform you that in view of the deep interest which the Government of the United States takes in all transactions tending to attempted encroachments of foreign powers upon the territory of any of the Republics of this continent, this Government could not look with indifference to the forcible acquisition of such territory by England if the mission of the vessels now at the mouth of the Orinoco should be found to be for that end. This Government awaits, therefore, with natural concern the more particular statements promised by the Government of Venezuela, which it hopes will not be long delayed.

In the February following, Mr. Evarts wrote again on the same subject as follows:

Referring to your note of the 21st of December last, touching the operations of certain British war vessels in and near the mouth of the Orinoco River and to my reply thereto of the 31st ultimo as well as to the recent occasions in which the subject has been mentioned in our conferences concerning the business of your mission, I take it to be fitting now at the close of my incumbency of the office I hold to advert to the interest with which the Government of the United States cannot fail to regard any such purpose with respect to the control of American territory as is stated to be contemplated by the Government of Great Britain and to express my regret that the further information promised in your note with regard to such designs had not reached me in season to receive the attention which, not withstanding the severe pressure of public business at the end of an administrative term, I should have taken pleasure in bestowing upon it. I doubt not, however, that your representations in fulfillment of the awaited additional orders of your Government will have like earnest and solicitous consideration at the hands of my successor.

In November, 1882, the then state of negotiations with Great Britain together with a copy of an intended note suggesting recourse to arbitration was communicated to the Secretary of State by the President of Venezuela with the expression of the hope that the United States would give him its opinion and advice and such support as it deemed possible to offer Venezuela in order that justice should be done her. Mr. Frelinghuysen replied in a dispatch to the United States Minister at Caraças as follows:

This Government has already expressed its view that arbitration of such disputes is a convenient resort in the case of failure to come to a mutual understanding and intimated its willingness, if Venezuela should so desire, to propose to Great Britain such a mode of settlement. It is felt that the tender of good offices would not be so profitable if the United States were to approach Great Britain as the advocate of any prejudged solution in favor of Venezuela. So far as the United States can counsel and assist Venezuela it believes it best to confine its reply to the renewal of the suggestion of arbitration and the offer of all its good offices in that direction. This suggestion is the more easily made, since it appears, from the instruction sent by Señor Seijas to the Venezuelan Minister in London on the same 15th of July, 1882, that the President of Venezuela proposed to the British Government the submission of the dispute to arbitration by a third power.

You will take an early occasion to present the foregoing considerations to Señor Seijas, saying to him that, while trusting that the direct proposal for arbitration already made to Great Britain may bear good fruit (if, indeed, it has not already done so by its acceptance in principle), the Government of the United States will cheerfully lend any needful aid to press upon Great Britain in a friendly way the proposition so made, and at the same time you will say to Señor Seijas in personal conference, and not with the formality of a written communication) that the United States, while advocating strongly the recourse of arbitration for the adjustment of international disputes affecting the states of America, does not seek to put itself forward as their arbiter; that, viewing all such questions impartially and with no intent or desire to prejudge their merits, the United States will not refuse its arbitration if asked by both parties, and that, regarding all such questions as essentially and distinctively American, the United States would always prefer to see such contentions adjusted through the arbitrament of an American rather than an European power.

In 1884 General Guzman Blanco, the Venezuelan Minister to England appointed with special reference to pending negotiations for a general treaty with Great Britain, visited Washington on his way to London and, after several conferences with the Secretary of State respecting the objects of his mission, was thus commended to the good offices of Mr. Lowell, our Minister at St. James':

It will necessarily be somewhat within your discretion how far your good offices may be profitably employed with Her Majesty's Government to these ends, and at any rate you may take proper occasion to let Lord Granville know that we are not without concern as to whatever may affect the interests of a sister Republic of the American continent and its position in the family of nations.

If General Guzman should apply to you for advice or assistance in realizing the purposes of his mission you will show him proper consideration, and without committing the United States to any determinate political solution you will endeavor to carry out the views of this instruction.

The progress of Gen. Guzman's negotiations did not fail to be observed by this Government and in December, 1886, with a view to preventing the rupture of diplomatic relations — which actually took place in February following — the then Secretary of State, Mr. Bayard, instructed our Minister to Great Britain to tender the arbitration of the United States, in the following terms:

It does not appear that at any time heretofore the good offices of this Government have been actually tendered to avert a rupture between Great Britain and Venezuela. As intimated in my Nr. 58, our inaction in this regard would seem to be due to the reluctance of Venezuela to have the Government of the United States take any steps having relation to the action of the British Government which might, in appearance even, prejudice the resort to further arbitration or mediation which Venezuela desired. Nevertheless, the records abundantly testify our friendly concern in the adjustment of the dispute; and the intelligence now received warrants me in tendering through you to Her Majesty's Government the good offices of theUnited States to promote an amicable settlement of the respective claims of Great Britain and Venezuela in the premises.

As proof of the impartiality with which we view the question, we offer our arbitration, if acceptable to both countries. We do this with the less hesitancy as the dispute turns upon simple and readily ascertainable historical facts.

Her Majesty's Government will readily understand that this attitude of friendly neutrality and entire impartiality touching the merits of the controversy, consisting wholly in a difference of facts between our friends and neighbors, is entirely consistent and compatible with the sense of responsibility that rests upon the United States in relation to the South American republics. The doctrines we announced two generations ago, at the instance and with the moral support and approval of the British Government, have lost none of their force or importance in the progress of time and the Governments of Great Britain and the United States are equally interested in conserving a status, the wisdom of which has been demonstrated by the experience of more than half a century.

It is proper, therefore, that you should convey to Lord Iddesleigh, in such sufficiently guarded terms as your discretion may dictate, the satisfaction that would be felt by the Government of the United States in perceiving that its wishes in this regard were permitted to have influence with Her Majesty's Government.

This offer of mediation was declined by Great Britain, with the statement that a similar offer had already been received from another quarter, and that the Queen's Governemnt were still not without hope of a settlement by direct diplomatic negotiations. In February, 1888, having been informed that the Governor of British Guayana had by formal decree laid claim to the territory traversed by the route of a proposed railway from Ciudad Bolivar to Guacipati, Mr. Bayard addressed a note to our Minister to England, from which the following extracts are taken:

The claim now stated to have been put forth by the authorities of British Guayana necessarily gives rise to grave disquietude, and creates an apprehension that the territorial claim does not follow historical traditions or evidence, but is apparently indefinite. At no time hitherto does it appear that the district, of which Guacipati is the center, has been claimed as British territory or that such jurisdiction has ever been asserted over its inhabitants, and if the reported decree of the Governor of British Guayana be indeed genuine it is not apparent how any line of railway from Ciudad Bolivar to Guacipati could enter or traverse territory within the control of Great Britain.

It is true that the line claimed by Great Britain as the western boundary of British Guayanais uncertain and vague. It is only necessary to examine the British

Colonial Office List for a few years back to perceive this. In the issue for 1877, for instance, the line runs nearly southwardly from the mouth of the Amacuro to the junction of the Cotinga and Takutu rivers. In the issue of 1887, ten years later, it makes a wide detour to the westward, following the Yuruari. Guacipati lies considerably to the westward of the line officially claimed in 1887, and it may perhaps be instructive to compare with it the map which doubtless will be found in the Colonial Office List for the present year.

It may be well for you to express anew to Lord Salisbury the great gratification it would afford this Government to see the Venezuelan dispute amicably and honorably settled by arbitration or otherwise and our readiness to do anything we properly can to assist to that end.

In the course of your conversation you may refer to the publication in the London Financier of January 24 (a copy of which you can procure and exhibit to Lord Salisbury) and express apprehension lest the widening pretensions of British Guayana to possess territory over which Venezuela's jurisdiction has never heretofore been disputed may not diminish the chances for a practical settlement.

If, indeed, it should appear that there is no fixed limit to the British boundary claim, our good disposition to aid in a settlement might not only be defeated, but be obliged to give place to a feeling of grave concern.

In 1889, information having been received that Barima, at the mouth of the Orinoco, had been declared a British port, Mr. Blaine, then Secretary of State, authorized Mr. White to confer with Lord Salisbury for the reestablishment of diplomatic relations between Great Britain and Venezuela on the basis of a temporary restoration of the status quo, and May 1 and May 6, 1890, sent the following telegrams to our Minister to England, Mr. Lincoln: (May 1, 1890)

Mr. Lincoln is instructed to use his good offices with Lord Salisbury to bring about the resumption of diplomatic intercourse between Great Britain and Venezuela as a preliminary step towards the settlement of the boundary dispute by arbitration. The joint proposals of Great Britain and the United States towards Portugal which have just been brought about would seem to make the present time propitious for submitting this question to an international arbitration. He is requested to propose to Lord Salisbury, with a view to an accommodation, that an informal conference be had in Washington or in London of representatives of the three Powers. In such conference the position of the United States is one solely of impartial friendship toward both litigants.

(May 6, 1890)—

It is, nevertheless desired that you shall do all you can consistently with our attitude of impartial friendship to induce some accord between the contestants by which the merits of the controversy may be fairly ascertained and the rights of each party justly confirmed. The neutral position of this Government does not comport with any expression of opinion on the part of this Department as to what these rights are, but it is confident that the shifting footing on which the British boundary question has rested for several years past is an obstacle to such a correct appreciation of the nature and grounds of her claim as would alone warrant the formation of any opinion.

In the course of the same year, 1890, Venezuela sent to London a special envoy to bring about the resumption of diplomatic relations with Great Britain through the good offices of the United States Minister. But the mission failed because a condition of such resumption, steadily adhered to by Venezuela, was the reference of the boundary dispute to arbitration. Since the close of the negotiations initiated by Señor Michelena in 1893, Venezuela has repeatedly brought the controversy to the notice of the United States, has insisted upon its importance to the United States as well as to Venezuela, has represented it to have reached an acute stage — making definite action by the United States imperative — and has not ceased to solicit the services and support of the United States in aid of its final adjustment. These appeals have not been received with indifference and our Ambassador to Great Britain has been uniformly instructed to exert all his influence in the direction of the re-establishment of diplomatic relations between Great Britain and Venezuela and in favor of arbitration of the boundary controversy. The Secretary of State in a communication to Mr. Bayard, bearing date July 13, 1894, used the following language:

> The President is inspired by a desire for a peaceable and honorable settlement of the existing difficulties between an American state and a powerful transatlantic nation, and would be glad to see the re-establishment of such diplomatic relations between them as would promote that end.
>
> I can discern but two equitable solutions of the present controversy. One is the arbitral determination of the rights of the disputants as the respective successors to the historical rights of Holland and Spain over the region in question. The other is to create a new boundary line in accordance with the dictates of mutual expediency and consideration. The two Governments having so far been unable to agree on a conventional line, the consistent and conspicuous advocacy by the United States and England of the principle of arbitration and their recourse thereto in settlement of important questions arising between them, makes such a mode of adjustment especially appropriate in the present instance, and this Government will gladly do what it can to further a determination in that sense.

Subsequent communications to Mr. Bayard direct him to ascertain whether a Minister from Venezuela would be received by Great Britain. In the annual Message to Congress of December 3d last, the President used the following language:

> The boundary of British Guayana still remains in dispute between Great Britain and Venezuela. Believing that its early settlement, on some just basis alike honorable to both parties, is in the line of our established policy to remove from this hemisphere all causes of difference with powers beyond the sea, I shall renew the efforts heretofore made to bring about a restoration of diplomatic relations between the disputants and to induce a reference to arbitration, a resort which Great Britain so conspicuously favors in principle and respects in practice and which is earnestly sought by her weaker adversary.

And February 22, 1895, a joint resolution of Congress declared

> That the President's suggestion * * * that Great Britain and Venezuela refer their dispute as to boundaries to friendly arbitration be earnestly recommended to the favorable consideration of both parties in interest.

The important features of the existing situation, as shown by the foregoing recital, may be briefly stated.

1. The title to territory of indefinite but confessedly very large extent is in dispute between Great Britain on the one hand and the South American Republic of Venezuela on the other.

2. The disparity in the strength of the claimants is such that Venezuela can hope to establish her claim only through peaceful methods — through an agreement with her adversary either upon the subject itself or upon an arbitration.

3. The controversy, with varying claims on the part of Great Britain, has existed for more than half a century, during which period many earnest and persistent efforts of Venezuela to establish a boundary by agreement have proved unsuccessful.

4. The futility of the endeavor to obtain a conventional line being recognized, Venezuela for a quarter of a century has asked and striven for arbitration.

5. Great Britain, however, has always and continuously refused to arbitrate, except upon the condition of a renunciation of a large part of the Venezuelan claim and of a concession to herself of a large share of the territory in controversy.

6. By the frequent interposition of its good offices at the instance of Venezuela, by constantly urging and promoting the restoration of diplomatic relations between the two countries, by pressing for arbitration of the disputed boundary, by offering to act as arbitrator, by expressing its grave concern whenever new alleged instances of British aggression upon Venezuelan territory have been brought to its notice, the Government of the United States has made it clear to Great Britain and to the world that the controversy is one in which both its honor and its interests are involved and the continuance of which it can not regard with indifference.

The accuracy of the foregoing analysis of the existing status cannot, it is believed, be challenged. It shows that status to be such that those charged with the interests of the United States are now forced to determine exactly what those interests are and what course of action they require. It compels them to decide to what extent, if any, the United States may and should intervene in a constroversy between and primarily concerning only Great Britain and Venezuela and to decide how far it is bound to see that the integrity of Venezuelan territory is not impaired by the pretensions of its powerful antagonist. Are any such right and duty devolved upon the United States? If not, the United States has already done all, if not more than all, that a purely sentimental interest in the affairs of the two countries justifies, and to push its interposition further would be unbecoming and undignified and might well subject it to the charge of impertinent intermeddling with affairs with which it has no rightful concern. On the other hand, if any such right and duty exist, their due exercise and discharge will not permit of any action that shall not be efficient and that, if the power of the United States is adequate, shall not result in the accomplishment of the end in view. The question thus presented, as matter of principle and regard being had to the settled national policy, does not seem difficult of solution. Yet the momentous practical consequences dependent upon its determination require that it should be carefully considered and that the grounds of the conclusion arrived at should be fully and frankly stated.

That there are circumstances under which a nation may justly interpose in a controversy to which two or more other nations are the direct and immediate parties is an admitted canon of international law. The doctrine is ordinarily expressed in terms of the most general character and is perhaps incapable of more specific statement. It is declared in substance that a nation may avail itself of this right whenever what is done or proposed by any of the parties primarily concerned is a serious and direct menace to its own integrity, tranquillity, or welfare. The propriety of the rule when applied in good faith will not be questioned in any quarter. On the other hand, it is an inevitable though unfortunate consequence of the wide scope of the rule that it has only too often been made a cloak for schemes of wanton spoliation and aggrandiziment. We are concerned at this time, however, not so much with the general rule as with a form of it which is peculiarly and distinctively American. Washington, in the solemn admonitions of the Farewell Address, explicitly warned his countrymen against entanglements with the politics or the controversies of European powers.

Europe, [he said,] has a set of primary interests which to us have none or a very remote relation. Hence she must be engaged in frequent controversies the causes of which are essentially foreign to our concerns. Hence, therefore, it must be unwise in us to implicate ourselves by artificial ties in the ordinary vicissitudes of her politics or the ordinary combinations and collisions of her friendship or enmities. Our detached and distant situation invites and enables us to pursue a different course.

During the administration of President Monroe this doctrine of the Farewell Address was first considered in all its aspects and with a view to all its practical consequences. The Farewell Address, while it took America out of the field of European politics, was silent as to the part Europe might be permitted to play in America. Doubtless it was thought the latest addition to the family of nations should not make haste to prescribe rules for the guidance of its older members, and the expediency and propriety of serving the powers of Europe with notice of a complete and distinctive American policy excluding them from interference with American political affairs might well seem dubious to a generation to whom the French alliance, with its manifold advantages to the cause of American independence, was fresh in mind.

Twenty years later, however, the situation had changed. The lately born nation had greatly increased in power and resources, had demonstrated its strength on land and sea and as well in the conflicts of arms as in the pursuits of peace, and had begun to realize the commanding position on this continent which the character of its people, their free institutions, and their remoteness from the chief scene of European contentions combined to give to it. The Monroe administration therefore did not hesitate to accept and apply the logic of the Farewell Address by declaring in effect that American non intervention in European affairs necessarily implied and meant European non-intervention in American affairs. Conceiving unquestionably that complete European non-interference in American concerns would be cheaply purchased by complete American non-interference in European concerns, President Monroe, in the celebrated Message of December 2, 1823, used the following language:

In the wars of the European powers in matters relating to themselves we have never taken any part, nor does it comport with our policy to do so. It is only when our rights are invaded or seriously menaced that we resent injuries or make preparations for our defense. With the movements in this hemisphere, we are, of necessity, more immediately connected, and by causes which must be obvious to all enlightened and impartial observers. The political system of the allied powers is essentially different in this respect from that of America. This difference proceeds from that which exists in their respective governments. And to the defense of our own, which has been achieved by the loss of so much blood and treasure and matured by the wisdom of their most enlightened citizens, and under which we have enjoyed unexampled felicity, this whole nation is devoted. We owe it, therefore, to candor and to the amicable relations existing between the United States and those powers to declare that we should consider any attempt on their part to extend their system to any portion of this hemisphere as dangerous to our peace and safety.

With the existing colonies or dependencies of any European power, we have not interfered and shall not interfere. But with the governments who have declared their independence and maintained it, and whose independence we have, on great consideration and on just principles, acknowledged, we could not view any interposition for the purpose of oppressing them, or controlling in any other manner their destiny, by any European power, in any other light than as the manifestation of an unfriendly disposition towards the United States. * * * Our policy in regard to Europe, which was adopted at an early stage of the wars which have so long agitated that quarter of the globe, nevertheless remains the same, which is, not to interfere in the internal concerns of any of its powers; to consider the government de facto as the legitimate government for us; to cultivate friendly relations with it, and to preserve those relations by a frank, firm, and manly policy, meeting, in all instances, the just claims of every power, submitting to injuries from none. But in regard to these continents, circumstances are eminently and conspicuously different. It is impossible that the allied powers should extend their political system to any portion of either continent without endangering our peace and happiness; nor can anyone believe that our southern brethren, if left to themselves, would adopt it of their own accord. It is equally impossible, therefore, that we should behold such interposition, in any form, with indifference.

The Monroe administration, however, did not content itself with formulating a correct rule for the regulation of the relations between Europe and America. It aimed at also securing the practical benefits to result from the application of the rule. Hence the message just quoted declared that the American continents were fully occupied and were not the subjects for future colonization by European powers. To this spirit and this purpose, also, are to be attributed the passages of the same message which treat any infringement of the rule against interference in American affairs on the part of the powers of Europe as an act of unfriendliness to the United States. It was realized that it was futile to lay down such a rule unless its observance could be enforced. It was manifest that the United States was the only power in this hemisphere capable of enforcing it. It was therefore courageously declared not merely that Europe ought not to interfere in American affairs, but that any European power doing so would be regarded as antagonizing the interests and inviting the opposition of the United States.

That America is in no part open to colonization, though the proposition was not universally admitted at the time of its first enunciation, has long been universally conceded. We are now concerned, therefore, only with that other practical application of the Monroe doctrine the disregard of which by an European power is to be deemed an act of unfriendliness towards United States. The precise scope and limitations of this rule cannot be too clearly apprehended. It does not establish any general protectorate by the United States over other American states. It does not relieve any

American state from its obligations as fixed by international law nor prevent any European power directly interested from enforcing such obligations or from inflicting merited punishment for the breach of them. It does not contemplate any interference in the internal affairs of any American state or in the relations between it and other American states. It does not justify any attempt on our part to change the established form of government of any American state or to prevent the people of such state from altering that form according to their own will and pleasure. The rule in question has but a single purpose and object. It is that no European power or combination of European powers shall forcibly deprive an American state of the right and power of self-government and of shaping for itself its own political fortunes and destinies.

That the rule thus defined has been the accepted public law of this country ever since its promulgation cannot fairly be denied. Its pronouncement by the Monroe administration at that particular time was unquestionably due to the inspiration of Great Britain, who at once gave to it an open and unqualified adhesion which has never been withdrawn. But the rule was decided upon and formulated by the Monroe administration as a distinctively American doctrine of great import to the safety and welfare of the United States after the most careful consideration by a Cabinet which numbered among its members John Quincy Adams, Calhoun, Crawford, and Wirt, and which before acting took both Jefferson and Madison into its counsels. Its promulgation was received with acclaim by the entire people of the country irrespective of party. Three years after, Webster declared that the doctrine involved the honor of the country. „I look upon it", he said, „as part of its treasures of reputation, and for one I intend to guard it", and he added,

> I look on the message of December, 1823, as forming a bright page in our history. I will help neither to erase it nor to tear it out; nor shall it be by any act of mine blurred or blotted. It did honor to the sagacity of the Government, and I will not diminish that honor.

Though the rule thus highly eulogized by Webster has never been formally affirmed by Congress, the House in 1864 declared against the Mexican monarchy sought to be set up by the French as not in accord with the policy of the United States, and in 1889 the Senate expressed its disapproval of the connection of any European power with a canal across the Isthmus of Darien or Central America. It is manifest that, if a rule has been openly and uniformly declared and acted upon by the executive branch of the Government for more than seventy years without express repudiation by Congress, it must be conclusively presumed to have its sanction. Yet it is certainly no more than the exact truth to say that every administration since President Monroe's has had occasion, and sometimes more occasions than one, to examine and consider the Monroe doctrine and has in each instance given it emphatic endorsement. Presidents have dwelt upon it in messages to Congress and Secretaries of State have time after time made it the theme of diplomatic representation. Nor, if the practical results of the rule be sought for, is the record either meager or obscure. Its first and immediate effect was indeed most momentous and far reaching. It was the controlling factor in the emancipation of South America and to it the independent states which now divide that region between them are largely indebted for their very existence. Since then the most striking single achievement to be credited to the rule is the evacuation of Mexico by the French upon the termination of the civil war. But we are also indebted to it for the provisions of the Clayton-Bulwer treaty, which both neutralized any interoceanic canal across Central America and expressly excluded Great Britain from occupying or exercising any dominion over any part of Central America. It has been used in the case of Cuba as if justifying the position that, while the sovereignty of Spain will be respected, the island will not be permitted to become the possession of any other European power. It has been influential in bringing about the definite relinquishment of any supposed protectorate by Great Britain over the Mosquito Coast.

President Polk, in the case of Yucatan and the proposed voluntary transfer of that country to Great Britain or Spain, relied upon the Monroe doctrine, though perhaps erroneously, when he declared in a special message to Congress on the subject that the United States could not consent to any such transfer. Yet, in somewhat the same spirit, Secretary Fish affirmed in 1870 that President Grant had but followed „the teachings of all our history“ in declaring in his annual message of that year that existing dependencies were no longer regarded as subject to transfer from one European power to another, and that when the present relation of colonies ceases they are to become independent powers. Another development of the rule, though apparently not necessarily required by either its letter or its spirit, is found in the objection to arbitration of South American controversies by an European power. American questions, it is said, are for American decision, and on that ground the United States went so far as to refuse to mediate in the war between Chili and Peru jointly with Great Britain and France. Finally, on the ground, among others, that the authority of the Monroe doctrine and the prestige of the United States as its exponent and sponsor would be seriously impaired, Secretary Bayard strenuously resisted the enforcement of the Pelletier claim against Hayti.

The United States, [he said,] has proclaimed herself the protector of this western world, in which she is by far the stronger power, from the intrusion of European sovereignties. She can point with proud satisfaction to the fact that over and over again has she declared effectively, that serious indeed would be the consequences if European hostile foot should, without just cause, tread those states in the New World which have emancipated themselves from European control. She has announced that she would cherish as it becomes her the territorial rights of the feeblest of those states, regarding them not merely as in the eye of the law equal to even the greatest of nationalities, but in view of her distinctive policy as entitled to be regarded by her as the objects of a peculiarly gracious care. I feel bound to say that if we should sanction by reprisals in Hayti the ruthless invasion of her territory and insult to her sovereignty which the facts now before us disclose, if we approve by solemn Executive action and Congressional assent that invasion, it will be difficult for us hereafter to assert that in the New World, of whose rights we are the peculiar guardians, these rights have never been invaded by ourselves.

The foregoing enumeration not only shows the many instances wherein the rule in question has been affirmed and applied, but also demonstrates that the Venezuelan boundary controversy is in any view far within the scope and spirit of the rule as uniformly accepted and acted upon. A doctrine of American public law thus long and firmly established and supported could not easily be ignored in a proper case for its application, even were the considerations upon which it is founded obscure or questionable. No such objection can be made, however, to the Monroe doctrine understood and defined in the manner already stated. It rests, on the contrary, upon facts and principles that are both intelligible and incontrovertible. That distance and three thousand miles of intervening ocean make any permanent political union between an European and an American state unnatural and inexpedient will hardly be denied. But physical and geographical considerations are the least of the objections to such a union. Europe, as Washington observed, has a set of primary interests which are peculiar to herself. America is not interested in them and ought not to be vexed or complicated with them. Each great European power, for instance, to-day maintains enormous armies and fleets in self-defense and for protection against any other European power or powers. What have the states of America to do with that condition of things, or why should they be impoverished by wars or preparations for wars with whose causes or results they can have no direct concern? If all Europe were to suddenly fly to arms over the fate of Turkey, would it not be preposterous that any American state should find itself inextricably involved in the miseries and burdens of the contest? If it were, it would prove to be a partnership in the cost and losses of the struggle but not in any ensuing benefits.

What is true of the material, is no less true of what may be termed the moral interests involved. Those pertaining to Europe are peculiar to her and are entirely diverse from those pertaining and peculiar to America. Europe as a whole is monarchial, and, with the single important exception of the Republic of France, is committed to the monarchial principle. America, on the other hand, is devoted to the exactly opposite principle — to the idea that every people has an inalienable right of self-government — and. in the United States of America, has furnished to the world the most conspicuous and conclusive example and proof of the excellence of free institutions, whether from the standpoint of national greatness or of individual happiness. It can not be necessary, however, to enlarge upon this phase of the subject — whether moral or material interests be considered, it can not but be universally conceded that those of Europe are irreconcilably diverse from those of America, and that any European control of the latter is necessarily both incongruous and injurious. If, however, for the reasons stated the forcible intrusion of European powers into American politics is to be deprecated — if, as it is to be deprecated, it should be resisted and prevented — such resistance and prevention must come from the United States. They would come from it, of course, were it made the point of attack. But, if they come at all, they must also come from it when any other American state is attacked, since only the United States has the strength adequate to the exigency.

Is it true, then, that the safety and welfare of the United States are so concerned with the maintenance of the independence of every American state as against any European power as to justify and require the interposition of the United States whenever that independence is endangered? The question can be candidly answered in but one way. The states of America, South as well as North, by geographical proximity, by natural sympathy, by similarity of governmental constitutions, are friends and allies, commercially and politically, of the United States. To allow the subjugation of any of them by an European power is, of course, to completely reverse that situation and signifies the loss of all the advantages incident to their natural relations to us. But that is not all. The people of the United States have a vital interest in the cause of popular self-government. They have secured the right for themselves and their posterity at the cost of infinite blood and treasure. They have realized and exemplified its beneficent operation by a career unexampled in point of national greatness or individual felicity. They believe it to be for the healing of all nations, and that civilization must either advance or retrograde accordingly as its supremacy is extended or curtailed. Imbued with these sentiments, the people of the United States might not impossibly be wrought up to an active propaganda in favor of a cause so highly valued both for themselves and for mankind. But the age of the Crusades has passed, and they are content with such assertion and defense of the right of popular self-government as their own security and welfare demand. It is in that view more than in any other that they believe jt not to be tolerated that the political control of an American state shall be forcibly assumed by an European power.

The mischiefs apprehended from such a source are none the less real because not immediately imminent in any specific case, and are none the less to be guarded against because the combination of circumstances that will bring them upon us cannot be predicted. The civilized states of Christendom deal with each other on substantially the same principles that regulate the conduct of individuals. The greater its enlightenment, the more surely every state perceives that its permament interests require it to be governed by the immutable principles of right and justice. Each, nevertheless, is only too liable to succumb to the temptations offered by seeming special opportunities for its own aggrandiziment, and each would rashly imperil its own safety were it not to remember that for the regard and respect of other states it must be largely dependent upon its own strength and power. To-day the United States is practically sovereign on this continent, and its fiat is law upon the subjects to which it confines its interposition. Why? It is not because of the pure friendship or good will felt for it. It is not simply by reason of its high character as a civilized state, nor because wisdom and justice and equity are the invariable characteristics of the dealings of the United States. It is because, in addition to all other grounds, its infinite resources combined with its isolated position render it master of the situation and practically invulnerable as against any or all other powers.

All the advantages of this superiority are at once imperiled if the principle be admitted that European powers may convert American states into colonies or provinces of their own. The principle would be eagerly availed of, and every power doing so would immediately acquire a base of military operations against us. What one power was permitted to do could not be denied to another, and it is not inconceivable that the struggle now going on for the acquisition of Africa might be transferred to South America. If it were, the weaker countries would unquestionably be soon absorbed, while the ultimate result might be the partition of all South America between the various European powers. The disastrous consequences to the United States of such a condition of things are obvious. The loss of prestige, of authority, and of weight in the councils of the family of nations, would be among the least of them. Our only real rivals in peace as well as enemies in war would be found located at our very doors. Thus far in our history we have been spared the burdens and evils of immense standing armies and all the other accessories of huge warlike establishments, and the exemption has largely contributed to our national greatness and wealth as well as to the happiness of every citizen. But, with the powers of Europe permanently encamped on American soil, the ideal conditions we have thus far enjoyed can not be expected to continue. We too must be armed to the teeth, we too must convert the flower of our male population into soldiers and sailors, and by withdrawing them from the various pursuits of peaceful industry we too must practically annihilate a large share of the productive energy of the nation.

How a greater calamity than this could overtake us it is difficult to see. Nor are our just apprehensions to be allayed by suggestions of the friendliness of European powers — of their good will towards us — of their disposition, should they be our neighbors, to dwell with us in peace and harmony. The people of the United States have learned in the school of experience to what extent the relations of states to each other depend not upon sentiment nor principle, but upon selfish interest. They will not soon forget that, in their hour of distress, all their anxieties and burdens were aggravated by the possibility of demonstrations against their national life on the part of powers with whom they had long maintained the most harmonious relations. They have yet in mind that France seized upon the apparent opportunity of our civil war to set up a monarchy in the adjoining state of Mexico. They realize that had France and Great Britain held important South American possessions to work from and to benefit, the temptation to destroy the predominance of the Great Republic in this hemisphere by furthering its dismemberment might have been irresistible. From that grave peril they have been saved in the past and may be saved again in the future through the operation of the sure but silent force of the doctrine proclaimed by President Monroe. To abandon it, on the other hand, disregarding both the logic of the situation and the facts of our past experience, would be to renounce a policy which has proved both an easy defense against foreign aggression and a prolific source of internal progress and prosperity.

There is, then, a doctrine of American public law, well founded in principle and abundantly sanctioned by precedent, which entitels and requires the United States to treat as an injury to itself the forelle assumption by an European power of political control over an American state. The application of the doctrine to the boundary dispute between Great Britain and Venezuela remains to be made and presents no real difficulty. Though the dispute relates to a boundary line, yet, as it is between states, it necessarily imports political control to be lost by one party and gained by the other. The political control at stake, too, is of no mean importance, but concerns a domain of great extent — the British claim, it will be remembered, apparently expanded in two years some 33,000 square miles — and, if it also directly involves the command of the mouth of the Orinoco, is of immense consequence in connection with the whole river navigation of the interior of South America. It has been intimated, indeed, that in respect of these South American possessions Great Britain is herself an American state like any other, so that a controversy between her and Venezuela is to be settled between themselves as if it were between Venezuela and Brazil or between Venezuela and Colombia, and does not call for or justify United States intervention. If this view be tenable at all, the logical sequence is plain.

Great Britain as a South American state is to be entirely differentiated from Great Britain generally, and if the boundary question cannot be settled otherwise than by force, British Guiana, with her own independent resources and not those of the British Empire, should be left to settle the matter with Venezuela — an arrangement which very possibly Venezuela might not object to. But the proposition that an European power with an American dependency is for the purposes of the Monroe doctrine to be classed not as an European but as an American state will not admit of serious discussion. If it were to be adopted, the Monroe doctrine would be too valueless to be worth asserting. Not only would every European power now having a South American colony be enabled to extend its possessions on this continent indefinitely, but any other European power might also do the same by first taking pains to procure a fraction of South American soil by voluntary cession.

The declaration of the Monroe message — that existing colonies or dependencies of an European power would not be interfered with by the United States — means colonies or dependencies then existing, with their limits as then existing. So it has been invariably construed, and so it must continue to be construed unless it is to be deprived of all vital force. Great Britain cannot be deemed a South American state within the purview of the Monroe doctrine, nor, if she is appropriating Venezuelan territory, is it material that she does so by advancing the frontier of an old colony instead of by the planting of a new colony. The difference is matter of form and not of substance and the doctrine if pertinent in the one case must be in the other also. It is not admitted, however, and therefore cannot be assumed that Great Britain is in fact usurping dominion over Venezuelan territory. While Venezuela charges such usurpation, Great Britain denies it, and the

United States, until the merits are authoritatively ascertained, can take sides with neither. But while this is so — while the United States may, not under existing circumstances at least, take upon itself to say which of the two parties is right and which wrong — it is certainly within its right to demand that the truth shall be ascertained. Being entitled to resent and resist any sequestration of Venezuelan soil by Great Britain, it is necessarily entitled to know whether such sequestration has occurred or is now going on. Otherwise, if the United States is without the right to know and have it determined whether there is or is not British aggression upon Venezuelan territory, its right to protest against or repel such aggression may be dismissed from consideration.

The right to act upon a fact the existence of which there is no right to have ascertained is simply illusory. It being clear, therefore, that the United States may legitimately insist upon the merits of the boundary question being determined, it is equally clear that there is but one feasible mode of determining them, viz., peaceful arbitration. The impracticability of any conventional adjustment has been often and thoroughly demonstrated. Even more impossible of consideration is an appeal to arms — a mode of settling national pretensions unhappily not yet wholly obsolete. If, however, it were not condemnable as a relic of barbarism and a crime in itself, so one sided a contest could not be invited nor even accepted by Great Britain without distinct disparagement to her character as a civilized state. Great Britain, however, assumes no such attitude. On the contrary, she both admits that there is a controversy and that arbitration should be resorted to for its adjustment. But, while up to that point her attitude leaves nothing to be desired, its practical effect is completely nullified by her insistence that the submission shall cover but a part of the controversy — that, as a condition of arbitrating her right to a part of the disputed territory, the remainder shall be turned over to her. If it were possible to point to a boundary which both parties had ever agreed or assumed to be such either expressly or tacitly, the demand that territory conceded by such line to British Guiana should be held not to be in dispute might rest upon a reasonable basis. But there is no such line. The territory which Great Britain insists shall be ceded to her as a condition of arbitrating her claim to other territory has never been admitted to belong to her. It has always and consistently been claimed by Venezuela.

Upon what principle — except her feebleness as a nation — is she to be denied the right of having the claim heard and passed upon by an impartial tribunal? No reason nor shadow of reason appears in all the voluminous literature of the subject. „It is to be so because I will it to be so" seems to be the only justification Great Britain offers. It is, indeed, intimated that the British claim to this particular territory rests upon an occupation, which, whether acquiesced in or not, has ripened into a perfect title by long continuance. But what prescription affecting territorial rights can be said to exist as between sovereign states? Or, if there is any, what is the legitimate consequence? It is not that all arbitration should be denied, but only that the submission should embrace an additional topic, namely, the validity of the asserted prescriptive title either in point of law or in point of fact. No different result follows from the contention that as matter of principle Great Britain cannot be asked to submit and ought not to submit to arbitration her political and sovereign rights over territory. This contention, if applied to the whole or to a vital part of the possessions of a sovereign state, need not be controverted. To hold otherwise might be equivalent to holding that a sovereign state was bound to arbitrate its very existence.

But Great Britain has herself shown in various instances that the principle has no pertinency when either the interests or the territorial area involved are not of controlling magnitude and her loss of them as the result of an arbitration cannot appreciably affect her honor or her power. Thus, she has arbitrated the extent of her colonial possessions twice with the United States, twice with Portugal, and once with Germany, and perhaps in other instances. The Northwest Water Boundary arbitration of 1872 between her and this country is an example in point and well illustrates both the effect to be given to long-continued use and enjoyment and the fact that a truly great power sacrifices neither prestige nor dignity by reconsidering the most emphatic rejection of a proposition when satifsied of the obvious and intrinsic justice of the case. By the award of the Emperor of Germany, the arbitrator in that case, the United States acquired San Juan and a number of smaller islands near the coast of Vancouver as a consequence of the decision that the term „the channel which separates the continent from Vancouver's Island", as used in the treaty of Washington of 1846, meant the Haro channel and not the Rosario channel. Yet a leading contention of Great Britain before the arbitrator was that equity required a judgment in her favor because a decision in favor of the United States would deprive British subjects of rights of navigation of which they had had the habitual enjoyment from the time when the Rosario Strait was first explored and surveyed in 1798. So, though by virtue of the award the United States acquired San Juan and the other islands of the group to which it belongs, the British Foreign Secratary had in 1859 instructed the British Minister at Washington as follows:

Her Majesty's Government must, therefore, under any circumstances, maintain the right of the British Crown to the Island of San Juan. The interests at stake in connection with the retention of that Island are too important to admit of compromise and Your Lordship will consequently bear in mind that, whatever arrangement as to the boundary line is finally arrived at, no settlement of the question will be accepted by Her Majesty's Government which does not provide for the Island of San Juan being reserved to the British Crown.

Thus, as already intimated, the British demand that her right to a portion of the disputed territory shall be acknowledged before she will consent to an arbitration as to the rest seems to stand upon nothing but her own *ipse dixit*. She says to Venezuela, in substance: „You can get none of the debatable land by force, because you are not strong enough; you can get none by treaty, because I will not agree; and you can take your chance of getting a portion by arbitration, only if you first agree to abandon to me such other portion as I may designate." It is not perceived how such an attitude can be defended nor how it is renconcilable with that love of justice and fair play so eminently characteristic of the English race. It in effect deprives Venezuela of her free agency and puts her under virtual duress. Territory acquired by reason of it will be as much wrested from her by the strong hand as if occupied by British troops or covered by British fleets. It seems therefore quite impossible that this position of Great Britain should be assented to by the United States, or that, if such position be adhered to with the result of enlarging the bounds of British Guiana, it should not be regarded as amounting, in substance, to an invasion and conquest of Venezuelan territory.

In these circumstances, the duty of the President appears to him unmistakable and imperative. Great Britain's assertion of title to the disputed territory combined with her refusal to have that title investigated being a substantial appropriation of the territory to her own use, not to protest and give warning that the transaction will be regarded as injurious to the interests of the people of the United States as well as oppressive in itself would be to ignore an established policy with which the honor and welfare of this country are closely identified. While the measures necessary or proper for the vindication of that policy are to be determined by another branch of the Government, it is clearly for the Executive to leave nothing undone which may tend to render such determination unnecessary.

You are instructed, therefore, to present the foregoing views to Lord Salisbury by reading to him this communication (leaving with him a copy should he so desire), and to reinforce them by such pertinent considerations as will doubtless occur to you. They call for a definite decision upon the point whether Great Britain will consent or will decline to submit the Venezuelan boundary question in its entirety to impartial arbitration. It is the earnest hope of the President that the conclusion will be on the side of arbitration, and that Great Britain will add one more to the conspicuous precedents she has already furnished in favor of that wise and just mode of adjusting international disputes. If he is to be disappointed in that hope, however — a result not to be anticipated and in his judgment calculated to greatly embarrass the future relations between this country and Great Britain — it is his wish to be made acquainted with the fact at such early date as will enable him to lay the whole subject before Congress in his next annual message.

I am, sir, your obedient servant,

Richard Olney.

9. Lord Salisburys Instruktion an den englischen Botschafter in Washington, Sir Julian Pauncefote, vom 26. November 1895 betreffend den Venezuela-Grenzstreit.[1])

SIR, On the 7th August I transmitted to Lord Gough a copy of the despatch from Mr. Olney which Mr. Bayard had left with me that day, and of which he had read portions to me. I informed him at the time that

[1]) Vergl. hier besonders oben S. 159.

it could not be answered until it had been carefully considered by the Law Officers of the Crown. I have therefore deferred replying to it till after the recess.

I will not now deal with those portions of it which are concerned exclusively with the controversy that has for some time past existed between the Republic of Venezuela and Her Majesty's Government in regard to the boundary which separates their dominions. I take a very different view from Mr. Olney of various matters upon which he touches in that part of the despatch; but I will defer for the present all observations upon it, as it concerns matters which are not in themselves of first-rate importance, and do not directly concern the relations between Great Britain and the United States.

The latter part however of the despatch, turning from the question of the frontiers of Venezuela, proceeds to deal with principles of a far wider character, and to advance doctrines of international law which are of considerable interest to all the nations whose dominions include any portion of the western hemisphere.

The contentions set forth by Mr. Olney in this part of his despatch are represented by him as being an application of the political maxims which are well known in American discussion under the name of the Monroe doctrine. As far as I am aware, this doctrine has never been before advanced on behalf of the United States in any written communication addressed to the Government of another nation; but it has been generally adopted and assumed as true by many eminent writers and politicians in the United States. It is said to have largely influenced the Government of that country in the conduct of its foreign affairs: though Mr. Clayton, who was Secretary of State under President Taylor, expressly stated that that Administration had in no way adopted it. But during the period that has elapsed since the Message of President Monroe was delivered in 1823, the doctrine has undergone a very notable development, and the aspect which it now presents in the hands of Mr. Olney differs widely from its character when it first issued from the pen of its author. The two propositions which in effect President Monroe laid down were, first, that America was no longer to be looked upon as a field for European colonization; and, secondly, that Europe must not attempt to extend its political system to America, or to control the political condition of any of the American communities who had recently declared their independence.

The dangers against which President Monroe thought it right to guard were not as imaginary as they would seem at the present day. The formation of the Holy Alliance; the Congresses of Laybach and Verona; the invasion of Spain by France for the purpose of forcing upon the Spanish people a form of government which seemed likely to disappear, unless it was sustained by external aid, were incidents fresh in the mind of President Monroe when he penned his celebrated Message. The system of which he speaks, and of which he so resolutely deprecates the application to the American Continent, was the system then adopted by certain powerful States upon the Continent of Europe of combining to prevent by force of arms the adoption in other countries of political institutions which they disliked, and to uphold by external pressure those which they approved. Various portions of South America had recently declared their independence, and that independence hat not been recognized by the Governments of Spain and Portugal, to which, with small exception, the whole of Central and South America were nominally subject. It was not an imaginary danger that he foresaw, if he feared that the same spirit which had dictated the French expedition into Spain might inspire the more powerful Governments of Europe with the idea of imposing, by the force of European arms, upon the South American communities the form of government and the political connection which they had thrown off. In declaring that the United States would resist any such enterprise if it was contemplated, President Monroe adopted a policy which received the entire sympathy of the English Government of that date.

The dangers which were apprehended by President Monroe have no relation to the state of things in which we live at the present day. There is no danger of any Holy Alliance imposing its system upon any portion of the American Continent, and there is no danger of any European State treating any part of the American Continent as a fit object for European colonization. It is intelligible that Mr. Olney should invoke, in defence of the views on which he is now insisting, an authority which enjoys so high a popularity with his own fellow-countrymen. But the circumstances with which President Monroe was dealing, and those to which the present American Government is addressing itself, have very few features in common. Great Britain is imposing no „system“ upon Venezuela, and is not concerning herself in any way with the nature of the political institutions under which the Venezuelans may prefer to live. But the British Empire and the Republic of Venezuela are neighbours, and they have differed for some time past, and continue to differ, as to the line by which their dominions are separated. It is a controversy with which the United States have no apparent practical concern. It is difficult, indeed, to see how it can materially affect any State or community outside those primarily interested, except perhaps other parts of Her Majesty's dominions, such as Trinidad. The disputed frontier of Venezuela has nothing to do with any of the questions dealt with by President Monroe. It is not a question of the colonization by a European Power of any portion of America. It is not a question of the imposition upon the communities of South America of any system of government devised in Europe. It is simply the determination of the frontier of a British possession which belonged to the Throne of England long before the Republic of Venezuela came into existence. But even if the interests of Venezuela were so far linked to those of the United States as to give to the latter a locus standi in this controversy, their Government apparently have not formed, and certainly do not express, any opinion upon the actual merits of the dispute. The Government of the United States do not say that Great Britain, or that Venezuela, is in the right in the matters that are in issue. But they lay down that the doctrine of President Monroe, when he opposed the imposition of European systems, or the renewal of European colonization, confers upon them the right of demanding that when a European Power has a frontier difference with a South American community, the European Power shall consent to refer that controversy to arbitration; and Mr. Olney states that unless Her Majesty's Government accede to this demand, it will „greatly embarrass the future relations between Great Britain and the United States.“

Whatever may be the authority of the doctrine laid down by President Monroe, there is nothing in his language to show that he ever thought of claiming this novel prerogative for the United States. It is admitted that he did not seek to assert a Protectorate over Mexico, or the States of Central and South America. Such a claim would have imposed upon the United States the duty of answering for the conduct of these States, and consequently the responsibility of controlling it. His sagacious foresight would have led him energetically to deprecate the addition of so serious a burden to those which the Rulers of the United States have to bear. It follows of necessity that if the Government of the United States will not control the conduct of these communities, neither can it undertake to protect them from the consequences attaching to any misconduct of which they may be guilty towards other nations. If they violate in any way the rights of another State, or of its subjects, it is not alleged that the Monroe doctrine will assure them the assistance of the United States in escaping from any reparation which they may be bound by international law to give. Mr. Olney expressly disclaims such an inference from the principles he lays down.

But the claim which he founds upon them is that, if any independent American State advances a demand for territory of which its neighbour claims to be the owner, and that neighbour is the colony of a European State, the United States have a right to insist that the European State shall submit the demand, and its own impugned rights to arbitration.

I will not now enter into a discussion of the merits of this method of terminating international differences. It has proved itself valuable in many cases; but it is not free from defects, which often operate as a serious drawback on its value. It is not always easy to find an Arbitrator who is competent, and who, at the same time, is wholly free from bias; and the task of insuring compliance with the Award when it is made is not exempt from difficulty. It is a mode of settlement of which the value varies much according to the nature of the controversy to which it is applied, and the character of the litigants who appeal to it. Whether, in any particular case, it is a suitable method of procedure is generally a delicate and difficult question. The only parties who are competent to decide that question are the two parties whose rival contentions are in issue. The claim of a third nation, which is unaffected by the controversy, to impose this particular procedure on either of the two others, cannot be reasonably justified, and has no foundation in the law of nations.

In the remarks which I have made, I have argued on the theory that the Monroe doctrine in itself is sound. I must not, however, be understood as expressing any acceptance of it on the part of Her Majesty's Government. It must always be mentioned with respect, on account of the distinguished statesman to whom it is due, and the great nation who have generally adopted it. But international law is founded on the general consent of nations; and no statesman, however eminent, and no nation, however powerful, are competent to insert into the code of international law a novel principle which was never recognized before, and which has not since been accepted by the Government of any other country. The United States have a right, like any other nation, to interpose in any controversy by which their own interests are affected; and they are the judge whether those interests are touched, and in what measure they should be sustained. But their rights are in no way strengthened or extended by the fact that the controversy affects some territory which is called American. Mr. Olney quotes the case of the recent Chilean war, in which the United States declined to join with France and England in an effort to bring hostilities to a close, on account of the Monroe doctrine. The United States were entirely in their right in declining to join in an attempt at pacification if they thought fit; but Mr. Olney's piinciple that „American questions are for American decision", even if it receive any countenance from the language of President Monroe (which it does not), can not be sustained by any reasoning drawn from the law of nations.

The Government of the United States is not entitled to affirm as a universal proposition, with reference to a number of independent States for whose conduct it assumes no responsibility, that its interests are necessarily concerned in whatever may befall those States simply because they are situated in the Western Hemisphere. It may well be that the interests of the United States are affected by something that happens to Chile or to Peru, and that that circumstance may give them the right of interference; but such a contingency may equally happen in the case of China or Japan, and the right of interference is not more extensive or more assured in the one case than in the other.

Though the language of President Monroe is directed to the attainment of objects which most Englishmen would agree to be salutary, it is impossible to admit that they have been inscribed by any adequate authority in the code of international law; and the danger which such admission would involve is sufficiently exhibited both by the strange development which the doctrine has received at Mr. Olney's hands, and the arguments by which it is supported, in the despatch under reply. In defence of it he says:

> That distance and 3,000 miles of intervening ocean make any permanent political union between a European and an American State unnatural and inexpedient will hardly be denied. But physical and geographical considerations are the least of the objections to such a union. Europe has a set of primary interests which are peculiar to herself; America is not interested in them, and ought not to be vexed or complicated with them.

And, again:

> Thus far in our history we have been spared the burdens and evils of immense standing armies and all the other accessories of huge warlike establishments; and the exemption has highly contributed to our national greatness and wealth, as well as to the happiness of every citizen. But with the Powers of Europe permanently encamped on American soil, the ideal conditions we have thus far enjoyed cannot be expected to continue.

The necessary meaning of these words is that the union between Great Britain and Canada; between Great Britain and Jamaica and Trinidad; between Great Britain and British Honduras or British Guiana are „inexpedient and unnatural". President Monroe disclaims any such inference from his doctrine; but in this, as in other respects, Mr. Olney develops it. He lays down that the inexpedient and unnatural character of the union between a European and American State is so obvious that it „will hardly be denied". Her Majesty's Government are prepared emphatically to deny it on behalf ot both the British and American people who are subject to her Crown. They maintain that the union between Great Britain and her territories in the Western Hemisphere is both natural and expedient. They fully concur with the view which President Monroe apparently entertained, that any disturbance of the existing territorial distribution in that hemisphere by any fresh acquisitions on the part of any European State would be a highly inexpedient change. But they are not prepared to admit that the recognition of that expediency is clothed with the sanction which belongs to a doctrine of international law. They are not prepared to admit that the interests of the United States are necessarily concerned in every frontier dispute which may arise between any two of the States who possess dominion in the Western Hemisphere; and still less can they accept the doctrine that the United States are entitled to claim that the process of arbitration shall be applied to any demand for the surrender of territory which one of those States may make against another.

I have commented in the above remarks only upon the general aspect of Mr. Olney's doctrines, apart from the special considerations which attach to the controversy between the United Kingdom and Venezuela in its present phase. This controversy has undoubtedly been made more difficult by the inconsiderate action of the Venezuelan Government in breaking off relations with Her Majesty's Government, and its settlement has been correspondingly delayed; but Her Majesty's Government have not surrendered the hope that it will be adjusted by a reasonable arrangement at an early date.

I request that you will read the substance of the above despatch to Mr. Olney, and leave him a copy if he desires it.

10. Präsident Roosevelts Botschaft vom 15. Februar 1905 im dominikanischen Schuldenfalle.[1])

„I submit herewith a protocol concluded between the Dominican Republic and the United States.

The conditions in the Republic of Santo Domingo have been growing steadily worse for many years. There have been many disturbances and revolutions, and debts have been contracted beyond the power of the Republic to pay. Some of these debts were properly contracted and are held by those

[1]) Vergl. hier besonders oben Seite 223 ff.

who have a legitimate right to their money. Others are without question improper or exorbitant, constituting claims which should never be paid in full and perhaps only to the extent of a very small portion of their nominal value.

Certain foreign countries have long felt themselves aggrieved because of the nonpayment of debts due their citizens. The only way by which foreign creditors could ever obtain from the Republic itself any guaranty of payment would be either by the acquisition of territory outright or temporarily, or else by taking possession of the custom-houses, which would of course in itself, in effect, be taking possession of a certain amount of territory.

It has for some time been obvious that those who profit by the Monroe Doctrine must accept certain responsibilities along with the rights which it confers; and that the same statement applies to those who uphold the doctrine. It cannot be too often and too emphatically asserted that the United States has not the slightest desire for territorial aggrandizement at the expense of any of its southern neighbors, and will not treat the Monroe doctrine as an excuse for such aggrandizement on its part. We do not propose to take any part of Santo Domingo, or exercise any other control over the island save what is necessary to its financial rehabilitation in connection with the collection of revenue, part of which will be turned over to the Government to meet the necessary expense of running it, and part of which will be distributed pro rata among the creditors of the Republic upon a basis of absolute equity. The justification for the United States taking this burden and incurring this responsibility is to be found in the fact that it is incompatible with international equity for the United States to refuse to allow other powers to take the only means at their disposal of satisfying the claims of their creditors and yet to refuse, itself, to take any such steps.

An aggrieved nation can without interfering with the Monroe doctrine take what action it sees fit in the adjustment of its disputes with American states, provided that action does not take the shape of interference with their form of government or of the despoilment of their territory under any disguise. But, short of this, when the question is one of a money claim, the only way which remains, finally, to collect it is a blockade, or bombardment, or the seizure of the custom-houses, and this means, as has been said above, what is in effect a possession, even though only a temporary possession, of territory. The United States then becomes a party in interest, because under the Monroe doctrine it cannot see any European power seize and permanently occupy the territory of one of these Republics; and yet such seizure of territory, disguised or undisguised, may eventually offer the only way in which the power in question can collect any debts, unless there is interference on the part of the United States.

One of the difficult and increasingly complicated problems, which often arise in Santo Domingo, grows out of the violations of contracts and concessions, sometimes improvidently granted, with valuable privileges and exemptions stipulated for upon grossly inadequate considerations which were burdensome to the state, and which are not infrequently disregarded and violated by the governing authorities. Citizens of the United States and of other governments holding these concessions and contracts appeal to their respective governments for active protection and intervention. Except for arbitrary wrong, done or sanctioned by superior authority, to persons or to vested property rights, the United States Government, following its traditional usage in such cases, aims to go no further than the mere use of its good offices, a measure which frequently proves ineffective. On the other hand there are governments which do sometimes take energetic action for the protection of their subjects in the enforcement of merely contractual claims, and thereupon American concessionaries, supported by powerful influences, make loud appeal to the United States Government in similar cases for similar action.

They complain that in the actual posture of affairs their valuable properties are practically confiscated, that American enterprise is paralysied, and that unless they are fully protected, even by the enforcement of their merely contractual rights, it means the abandonment to the subjects of other governments of the interests of American trade and commerce through the sacrifice of their investments by excessive taxes imposed in violation of contract, and by other devices, and the sacrifice of the output of their mines and other industries, and even of their railway and shipping interests, which they have established in connection with the exploitation of their concessions. Thus the attempted solution of the complex problem by the ordinary methods of diplomacy reacts injuriously upon the United States Government itself, and in a measure paralyses the action of the Executive in the direction of a sound and consistent policy. The United States Government is embarrassed in its efforts to foster American enterprise and the growth of our commerce through the cultivation of friendly relations with Santo Domingo, by the irritating effects on those relations, and the consequent injurious influence upon that commerce, of frequent interventions. As a method of solution of the complicated problem arbitration has become nugatory, inasmuch as, in the condition of its finances, an award against the Republic is worthless unless its payment is secured by the pledge of at least some portion of the customs revenues. This pledge is ineffectual without actual delivery over of the custom-houses to secure the appropriation of the pledged revenues to the payment of the award. This situation again reacts injuriously upon the relations of the United States with other nations. For when an award and such security are thus obtained, as in the case of the Santo Domingo Improvement Company, some foreign government complains that the award conflicts with its rights, as a creditor, to some portion of these revenues under an alleged prior pledge; and still other governments complain that an award in any considerable sum, secured by pledges of the customs revenues, is prejudicial to the payment of their equally meritorious claims out of the ordinary revenues; and thus controversies are begotten between the United States and other creditor nations because of the apparent sacrifice of some of their claims, which may be just or may be grossly exaggerated, but which the United States Government cannot inquire into without giving grounds of offense to other friendly creditor nations. Still further illustrations might easily be furnished of the hopelessness of the present situation growing out of the social disorders and the bankrupt finances of the Dominican Republic, where for considerable periods during recent years the bonds of civil society have been practically dissolved.

Under the accepted law of nations foreign governments are within their right, if they choose to exercise it, when they actively intervene in support of the contractual claims of their subjects. They sometimes exercise this power, and on account of commercial rivalries there is a growing tendency on the part of other governments more and more to aid diplomatically in the enforcement of the claims of their subjects. In view of the dilemma in which the Government of the United States is thus placed. it must either adhere to its usual attitude of nonintervention in such cases — an attitude proper under normal conditions, but one which in this particular kind of case results to the disadvantage of its citizens in comparison with those of other states — or else it must, in order to be consistent in its policy, actively intervene to protect the contracts and concessions of its citizens engaged in agriculture, commerce, and transportation in competition with the subjects and citizens of other states. This course would render the United States the insurer of all the speculative risks of its citizens in the public securities and franchises of Santo Domingo.

Under the plan in the protocol herewith submitted to the Senate, insuring a faithful collection and application of the revenues to the specified objects, we are well assured that this difficult task can be accomplished with the friendly cooperation and good will of all the parties concerned, and to the great relief of the Dominican Republic.

The conditions in the Dominican Republic not only constitute a menace to our relations with other foreign nations, but they also concern the prosperity of the people of the island, as well as the security of American interests, and they are intimately associated with the interests of the South Atlantic and Gulf States, the normal expansion of whose commerce lies in that direction. At one time, and that only a year ago, three revolutions were in progress in the island at the same time.....

If the United States Government declines to take action and other foreign governments resort to action to secure payment of their claims, the latter would be entitled, according to the decision of the Hague tribunal in the Venezuelan cases, to the preferential payment of their claims; and this would absorb all the Dominican revenues and would be a virtual sacrifice of American claims and interests in the island. If, moreover, any such action should be taken by them, the only method to enable them to secure the payment of their claims would be to take possession of the custom-houses, and considering the state of the Dominican finances this would mean a definite and very possibly permanent occupation of Dominican territory, for no period could be set to the time which would be necessarily required for the payment of their obligations and unliquidated claims. The United States Government could not interfere to prevent such seizure and occupation of Dominican territory without either itself proposing some feasible alternative in the way of action, or else virtually saying to European governments that they would not be allowed to collect their claims. This would be an unfortunate attitude for the Government of the United States to be forced to maintain at present. It cannot with propriety say that it will protect its own citizens and interests, on the one hand, and yet on the other hand refuse to allow other governments to protect their citizens and interests ....

The ordinary resources of diplomacy and international arbitration are absolutely impotent to deal wisely and effectively with the situation in the Dominican Republic, which can only be met by organizing its finances on a sound basis and by placing the custom-houses beyond the temptation of insurgent chieftains. Either we must abandon our duty under our traditional policy toward the Dominican people, who aspire to a republican form of government while they are actually drifting into a condition of permanent anachy, in which case we must permit some other government to adopt its own measures in order to safeguard its own interests, or else we must ourselves take seasonable and appropriate action.

Again and again has the Dominican Republic invoked on its own behalf the aid of the United States. It has repeatedly done so of recent years. In 1899 it sought to enter into treaty relations by which it would be placed under the protection of the United States Government. The request was refused. Again, in January, 1904, its minister of foreign affairs visited Washington and besought the help of the United States Government to enable it to escape from its financial and social disorders. Compliance with this request was again declined, for this Government has been most reluctant to interfere in any way, and has finally concluded to take action only because it has become evident that failure to do so may result in a situation fraught with grave danger to the cause of international peace.

In 1903 a representative of a foreign government proposed to the United States the joint fiscal control of the Dominican Republic by certain creditor nations, and that the latter should take charge of the custom-houses and revenues and give to the Dominican Government a certain percentage and apply the residue to the payment ratably of claims of foreign creditors. The United States Government declined to approve or to enter into such an arrangement. But it has now become evident that decided action of some kind can not be much longer delayed. In view of our past experience and our knowledge of the actual situation of the Dominican Republic, a definite refusal of the United States Government to take any effective action looking to the relief of the Dominican Republic and to the discharge of its own duty under the Monroe doctrine can only be considered as an acquiescence in some such action by another government.

That most wise measure of international statesmanship, the Platt amendment, has provided a method for preventing such difficulties from arising in the new Republic of Cuba. In accordance with the terms of this amendment the Republic of Cuba cannot issue any bonds which can be collected from Cuba, save as a matter of grace, unless with the consent of the United States, which is at liberty at all times to take measures to prevent the violation of the letter and spirit of the Platt amendment. If a similar plan could now be entered upon by the Dominican Republic, it would undoubtedly be of great advantage to them and to all other peoples, for under such an arrangement no larger debt would be incurred than could be honestly paid, and those who took debts not thus authorized would, by the mere fact of taking them, put themselves in the category of speculators or gamblers, who deserved no consideration and who would be permitted to receive none; so that the honest creditor would on the one hand be safe while on the other hand the Republic would be safeguarded against molestation in the interest of mere speculators.

But no such plan at present exists; and under existing circumstances, when the condition of affairs becomes such as it has become in Santo Domingo, either we must submit to the likelihood of infringement of the Monroe doctrine or we must ourselves agree to some such arrangement as that herewith submitted to the Senate. In this case, fortunately, the prudent and farseeing statesmanship of the Dominican Government has relieved us of all trouble. At their request we have entered into the agreement herewith submitted. Under it the custom-houses will be administered peacefully, honestly, and economically, 45 per cent of the proceeds being turned over to the Dominican Government and the remainder being used by the United States to pay what proportion of the debts it is possible to pay on an equitable basis. The Republic will be secured against over-seas aggression. This in reality entails no new obligation upon us, for the Monroe doctrine means precisely such a guarantee on our part.

It is perhaps unnecessary to state that no step of any kind has been taken by the Administration under the terms of the protocol which is herewith submitted.

The Republic of Santo Domingo has by this protocol wisely and patriotically accepted the responsibilities as well as the privileges of liberty, and is showing with evident good faith its purpose to pay all that its resources will permit of its obligations. More than this it can not do, and when it has done this we should not permit it to be molested. We on our part are simply performing in peaceful manner, not only with the cordial acquiescence, but in accordance with the earnest request of the Government concerned, part of that international duty which is necessarily involved in the assertion of the Monroe doctrine. We are bound to show that we perform this duty in good faith and without any intention of aggrandizing ourselves at the expense of our weaker neighbors or of conducting ourselves otherwise than so as to benefit both these weaker neighbors and those European powers which may be brought into contact with them. It is in the highest degree necessary that we should prove by our action that the world may trust in our good faith and may understand that this international duty will be performed by us within our own sphere, in the interest not merely of ourselves, but of all other nations, and with strict justice toward all. If this is done a general acceptance of the Monroe doctrine will in the end surely follow; and this will mean an increase of the sphere in which peaceful measures for the settlement of international difficulties gradually displace those of a warlike character.

We can point with just pride to what we have done in Cuba as a guaranty of our good faith. We stayed in Cuba only so long as to start her aright on the road to self-government, which she has since trod with such marked and distinguished success; and upon leaving the island we exacted no conditions save such as would prevent her from ever becoming the prey of the stranger. Our purpose in Santo Domingo is as beneficient. The good that this country got from its action in Cuba was indirect rather than direct. So it is as regards Santo Domingo. The chief material advantage that will come from the action proposed to be taken will be to Santo Domingo itself and to Santo Domingo's creditors. The advantages that will come to the United States will be indirect, but nevertheless great, for it is supremely to our interest that all the communities immediately south of us should be or become prosperous and stable, and therefore not merely in name but in fact independent and self-governing.

I call attention to the urgent need of prompt action on this matter. We now have a great opportunity to secure peace and stability in the island, without friction or bloodshed, by acting in accordance with the cordial invitation of the governmental authorities themselves. It will be unfortunate from every standpoint if we fail to grasp this opportunity; for such failure will probably mean increasing revolutionary violence in Santo Domingo, and very possibly embarrassing foreign complications in addition. This protocol affords a practical test of the efficiency of the United States Government in maintaining the Monroe Doctrine."

II. Liste der Präsidenten und Staatssekretäre der Vereinigten Staaten von Amerika.

Präsidenten.	Staatssekretäre.
George Washington: 30. April 1789 bis 3. März 1797	Thomas Jefferson: 26. Sept. 1789 bis 31. Dez. 1793 (tatsächlich. Dienstantritt 22. März 1790). Edmund Randolph: 2. Jan. 1794 bis 19. Aug. 1795. Timothy Pickering: 20. Aug. bis 9. Dez. 1795 ad interim; 10. Dez. 1795 bis 12. Mai 1800 regulär ernannt.
John Adams: 4. März 1797 bis 3. März 1801	Charles Lee: 13. Mai bis 3. Juni 1800 ad interim. John Marshall: 4. Juni 1800 bis 4. März 1801; vom 4. Febr. bis 4. März 1801 ad interim.
Thomas Jefferson: 4. März 1801 bis 3. März 1809	Levi Lincoln: 4. März bis 1. Mai 1801 ad interim. James Madison: 1. Mai 1801 bis 3. März 1809.
James Madison: 4. März 1809 bis 3. März 1817	Robert Smith: 6. März 1801 bis 1. April 1811. James Monroe: 2. April 1811 bis 3. März 1817.
James Monroe: 4. März 1817 bis 3. März 1825	James Graham: 4. bis 9. März 1817 ad interim. Richard Rush: 10. März bis 22. Sept. 1817 ad interim. John Quincy Adams: 22. Sept. 1817 bis 3. März 1825.
John Quincy Adams: 4. März 1825 bis 3. März 1829	Daniel Bent: 4. bis 8. März 1825 ad interim. Henry Clay: 8. März 1825 bis 3. März 1829.

Präsidenten.	Staatssekretäre.
Andrew Jackson: 4. März 1829 bis 3. März 1837	James A. Hamilton: 4. bis 27. März 1829 ad interim. Martin Van Buren: 27. März 1829 bis 23. Mai 1831. Edward Livingston: 24. Mai 1831 bis 29. Mai 1833. Louis Mc Lane: 29. Mai 1833 bis 30. Juni 1834. John Forsyth:
Martin Van Buren: 4. März 1837 bis 3. März 1841	27. Juni 1834 bis 3. März 1841.
William Henry Harrison: 4. März bis 4. April 1841	J. L. Martin: 4. bis 5. März 1841 ad interim. Daniel Webster: 5. März 1841 bis 8. Mai 1843.
John Tyler: 6. April 1841 bis 3. März 1845	Hugh S. Legaré: 9. Mai bis 21. Juni 1843 ad interim. Wm. S. Derrick: 21. bis 23. Juni 1843 ad interim. Abel P. Upshur: 24. Juni bis 23. Juli 1843 ad interim; vom 24. Juli 1843 bis 28. Febr. 1844 regulär ernannt. John Nelson: 29. Febr. bis 31. März 1844 ad interim. John G. Calhoun: 6. März 1844 bis 10. März 1845.
James K. Polk: 4. März 1845 bis 3. März 1849	James Buchanan: 10. März 1845 bis 7. März 1849.
Zachary Taylor: 5. März 1849 bis 9. Juli 1850	John Clayton: 7. März 1849 bis 22. Juli 1850.
Millard Fillimore: 10. Juli 1850 bis 3. März 1853	Daniel Webster: 22. Juli 1850 bis 24. Okt. 1852. Charles M. Conrad: 2. Sept. bis 5. Nov. 1852 ad interim. Edward Everett: 6. Nov. 1852 bis 3. März 1853.

Präsidenten.	Staatssekretäre.
Franklin Pierce: 4. März 1853 bis 3. März 1857	William Hunter jr.: 4. bis 7. März 1853 ad interim. William L. Marcy: 7. März 1853 bis 6. März 1857.
James Buchanan: 4. März 1857 bis 3. März 1861	Lewis Cass: 6. März 1857 bis 14. Dez. 1860. William Hunter jr.: 15. bis 16. Dez. 1860 ad interim. Jeremiah G. Black: 17. Dez. 1860 bis 6. März 1861.
Abraham Lincoln: 4. März 1861 bis 15. April 1865 Andrew Johnson: 15. April 1865 bis 3. März 1869	William G. Seward: 5. März 1861 bis 4. März 1869.
Ulysses S. Grant: 4. März 1869 bis 3. März 1877	Elihu B. Washburne: 5. bis 16. März 1869. Hamilton Fish: 17. März 1869 bis 12. März 1877.
Rutherford B. Hayes: 5. März 1877 bis 3. März 1881	William M. Evarts: 12. März 1877 bis 7. März 1881.
James A. Garfield: 4. März 1881 bis 19. Sept. 1881	James G. Blaine: 7. März bis 19. Dez. 1881.
Chester A. Arthur: 20. Sept. 1881 bis 3. März 1885	Frederick T. Frelinghuysen: 19. Dez. 1881 bis 6. März 1885.
Grover Cleveland: 4. März 1885 bis 3. März 1889	Thomas F. Bayard: 6. März 1885 bis 6. März 1889.
Benjamin Harrison: 4. März 1889 bis 3. März 1893	James G. Blaine: 5. März 1889 bis 4. Juni 1892. Wm F. Wharton: 4. bis 29. Juni 1892 ad interim. John W. Foster: 29. Juni 1892 bis 23. Febr. 1893. Wm. F. Wharton: 24. Febr. bis 6. März 1893 ad interim.

Präsidenten.	Staatssekretäre.
Grover Cleveland: 4. März 1893 bis 3. März 1897	Walter Q. Gresham: 6. März 1893 bis 28. Mai 1895. Edwin F. Uhl: 28. Mai bis 9. Juni 1895 ad interim. Richard Olney: 8. Juni 1895 bis 5. März 1897.
William Mc Kinley: 4. März 1897 bis 14. Sept. 1901	John Sherman: 5. März 1897 bis 25. April 1898. William R. Day: 26. April bis 16. Sept. 1898. Alvey A. Adee: 17. bis 29. Sept. 1898 ad interim. John Hay: 20. Sept. 1898 bis 1. Juli 1905.
Theodore Roosevelt: 14. Sept. 1901 bis 3. März 1909	Francis B. Loomis: 1. bis 18. Juli 1905 ad interim. Elihu Root: 7. Juli 1905 bis 27. Jan. 1909. Bacon: 27. Jan. bis 5. März 1909.
William Howard Taft: 4. März 1909 bis 3. März 1913	Philander C. Knox: 5. März 1909 bis 3. März 1913.
Woodrow Wilson: 4. März 1913 —	Wm Jennings Bryan: 4. März 1913 —

Index.

(Die Zahlen bedeuten die Seiten; die Zahlen in Klammern sind die Jahreszahlen des betreffenden Ereignisses bezw. die für die Darstellung wesentlichen Jahre; A. = Anmerkung, VSt. = Vereinigte Staaten von Amerika.)

A.

B.

C.

D.

E.

F.

H.

I.

J.

K.

N.

O.

P.

Q.

R.

S.

T.

U.

V.

Druckfehlerverzeichnis.

S. 5 Zeile 8 u. 7 von unten. ....sowie auf seine ....steigende Bedeutung.... statt seiner .... steigenden ....

S. 17 Zitat Nr. 5. Am. Pol. **Sc.** Rev. = The American Political **Science** Review usw., entsprechend S. 23 unter 2 Zitat Nr. 3 und S. 82 A. 2 Abs. 2 bei Robertson.

S. 29 Zitat Nr. 7. Hershey .... Essentials statt Essentiale.

S. 32 Zitat Nr. 8. Céspedes .... La Doctrina de Monroe .... statt Cespèdes .... La Doctrine de Monroe .... ebenso S. 84 in A. 2 von S. 83, S. 117 A. 1 Abs. 2 und S. 184 in A. 1 Abs. 6 von S. 183.

S. 53 Überschrift. Die Betätigungsrichtungen .... vor 1823 statt von.

S. 61 6. Zeile von unten. 3. Januar 1811 statt 1911.

S. 63 7. Zeile von oben. 24. Oktober 1823 statt 1813.

S. 80 4. Abs. 4. Zeile von oben. .... gerichtetes statt gerichteten Unterprinzip.

S. 102 A. 1. Buchanans Statement vom **6.** Januar nicht vom 2. Januar 1854.

S. 109 2. Abs. Vertrag vom 28. Januar 1860 in **Managua** statt Mantagua, ebenso S. 112 7. Zeile von oben.

S. 114 9. Zeile von oben lies: .... dem 30. April 1859 abgeschlossenen, ...

S. 116 Anm. 2. S. **110** statt 111.

S. 180 A. 2. Butterworth, nicht Butherworth.

S. 183 7. Zeile von oben. Und daraus folgt .... statt darauf.

S. 213 A. 3 Zeile 2 von oben. Nur **Abgaben,** nicht Zollabgaben.

S. 254 7.—8. Zeile von oben lies: .... und später, zweitens unbezahlten Beträgen ....

S. 255 im Ban Reigh-Fall 2. Zeile von oben. .... **ihr** Kapitän statt sein ....

S. 257 11. Zeile von oben. .... in dem es .... statt sie.

S. 262 3. Abs. lies: .... veranlaßt durch die Venezuelaangelegenheit, in dieser Note Gelegenheit ....

ibid. 5. Abs. 2. Zeile. .... einen .... Präzedenzfall statt eine ....

S. 271 A. 5. Vergl. **den** Vertrag statt vom ....

S. 365 A. 3. Sá Vianna statt Sà.

Druck von Otto Walter in Berlin S. 14.

FSC
www.fsc.org
MIX
Papier | Fördert gute Waldnutzung
FSC® C083411

Kolibri 360 GmbH
Ferdinand-Jühlke-Straße 7
99095 Erfurt, Deutschland
produktsicherheit@kolibri360.de